普通高等教育经管类专业系列教材

新编经济法教程

（第6版）

刘泽海　主编

清华大学出版社

北　京

内 容 简 介

作为普通高等院校经管类专业的核心课程"经济法"的专用教材，本书基于 OBE(outcome-based education，学习产出的教育模式)理念，以新形势下高等院校经管类专业应用型人才的培养为背景，以现代 π 型商务人才职业素养的核心需求为出发点，以满足经济管理实践需求为基础，以满足经管类专业学生未来职业发展所需为原则，以职业经理人的职业素能为视角，以经济法综合应用能力的培养为主线，以学生乐学善用为目标构建合理的内容体系。同时，教材通过多种形式着力培养并提升经管类专业学生正确运用所学法律知识解决实际问题的能力，促使学生养成良好的法律和合规意识，并努力引导学生像"懂法律的管理者"那样思维，以有效避免经济管理活动中的法律风险，确保学生在校所学与就业所需紧密结合。本书定位精准，结构合理，内容简练，通俗易懂，重点、难点突出，理论与实际相结合，具有较强的前瞻性和实用性。

本书可作为经济贸易类、工商管理类相关专业的本、专科及成人高等院校学生的教材，也适合 MBA、EMBA 等相关专业的研究生使用，还可作为其他从事经济法律实务或相关研究工作人员的参考书。

图书在版编目(CIP)数据

新编经济法教程 / 刘泽海主编. -- 6 版. -- 北京：
清华大学出版社, 2025. 7. -- (普通高等教育经管类专业
系列教材). -- ISBN 978-7-302-69748-0

Ⅰ. D922.29

中国国家版本馆 CIP 数据核字第 202587JQ55 号

责任编辑：高　屾
封面设计：周晓亮
版式设计：思创景点
责任校对：马遥遥
责任印制：丛怀宇

出版发行：清华大学出版社

网　　　址：https://www.tup.com.cn，https://www.wqxuetang.com

地　　　址：北京清华大学学研大厦 A 座　　　　　邮　　编：100084

社 总 机：010-83470000　　　　　　　　　　邮　　购：010-62786544

投稿与读者服务：010-62776969，c-service@tup.tsinghua.edu.cn

质 量 反 馈：010-62772015，zhiliang@tup.tsinghua.edu.cn

印 装 者：北京同文印刷有限责任公司

经　　销：全国新华书店

开　　本：185mm×260mm　　　印　　张：25.5　　　字　　数：777 千字

版　　次：2010 年 9 月第 1 版　　2025 年 8 月第 6 版　　印　　次：2025 年 8 月第 1 次印刷
　　　　　(附习题册 1 本)

定　　价：78.00 元

产品编号：104284-01

第6版前言

市场经济就是法治经济。作为现代π型商务人才，经管类专业的学生未来在从事现代商务活动时，应秉持法治理念，以"合法、依规"为基本原则，运用法商智慧，在实践中不断增强法律风险的识别和防控能力，提高科学决策的水平和有效参与市场竞争的能力。在此背景下，经管类专业的学生掌握规范经济活动的法律法规——"经济法①"，不仅有利于经济法律知识的建构、法治意识和理念的养成，还能够提升对法律风险的识别、防范和管控能力，进而赋能生产经营实践。在未来营商实践中，经管类专业的学生应以法治为基本遵循，恪守"守法、合规"底线，不断提升运用法律解决实际问题的能力，努力成为具有法商智慧的"懂法律的管理者"。从这个意义上讲，学好经济法课程无疑有助于经管类专业学生职业素能的提升。

长期以来，经济法一直是教育部规定的普通高校经管类专业的核心课程，也是各类经管类职业资格考试的必考科目之一。事实上，这门课程颇受重视和欢迎。但是，由于种种原因(法律基础知识薄弱、课程内容多、学时少、要求高等)，经管类专业的很多学生"害怕"学习经济法课程，觉得课程内容枯燥、难懂、难以应用，从而造成其学习效果不佳，进而影响了高等学校人才培养质量的提升。

《中华人民共和国民法典》及其司法解释的施行、《中华人民共和国公司法》的第二次修订及其他相关法律、法规的修订和完善(截至2025年8月4日)，意味着我国法治环境明显改善。实践中，在人工智能和"互联网+"环境下，高等院校的教学理念、教学环境、教学方式等正在发生深刻的变化。为了深入贯彻党的二十届三中全会精神，适应和满足营商环境、教学环境的改变所致的新的教学需求和期待，赋能新商科教学实践，提升教学质效，本书在《新编经济法教程(第5版)》的基础上修订②而成。

《新编经济法教程(第6版)》着力践行OBE理念，以多种方式探索新形势下经济法课程的启发式、探讨式、互动式教学，努力解决并提升经济法课程教学质效过程中出现的痛点和难点，以增强学生的职业胜任力。

《新编经济法教程(第6版)》面向的读者是非法学专业，尤其是经管类专业的学生。

本书以新形势下高等院校经管类专业应用型人才的培养为背景，以经济管理实践为基础，以满足经管类专业学生未来职业发展所需为原则，以职业经理人的职业素能为视角，以经济法综合应用能力的培养为主线，以学生乐学善用为目标构建合理的内容体系。书中有机融合了经管类学生的专业基础知识和学生未来职业发展所需的法律知识，并且涵盖了经管类职业资格考试(CPA、会计师、税务师、资产评估师等)所涉及的主要经济法律知识。同时，教材通过例题解析、随堂练习、课堂讨论、法务拓展、即测即评、同步练习题、思考与探索、法务研议、综合模拟试题等多

---

① 此"经济法"并非法学学科意义上的经济法，而是基于经济管理活动的内在要求和经管类专业人才培养的目标，约定俗成而谓之，类似于"经济法律概论""经济法律法规""商法基础"或其他近似称谓。在市场经济发达的其他国家，商学院一般开设介绍"与工商管理专业有关的法律"的核心课程，即"企业的法律环境"(the legal environment of business)或"商法与监管环境"(business law & the regulatory environment)。

② 此次修订，包括(但不限于)：增加"法治思维""举一反三"、随堂练习、典型例题解析和即测即评等内容；删除与现行法律、法规不相符合的内容；改写因法律、法规的变化所涉及的内容；修改已发现的问题，甚至错讹；增加、修改及完善图、表；完善"课堂讨论""法律应用""法务拓展""思考与探索""法务研议"等栏目的内容；完善以二维码的形式呈现的"法眼观察""知识拓展""拓展阅读""法条链接"等内容；调整和优化了课后同步练习题。

种形式着力培养并提升经管类专业学生正确运用所学法律知识解决实际问题的应用能力，促使学生养成良好的法律和合规意识，并努力引导学生像"懂法律的管理者"那样思维，以有效避免经济管理活动中的法律风险，确保学生在校所学与就业所需紧密契合。

本书特色鲜明，在内容表述上着重强调所讲内容的实践性和应用性，以图、表、二维码等多种形式阐述并力求理论知识与案例分析相结合(本书中所涉习题、案例提及的人名与商号均属虚拟)。同时，为了有效提升学生的综合应用能力，每一章均附有适量的、设计科学的、突出案例教学并具有可操作性的综合性同步练习题和随堂练习，促使学生在"学"和"做"的过程中提升运用法律思维分析和解决实践中出现的法律问题的素能。另外，在每一章末尾设置了"典型例题解析""即测即评""思考与探索""法务研议"栏目，以促进研讨式互动教学活动的开展。

为了便教利学，与本书配套的课后同步练习题单独成册，随书赠送。同时，本书提供多元、动态教学服务解决方案，包括(但不限于)多媒体课件，电子教案，习题答案，法律、法规查询系统，与经管类职业资格考试相关的配套练习题和综合模拟试题等。需要教学资源的读者可扫描右侧二维码获取。

教学资源

本书由国内十四所院校的一线资深教师和具有丰富实践经验的法官、律师编写，刘泽海任主编，薛建兰、睢利萍、谢超任副主编。

本书写作的具体分工(按各章先后为序)为：第一章(第一节至第三节及同步练习题)、第三章(第一节至第八节及同步练习题)、第五章(第一节至第六节及同步练习题)由刘泽海(河南工业大学)撰写；第一章(第四节)由黄新(深圳市中级人民法院)撰写；第二章、第八章、第十章(第四节及同步练习题)由徐九灵(河南久灵律师事务所)撰写；第四章由陈彦晶(西南财经大学)撰写；第三章(第九节)、第五章(第八节)、第六章(第三节)、第七章由燕雪松(河南坦言律师事务所)撰写；第五章(第八节)由周友军(北京航空航天大学)撰写；第六章(第一节)、第十章(第一节)、第十二章(第二节)、第十五章(第二节)由厉敏萍(井冈山大学)撰写；第六章(第二节、第四节)、第九章、第十章(第三节)、第十一章(第一节至第五节)由谢超(黄河交通学院)撰写；第六章(第五节)由李红润(桂林电子科技大学)撰写；第十章(第二节)由周玉利(湖南科技大学)撰写；第十一章(第六节)由刘蕾(广州商学院)撰写；第十一章(第七节)由药恩情(中北大学)撰写；第十二章(第一节)由钟金(华东交通大学)撰写；第十三章由薛建兰(山西财经大学)撰写；第十四章(第一节)、第十五章(第三节至第五节)由睢利萍(河南科技学院)撰写；第十四章(第二节)由刘卫先(中国海洋大学)撰写；第十五章(第一节)由赵廉慧(中国政法大学)撰写；高战胜博士、蒋军洲博士对部分稿件进行了审阅和修改。全书由刘泽海统稿。尤其需要说明的是，原最高人民法院法官姜强博士、徐九灵律师和燕雪松律师基于司法实践的视角，对本书各章的法务研议提出了诸多意见和建议。

在本书的修订过程中，全国众多院校一线教师热情参与并提出了很多宝贵的意见；仇书勇博士、刘新民博士提供了宝贵的建议和资料。书中参考了国内外大量书籍和资料，鉴于篇幅有限，笔者仅将主要参考文献附于书后，在此，谨向所有作者表示真诚的谢意。本书出版过程中，得到清华大学出版社的大力支持和多方指导，在此深表谢忱。

虽然作者希望通过本次再撰精修积极应对基于教学改革所产生的新需要，但由于水平有限且时间仓促，书中内容的不足、欠妥甚至是错讹之处，敬祈读者批评指正，以便在下次修订时做到"从善如流"和"与时俱进"。

刘泽海

2025 年 8 月 4 日

目　　录

第一章

经济法导论

　　从某种意义上说，法律就意味着秩序和效率。实践证明，在一定的条件下，市场是一种有效的资源配置方式，市场经济条件下应尊重市场对资源配置的作用。但是，由于垄断、市场的外部性、公共产品和信息的不完全性等原因，市场失灵往往会成为阻碍市场健康发展、威胁社会和谐的重要因素。为克服市场失灵，政府必须致力于形成能够有效发挥市场机制作用的经济环境。在此过程中，国家如何科学制定并严格实施各种法律尤其是经济法律法规以严格市场准入、强化市场监管、规范市场交易秩序、健全市场交易机制、改善宏观调控、完善社会保障、促进社会和谐就显得十分必要和迫切。

第一节　经济法概述

一、法的概述

　　一般认为，法(law)是由国家制定或认可，并由国家强制力保证实施的，反映统治阶级意志的规范体系。这一意志的内容由统治阶级的物质生活条件所决定，它通过规定人们在社会关系中的权利和义务，确认、保护和发展有利于统治阶级的社会关系和社会秩序。广义的法律指法的整体，即国家制定或认可，并由国家强制力保证实施的各种行为规范的总和。在一般情况下，"法"和广义的"法律"同义。

　　作为体现统治阶级意志的一种特殊的行为规则和社会规范，法具有强制性、规范性和科学性的特征。法通过指引、评价、预测、强制、教育等规范作用的发挥来调整人们的行为，进而维护社会公共利益。

　　基于不同的标准，法具有不同的形式和分类。根据不同的调整对象和调整方法，可以划分成不同的法律部门。中国特色社会主义法律体系，是以宪法为统帅，以法律为主干，以行政法规、地方性法规为重要组成部分，由宪法及宪法相关法、刑法、行政法、民商法、经济法、社会法、诉讼与非诉讼程序法等多个法律部门组成的有机统一整体。中国特色社会主义法治建设不仅需要良好的法律体系，更需要法律的良好运行或有效实施，将蕴含于法律体系中的价值理念和规范效力，切实转化为法治实效和治理效能。在中国式现代化进程中，必须更好发挥法治固根本、稳预期、利长远的保障作用，全面推进科学立法、严格执法、公正司法、全民守法，全面推进国家各方面工作法治化，以法治的方式促进发展、保障善治。

法治思维

制度经济学认为，在现代法治社会中，法律制度不再仅仅作为一种行为规则和依据，而是在事实上逐渐成为一种重要的"生产要素"广泛参与社会生产和生活的各个方面，深刻影响着企业的运营和人们的日常生活。实践中，法律环境①(legal environment)是影响营商环境的重要因素，好的营商环境直接影响着经济活动的预期和微观经济行为，进而影响企业的经营行为。不可否认，良好的法律环境有利于促进社会主义市场经济的发展。

S市"店面招牌风波"所引发的法治思考

企业的经营管理人员在现代商务活动中，应秉持合规(compliance)理念，强化法律风险的防范和控制管理，始终坚持依法合规经营。

因此，学好法律不仅可以培育社会主义法治意识，还可以在践行合规理念的过程中强化法律风险防范意识，依法行使并维护权利，积极履行义务，自觉与违法行为进行斗争。

二、经济的法律调整与经济法律

实践证明，人类社会的生存和发展离不开经济活动。调整经济关系、维护经济秩序，是法律的重要任务。因此，自从人类社会出现了国家，出现了法律现象，就有了对经济的法律调整。从古至今，随着经济的发展和社会的进步，法律对经济的调整也越来越深刻和广泛。在现代市场经济阶段，民法、商法和经济法是调整经济关系的主要法律部门。

早在古代，就存在保护财产权、维护交易等经济关系以及国家管理经济的法律规范，在进入市场经济阶段之后，人类调整经济关系的法律制度开始蓬勃发展并日益走向成熟。

在自由竞争市场经济阶段，人类社会的生产力得以迅速发展，与此相适应，经济民主的思想开始兴起，市场主体之间的平等地位以及市场主体的自主选择权得到普遍尊重，经济主要靠市场机制这只"看不见的手"来调节；政府的职能受到限制和约束，公共权力对市场的干预受到抵制。在这一阶段，强调意思自治和契约自由的民法以及与民法同源、着重调整传统商事主体和商事行为的商法得以蓬勃发展。

法眼观察

进入现代市场经济阶段以后，生产的高度社会化及人类社会的现代化导致了诸多市场失灵(market failure)问题。例如，自由竞争导致的垄断，妨碍了竞争机制作用的发挥，甚至从根本上动摇了市场经济的基础；市场的极端个体理性使宏观经济失衡；信息及实力的不对称，使消费者无法与企业取得实质的平等。这些变化使市场经济初期备受推崇的个人本位思想开始向社会本位思想演变；自由放任的市场经济逐步向注重政府干预和协调的市场经济转变。同时，社会公平意识也开始增强。因此，在这一阶段，强调社会整体利益和国家干预主义，旨在调控宏观经济、维护竞争秩序和保护消费者权益的经济法开始勃兴。至此，经济法与民商

网络直播获利行为需要依法规制

---

① 主要是指法律意识形态及与之相适应的法律规范、法律制度、法律组织机构、法律实施所形成的有机整体。

法共同成为调整现代市场经济关系的两大部门法，二者相互配合，共同维护正常的市场秩序。其中，民商法构成市场经济的法律制度基础，它体现了市场经济本身自由、平等的特质；经济法是市场经济法律制度的有益补充和有力保障，旨在通过国家干预维护竞争机制，维持宏观经济平衡。

三、狭义经济法概述

(一) 经济法的概念

经济法(economic law)是在克服市场失灵和政府失灵(government failure)，促进社会和谐的历史进程中不断发展和完善的一个法律部门。目前理论界对经济法概念的理解和认识仍在不断的变化和发展中，学术界仍没有权威的经济法的定义，而经济法学界也未能取得统一的认识。毋庸置疑，在健全市场机制、改善宏观调控、巩固社会主义市场经济体制的进程中，经济法是不可或缺的。

经济法的含义有广义和狭义之分。狭义的经济法是指矫正市场失灵、调整市场秩序的法律，国家调控是经济法存在的经济基础和政治基础。广义的经济法不仅包括国家调控的内容，也包括有关商法的内容。基于通说，本书不对有关经济法概念的各种观点做相应的阐述。本书认为，经济法是从社会本位出发，调整国家在经济管理和协调社会经济活动过程中所形成的各种经济关系的法律规范(legal norm)的总称。经济法是在民法、商法对市场经济初次调整的基础上进行的再次调整。作为一个独立的法律部门(legal branch)，一般认为，经济法具有经济性、社会性、政策性和综合性的特征。

知识拓展(1-1)

何谓市场失灵和政府失灵？

知识拓展(1-2)

经济法的特征

(二) 经济法的调整对象与范围

法的调整对象是一法区别于他法并作为独立法律部门而存在的根据。任何法律部门都有自身的调整对象，即该法所调整的独特的社会关系。但对于经济法调整对象，与经济法的概念一样，如何界定一直存在争议。基于前述关于经济法基本概念的认识，本书认为，经济法调整的是国家在经济管理和协调社会经济活动过程中所形成的各种经济关系。经济法的调整范围如图 1-1 所示。

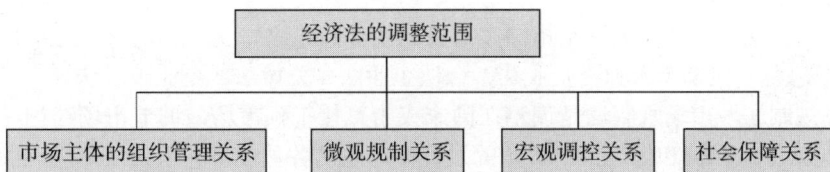

图 1-1　经济法的调整范围

1. 市场主体的组织管理关系

市场主体的组织管理关系是指市场主体的设立、变更、终止和市场主体内部组织机构在管理过程中发生的经济关系。调整这一关系的主要是企业法，包括个人独资企业法、合伙企业法、公司法、企业破产法等。

2. 微观规制关系

竞争是市场经济的必然要求，无竞争则无市场。然而竞争优胜劣汰的过程会使市场主体之间力量差距拉大，这一差距达到一定程度之后，垄断与限制竞争就随之产生；除了垄断，竞争的发展必然伴随着不正当竞争。不管是垄断还是不正当竞争，都会使市场机制失灵，严重者使国家经济整体发展受到影响。因此对市场这只无形之手的消极影响应由"国家之手"予以修正。同时由于垄断组织实力强大，不正当竞争普遍猖獗，为保证法律的顺利实施，这些法律规定多以强制性规范为主，具体以反垄断法为龙头，还包含有反不正当竞争法、消费者权益保护法、产品质量法等，其意义在于对市场公平竞争障碍的排除，维护经济发展的微观秩序。

3. 宏观调控关系

现代市场经济的运行是一个极其复杂的过程，当经济运行到一定程度，"市场之手"的缺陷就会暴露，其个体利益取向的单一会使社会经济发展的整体陷入资源配置无序化与严重浪费的泥潭，社会迫切需要另一种超然于市场之上的力量对此进行规制与引导。任何国家任由其经济自然发展则远远不能适应经济发展的需要，任何国家的经济都需要"国家之手"的适当干预与促进，我们把这种由国家引导和促进产生的经济管理关系称之为"宏观调控关系"。相应的，调整这类经济关系的法律可称为"宏观调控法"，包括计划法、财政税收法、金融调控法等。

4. 社会保障关系

社会保障是国家赋予社会成员的一项基本权利。社会保障关系是国家在从事社会保障各项事业的过程中与劳动者及全体社会成员之间所形成的物质利益关系。市场经济强调效率、兼顾公平，既要克服平均主义，又要保障全体社会成员的基本生活。但是，市场本身解决不了这个问题，需要国家出面进行干预，建立互助互济、社会化管理的社会保障制度。在实施社会保障过程中发生的这类经济关系由经济法加以调整，以利于充分开发和合理利用劳动力资源，保护劳动者的基本生活权利，维护社会稳定，促进经济发展。调整这部分关系的主要有劳动法、社会保险法等。

(三) 经济法的体系

经济法的体系是指经济法作为一个独立的法律部门，其内部具有逻辑联系的各项经济法律规范所组成的系统结构。依据一般的法学原理，一个部门法体系的构成主要取决于该部门法的调整对象，即该法所调整的社会关系。经济法的体系问题，学者们的认识也各不相同。本书从经济法而非经济法学的角度出发，并依据上述关于经济关系以及经济法调整的基本内容，将经济法的体系分为如下四部分。

(1) 市场主体法。市场主体法是指国家对市场主体的设立、变更和消灭过程中发生的经济关系的法律规范总称，包括个人独资企业法、合伙企业法、公司法、企业破产法等。

(2) 市场规制法。市场规制法是调整在国家权力直接干预市场，调节市场结构，规范市场行为，维护市场秩序，保护和促进公平竞争的过程中产生的各种经济关系的法律规范的总称。简言之，市场规制法就是调整市场规制关系的法律规范的总称。市场规制法体系由三大部分所构成，即反垄断法、反不正当竞争法和消费者保护法。由于市场规制法与相关法律部门交叉，在涉及市场规制法体系的结构时，学术界存在不同看法。

(3) 宏观调控法。宏观调控法是国家对国民经济和社会发展运行进行规划、调节和控制过程中发生的经济关系的法律规范的总称，包括计划法、财税法、金融法三大部分。财政税收法又包括流转税法、所得税法、税收征收管理法等，金融调控法包括银行法、证券法、保险法、票据法等。

(4) 社会保障法。社会保障法是国家为维护社会安定和经济稳步发展而制定的，保障社会成员基本生活需要和经济发展享受权的各种法律规范的总称，包括劳动法、社会保险法等。

以上经济法体系的划分采取的是四分法，在学术界还有二分法、三分法，原因在于学者们采取的划分标准不同。

(四) 经济法的渊源

法律渊源(legal source)，亦称法律的形式，即法律的存在或表现形式。我国法律制度在形式上属于成文法，因此判例不作为法律渊源。就现有立法情况来看，经济法的渊源主要有以下几种，如图 1-2 所示。

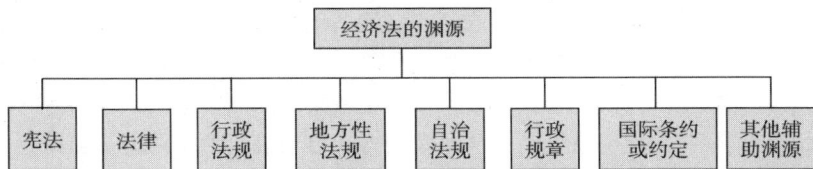

图 1-2 经济法的渊源

(1) 宪法(constitution)。宪法是国家的根本大法，规定国家的根本制度和根本任务、公民的基本权利和义务等内容，具有最高法律效力。经济法以宪法为渊源，除与其他法律、法规、规章、自治条例、单行条例等一样，不得与之相违背之外，主要是从中吸收有关经济法律制度的精神。

(2) 法律(act/law)。这里的法律指的是狭义的理解，即仅指全国人民代表大会及其常务委员会制定的规范性文件。此外，全国人民代表大会及其常务委员会作出的具有规范性的决议、决定、规定、办法以及立法解释等，也属于"法律"类经济法的渊源。在我国经济法的渊源中，其效力和地位仅次于宪法，是经济法最主要的渊源。例如，为了规范公司的组织和行为，保护公司、股东、职工和债权人的合法权益，完善中国特色现代企业制度，弘扬企业家精神，维护社会经济秩序，促进社会主义市场经济的发展，根据宪法，第十四届全国人民代表大会常务委员会第七次会议于 2023 年 12 月 29 日第二次修订了《中华人民共和国公司法》(以下简称《公司法》)。

知识拓展(1-3)

与市场经济紧密相关的常见法律

(3) 行政法规(administrative regulation)。行政法规是指作为国家行政机关的国务院根据宪法和法律或者最高权力机关的授权而依法定程序制定的规范性文件。在我国经济法的渊源中，行政法规的数量要远远多于法律，其效力和地位仅次于宪法和法律，是经济法的重要渊源。此外，国务院发布的规范性的决定和命令，同行政法规具有同等的法律效力，也属于经济法的渊源。比如，根据《中华人民共和国消费者权益保护法》(以下简称《消费者权益保护法》)等法律，2024 年 2 月 23 日国务院第 26 次常务会议通过了《中华人民共和国消费者权益保护法实施条例》(以下简称《消费者权益保护法实施条例》)。

(4) 地方性法规(local law)。地方性法规是指地方立法机关制定或认可的，其效力不能及于全国，而只能在地方区域内发生法律效力的规范性法律文件。省、自治区、直辖市的人民代表大会及其常务委员会根据本行政区域的具体情况和实际需要，在不与宪法、法律、行政法规相抵触的前提下，可以制定地方性法规。设区的市的人民代表大会和它们的常务委员会，在不与宪法、法律、行政法规和本省、自治区或直辖市的地方性法规相抵触的前提下，可以依照法律规定制定地方性法规。例如，为了加强船舶污染防治，支持航运

知识拓展(1-4)

地方性法规的立法权限

业绿色低碳发展，保护生态环境，推进生态文明建设，促进经济社会高质量发展，根据生态环境保护有关法律法规，结合海南省实际，海南省第七届人民代表大会常务委员会第十七次会议于2025年4月1日审议通过了《海南省船舶污染防治条例》。虽然地方性法规在效力上具有从属性，在适用范围上也具有地域局限性，但其是地方权力机关根据宪法的授权而制定的，同样具有法律效力，属于经济法的渊源。

(5) 自治法规。自治法规是指民族自治地方(自治区、自治州、自治县)的权力机关所制定的特殊地方规范性法律文件(自治条例和单行条例)的总称。自治条例(autonomous regulation)是民族自治地方根据自治权制定的综合的规范性法律文件；单行条例(specific regulation)是根据自治权制定的调整某一方面事项的规范性法律文件。自治区的自治条例和单行条例，报全国人民代表大会常务委员会批准后生效；自治州、自治县的自治条例和单行条例，报省或自治区人民代表大会常务委员会批准后生效，并报全国人民代表大会常务委员会备案，如《宁夏回族自治区河湖管理保护条例》《恩施土家族苗族自治州自治条例》《河南蒙古族自治县自治条例》《鄂伦春自治旗自治条例》等。自治条例和单行条例可作为民族自治地方的司法依据。

(6) 行政规章(administrative rules)。行政规章是具有规章制度权限的行政机关依法制定的规范性法律文件，依其制定机关的不同，可分为部门规章和地方行政规章。规章的名称一般称"规定""办法"，但不得称"条例"。部门规章是指国务院各部、委员会、中国人民银行、审计署和具有行政管理职能的直属机构在本部门的权限范围内所制定的规范性文件，内容主要限于执行法律或者国务院的行政法规、决定、命令的事项，如中国证券监督管理委员会制定的《上市公司独立董事管理办法》等。地方行政规章是指省、自治区、直辖市和设区的市、自治州的人民政府依照法定职权和程序制定的规范性文件，如，成都市人民政府制定的《成都市寄递安全管理办法》。虽然规章不属立法的范畴，但其是在执行法律、行政法规和地方性法规的基础上制定施行的，也属经济法的渊源。

知识拓展(1-5)

行政规章的
立法权限

(7) 国际条约或协定(international treaty/agreement)。国际条约或协定是指我国作为国际法主体同外国或地区缔结的双边、多边协议和其他具有条约、协定性质的文件。上述文件生效以后，对缔约国的国家机关、团体和公民就具有法律上的约束力，因而，国际条约或协定便成为经济法的重要形式之一，如我国加入 WTO(世界贸易组织)与相关国家签订的协议、我国与有关国家签订的双边投资保护协定等。

(8) 其他辅助渊源。一般认为，经济法的辅助渊源主要包括习惯、司法解释、行业自治规则、判例和学说等。

习惯是指人们在长期的生产、生活中所形成的一种行为规范，可以成为经济法的辅助渊源。《中华人民共和国民法典》(以下简称《民法典》)第10条规定，处理民事纠纷，应当依照法律；法律没有规定的，可以适用习惯，但是不得违背公序良俗。

司法解释(judicial interpretation)是指最高人民法院、最高人民检察院就司法实践中有关案件的审理和法律适用提出的具有普遍司法效力的指导性意见和法律解释，如《最高人民法院关于适用〈中华人民共和国民法典〉合同编通则若干问题的解释》(以下简称《合同编通则司法解释》)、《最高人民法院关于审理预付式消费民事纠纷案件适用法律若干问题的解释》等。这种解释主要针对具体的法律条文，通常是有关法律适用的普遍性指导意见，一般采取规范性文件的形式发布，对市场主体具有普遍的约束力，因而可作为经济法的辅助渊源。最高人民法院、最高人民检察院作出的属于审判、检察工作中具体应用法律的解释，应当自公布之日起30日内报全国人民代表大会常务委员会备案。最高人民法院、最高人民检察院以外的审判机关和检察机关，不得作出具体应用法律的解释。

行业自治规则是指市场主体就其组织、运作和内部关系而自主制定的规则，如公司章程、交易所业务规则、行业规约、标准合同或条款等。这些规则只要为法律法规所认可，对相关市场主体产生拘束力，而且在各自范围内处于优先适用的地位，就可以作为经济法的辅助渊源。

判例和学说，依我国法制传统，不是我国法的渊源，但对立法和司法活动起着直接或间接的作用，可以作为经济法的间接渊源。

需要说明的是，在我国，随着部门法划分界限的逐渐明确以及法学学科的不断发展，"经济法"这一概念的法学意义已经被特定化为与民商法相并列的经济法法律部门以及与其相对应的经济法学科，而不再是"调整经济法关系的法"或"与经济相关的法"这样的表面含义。严格地讲，传统的"经济法"这一名称已经不能完全涵盖本书的内容，因为从部门法意义上看，本书不仅包括经济法相关制度，而且还包括民法、商法和其他部门法的相关制度。但是，基于约定俗成及本书适用对象的考量，取"经济法"这一称谓的表象，称其为"新编经济法教程"。

同时，本书的基本体系主要以"高等院校应用型人才培养规划——经管类专业经济法教学大纲"为依据，这一体系内容不仅不可能完全依照经济法的体系内容而编写，而且也不可能仅局限于经济法的体系范围，有些章节还要涉及传统民商法中的有关法律制度，如合同法律制度、保险法律制度等。

第二节　经济法律关系

一、经济法律关系概述

（一）法律关系

法律关系(legal relationship)是指法律规范在调整人们行为过程中形成的权利(right)义务(obligation)关系。与其他社会关系相比，法律关系具有如下特征。

(1) 法律关系是根据法律规范建立的一种社会关系，具有合法性。人们按照法律规范的要求行使权利、履行义务并由此而发生特定的法律上的联系，这既是一种法律关系，也是法律规范的实现状态。在此意义上，法律关系是人与人之间的合法(符合法律规范的)关系。这是它与其他社会关系的根本区别。

(2) 法律关系是体现意志性的特种社会关系。因为法律关系是根据法律规范有目的、有意识建立的，所以法律关系像法律规范一样必然体现国家的意志。从这个意义上说，破坏了法律关系，其实也就违背了国家意志。

(3) 法律关系是特定法律关系主体之间的权利和义务关系。法律关系是以法律上的权利、义务为纽带而形成的社会关系，它是法律规范的规定在事实社会关系中的体现。

知识拓展(1-6)

法律关系有三个构成要素：主体、内容和客体。

法律事实(包括法律行为和法律事件)能够引起法律关系的发生、变更和消灭。如图 1-3 所示，我国民事法律事实主要包括行为和事件。

法律事实的种类

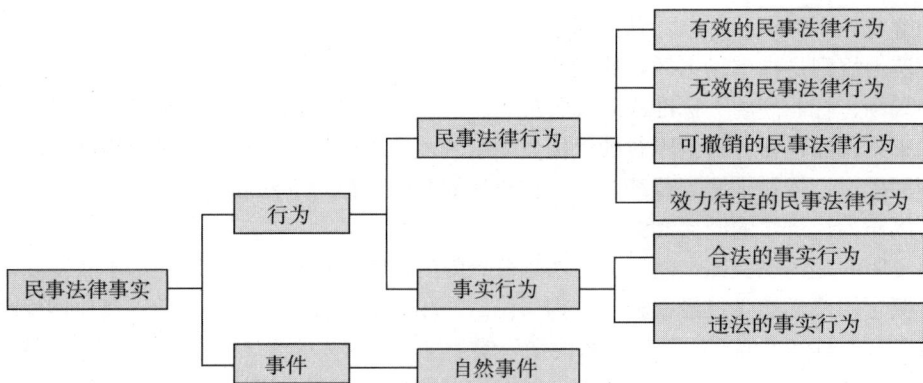

图 1-3 民事法律事实的类型

随堂练习(1-1)

下列选项中，可以引起法律关系产生、变更和消灭的有(　　)。

A. 甲伪造了票据上的签章

B. 乙将自己的银行卡密码无意透露给了同事丙

C. 丁与戊保险公司的财产保险合同因期限届满而终止

D. 己告诉朋友庚："我有存款100万元，请一定要为俺保密。"

E. Z国B公司与A国C公司之间的国际货物贸易合同因为关税问题被迫解除

F. 辛对同宿舍同学壬说："我已喜欢上本班同学癸了，如果你是我哥们儿，就不要追求她！"

（二）经济法律关系

经济法律关系是法律关系的一种表现形式。经济法律关系是指经济法律、法规对客观存在的经济关系进行调整之后形成的，由国家强制力保证其存在和运行的，经济权利与经济义务相统一的关系。从该定义，我们可以概括经济法律关系具有如下特点。

(1) 经济法律关系的参加者必须是法律主体。凡是非法律确认和保护的主体，非依法律规定的条件和程序设立的主体均不能参加经济法律活动，也不能形成经济法律关系。

(2) 经济法律关系由经济法律规范所确认，并受经济法律规范的保护。可以说，经济法律关系的产生是国家运用经济法手段干预经济活动的必然反映，是国家干预经济关系被经济法律规范所确认的产物。

(3) 经济法律关系产生于特定经济活动中。经济法律关系产生于特定的经济活动之中，是特定的经济活动在法律上的反映。在非法律活动和非经济法律活动中不可能产生经济法律关系。经济法律关系产生的特定经济活动包括市场管理活动、宏观经济调控和可持续发展活动以及社会保障活动。

经济法律关系同一般法律关系一样，也是由主体、内容和客体三种要素构成的。

二、经济法律关系的主体

（一）经济法律关系主体的概念

经济法律关系的主体，即经济法主体，是指在国家协调经济过程中依法独立享有经济法律权利，承担经济法律义务的当事人。经济法主体既是经济权利的享有者，又是经济义务的承担者，是经济法律关系中最积极、最活跃的因素，是构成经济法律关系的第一位要素。

在理解经济法主体的概念时，应当掌握以下三点。

(1) 经济法主体能以自己的名义，独立地参加经济法律关系。这就要求经济法律关系主体具有相应的资格，即便是代表国家行使经济管理、经济协调权力的各国家机关，在法律程序上也并不是以国家的名义，而是以自己的名义，独立地进行经济法律行为。

(2) 经济法主体所享有的是经济法律权利，所承担的是经济法律义务。同一社会组织或公民可以成为多种法律关系的主体，区分其主体的种类，关键在于该主体所享有或承担的权利与义务的性质。凡是享有或承担经济法律权利或义务的，就是经济法律关系的主体。

(3) 经济法主体必须能够独立承担经济法律责任。这就要求经济法主体拥有相应的财产权。只有以必要的财产作为物质基础，经济法主体才能对自己的行为承担经济法律责任。

(二) 经济法律关系主体的主体资格

作为经济法主体的组织和个人，必须具有相应的主体资格。所谓经济法主体资格，通常是指当事人所具有的参加经济法律关系，享有经济权利和承担经济义务的资格与能力。也就是说，具有经济法主体资格的当事人，便具有享有经济权利的资格与承担经济义务的能力，可以参加经济法律关系；反之，就不能参加经济法律关系。

经济法主体资格不能由任何组织或个人随意确定，更不能由当事人自封，它只能由国家制定的经济法律、法规赋予或确定，具有法定性。经济法的主体资格，以成立的合法性为基础和前提，即取得经济法主体资格的当事人必须是依照法律和一定程序成立的，包括：依照宪法和法律由国家各级权力机关批准成立；依照法律和法规由国家各级行政机关批准成立；依照法律、法规或章程由经济组织自身批准成立；依照法律、法规由主体自己向国家有关机关申请并经核准登记而成立；由法律、法规直接赋予一定身份而成立等各种情形。非法成立的组织，法律不会赋予其参加经济法律关系的主体资格。

依法成立的经济法主体只能在法律规定或认可的范围内参加经济法律关系，即经济法主体资格具有有限性，受法律规定或认可的活动范围限制。超越法律规定或认可的范围，则不再具有参加经济法律关系的主体资格。

(三) 经济法律关系主体的范围

经济法律关系主体的范围是由经济法调整对象的范围决定的。由经济法调整经济关系的广泛性所决定，在我国依法能够参加经济法律关系的主体范围亦十分广泛，包括国家机关、企事业单位、社会团体、企业的内部组织、个体工商户、农村承包户和其他自然人等经济法主体。

(1) 国家机关。国家机关是经济法律关系中最重要的主体。直接参加经济法律关系的国家机关包括立法机关、司法机关和行政机关，主要是通过经济立法、经济司法和行政行为依法参加经济法律关系，行使经济权利和履行经济义务，实现其担负的组织和领导经济建设的职能。

(2) 社会组织。包括企业、公司、事业单位、社会团体等，它们又可进一步分为法人组织与非法人组织。它们应该能够独立或相对独立地支配一定的财产，享有财产所有权、经营权及其他财产权利。社会组织是经济法主体体系的主要组成部分，它们的素质及其活动状况决定着经济活力和法制水平，决定着市场经济的前途。

(3) 内部组织。主要是指企业、公司等经济组织的内部组织。但并非所有内部组织都可以成为经济法主体，可以成为经济法主体的内部组织，只是指那些在实行内部承包制、内部经济责任制中具有相对独立地位和利益的内部组织。这些组织不是法人，对外也不是独立的主体，在参加经济组织内部经济管理和经济协调关系时，经济法赋予其一定的主体资格，以保护其合法权益。

(4) 个体工商户、农村承包户和其他自然人。经济法主体主要是组织，但参加生产经营管理关系的自然人及其组合的家庭，也可以成为经济法主体。

三、经济法律关系的内容

经济法律关系的内容是指经济权利和经济义务。

(一) 经济权利

经济权利是指经济法主体在国家协调经济运行过程中，依法具有的自己为或不为一定行为，以及请求他人为或不为一定行为的资格。它包括相互联系的三个方面的含义。

(1) 经济法律关系主体在法定范围内根据自己的利益需要，有权按照自己的意志实施一定的经济行为，即可以有选择地作出一定行为或者不作出一定行为。例如，享有所有权的人，有权对自己所有的物进行占有、使用和处置，并从中取得合法权益。

(2) 经济法律关系主体有权依法请求负有义务的人作出或不作出一定的行为，以实现自己的经济权益。例如，商标注册人有权请求所有不特定的主体不要侵犯自己的注册商标专用权。

(3) 经济法律关系的主体在由于他人行为而使其权利不能实现或者受到损害时，有权依法请求国家有关机关给予强制力保护。例如，权利人的所有物被他人非法侵占时，所有权人有权请求人民法院令其退还侵占物并赔偿其损失。

经济权利的本质就在于满足经济权利主体的经济利益，其中包括通过经济权利主体行使经济权利，实现国家利益、社会利益和自身利益。经济利益是经济权利的实质和核心内容，经济权利则是反映和确保一定经济利益的法律形式。法律赋予经济法主体一定的经济权利后，经济法主体就获得了意志和行为的自由，就可以按照自己的独立意志去支配自己的行为，以实现自身的利益。

(二) 经济义务

经济义务是相对经济权利而存在的。它是指经济法主体为了实现特定的权利主体的权利，在法律规定的范围内所承担的实施或不实施某种经济行为的义务。经济义务是法律对经济法主体的行为给予一定程度的强行限制和约束，这种法定限制和约束是实现权利主体的经济权利并满足其经济利益所必需的。经济义务这一定义也包括相互联系的三层含义。

(1) 义务人必须作出或者不作出一定的行为，其目的是实现对方的权利或不影响对方权利的实现。

(2) 义务是有限的而非无限的。即负有义务的主体只需在法律规定的范围内为或不为一定的行为，超越法律规定的限度，就不能约束经济法主体的自由。

(3) 经济义务主体应当自觉履行经济义务，如不依法履行经济义务，就应承担法律责任，受到相应的法律制裁。

经济权利和经济义务既是对立的，又是统一的；是完成一定经济任务、实现一定经济利益的必须；是同处于经济法律关系统一体中的两个方面。没有经济权利，就不会有经济义务。经济法主体一方享有经济权利，另一方必然要承担相对应的经济义务。没有经济义务，经济权利就不可能得以全面实现。

四、经济法律关系的客体

(一) 经济法律关系客体的概念

经济法律关系的客体，是指经济法律关系的主体享有的经济权利和承担的经济义务所共同指向的目标或对象。客体是确立权利义务关系性质和具体内容的客观依据，客体的确定与转移是经济法律关系形成和实现的客观标志，也是检验权利是否正确行使和义务是否完全履行的客观标准。如果没有客体，经济权利和经济义务就失去了既定目标而难以落实，经济法主体的活动也就失去了意义。因此，经济法的客体是经济法律关系不可缺少的要素之一。经济法律关系的客体具有广泛性。可以从两方面来理解客体的这一特征。一方面，经济法律关系的客体种类是多种多样的。能够作为经济法律关系客体的，既有物，又有精神财富，也有各种经济行为。在物这一客体中，既有生产资料，又有消费资料；既有以实物形态出现的物，又有以货币形态出现的物。在精神财富这一客体中，既有专利，又有商标，还有其他专有技术。在经济行为这一客体中，既有经济管理行为，又有完成工作的行为和提供劳务的行为。另一方面，并非任何一种物均可作为任何一种经济法律关系的客体，法律对不同的经济法律关系所确定的客体范围也是不同的。如矿藏、水流等国有资源不能作为买卖关系的客体，但可以作为特别经营权的客体。

知识拓展(1-7)

经济法律关系
客体的分类

(二) 经济法律关系客体的分类

经济法律关系的客体多种多样，概括起来可以分为七大类：物，经济行为，智力成果，权利，非物质利益，数据、网络虚拟财产和自然人的个人信息。

第三节 与经济法相关的基础知识

一、民事主体

民事法律关系主体的类型包括：自然人、法人、非法人组织。

(一) 自然人

自然人(natural person)是指基于自然规律出生而享有法律人格的人。

1. 自然人的民事权利能力

自然人的民事权利能力是指自然人享有民事权利和承担民事义务的作为民事主体的地位或资格。

自然人的民事权利能力一般始于出生，终于死亡。但在特殊情况下，人没有出生，就有某种权利，如《民法典》规定，遗产分割时，应当保留胎儿的继承份额。在特殊情况下，人死亡之后也会有相应的权利，如《中华人民共和国著作权法》(以下简称《著作权法》)规定，作者死亡后，仍然享有相应的著作权。

2. 自然人的民事行为能力

自然人的民事行为能力是指自然人作为民事主体以自己的行为独立地享有民事权利、承担民事义务的资格。根据《民法典》的规定，自然人的民事行为能力分为三种类型。

(1) 完全民事行为能力(perfect capacity for act)(年满 18 周岁心智健全者为完全民事行为能力人；已满 16 周岁未满 18 周岁的未成年人，如果以其自己的劳动收入为主要生活来源，被视为完全民事行为能力人)。完全民事行为能力人所实施的行为是有效的行为，他要对该行为负责，无须他人为其承担责任。

(2) 限制民事行为能力(restrictive capacity for act)(已满 8 周岁未满 18 周岁的未成年人和不能完全辨认自己行为的成年人为限制民事行为能力人)。限制民事行为能力人实施民事法律行为由其法定代理人代理或者经其法定代理人同意、追认，但是可以独立实施纯获利益的民事法律行为或者与其年龄、智力相适应的民事法律行为。申言之，限制民事行为能力人实施的纯获利益的民事法律行为或者与其年龄、智力、精神健康状况相适应的民事法律行为有效；实施的其他民事法律行为经法定代理人同意或者追认后有效。判断限制民事行为能力人实施的民事法律行为是否与其年龄、智力、精神健康状况相适应，可以从行为与本人生活相关联的程度，本人的智力、精神健康状况能否理解其行为并预见相应的后果，以及标的、数量、价款或者报酬等方面认定。实践中，限制民事行为能力人超出民事行为能力范围而实施的合同行为为效力待定行为〔其监护人(guardian)追认的有效，否则无效〕；超出行为能力范围而实施的单方民事法律行为为无效行为(如限制行为能力人订立遗嘱的行为无效)。

【例 1-1】 12 岁的初中生魏信(身高 172cm、行为较稳重)，2025 年 3 月 15 日拿着自己的 7 800 元压岁钱到青岛购物中心商场买了一个书包和几支笔(共花费 78 元)，看到商场柜台的某著名品牌笔记本电脑不错，就买了一台(花费 6 728 元)。请问：如何评判魏信行为的法律效力？

【解析】 根据《民法典》的规定，魏信买文具的行为是有效的，而买笔记本电脑的行为是效力待定的行为。

(3) 无民事行为能力(incapacity for act)(不满 8 周岁的未成年人、不能辨认自己行为的 8 周岁以上的未成年人以及不能辨认自己行为的成年人为无民事行为能力人)。无民事行为能力人实施的民事法律行为无效。实践中，无民事行为能力人接受奖励、赠与、报酬等，他人不应以行为人无民事行为能力为由，主张该行为无效。

(二) 法人

1. 法人的概念与特征

《民法典》第 57 条规定，法人(legal person)是具有民事权利能力和民事行为能力、依法独立享有民事权利和承担民事义务的组织。作为法律拟制的、具有独立人格的主体，与自然人以及非法人组织相比较，法人的基本法律特征主要有以下几点。

(1) 作为一种社会组织，法人是一种独立的组织体。这是法人与自然人之间的最大区别。法人是社会组织，但不是任何组织都能取得法人资格，只有那些具备法定的条件，并得到法律认可或依法获得批准的社会组织，才能取得法人资格。法人必须是一个集合体，必须有稳定的、独立的组织机构，才能形成不同于其成员的法人意志，从而独立从事民事活动。

(2) 法人拥有独立的财产或者经费。法人必须拥有独立归其所有并由其支配的财产或者经费(这些财产或经费应当与国家的财产、他人的财产、成员的财产严格相分离)，是法人作为独立主体存在的基础和前提条件，也是法人独立地享有民事权利和承担民事义务的物质基础。

(3) 法人具有独立的人格。法人的独立人格具体表现为：①独立身份。能够以自己的名义独立参与民事活动、独立享有民事权利、承担民事义务。②独立意志。可以自主决定自己的民事活动、支配自己的民事行为。法人的意志完全独立于成员的个人意志。③独立利益。这是其作为独立民事主体的内在要求。因此，法人均具有与其成员不完全相同的独立利益要求。④独立责任。法人应独立承担由自己活动所产生的财产责任。除法律另有规定外，法人的成员或创立人个人对法人的债务不承担责任，而应由法人以自己的财产承担民事责任。在这一点上，法人与非法人组织存在明显区别。非法人组织通常不能独立承担民事责任，其出资人或者设立人通常要对非法人组织的债务承担无限责任。

现代公司法为了防止股东滥用公司有限责任和法人人格侵害债权人利益，又允许在特定条件下"刺破公司面纱"，否定公司法人人格，要求股东与公司承担连带责任。

知识拓展(1-8)

法人的分类

2. 法人的分类

基于不同的标准，可以将法人作不同的划分。在学理上，可以将法人分为社团法人与财团法人；营利法人与公益法人；本国法人与外国法人等。《民法典》将法人分为营利法人、非营利法人和特别法人。

3. 法人的设立条件

法人的设立条件是指社会组织取得法人资格所必须具备的基本条件。依照《民法典》第58条的规定，法人设立的条件包括以下几项。

(1) 依法成立。所谓依法成立，是指法人的设立须符合法定条件和法定程序。一方面，法人须依法定条件设立，即法人的设立要有法律根据、符合法律规定的实质条件。另一方面，法人须依法定程序设立，如依法需要登记的，应当办理法人登记，登记机关应当依法及时公示法人登记的有关信息。如果法人的实际情况与登记的事项不一致的，不得对抗善意相对人。

(2) 应当有自己的财产或者经费。财产或经费是法人进行民事活动，独立承担民事责任的物质基础和基本保障。任何社会组织取得法人资格，都需要有与法人的设立宗旨、业务活动等相适应的财产或者经费。

(3) 应当有自己的名称、组织机构和住所。名称是一个社会组织特定化的必要条件。法人有自己的名称，才能以自己的名义进行民事活动，因此，法人必须有自己的名称，并且依法只能有一个名称。法人的组织机构是形成和执行法人的意志，对内管理法人事务，对外代表法人进行民事活动的常设机构。法人的住所是法人从事业务活动的地方。法人的场所可以有多处，但每个法人只能有一个住所。依照《民法典》第63条的规定，法人以其主要办事机构所在地为住所。依法需要办理法人登记的，应当将主要办事机构所在地登记为住所。

(4) 满足法律规定的其他条件。法人成立的具体条件和程序，依照法律、行政法规的规定。设立法人，法律、行政法规规定须经有关机关批准的，依照其规定。如《公司法》规定，设立公司必须依法制定公司章程。

4. 法人的民事能力

法人的民事权利能力是指法人作为民事主体，以自己的名义参与民事活动，独立享有民事权利并承担民事义务的资格。法人的民事权利能力的范围受制于自身性质的限制，取决于法律、法人章程的规定。

法人的民事行为能力是指法人通过自己的行为，为自己取得民事权利和承担民事义务的资格。法人的民事权利能力与民事行为能力均始于成立，终于终止，并且其民事行为能力不能超出其权利能力的范围。法人的民事行为能力通过法人的法定代表人或代理人的活动来实现。法人机关或代表人的行为即为法人的行为，法人应承担由此产生的一切民事法律后果。

法人的民事责任能力是指法人对自己实施违法行为造成的法律后果，应当承担相应民事责任的能力。一般认为，法人的民事责任能力具体体现在以下三个方面。

(1) 法人须对法定代表人的行为负责。《民法典》规定，法定代表人以法人名义从事的民事活动，其法律后果由法人承受。法人章程或者法人权力机构对法定代表人代表权的限制，不得对抗善意相对人。法定代表人因执行职务造成他人损害的，由法人承担民事责任。法人承担民事责任后，依照法律或者法人章程的规定，可以向有过错的法定代表人追偿。

法人对法定代表人所负的责任，包括越权行为的责任。《民法典》第504条规定，法人的法定代表人或者非法人组织的负责人超越权限订立的合同，除相对人知道或者应当知道其超越权限外，该代表行为有效，订立的合同对法人或者非法人组织发生效力。

【例1-2】甲公司和乙公司在前者印制的标准格式《货运代理合同》上盖章。《货运代理合同》第四条约定："乙公司法定代表人对乙公司支付货运代理费承担连带责任。"乙公司法定代表人李红在合同尾部签字。后双方发生纠纷，甲公司起诉乙公司，并请求此时乙公司的法定代表人李蓝承担连带责任。关于李蓝拒绝承担连带责任的抗辩事由，下列说法能够成立的是(   )。

A. 乙公司法定代表人未在第四条处签字

B. 第四条为无效格式条款

C. 乙公司法定代表人的签字仅代表乙公司的行为

D. 李蓝并未在合同上签字

【解析】本题涉及法定代表人的责任认定，答案为D。

(2) 法人对工作人员的职务行为负责。所谓职务行为是指法人的工作人员在执行职务期间实施的民事行为。法人对其工作人员因执行法人交付的任务而所为的行为负责，其中也包括侵权行为所致的民事责任。

【例1-3】甲公司为花朵家装修新房，派丙、丁两人具体施工。房子装修好之后，丙踩在丁的肩上安装灯泡，丙对丁说："准备好了，你转圈吧。"丁不明所以。丙说："笨！灯泡是螺旋口的，你不转圈，我怎么能拧上呢？"丁大笑，致使丙跌落受伤，共花去医药费1000元。请问：对此损害，应如何承担？

【解析】根据我国相关法律规定，企业法人对他的法定代表人和其他工作人员的经营活动，承担民事责任；雇员在从事雇佣活动中遭受人身损害，雇主应当承担赔偿责任。丙、丁为甲公司工作人员，丙在从事公司交办的工作过程中遭受损害，应由甲公司承担责任。

(3) 法人应负的非法活动责任。法人不得从事法律禁止的活动，损害国家利益或者社会公共利益，否则应依法承担相应的法律责任。

(三) 非法人组织

《民法典》第102条规定，非法人组织是不具有法人资格，但是能够依法以自己的名义从事民事活动的组织。非法人组织包括个人独资企业、合伙企业、不具有法人资格的专业服务机构等。所谓不能独立承担民事责任，是指当发生以该组织的资产不足以偿还其债务的情况时，由出资设立该组织的人或单位承担补充甚至连带责任，而不能仅以该组织的资产为限。《民法典》第104条规定，非法人组织的财产不足以清偿债务的，其出资人或者设立人承担无限责任。法律另有规定的，依照其规定。

非法人组织虽然不具有独立承担民事责任的能力，但也可以依法从事相应的活动，如合伙企业、个人独资企业、分公司等，也有权在营业执照明确的范围内从事经营。

二、民事权利

根据《民法典》及相关法律规定，民事主体依法享有多项民事权利(right in civil affairs)，具体如表 1-1 所示。

表 1-1 民事主体依法享有的民事权利

民事权利	人身权利	人格权	一般人格权		
			具体人格权(生命权、身体权、健康权、姓名权、名称权、肖像权、隐私权、名誉权等)		
		身份权	亲属权、监护权、荣誉权等		
	财产权利	物权	自物权	所有权(具体权能包括占有权、使用权、收益权、处分权)	
			他物权(限制物权)	用益物权	土地承包经营权、建设用地使用权、宅基地使用权、居住权、地役权、自然资源使用权(海域使用权、探矿权、采矿权等)等
				担保物权	抵押权、质押权、留置权
			类物权	占有	
		债权	约定之债	合同之债	
				侵权之债、不当得利之债、无因管理之债、其他法定之债	
	知识产权	著作权	版权、邻接权		
		工业产权	专利权(发明、实用新型、外观设计)、商标权		
		非专利技术	未授予专利的技术，如技术诀窍等		
	财产继承权				
	股权和其他投资性权利				
	其他合法权益				

基于体系的考虑，本章只重点介绍财产权利的物权(其中的担保物权部分将在本书第五章"合同法律制度"部分阐述)和债权的相关知识，知识产权部分将在第十章"知识产权法律制度"部分阐述。

(一) 物权

1. 物权的概念

一般认为，物权(right in rem)是指权利人依法对特定的物享有直接支配和排他的权利，包括所有权、他物权(用益物权和担保物权)和类物权。它主要反映权利人对物的静态归属和动态利用的一种法律关系。

物权的权利人是特定的，义务人是不特定的，义务内容是不作为，因而物权是一种绝对权。物权是排他性的权利，物权人有权排除他人对物上权利行使的干涉，可以对抗一切不特定的人；同一物上不许有内容不相容的物权并存。同一标的物上有数个相互冲突的权利并存时，具有较强效力的权利排斥具有较弱效力的权利的实现，物权的这种优先效力存在于先后成立的物权之间及物权与债权之间。

2. 物权的变动

物权的变动，是指物权的产生、变更和消灭的总称，其实质就是人与人之间关于物的归属和利用的法律关系的变化。导致物权发生变动的主要原因如下。

(1) 民事法律行为。这是物权变动的最常见的法律事实。例如，因买卖、互易、赠与、遗赠等行为取得所有权，通过物的所有人与其他人的设定行为为他人设定典权、抵押权、地役权、质权等他物权；因抛弃或撤销权的行使而消灭物权。

(2) 民事法律行为以外的原因。这主要有：因取得时效取得物权；因公用征收或没收取得物权；因法律的规定取得物权(如留置权)；因附合、混合、加工取得所有权；因继承取得物权；因拾得遗失物、发现埋藏物取得所有权；因标的物的灭失、法定期间的届满、混同而消灭物权。

为保证交易的安全，物权变动时须遵循公示原则和公信原则。即不动产(immovable property)物权的变动以登记(register)为公示方法，动产(movable property)物权的变动以交付(delivery)为公示方法。物权的变动以登记或交付为公示方法，当事人如果信赖这种公示而为一定的行为(如买卖、赠与)，那么，即使登记或交付所表现的物权状态与真实的物权状态不相符合，也不能影响物权变动的效力。公信原则包括两方面的内容：其一，记载于不动产登记簿的人推定为该不动产的权利人，动产的占有人推定为该动产的权利人；除非有相反的证据证明。其二，凡善意信赖公示的表象而为一定的行为，在法律上应当受到保护，保护的方式就是承认发生物权变动的效力。

实践中，物权变动与原因行为相区分。《民法典》第215条规定，当事人之间订立有关设立、变更、转让和消灭不动产物权的合同，除法律另有规定或者当事人另有约定外，自合同成立时生效；未办理物权登记的，不影响合同效力。

3. 所有权

一般认为，所有权(ownership)是所有权人依法按照自己的意志对其所有的物进行占有、使用、收益、处分，实现独占性地支配并排除他人非法干涉的永久性物权。它可分为国家所有权、集体所有权、私人所有权；不动产所有权和动产所有权。

(1) 善意取得。所有权的取得方式可分为原始取得和继受取得。原始取得的依据主要包括：劳动生产、天然孳息、善意取得(obtain in good faith)、没收、无主财产收归国有等；继受取得的依据主要包括：买卖、赠与、继承、遗赠、互易等。为了保护交易安全，《民法典》对善意取得作出相应的规定。

善意取得也称即时取得，是指财产由无处分权的占有人转让给善意的第三人占有时，第三人依法取得该财产的所有权(或其他物权)，原财产所有权人不得请求第三人返还财产，只能请求让与人赔偿损失的法律制度。该制度的目的在于保障交易安全，维护市场经济正常秩序。

法条链接(1-1)

《民法典》第311条

根据《民法典》第311条的规定，善意取得应具备5个条件：①善意取得的标的物须为法律允许流通的财产，包括动产和不动产，但是，遗失物、漂流物、埋藏物或隐藏物、文物等不适用善意取得；②转让财产的让与人对财产无处分权，即占有财产并实施让与行为的让与人对该财产无处分权；③受让人受让财产时必须是善意的，即不知道或不应知道转让人是无处分权人；④受让人支付了合理的价格；⑤转让的财产完成了登记或交付(占有)，即物权变动公示。

关于善意取得的法律后果，除了产生财产所有权变动即受让人取得所有权而原所有权人丧失所有权外，立法还规定了两点：一是原所有权人有权向无处分权人请求赔偿损失；二是善意受让人取得动产后，该动产上的原有权利(主要表现为抵押权、质权等)消灭，但善意受让人在受让时知道或者应当知道该权利的除外。

【例1-4】 2025年3月29日，S市甲、乙二人结伙盗窃了三峰骆驼后在T市进行销赃，将该三峰骆驼以45 000元价格(当时T市每峰骆驼的市场价至少为38 000元)卖给了丙，丙不知该骆驼为赃物，又以46 500元的价格卖给了丁。后公安机关破获甲、乙盗窃案件，将该骆驼作为赃物追缴后退还给失主。丁以此为由从丙处要回了46 500元价款。丙请求甲、乙返还45 000元款项未果而发生纠纷，诉至法院。请问：本案该如何处理？

【解析】 因标的物为赃物不符合善意取得的要件，丙不能依善意取得主张三峰骆驼的所有权。甲、乙与丙间的买卖行为为无效的民事法律行为，甲、乙应将所得价款返还给丙。

(2) 业主的建筑物区分所有权。建筑物区分所有权是指业主对建筑物内的住宅、经营性用房等专有部分享有所有权，对专有部分以外的共有部分享有共有和共同管理的权利。它是由专有部分所有权、共有权和共同管理权相结合而组成的一个"复合物权"。例如，业主买了一套商品房，他对套内面积享有的是专有部分的房屋所有权，对电梯、走廊以及小区绿地、道路等公共部分享有的是共有权，对小区财产和共同事务还享有管理权，由此就结合成为建筑物区分所有权。

知识拓展(1-9)

建筑物区分所有权的内容

法条链接(1-2)

《民法典》关于建筑物区分所有权的规定

4. 用益物权

用益物权是对他人所有的物，在一定范围内依法进行占有、使用和收益的他物权。基于不同的历史文化传统与经济制度，各国的用益物权类型多有不同。在我国，主要有土地承包经营权、建设用地使用权、宅基地使用权、居住权、地役权。

(1) 土地承包经营权。土地承包经营权就是农村集体经济组织成员对农民集体所有或者国家所有的，由农民集体经济组织使用的耕地、林地、草地及其他用于农业的土地，依法进行承包并对承包的土地享有的占有、使用和收益的用益物权。

土地承包经营权既可通过承包人与发包人之间订立承包经营合同取得，还可以通过土地承包经营权的流转取得。《民法典》规定，土地承包经营权人依照《中华人民共和国农村土地承包法》(以下简称《农村土地承包法》)的规定，有权将土地承包经营权采取转包、互换、转让等方式流转。流转的期限不得超过承包期的剩余期限。未经依法批准，不得将承包地用于非农建设。土地承包经营权人将土地承包经营权互换、转让，当事人请求登记的，应当向县级以上地方人民政府申请土地承包经营权变更登记；未经登记，不得对抗善意第三人。

通过招标、拍卖、公开协商等方式承包荒地等农村土地，依照《农村土地承包法》等法律和国务院的有关规定，其土地承包经营权可以转让、入股、抵押或者以其他方式流转。

同时，承包经营权还可以通过继承取得。《农村土地承包法》认可承包人应得的承包收益的继承，而有限地认可土地承包经营权的继承，即以家庭承包方式取得的林地承包经营权，承包人死亡的，其继承人可以在承包期内继续承包；以招标、拍卖、公开协商等方式设立的承包经营权，承包人死亡的，其继承人可以在承包期内继续承包。

(2) 建设用地使用权。建设用地使用权是指民事主体依法享有的，利用国有或集体土地建造建筑物、构筑物及其附属设施的用益物权。

建设用地使用权转让、互换、出资或者赠与的，附着于该土地上的建筑物、构筑物及其附属设施一并处分。建筑物、构筑物及其附属设施转让、互换、出资或者赠与的，该建筑物、构筑物及其附属设施占用范围内的建设用地使用权一并处分。

集体所有的土地可依法设立建设用地使用权，根据《民法典》的规定，集体所有的土地作为建设用地的，应当依照土地管理的法律规定办理。

知识拓展(1-10)

通过划拨、出让、流转等方式设立建设用地使用权

(3) 宅基地使用权。宅基地使用权指的是农村集体经济组织的成员依法享有的在农民集体所有的土地上建造个人住宅的权利。根据《民法典》的规定，宅基地使用权人依法对集体所有的土地享有占有和使用的权利，有权利用该土地建造住宅及其附属设施。

(4) 居住权。居住权是指居住权人为满足生活居住的需要，对他人所有的住房及其附属设施享有占有、使用的用益物权。居住权一般是无偿的(当事人另有约定的除外)、有期限的。根据《民法典》的规定,设立居住权,可以根据遗嘱或者遗赠,也可以按照合同约定。例如,某人在遗嘱中写明,其住宅由他的儿子继承,但应当让服务多年的保姆居住,直到保姆去世。设立居住权,应当向登记机构申请居住权登记,居住权自登记时起设立。《民法典》上的居住权,不包括因房屋租赁产生的居住权,不包括住旅馆等。居住权不得转让、继承。设立居住权的住宅不得出租,但是当事人另有约定的除外。居住权期限届满或者居住权人死亡的,居住权消灭。居住权消灭的,应当及时办理注销登记。

(5) 地役权。地役权(easement)是指为使用自己不动产的便利或提高效益而在他人的不动产上设立的,利用他人不动产的他物权。

为使用自己不动产的便利而利用他人土地的当事人为地役权人,将自己的土地提供给他人利用的当事人为供役地人,获得便利的不动产为需役地,供他人利用的不动产为供役地。

地役权的成立,以需役地和供役地的存在为前提,但不以需役地和供役地相邻为必要。当事人之间可通过合同来设定地役权,也可以依法取得地役权。地役权自地役权合同生效时设立。当事人请求登记的,可以向登记机构申请地役权登记;未经登记,不得对抗善意第三人。

土地所有权人享有地役权或者负担地役权的,设立土地承包经营权、宅基地使用权时,该土地承包经营权人、宅基地使用权人继续享有或者负担已设立的地役权。

需役地以及需役地上的土地承包经营权、建设用地使用权部分转让时,转让部分涉及地役权的,受让人同时享有地役权。供役地以及供役地上的土地承包经营权、建设用地使用权部分转让时,转让部分涉及地役权的,地役权对受让人具有约束力。

【例1-5】黄海为了能在自己的房子里欣赏远处的风景,便与相邻的段鸿约定:段鸿不得在自己的土地上建设高层建筑;作为补偿,黄海每年支付给段鸿3 000元。二人对该约定依法进行了登记。一年后,赵亮从段鸿处以市场价获得该土地使用权并着手建设高层建筑。请问:黄海是否有权制止赵亮的行为?

【解析】根据《民法典》的规定,黄海有权制止赵亮的行为。

(二) 债权

债是按照合同的约定或者依照法律的规定,在当事人之间产生的特定的权利和义务关系。一般认为,债是特定当事人之间请求为一定给付的民事法律关系。在债的法律关系中,一方享有请求对方为一定给付的权利,即债权,该方当事人称为债权人;另一方负有向对方为一定给付的义务,即债务,该方当事人称为债务人。债权是债的主要体现。当债和物权或物权关系相提并论时,也称债权或债权关系。债权(right in personam)是一种财产权,它所反映的是民事活动中的动态的财产流转关系。

知识拓展(1-11)

债权的特征

一定法律事实的出现,会使债权债务关系消灭。该法律事实主要有债的履行、抵销、混同、提存、免除等。相关内容可参见本书第五章"合同法律制度"的相应阐述。

1. 债权法律关系

债是一种民事法律关系,因此作为债也应当具备法律关系成立必须具备的要素。债的要素包括债的主体、债的内容、债的客体(也称"标的"),如图1-4所示。债的主体是指参与债的关系的当事人,债的内容是指债权和债务,债的标的是指债权债务所指向的对象。

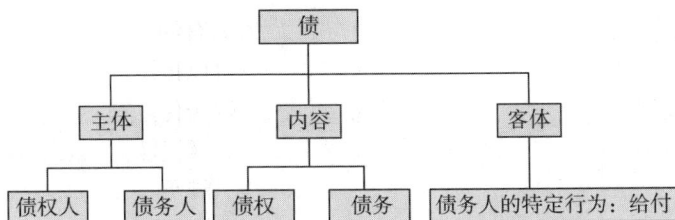

图 1-4　债的要素

在某些债中，主体一方是债权人(creditor)，主体另一方是债务人(debtor)；在另一些债中，债的相对人(offeree)可能互为权利人和义务人，这主要体现在双务(双方都有义务)合同中，如买卖合同，购买人有获得购买物的权利，但也有支付价款的义务；相反，对于出卖人而言，其有获得价款的权利，也有给付出卖物的义务。

在债的内容中，债权的权能包括：①给付请求权；②给付受领权；③债权保护请求权；④处分权能。在债的法律关系中，债务的内容具有特定性，这种特定性是由当事人的约定或法律的规定形成的。债务不许永久存在，债务可以附随义务。

债的客体所表现的是给付。债权人请求的是给付，债务人所要做的也是给付，所以给付是债权债务的共同指向。

2. 债的发生原因

债的发生原因是指引起债产生的法律事实，具体如图 1-5 所示。

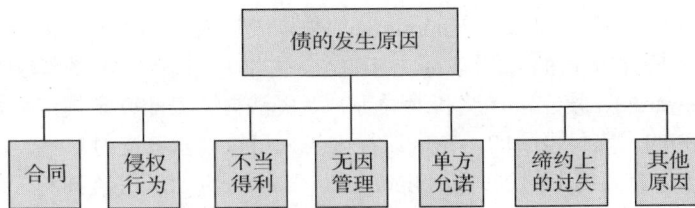

图 1-5　债的发生原因

(1) 合同。合同(contract)是民事主体之间设立、变更、终止民事法律关系的协议。基于合同产生的债的关系属于合同之债，它是当事人在平等基础上自愿设立的，是民事主体开展各种经济交往的法律表现，也是债的最常见、最主要的表现形式。因合同发生的当事人之间的权利义务关系参见本书第五章"合同法律制度"的相关阐述。

(2) 侵权行为。侵权行为(tort)是指不法侵害他人的民事权益，给他人造成损害，依法应承担民事责任的行为。所谓民事权益，包括生命权、健康权、姓名权、名誉权、荣誉权、肖像权、隐私权、婚姻自主权、监护权、所有权、用益物权、担保物权、著作权、专利权、商标专用权、发现权、股权、继承权等人身、财产权益。侵权行为发生后，加害人依法负有赔偿受害人损失等义务，受害人依法享有请求加害人赔偿损失等权利。这种特定主体之间的权利义务关系，即侵权行为之债。《民法典》专门规定了各类侵权行为的侵权责任(tortious liability)。

(3) 不当得利。不当得利(unjust enrichment)是指没有合法根据而获得利益并使他人利益遭受损失的事实。依法律规定，取得不当利益的一方应将不当利益返还给受害人，受害人有权请求受益人返还其所得利益。这样，在当事人之间便形成了以返还不当得利为内容的债权债务关系，即不当得利之债。

知识拓展(1-12)

侵权行为

知识拓展(1-13)

不当得利

不当得利之债的构成要件有三个方面：①得利无合法根据但行为合法；②造成他人财产损失；③一方得利与另一方受损有因果关系。

【例 1-6】 2025 年 2 月 14 日，殷桃去某银行用存折请求取款 6 000 元，取得钱款 6 000 元后匆忙赶往公司上班。当晚，殷桃发现自己的银行存折上写着"续存 6 000 元"。请问：殷桃该怎么办？

【解析】 此种行为属于不当得利。殷桃应主动配合银行的工作，将存折上的错误予以纠正。

(4) 无因管理。无因管理(spontaneous agency)是指没有法定的或约定的义务，为避免他人利益受损失而自愿为他人管理事务或提供服务的事实行为。无因管理行为发生后，管理人有权请求受益人偿付因管理事务所支付的必要费用，受益人负有偿还这种费用的义务。这样，在当事人之间就形成了以受益补偿为内容的债权债务关系，即无因管理之债。

知识拓展(1-14)

无因管理

无因管理之债的构成要件有三个方面：①客观上为他人谨慎管理了事务；②主观上有为他人谋利益的意思；③无法定或约定的义务。

【例 1-7】 甲根据天气预报得知台风来临，看到长期外出的邻居——乙家的房屋(长期无人居住，濒临倒塌)无法抵挡，遂为之支付 4 000 元费用予以修葺，但台风过大，乙家房屋倒塌。请问：甲的行为是否构成无因管理？

【解析】 无因管理之债的成立以为他人谋利益为要件，但不以实际获得利益为要件。甲的行为虽然没有使乙得到利益，但仍构成无因管理。

(5) 单方允诺。单方允诺(unilateral commitment)是指表意人向相对人作出的为自己设定某种义务，使相对人取得某种权利的意思表示。在社会生活中较为常见的单方允诺有悬赏广告(advertisements of rewards)、设立幸运奖和遗赠等。《民法典》第 499 条规定，悬赏人以公开方式声明对完成特定行为的人支付报酬的，完成该行为的人可以请求其支付。

(6) 缔约上的过失。缔约上的过失(negligence in contracting)是指当事人在缔约过程中具有过失，从而导致合同不成立、无效、被撤销或不被追认，使他方当事人受到损害的情况。受害一方享有请求过失一方赔偿的权利，形成债的关系。

(7) 其他原因。除上述原因外，其他法律事实(主要有拾得遗失物、发现埋藏物、抢救公物、抚养等)也可以引起债的发生。例如，因拾得遗失物，可在拾得人与遗失物的所有人之间产生债权债务关系；因防止、制止他人合法权益受侵害而实施救助行为，可在因此而受损的救助人与受益人之间产生债的关系。

3. 债的分类

基于不同的标准，可将债进行不同的分类。

知识拓展(1-15)

债的分类
及其履行

(1) 法定之债与意定之债。法定之债是指债的发生及内容均由法律加以明确规定的债。不当得利之债、无因管理之债、侵权行为之债、缔约过失之债，都属于法定之债。意定之债，是指债的发生及内容完全由当事人依其自由意思加以决定的债。单方允诺属于意定之债。

(2) 特定之债与种类之债。特定之债，是指以特定物为标的的债。特定物可以是依物的性质而特定，如某幅字画，也可以是依当事人的意思指定的物，如某房屋、某牌号的小车等，不能用其他的物来代替。种类之债，是指以种类物为标的的债。实践中，买卖、消费等合同大多以不特定物为标的物。

(3) 简单之债与选择之债。简单之债，又称单纯之债，是指债的标的是单一的，当事人只能就该种标的履行的债。选择之债，是指债的关系成立时有数个标的，有选择权的当事人有权从数个标的中选择一个标的为给付的债。选择之债中没有多个债存在，而是只有一个债，但履行债的标的有多个，选择其一为给付即可。从选择之债的数种给付中确定一种给付，被称为选择之债的特定。经特定后，债务才能得到履行，所以选择之债的特定对于双方当事人极为重要。

(4) 按份之债与连带之债。根据债的主体多少，可将债分为单一之债和多数之债。如果债权人和债务人均为一人，则叫单一之债；如果债权人或债务人一方或双方为数个人，则叫多数之债。《民法典》规定了两种多数之债，即按份之债与连带之债。按份之债，是指两个以上的债权人或债务人各自按照一定的份额(等份或不等份)享有债权或承担债务的债。连带之债，是指两个以上的债权人或债务人，对外享有连带债权或负有连带债务的债。

三、民事法律行为

(一) 民事法律行为的概念和特征

《民法典》第 133 条规定，民事法律行为是民事主体通过意思表示设立、变更、终止民事法律关系的行为。作为一种以意思表示为核心要素的表示行为，民事法律行为具有以下特征。

(1) 民事法律行为是民事法律事实的一种。民事法律行为属于人的行为的一种，属于民事法律事实，能够引起民事法律关系的变动。

(2) 民事法律行为是民事主体实施的以发生一定民事法律后果为目的的行为。民事法律行为是民事主体实施的行为，既不同于行政行为，也不同于刑事行为。民事法律行为是以发生一定民事法律后果为目的的行为，因而不同于事实行为。所以，只有民事主体以发生一定民事法律后果(设立、变更、终止民事法律关系)为目的而实施的行为，才可成为民事法律行为。

(3) 民事法律行为以意思表示为要素。意思表示是指行为人将意欲达到某种预期法律后果的内在意思表现于外部的行为。民事法律行为是当事人实施的以发生一定民事法律后果为目的的行为，这种目的只是行为人内在的一种意愿或意思，行为人只有将这种内在的意愿表达出来，才能为他人所了解。这种内在意思的外部表达方式就是意思表示。意思表示是民事法律行为的核心，没有意思表示就不会有民事法律行为，这也是民事法律行为与非表意行为，如事实行为等相区别的重要标志。

(二) 民事法律行为的分类

从不同的角度，民事法律行为可进行不同分类。不同的民事法律行为在法律上具有不同的法律意义。

知识拓展(1-16)

民事法律行为的分类

(三) 民事法律行为的成立和生效

1. 民事法律行为的成立

具备民事法律行为的构成要素，民事法律行为方可成立。民事法律行为的成立仅解决民事法律行为是否存在这一事实认定。民事法律行为的一般成立要件为：①行为人，即进行特定民事法律行为的民事主体，不同的民事法律行为对行为人的要求并不一致。②意思表示，即表意人将其期望发生某种法律效果的内心意思以一定方式表现于外部的行为。不同的民事法律行为对意思表示的要求并不相同。③标的，即意思表示的内容，是行为人实施民事法律行为欲达到的效果。没有标的，也就无意思表示的内容，民事法律行为也就不能成立。

实践中,一些特别的民事法律行为成立还需具备特有的条件。何种民事法律行为需要何种特别的成立条件,依民事法律行为的性质而有所不同。例如,要式行为的特别成立条件是需具备特别要求的形式,即,若某民事法律行为没有采用特定的形式,则该行为不能成立。

2. 民事法律行为的生效

民事法律行为的生效是指已经成立的民事法律行为因为符合法律规定的有效要件而取得法律认可的效力。民事法律行为的成立和生效是两个不同的概念。民事法律行为的成立是民事法律行为生效的前提,已成立的民事法律行为能否发生法律效力取决于是否符合法律规定的条件,只有具备一定有效要件的民事法律行为,才能生效并产生预期的法律效果。民事法律行为的有效要件包括实质有效要件和形式有效要件。

(1) 民事法律行为的实质有效要件。

① 行为人具有相应的民事行为能力。民事法律行为的行为人必须具有预见其行为性质和后果的相应的民事行为能力。就自然人而言,完全民事行为能力人可以自己的行为取得民事权利,履行民事义务;限制民事行为能力人只能从事与其年龄、智力和精神健康状况相当的民事法律行为,其他民事法律行为由其法定代理人代理,或者征得法定代理人同意后实施;无民事行为能力人不能独立实施民事法律行为,必须由其法定代理人代理。实践中,无民事行为能力人、限制民事行为能力人实施接受奖励、赠与、报酬等纯获益的民事法律行为时,他人不应以行为人无民事行为能力、限制民事行为能力为由,主张以上行为无效。

法人的民事行为能力是由法人核准登记的经营范围所决定的。但从维护相对人的利益和促进交易的角度出发,原则上认定法人超越经营范围从事的民事法律行为有效。基于《民法典》第505条的规定,当事人超越经营范围订立的合同的效力,应当依照《民法典》有关民事法律行为效力的规定确定,不得仅以超越经营范围确认合同无效。

② 意思表示真实。意思表示真实是指意思表示是行为人基于自己的利益在自觉、自愿的基础上作出的,且内在意思与其外部表示相一致。只有意思表示真实的民事法律行为,才能产生法律效力。当事人的意思与其表示不一致,或者当事人的意思不是自愿形成的,则该意思表示即为不真实。所谓意思与表示不一致,是指当事人希望发生某种法律效力的意思与其表达于外部的意思不相同,如虚假的意思表示、重大误解的意思表示等。所谓意思表示不自由,是指行为人的意思表示不是在自愿的基础上形成的,而是因受到不正当的干预所形成的,如受欺诈的意思表示、受胁迫的意思表示等。意思表示不真实的民事法律行为,可以撤销或宣告无效。

③ 不违反法律、行政法规的强制性规定,不违背公序良俗。这是指意思表示的内容不得与法律的强制性或禁止性规范相抵触,也不得滥用法律的授权性或任意性规定达到规避强制性或禁止性规范。不违背公序良俗是指法律行为在目的上和效果上不得有损社会经济秩序、社会公共秩序和社会公德,不得损害国家及各类社会组织和个人的利益。

(2) 民事法律行为的形式有效要件。这是指行为人的意思表示的形式必须符合法律的规定。《民法典》第135条规定,民事法律行为可以采用书面形式、口头形式或者其他形式;法律、行政法规规定或者当事人约定采用特定形式的,应当采用特定形式。如果行为人进行某项特定的民事法律行为时,未能采用法律规定的特定形式的,则不能产生法律效力。

知识拓展(1-17)

民事法律
行为的形式

(四) 无效的民事法律行为

1. 无效的民事法律行为的概念

无效的民事法律行为是指欠缺民事法律行为的有效要件,行为人设立、变更和终止权利义务的内容不发生法律效力的行为。

2. 无效的民事法律行为的种类

根据《民法典》的规定，无效的民事法律行为的种类主要如下。

(1) 无民事行为能力人实施的民事法律行为。《民法典》第 144 条规定，无民事行为能力人实施的民事法律行为无效。需要提及的是，对于无民事行为能力人纯获利益的民事法律行为，如接受赠与的行为，不应认定为无效。

(2) 限制民事行为能力人实施的其依法不能独立实施的单方行为。依据《民法典》第 145 条第 1 款规定，限制民事行为能力人实施的纯获利益的民事法律行为或者与其年龄、智力、精神健康状况相适应的民事法律行为有效；实施的其他民事法律行为经法定代理人同意或者追认后有效。限制民事行为能力人实施的其不能独立实施的民事法律行为，应属于行为人不具有相应民事行为能力的行为；至于双方行为，即使限制民事行为能力人不能独立实施，也可经其法定代理人的追认而有效。因此，只有限制民事行为能力人实施的其依法不能独立实施的单方行为，才为无效民事法律行为。例如，限制民事行为能力人订立遗嘱的行为，就是无效民事法律行为。

知识拓展(1-18)

《合同编通则司法解释》第 14 条的规定

(3) 虚假的民事法律行为。《民法典》第 146 条第 1 款规定，行为人与相对人以虚假的意思表示实施的民事法律行为无效。当事人双方以虚假的意思表示实施民事法律行为，尽管双方存在着合意，但因该虚假的意思表示与表意人的内心意思不符，也即当事人并不存在效果意思，因此，虚假的民事法律行为为无效民事法律行为。但是，虚假的意思表示往往隐藏着真实的意思表示，被隐藏的民事法律行为是否有效，应依该民事法律行为是否符合有效条件加以认定。对此，《民法典》第 146 条第 2 款规定，以虚假的意思表示隐藏的民事法律行为的效力，依照有关法律规定处理。

【例 1-8】某知名女艺人出于避税的目的，在一次演艺活动中与制片方签订了两份演艺合同，第一份约定片酬为 1 200 万元，用于纳税申报。私下里又签订第二份演艺合同，约定片酬为 3 600 万元，是真实的片酬。请问：本案中两份演艺合同的效力如何？

【解析】本案属于典型的"阴阳合同"。第一份演艺合同是"阳合同"，是为了避税而订立的，给外人看的，并不是当事人双方真实的意思表示，因此属于通谋的虚伪表示，是无效的。而第二份演艺合同是双方私下签订的不给外人看的"阴合同"，是双方当事人真实的意思表示，是被通谋的虚伪表示所隐藏的民事法律行为，因此被称为"隐藏行为"，其效力应依据有关法律规定判断，若无其他效力瑕疵，可以是有效的。

(4) 恶意串通的民事法律行为。《民法典》第 154 条规定，行为人与相对人恶意串通，损害他人合法权益的民事法律行为无效。恶意串通的民事法律行为是指当事人双方故意合谋实施的损害他人合法权益的民事法律行为。这种行为虽然是当事人双方真实的意思表示，但因以损害他人合法权益为目的，因而是无效民事法律行为。在恶意串通的民事法律行为中，当事人双方须有共同的故意，并且当事人合谋的后果损害了他人的合法权益。

知识拓展(1-19)

《合同编通则司法解释》第 16 条的规定

(5) 违反法律、行政法规的强制性规定的民事法律行为。民事法律行为不得违反法律、行政法规的强制性规定，是民事法律行为的有效条件之一。对于强制性规定而言，有两种类型：一种是影响民事法律行为效力的效力性强制性规定；一种是不影响民事法律行为效力的管理性强制性规定。《民法典》第 153 条第 1 款规定，违反法律、行政法规的强制性规定的民事法律行为无效。但是，该强制性规定不导致该民事法律行为无效的除外。这表明：①判断民事法律行为是否无效，应以全国人大及其常委会制定的法律和国务院制定的行政法规为依据，地方性法规和规章不得作为判断依据；②只有违反效力性强制规定的民事法律行为才无效，违反管理性强制规定的民事法律行为要视具体情况确定，而非一律无效。

(6) 违背公序良俗的民事法律行为。民事主体从事民事活动，不得违背公序良俗，这是民法的基本原则。当事人实施的民事法律行为违背了公序良俗，也就是违反了民法的基本原则，就会损害社会公共利益，因此，《民法典》第 153 条第 2 款规定，违背公序良俗的民事法律行为无效。实践中，某在校女大学生通过某网络借款平台与某放贷人约定，女大学生以裸照获得贷款，当违约不还款时，放贷人以公开裸体照片和与借款人父母联系的手段催逼借款人还款。因违背公序良俗，该约定应属无效。

知识拓展(1-20)

如何识别强制性规定？

知识拓展(1-21)

违背公序良俗的民事法律行为

随堂练习(1-2)

根据《民法典》的规定，下列行为属于无效民事法律行为的是(　　)。
A. 6 岁的李华未经父母同意给手机游戏充值 2980 元
B. 26 岁的钱多铎将赝品字画冒充真品高价出售给 22 岁的陶保(收藏爱好者)
C. 金东受胁迫低价卖房
D. 10 岁的柳皮特接受爷爷送的古董

3. 民事法律行为无效或者确定不发生效力的后果

民事法律行为无效或者确定不发生效力，行为人预期的法律效果不能实现，但并非不产生任何法律后果。依照《民法典》第 157 条的规定，民事法律行为无效、被撤销或者确定不发生效力后，发生如下法律后果。

(1) 返还财产。民事法律行为无效、被撤销或者确定不发生效力后，行为人因该行为取得的财产，应当予以返还；不能返还或者没有必要返还的，应当折价补偿。

(2) 赔偿损失。民事法律行为无效、被撤销或者确定不发生效力，有过错的一方应当赔偿对方由此所受到的损失；各方都有过错的，应当各自承担相应的责任。

(3) 其他法律后果。如果法律对民事法律行为无效、被撤销或者确定不发生效力后的法律后果另有规定的，则应当依照其规定。

同时，根据《民法典》第 507 条规定，合同不生效、无效、被撤销或者终止的，不影响合同中有关解决争议方法的条款的效力。例如，双方当事人约定用仲裁方式解决双方争议的条款继续有效。

【例 1-9】江东酒厂与兴隆商店于 2025 年 3 月 12 日签订了一份购销合同，合同规定：商店向酒厂购买 6 000 瓶普通白酒，总价款为 8 万元，1 个月内提货交款，并约定酒厂必须加贴汾酒名牌商标，以便商店出售；如一方违约，按未履行部分价款的 10%支付违约金。合同履行时，商店因资金紧缩，只支付了 5 万元便提走全部货物。酒厂一再催讨未果，遂诉至人民法院，请求商店立即支付尚欠的 3 万元价款及合同规定的违约金。请问：法院应支持酒厂的诉讼请求吗？

【解析】因双方所签订的合同无效，酒厂的诉讼请求于法无据。

(五) 可撤销的民事法律行为

1. 可撤销的民事法律行为的含义及特征

可撤销的民事法律行为是指因意思表示有缺陷，当事人可以请求人民法院或者仲裁机构予以撤销的民事法律行为。其具有以下特征。

知识拓展(1-22)

(1) 可撤销的民事法律行为是意思表示有瑕疵的民事法律行为。从民事法律行为的生效条件来看，可撤销的民事法律行为在外观上具备民事法律行为的生效条件，只是欠缺意思表示真实这一生效条件。

(2) 可撤销的民事法律行为是可以撤销的民事法律行为。可撤销的民事法律行为从成立时起是有效的，只是因意思表示不真实，当事人可以撤销。民事法律行为被撤销的，该行为溯及行为开始时无效。

可撤销的民事法律行为与无效民事法律行为的区别

(3) 可撤销的民事法律行为是只有当事人才可以主张无效的民事法律行为。在可撤销的民事法律行为中，只有享有撤销权的当事人才能主张撤销民事法律行为而使之无效。当事人不主张民事法律行为无效的，人民法院或仲裁机构不能依职权主动确认其无效。

2. 可撤销的民事法律行为的类型

(1) 重大误解的民事法律行为。重大误解的民事法律行为是指行为人因对行为的性质、对方当事人或者标的物的品种、质量、规格、价格、数量等产生错误认识，按照通常理解如果不发生该错误认识行为人就不会作出相应意思表示的民事法律行为。所谓按照通常理解错误是重大的，是指从一个处在行为人地位的普通人立场来看，错误认识会对交易的成立产生重大影响。比如，将 11.9 万元误认为 1.9 万元，将二套房误认为首套房，将 100 公斤误认为 100 斤，将铁螺母误认为是铜螺母。但是，基于交易习惯不构成重大误解的除外。比如，在古玩市场上对花瓶年代、手镯材质、钱币真假等产生错误认识。《民法典》第 147 条规定，基于重大误解实施民事法律行为的，行为人有权请求人民法院或者仲裁机构予以撤销。所谓重大误解，是指一般人若知道该错误就不会实施该行为，并且实施该行为的结果给当事人造成重大损失。若仅为一般的误解，并未给当事人造成较大损失，则不为重大误解的民事法律行为。实践中，行为人以其意思表示存在第三人转达错误为由请求撤销民事法律行为的，可以按照重大误解民事法律行为处理。

(2) 受欺诈的民事法律行为。受欺诈的民事法律行为是指行为人故意告知虚假情况或者负有告知义务的人故意隐瞒真实情况，致使当事人基于错误认识作出意思表示的民事法律行为。在受欺诈的民事法律行为中，表意人须因受欺诈而陷入错误认识，并基于该错误认识做出违背其真实意思的表示而与欺诈人实施了民事法律行为。依照《民法典》第 148 条、第 149 条的规定，受欺诈的民事法律行为包括两种情形：①一方以欺诈手段，使对方在违背真实意思的情况下实施的民事法律行为，受欺诈方有权请求人民法院或者仲裁机构予以撤销；②第三人实施欺诈行为，使一方在违背真实意思的情况下实施的民事法律行为，对方知道或者应当知道该欺诈行为的，受欺诈方有权请求人民法院或者仲裁机构予以撤销。

(3) 受胁迫的民事法律行为。其中的胁迫，是指一方行为人以给作为另一方行为人的表意人本人或亲友的身体、生命、健康、自由、名誉、财产造成损害为要挟，以使表意人产生恐惧，并做出违背其真实意思的表示。实践中，以给自然人及其近亲属等的人身权利、财产权利及其他合法权益造成损害或者以给法人、非法人组织的名誉、荣誉、财产权益等造成损害为要挟，迫使其基于恐惧心理作出意思表示的，可依据《民法典》第 150 条认定为胁迫。在受胁迫的民事法律行为中，表意人须因受胁迫而产生恐惧，并因此做出违背其真实意思的表示而与胁迫人实施了民事法律行为。依照《民法典》第 150 条的规定，一方或者第三人以

知识拓展(1-23)

《合同编通则司法解释》第 5 条的规定

胁迫手段，使对方在违背真实意思的情况下实施的民事法律行为，受胁迫方有权请求人民法院或者仲裁机构予以撤销。

【例1-10】下列情形构成重大误解，属于可撤销的民事法律行为的是(　　　)。

A. 甲立下遗嘱，误将乙的字画分配给继承人

B. 甲装修房屋，误以为乙的地砖为自家所有，并予以使用

C. 甲入住乙宾馆，误以为乙宾馆提供的茶叶是无偿的，并予以使用

D. 甲要购买电动车，误以为精神病人乙是完全民事行为能力人，并与之签订买卖合同

【解析】本题涉及重大误解的民事法律行为，答案为C项。选项A属于无效行为；选项B属于事实行为而非民事法律行为；选项D不属于可撤销的民事法律行为，如乙是限制民事行为能力人，则该行为属于效力待定民事法律行为，如乙是无民事行为能力人，则该行为属于无效民事法律行为。选项C是甲基于对行为性质的错误认识所为的消费行为，甲、乙之间成立买卖关系，但该买卖关系是基于甲的错误认识所为并造成其损失，故为可撤销的民事法律行为。

(4) 显失公平的民事法律行为。显失公平的民事法律行为，是指一方利用对方处于危困状态、缺乏判断能力等情形，致使民事法律行为成立时当事人之间的权利义务明显违反公平原则的民事法律行为。《民法典》第151条规定，一方利用对方处于危困状态、缺乏判断能力等情形，致使民事法律行为成立时显失公平的，受损害方有权请求人民法院或者仲裁机构予以撤销。危困状态是指处于危难、急迫、困窘的境地。例如，利用对方遭遇意外事故或罹患疾病后急需帮助，以低于市价60%的价格购买其房屋，即构成显失公平。缺乏判断能力是指由于年龄大、知识匮乏、经验缺乏或者智力低等因素，对需要一定专业知识或经验的复杂交易，难以认知其法律后果。例如，利用刚满18周岁的大一学生缺乏认知、经验和判断能力，诱使其订立1.5万元预付款消费合同，即使合同价格未偏离市价，仍可构成显失公平的合同。对民事法律行为是否显失公平进行判断的时间点，应当以民事法律行为成立的时间点为标准。在民事法律行为成立后发生的情势变化，导致双方利益显失公平的，不属于显失公平的民事法律行为，而应当按照诚实信用原则处理。

知识拓展(1-24)

《合同编通则司法解释》第11条的规定

【例1-11】王闯的妻子半夜临产需送医院，由于夜深及王闯家居住较偏僻而叫不到车。正巧丁鼎开车路过，见状后提出以王闯支付每公里180元车费为条件，将王闯及其妻子送至医院。王闯无奈只好答应。请分析说明王闯与丁鼎之间的民事法律行为的效力。

【解析】王闯与丁鼎之间的民事法律行为属于一方(丁鼎)利用对方(王闯)处于危困状态的情形，致使民事法律行为成立时显失公平的可撤销的民事法律行为。根据《民法典》的规定，受损害方(王闯)有权请求人民法院或者仲裁机构予以撤销。

3. 可撤销的民事法律行为的撤销

(1) 撤销权的行使。可撤销的民事法律行为实施后，当事人一方享有撤销权。在可撤销的民事法律行为中，只有受到损害的一方即意思表示不真实的一方才有撤销权。从性质上说，撤销权属于形成权，因为撤销权的行使是以一方的意思表示而使当事人之间的权利义务关系发生变动的。当事人行使撤销权，应向法院或仲裁机构提出撤销的请求，但其撤销的意思表示无须对方当事人同意。

当事人应当在规定期间内行使撤销权。撤销权的行使期间为除斥期间，当事人未在该期间内行使撤销权的，该权利消灭。依照《民法典》第152条的规定，有下列情形之一的，撤销权消灭：①当事人自知道或者应当知道撤销事由之日起1年内，重大误解的当事人自知道或者应当知道撤

销事由之日起 90 日内，没有行使撤销权；②当事人受胁迫，自胁迫行为终止之日起 1 年内没有行使撤销权；③当事人知道撤销事由后明确表示或者以自己的行为表明放弃撤销权。当事人自民事法律行为发生之日起 5 年内没有行使撤销权的，撤销权消灭。

(2) 可撤销的民事法律行为被撤销的后果。可撤销的民事法律行为经当事人行使撤销权而被撤销的，则该行为自成立时起归于无效，发生与无效民事法律行为相同的法律后果。

【例 1-12】下列民事法律行为中，属于可撤销民事法律行为的是(　　)。
A. 甲医院以国产假肢冒充进口假肢，高价卖给乙
B. 甲乙双方为了在办理房屋过户登记时避税，将实际成交价为 100 万元的房屋买卖合同价格写为 60 万元
C. 有妇之夫甲委托未婚女乙非法代孕，约定事成后甲补偿乙 50 万元
D. 甲父患癌症急需用钱，乙趁机以极低的价格收购甲收藏的一幅名画，甲无奈与乙签订了买卖合同
【解析】本题涉及民事法律行为的效力，答案为 AD 项，BC 项属于无效的民事法律行为。

(六) 效力待定的民事法律行为

1. 效力待定的民事法律行为的含义和特征

效力待定的民事法律行为，是指民事法律行为虽已成立，但是否生效尚不确定，只有经由特定当事人的行为或事实，才能确定生效或不生效的民事法律行为。其具有以下特征。

(1) 效力待定的民事法律行为成立后，其效力处于不确定状态。效力待定的民事法律行为欠缺民事法律行为的生效条件，因而于民事法律行为成立时还不能生效，但又不是当然无效，其是有效还是无效处于不确定的状态。

(2) 效力待定的民事法律行为可以通过一定的事实予以补正而生效。效力待定的民事法律行为欠缺民事法律行为的生效条件，但这种欠缺是非实质性的，可以通过一定的事实加以补正。效力待定的民事法律行为一旦经过补正，即成为有效民事法律行为。效力待定的民事法律行为确定不发生效力的，发生与民事法律行为无效相同的法律后果。

(3) 效力待定的民事法律行为的效力只能通过当事人意思以外的事实加以补正。效力待定的民事法律行为所欠缺的事项，不能由行为人自己的意思来补正，只能由他人的行为补正。

很显然，效力待定的民事法律行为，既存在转变为确定不生效民事法律行为的可能，也存在转变为确定有效民事法律行为的可能。因为效力待定的民事法律行为并不存在对国家利益或社会公共利益的危害，公权力没有必要对该种类型的民事法律行为的效力进行干预；因此允许经由特定当事人的行为最终确定民事法律行为的效力，是贯彻私法自治原则的需要。

2. 效力待定的民事法律行为的类型

《民法典》第 145 条、第 168 条、第 171 条规定了效力待定的民事法律行为。效力待定的民事法律行为主要有以下 3 种类型。

(1) 限制民事行为能力人依法不能独立实施的民事法律行为。《民法典》第 145 条规定，限制民事行为能力人实施的纯获利益的民事法律行为或者与其年龄、智力、精神健康状况相适应的民事法律行为有效；实施的其他民事法律行为经法定代理人同意或者追认后有效。故限制民事行为能力人依法不能独立实施的民事法律行为属于效力待定的民事法律行为。法定代理的追认权性质上属于形成权。仅凭其单方面意思表示就可以使得效力待定的民事法律行为转化为有效民事法律行为。

法律在保护限制民事行为能力人合法权益的同时，为避免合同相对人的利益因为民事法律行为效力待定而受损，特别规定了相对人的催告权和善意相对人的撤销权。相对人可以催告法定代理人在 30 日内予以追认。法定代理人未作表示的，视为拒绝。合同被追认之前，善意相对人有撤销的权利。撤销应当以通知的方式作出。其中的"善意"是指相对人在订立合同时不知道与其订立合同的人欠缺相应的行为能力。

(2) 自己代理和双方代理的行为。所谓自己代理是指代理人以被代理人名义与自己进行民事法律行为。例如，自然人甲委托乙购买无线鼠标，乙以甲的名义与自己订立合同，把自己的无线鼠标卖给甲。所谓的双方代理是指一人同时担任双方的代理人实施同一民事法律行为。例如，甲受乙的委托购买笔记本电脑，又受丙的委托销售笔记本电脑，甲此时以乙丙双方的名义订立购销笔记本电脑的合同。

《民法典》第 168 条规定，代理人不得以被代理人的名义与自己实施民事法律行为，但是被代理人同意或者追认的除外。代理人不得以被代理人的名义与自己同时代理的其他人实施民事法律行为，但是被代理的双方同意或者追认的除外。

(3) 无权代理人实施的民事法律行为。根据《民法典》第 171 条的规定，行为人没有代理权、超越代理权或者代理权终止后，仍然实施代理行为，未经被代理人追认的，对被代理人不发生效力。若无权代理行为构成表见代理，则为有效的民事法律行为。

相对人可以催告被代理人自收到通知之日起 30 日内予以追认。被代理人未作表示的，视为拒绝追认。被代理人已经开始履行民事法律行为中设定的义务的，视为对民事法律行为的追认。民事法律行为被追认之前，善意相对人有撤销的权利。撤销应当以通知的方式作出。行为人实施的行为未被追认的，善意相对人有权请求行为人履行债务或者就其受到的损害请求行为人赔偿，但是赔偿的范围不得超过被代理人追认时相对人所能获得的利益。相对人知道或者应当知道行为人无权代理的，相对人和行为人按照各自的过错承担责任。

知识拓展(1-25)

无权代理
异于无权处分

【例 1-13】12 岁男孩沈阳迷上了"鬼步舞"，在网上认识了一位主播并拜其为师。主播称可以教他跳舞，但必须"打赏"。沈阳瞒着家人偷偷"打赏"主播 2 万多元。有人认为，沈阳是限制民事行为能力人，其"打赏"主播 2 万多元的行为，其父母可主张撤销。也有人认为，限制民事行为能力人在进行网络交易时，因相对人无法判断其民事行为能力，为保护交易安全，其行为应当有效。请问：沈阳的行为效力如何？

【解析】(1)沈阳的"打赏"行为，是效力待定的行为，其父母(法定代理人)对该行为不存在撤销的问题，只存在追认或者拒绝追认的问题。

(2) 限制民事行为能力人的相对人分为善意和恶意两种，善意相对人只有撤销权，并无使合同生效的权利。若沈阳的父母拒绝追认，则"打赏"行为确定不生效(由效力待定转化为无效)。

随堂练习(1-3)

民事主体分别实施了以下民事法律行为：①年满 8 周岁、未满 15 周岁的未成年人 A 购买学习用的铅笔的行为；②未满 15 周岁的未成年人 B 与他人签订转让专利权的行为；③某建筑公司出租建筑设备的行为；④某纺织公司超越范围经营警察服装的行为；⑤看到有关地震灾区的电视报道后，7 周岁的王诺彤瞒着父母偷偷将自己的压岁钱 500 元全部捐给地震灾区；⑥甲入住乙宾馆，误以为乙宾馆提供的茶叶是无偿的，并予以使用；⑦王某委托李某替自己购买电脑，李某与商家赵某串通，购买其质次价高的电脑给王某；⑧丙向丁以支付现金的方式购买大量甲基苯丙胺(冰毒)。

请根据《民法典》的相关规定，回答以下问题并说明相应理由：

(1) 上述行为中，哪些属于有效民事法律行为？

(2) 上述行为中，哪些属于无效民事法律行为？

(3) 上述行为中，是否存在效力待定的民事法律行为？

(4) 上述行为中，是否存在可撤销的民事法律行为？

(七) 附条件和附期限的民事法律行为

1. 附条件的民事法律行为

附条件的民事法律行为是指在民事法律行为中指定一定的条件，把该条件的成就(或发生)或不成就(或不发生)作为民事法律行为效力的发生或终止的根据。

民事法律行为中所附的条件既可以是自然现象、事件，也可以是行为，但它应当具备下列特征。①必须是将来发生的事实。作为条件的事实，必须是在实施民事法律行为时尚未发生的。过去的事实，不得作为条件。②必须是将来不确定的事实。该事实是否发生应该是不确定的，如果在民事法律行为成立时，该事实是将来必然发生的，则该事实应当作为民事法律行为的期限而非条件。③条件应当是双方当事人约定的。民事法律行为中所附条件，必须由双方当事人约定，并以意思表示的形式表现出来。条件如果是法律规定的，如民事法律行为的成立条件、生效条件，不属于此处所谓的"条件"。④条件必须合法。条件不得违反现行法律的规定。⑤条件是可能发生的事实。民事法律行为所附条件不可能发生，当事人约定为生效条件的，应当认定民事法律行为不发生效力。比如，当事人约定"如果太阳从西边升起，买卖合同就生效"的，买卖合同自始确定无效。所附条件不可能发生，当事人约定为解除条件的，应当认定未附条件，民事法律行为是否失效，依照《民法典》和相关法律、行政法规的规定认定。比如，当事人约定"如果地球停止自转，地下车库买卖合同就解除"的，实为未附解除条件。除非发生法定或者约定的解除事由，地下车库买卖合同不失效。⑥条件所限制的是法律行为效力的发生或消灭，而不涉及法律行为的内容，即不与行为的内容相矛盾。

按照所附条件对民事法律行为产生的效力的不同，民事法律行为可以分为附延缓条件的民事法律行为和附解除条件的民事法律行为。附延缓条件(停止条件)的民事法律行为是指民事法律行为中所确定的权利和义务要在所附条件成就时才生效的条件。换言之，在延缓条件成就之前，民事法律行为已经成立，但是效力却处于停止状态。条件成就之后，民事法律行为发生法律效力。附解除条件(消灭条件)的民事法律行为是指民事法律行为中所确定的权利和义务在所附条件成就时失去法律效力。附解除条件的民事法律行为在所附条件成就以前，已经发生法律效力，行为人已经开始行使权利和承担义务。当条件成就时，权利和义务则失去法律效力。

《民法典》第159条规定，附条件的民事法律行为，当事人为自己的利益不正当地阻止条件成就的，视为条件已成就；不正当地促成条件成就的，视为条件不成就。

知识拓展(1-26)

附期限的民事法律行为与附条件的民事法律行为的区别

2. 附期限的民事法律行为

附期限的民事法律行为是指当事人设定一定的期限，并将期限的到来作为效力发生或消灭前提的民事法律行为。根据期限对民事法律行为效力所起作用的不同，期限可以分为延缓期限和解除期限。附延缓期限的民事法律行为，指民事法律行为虽然已经成立，但是在所附期限到来之前不发生效力，待到期限届至时，才产生法律效力。因此延缓期限也称"始期"。附解除期限的民事法律行为，指民事法律行为在约定的期限到来时，该行为所确定法律效力消灭。因此解除期限也称"终期"。

《民法典》第160条规定，民事法律行为可以附期限，但是按照其性质不得附期限的除外。附生效期限的民事法律行为，自期限届至时生效。附终止期限的民事法律行为，自期限届满时失效。

课堂讨论(1-1)

下列各项中，属于有效民事行为的是(　　)。

A. 李威因故处于十分危急的境地，遂向关宇借款，关宇拒绝借款，但表示愿意按市场价购买李威的祖传珍宝一件，李威无奈只得同意

B. 王斐患有间歇性精神病，在其患病期间模仿某电视剧情节写下遗嘱

C. 刘克与其外甥小唐约定，如果小唐考上重点小学，则赠与其2万元

D. 某照相机实际价格为7 998元，营业员赵丽误看为1 998元并售出

四、代理

(一) 代理的概念和特征

代理是指代理人(agent)在代理权限内，以被代理人(principal)的名义与第三人实施民事法律行为，由此产生的法律后果直接由被代理人承担的一种法律制度。代理中涉及三方当事人：被代理人(本人)、代理人、交易相对人(第三人)，如图1-6所示。

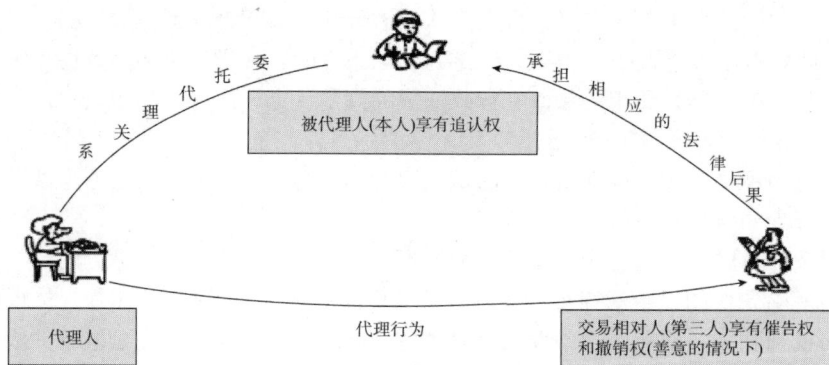

图1-6　代理法律关系

代理具有以下特征。

法条链接(1-3)

(1) 代理人以被代理人的名义实施民事法律行为。根据《民法典》第162条的规定，代理人在代理权限内，以被代理人名义实施的民事法律行为，对被代理人发生效力。代理人如果以自己的名义实施民事法律行为，行为后果由自己承受，除非法律另有规定(《民法典》第925条、第926条)。代理人只有以被代理人的名义进行代理活动，才能直接为被代理人取得权利、设定义务。

《民法典》第925条、第926条

(2) 代理人在代理权限内独立地为意思表示。根据《民法典》的规定，代理人应在代理权限内实施代理行为。委托代理人应按照被代理人的委托行使代理权，法定代理人依照法律的规定

行使代理权。

代理人在代理权限内，有权根据具体情况，独立地进行判断，并进行意思表示，完成代理事务。非独立进行意思表示的行为，不属代理行为，如传递信息、中介行为等均不属代理行为。

(3) 代理人直接向第三人进行意思表示。代理行为的目的在于与第三人设立、变更或终止权利义务关系。因此，只有代理人直接向第三人为意思表示，才能实现代理之目的。这使代理行为与其他委托行为，如代人保管物品等行为区别开来。

(4) 代理行为的法律效果直接归属于被代理人。代理行为是在代理人与第三人之间进行的，但却在被代理人与第三人之间设立、变更或终止了某种权利义务关系，因此，其法律后果当然也应由被代理人承担。该法律后果既包括对被代理人有利的法律后果，也包括不利的法律后果。这使代理行为与无效代理行为、冒名欺诈等行为区别开来。

(二) 代理的适用范围

《民法典》第 161 条规定，民事主体可以通过代理人实施民事法律行为。依照法律规定、当事人约定或者民事法律行为的性质，应当由本人亲自实施的民事法律行为，不得代理。一般认为，代理的事项仅限于民事法律行为中的财产行为。下列行为不能代理：①违法行为不得代理；②事实行为即非表意行为不得代理；③民事法律行为中的身份行为不得代理，如结婚、离婚、遗嘱等均不得代理；④依照法律规定或按照双方当事人的约定，应当由本人亲自进行的民事法律行为，不得代理。

(三) 代理的分类

根据《民法典》第 163 条规定，代理包括委托代理和法定代理。委托代理人按照被代理人的委托行使代理权；法定代理人依照法律的规定行使代理权。

1. 委托代理

这是基于被代理人的委托而发生的代理。被代理人的委托可以基于授权行为发生，也可依据合伙关系、职务关系等发生。委托代理(agency by mandate)中的授权行为一般以代理证书(亦称授权委托书)的形式表现。根据《民法典》第 165 条的规定，委托代理授权采用书面形式的，授权委托书应当载明代理人的姓名或者名称、代理事项、权限和期间，并由被代理人签名或者盖章。实际生活中，介绍信也被作为授权委托书使用，具有单独的证明力。实践中，代理人实施代理行为，只需出具授权委托书，即可表明其代理权的存在。授权委托书的各种事项应记载明确，授权委托书授权不明的，应作出不利于被代理人的解释；同时，被代理人应当对第三人承担民事责任，代理人负连带责任(joint and several liability)。

《民法典》第 170 条规定，执行法人或者非法人组织工作任务的人员，就其职权范围内的事项，以法人或者非法人组织的名义实施民事法律行为，对法人或者非法人组织发生效力。法人或者非法人组织对执行其工作任务的人员职权范围的限制，不得对抗善意相对人。这一规定将职务代理(agency in duty，即根据其所担任的职务而产生的代理)纳入委托代理的范畴。实践中，商店售货员售卖商品给顾客的行为、公司采购员以公司名义与第三人签订买卖合同的行为、公交车售票员售票给乘客的行为等，均为职务代理行为。

2. 法定代理

这是基于法律的直接规定而发生的代理。法定代理通常适用于被代理人是无行为能力人、限制行为能力人的情况。法律如此规定的目的在于保护处于特定情形下的民事主体的利益，维护交易安全。

(四) 代理权的行使

1. 代理权行使的一般要求

代理人行使代理权应以符合被代理人利益的方式亲自实施代理行为；同时，应谨慎、勤勉、忠实地处理好被代理人的事务以增进被代理人的福利。代理人不得利用代理权为自己牟取私利。

2. 代理权滥用的禁止

代理人不得滥用代理权。常见的代理权滥用的情况有：①代理他人与自己进行民事活动(但是他人同意或者追认的除外)；②代理双方当事人进行同一民事行为(但是被代理的双方同意或者追认的除外)；③代理人与第三人恶意串通，损害被代理人的利益。法律禁止代理权的滥用。滥用代理权的行为，视为无效代理。代理人滥用代理权给被代理人及他人造成损害的，应承担相应的赔偿责任。

【例1-14】乙行政机关依法委托专门从事政府采购代理业务的甲公司代理采购一批专用设备，并授权甲公司与中标供应商签订采购合同。甲公司在与中标供应商签订采购合同时，双方秘密商定，甲公司在若干合同条款上对中标供应商予以照顾，中标供应商作为答谢提供给甲公司一批办公设备。请问：甲公司代理签订采购合同的行为是否有效，由此给乙行政机关造成的损失应由谁承担责任？

【解析】根据《民法典》第154条规定，行为人甲公司与相对人中标供应商恶意串通，损害乙行政机关合法权益的民事法律行为无效。依照《民法典》第164条第2款的规定，代理人甲公司和相对人中标供应商恶意串通，损害了被代理人乙行政机关的合法权益，应当承担连带责任。

(五) 无权代理

1. 无权代理的概念

无权代理(unauthorized agency)是指行为人没有代理权而以他人名义进行的民事行为。无权代理并非代理的种类，而仅仅具有代理的表象却因其欠缺代理权而不产生代理效力的行为。无权代理有广义和狭义之分。广义的包括狭义无权代理和表见代理。所谓狭义无权代理，是指行为人不仅没有代理权，也没有使第三人信其有代理权的表征，而以本人的名义所为之代理。在我国，无权代理一般指前者，包括根本未经授权的代理、超越代理权的代理和代理权终止后而为的代理三种情况。

2. 无权代理的法律后果

无权代理行为实施后，在被代理人与相对人、行为人与相对人、行为人与被代理人之间均发生一定的关系。

(1) 被代理人与相对人之间的关系。无权代理行为属于效力待定的民事法律行为，其是否对被代理人产生效力取决于被代理人是否追认。如果被代理人追认了无权代理行为，该行为即发生有权代理的后果，对被代理人产生效力；反之亦反。

相对人享有催告权和撤销权。《民法典》第171条第2款规定，相对人可以催告被代理人自收到通知之日起30日内予以追认。被代理人未作表示的，视为拒绝追认。行为人实施的行为被追认前，善意相对人有撤销的权利。撤销应当以通知的方式作出。

(2) 行为人与相对人之间的关系。在被代理人不追认无权代理行为时，无权代理的行为人应向相对人承担民事责任。依据《民法典》第171条第3款规定，行为人实施的行为未被追认的，善意相对人有权请求行为人履行债务或者就其受到的损害请求行为人赔偿。但是，赔偿的范围不得超过被代理人追认时相对人所能获得的利益。

(3) 行为人与被代理人之间的关系。在被代理人未追认无权代理行为时，若该行为是为了使被代理人的利益免受损害而实施的，则行为人与被代理人之间可发生无因管理关系；若该行为损害了被代理人的利益，则其行为可构成侵权行为，行为人应向被代理人负赔偿责任。如果相对人知道或者应当知道行为人无权代理的，相对人和行为人按照各自的过错承担责任。

【例1-15】甲用伪造的乙公司公章，以乙公司名义与不知情的丙公司签订食用油买卖合同，以次充好，将劣质食用油卖给丙公司。合同没有约定仲裁条款。关于该合同，下列表述正确的是(　　)。

    A. 如乙公司追认，则丙公司有权通知乙公司撤销

    B. 如乙公司追认，则丙公司有权请求法院撤销

    C. 无论乙公司是否追认，丙公司均有权通知乙公司撤销

    D. 无论乙公司是否追认，丙公司均有权请求乙公司履行

【解析】本题涉及无权代理行为、可撤销的民事法律行为的效力，答案为B。无权代理属于效力待定的民事法律行为，在该合同被乙公司追认前，善意相对人丙公司有权以通知的方式撤销合同；但若乙公司已追认，则丙公司无权以通知的方式撤销合同；如乙公司不追认，则丙公司无权请求乙公司履行合同。同时，甲以乙公司的名义将劣质食用油卖给丙公司，构成受欺诈的民事法律行为，属于可撤销的民事法律行为，若乙公司已追认，丙公司有权请求法院撤销该合同。

(六) 表见代理

1. 表见代理的概念与特征

表见代理(apparent agency)是指没有代理权、超越代理权或者代理权终止后的无权代理人，以被代理人名义进行的民事行为在客观上使善意第三人(或相对人)相信其有代理权而实施的代理行为。例如，有些企业为了提高工作效率，将印章、合同章、单位的空白证明信、空白委托书、空白合同文本等交给代理人去办理某项业务，但是如果代理人办理的业务并非企业实际要求他办理的业务，或是虽为授权业务，但在价格、数量等方面超出了企业的实际授权，善意相对人并不知道，在这种情况下所为的民事行为，构成表见代理。企业不能以"实际未交代代理人为某项法律行为"为由，拒绝承担表见代理的责任。

《民法典》第172条确立了表见代理制度，规定：行为人没有代理权、超越代理权或者代理权终止后，仍然实施代理行为，相对人有理由相信行为人有代理权的，该代理行为有效。

【例1-16】甲公司业务员刘焕未经公司同意，利用盖有公司公章的空白合同书与不知情的乙公司订立了一份买卖钢材的合同。乙公司按合同约定向甲公司交付钢材后，未得到价款。请问：乙公司的债务应由谁承担？

【解析】根据我国法律规定，乙公司的债务应由甲公司承担。

实践中，导致表见代理产生的情形主要有：被代理人对第三人表示已将代理权授予他人，而实际并未授权；被代理人将某种有代理权的证明文件(如盖有公章的空白介绍信、空白合同文本、合同专用章等)交给他人，他人以该种文件使第三人相信其有代理权并与之进行法律行为；代理授权不明；代理人违反被代理人的意思或者超越代理权，第三人无过失地相信其有代理权而与之进行法律行为；代理关系终止后未采取必要的措施而使第三人仍然相信行为人有代理权，并与之进行法律行为。

表见代理实质上是无权代理，是广义无权代理的一种。如果无权代理行为均由被代理人追认决定其效力的话，会给善意第三人造成损害，因此，在表见的情形之下，规定由被代理人承担表见代理行为的法律后果，更有利于保护善意第三人的利益，维护交易安全，并以此强化代理制度的可信度。

2. 表见代理的构成要件

一般认为，构成表见代理应具备以下条件。

(1) 行为须符合代理的表面要件且行为人无代理权。即行为人须以被代理人的名义进行活动，与第三人缔结民事关系。无代理权是指实施代理行为时无代理权或者对于所实施的代理行为无代理权。

(2) 须有使第三人相信行为人具有代理权的事实或理由。这一要件是以行为人与被代理人之间存在某种事实上或者法律上的联系为基础的。这种联系是否存在或者是否足以使第三人相信行为人有代理权，应依一般交易情况而定。通常情况下，行为人持有被代理人发出的证明文件，如被代理人的介绍信、盖有合同专用章或者盖有公章的空白合同书，或者有被代理人向相对人所作法人授予代理权的通知或者公告，这些证明文件构成认定表见代理的客观依据。对上述客观依据，依《民法典》规定，第三人负有举证责任。在我国司法实践中，盗用他人的介绍信、合同专用章或者盖有公章的空白合同书签订合同的，一般不认定为表见代理，但被代理人应负举证责任，如不能举证则构成表见代理。对于借用他人介绍信、合同专用章或者盖有公章的空白合同书签订的合同，一般不认定为表见代理，由出借人与借用人对无效合同的法律后果负连带责任。

(3) 须第三人为善意且无过失，即第三人不知行为人所为的行为系无权代理行为。如果第三人出于恶意，即明知他人为无权代理，仍与其实施民事行为，不构成表见代理。《民法典》第171条第4款规定，相对人知道或者应当知道行为人无权代理的，相对人和行为人按照各自的过错承担责任。

(4) 须行为人与第三人之间的民事行为具备民事法律行为的有效要件，即行为人具有相应的民事行为能力、意思表示真实、内容不违背法律禁止性规定或者社会公共利益。

课堂讨论(1-2)

> 甲是乙公司的业务员，从事产品采购工作。为提高工作效率，乙公司将多份盖有本公司印章的文书(盖有合同专用章的空白合同书及介绍信)交给甲以方便其开展工作。后甲因违反劳动纪律被乙公司开除，但甲拒绝将上述文书交回。乙公司在当地一家报纸上刊登了声明，宣布上述文书作废。甲利用上述文书与丙签订了产品购销合同，但丙并不了解甲被开除及上述声明情况。事后，丙要求乙公司履行合同，乙公司则以甲已被开除并已登报声明为由，拒绝履行。
>
> 请问：甲与丙签订合同的行为是否构成表见代理？

3. 表见代理的法律后果

(1) 表见代理成立，订立的合同有效，表见代理中的相对人不享有《民法典》第171条关于狭义无权代理产生的撤销权。

(2) 本人(被代理人)对相对人(善意第三人)承担民事责任。表见代理被认定成立后，其在法律上产生的后果同有权代理的法律后果一样，即由被代理人对代理人实施的代理行为承担民事责任。

(3) 代理人对本人(被代理人)承担民事赔偿责任。被代理人因表见代理成立而承担民事责任，因此造成自己损失的，被代理人有权根据是否与代理人有委托关系、代理人是否超越代理权以及代理权是否已经终止等不同的情况，以及无权代理人的过错情况，依法请求无权代理人给予相应的赔偿。无权代理人应当赔偿给被代理人造成的损失。

(4) 无权代理人对被代理人的费用返还请求权。表见代理的法律后果使被代理人的利益受到损害时，无权代理人应依法赔偿。同时，并非所有的表见代理的法律后果都必然对被代理人不利，当表见代理的法律后果是使被代理人从中受益时，根据公平原则，权利义务应当对等，无权代理人有权请求被代理人支付因实施代理行为而支出的相关的合理费用。

法律应用

张莉是某公司的负责人兼业务主管，准备出国考察。出国前的2024年2月18日，张莉在电话中告知其老客户李煜：出国期间的公司业务将全权委托好友王鸿代为办理，欢迎继续合作。事后，张莉因出国仓促并未将委托之事告知王鸿。在张莉出国期间，李煜找到王鸿欲订购张莉公司的一批货物。王鸿因担心好友失去交易机会，便与李煜订立了一份货物买卖合同。2024年6月18日，张莉回国，发现合同价格不合理，遂提出王鸿没有代理权，该合同自始无效。如果李煜向人民法院起诉张莉，你认为该案应如何处理？

五、诉讼时效

（一）诉讼时效的概念

诉讼时效(extinctive prescription)，是指权利人不在法定期间内行使权利而失去诉讼保护的制度。前述"法定期间"即是诉讼时效期间。诉讼时效属于法律事实中的事件，是基于一定的事实状态在法律规定的一定期间内持续存在而当然发生不为当事人意志所决定的某种法律效果。民法上建立诉讼时效制度，目的在于维护社会经济秩序的稳定，避免时间过长导致举证困难，同时也有利于督促权利人及时行使权利。诉讼时效具有以下特征。

(1) 有债权人不行使权利的事实状态存在，而且该状态持续了一段期间。

(2) 诉讼时效期间届满时消灭的是胜诉权，并不消灭实体权利。这意味着：①诉讼时效届满后，不影响债权人提起诉讼，即不丧失起诉权；义务人可以提出不履行义务的抗辩，但权利本身及请求权并不消灭。②债权人起诉后，如果债务人主张诉讼时效的抗辩，法院在确认诉讼时效届满的情况下，应驳回其诉讼请求，即债权人丧失胜诉权；当事人未提出诉讼时效抗辩，人民法院不应对诉讼时效问题进行释明及主动适用诉讼时效的规定进行裁判。③诉讼时效期间届满后，义务人同意履行的，不得以诉讼时效期间届满为由抗辩；义务人已自愿履行的，不得请求返还。

(3) 诉讼时效具有法定性和强制性。《民法典》第197条规定，诉讼时效的期间、计算方法以及中止、中断的事由由法律规定，当事人约定无效。当事人对诉讼时效利益的预先放弃无效。

（二）诉讼时效的适用范围

诉讼时效并非适用于所有的请求权，根据《民法典》第196条规定，下列请求权不适用诉讼时效的规定：请求停止侵害、排除妨碍、消除危险；不动产物权和登记的动产物权的权利人请求返还财产；请求支付抚养费、赡养费或者扶养费；依法不适用诉讼时效的其他请求权。

《民法典》第198条规定，法律对仲裁时效有规定的，依照其规定；没有规定的，适用诉讼时效的规定。

（三）除斥期间

除斥期间(scheduled period)是指法律规定某种权利预定存续的期间，债权人在此期间不行使权利，预定期间届满，便可发生该权利消灭的法律后果。如《民法典》第152条规定，当事人受胁迫，自胁迫行为终止之日起1年内没有行使撤销权，撤销权消灭。此处的"1年"即为除斥期间。诉讼时效和

知识拓展(1-27)

除斥期间与诉讼
时效的区别

除斥期间都是以一定的事实状态存在和一定期间的经过为条件而发生一定的法律后果，都属于法律事实中的事件。但两者有明显的区别。

(四) 诉讼时效的种类与起算

1. 诉讼时效的种类

诉讼时效的种类、期间都是法定的，不同的诉讼时效有不同的期间，不同的诉讼时效有不同的起算时间。根据《民法典》规定，诉讼时效有以下几种。

(1) 普通诉讼时效。除了法律有特别规定，民事权利适用普通诉讼时效期间。《民法典》第 188 条规定，向人民法院请求保护民事权利的诉讼时效期间为 3 年。法律另有规定的，依照其规定。

(2) 特别诉讼时效。特别诉讼时效也称特殊诉讼时效，是指由民事单行法特别规定的仅适用于法律特殊规定的民事法律关系的诉讼时效。民事单行法规定的期间不为 3 年的诉讼时效，属于特殊诉讼时效。例如，《中华人民共和国海商法》第 257 条、第 260 条、第 263 条，分别就海上货物运输向承运人请求赔偿的请求权、海上拖航合同的请求权、有关共同海损分摊的请求权，规定时效期间为 1 年。《民法典》第 594 条规定，因国际货物买卖合同和技术进出口合同争议提起诉讼或者申请仲裁的时效期间为 4 年。《中华人民共和国保险法》(以下简称《保险法》)第 26 条第 2 款规定，人寿保险的被保险人或者受益人向保险人请求给付保险金的诉讼时效期间为 5 年。

(3) 最长诉讼时效。最长诉讼时效是指期限为 20 年的诉讼时效期间。根据《民法典》第 188 条的规定，自权利受到侵害之日起超过 20 年的，人民法院不予保护。与其他诉讼时效相比，最长诉讼时效期间从权利被侵害时计算，而非从权利人知道或者应当知道之时起算。最长诉讼时效期间可以适用诉讼时效的延长，但不适用诉讼时效期间的中断、中止等规定。

2. 诉讼时效的起算

诉讼时效的起算是指诉讼时效期间开始计算的时点。《民法典》第 188 条第 2 款规定，诉讼时效期间自权利人知道或者应当知道权利受到损害以及义务人之日起计算。法律另有规定的，依照其规定。所谓知道是指权利人明确知悉其权利受到损害的事实和义务人；所谓应当知道是指根据客观事实，推定权利人知悉权利受到损害的事实和义务人。权利人于何时才为知道或者应当知道权利受到损害，在不同的情形下有不同的标准。

知识拓展(1-28)

诉讼时效的起算

(五) 诉讼时效期间的中止、中断和延长

1. 诉讼时效期间的中止

诉讼时效的中止是指在诉讼时效期间的最后 6 个月内，因法定事由的发生，致使权利人不能行使请求权，暂停计算时效期间，待中止的事由消除后，再继续计算诉讼时效期间的法律制度。

依照《民法典》第 194 条的规定，诉讼时效中止的法定事由包括：①不可抗力；②无民事行为能力人或者限制民事行为能力人没有法定代理人，或者法定代理人死亡、丧失民事行为能力、丧失代理权；③继承开始后未确定继承人或者遗产管理人；④权利人被义务人或者其他人控制；⑤其他导致权利人不能行使请求权的障碍。自中止时效的原因消除之日起满 6 个月，诉讼时效期间届满。

2. 诉讼时效期间的中断

诉讼时效的中断是指在诉讼时效进行中，因法定事由的发生，致使已经经过的诉讼时效期间全归无效，待中断时效的事由消除后，重新开始计算诉讼时效期间的法律制度。

依照《民法典》第 195 条的规定，发生下列四种情形之一的，诉讼时效中断，从中断、有关

程序终结时起，诉讼时效期间重新计算：①权利人向义务人提出履行请求；②义务人同意履行义务；③权利人提起诉讼或者申请仲裁；④与提起诉讼或者申请仲裁具有同等效力的其他情形。

3. 诉讼时效期间的延长

诉讼时效期间的延长是指在诉讼时效期间届满后，权利人基于某种正当理由请求法院根据具体情况延长时效期间，经法院审查确认后决定延长的制度。所谓正当理由，是指权利人因有客观的障碍在法定期间内不能行使请求权的特殊情况。

【例1-17】某税务师事务所2021年2月3日为某公司提供涉税鉴证服务，应收报酬为5万元。2022年1月17日为该公司查账时，发现该公司尚有余款3万元未付，当日即向该公司催收。该公司以资金周转困难为由请求延期，被税务师事务所拒绝。2023年2月18日，税务师事务所起诉该公司，请求判令该公司支付报酬。下列关于本案诉讼时效的表述中，正确的是(　　)。

A. 税务师事务所向公司催收报酬的行为导致诉讼时效的中断

B. 税务师事务所的起诉已经超过了诉讼时效

C. 本案的诉讼时效届期日为2025年1月17日

D. 该公司请求延期的行为属于诉讼时效的中止事由

E. 对该公司请求延期的行为，应当适用诉讼时效延长规则处理

【解析】选项AC正确。DE错误，诉讼时效因提起诉讼，当事人一方提出要求或者同意履行义务而中断；选项A正确，催收属于提出要求，请求延期属于同意履行，引起诉讼时效的中断；选项B错误，C正确，诉讼时效中断的，从中断之日起，诉讼时效期间重新计算，本案的诉讼时效届期日为2025年1月17日。

【例1-18】甲公司开发的系列楼盘由乙公司负责安装电梯设备。乙公司完工并验收合格投入使用后，甲公司一直未支付工程款，乙公司也未催要。诉讼时效期间届满后，乙公司组织工人到甲公司讨要。因高级管理人员均不在，甲公司新录用的法务小王，擅自以公司名义签署了同意履行付款义务的承诺函，工人们才散去。其后，乙公司提起诉讼。关于本案的诉讼时效，下列说法正确的是(　　)。

A. 甲公司仍可主张诉讼时效抗辩

B. 因乙公司提起诉讼，诉讼时效中断

C. 法院可主动适用诉讼时效的规定

D. 因甲公司同意履行债务，其不能再主张诉讼时效抗辩

【解析】本题涉及的是诉讼时效的效力，答案为A项。

📖 法律应用

实践中，如何撰写借条以保障当事人的合法权益？在撰写借条时应注意哪些问题？

🔦 法务拓展

当债权超过诉讼时效时，可以采用哪些方法进行补救以降低法律风险？

(1) 请求债务人在债务履行通知书上签字或盖章。依据规定，在债权超过诉讼时效期间后，债务人又在履行债务通知单上签字或盖章的，视为对旧债务的重新确认。因此，该债权应当得到保护。此规定对于已超过诉讼时效期间的债权人的补救提供了很好的办法。

(2) 签订还款协议。超过诉讼时效期间，当事人双方就原债务达成的还款协议，属于新的债权债务关系，应当依法予以保护。签订还款协议意味着债权债务人对原债权债务进行了调整，同时，在当事人之间形成了新的债权，其诉讼时效可以独立计算。

(3) 更新合同。合同的更新是当事人签订一个新的合同来代替旧的合同，借新还旧是典型的合同更新。它与还款协议的区别在于：还款协议只改变了原来合同的部分内容，而合同更新则完全改变了原来的旧合同。旧合同的诉讼时效随之废止，诉讼时效按新合同签订的时间计算。

(4) 债务人放弃"超过诉讼时效期间"的抗辩。超过诉讼时效期间是债权人丧失胜诉权的法定事由，无论当事人是否就此起诉，法院在查知债权超过诉讼时效时，都不能判决债权人胜诉。若债权人能与债务人继续合作或进行友好谈判，促使债务人放弃丧失胜诉权的抗辩，且债务人自愿履行的，债权人享有受领权。

第四节　经济纠纷的解决

经济法律关系的主体在经济管理和经济活动中不可避免地会产生争议。为了保护当事人的合法权益，维护社会经济秩序，必须利用有效的手段，及时处理这些争议。通常处理这些争议的方式有：当事人协商、进行行政调解、提交仲裁机构裁决、提起诉讼。

在解决当事人发生的经济纠纷的过程中，如果当事人通过协商或调解不能解决争议的，最主要的解决争议的方式有仲裁和诉讼，仲裁与民事诉讼是两种不同的争议解决方式。当事人发生争议只能在仲裁或者民事诉讼两种方式中选择一种解决方式。《中华人民共和国仲裁法》(以下简称《仲裁法》)第5条规定，当事人达成仲裁协议，一方向人民法院起诉的，人民法院不予受理，但仲裁协议无效的除外。据此，有效的仲裁协议可排除法院的管辖权，只有在没有仲裁协议或者仲裁协议无效，或者当事人放弃仲裁协议的情况下，法院才可以行使管辖权，以下分别加以说明。

一、仲裁

仲裁(arbitration)是指经济纠纷的各方当事人依照事先约定或事后达成的书面仲裁协议，共同选定仲裁机构并由其对争议依法作出具有约束力裁决的一种活动。

根据《仲裁法》的规定，仲裁机构是由直辖市和省、自治区人民政府所在地的市以及其他设区的市的人民政府组织有关部门和商会统一组建的仲裁委员会。仲裁委员会独立于行政机关，与行政机关没有隶属关系，仲裁委员会之间也没有隶属关系。中国仲裁协会是社会团体法人，是仲裁委员会的自律性组织。

当事人申请仲裁，应当具备以下条件：①有仲裁协议。该协议包括事先在合同中约定的仲裁条款，也包括事后达成的书面仲裁协议。仲裁协议一经成立，即具有法律效力。实践中，仲裁协议一般可采用下列推荐条款："凡因本合同引起的或与本合同有关的任何争议，均提交×××仲裁委员会，按照申请仲裁时该会现行有效的仲裁规则进行仲裁。仲裁地点在×××。仲裁裁决是终局的，对双方均有约束力。"②有具体的仲裁请求和所依据的事实、理由。③属于仲裁委员会受理的范围。④受理仲裁的仲裁机构有管辖权。

仲裁委员会受理仲裁申请后，应当按照法定要求组成仲裁庭。仲裁庭作出裁决前，可以先行调解。当事人自愿调解的，仲裁庭应当调解。调解不成的，应当及时作出裁决。调解达成协议的，仲裁庭应当制作调解书或根据协议结果制作裁决书。调解书与裁决书具有同等法律效力。仲裁庭根据多数仲裁员的意见作出裁决，并制作裁决书，裁决书自作出之日起发生法律效力。

如果当事人一方不履行裁决的，另一方当事人可以依照《中华人民共和国民事诉讼法》(以下简称《民事诉讼法》)的有关规定向人民法院申请执行。

二、诉讼

诉讼(litigation)是指当事人不能通过协商解决争议，而在人民法院起诉、应诉，请求人民法院通过审判程序解决纠纷的活动。

根据《民事诉讼法》的规定，当事人提起诉讼必须符合下列条件：①原告是与本案有直接利害关系的公民、法人和其他组织；②有明确的被告；③有具体的诉讼请求和事实、理由；④属于人民法院受理民事诉讼的范围和受诉人民法院管辖。

知识拓展(1-29)

民事起诉书

当事人起诉除了须具备《民事诉讼法》规定的有关条件外，还须具备以下条件：①当事人没有事先或事后约定由仲裁机构裁决的协议；②当事人没有就同一事实、同一诉讼标的再行向法院提起诉讼。

我国人民法院审理经济纠纷案件实行两审终审制。经济纠纷的诉讼一般包括一审程序、二审程序、执行程序三个阶段。不经过一审，不能进入二审程序，但并非每一案件必须经过这三个阶段。如果一审判决、裁定作出后，当事人不上诉或在法定期限内未上诉以及一审经过调解结案，则不发生二审程序，一审判决、裁定即发生法律效力。当事人不服一审判决、裁定而上诉，则进入二审程序。二审为终审，从二审判决、裁定作出之日起，即发生法律效力。当事人不履行发生效力的判决、裁定，另一方当事人可以向法院申请强制执行。当事人对生效的判决、裁定仍不服的，可在2年内申请再审，但不影响判决、裁定的执行。

判决是指法院对民事案件依法定程序审理后对案件的实体问题依法作出的具有法律效力的结论性判定。裁定是指法院在审理民事案件的过程中对有关诉讼程序的事项作出的判定。两者都是国家行使审判权，依照法定程序作出的具有法律效力的结论性判定。两者的区别是：①判决解决的是案件的实体问题，是对当事人的实体争议和请求所作出的结论；裁定是解决诉讼中的程序事项，主要是法院行使指挥、协调诉讼活动权能的体现；②裁定发生于诉讼的各阶段，一个案件可能有多个裁定。判决在案件审理终结时作出，一般一个案件一个判决；③裁定可采用书面形式，也可采用口头形式，判决只能采用书面形式；④除不予受理、对管辖权的异议、驳回起诉的裁定可以上诉外，其他裁定一律不准上诉，一审判决可以上诉。可以上诉的裁定，当事人有权在裁定书送达之日起10日内向上一级人民法院提起上诉；当事人不服一审判决的，有权在判决书送达之日起15日内向上一级人民法院提起上诉。

法务拓展

实践中，企业的经营者和管理者应将"在基本合法合规的前提下谋求企业利益最大化"作为基本原理贯穿企业生产经营的各个环节。

作为企业经营者和管理者，如何看待企业法律纠纷，对其处理持何种态度，怎样应对法律纠纷，不仅关系个案成败和利益得失，有时还会影响企业经营秩序和声誉，甚至关乎企业生死存亡。

某一法律纠纷案件发生后，企业应对该案的形成进行系统分析并采取相应的措施。实践证明，对法律纠纷案件主动实施有效管理，不但可以使企业减少损失，而且可以创造价值，使案件处理服从、服务于企业发展战略和中心工作，最终实现企业利益的最大化。

 **典型例题解析**

 **即测即评**

思考与探索

1. 如何理解经济法的概念和调整对象？
2. 试述经济法律关系主体、内容和客体。
3. 如何理解法人？法人的成立应具备哪些条件，其法律责任该如何承担？
4. 试述民事法律行为的生效要件。
5. 试述无权代理与表见代理的区别和联系。
6. 如何理解物权？它具有哪些基本特征？
7. 如何理解善意取得？它的构成要件有哪些？
8. 如何理解建筑物区分所有权？
9. 试述诉讼时效中止与中断的区别和联系。
10. 试述仲裁与诉讼的关系。

法务研议

1905年，美国新闻记者厄普顿·辛克莱(Upton Sinclair)出版了一本小说《丛林》(*The Jungle*)，其中用了15页的篇幅对美国当时的肉食品加工过程进行了穷形尽相的描写，揭露了当时美国食品加工企业真实存在的混乱局面，引起了美国社会的震惊。1906年，美国通过了两部法案——《联邦肉类检查法案》(*Federal Meat Inspection Act*)和《食物及药物洁净法案》(*Pure Food and Drug Act*)。此后，随着美国食品药品监督管理局(FDA)的成立和相关法规的颁布实施，经过100多年的努力，美国成为世界上食品最安全的国家之一。

第二章

企业法律制度

导读提示

企业是市场经济活动的主要参与者，其本质是一种资源配置的机制。在社会主义经济体制下，各种企业并存共同构成社会主义市场经济的微观基础。企业存在三类基本组织形式：个人独资企业、合伙企业和公司。不同的企业组织形式有不同的法律特征。

第一节 企业法概述

一、企业的概念和分类

(一) 企业的概念

企业(enterprise)是指依法设立的，以营利为目的从事商品生产经营和服务活动的，独立核算的经济组织。它具有以下特征。

(1) 企业是社会经济组织。企业作为一种社会经济组织，表明其主要从事经济活动，并有相应的财产。因此，企业是一定人员和一定财产的组合。

(2) 企业是以营利为目的从事生产经营活动的社会经济组织。企业所从事的生产经营活动是指创造社会财富的活动，包括生产、交易、服务等。企业在以营利为目的从事生产经营活动的过程中担负着重要的社会责任，即企业在谋取自身及其投资者最大经济利益的同时，从促进国民经济和社会发展的目标出发，为其他利害关系人履行某方面的社会义务，包括道德义务与法律义务。同时，企业营利的手段、利润的分配和使用还必须合法。

(3) 企业是实行独立核算的社会经济组织。实行独立核算是指要单独计算成本费用，以收抵支，计算盈亏，对经济业务作出全面反映和控制。不实行独立核算的社会经济组织不能称之为企业。

(4) 企业是依法设立的社会经济组织。企业通过依法设立，可以取得相应的法律地位，获得合法身份，得到国家法律的认可和保护。

(二) 企业的分类

依据不同的标准，可将企业分为以下不同的类型。

(1) 按企业所有制的性质和形式不同，可将企业分为全民所有制企业、集体所有制企业、私营企业、混合所有制企业。采用这种划分方法除了可明确企业财产所有权的归属外，还可使国家对不同所有制的企业采用不同的经济政策和监管办法。

(2) 按出资者的身份不同，可将企业分为内资企业和外资企业。这样划分的目的是适应国家统计、宏观决策的需要，适应国家管理的需要。需要说明的是，《中华人民共和国外商投资法》(以下简称《外商投资法》)规定，国家对外商投资实行准入前国民待遇加负面清单管理制度。外商投资在准入后享受国民待遇，国家对内资和外资的监督管理，适用相同的法律制度和规则。外商投资企业(全部或者部分由外国投资者投资，依照中国法律在中国境内经登记注册设立的企业)的组织形式、组织机构，适用《中华人民共和国合伙企业法》(以下简称《合伙企业法》)、《公司法》等法律的规定。

知识拓展(2-1)

外商投资企业

(3) 按企业的责任形式和法律地位，可将企业分为法人企业和非法人企业。法人企业主要有公司制企业、非公司制企业；非法人企业主要有个人独资企业、合伙企业等。这样划分能明确地反映出企业的法律地位及能力，不仅有利于国家管理，而且也有利于企业间的经济交往。

除上述分类外，企业还可依据其他标准进行分类，如按企业规模大小的不同，可将企业分为大型企业、中型企业和小型企业；按企业的行政隶属关系的不同，可将企业分为中央企业、地方企业、乡镇企业等。

二、我国现行企业法律制度

企业法律制度是指关于企业设立、企业组织、企业运行和对企业实施管理的各种法律规范的总称。我国现行的有关企业的法律主要有《公司法》《合伙企业法》《中华人民共和国个人独资企业法》(以下简称《个人独资企业法》)、《外商投资法》《中华人民共和国企业破产法》(以下简称《企业破产法》)等。这些法律针对我国企业的经济性质、法律地位、设立条件、组织机构、活动要求等分别作出了规定。

本章主要介绍《个人独资企业法》《合伙企业法》等有关法律的内容。公司法律制度将在第三章专门介绍。

三、影响投资者选择企业组织形式的主要因素

对于投资者而言，个人独资企业、合伙企业、公司等企业形式各有优劣，因此在选择企业组织形式时，往往要基于税负、风险隔离和企业控制等因素的考量，同时结合投资者的实际情况和具体的营商环境，充分认识各种企业组织形式的关联，精心设计适合投资者需要的企业形式架构。实践中，企业形式架构，尤其是公司股权架构设计问题非常复杂。

第二节　个人独资企业法

一、个人独资企业的概念、法律特征

个人独资(sole proprietorship)企业是指依照《个人独资企业法》在中国境内设立，由一个自然

me

人投资，财产为投资人个人所有，投资人以其个人财产对企业债务承担无限责任的经营实体。个人独资企业具有以下特征。

(1) 个人独资企业由一个符合条件的自然人设立。国家机关、国家授权投资的机构或者国家授权的部门、企业、事业单位等都不能成为个人独资企业的设立人。

(2) 个人独资企业的投资人对企业的债务承担无限责任。个人独资企业财产不足以清偿债务的，投资人应当以其个人的其他财产予以清偿。如果个人独资企业投资人在申请企业设立登记时明确以其家庭共有财产作为个人出资的，应当依法以家庭共有财产对企业债务承担无限责任，但债权人在个人独资企业解散后 5 年内未向债务人提出偿债请求的，该责任消灭。

知识拓展(2-2)

个人独资企业与个体工商户、公司的区别

(3) 个人独资企业是非法人企业，作为独立的民事主体，可以自己的名义从事民事活动。

(4) 个人独资企业的内部机构设置简单，经营管理方式灵活。

【例 2-1】下列关于个人独资企业的表述中，正确的是(　　)。
A. 个人独资企业的投资人可以是自然人、法人或者其他组织
B. 个人独资企业的投资人对企业债务承担无限责任
C. 个人独资企业不能以自己的名义从事民事活动
D. 个人独资企业具有法人资格
【解析】根据《个人独资企业法》的规定，正确答案是 B。

二、个人独资企业的设立

知识拓展(2-3)

个人独资企业的设立条件

(一) 个人独资企业的设立条件

根据《个人独资企业法》第 8 条的规定，设立个人独资企业应当具备下列条件：①投资人为一个自然人；②有合法的企业名称；③有投资人申报的出资；④有固定的生产经营场所和必要的生产经营条件；⑤有必要的从业人员。

【例 2-2】根据《个人独资企业法》的规定，下列事项中，不属于个人独资企业设立的必备条件的是(　　)。
A. 投资人只能是自然人　　　　B. 投资人需具有完全民事行为能力
C. 须有企业章程　　　　　　　D. 有符合规定的法定最低注册资本
【解析】根据《个人独资企业法》的规定，正确答案是 CD。

(二) 个人独资企业的设立程序

(1) 提出申请。申请设立个人独资企业，应当由投资人或者其委托的代理人向个人独资企业所在地的登记机关提交设立申请书、投资人身份证明、生产经营场所使用证明等文件。委托代理人申请设立登记时，应当出具投资人的委托书和代理人的合法证明。个人独资企业设立申请书应当载明下列事项：①企业的名称和住所；②投资人的姓名和居所；③投资人的出资额和出资方式；④经营范围。

(2) 市场主体登记。登记机关应当在收到设立申请文件之日起 15 日内，对符合《个人独资企业法》规定条件的，予以登记，发给营业执照；对不符合《个人独资企业法》规定条件的，不予登记，并发给企业登记驳回通知书。个人独资企业营业执照的签发日期，为个人独资企业成立日期。在领取个人独资企业营业执照前，投资人不得以个人独资企业名义从事经营活动。

(3) 分支机构登记。个人独资企业设立分支机构，应当由投资人或者其委托代理人向分支机构所在地的登记机关申请登记，领取营业执照。分支机构经核准登记后，应将登记情况报该分支机构隶属的个人独资企业的登记机关备案。分支机构的民事责任由设立该分支机构的个人独资企业承担。

【例2-3】依照《个人独资企业法》的规定，个人独资企业分支机构的民事责任由(   )。
A. 分支机构独立承担
B. 设立分支机构的个人独资企业和其投资人共同承担
C. 设立分支机构的个人独资企业承担
D. 设立分支机构的个人独资企业的投资人承担
【解析】根据《个人独资企业法》的规定，正确答案是C。

(4) 变更登记。个人独资企业存续期间登记事项发生变更的，应当在作出变更决定之日起15日内依法向登记机关申请办理变更登记。个人独资企业分支机构比照个人独资企业申请变更、注销登记的有关规定办理。

三、个人独资企业的事务管理

个人独资企业投资人可以自行管理企业事务，也可以委托或者聘用其他具有民事行为能力的人负责企业的事务管理。投资人委托或者聘用他人管理个人独资企业事务，应当与受托人或者被聘用的人签订书面合同。合同应订明委托的具体内容、授予的权利范围、受托人或者被聘用的人应履行的义务、报酬和责任等。受托人或者被聘用的人员应当履行诚信、勤勉义务，以诚实信用的态度对待投资人，对待企业，尽其所能依法保障企业利益，按照与投资人签订的合同负责个人独资企业的事务管理。

投资人对受托人或者被聘用的人员职权的限制，不得对抗善意第三人。所谓第三人是指除受托人或被聘用的人员之外与企业发生经济业务关系的人。所谓善意第三人是指第三人在就有关经济业务事项交往中，没有从事与受托人或者被聘用的人员串通，故意损害投资人的利益的人。个人独资企业的投资人与受托人或者被聘用的人员之间有关权利义务的限制只对受托人或者被聘用的人员有效，对第三人并无约束力，受托人或者被聘用的人员超出投资人的限制与善意第三人的有关业务交往应当有效。

【例2-4】2025年2月25日，甲出资6万元设立乙个人独资企业。甲聘请A管理企业事务，同时规定，凡A对外签订标的额超过2万元的合同，须经甲同意。3月22日，A未经甲同意，以乙企业名义向善意第三人B购买价值3万元的货物。3月24日，B将货物发至乙企业，但甲以A购买货物的行为超越其职权限制为由拒绝支付货款。双方协商未果。请问：A购买货物的行为是否有效？为什么？
【解析】A购买货物的行为有效。根据《个人独资企业法》的规定，投资人对被聘用的人员职权的限制，不得对抗善意第三人。在本案中，尽管A向B购买货物的行为超越职权，但B为善意第三人，因此，A向B购买货物的行为有效，甲应同意向B支付货款。

《个人独资企业法》规定，投资人委托或者聘用的管理个人独资企业事务的人员不得从事下列行为：①利用职务上的便利，索取或者收受贿赂；②利用职务或者工作上的便利侵占企业财产；③挪用企业的资金归个人使用或者借贷给他人；④擅自将企业资金以个人名义或者以他人名义开立账户储存；⑤擅自以企业财产提供担保；⑥未经投资人同意，从事与本企业相竞争的业务；⑦未经投资人同意，同本企业订立合同或者进行交易；⑧未经投资人同意，擅自将企业商标或者其他知识产权转让给他人使用；⑨泄露本企业的商业秘密；⑩法律、行政法规禁止的其他行为。

四、个人独资企业的解散和清算

(一) 个人独资企业的解散

个人独资企业的解散是指个人独资企业终止活动使其民事主体资格消灭的行为。《个人独资企业法》第 26 条规定，个人独资企业有下列情形之一时，应当解散：①投资人决定解散；②投资人死亡或者被宣告死亡，无继承人或者继承人决定放弃继承；③被依法吊销营业执照；④法律、行政法规规定的其他情形。

(二) 个人独资企业的清算

个人独资企业解散的，应当进行清算。《个人独资企业法》规定：个人独资企业解散，应由投资人自行清算或者由债权人申请人民法院指定清算人进行清算。投资人自行清算的，应当在清算前 15 日内书面通知债权人，无法通知的，应当予以公告。债权人应当在接到通知之日起 30 日内，未接到通知的应当在公告之日起 60 日内，向投资人申报其债权。

个人独资企业解散的，财产应当按照下列顺序清偿：①所欠职工工资和社会保险费用；②所欠税款；③其他债务。个人独资企业财产不足以清偿债务的，投资人应当以其个人的其他财产予以清偿。

【例 2-5】2021 年 2 月 8 日，A 出资 5 万元设立甲个人独资企业，同时聘请乙管理企业事务。2025 年 1 月 31 日，甲企业严重亏损，不能清偿到期的丙的债务。A 决定解散该企业，并请求人民法院指定清算人。3 月 15 日，人民法院指定丁作为清算人对甲企业进行清算。经查，甲企业和 A 的资产及债权债务情况如下：①甲企业欠缴税款 5 000 元，欠乙工资 5 000 元，欠社会保险费用 2 000 元，欠丙 80 000 元；②甲企业的银行存款 20 000 元，实物折价 60 000 元；③A 个人其他可执行的财产价值 20 000 元。请问：A 应如何进行财产清偿？

【解析】根据《个人独资企业法》的规定，甲企业的财产清偿顺序为：①所欠职工工资和社会保险费用；②所欠税款；③其他债务。因此，首先用甲企业的银行存款和实物折价共 80 000 元清偿所欠乙的工资、社会保险费用、税款后，剩余 68 000 元用于清偿所欠丙的债务；其次，甲企业剩余财产全部用于清偿后，仍欠丙 12 000 元，可用 A 其他可执行的个人财产 20 000 元清偿。

清算期间，个人独资企业不得开展与清算目的无关的经营活动。在按前述财产清偿顺序清偿债务前，投资人不得转移、隐匿财产。

个人独资企业解散后，原投资人对个人独资企业存续期间的债务仍应承担偿还责任，但债权人在 5 年内未向债务人提出偿债请求的，该责任消灭。

【例 2-6】花环于 2022 年 3 月 8 日成立一家个人独资企业。同年 7 月 1 日，该企业与甲公司签订一份买卖合同，根据合同约定，该企业应于同年 10 月 1 日支付给甲公司货款 35 万元，后该企业一直未支付该款项。2023 年 1 月 11 日该企业因故解散。2023 年 5 月 12 日，甲公司起诉花环，请求花环偿还上述 35 万元债务。下列有关此事的表述中，不正确的是(   )。

A. 因该企业已经解散，甲公司的债权已经消灭

B. 甲公司可以请求花环以个人财产承担 35 万元的债务

C. 甲公司请求花环偿还债务已超过诉讼时效，其请求不能得到支持

D. 甲公司请求花环偿还债务的期限应于 2025 年 1 月 11 日届满

【解析】正确答案是 ACD。根据《个人独资企业法》的规定，个人独资企业解散后，其对企业存续期间的债务仍应承担偿还责任，甲公司有权请求花环偿还债务的期限应于 2028 年 1 月 11 日届满，故 ACD 三项表述错误。

个人独资企业清算结束后，投资人或者人民法院指定清算人应当编制清算报告，并于 15 日内到登记机关办理注销登记。

第三节　合伙企业法

一、合伙企业法概述

(一) 合伙企业的概念

一般认为，合伙(partnership)是指两个以上的人为着共同目的，相互约定共同出资、共同经营、共享收益、共担风险的自愿联合。

知识拓展(2-4)

《民法典》中的合伙合同与《合伙企业法》中的合伙企业

合伙企业，是指自然人、法人和其他组织按照《合伙企业法》在中国境内设立的普通合伙(general partnership)企业和有限合伙(limited partnership)企业。

《民法典》在"合同篇"专章规定了"合伙合同"。依此，我国现行的合伙法律制度有合伙合同与合伙企业之分，前者是依照《民法典》成立的合伙协议，是一种合伙行为，适用《民法典》；后者是依照《合伙企业法》设立的合伙企业，是一种合伙组织，适用《合伙企业法》。

(二) 合伙企业的分类

根据《合伙企业法》的规定，合伙企业分类如图 2-1 所示。

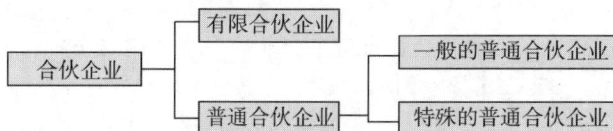

图 2-1　合伙企业的分类

合伙企业分为普通合伙企业和有限合伙企业。普通合伙企业由普通合伙人组成，合伙人对合伙企业债务承担无限连带责任。《合伙企业法》对普通合伙人承担责任的形式有特别规定的，从其规定。有限合伙企业由普通合伙人和有限合伙人组成，普通合伙人对合伙企业债务承担无限连带责任，有限合伙人以其认缴的出资额为限对合伙企业债务承担责任。

(三) 合伙企业的特征

合伙企业作为一种企业组织形式，其与个人独资企业以及公司相比，具有以下特征。

(1) 以合伙人订立合伙协议(partnership agreement)为合伙企业成立的法律基础。合伙企业是基于合伙人之间的相互信任联合而成，属于人合企业。作为人合企业，合伙企业对外的信用基础是每个合伙人而不是合伙企业财产，因此，合伙企业的成立以合伙协议为其法律基础。合

伙协议是全体合伙人在平等自愿的基础上，协商一致的结果，没有合伙协议，就不可能成立合伙企业。

(2) 合伙人共同出资、共同经营、共享收益、共担风险。合伙企业是一种将出资、经营、收益和风险融为一体的营利性组织。具体而言，合伙企业以共同经营为标志、以共享利益为动力、以共担风险为保证，其既是利益的共同体，也是责任的共同体。

(3) 有一个以上合伙人对合伙企业债务承担无限连带责任。合伙企业具有相对独立的法律地位，对于合伙企业的债务，应当先以合伙企业的全部财产进行清偿，由于合伙企业的人合性，合伙企业的债务最终是合伙人的债务。因此，当合伙企业财产不足以清偿到期债务时，应由普通合伙人以其个人全部财产对合伙企业债务承担无限连带责任，即债权人有权向普通合伙人中的任何一人、数人或全体请求清偿全部债务，被请求的合伙人有义务清偿全部债务。

(四) 合伙企业法的概念及其适用

合伙企业法是指国家立法机关或者其他有权机关依法制定的、调整合伙企业合伙关系的各种法律规范的总称。目前，我国调整合伙企业各种经济关系的主要法律规范是《合伙企业法》。

在理解和掌握《合伙企业法》的适用时，应注意以下两个问题。

第一，采取合伙制的非企业专业服务机构的合伙人承担责任形式的法律适用问题。《合伙企业法》规定，非企业专业服务机构依据有关法律采取合伙制的，其合伙人承担责任的形式可以适用《合伙企业法》关于特殊的普通合伙企业合伙人承担责任的规定。非企业专业服务机构，是指不采取企业(如公司制)形式成立的、不以营利为目的的、以自己专业知识提供特定咨询等方面服务的组织。如律师事务所、会计师事务所等专业服务机构。

第二，根据《外国企业或者个人在中国境内设立合伙企业管理办法》规定，允许 2 个以上外国企业或者个人在中国境内设立合伙企业，或者与中国的自然人、法人或者其他组织在中国境内设立合伙企业。国家鼓励具有先进技术和管理经验的外国企业或者个人在中国境内设立合伙企业，促进现代服务业等产业的发展。

二、普通合伙企业

(一) 普通合伙企业的概念

普通合伙企业，是指由普通合伙人组成，合伙人对合伙企业债务依法承担无限连带责任的一种合伙企业。普通合伙企业具有以下特点。

(1) 由符合条件的普通合伙人组成。所谓普通合伙人，是指在合伙企业中对合伙企业的债务依法承担无限连带责任的自然人、法人和其他组织。《合伙企业法》规定，国有独资公司、国有企业、上市公司以及公益性的事业单位、社会团体不得成为普通合伙人。

(2) 除法律另有规定外，合伙人对合伙企业债务依法承担无限连带责任。所谓无限连带责任，包括两个方面：①当合伙企业财产不足以清偿其债务时，合伙人应以其在合伙企业出资以外的财产清偿债务；②每一合伙人对企业债务都有清偿的义务，债权人可以就合伙企业财产不足以清偿的那部分债务，向任何一个合伙人请求全部偿还。

但是，在特殊情况下，合伙人可以不承担无限连带责任。《合伙企业法》中"特殊的普通合伙企业"对该内容作了规定，见本节"(七)特殊的普通合伙企业"部分。

(二) 普通合伙企业的设立

1. 普通合伙企业的设立条件

根据《合伙企业法》第14条的规定，设立普通合伙企业，应当具备下列条件：①有二个以上合伙人。合伙人为自然人的，应当具有完全民事行为能力。②有书面合伙协议。③有合伙人认缴或者实际缴付的出资。④有合伙企业的名称和生产经营场所。⑤法律、行政法规规定的其他条件。

知识拓展(2-5)

普通合伙企业的
设立条件

【例2-7】A、B、C拟设立一普通合伙企业，并订立了一份合伙协议，部分内容如下：①A的出资为现金3 000元和劳务作价4万元；②B的出资为现金6万元，于合伙企业成立后半年内缴付；③C的出资为作价12万元的房屋一栋，不办理财产权转移手续，且C保留对该房屋的处分权；④合伙企业的经营期限，于合伙企业成立满1年时再协商确定。请问：该协议的上述四项内容是否符合《合伙企业法》的规定？

【解析】(1) A以现金和劳务出资，符合《合伙企业法》的规定。

(2) 根据《合伙企业法》规定，设立合伙企业各合伙人应认缴或者实际缴付的出资，合伙人可以实际一次性缴付出资，也可以认缴的形式分期出资，但认缴须在合伙协议中有所体现，不能随意进行。B的出资于合伙企业成立后半年内缴付符合《合伙企业法》的规定。

(3) 根据《合伙企业法》规定，C以房屋出资，但不办理财产权转移手续，且保留对该房屋的处分权，则该房屋并未成为合伙企业的财产。因此，C的出资不符合《合伙企业法》的规定。

(4) 根据《合伙企业法》规定，合伙协议应当载明的事项中并不包括合伙企业的经营期限，因此，合伙企业的经营期限并不一定要在合伙企业成立时确定，该项内容符合《合伙企业法》的规定。

2. 合伙企业的设立登记

合伙企业的设立登记程序如下：①向企业登记机关提出申请，并提交全体合伙人签署的登记申请书、全体合伙人的身份证明、合伙协议、出资权属证明、经营场所证明以及其他文件。法律、行政法规规定设立合伙企业必须报经有关部门审批的，还应当提交有关批准文件。合伙协议约定或者全体合伙人决定，委托一名或者数名合伙人执行合伙事务的，还应当提交全体合伙人的委托书。②企业登记机关应当自收到申请登记文件之日起20日内，作出是否登记的决定。对符合《合伙企业法》规定条件的，予以登记，发给营业执照；对不符合《合伙企业法》规定条件的，不予登记，并应当给予书面答复，说明理由。

合伙企业的营业执照签发日期，为合伙企业的成立日期。合伙企业领取营业执照前，合伙人不得以合伙企业的名义从事经营活动。合伙企业设立分支机构，应当向分支机构所在地企业登记机关申请登记，领取营业执照。

随堂练习(2-1)

根据合伙企业法律制度的规定，下列关于普通合伙企业设立的表述，正确的是( )。

A. 合伙人以著作权出资，只能由全体合伙人委托评估机构进行评估

B. 合伙人以劳务出资，评估办法由全体合伙人协商确定，无须在合伙协议中载明

C. 合伙人以商品房出资，应办理权属转移手续

D. 合伙协议应当载明合伙企业的经营期限

(三) 合伙企业财产

1. 合伙企业财产的构成

《合伙企业法》规定，合伙人的出资、以合伙企业名义取得的收益和依法取得的其他财产，均为合伙企业的财产。从这一规定可以看出，合伙企业财产由以下三部分构成。

(1) 合伙人的出资。《合伙企业法》规定，合伙人可以用货币、实物、知识产权、土地使用权或者其他财产权利出资，也可以用劳务出资。这些出资形成合伙企业的原始财产。需要注意的是，合伙企业的原始财产是全体合伙人"认缴"的财产，而非各合伙人"实际缴纳"的财产。

(2) 以合伙企业名义取得的收益。合伙企业作为一个独立的经济实体，可以有自己的独立利益，因此，以其名义取得的收益作为合伙企业获得的财产，当然归属于合伙企业，成为合伙财产的一部分。以合伙企业名义取得的收益，主要包括合伙企业的公共积累资金、未分配的盈余、合伙企业债权、合伙企业取得的工业产权和非专利技术等财产权利。

(3) 依法取得的其他财产。即根据法律、行政法规的规定合法取得的其他财产，如合法接受赠与的财产等。

2. 合伙企业财产的性质

合伙企业的财产具有独立性和完整性两方面的特征。合伙人在合伙企业清算前，不得请求分割合伙企业的财产；但是，法律另有规定的除外。合伙人在合伙企业清算前私自转移或者处分合伙企业财产的，合伙企业不得以此对抗善意第三人。所谓善意，即不知道或不应该知道。在确认善意取得的情况下，合伙企业的损失只能向合伙人进行追索，而不能向善意第三人追索。合伙企业也不能以合伙人无权处分其财产而对善意第三人的权利请求进行对抗，即不能以合伙人无权处分其财产而主张其与善意第三人订立的合同无效。

3. 合伙人财产份额的转让

合伙人财产份额的转让，是指合伙企业的合伙人向其他合伙人或者合伙人以外的人转让其在合伙企业中的全部或者部分财产份额的行为。基于转让对象的不同，合伙人财产份额的转让可以分为对内转让和对外转让。由于合伙人财产份额的转让将会影响到合伙企业以及合伙人的切身利益，因此，《合伙企业法》对合伙人财产份额的转让做了以下限制性规定。

(1) 对内转让。合伙人之间转让在合伙企业中的全部或者部分财产份额时，应当通知其他合伙人。合伙人财产份额的内部转让因不涉及合伙人以外的人参加，合伙企业存续的基础没有发生实质性变更，因此不需要经过其他合伙人的一致同意，只需要通知其他合伙人即可产生法律效力。

(2) 对外转让。除合伙协议另有约定外，合伙人向合伙人以外的人转让其在合伙企业中的全部或者部分财产份额时，须经其他合伙人一致同意。

合伙人向合伙人以外的人转让其在合伙企业中的财产份额的，在同等条件下，其他合伙人有优先购买权；但是，合伙协议另有约定的除外。所谓优先购买权，是指在合伙人转让其财产份额时，在多数人接受转让的情况下，其他合伙人基于同等条件可优先于非合伙人购买的权利。优先购买权的发生存在两个前提：一是合伙人财产份额的转让没有约定的转让条件、转让范围的限制；二是优先受让的前提是同等条件。这一规定的目的在于维护合伙企业现有合伙人的利益，维护合伙企业在现有基础上的稳定。

合伙人以外的人依法受让合伙人在合伙企业中的财产份额的，经修改合伙协议即成为合伙企业的合伙人，依照《合伙企业法》和修改后的合伙协议享有权利，履行义务。合伙人以外的人成为合伙人须修改合伙协议，未修改合伙协议的，不应视为"合伙企业的合伙人"。

4. 合伙人财产份额的出质

合伙人财产份额的出质，是指合伙人将其在合伙企业中的财产份额作为质押物来担保债权人债权实现的行为。合伙人以其在合伙企业中的财产份额出质的，须经其他合伙人一致同意；因为合伙人一旦将其财产份额设立质押，就有可能发生基于质权人行使质权导致被质押的财产份额发生权利转移的情形，这样必然影响合伙企业和其他合伙人的利益。如果未经其他合伙人一致同意，其行为无效，由此给善意第三人造成损失的，由行为人依法承担赔偿责任。

【例2-8】A、B、C为某普通合伙企业的合伙人。2024年4月18日，在征得B、C同意的情况下，A将其在合伙企业中的财产份额转让给D，双方签订了转让协议并办理了相关手续。后A对F负债，无力用个人财产清偿，F决定向人民法院请求强制执行A在合伙企业的财产份额用于清偿。请问：F是否有权请求对该财产份额强制执行？

【解析】根据《合伙企业法》规定，A在取得其他合伙人一致同意的情况下，可以将其在合伙企业中的财产份额转让给D。A与D已签订了转让协议，那么A在合伙企业中已没有财产份额，F也就无权请求强制执行。所以，本例中F无权请求强制执行。

(四) 合伙事务执行

1. 合伙事务执行的形式

合伙人执行合伙企业事务，有全体合伙人共同执行合伙企业事务、委托一名或数名合伙人执行合伙企业事务两种形式。

(1) 全体合伙人共同执行合伙事务是合伙企业事务执行的基本形式，也是在合伙企业中经常使用的一种形式。在采取这种形式的合伙企业中，按照合伙协议的约定，各个合伙人都直接参与经营，处理合伙企业的事务，对外代表合伙企业。

(2) 委托一名或数名合伙人执行合伙企业事务，即由合伙协议约定或者全体合伙人决定委托一名或者数名合伙人执行合伙企业事务，对外代表合伙企业。未接受委托执行合伙企业事务的其他合伙人，不再执行合伙企业的事务。

根据《合伙企业法》的规定，除合伙协议另有约定外，合伙企业的下列事项应当经全体合伙人一致同意：①改变合伙企业的名称；②改变合伙企业的经营范围、主要经营场所的地点；③处分合伙企业的不动产；④转让或者处分合伙企业的知识产权和其他财产权利；⑤以合伙企业名义为他人提供担保；⑥聘任合伙人以外的人担任合伙企业的经营管理人员。

【例2-9】A、B、C三人成立一普通合伙企业，推举A为负责人并管理合伙企业的日常事务。后A在执行企业事务时，未经其他合伙人同意，独自决定以合伙企业的房屋为D公司向银行贷款提供抵押。请问：A的行为是否符合法律规定？

【解析】根据《合伙企业法》的规定，以合伙企业的房屋为D公司向银行贷款提供抵押，属于合伙企业为他人提供担保，需经全体合伙人同意。而A独自决定实施了该行为，违反了《合伙企业法》的规定。

合伙人对合伙企业有关事项作出决议，按照合伙协议约定的表决办法办理。合伙协议未约定或者约定不明确的，实行合伙人一人一票并经全体合伙人过半数通过的表决办法。《合伙企业法》对合伙企业的表决办法另有规定的，从其规定。

2. 合伙人在执行合伙事务中的权利和义务

(1) 根据《合伙企业法》的规定，合伙人在执行合伙事务中的权利主要包括：①合伙人平等享有合伙事务执行权；②执行合伙事务的合伙人对外代表合伙企业；③不参加执行事务的合伙人有权监督执行事务的合伙人，检查其执行合伙企业事务的情况；④各合伙人有权查阅合伙企业的账簿和其他有关文件；⑤合伙人有提出异议权和撤销委托执行事务权。

在合伙人分别执行合伙事务的情况下，执行合伙事务的合伙人的行为所产生的亏损和责任要由全体合伙人承担。因此，《合伙企业法》规定，经合伙协议约定或者经全体合伙人决定，合伙人分别执行合伙企业事务时，合伙人可以对其他合伙人执行的事务提出异议。提出异议时，应暂停该项事务的执行。如果发生争议，可由全体合伙人依照《合伙企业法》关于合伙人对合伙企业有关事项决议程序的规定决定。被委托执行合伙事务的合伙人不按照合伙协议或者全体合伙人的决定执行事务的，其他合伙人可以决定撤销该委托。

(2) 根据《合伙企业法》的规定，合伙人在执行合伙事务中的义务主要包括：①由一名或者数名合伙人执行合伙企业事务的，应当依照约定向其他不参加执行事务的合伙人报告事务执行情况以及合伙企业的经营状况和财务状况；②合伙人不得自营或者同他人合作经营与本合伙企业相竞争的业务；③除合伙协议另有约定或者经全体合伙人同意外，合伙人不得同本合伙企业进行交易；④合伙人不得从事损害本合伙企业利益的活动。

3. 合伙企业的损益分配

(1) 合伙损益分配原则。合伙损益，即合伙企业的利润或亏损。对合伙损益分配原则，《合伙企业法》作了原则规定，主要内容为：①合伙企业的利润分配、亏损分担，按照合伙协议的约定办理；合伙协议未约定或者约定不明确的，由合伙人协商决定；协商不成的，由合伙人按照实缴出资比例分配、分担；无法确定出资比例的，由合伙人平均分配、分担。②合伙协议不得约定将全部利润分配给部分合伙人或者由部分合伙人承担全部亏损。

(2) 合伙损益分配具体形式。合伙企业年度或者一定时期的利润分配或者亏损分担的具体方案，由全体合伙人协商决定或者按照合伙协议约定的办法决定。合伙损益分配的时间比较灵活，既可以按年度进行分配，也可以在一定时期内进行分配。合伙损益分配的具体方案应由全体合伙人共同决定。

4. 非合伙人参与经营管理

经全体合伙人同意，合伙企业可以聘任合伙人以外的人担任合伙企业的经营管理人员。被聘任的合伙企业的经营管理人员应当在合伙企业授权范围内履行职责，超越合伙企业授权范围从事经营活动，或者因故意或者重大过失，给合伙企业造成损失的，依法承担赔偿责任。

课堂讨论(2-1)

A、B、C 成立一普通合伙企业，其合伙协议中约定："合伙企业的事务由 A 全权负责，B、C 不得过问，也不承担企业亏损的责任。"试分析该约定的法律效力。

(五) 合伙企业与第三人的关系

合伙企业与第三人的关系是指有关合伙企业的对外关系，涉及合伙企业对外代表权的效力、合伙企业和合伙人的债务清偿等问题。

1. 合伙企业对外代表权的效力

根据《合伙企业法》的规定，执行合伙企业事务的合伙人，对外代表合伙企业。可以取得合伙企业对外代表权的合伙人，主要有三种情况：①由全体合伙人共同执行合伙企业事务的，全体合伙人都有权对外代表合伙企业，即全体合伙人都取得了合伙企业的对外代表权；②由部分合伙人执行合伙企业事务的，只有受委托执行合伙企业事务的那一部分合伙人有权对外代表合伙企业，而不参加执行合伙企业事务的合伙人则不具有对外代表合伙企业的权利；③由于特别授权在单项合伙事务上有执行权的合伙人，依照授权范围可以对外代表合伙企业。

执行合伙企业事务的合伙人，在取得对外代表权后，可以以合伙企业的名义进行经营活动，在其授权的范围内作出法律行为。这种行为对合伙企业有法律效力，由此而产生的收益应当归合伙企业所有，成为合伙财产的来源；由此而带来的风险，也应当由合伙人承担，构成合伙企业的债务。

合伙企业对合伙人执行合伙企业事务以及对外代表合伙企业权利的限制，不得对抗不知情的善意第三人。这里所说的"合伙人"，是指在合伙企业中有合伙事务执行权与对外代表权的合伙人。若第三人与合伙企业事务执行人恶意串通、损害合伙企业利益，则不属善意的情形。这里所指的限制，是指合伙企业对合伙人所享有的事务执行权与对外代表权权利能力的一种界定；这里所指的对抗，是指合伙企业否定第三人的某些权利，拒绝承担某些责任；这里所指的不知情，是指与合伙企业有经济联系的第三人不知道合伙企业所作内部限制，或者不知道合伙企业对合伙人行使权利所作限制的事实；这里所指的善意第三人，是指本着合法交易的目的，诚实地通过合伙企业的事务执行人，与合伙企业之间建立民事、商事法律关系的法人、非法人团体或自然人。如果第三人与合伙企业事务执行人恶意串通、损害合伙企业利益，则不属于善意的情形。需要指出的是，不得对抗善意第三人，主要是针对给第三人造成的损失而言，即当执行合伙事务的合伙人给善意第三人造成损失时，合伙企业不能因为有对合伙人执行合伙事务以及对外代表合伙企业权利的限制，就不对善意第三人承担责任。

保护善意第三人的利益是为了维护经济往来的交易安全，这是一项被广泛认同的法律原则。例如，合伙企业内部规定，有对外代表权的合伙人甲在签订合同时，须经乙和丙两个执行事务的合伙人的同意，如果甲自作主张没有征求乙和丙的同意，与第三人丁签订了一份买卖合同，而丁不知道在合伙企业内部对甲所作的限制，在合同的履行中，也没有从中获得不正当的利益，这种情况下，第三人丁应当为善意第三人，丁所得到的利益应当予以保护，合伙企业不得以其内部所作的在行使权利方面的限制为由，否定善意第三人丁的正当权益，拒绝履行合伙企业应承担的责任。

2. 合伙企业和合伙人的债务清偿

(1) 合伙企业的债务清偿与合伙人的关系。

① 合伙企业财产优先清偿。《合伙企业法》规定，合伙企业对其债务，应先以其全部财产进行清偿。合伙企业的债务，应先由合伙企业的财产来承担，合伙企业有自己的财产时，合伙企业的债权人应首先从合伙企业的全部财产中求偿，而不应向合伙人个人直接请求债权。

② 合伙人的无限连带清偿责任。《合伙企业法》规定，合伙企业不能清偿到期债务的，合伙人承担无限连带责任。所谓合伙人的无限责任，是指当合伙企业的全部财产不足以偿付到期债务时，各个合伙人承担合伙企业的债务不是以其出资额为限，而是以其自有财产来清偿合伙企业的债务。合伙人的连带责任，是指当合伙企业的全部财产不足以偿付到期债务时，合伙企业的债权人对合伙企业所负债务，可以向任何一个合伙人主张，该合伙人不得以其出资的份额大小、合伙协议有特别约定、合伙企业债务另有担保人或者自己已经偿付所承担的份额的债务等理由来拒绝。当然，合伙人由于承担连带责任，所清偿数额超过其应分担的比例时，有权向其他合伙人追偿。

③ 合伙人之间的债务分担和追偿。《合伙企业法》规定，合伙人由于承担无限连带责任，清偿数额超过规定的其亏损分担比例的，有权向其他合伙人追偿。关于合伙企业亏损分担比例，《合伙企业法》规定，合伙企业的亏损分担，按照合伙协议的约定办理；合伙协议未约定或者约定不明确的，由合伙人协商决定；协商不成的，由合伙人按照实缴出资比例分配、分担；无法确定出资比例的，由合伙人平均分配、分担。

合伙人之间的分担比例对债权人没有约束力。债权人可以根据自己的清偿利益，请求全体合伙人中的一人或数人承担全部清偿责任，也可以按照自己确定的清偿比例向各合伙人分别追索。如果某一合伙人实际支付的清偿数额超过其依照既定比例所应承担的数额，该合伙人有权就超出部分向其他未支付或者未足额支付应承担数额的合伙人追偿。

【例2-10】甲、乙、丙共同设立福州市明睿装饰设计中心(普通合伙)(以下简称明睿合伙企业)，约定损益的分配和分担比例为4:3:3。明睿合伙企业欠丁5万元，无力清偿。债权人丁的下列做法中，正确的是( )。

  A. 即使明睿合伙企业有自己的财产，丁也不能首先从该企业的全部财产中求偿
  B. 请求甲清偿5万元
  C. 请求乙或者丙清偿5万元
  D. 请求甲、乙分别清偿2万元、3万元
  E. 请求甲、乙、丙分别清偿2万元、2万元、1万元
  F. 请求甲、乙、丙分别清偿2万元、1.5万元、1.5万元

【解析】正确答案是BCDEF。根据《合伙企业法》规定，合伙企业不能清偿到期债务的，合伙人承担无限连带责任。债权人有权向普通合伙人中的任何一人、数人或全体请求清偿全部债务，被请求的合伙人有义务清偿全部债务。

(2) 合伙人的债务清偿与合伙企业的关系。为了保护合伙企业、其他合伙人及债权人的合法权益，《合伙企业法》规定：①合伙人发生与合伙企业无关的债务，相关债权人不得以其债权抵销其对合伙企业的债务，也不得代位行使合伙人在合伙企业中的权利。②合伙人的自有财产不足清偿其与合伙企业无关的债务的，该合伙人可以以其从合伙企业中分取的收益用于清偿；债权人也可以依法请求人民法院强制执行该合伙人在合伙企业中的财产份额用于清偿。

人民法院强制执行合伙人的财产份额时，应当通知全体合伙人，其他合伙人有优先购买权；其他合伙人未购买，又不同意将该财产份额转让给他人的，依照《合伙企业法》的规定为该合伙人办理退伙结算，或者办理削减该合伙人相应财产份额的结算。

【例2-11】某合伙企业合伙人A因个人购房，向非合伙人B借款3万元，而B曾与该合伙企业签订了一份买卖合同，还欠该合伙企业货款4万元。当该合伙企业向B催要货款时，B提出因A欠其3万元，所以他只需付合伙企业1万元即可。请问：B的说法是否正确？

【解析】B的说法不正确。根据《合伙企业法》规定，合伙人发生与合伙企业无关的债务，相关债权人不得以其债权抵销其对合伙企业的债务；也不得代位行使合伙人在合伙企业中的权利。因此，合伙人的债权人不得对合伙企业主张抵销权。事实上，如果允许两者抵销，就等于强迫合伙企业其他合伙人对个别合伙人的个人债务承担责任。这样做违反了合伙制度的本意，加大了合伙人的风险，不利于合伙企业这种经济组织形式的发展。

　　甲、乙、丙、丁出资设立某普通合伙企业，各自出资25%。在合伙协议没有约定的情况下，下列合伙人提出的事项中，可以通过的是( )。

　　A. 甲提出将自己的设备卖给本合伙企业，乙、丙表示同意，丁表示不同意

　　B. 乙提出自己转为有限合伙人，甲、丙表示同意，丁表示不同意

　　C. 丙提出修改企业的经营范围，甲、乙表示同意，丁表示不同意

　　D. 丁提出装修企业店面，甲、乙表示同意，丙表示不同意

(六) 入伙与退伙

1. 入伙

　　入伙(join partnership)是指在合伙企业存续期间，合伙人以外的第三人加入合伙，从而取得合伙人资格。新合伙人入伙时，应当经全体合伙人同意，并依法订立书面入伙协议。订立入伙协议时，原合伙人应当向新合伙人告知原合伙企业的经营状况和财务状况。入伙的新合伙人与原合伙人享有同等权利，承担同等责任。入伙协议另有约定的，从其约定。新合伙人对入伙前合伙企业的债务承担无限连带责任。

2. 退伙

　　退伙(withdrawal from partnership)是指合伙人退出合伙企业，从而丧失合伙人资格。合伙人退伙，一般有两种原因：一是自愿退伙；二是法定退伙。

　　(1) 自愿退伙。自愿退伙是指合伙人基于自愿的意思表示而退伙。自愿退伙可以分为协议退伙和通知退伙两种。

　　关于协议退伙，《合伙企业法》规定，合伙协议约定合伙期限的，在合伙企业存续期间，有下列情形之一时，合伙人可以退伙：①合伙协议约定的退伙事由出现；②经全体合伙人一致同意；③发生合伙人难以继续参加合伙企业的事由；④其他合伙人严重违反合伙协议约定的义务。合伙人违反上述规定退伙的，应当赔偿由此给合伙企业造成的损失。

　　关于通知退伙，《合伙企业法》规定，合伙协议未约定合伙期限的，合伙人在不给合伙企业事务执行造成不利影响的情况下，可以退伙，但应当提前30日通知其他合伙人。由此可见，法律对通知退伙有一定的限制，即附有以下三项条件：①必须是合伙协议未约定合伙企业的经营期限；②必须是合伙人的退伙不给合伙企业事务执行造成不利影响；③必须提前30日通知其他合伙人。这三项条件必须同时具备，缺一不可。合伙人违反上述规定退伙的，应当赔偿由此给合伙企业造成的损失。

　　(2) 法定退伙。法定退伙是指合伙人因出现法律规定的事由而退伙。法定退伙分为当然退伙和除名两类。

　　关于当然退伙，《合伙企业法》规定，合伙人有下列情形之一的，当然退伙：①作为合伙人的自然人死亡或者被依法宣告死亡；②个人丧失偿债能力；③作为合伙人的法人或者其他组织依法被吊销营业执照、责令关闭、撤销或者被宣告破产；④法律规定或者合伙协议约定合伙人必须具有相关资格而丧失该资格；⑤合伙人在合伙企业中的全部财产份额被人民法院强制执行。当然退伙以退伙事由实际发生之日为退伙生效日。

法条链接

有关当然退伙的
法律规定

　　此外，合伙人被依法认定为无民事行为能力人或者限制民事行为能力人的，经其他合伙人一致同意，可以依法转为有限合伙人，普通合伙企业依法转为有限合伙企业。其他合伙人未能一致同意的，该无民事行为能力或者限制民事行为能力的合伙人退伙。

【例 2-12】黄某是一普通合伙企业的合伙人，因车祸被撞成植物人，后被依法宣告为无民事行为能力人，其他合伙人不同意将其转为有限合伙人。据此，黄某当然退伙的日期不应是(   )。

A. 全体合伙人同意其退伙之日　　　　B. 过半数合伙人同意其退伙之日

C. 发生车祸被撞成植物人之日　　　　D. 依法宣告为无民事行为能力人之日

【解析】正确答案是 ABC。《合伙企业法》规定，当然退伙以退伙事由实际发生之日为退伙生效日。需要指出的是，是否为无民事行为能力人必须经过法院的认定，因此宣告之日为"实际发生之日"。

关于除名，《合伙企业法》规定，合伙人有下列情形之一的，经其他合伙人一致同意，可以决议将其除名：①未履行出资义务；②因故意或者重大过失给合伙企业造成损失；③执行合伙事务时有不正当行为；④发生合伙协议约定的事由。对合伙人的除名决议应当书面通知被除名人。被除名人接到除名通知之日，除名生效，被除名人退伙。被除名人对除名决议有异议的，可以自接到除名通知之日起 30 日内，向人民法院起诉。

(3) 退伙的效果。退伙的效果，是指退伙时退伙人在合伙企业中的财产份额和民事责任的归属变动。分为两类情况：一是财产继承；二是退伙结算。

关于财产继承，《合伙企业法》规定，合伙人死亡或者被依法宣告死亡的，对该合伙人在合伙企业中的财产份额享有合法继承权的继承人，按照合伙协议的约定或者经全体合伙人一致同意，从继承开始之日起，取得该合伙企业的合伙人资格。有下列情形之一的，合伙企业应当向合伙人的继承人退还被继承合伙人的财产份额：①继承人不愿意成为合伙人；②法律规定或者合伙协议约定合伙人必须具有相关资格，而该继承人未取得该资格；③合伙协议约定不能成为合伙人的其他情形。合伙人的继承人为无民事行为能力人或者限制民事行为能力人的，经全体合伙人一致同意，可以依法成为有限合伙人，普通合伙企业依法转为有限合伙企业。全体合伙人未能一致同意的，合伙企业应当将被继承合伙人的财产份额退还该继承人。根据这一法律规定，合伙人死亡时其继承人可依法定条件取得该合伙企业的合伙人资格：一是有合法继承权；二是有合伙协议的约定或者全体合伙人的一致同意；三是继承人愿意。死亡的合伙人的继承人取得该合伙企业的合伙人资格，从继承开始之日起获得。

关于退伙结算，除合伙人死亡或者被依法宣告死亡的情形外，《合伙企业法》对退伙结算作了以下规定：①合伙人退伙，其他合伙人应当与该退伙人按照退伙时的合伙企业财产状况进行结算，退还退伙人的财产份额。退伙人对给合伙企业造成的损失负有赔偿责任的，相应扣减其应当赔偿的数额。退伙时有未了结的合伙企业事务的，待该事务了结后进行结算。②退伙人在合伙企业中财产份额的退还办法，由合伙协议约定或者由全体合伙人决定，可以退还货币，也可以退还实物。③合伙人退伙时，合伙企业财产少于合伙企业债务的，退伙人应当依照法律规定分担亏损，即如果合伙协议约定亏损分担比例的，按照合伙协议的约定办理；合伙协议未约定或者约定不明确的，由合伙人协商决定；协商不成的，由合伙人按照实缴出资比例分担；无法确定出资比例的，由合伙人平均分担。

合伙人退伙以后，并不解除对于合伙企业既往债务的连带责任。《合伙企业法》规定，退伙人对基于其退伙前的原因发生的合伙企业债务，承担无限连带责任。

随堂练习(2-3)

根据合伙企业法律制度的规定，下列情形中不会导致普通合伙人当然退伙的是(   )。

A. 普通合伙人章程因财务造假被吊销注册会计师执业证书

B. 合伙人的部分财产份额因偿还债务被人民法院强制执行

C. 作为合伙人的甲公司因资不抵债被依法宣告破产

D. 作为合伙人的李莉长期下落不明，被依法宣告死亡

(七) 特殊的普通合伙企业

1. 特殊的普通合伙企业的概念

特殊的普通合伙(special general partnership)企业，是指以专业知识和专门技能为客户提供有偿服务的专业服务机构。特殊的普通合伙企业名称中应当标明"特殊普通合伙"字样，如瑞华会计师事务所(特殊普通合伙)。

2. 特殊的普通合伙企业的责任形式

(1) 责任承担。《合伙企业法》规定，一个合伙人或者数个合伙人在执业活动中因故意或者重大过失造成合伙企业债务的，应当承担无限责任或者无限连带责任，其他合伙人以其在合伙企业中的财产份额为限承担责任。合伙人在执业活动中非因故意或者重大过失造成的合伙企业债务以及合伙企业的其他债务，由全体合伙人承担无限连带责任。

根据这一规定，特殊的普通合伙企业的责任形式分为两种。

① 有限责任与无限连带责任相结合。即一个合伙人或者数个合伙人在执业活动中因故意或者重大过失造成合伙企业债务的，应当承担无限责任或者无限连带责任，其他合伙人以其在合伙企业中的财产份额为限承担责任。基于特殊普通合伙企业的特殊性，为了保证特殊的普通合伙企业的健康发展，必须对合伙人的责任形式予以改变，否则以专业知识和专门技能为客户提供服务的专业服务机构难以存续。因此，对一个合伙人或者数个合伙人在执业活动中的故意或者重大过失行为与其他合伙人相区别对待，对于负有重大责任的合伙人应当承担无限责任或者无限连带责任，其他合伙人只能以其在合伙企业中的财产份额为限承担责任。这也符合公平、公正原则，如果不分清责任，简单地归责于无限连带责任或者有限责任，不但对其他合伙人不公平，而且债权人的利益也难以得到保障。

② 无限连带责任。对合伙人在执业活动中非因故意或者重大过失造成的合伙企业债务以及合伙企业的其他债务，全体合伙人承担无限连带责任。这是在责任划分的基础上作出合理性规定，以最大限度地实现公平、正义和保障债权人的合法权益。当然，这种责任形式的前提是，合伙人在执业过程中不存在重大过错，即既没有故意，也不存在重大过失。

(2) 责任追偿。《合伙企业法》规定，合伙人执业活动中因故意或者重大过失造成的合伙企业债务，以合伙企业财产对外承担责任后，该合伙人应当按照合伙协议的约定对给合伙企业造成的损失承担赔偿责任。

课堂讨论(2-2)

2024年8月8日，甲、乙、丙三位注册会计师各出资200万元，设立了A会计师事务所(属于特殊的普通合伙企业)。2025年3月18日，甲、乙因重大过失出具了虚假的审计报告，致使合伙企业负担了1 000万元的债务。

请问：该债务该如何承担？

3. 特殊的普通合伙企业的执业风险防范

特殊的普通合伙企业应当建立执业风险基金、办理职业保险。

执业风险基金，主要是指为了化解经营风险，特殊的普通合伙企业从其经营收益中提取相应比例的资金留存或者根据相关规定上缴至指定机构所形成的资金。执业风险基金用于偿付合伙人执业活动造成的债务。执业风险基金应当单独立户管理。

职业保险，又称职业责任保险，是指承保各种专业技术人员因工作上的过失或者疏忽大意所造成的合同一方或者他人的人身伤害或者财产损失的经济赔偿责任的保险。

三、有限合伙企业

(一) 有限合伙企业的概念及法律适用

1. 有限合伙企业的概念

有限合伙主要适用于风险投资(venture capital)和私募股权投资(private equity)领域，是风险投资基金(venture capital fund)和私募股权基金(private equity fund)的主要组织形式。风险投资基金和私募股权基金在法律结构上均采取有限合伙的形式，风险投资公司则作为普通合伙人管理该基金的投资运作并获得相应报酬。

有限合伙企业，是指由有限合伙人和普通合伙人共同组成，普通合伙人对合伙企业债务承担无限连带责任，有限合伙人以其认缴的出资额为限对合伙企业债务承担责任的合伙组织。

知识拓展(2-6)

有限合伙企业中
各合伙人的权利
与义务

有限合伙企业与普通合伙企业和有限责任公司相比较，具有以下显著特征：①在经营管理上，普通合伙企业的合伙人，一般均可参与合伙企业的经营管理。有限责任公司的股东有权参与公司的经营管理(含直接参与和间接参与)。而在有限合伙企业中，有限合伙人不执行合伙事务，而由普通合伙人从事具体的经营管理。②在风险承担上，普通合伙企业的合伙人之间对合伙债务承担无限连带责任。有限责任公司的股东对公司债务以其各自的出资额为限承担有限责任。而在有限合伙企业中，不同类型的合伙人所承担的责任则存在差异，其中有限合伙人以其各自的出资额为限承担有限责任，普通合伙人之间承担无限连带责任。

2. 有限合伙企业法律适用

在法律适用中，凡是《合伙企业法》中对有限合伙企业有特殊规定的，应当适用有关《合伙企业法》中对有限合伙企业的特殊规定。无特殊规定的，适用有关普通合伙企业及其合伙人的一般规定。

知识拓展(2-7)

有限合伙企业的
特殊规定

(二) 有限合伙企业设立的特殊规定

1. 有限合伙企业人数

《合伙企业法》规定，有限合伙企业由 2 个以上 50 个以下合伙人设立；但是，法律另有规定的除外。有限合伙企业至少应当有 1 个普通合伙人。按照规定，自然人、法人和其他组织可以依照法律规定设立有限合伙企业，但国有独资公司、国有企业、上市公司以及公益性的事业单位、社会团体不得成为有限合伙企业的普通合伙人。

《合伙企业法》规定，有限合伙企业仅剩有限合伙人的，应当解散；有限合伙企业仅剩普通合伙人的，应当转为普通合伙企业。

2. 有限合伙企业名称

《合伙企业法》规定，有限合伙企业名称中应当标明"有限合伙"字样。为便于社会公众以及交易相对人对有限合伙企业的了解，有限合伙企业名称中应当标明"有限合伙"的字样，而不能标明"普通合伙""特殊普通合伙""有限公司""有限责任公司"等字样。

知识拓展(2-8)

有限合伙协议

3. 有限合伙企业协议

有限合伙企业协议除符合普通合伙企业合伙协议的规定外，还应当载明下列事项：①普通合伙人和有限合伙人的姓名或者名称、住所；②执行事务合伙人应具备的条件和选择程序；③执行事务合伙人权限与违约处理办法；④执行事务合伙人的除名条件和更换程序；⑤有限合伙人入伙、退伙的条件，程序以及相关责任；⑥有限合伙人和普通合伙人相互转变程序。

4. 有限合伙人出资形式

《合伙企业法》规定，有限合伙人可以用货币、实物、知识产权、土地使用权或者其他财产权利作价出资。有限合伙人不得以劳务出资。

5. 有限合伙人出资义务

《合伙企业法》规定，有限合伙人应当按照合伙协议的约定按期足额缴纳出资；未按期足额缴纳的，应当承担补缴义务，并对其他合伙人承担违约责任。

6. 有限合伙企业登记事项

《合伙企业法》规定，有限合伙企业登记事项中应当载明有限合伙人的姓名或者名称及认缴的出资数额。

(三) 有限合伙企业事务执行的特殊规定

1. 有限合伙企业事务执行人

《合伙企业法》规定，有限合伙企业由普通合伙人执行合伙事务。执行事务合伙人可以要求在合伙协议中确定执行事务的报酬及报酬提取方式。合伙事务执行人在享有一般合伙人相同的权利的同时，还需承担特殊义务：接受其他合伙人的监督和检查、谨慎执行合伙事务，若因自己的过错造成合伙财产损失的，应向合伙企业或其他合伙人负赔偿责任。

2. 禁止有限合伙人执行合伙事务

《合伙企业法》规定，有限合伙人不执行合伙事务，不得对外代表有限合伙企业。有限合伙人的下列行为，不视为执行合伙事务：①参与决定普通合伙人入伙、退伙；②对企业的经营管理提出建议；③参与选择承办有限合伙企业审计业务的会计师事务所；④获取经审计的有限合伙企业财务会计报告；⑤对涉及自身利益的情况，查阅有限合伙企业财务会计账簿等财务资料；⑥在有限合伙企业中的利益受到侵害时，向有责任的合伙人主张权利或者提起诉讼；⑦执行事务合伙人怠于行使权利时，督促其行使权利或者为了本企业的利益以自己的名义提起诉讼；⑧依法为本企业提供担保。

另外，《合伙企业法》规定，第三人有理由相信有限合伙人为普通合伙人并与其交易的，该有限合伙人对该笔交易承担与普通合伙人同样的责任。有限合伙人未经授权以有限合伙企业名义与他人进行交易，给有限合伙企业或者其他合伙人造成损失的，该有限合伙人应当承担赔偿责任。

3. 有限合伙企业利润分配

《合伙企业法》规定，有限合伙企业不得将全部利润分配给部分合伙人；但是，合伙协议另有约定的除外。

4. 有限合伙人权利

(1) 有限合伙人可以同本企业进行交易。《合伙企业法》规定，有限合伙人可以同本有限合伙企业进行交易。但是，合伙协议另有约定的除外。有限合伙协议可以对有限合伙人与有限合伙企业之间的交易进行限定，如果有限合伙协议另有约定的，则必须按照约定的要求进行。普通合伙人如果禁止有限合伙人同本有限合伙企业进行交易，应当在合伙协议中作出约定。

(2) 有限合伙人可以经营与本企业相竞争的业务。《合伙企业法》规定，有限合伙人可以自营或者同他人合作经营与本有限合伙企业相竞争的业务；但是，合伙协议另有约定的除外。与普通合伙人不同，有限合伙人一般不承担竞业禁止义务。普通合伙人如果禁止有限合伙人自营或者同他人合作经营与本有限合伙企业相竞争的业务，应当在合伙协议中作出约定。

（四）有限合伙企业财产出质与转让的特殊规定

1. 有限合伙人财产份额出质

有限合伙人将在有限合伙企业中的财产份额出质，是指有限合伙人以其在合伙企业中的财产份额对外进行权利质押。《合伙企业法》规定，有限合伙人可以将其在有限合伙企业中的财产份额出质，但是合伙协议另有约定的除外。

2. 有限合伙人财产份额转让

《合伙企业法》规定，有限合伙人可以按照合伙协议的约定向合伙人以外的人转让其在有限合伙企业中的财产份额，但应当提前 30 日通知其他合伙人。

（五）有限合伙人债务清偿的特殊规定

《合伙企业法》规定，有限合伙人的自有财产不足清偿其与合伙企业无关的债务的，该合伙人可以以其从有限合伙企业中分取的收益用于清偿；债权人也可以依法请求人民法院强制执行该合伙人在有限合伙企业中的财产份额用于清偿。人民法院强制执行有限合伙人的财产份额时，应当通知全体合伙人。在同等条件下，其他合伙人有优先购买权。

（六）有限合伙企业入伙与退伙的特殊规定

1. 入伙

《合伙企业法》规定，新入伙的有限合伙人对入伙前有限合伙企业的债务，以其认缴的出资额为限承担责任。而在普通合伙企业中，新入伙的合伙人对入伙前合伙企业的债务承担连带责任。

2. 退伙

(1) 有限合伙人当然退伙。《合伙企业法》规定，有限合伙人出现下列情形之一时当然退伙：①作为合伙人的自然人死亡或者被依法宣告死亡；②作为合伙人的法人或者其他组织依法被吊销营业执照、责令关闭、撤销，或者被宣告破产；③法律规定或者合伙协议约定合伙人必须具有相关资格而丧失该资格；④合伙人在合伙企业中的全部财产份额被人民法院强制执行。

(2) 有限合伙人丧失民事行为能力的处理。《合伙企业法》规定，作为有限合伙人的自然人在有限合伙企业存续期间丧失民事行为能力的，其他合伙人不得因此请求其退伙。

(3) 有限合伙人继承人的权利。《合伙企业法》规定，作为有限合伙人的自然人死亡、被依法宣告死亡或者作为有限合伙人的法人及其他组织终止时，其继承人或者权利承受人可以依法取得该有限合伙人在有限合伙企业中的资格。

(4) 有限合伙人退伙后的责任承担。《合伙企业法》规定，有限合伙人退伙后，对基于其退伙前的原因发生的有限合伙企业债务，以其退伙时从有限合伙企业中取回的财产承担责任。

（七）合伙人性质转变的特殊规定

《合伙企业法》规定，除合伙协议另有约定外，普通合伙人转变为有限合伙人，或者有限合伙人转变为普通合伙人，应当经全体合伙人一致同意。有限合伙人转变为普通合伙人的，对其作为有限合伙人期间有限合伙企业发生的债务承担无限连带责任。普通合伙人转变为有限合伙人的，对其作为普通合伙人期间合伙企业发生的债务承担无限连带责任。

随堂练习(2-4)

窦豆是甲有限合伙企业的有限合伙人，甲有限合伙企业合伙协议对有限合伙人权利义务未作特别规定。下列有关窦豆的权利义务，说法正确的是（　　）。

A. 窦豆不承担竞业禁止义务

B. 窦豆不能为甲合伙企业提供担保

C. 窦豆不能同意甲合伙企业进行交易

D. 窦豆不能参与选择承办甲合伙企业审计业务的会计师事务所

四、合伙企业解散和清算

(一) 合伙企业解散

合伙企业解散，是指各合伙人解除合伙协议，合伙企业终止活动。根据《合伙企业法》的规定，合伙企业有下列情形之一的，应当解散：①合伙期限届满，合伙人决定不再经营；②合伙协议约定的解散事由出现；③全体合伙人决定解散；④合伙人已不具备法定人数满30天；⑤合伙协议约定的合伙目的已经实现或者无法实现；⑥依法被吊销营业执照、责令关闭或者被撤销；⑦法律、行政法规规定的其他原因。

(二) 合伙企业清算

合伙企业解散的，应当进行清算。《合伙企业法》对合伙企业清算作了以下几方面的规定。

1. 确定清算人

合伙企业解散，应当由清算人进行清算。清算人由全体合伙人担任；经全体合伙人过半数同意，可以自合伙企业解散事由出现后15日内指定一个或者数个合伙人，或者委托第三人，担任清算人。自合伙企业解散事由出现之日起15日内未确定清算人的，合伙人或者其他利害关系人可以申请人民法院指定清算人。

清算人在清算期间执行下列事务：①清理合伙企业财产，分别编制资产负债表和财产清单；②处理与清算有关的合伙企业未了结事务；③清缴所欠税款；④清理债权、债务；⑤处理合伙企业清偿债务后的剩余财产；⑥代表合伙企业参加诉讼或者仲裁活动。

2. 通知和公告债权人

清算人自被确定之日起10日内将合伙企业解散事项通知债权人，并于60日内在报纸上公告。债权人应当自接到通知书之日起30日内，未接到通知书的自公告之日起45日内，向清算人申报债权。债权人申报债权，应当说明债权的有关事项，并提供证明材料。清算人应当对债权进行登记。清算期间，合伙企业存续，但不得开展与清算无关的经营活动。

3. 财产清偿

合伙企业财产在支付清算费用后，按下列顺序清偿：①合伙企业所欠招用的职工工资和劳动保险费用；②合伙企业所欠税款；③合伙企业的债务；④返还合伙人的出资。

合伙企业财产按上述顺序清偿后仍有剩余的，按合伙协议约定的利润分配比例进行分配；合伙协议未约定利润分配比例的，由合伙人平均分配。合伙企业清算时，其全部财产不足清偿其债务的，由其合伙人以个人的财产，按照合伙协议约定的比例承担清偿责任；合伙协议未约定比例的，平均承担清偿责任。

4. 注销登记

清算结束，清算人应当编制清算报告，经全体合伙人签名、盖章后，在15日内向企业登记机关报送清算报告，申请办理合伙企业注销登记。

合伙企业注销后，原普通合伙人对合伙企业存续期间的债务仍应承担无限连带责任。

5. 合伙企业不能清偿到期债务的处理

合伙企业不能清偿到期债务的，债权人可以依法向人民法院提出破产清算申请，也可以请求普通合伙人清偿。合伙企业依法被宣告破产的，普通合伙人对合伙企业债务仍应承担无限连带责任。

随堂练习(2-5)

甲普通合伙企业依法解散，下列关于清算程序的表述，正确的是( )。

A. 清算人在清算期间应当清理债权、债务

B. 甲企业申请办理企业注销登记，无须向企业登记机关报送清算报告

C. 清算人员只能由全体合伙人共同担任

D. 甲企业的财产应当首先用于缴纳所欠税款

 典型例题解析

 即测即评

思考与探索

1. 试述个人独资企业法律制度的主要内容。
2. 试述普通合伙企业与有限合伙企业的区别和联系。
3. 试述特殊的普通合伙企业法律制度的主要内容。

法务研议

案情一：2024年4月18日，陶桦、何鋈与黄善三人设立了一家主营快餐的普通合伙企业，取名为"悦来快餐老店"。因生意兴隆，三位合伙人收益颇多。一日，黄善与其28岁的妻子药菊决定：在"悦来快餐老店"80米远附近再开一家"大众快餐店"，在原菜谱的基础上降价经营，快餐店主要由药菊照管，其3岁的孩子黄鞑由雇请的保姆照看。黄善利用自己在合伙企业中负责采购原材料的条件，经常在采购原材料时按照"提高价格、降低品质、减少数量"的原则采购合伙企业的原材料，同时按"好品质"的原则"搭便车"采购大众快餐店的原材料，费用由合伙企业承担。黄善还怂恿合伙企业的厨师韩涵辞职加入大众快餐店，与此同时，黄善经常将客人介绍到自家开的快餐店去，并欺骗客人说两家是连锁店。

为了挽救经营困局，合伙企业拟于2025年4月18日举行一周年店庆活动。为了准备店庆活动，2025年4月16日，黄善在外出采购原材料。在此过程中，因雾霾天气遭遇交通事故，黄善当场死亡。

問題：

1. 如何評价合伙人黄善的行为？

2. 因黄善的死亡，合伙企业可能会出现哪些变化？

3. 为降低经营风险，合伙人在经营合伙企业的过程中应注意哪些问题？

案情二：2024年12月，甲、乙、丙、丁、戊共同出资设立A有限合伙企业(简称A企业)，从事产业投资活动。其中，甲、乙、丙为普通合伙人，丁、戊为有限合伙人。丙负责执行合伙事务。

2025年2月，丙请丁物色一家会计师事务所，以承办本企业的审计业务。丁在合伙人会议上提议聘请自己曾任合伙人的B会计师事务所。对此，丙、戊表示同意，甲、乙则以丁是有限合伙人，不应参与执行合伙事务为由表示反对。A企业的合伙协议未对聘请会计师事务所的表决办法作出约定。

2025年3月，戊又与他人共同设立从事产业投资的C有限合伙企业(简称C企业)，并任执行合伙人。后因C企业开始涉足A企业的主要投资领域，甲、乙、丙认为戊违反竞业禁止义务，请求戊从A企业退出。戊以合伙协议并未对此作出约定为由予以拒绝。

2025年4月，戊以其在A企业中的财产份额出质向庚借款200万元，但未告知A企业的其他合伙人。2025年7月，因戊投资连续失败，其个人财产损失殆尽，无力偿还所欠庚的到期借款。经评估，戊在A企业中的财产份额价值150万元。庚因欠A企业50万元到期债务，遂自行以该笔债务抵销戊所欠其借款50万元，并同时向A企业提出就戊在A企业中的财产份额行使质权。对于庚的抵销行为与行使质权之主张，A企业均表反对。

问题：

1. 甲、乙反对丁提议B会计师事务所承办A企业审计业务的理由是否成立？并说明理由。

2. 在甲、乙反对，其他合伙人同意的情况下，丁关于聘请B会计师事务所承办A企业审计业务的提议能否通过？并说明理由。

3. 甲、乙、丙关于戊违反竞业禁止义务的主张是否成立？并说明理由。

4. 庚能否以其对戊的债权抵销所欠A企业的债务？并说明理由。

5. 戊以其在A企业中的财产份额向庚出质的行为是否有效？并说明理由。

第三章

公司法律制度

导读提示

公司是依法设立的企业法人，一般包括有限责任公司和股份有限公司。公司以其全部资产对公司的债务承担责任，有限责任公司的股东以其认缴的出资额为限、股份有限公司的股东以其认购的股份为限对公司负债承担责任。作为一种制度，公司的投资者可依法享受有限责任利益。如何在强化公司债权人权益保护的前提下加强股东权益，尤其是中小股东权益的保护进而增加市场交易的秩序与效率，是各国公司法律制度的重要内容。

第一节 公司及公司法概述

一、公司概述

(一) 公司的概念

一般认为，作为一种重要的企业组织形式，公司(company)是指股东依法以投资方式设立，以营利为目的，以其认缴的出资额或认购的股份为限对公司承担责任，公司以其全部独立法人财产对公司债务承担责任的企业法人。《公司法》所称的公司，是指依照《公司法》在我国境内设立的有限责任公司和股份有限公司。

(二) 公司的特征

公司不同于其他企业组织，也不同于其他社会组织。根据《公司法》的规定，公司具有以下法律特征。

1. 公司依法设立

公司的依法设立包含以下的含义：①公司设立应依据专门的法律，即公司法和其他有关特别法律、行政法规；②公司的设立应符合公司法和其他特别法规定的实质要件；③公司设立应遵循公司法及相关法律法规规定的程序，履行法定的申请、审批和登记手续，否则不能成立。

因此，公司的设立必须依法定条件、法定程序进行。如果公司的设立必须符合其他法律规定，还应当依照其他法律规定，如商业银行法、保险法、证券法等。

2. 公司是以营利为目的的经济组织

股东设立公司的目的是通过公司的经营活动获取利润，因此，以营利为目的是公司企业性的重要表现。公司为了满足股东营利性的要求，也必须最大限度地追求经济利益。同时，公司的营利目的不仅要求公司本身为营利而活动，而且要求公司有盈利时应当分配给股东。某些具有营利活动的组织，获得的盈利用于社会公益等其他目的，而不分配给投资者，则属于公益性法人，这种组织不能称之为公司。此外，公司的营利活动应当具有连续性和稳定性，一次性、间歇性的营利行为不构成界定公司所称的营利活动。

3. 公司由股东投资行为设立

公司由股东的投资行为设立。股东投资行为形成的权利是股权。股权是一种独立的特殊权利，不同于所有权，也不同于经营权等他物权，更不同于债权。依据《公司法》第4条规定，公司股东对公司依法享有资产收益、参与重大决策和选择管理者等权利。由于实践中的公司大多数是由多数股东组成的社团法人，所以典型的股权仍被视为具有社员权的性质。

4. 公司具有独立法人资格

公司是具有法人地位的企业组织，这是公司与合伙、独资等企业组织形式的重要区别。公司具有法人地位的特征主要表现在以下三方面。

(1) 公司具有独立的财产。该财产最初由股东出资形成，并在经营过程中逐步通过盈利积累或其他途径形成，但是其又不同于公司股东财产，股东出资之后，只享有股权或股份，而对公司财产没有直接的支配权，公司对股东出资享有法律上的财产权。公司以其全部财产对外承担责任。

(2) 公司独立承担民事责任。公司独立承担民事责任包括以下含义：①公司的责任与股东的责任相互独立，公司的债务一般不会直接波及股东。股东只以其出资额或认购的股份为限对公司承担有限责任。②公司的责任与公司管理人员和工作人员的责任是相互独立的，尽管公司管理人员和工作人员代表公司进行活动，但是，不能要求公司管理人员和工作人员对公司的对外债务承担责任。③公司的责任与下属企业或其他组织的责任是相互独立的，各自的行为所产生的法律责任由各自承担，不及于其他企业或组织。

(3) 公司具有独立的组织机构。这些机构既包括管理机构，也包括业务机构。公司的股东会、董事会、监事会等是依法设立的机构；公司的业务机构则可以根据公司的经营需要或者业务情况设立。公司设立的组织机构应当依照法律、公司章程或公司规章制度独立行使职权。

公司的独立法人人格和股东的有限责任使得股东可以通过设立公司或者购买公司的股权或者股份，获得公司的经营利润，同时又可以将投资风险降低到最低限度，即使公司经营亏损或者资不抵债，也不及于股东的其他财产。但是，在实践中，由于股东常常会滥用公司的独立法人人格和有限责任损害公司债权人利益和公共利益，为了阻止这种行为，公司法理论和立法实践就某些特定事项，否认公司的独立法人人格和股东的有限责任，要求股东直接

负责清偿公司债务。这就是公司法理论所提及的公司法人人格否认制度(pierce the corporate veil)，英美公司法理论称之为"刺破公司面纱"。

根据《公司法》第 21 条至第 23 条的规定，公司股东应当遵守法律、行政法规和公司章程，依法行使股东权利，不得滥用股东权利损害公司或者其他股东的利益。公司股东滥用股东权利给公司或者其他股东造成损失的，应当承担赔偿责任。公司的控股股东、实际控制人、董事、监事、高级管理人员不得利用关联关系损害公司利益。违反前述规定，给公司造成损失的，应当承担赔偿责任。公司股东滥用公司法人独立地位和股东有限责任，逃避债务，严重损害公司债权人利益的，应当对公司债务承担连带责任。股东利用其控制的两个以上公司实施前述规定行为的，各公司应当对任一公司的债务承担连带责任。只有一个股东的公司，股东不能证明公司财产独立于股东自己的财产的，应当对公司债务承担连带责任。此处提及的滥用行为，实践中常见的情形有人格混同、过度支配与控制、资本显著不足等。实践中，是否适用公司人格否认应基于查明的案件事实进行综合判断，依法审慎适用。

拓展阅读

公司人格否认的法律适用

随堂练习(3-1)

北方钢铁股份有限公司(以下简称北方公司)决定引进一套进口铸钢设备，但缺乏资金。于是以其子公司北北方钢铁有限公司(以下简称北北方公司)的名义向银行贷款 600 万元，全部由北方公司使用，北方公司保证 5 年还贷。设备引进后，其生产的产品满足了市场的需求，十分畅销，所获利润丰厚，该利润均由北方公司收取。贷款届满时，由于钢铁市场萎缩，该产品的销售受到影响，以致其利润锐减，无法偿还银行贷款。银行几经追讨未果，遂向法院起诉。经法院查实，北北方公司已资不抵债，无力清偿欠款。银行提出，由北方公司清偿债务。北方公司认为其与北北方公司之间是母子公司的关系，北北方公司应以其自身的资产清偿债务。下列关于此案的表述中，正确的有(　　　)。

A. 北方公司的股东以其出资额为限对银行贷款承担有限责任

B. 北方公司应该在北北方公司为其贷款 600 万元的范围内对北北方公司的债务承担责任

C. 北方公司与北北方公司之间是母子公司的关系，两公司是不同的法人，北北方公司应以其自身的资产清偿债务

D. 北方公司以北北方公司充当其逃避债务的工具和手段，构成对公司人格的滥用，应适用公司人格否认原则，直接追究公司股东的责任

(三) 公司的分类

公司可以根据不同的标准进行分类。

1. 以公司资本结构和股东对公司债务承担责任方式为标准分类

(1) 有限责任公司(limited liability company)又称有限公司，是股东以其认缴的出资额为限对公司承担责任，公司以其全部财产对公司的债务承担责任的企业法人。

(2) 股份有限公司(company limited by shares)又称股份公司，是将其全部资本分为等额股份，股东以其认购的股份为限对公司承担责任，公司以其全部财产对公司的债务承担责任的企业法人。

(3) 无限公司(unlimited company)是指由两个以上的股东组成，全体股东对公司的债务承担无限连带责任的公司。无限公司与合伙具有基本相同的法律属性，但不同的是有些国家规定无限公司可以具有法人资格。

(4) 两合公司(joint liability company)是指由负无限责任的股东和负有限责任的股东组成，无限责任股东对公司债务负无限连带责任，有限责任股东仅就其认缴的出资额为限对公司债务承担责任的公司。其中，无限责任股东是公司的经营管理者，有限责任股东则是不参与经营管理的出资者。所谓"两合"，是指经营资本与管理劳务的结合，或是指无限责任股东与有限责任股东的结合。

(5) 股份两合公司(joint stock limited liability partnership)是指由负无限责任的股东和负有限责任的股东组成，资本分为等额股份的公司。其股东承担法律责任情况与两合公司相同，区别则在于公司的资本分为等额股份。

2. 以公司的信用基础为标准分类

(1) 资合公司。资合公司是指以资本的结合作为信用基础的公司。此类公司仅以资本的实力取信于人，股东个人是否有财产、能力或信誉与公司无关。资合公司以股份有限公司为其著例，有限责任公司也在一定程度上具有资合公司的特点。

(2) 人合公司。人合公司是指以股东个人的财力、能力和信誉为信用基础的公司，其典型形式为无限公司。人合公司的财产及责任与股东的财产及责任没有完全分离，其不以自身资本为信用基础，所以，人合公司的信用依赖于股东个人，股东对公司债务承担无限连带责任，共同设立公司以相互信任为前提。

(3) 资合兼人合公司。资合兼人合公司是指同时以公司资本和股东个人信用作为公司信用基础的公司，其典型形式为两合公司和股份两合公司。一般认为，有限责任公司也具有人合性质。

3. 以公司组织关系为标准的分类

(1) 控制公司和被控制公司。这是按公司外部组织关系进行的分类。在不同公司之间存在控制与依附关系时，处于控制地位的是控制公司，处于依附地位的则是附属公司。当控制与被控制关系是通过股权形式实现时，控制与被控制公司又被称为母子公司。母子公司之间虽然存在控制与被控制的组织关系，但它们都具有法人资格，在法律上是彼此独立的企业。《公司法》第 13 条第 1 款规定，公司可以设立子公司(subsidiary)，子公司具有法人资格，依法独立承担民事责任。母公司及直接或者间接依附于母公司的公司(子公司、孙公司等)，以及存在连锁控制关系的公司，属于关联企业的范畴。母公司与子公司是由持股关系形成的。此外，公司之间还可能由于其他原因形成控制与依附关系，成为控制公司与附属公司，如表决权控制关系、人事关系、契约关系(支配契约、康采恩契约等)、信贷及其他债务关系、婚姻关系、亲属关系等。所以，控制公司与附属公司的概念要大于母公司与子公司的概念。

(2) 本公司和分公司。分公司(branch company)是公司依法设立的以本公司名义进行经营活动，其法律后果由本公司承担的分支机构。相对分公司而言，公司称为本公司或总公司。本公司和分公司是从公司内部组织关系上进行的分类，不能把它们的关系视为公司间的关系。因为分公司其实只是公司的分支机构，并非真正意义上的公司。分公司没有独立的公司名称、章程，没有独立的财产，不具有法人资格，但可领取营业执照，进行经营活动，不过其民事责任由公司承担。

知识拓展(3-3)

分公司与子公司的主要区别

此外，我国在实践中还创设了企业集团组织形式。一般认为，企业集团(conglomerate)是指以资本为主要联结纽带的母子公司为主体，以集团章程为共同行为规范的母公司、子公司、参股公司及其他成员企业或机构共同组成的具有一定规模的企业法人联合体。企业集团不具有企业法人资格。企业集团的成员单位应当是具有法人资格的企业、事业单位或者社会团体。

随堂练习(3-2)

下列关于子公司法人资格和民事责任承担的表述中，符合公司法律制度规定的是(　　)。

A. 子公司具有法人资格，独立承担民事责任

B. 子公司不具有法人资格，其财产不足以清偿的民事责任，由母公司承担

C. 子公司不具有法人资格，其民事责任由母公司承担

D. 子公司不具有法人资格，应与母公司共同承担民事责任

4. 以公司的全部股份或出资是属于单一股东还是多个股东为标准

根据公司的全部股份或出资是属于单一股东还是多个股东为标准，可以将公司分为一人公司和合资公司。

(1) 一人公司是指公司的出资全部属于单一股东的公司。根据《公司法》的规定，一个自然人股东或者一个法人股东设立的有限责任公司或以发起设立方式设立的股份有限公司为一人公司，包括一人有限责任公司和一人股份有限公司。根据《公司法》第60条、第112条的规定，一人公司不设股东会，股东行使股东会职权作出决定时，应采用书面形式，并由股东签字或盖章后置备于公司。《公司法》第23条第3款规定，只有一个股东的公司，股东不能证明公司财产独立于股东自己的财产的，应当对公司债务承担连带责任。国有独资公司属于一种特殊的一人公司，其内容将在下文详述，此处不赘。

(2) 合资公司是指公司的全部股份或出资属于两个或两个以上股东的公司。

5. 以出资人是否为国家为标准分类

(1) 国家出资公司。国家出资公司，是指国家出资的国有独资公司、国有资本控股公司，包括国家出资的有限责任公司、股份有限公司。国家出资公司，由国务院或者地方人民政府分别代表国家依法履行出资人职责，享有出资人权益。国务院或者地方人民政府可以授权国有资产监督管理机构或者其他部门、机构代表本级人民政府对国家出资公司履行出资人职责。国家出资公司中，中国共产党的组织，按照《中国共产党章程》的规定发挥领导作用，研究讨论公司重大经营管理事项，支持公司的组织机构依法行使职权。国有独资公司章程由履行出资人职责的机构制定。

针对国家出资公司的组织机构，《公司法》做以下规定。

① 股东会。国有独资公司不设股东会，由履行出资人职责的机构行使股东会职权。履行出资人职责的机构可以授权公司董事会行使股东会的部分职权，但公司章程的制定和修改，公司的合并、分立、解散、申请破产，增加或者减少注册资本，分配利润，应当由履行出资人职责的机构决定。

② 董事。国有独资公司的董事会依照《公司法》规定行使职权。国有独资公司的董事会成员中，应当过半数为外部董事，并应当有公司职工代表。董事会成员由履行出资人职责的机构委派；但是，董事会成员中的职工代表由公司职工代表大会选举产生。董事会设董事长1人，可以设副董事长。董事长、副董事长由履行出资人职责的机构从董事会成员中指定。国有独资公司的

经理由董事会聘任或者解聘。经履行出资人职责的机构同意，董事会成员可以兼任经理。国有独资公司的董事、高级管理人员，未经履行出资人职责的机构同意，不得在其他有限责任公司、股份有限公司或者其他经济组织兼职。

③ 监事会。国有独资公司在董事会中设置由董事组成的审计委员会行使《公司法》规定的监事会职权的，不设监事会或者监事。国家出资公司应当依法建立健全内部监督管理和风险控制制度，加强内部合规管理。

很明显，国家出资公司的运营和管理受到更严格的监管和控制，以确保国有资产的保值增值和防止国有资产的流失。同时，国家出资公司在重大决策和经营管理方面需要更多地考虑国家和社会的利益。

(2) 非国家出资公司。一般认为，非国家出资公司是指由私人或非政府实体控制的公司，其股权主要由私人投资者或非政府组织持有。非国家出资公司的出资人不是国家。非国家出资公司由股东出资，依据《公司法》的规定设立和构建组织机构，股东仅以其认缴的出资额或者认购的股份为限对公司承担责任，公司以其全部资产对公司债务承担责任。非国家出资公司的投资决策更多基于市场分析和商业逻辑，追求利润最大化，资金来源市场化，主要通过股票市场、债券发行、私人投资等方式筹集资金。

6. 以公司股票的流通性为标准

按公司股票的流通性不同，公司可以分为上市公司、非上市公众公司和非上市公司。

(1) 上市公司是指其股票在证券交易所上市交易的股份有限公司。上市公司因其股票可以在证券交易所上市交易，因而股票具有较强的流通性及变现能力，这不仅使投资者能够通过买卖股票自由进入或退出资本市场，以达到获取资本利得或及时转移投资风险的目的，也可以在一定程度上促使公司改善经营管理、接受公众及政府的监督。

(2) 非上市公众公司是指经批准，股票可以在全国中小企业股份转让系统进行交易的公司。非上市公众公司的股票未在证券交易所上市交易，因而流通性比上市公司弱，但其可以在全国中小企业股份转让系统公开转让，故也具有明显的流通性。非上市公众公司因其股票不得在证券交易所或全国中小企业股份转让系统挂牌交易，缺少稳定、流畅的流通渠道，使得其股票流通性及变现能力受到明显影响。

(3) 非上市公司是指已发行股票的股份有限公司，其股票未获准在证券交易所上市交易或在全国中小企业股份转让系统交易，因而流通性受限的公司。非上市公司泛指上市公司、非上市公众公司以外的所有公司。

7. 以国籍为标准分类

根据《公司法》的规定，我国以公司注册登记地和设立依据法律地为结合标准确定公司的国籍。

(1) 本国公司(domestic company)，在中国境内成立的公司即为中国公司。

(2) 外国公司是依照外国法律在中华人民共和国境外设立的公司。外国公司在中华人民共和国境内依法设立的分支机构，是外国公司的一个组成部分，不具有中国法人资格。外国公司对其分支机构在中华人民共和国境内进行经营活动承担民事责任。经批准设立的外国公司分支机构，在中华人民共和国境内从事业务活动，应当遵守中国的法律，不得损害中国的社会公共利益，其合法权益受中国法律保护。外国公司撤销其在中华人民共和国境内的分支机构时，应当依法清偿债务，依照《公司法》有关公司清算程序的规定进行清算。未清偿债务之前，不得将其分支机构的财产转移至中华人民共和国境外。

8. 以公司的组织机构和经营获得是否局限于一国为标准分类

以公司的组织机构和经营活动是否局限于一国为标准，公司可以分为国内公司和跨国公司 (transnational company)。跨国公司往往并不是一个单独的公司，而是一个由控制公司与设在各国的众多附属公司形成的国际公司集团。

（四）我国现行立法体系下的公司

我国现行的企业立法体系处于新旧并存、交错适用的状态，实践中的公司主要有：①依《公司法》设立的公司；②依《中华人民共和国全民所有制工业企业法》《中华人民共和国企业国有资产法》《中华人民共和国城镇集体所有制企业条例》《中华人民共和国乡村集体所有制企业条例》等法律、法规设立的名称中含有"公司"字样的企业。这种状况的根本解决需要对企业立法体系进行调整，通过法律的立废、修订、编纂等工作使之合理化、科学化。

知识拓展(3-4)

各类公司的
联系和区别

二、公司法人财产权

（一）公司法人财产

公司法人财产是指公司设立时，由股东投资及公司成立后在经营过程中形成的财产的总和。公司法人财产与公司资本不是同一个概念。公司资本是股东出资构成的财产总额，其只是公司法人财产的一部分，公司法人财产还包括公司成立后在经营过程中积累或接受赠与等形成的财产；公司资本是一个确定不变的财产数额，一旦确定，非经法律程序，不能自然或随意改变，而公司法人财产则会随公司经营活动而不断变化；公司盈亏，尽管会导致法人财产的变化，但并不会自然导致资本数额的变化。

公司法人财产是独立的，即与公司股东的财产相区别。公司的财产来源于股东的投资，但股东一旦将财产投入公司，便丧失对该财产的直接支配权利，不得抽逃投资，或者占用、转移和支配公司的法人财产。股东通过隐匿、不公平交易、侵占等任何方式损害公司利益，进而损害公司债权人的利益，将会承担相应的法律责任。股东投入公司的财产是能够形成公司股权的财产，该财产不仅包括实际投入的财产，也包括承诺将要投入的财产。如果股东违反承诺，不向公司投入应当投入形成股权的财产，不仅公司有权追索，在公司不能履行对外债务时，公司的债权人也有权向股东进行追索。

（二）公司法人财产权及其限制

公司是企业法人，具有独立的人格，享有对法人财产的支配权利，即依法对其财产行使占有、使用、收益、处分的权利。公司的法人财产应受到法律的保护。《公司法》第3条规定，公司有独立的法人财产，享有法人财产权。公司以其全部财产对公司的债务承担责任。为了维持公司资本充实，保证公司债权人的利益，公司在行使法人财产权时，也将会受到一定的限制。根据《公司法》第14条和第15条的规定，这类限制主要体现公司向其他企业投资、公司为他人提供担保和公司对外提供财务资助方面。

知识拓展(3-5)

《公司法》第14条、
第15条关于对外
投资和担保的规定

需要说明的是，公司对外担保不是法定代表人或者董事、高级管理人员所能单独决定的事项，必须以公司股东会、董事会等公司机关的决议作为授权的基础和来源。法定代表人或其他负责人未经授权擅自为他人提供担保的，构成"越权代表"。因担保合同效力发生纠纷的，法院应当根据《民法典》第504条关于法定代表人越权代表的规定，区分订立合同时债权人是否善意，认定代表行为的效力：债权人善意的，代表行为有效；反之，代表行为无效。债权人善意是指债权人不知道或者不应当知道法定代表人超越权限订立担保合同。

随堂练习(3-3)

A公司是由甲出资20万元、乙出资50万元、丙出资30万元、丁出资80万元共同设立的有限责任公司，丁申请A公司为其银行贷款提供担保，为此，A公司召开股东会会议，甲、乙、丙、丁均出席会议，甲、丙表示同意，乙明确表示不同意。根据《公司法》的规定，下列关于会议决议的表述中，正确的是(　　)。

A. 该决议必须经甲、乙、丙三个股东全部通过，因乙不同意而不能通过

B. 该决议必须经甲、乙、丙、丁四个股东全部通过，因乙不同意而不能通过

C. 该决议必须经全体股东所持表决权的过半数通过，因甲、丙、丁所持表决权占72%，因此通过

D. 该决议必须经甲、乙、丙股东所持表决权的过半数通过，因甲、丙所持表决权仅占50%，因此不能通过

(3) 原则上禁止公司对外提供财务资助。财务资助通常是指公司对他人取得或将取得本公司股份的交易行为，以直接或间接方式提供诸如赠与、借款、担保、免除义务等具有财务属性的帮助。禁止财务资助体现了资本维持原则，其目的在于遏制杠杆收购，防范抽逃出资，防止公司管理层滥用职权侵犯中小股东和债权人的利益，防止市场操纵股票价格等。《公司法》第163条确立了原则上禁止公司对外提供财务资助的制度。

法条链接(3-1)

《公司法》第163条的规定

三、股东资格

(一) 股东

股东(shareholder)是指出资或持有公司股份的人。股东是公司成立、存续不可或缺的条件，可以为自然人、法人或其他组织。有些自然人从事特定职业时，法律禁止其为股东，如国家公务员。但购买上市公司股票实际上是一种金融投资行为，因此除法律禁止情形以外，国家公务员是允许成为上市公司的股东的。除担任发起人以外，股东不需要有民事行为能力。法人作为公司股东，应当遵守法律、法规及有关规定，例如：根据《公司法》第162条规定，公司原则上不得收购本公司的股份，但是，存在公司减资、与持有本公司股份的其他公司合并、将股份用于员工持股计划或者股权激励等法定情形的除外；对公司发起人的国籍和住所有要求的，应当遵守有关规定。机关法人一般不能担任公司股东，但依法对外投资时，仍然可以成为国有股东。原则上，公司不能成为自己的股东，因为这会导致资本虚假。外国人成为本国公司的股东需要遵守一定的限制，如《外商投资法》中规定外商投资采取国民待遇加负面清单管理制度，负面清单中的禁止投资领域就是对外国股东的限制。

在公司设立时因出资或认购股份而成为股东的，称之为原始股东；在公司成立之后，因依法转让、继承、赠与或法院强制执行等原因获得公司出资或股份而成为股东的，一般称之为继受股东；在公司成立之后，因公司增资而出资或认购股份成为股东的，针对原股东而言，一般称之为新股东。无论依据何种方式成为公司股东，除另有约定外，股东地位一律平等，即依据所持出资额或股份比例享有平等的权利和承担同等的义务。

随堂练习(3-4)

根据公司法律制度的规定，下列人员中，可以成为非上市公司股东的有( )。

A. 某个人独资企业

B. 某大学教师王甲

C. 某派出所警察赵乙

D. 某合伙企业有限合伙人李丙

（二）股东资格的认定

股东资格，又称股东地位、股东身份，是投资人行使权利并承担股东义务的基础。在司法实践中，股东资格的确认经常是股东出资纠纷、股东名册记载纠纷、请求变更公司登记纠纷、股权转让纠纷及股东盈利分配请求权纠纷等判案的前提，又因股东资格的确认常关涉股东、公司、债权人等各方利益的平衡。因此，股东资格的有无，意义重大。

知识拓展(3-6)

股东资格确认的标准

股东向公司认缴出资后，就成了公司的股东，具有相应的权利。公司应当向股东签发出资证明书，将股东的名称在相关文件上登记等。这些内容实际上也是公司对股东的义务。实践中，很多公司并未依法履行这些义务，这既侵害了股东的权益，也会对股权的稳定性产生影响。因此，当公司未尽上述义务时，股东有权提起诉讼要求公司履行该义务。

在商事实践中，由于各种原因公司相关文件中记名的人(名义股东)与真正投资人(实际出资人)相分离的情形并不鲜见，双方有时会就股权投资收益的归属发生争议。如果名义股东与实际出资人约定由名义股东出面行使股权，但由实际出资人享受投资权益，这属于双方间的自由约定，根据缔约自由的精神，如无其他违法情形，该约定应有效，实际出资人可依照合同约定向名义股东主张相关权益。

《公司法》第56条第2款规定的"记载于股东名册的股东，可以依股东名册主张行使股东权利"，是指名义股东(记名人)用股东名册的记名来向公司主张权利或向公司提出抗辩，该记名不是名义股东对抗实际出资人的依据，所以名义股东不能据此抗辩实际出资人。

根据《公司法》第32条、第34条的规定，公司应当将股东姓名或者名称等登记事项向公司登记机关登记；公司登记事项发生变更的，应当依法办理变更登记。公司登记事项未经登记或者未经变更登记，不得对抗善意相对人。但在名义股东与实际出资人就股东资格发生争议时，名义股东并不属于此处的"善意相对人"，所以名义股东不得以该登记否认实际出资人的合同权利。

因此，《最高人民法院关于适用〈中华人民共和国公司法〉若干问题的规定(三)》(以下简称《公司法解释(三)》)规定，实际出资人与名义股东因投资权益的归属发生争议，实际出资人以其实际履行了出资义务为由向名义股东主张权利的，人民法院应予支持。名义股东以公司股东名册记载、公司登记机关登记为由否认实际出资人权利的，人民法院不予支持。

在实际出资人与名义股东间，实际出资人的投资权益应当依双方合同确定并依法保护。但如果实际出资人请求公司变更股东、签发出资证明书、记载于股东名册、记载于公司章程并办理公司登记机关登记等，此时实际出资人的要求就已经突破了前述双方合同的范围，实际出资人将从公司外部进入公司内部，成为公司的成员。此种情况，在有限责任公司的情形下，应当参照《公司法》第84条第2款关于有限责任公司股东向股东以外的人转让股权的相关规定处理。

《公司法》规定股东姓名或名称未在公司登记机关登记的，不得对抗善意相对人。所以善意相对人凭借对登记内容的信赖，一般可以合理地相信登记的股东(名义股东)就是真实的股东，可以接受该名义股东对股权的处分，实际出资人不能主张处分行为无效。但是实践中，有的情况下名义股东虽然是登记记载的股东，但第三人明知该股东不是真实的股东，股权应归属于实际出资人，在名义股东向第三人处分股权后如果仍认定该处分行为有效，实际上就助长了第三人及名义股东的不诚信行为。所以，实际出资人主张处分股权行为无效的，应按照《民法典》第311条规定的善意取得制度处理，即登记的内容构成第三人的一般信赖，第三人可以以登记的内容来主张其不知道股权归属于实际出资人，并进而终局地取得该股权。但实际出资人可以举证证明第三人知道或应当知道该股权归属于实际出资人。一旦证明，该第三人就不构成善意取得，处分股权行为的效力就应当被否定，其也就不能终局地取得该股权。

当然，在第三人取得该股权后，实际出资人基于股权形成的利益就不复存在，其可以要求作出处分行为的名义股东承担赔偿责任。

《公司法解释(三)》规定，名义股东将登记于其名下的股权转让、质押或者以其他方式处分，实际出资人以其对于股权享有实际权利为由，请求认定处分股权行为无效的，人民法院可以参照《民法典》第311条的规定处理。名义股东处分股权造成实际出资人损失，实际出资人请求名义股东承担赔偿责任的，人民法院应予以支持。

在实践中，原股东转让股权后，由于种种原因，股权所对应的股东名称未及时在公司登记机关进行变更，此时原股东又将该股权再次转让。这种情况下，第三人凭借对既有登记内容的信赖，一般可以合理地相信登记的股东(原股东)就是真实的股东，可以接受该股东对股权的处分，未登记记名的受让股东不能主张处分行为无效。但是，当确有证据证明第三人在受让股权时明知原股东已不是真实的股东，股权权属已归于受让股东，在原股东向该第三人处分股权后如果仍认定该处分行为有效，同样也会助长第三人及原股东的不诚信行为，这也是应当避免的。所以受让股东主张处分股权行为无效的，也应按照《民法典》第311条规定的善意取得制度来处理。

如果没有证据证明第三人知道上述情形，那么第三人可以取得该股权，受让股东的股权利益也就不存在了，其可以要求原股东承担赔偿责任。而且，受让股东受让股权后之所以未及时在公司登记机关办理变更登记，常常是由于公司的管理层(如董事、高管人员)或实际控制人等未及时代表公司向登记机关申请且提供相应材料，此时，该类人员对受让股东的损失也有过错，应当对受让股东承担相应的赔偿责任。受让股东有过失的，可以减轻上述人员的责任。

如未经他人同意，冒用他人名义出资并将该他人作为股东在公司登记机关登记的，则冒名登记行为人应当承担相应责任，被冒名者并不需要承担任何责任。

【例3-1】甲、乙、丙拟共同出资50万元设立一家有限公司。公司成立后，在其设置的股东名册中记载了甲、乙、丙三人的姓名与出资额等事项，但在办理公司登记时遗漏了丙，使得公司登记的文件中股东只有甲、乙两人。下列说法正确的是(   )。
   A. 丙不能取得股东资格
   B. 丙取得股东资格，但不能参与当年的分红
   C. 丙取得股东资格，但不能对抗善意相对人
   D. 丙不能取得股东资格，但可以参与当年的分红
【解析】本题涉及股东资格的认定。根据《公司法》第34条、第56条的规定，正确答案为C。

四、股东权利与义务

(一)股东权利

1. 股东权利的概念

股东权利是指股东基于股东资格而享有的权利，也称之为股东权或股权。《民法典》第 125 条规定："民事主体依法享有股权和其他投资性权利。"《公司法》第 4 条第 2 款规定："公司股东对公司依法享有资产收益、参与重大决策和选择管理者等权利。"作为一种新型资本性财产权利，股权既不同于物权，又不同于债权。股东权与公司法人财产权既有联系，又相区别。二者是公司成立之后分别由股东和公司各自享有的法定权利，各自权利的内容依据法律和公司章程而确定，相互具有排他性。股东可以通过行使股东权对公司管理者进行选择、决定公司重大事项、提出质询等，从而影响公司法人财产权的行使；公司也可以通过法人财产权的行使满足股东的利益要求，拒绝股东对公司经营管理活动的直接干预和不正当行为。

2. 股东权利的分类

依据不同的标准，股东权有不同的分类，主要有以下四类。

(1) 自益权和共益权。这是以股东权行使的目的是涉及股东个人利益还是全体股东共同利益为标准进行的分类。自益权是股东仅以个人利益为目的而行使的权利，即依法从公司取得利益、财产或处分自己股权的权利，主要有股利分配请求权、剩余财产分配权、新股认购优先权、股份质押权和股份转让权等。

共益权是股东依法参加公司事务的决策和经营管理的权利，它是股东基于公司利益同时兼为自己的利益而行使的权利，如股东会参加权、提案权、质询权，在股东会上的表决权、累积投票权，股东会召集请求权和自行召集权，了解公司事务、查阅公司账簿和其他文件的知情权，提起诉讼权等权利。

(2) 单独股东权和少数股东权。这是按股权行使的条件不同进行的分类。单独股东权是每一单独股份均享有的权利，即只持有一股股份的股东也可以单独行使的权利，如自益权、表决权等；少数股东权是指须单独或共同持有占股本总额一定比例以上股份方可行使的权利，如请求召开临时股东会的权利等。

(3) 固有权和非固有权，又称法定股东权和非法定股东权。这是按股东权的重要程度、是否可由公司章程或股东会决议加以限制或剥夺进行的分类。固有权是指股东依法享有，只能由其自愿放弃，不允许由公司章程或股东会决议加以限制或剥夺的股东权利，一般共益权和特别股东权均属固有权。非固有权是指法律允许由公司章程或股东会决议加以限制或剥夺的股东权利，如自益权中的一部分便为非固有权。

(4) 普通股东权和特别股东权。这是按照发行股份的不同性质进行的分类。普通股东权是指普通股股东所享有的权利；特别股东权是指特别股股东所享有的特别权利，如优先股股东所享有的各种优先权利。

3. 股东权利的内容

根据《公司法》和《中华人民共和国证券法》(以下简称《证券法》)的规定，股东权包括股份收益权和参与公司管理权两个方面，如表 3-1 所示。

表 3-1　股东权的主要内容

股东权的主要内容	股份收益权	股份收益权	股利分配请求权
			剩余财产分配请求权
		与股份收益权相关的派生性权利	股份转让权
			新股认购优先购买权
			异议股东股份回购请求权
			有限公司股东的优先购买权
			上市公司股东强制出售股票权
	参与公司管理权	股东的表决权和选举权	
		与股东的表决权相关的程序性权利	出席权
			提议召开权
		与股东的表决权相关的程序性权利	自行召集与主持权
			临时提案权
		知情权与建议权	查阅权、复制权、质询权与通过公司信息披露获得信息权、建议权
		股东的诉讼权	公司决议瑕疵诉讼提起权
			股东直接诉讼提起权
			股东代表诉讼提起权
			司法解散公司诉讼提起权

4. 股东权利的滥用禁止

根据《公司法》第21条的规定，公司股东应当遵守法律、行政法规和公司章程，依法行使股东权利，不得滥用股东权利损害公司或者其他股东的利益。公司股东滥用股东权利给公司或者其他股东造成损失的，应当依法承担赔偿责任。

《公司法》第22条规定，公司的控股股东、实际控制人、董事、监事、高级管理人员不得利用其关联关系损害公司利益，违反前述规定给公司造成损失的，应当承担赔偿责任。

知识拓展(3-7)　法条链接(3-2)

股东权利的主要内容　《公司法》第265条的规定

5. 股东权益的保护

股东针对侵害自己或公司利益的行为，依法享有提起诉讼的权利。如图3-1所示，股东可通过直接诉讼和代表诉讼来维护合法权益。

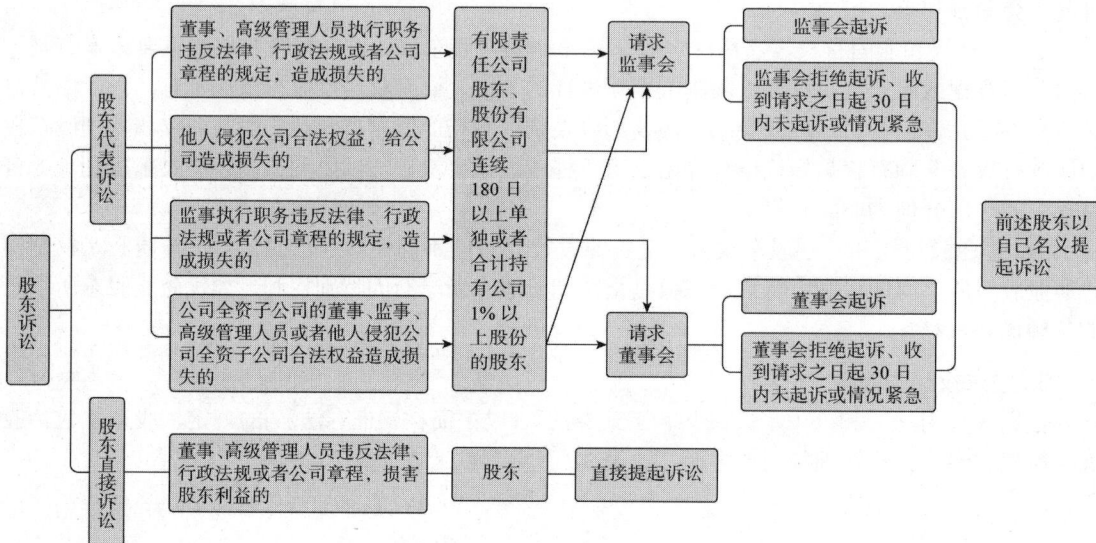

图 3-1　股东诉讼

（二）股东义务

股东义务主要有以下三个方面。

(1) 出资义务，即股东应按其所认缴的出资额或所认购的股份金额，按照约定期限向公司缴纳股款。这一义务的履行，是发起人与认股人取得股东资格的前提条件。股东违反出资义务可能导致其股东权利受限甚至丧失股东资格。首先，公司有权通过章程或者股东会决议对该类股东的利润分配请求权、新股优先认购权、剩余财产分配请求权等权利予以限制。其次，有限责任公司的股东"未履行出资义务或者抽逃全部出资，经公司催告缴纳或者返还，其在合理期间内仍未缴纳或者返还出资"，公司可以通过股东会决议"解除该股东的股东资格"。最后，如果公司章程或者股东会决议对股东权利设置限制，法院可能在个案判决中认定未出资或出资不足之股东的股东权利应受限制。

为了强化股东出资义务，股东要承担出资差额填补义务。

(2) 不得抽回出资的义务，即在公司登记后，股东、发起人、认购人不得抽回出资。

(3) 遵守公司章程并善意行使股权的义务，即股东应遵守公司章程，不得滥用股东权利。《公司法》第 21 条～第 23 条对股东权利滥用作了相应的规定。需要说明的是，某种行为是否属于滥用股东权利，须根据《公司法》的规定，依个案情节认定。

知识拓展(3-8)　法条链接(3-3)

出资差额填补义务的主要内容　《公司法》第 53 条的规定

法条链接(3-4)

《公司法》第 21 条至第 23 条的规定

五、公司法概述

（一）公司法的概念

公司法是规定公司法律地位，调整公司组织关系，规范公司在设立、变更与终止过程中的组织行为的法律规范的总称。公司法的概念有广义与狭义之分。狭义的公司法，仅指专门调整公司问题的法典，如《公司法》。广义的公司法，除包括专门的公司法典外，还包括其他有关公司的法律、法规、行政规章、司法解释及其他各法之中的调整公司组织关系、规范公司组织行为的法律规范，如《市场主体登记管理条例》《民法典》等法律规范中的相关规定。

《公司法》于 1993 年制定，历经多次修订，现行《公司法》于 2024 年 7 月 1 日起施行。

（二）公司法的特征

公司法是组织法与行为法的结合，在调整公司组织关系的同时，也对与公司组织活动有关的行为加以调整，如公司股份的发行和转让等，其组织法性质为公司法的本质特征。公司法规定公司的法律地位，规范股东之间、股东与公司之间的关系，调整公司的设立、变更与终止活动，规范公司内部组织机构的设置与运作，公司与其他企业间的控制关系及法律责任等。

第二节　公司的资本

一、概述

公司资本(corporate capital)，又称股本或股份资本，是公司章程规定的，由股东出资构成的财产总额,它不同于公司资产。公司资本具有以下特征:①公司资本仅指来源于全体股东出资构成的那部分公司资本,是股东对于公司的投资,具体表现为法律允许的货币、实物、知识产权、土地使用权、股权、债权等若干种形式。②公司资本的数额是由公司章程规定,并经注册登记后确定的;③公司资本的所有权归属于公司法人,而非公司股东。除非公司法人解散,否则公司可以无限期地拥有并使用这些财产。④公司资本是公司法人对外承担民事责任的财产担保,即责任财产。公司如果资不抵债,股东不承担大于公司资本的清偿责任。⑤公司资本若欲变动其数额,须履行严格的法定增资或减资程序。

公司资本在公司存在及营运的整个过程中扮演着极其重要的角色。对公司而言,它既是公司获取独立人格的必备要件,又是公司得以营运和发展的物质基础;对股东而言,它既是股东出资和享有相应权益的体现,又是股东对公司承担有限责任的物质基础;对债权人而言,它是公司债务的总担保,是债权人实现其债权的重要保障。

知识拓展(3-9)

为保证交易安全、维护债权人的利益,大陆法系国家的公司法确认了公司资本三原则,即资本确定原则、资本维持原则和资本不变原则。《公司法》的诸多规定体现了公司资本三原则。

公司资本三原则的主要内容

二、股东出资制度

股东出资是指股东(包括发起人和认股人)在公司设立或者增加资本时,为取得股份或股权,根据协议的约定及法律和公司章程的规定向公司交付财产或履行其他给付义务。出资是股东最基本最重要的义务之一,这种义务既是一种约定义务,同时也是一种法定义务。

(一)股东出资的形式

根据《公司法》第48条、第98条的规定,股东或者发起人可以用货币出资,也可以用实物、知识产权、土地使用权、股权、债权等可以用货币估价并可以依法转让的非货币财产作价出资;但是,法律、行政法规规定不得作为出资的财产除外。

除了货币以外,作为股东出资的财产须符合以下三个条件:①可估价性,对作为出资的非货币财产应当评估作价,核实财产,不得高估或者低估作价。法律、行政法规对评估作价有规定的,从其规定;②可转让性;③法律不禁止。如探矿权、采矿权等可作为非货币的出资方式。依据现行法规,股东或者发起人不得以劳务、信用、自然人姓名、商誉、特许经营权或者设定担保的财产等作价出资。

1. 货币出资

货币出资是法律关系最为简单、当事人间最少发生争议和纠纷的出资形式,只要当事人按约定的金额和时间将货币交付给公司或汇入公司的设立账户,出资义务即为履行。实践中,股东或者发起人可以以自己所有的现金出资,也可以以其向他人的借款为出资。以贪污、受贿、侵占、挪用等违法犯罪所得的货币出资后取得股权的,对违法犯罪行为予以追究、处罚时,应当采取拍卖或者变卖的方式处置其股权。

2. 实物出资

实物出资即以民法上的物出资,包括房屋、车辆、设备、原材料、成品或半成品等。用于出资的实物首先应具有财产价值,因而才可能进行出资额和资本额的界定。其次,出资的实物可以是公司经营所需。

出资人以不享有处分权的财产出资，当事人之间对于出资行为效力产生争议的，人民法院可以参照《民法典》第 311 条关于无权处分的相关规定予以认定。

3. 知识产权出资

根据《民法典》第 123 条第 2 款的规定，知识产权是权利人依法就下列客体享有的专有的权利：①作品；②发明、实用新型、外观设计；③商标；④地理标志；⑤商业秘密；⑥集成电路布图设计；⑦植物新品种；⑧法律规定的其他客体。

一般认为，知识产权包括著作权与工业产权，工业产权属于无形资产，无论是专利权、商标权，还是其他工业产权，都具有其本身的财产价值。实践中，以工业产权出资主要是指以商标权和专利权出资，也可以将服务标记、厂商名称出资，货源标记、原产地名称不能作为出资。

4. 土地使用权出资

在我国，土地使用权出资须满足以下法律要求。①土地的出资是使用权的出资，而不是所有权的出资。②依照《民法典》第 342 条、第 353 条的规定，通过招标、拍卖、公开协商等方式承包农村土地并经依法登记取得权属证书的农村土地承包经营权和建设用地使用权可以用于出资。③用于出资的土地使用权只能是出让土地的使用权或未设权利负担的土地使用权，出资人如果以划拨土地使用权出资，或者以设定权利负担的土地使用权出资，公司、其他股东或者公司债权人主张认定出资人未履行出资义务的，人民法院应当责令当事人在指定的合理期间内办理土地变更手续或者解除权利负担；逾期未办理或者未解除的，人民法院应当认定出资人未依法全面履行出资义务。

5. 股权出资

出资人以其他公司股权出资的，该股权应当权属清楚、权能完整、可用货币估价、依法可以转让。符合下列条件的，人民法院应当认定出资人已履行出资义务：①出资的股权由出资人合法持有并依法可以转让；②出资的股权无权利瑕疵或者权利负担；③出资人已履行关于股权转让的法定手续；④出资的股权已依法进行了价值评估。

股权出资不符合上述①、②、③项的规定，公司、其他股东或者公司债权人请求认定出资人未履行出资义务的，人民法院应当责令该出资人在指定的合理期间内采取补正措施，以符合上述条件；逾期未补正的，人民法院应当认定其未依法全面履行出资义务。

6. 债权出资

债权出资是指投资人以其对公司或第三人的债权向公司出资，抵缴股款。债权出资可分为一般性债权出资和证券化债权出资。一般债权出资可以分为对公司的债权出资(债转股)和对第三人的债权出资。《公司法》第 48 条、第 98 条规定债权可以作为股东出资的形式。因债权所固有的不确定性与不稳定性，以其出资，在公司设立阶段，为保护有限责任公司其他股东或股份有限公司其他发起人的权利，应获得其他股东或发起人的认可；公司存续期间，则应获得公司董事会的认可。为解决合理估值问题，债权出资作为非货币财产出资形式的一种，当然也应依法履行评估作价程序。

实践中，还应注意以下问题。

(1) 出资人以非货币财产出资，未依法评估作价，公司、其他股东或者公司债权人请求认定出资人未履行出资义务的，人民法院应当委托具有合法资格的评估机构对该财产评估作价。评估确定的价额显著低于公司章程所定价额的，人民法院应当认定出资人未依法全面履行出资义务。

(2) 出资人以房屋、土地使用权或者需要办理权属登记的知识产权等财产出资,已经交付公司使用但未办理权属变更手续,公司、其他股东或者公司债权人主张认定出资人未履行出资义务的,人民法院应当责令当事人在指定的合理期间内办理权属变更手续;在前述期间内办理了权属变更手续的,人民法院应当认定其已经履行了出资义务;出资人可以主张自其实际交付财产给公司使用时享有相应股东权利。同时,出资人以前述规定的财产出资,已经办理权属变更手续但未交付给公司使用,公司或者其他股东可以主张其向公司交付,并在实际交付之前不享有相应股东权利。

(3) 出资人以符合法定条件的非货币财产出资后,因市场变化或者其他客观因素导致出资财产贬值,公司、其他股东或者公司债权人不应请求该出资人承担补足出资责任。但是,当事人另有约定的除外。

(二) 出资的价值评估

对作为出资的非货币财产应当评估作价,核实财产,不得高估或者低估作价。法律、行政法规对评估作价有规定的,从其规定。土地使用权的评估作价,依照法律、行政法规的规定办理。土地使用权的价格由县级以上人民政府土地管理部门组织评估并报县级以上人民政府审核批准。国有资产评估,必须报同级国有资产管理行政主管部门确认资产评估结果。

(三) 出资的履行

针对不同出资的特点,《公司法》规定了不同的履行出资的方式。

(1) 股东应当按期足额缴纳公司章程中规定的各自所认缴的出资额。股东以货币出资的,应当将货币出资足额存入有限责任公司在银行开设的账户;以非货币财产出资的,应当依法办理其财产权的转移手续。股东不按照前述规定缴纳出资的,除应当向公司足额缴纳外,还应当对给公司造成的损失承担赔偿责任。

(2) 以发起设立方式设立股份有限公司的,发起人应当认足公司章程规定的公司设立时应发行的股份。以募集设立方式设立股份有限公司的,发起人认购的股份不得少于公司章程规定的公司设立时应发行股份总数的35%;但是,法律、行政法规另有规定的,从其规定。股份有限公司发起人应当在公司成立前按照其认购的股份全额缴纳股款。发起人以货币出资的,应当将货币出资足额存入股份有限公司在银行开设的账户;以非货币财产出资的,应当依法办理其财产权的转移手续。发起人不按照其认购的股份缴纳股款,或者作为出资的非货币财产的实际价额显著低于所认购的股份的,其他发起人与该发起人在出资不足的范围内承担连带责任。

《公司法》第54条规定了股东出资的加速到期制度,即,公司不能清偿到期债务的,公司或者已到期债权的债权人有权要求已认缴出资但未届出资期限的股东提前缴纳出资。

《公司法》第257条规定,承担资产评估、验资或者验证的机构应当依法进行资产评估、验资或提供验证证明,如果提供虚假材料或者因过失提供有重大遗漏的报告的,应当依法承担相应的法律责任。因承担资产评估、验资或者验证的机构出具的评估结果、验资或者验证证明不实,给公司债权人造成损失的,除了能够证明自己没有过错的外,在其评估或者证明不实的金额范围内承担赔偿责任。

【例3-2】甲资产评估公司在乙股份有限公司的设立中,为该股份有限公司的发起人丙出具了虚假的证明文件,收取了15万元的评估费。有关机构拟对甲资产评估公司采取的下列处罚措施中,符合法律规定的是( )。

A. 对甲公司处以60万元的罚款

B. 没收甲公司 15 万元的违法所得

C. 责令甲公司停业

D. 吊销甲公司主要负责人的执业资格证书

【解析】正确答案为 ABCD。根据《公司法》规定，承担资产评估的机构提供虚假材料的，由公司登记机关没收违法所得，处以违法所得 1 倍以上 5 倍以下的罚款，并可以由有关主管部门依法责令该机构停业、吊销直接责任人员的资格证书，吊销营业执照。

随堂练习(3-5)

甲、乙、丙、丁、戊五人共同组建一家有限责任公司。出资协议约定甲以现金 20 万元出资，其后甲缴纳 15 万元，尚有 5 万元未缴纳。某次公司股东会会议上，甲请求免除其 5 万元出资义务，乙、丁、戊三名股东表示同意，股东会决议通过。其后，投反对票的股东丙向法院起诉，请求确认该股东会决议无效。关于本案的下列表述中，正确的是(　　)。

A. 该决议有效，甲的出资义务已经免除

B. 该决议无效，甲的出资义务不能免除

C. 该决议须经全体股东同意才能有效

D. 该决议属于可撤销，除甲以外的任一股东均享有撤销权

(四) 股东出资责任

股东必须依法履行出资义务，股东出资责任是指股东违反出资义务的法律后果。出资责任属于股东责任的范畴，股东包括作为设立人的股东和公司成立后通过增资或受让股权加入公司的股东，虽然出资责任并不限于公司设立阶段，但鉴于《公司法》关于出资民事责任的规定集中于公司设立部分，加上公司实践中出资纠纷也往往与作为设立人的股东相关，因此，本部分主要将出资民事责任作为设立责任的构成部分来阐述。根据《公司法》的规定，出资民事责任包括出资赔偿责任和出资填补责任。

1. 出资赔偿责任

出资赔偿责任指股东未按期足额缴纳出资给公司造成损失时向公司承担的赔偿责任。根据《公司法》第 49 条第 3 款和第 107 条的规定，股东未按期足额缴纳出资的，除应当向公司足额缴纳外，还应当对给公司造成的损失承担赔偿责任。这表明，出资赔偿责任适用于有限责任公司和股份有限公司的股东，其承担赔偿责任应当满足法律规定的两个要件：一是股东未按期足额缴纳出资，二是该行为给公司造成了损失。

一般认为，公司成立后，公司对股东未缴纳的出资享有出资债权；股东作为出资义务人，应当向公司履行按期缴纳的义务。如果股东不履行或迟延履行，就可能对公司造成损害，应当向公司承担损害赔偿责任。与此相对应，公司也应当向未履行出资义务的股东主张权利，包括要求股东向公司足额缴纳出资和对公司受到的损失承担赔偿责任。

2. 出资填补责任

出资填补责任是指作为设立人的有限责任公司股东和股份有限公司发起人因出资不足而向公司承担的足额缴纳的责任。这里的"足额缴纳"也即对出资不足的差额部分进行补足，因此也称为补足差额或出资填补。根据《公司法》第 50 条和第 99 条的规定，出资填补包括两种情形：一是设立人对设立时未按照规定实际缴纳的出资向公司补足差额；二是设立人在公司成立后对设立时作为出资的非货币财产的实际价额显著低于所认缴的出资额的情形，向公司补足差额。基于两类

知识拓展(3-10)

出资填补责任
的法律特征

情形下设立人都要向公司履行足额缴纳的给付行为，因此出资填补责任也可称"补缴责任"。

出资填补责任在具体适用时应注意两个方面的问题：其一，出资填补责任与抽逃出资[①]责任尽管都是对公司承担的责任，都只能在公司成立后追究，但出资填补责任是与设立人、设立阶段行为相关的责任，而抽逃出资责任则并不限于设立人的行为，而且只能发生于"公司成立后"，需要对二者加以区分。其二，由于出资填补的责任涉及全体设立人，而设立人在公司成立后可能成为公司的负责人，因此实践中主张出资填补的权利很难由公司及其董事会来行使，而可能由与出资填补有利害关系的其他股东或债权人来行使：或是依照《公司法》第189条提起股东代表诉讼，或是依照《民法典》第535条提起代位权诉讼，要求责任人补足出资差额。

【例3-3】A、B、C共同出资设立一有限责任公司。其中，公司章程规定C以房产出资30万元。公司成立后又吸收D入股。后查明，C作为出资的房产仅值20万元，C现有可执行的个人财产6万元。下列处理方式中，不符合《公司法》规定的是(   )。

A. C以现有可执行财产补交差额，不足部分由C在3年内用公司分得的利润予以补足

B. C以现有可执行财产补交差额，不足部分由A、B补足

C. C以现有可执行财产补交差额，不足部分由A、B、D补足

D. C无须补交差额，A、B、D都不承担补足出资的连带责任

【解析】根据《公司法》的规定，正确答案为ACD。

(五) 出资瑕疵的救济

基于《公司法》的规定，股东有按照公司章程规定缴纳出资的义务。股东出资关系着股东与公司、股东与股东、股东与债权人及利益相关者的切身利益。股东一旦做出认缴承诺，无论是一次性缴纳还是分期缴纳，只有依照其承诺的期限足额向公司实际缴纳后，出资义务才算完全履行。出资瑕疵(股东没有履行或没有完全履行出资义务)救济，就是对违反出资义务导致的事实状态的弥补措施，或是通过这种措施来使未出资缺陷愈合，恢复到法律规定的应然状态，或是在不能改变缺陷的实然状态下对出资人未履行义务的行为施加一定的惩罚。《公司法》中的出资瑕疵救济分为私力救济和公力救济两种方式，无论采取哪一种救济方式，都是对未履行出资义务的股东依法施加的相应惩罚。

知识拓展(3-11)

出资瑕疵的私力救济和公力救济

1. 出资瑕疵的私力救济

(1) 瑕疵出资股东的权利限制。《公司法》第210条第4款规定，公司弥补亏损和提取公积金后所余税后利润，有限责任公司按照股东实缴的出资比例分配利润，全体股东约定不按照出资比例分配利润的除外；股份有限公司按照股东所持有的股份比例分配利润，公司章程另有规定的除外。《公司法》第227条第1款规定，有限责任公司增加注册资本时，股东在同等条件下有权优先按照实缴的出资比例认缴出资。但是，全体股东约定不按照出资比例优先认缴出资的除外。《公司法》关于以实缴出资比例作为股东行使利润分配权、新股优先购买权的基本依据的规定，在公司章程没有"另有规定"的情形下，实质上相当于剥夺了未缴纳出资股东相应的利润分配权及其新股优先购买权，其中蕴含着允许公司对瑕疵出资股东施加合理权利限制的法律理念，加上对股东权利的限制由公司来具体操作执行，因而是一种典型的私力救济方式。

《公司法解释(三)》第16条规定，股东未履行或者未全面履行出资义务或者抽逃出资，公司

[①] 实践中，公司成立后，发起人、股东的行为符合下列情形之一且损害公司权益的，可以认定该股东抽逃出资：a.制作虚假财务会计报表虚增利润进行分配；b.通过虚构债权债务关系将其出资转出；c.利用关联交易将出资转出；d.其他未经法定程序将出资抽回的行为。

根据公司章程或者股东会决议对其利润分配请求权、新股优先认购权、剩余财产分配请求权等股东权利作出相应的合理限制，该股东请求认定该限制无效的，人民法院不予支持。该解释第 10 条规定，出资人以房屋、土地使用权或者需要办理权属登记的知识产权等财产出资，已经办理权属变更手续但未交付给公司使用，公司或者其他股东主张其向公司交付、并在实际交付之前不享有相应股东权利的，人民法院应予支持。

实践中，股东认缴的出资未届履行期限，对未缴纳部分的出资是否享有及如何行使表决权等问题，应当根据公司章程来确定。公司章程没有规定的，应当按照认缴出资的比例确定。如果股东会作出不按认缴出资比例而按实际出资比例或者其他标准确定表决权的决议，股东请求确认决议无效的，人民法院应当审查该决议是否符合修改公司章程所要求的表决程序，即必须经代表 2/3 以上表决权的股东通过。符合的，人民法院不予支持；反之，则依法予以支持。

(2) 公司催缴。公司催缴是指当股东存在未按照公司章程规定的出资日期缴纳出资的情形时，公司催促瑕疵出资股东向公司缴纳出资的制度。由于公司催缴具有弥补出资瑕疵的功能而且是公司主动采取的行为，因此应当属于出资瑕疵的私力救济手段。按照《公司法》第 51 条、第 52 条和第 107 条的规定，公司成立后，董事会应当对股东的出资情况进行核查，发现股东未按期足额缴纳公司章程规定的出资的，应当向该股东发出书面催缴书，催缴出资。书面催缴书可以载明缴纳出资的宽限期，宽限期自公司发出出资催缴书之日起，不得少于 60 日。如果公司催缴后瑕疵出资股东按照章程规定履行了出资义务，则公司私力救济目的的实现。

知识拓展(3-12)

公司催缴的特征

知识拓展(3-13)

(3) 股东失权。股东失权是指公司对催缴后仍不履行出资义务的股东采取的让其丧失未缴纳出资部分股权的救济措施，它既是对公司催缴不能的救济，又是公司对股东的一种惩罚。股东失权在公司实践中也被称为股东除名或开除股东。《公司法》第 52 条、第 107 条规定了有限责任公司、股份有限公司股东失权的制度。

股东失权制度的
主要内容

按照《公司法》第 52 条第 1 款的规定，股东失权是指"股东丧失其未缴纳出资的股权"。这一法律规定表明，股东失权只能针对其未缴纳出资部分的股权，而并非直接指向其享有的整体股东资格。

知识拓展(3-14)

2. 公力救济

公力救济是指由公权力机关要求瑕疵出资股东缴纳出资或追究瑕疵出资股东法律责任的方式。当自力救济存在障碍不能实现时，相关当事人可以通过诉讼方式来寻求公力救济。公力救济对于出资瑕疵的弥补具有强制性。

公力救济措施
的主要内容

三、公司资本的增减

公司法确立了资本确定、资本维持、资本不变的原则，但事实上，公司需要根据客观需要适时调整公司的资本结构。

(一) 公司增加注册资本

增加资本，简称增资，是指公司在成立后基于筹集资金、扩大经营规模等目的，依照法定条件和程序增加公司的资本总额。公司增加注册资本，主要有两种途径：一是吸收外来新资本，包括增加新股东和老股东追加投资；二是分配性增资，即用公积金扩充资本或将未分配利润转为股本。

1. 有限责任公司增资的限制与方式

《公司法》规定，有限责任公司增资，应由董事会制订增加注册资本的方案，然后提交股东会决议，并必须经代表 2/3 以上表决权的股东通过。国有独资公司由履行出资人职责的机构决定是否增加资本。

有限责任公司的增资方式比较简便，主要有以下三种。①外部增资，即增加新的股东，为公司注入新的资本，但增加后的股东人数不得超过《公司法》规定的股东人数上限(50人)。②内部增资，即不增加新的股东，但增加现有股东认缴的出资数额。内部增资既可同比增资也可不同比增资，即既可以按股东原实际出资比例相应增加各股东的出资，也可以不按原实际出资比例相应增加各股东的出资，还可以依股东意愿仅由部分股东增加出资。内部增资还包括分配性增资，即将公司的法定公积金转增为公司资本，增加每股金额，或将应分配的股息、红利的价值按比例分摊入原有股权之中。内部增资仅在原股东范围内增资，仍能保持公司的内部稳定，只是在不同比增资情况下改变了股东的原有出资比例。③混合增资，即外部增资与内部增资的结合，指的是既增加新的股东，又增加股东的出资数额。

根据《公司法》第227条第1款的规定，有限责任公司增加注册资本时，股东在同等条件下有权优先按照实缴的出资比例认缴出资；但是，全体股东约定不按照出资比例优先认缴出资的除外。

2. 股份有限公司增资的限制与方式

根据《公司法》的规定，股份有限公司的增资也应由董事会制订增加注册资本的方案，提交股东会决议，并经出席股东会会议的股东所持表决权的2/3以上通过。

股份有限公司增加注册资本可以采用以下三种方式。①增加公司的股份数额，但不改变单位股份的金额。股份有限公司可以在原有股份总数的基础上发行新的股份，使股份总数扩大，而每股代表的资本额并不改变。发行新的股份，既可以让原股东优先认购，也可以向社会公开募集，还可以将公司发行的可转换债券转变为公司的股份，但需征得债权人的同意。如果是由原股东认购，既可以由股东另外缴纳认购股份金额，也可以将应付的股息和红利转换为股份。②增加单位股份的金额，但不改变公司的股份总数。股份有限公司可以采取多种方式使其股份增值，如将公司的法定公积金转增为公司资本，增加每股面值；将应分配的股息、红利的价值并入股份；将股东新缴纳的股款并入原股份中。③既增加公司的股份数额，又增加单位股份的金额。各公司可以根据自身情况选择增加注册资本的方式。

根据《公司法》第227条第2款的规定，股份有限公司为增加注册资本发行新股时，股东不享有优先认购权，公司章程另有规定或者股东会决议决定股东享有优先认购权的除外。

3. 公司增资后章程记载事项的变更

无论是有限责任公司还是股份有限公司，注册资本增加以后要相应修改公司章程记载的资本数额，以及变化了的股东出资数额等事项，并到公司登记机关办理变更登记。依《市场主体登记管理条例实施细则》第31条、第36条的规定，公司增加注册资本的，应当自变更决议或者决定作出之日起30日内申请变更登记；公司增加注册资本，有限责任公司股东认缴新增资本的出资和股份有限公司的股东认购新股的，应当按照设立时缴纳出资和缴纳股款的规定执行；股份有限公司以公开发行新股方式或者上市公司以非公开发行新股方式增加注册资本，还应当提交国务院证券监督管理机构的核准或者注册文件。

(二) 公司减少注册资本

减少资本，简称减资，是指公司在存续过程中，因资本过剩或亏损严重或基于某种需要，依照法定条件和程序减少公司资本总额。实践中，为了使公司资本与资产相当并保证股东利益，需要减资。但是，公司的资本很大程度上代表着公司的资信及偿债能力，因此基于资本确定、资本不变原则，为确保交易安全、保护股东和债权人利益，法律对减资做了严格控制。

有限责任公司的减资既可同比减资，也可不同比减资。同比减资，是按股东的出资比例减少各股东的出资数额的方式，减资后各股东股权比例不变。不同比减资，是各股东不按原出资比例而减少出资，或者部分股东减少出资、部分股东则不减少出资。依据《公司法》第 224 条第 3 款的规定，公司减少注册资本，应当按照股东出资或者持有股份的比例相应减少出资额或者股份，法律另有规定、有限责任公司全体股东另有约定或者股份有限公司章程另有规定的除外。无论是同比减资还是不同比减资，按是否影响公司资产的性质和结构，减资可具体分为返还出资的减资、免除出资义务的减资与销除股权的减资等形式。返还出资的减资，是指对已缴足认缴出资额的股东返还部分出资款的减资方式。该减资方式既减少了公司的资本，也减少了公司的资产，构成实质性减资。免除出资义务的减资是指对尚未按其认缴出资额缴足出资的股东全部或部分免除其缴纳出资义务的减资方式。销除股权的减资是指因公司亏损或派生分立而减资时，直接取消部分股权或者直接减少每股金额的减资方式。后两种减资方式仅改变了公司资产的性质和结构而未改变公司资产总额，构成形式上减资。

股份有限公司的减资主要有以下三种方式。①减少股份数额，但不改变单位股份金额。股份有限公司可以注销公司的一部分或特定股份，也可以将原来的几股合并为一股。②减少单位股份金额，但不改变股份数额。③既减少股份数额，又减少单位股份金额。

公司注册资本的减少将直接影响公司债权人的利益，也会直接影响股东的利益，因此，基于资本不变原则，各个国家和地区的公司法均对公司减资规定了比较严格的程序。依《公司法》及《市场主体登记管理条例实施细则》的相关规定，公司减资应遵循以下程序。①由董事会通过决议，制定公司减少注册资本的方案。法律，行政法规或者国务院决定对公司注册资本有最低限额规定的，减少后的注册资本应当不少于最低限额。②编制资产负债表及财产清单。公司在减资前，首先应清理资产，明确公司的资产、负债和股东权益的现状，为制订减资方案提供依据。③召开股东会，对减资方案进行审议并表决。有限责任公司减少资本的决议须由代表公司 2/3 以上表决权的股东通过；股份有限公司减少资本的决议必须经出席股东会的股东所持表决权的 2/3 以上通过。④通知及公告债权人。公司应当自股东会作出减少注册资本决议之日起 10 日内通知债权人，并于30 日内在报纸上或者国家企业信用信息公示系统公告。⑤处理公司债务。债权人自接到通知之日起 30 日内，未接到通知的自公告之日起 45 日内，有权要求公司清偿债务或者提供相应的担保。如果对于债权人在法定期限内提出的要求，公司不予满足，则不得进行减资。⑥办理变更登记。公司减少注册资本的，应当自公告之日起 45 日后申请变更登记。

关于瑕疵减资的法律效力和法律后果，《公司法》第 226 条规定，违反本法规定减少注册资本的，股东应当退还其收到的资金，减免股东出资的应当恢复原状；给公司造成损失的，股东及负有责任的董事、监事、高级管理人员应当承担赔偿责任。

第三节　公司的设立

一、公司设立的概念和特征

公司设立，是指设立人依《公司法》规定在公司成立之前为组建公司进行的，目的在于取得公司主体资格的活动。公司设立的法律特征主要有：①设立的主体是发起人；②设立行为只能发生在公司成立之前，并应当严格履行法定的条件和程序；③设立行为的目的在于最终成立公司，取得主体资格；④公司的种类不同，设立行为的内容也就不尽一致。

二、公司的设立与成立的区别

公司的成立是指已经具备了法律规定的实质要件，完成设立程序、由主管机关发给营业执照而取得公司主体资格的一种法律事实。公司的成立与设立的主要区别如下。

(1) 发生阶段不同。公司的设立和成立是取得公司主体资格过程中一系列连续行为的两个不同阶段：设立行为发生于营业执照颁发之前；成立则发生于被依法核准登记、签发营业执照之时。实质上，公司的成立是设立行为被法律认可后依法存在的一种法律后果。

(2) 行为性质不同。设立行为以发起人的意思表示为要素，受平等、自愿、诚实信用等民商法基本原则的指导。而公司的成立以主管机关发给营业执照为要素，发生在发起人与主管登记机关之间。

(3) 法律效力不同。公司在被核准登记之前，被称为设立中的公司，此时的公司尚不具备独立的主体资格，其内、外部关系一般被视为合伙。因此，在设立阶段的行为，如果公司最终未被核准登记，设立行为的后果类推适用有关合伙的规定，由设立人对设立行为负连带责任；如果公司被核准登记，发起人为设立所实施的法律行为，其后果原则上归属于公司。公司的成立则使公司成为独立的主体，公司成立后所实施行为的后果原则上由公司承担。

(4) 行为人不同。公司设立的当事人主要是发起人和认股人，而公司成立的当事人主要是申请人和有权批准成立的政府机关。

(5) 解决争议的依据不同。公司设立过程中，一般依发起人之间订立的设立协议来解决发起人之间的争议；但关于公司是否成立的争议，一般依据有关行政法规来解决。

三、公司设立的原则

公司设立的原则是指公司设立的基本依据及基本方式。概括而言，从罗马社会到近代工业社会，公司的设立先后经历了自由设立、特许设立、核准设立、单纯准则设立和严格准则设立等设立原则。

(1) 自由设立原则。此原则是指公司的设立依照事实而存在，而不是依法创设。不需要任何条件，也不必经过许可批准，是否设立、设立何种公司、怎样设立完全由设立人自由为之。

(2) 特许设立原则。此原则是指公司成立须经由国家元首颁布命令，或基于立法机关立法予以特许。

(3) 核准设立原则。此原则是指公司的设立，必须依照法律，经国家主管机关批准。

(4) 单纯准则设立原则。此原则是指公司设立的必要条件，由法律作出规定，凡具备法定条件的，不必经过国家主管机关批准，就可以设立公司。

(5) 严格准则设立原则。此原则是相对于单纯准则设立原则而言的，是对单纯准则设立原则的进一步完善。一方面用法律严格规定设立公司的条件和加重设立人的责任，另一方面加强法院和行政机关对公司的外部监督。

我国现行的公司设立原则是严格准则设立原则和核准设立原则的结合：一般有限责任公司、股份有限公司的设立采用严格准则设立原则；涉及国家安全、国计民生的特定行业、项目，采用核准设立原则。

四、公司设立的方式

公司设立的方式有发起设立和募集设立两种。

1. 发起设立

发起设立(establishment by sponsorship)，是指由发起人认购应发行的全部股份而设立公司，原则上适用于任何公司。股份有限公司的设立既可以采取发起方式，也可采取募集方式。

2. 募集设立

募集设立(establishment by offering)，是指发起人认购公司应发行股份的一部分，其余部分向社会公开募集而设立公司。我国只有股份有限公司可采用此种设立方式。《公司法》第 97 条规定，以募集设立方式设立股份有限公司的，发起人(initiator)认购的股份不得少于公司章程规定的公司设立时应发行股份总数的 35%(法律、行政法规另有规定的除外)，其余股份应当向社会公开募集。

五、公司设立的条件

公司设立的条件，是公司法规制公司设立行为的主要体现。依据《公司法》《市场主体登记管理条例》等规定，有限责任公司、股份有限公司的设立条件大同小异，主要包括以下几个方面。

(一) 主体条件

就有限责任公司的人数要求而言，《公司法》第 42 条规定："有限责任公司由一个以上五十个以下股东出资设立。"由该规定可以看出，我国对有限责任公司的股东人数的上限做了严格限定，即不超过 50 人。有限责任公司虽以资本联合为基础，但同时也具有封闭的性质。因此，股东数量也应有所限定，以便于公司在进行重大的经营决策时，能够协调一致。就股份公司的人数要求而言，《公司法》第 92 条规定，"设立股份有限公司，应当有一人以上二百人以下为发起人，其中应当有半数以上的发起人在中华人民共和国境内有住所"。此处规定上限是为了严格区分发起设立与募集设立。因为发起设立与募集设立适用的法律不同，发起人过多的，其设立已经具有公众性，不应再适用发起设立的规定；为规范发起设立行为，严格规定发起人的人数上限。

(二) 资本条件

资本条件主要表现为对注册资本的要求。《公司法》第 47 条规定："有限责任公司的注册资本为在公司登记机关登记的全体股东认缴的出资额。全体股东认缴的出资额由股东按照公司章程的规定自公司成立之日起五年内缴足。法律、行政法规以及国务院决定对有限责任公司注册资本实缴、注册资本最低限额、股东出资期限另有规定的，从其规定。"

(三) 组织条件

组织条件实际上均为公司章程的绝对必要记载事项，对公司成立与营业活动有重要影响，包括以下几项。

1. 公司名称

大多数公司法要求公司名称必须包含标明公司性质的文字，如 corporation、incorporation、inc.、Co.或者类似文字。《公司法》第 7 条规定："依照本法设立的有限责任公司，应当在公司名称中标明有限责任公司或者有限公司字样。依照本法设立的股份有限公司，应当在公司名称中标明股份有限公司或者股份公司字样"。

公司名称是表示公司性质或特点并与其他公司相区别的标志。公司名称应当符合国家有关规定。公司只能登记一个公司名称，公司名称受法律保护。公司名称应当使用规范汉字。民族自治地方的公司名称可以同时使用本民族自治地方通用的民族文字。公司需将公司名称译成外文使用的，应当依据相关外文翻译原则进行翻译使用，不得违反法律法规规定。

根据《公司法》和《企业名称登记管理规定》及其实施办法，我国的公司名称一般应当由行政区划名称、字号、行业或者经营特点、组织形式组成，并依次排列，法律、行政法规另有规定的除外。跨省、自治区、直辖市经营的公司，其名称可以不含行政区划名称；跨行业综合经营的公司，其名称可以不含行业或者经营特点。例如："浙江康恩贝制药股份有限公司"是一个完整的公司名称。其中，行政区划是浙江，字号是康恩贝，公司所属行业是制药产业，公司类别是股份有限公司。

知识拓展(3-15)

有关公司名称的规定

2. 住所

《公司法》第8条规定，"公司以其主要办事机构所在地为住所"。公司住所是公司注册登记的事项之一。确定公司住所的主要法律意义如下。

(1) 在民事诉讼中，可根据住所地来确定诉讼管辖地。

(2) 确定法律文书及其他法律文书送达的地点。在诉讼程序中，以公司住所地为法律文书收受的处所。

(3) 可据住所确定登记、税收等行政管理机关。一般而言，公司的住所地是确定公司登记主管机关的重要因素；公司所得税等许多税种都实行属地管理，应向公司所在地税务机关申报纳税。

(4) 住所可作为确定债务履行地的依据。在合同关系中，如果当事人没有明确指明债务履行地点，公司住所地往往是确定其履行地的主要因素。

(5) 在涉外经济及民事诉讼中确定适用何国法律。在涉外经济及民事诉讼中，如果当事人没有选择适用何国法律，公司住所可以作为确定适用何国法律的依据。

3. 依法制定公司章程

有限公司章程由全体股东制定；发起设立股份公司章程由发起人共同制定；募集设立股份公司章程由发起人制定，经成立大会通过。

公司章程是规定公司的组织和行为的基本规则的重要文件，是由公司股东或发起人依法制定的。作为一种以书面形式存在的、公司设立的行为要件和指导公司行为的基本规范，公司章程是公司向其成员表明信用或向外表明商誉的证明，也是政府对公司进行管理的重要依据。作为公司的纲领性文件，公司章程对公司、股东、董事、监事、高级管理人员具有约束力。

知识拓展(3-16)

公司章程的记载事项

公司章程的内容可分为绝对记载事项、相对记载事项和任意记载事项，但公司章程的内容主要为绝对记载事项，绝对记载事项是由法律直接规定的。从这个意义上而言，公司章程的内容具有法定性。公司章程的内容只要不违反法律的强制性规定，就具有约束力，从这个意义上而言，公司章程具有自治性。

公司章程应向公司登记机关登记备案，但登记备案不是公司章程的生效要件，公司章程经股东会通过后即具有效力。

公司章程的修改必须基于公司法规定的事由和法定程序，公司章程修改后应及时办理变更登记手续，否则不得对抗善意第三人，同时，公司负责人应受处罚。

公司章程应向包括股东在内的投资者和债权人在内的社会公众公开，任何人都可通过网络查询公司章程的内容。

4. 建立符合法定要求的组织机构

公司组织机构是公司依法构建的，在公司经营活动中具有决策、执行和监督职能的公司机关的总和，一般包括股东会、董事会、监事会。公司组织机构实际上是股东实现其盈利目的的重要工具，也是维系公司正常运营、实现公司盈利、保障股东和债权人权益的组织保障。

一般认为，股东会是由公司全体股东组成的决定公司重大问题的最高权力机构，是股东表达其意志、利益和要求的主要场所和工具。

董事会是由董事组成的负责公司经营管理活动的合议制机构。作为合议制机构，公司的业务活动必须由全体董事组成的董事会会议决议决定，任何一个董事都无权决定公司的事务，除非董事会授权。公司执行机构是指由公司高级职员组成的具体负责公司经营管理活动的一个执行性机构，其主要职责是贯彻执行董事会作出的决策。

为了防止公司董事、经理滥用权力，违反法律和公司章程，损害股东及公司的利益，客观上需要公司的监督机构对他们的活动及其组织的公司业务活动进行检查和监督。

不同的公司，其所处的环境和具备的条件不一，组织机构的构建也不相同。实践中，要根据实际情况，合理选择并构建适合于公司的组织机构。

《公司法》有关公司组织机构的规定，详见本章第四节、第五节有关组织机构的具体阐述，此处不赘述。

六、公司设立的程序

公司的设立活动是一项非常复杂的活动，往往需要具有专业知识的人，如律师、会计师，予以配合和帮助，如需要聘请律师起草各种法律文件等。一般来说，发起人筹办公司的活动包括组建公司、订立章程、办理登记等事项。根据《公司法》的相关规定，设立公司需要经过如下程序并满足相关的法定要求。

1. 订立发起人协议

发起人协议是由发起人订立的确定各发起人之间有关设立公司的权利与义务的书面协议。在有限责任公司，由将来股东直接充任发起人订立协议；在股份有限公司，则由发起人订立协议。

2. 订立公司章程

有限责任公司的章程由全体股东共同订立并签名、盖章。股份有限公司章程由发起人订立并经成立大会审议通过。

3. 必要的行政审批

设立普通商事公司不需要办理行政审批手续。但《公司法》第 29 条第 2 款针对特殊公司规定，法律、行政法规规定设立公司必须报经批准的，应当在公司登记前依法办理批准手续。

4. 认缴资本

在有限责任公司，股东应当按期足额缴纳公司章程中规定的各自所认缴的出资额。但最长不得超过公司成立之日起 5 年。股份有限公司的发起人应当在公司成立前按照认购的股份全额缴纳股款。股东以货币出资的，应当将货币出资足额存入有限责任公司在银行开设的账户；以非货币财产出资的，应当依法办理其财产权的转移手续。

以募集设立方式设立股份有限公司的，发起人认购的股份不得少于公司章程规定的公司设立时应发行股份总数的 35%；但是，法律、行政法规另有规定的，从其规定。发起人向社会公开募集股份，必须公告招股说明书，并制作认股书。同时，发起人应当与依法设立的证券经营机构签订承销协议，与银行签订代收股款协议。发行股份的股款缴足后，必须经法定的验资机构验资并出具证明。

5. 确立公司组织机构

有限责任公司和以发起方式设立的股份有限公司的组织机构由发起人确立。以募集方式设立的股份有限公司则通过成立大会确立。根据《公司法》第103条的规定，募集设立股份有限公司的发起人应当自公司设立时应发行股份的股款缴足之日起30日内召开公司成立大会。发起人应当在成立大会召开15日前将会议日期通知各认股人或者予以公告。成立大会应有持有表决权过半数的认股人出席，方可举行。以发起设立方式设立股份有限公司成立大会的召开和表决程序由公司章程或者发起人协议规定。

根据《公司法》第104条的规定，公司成立大会行使的职权包括：①审议发起人关于公司筹办情况的报告；②通过公司章程；③选举董事、监事；④对公司的设立费用进行审核；⑤对发起人非货币财产出资的作价进行审核；⑥发生不可抗力或者经营条件发生重大变化直接影响公司设立的，可以作出不设立公司的决议。成立大会对上述事项作出决议，应当经出席会议的认股人所持表决权过半数通过。

七、公司设立不能与设立瑕疵

（一）设立不能

设立不能，又称设立失败，是指未能完成公司设立的情形。公司设立不能具体可分为两种原因：一是未获准登记注册，二是设立停止。

(1) 未获准登记注册指没有满足法律的要求，包括没有满足法定的设立条件或程序而没有获得登记。《公司法》规定，不符合该法规定的设立条件的，不得登记为有限责任公司或者股份有限公司。即只有满足了设立公司的法定条件和程序，登记机关才予以登记注册，否则公司不能成立。应当注意的是，公司登记机关对于是否符合公司设立条件的审查应当限于形式审查，本质为行政备案，防止以登记备案之名行行政许可之实的情况出现。

(2) 设立停止则是指发起人自动停止设立公司的行为。设立行为停止的原因可以有很多，如发起人未能筹集到资金，或发起人之间未能就各种发起事项达成协议，或投资环境发生变化等。由于不可抗力或者经营条件发生重大变化直接影响公司成立的，成立大会可作出不设立公司的决议。此外，在公司的设立过程中，发起人也可能决议停止设立公司。

无论基于何种原因导致设立行为失败，其所产生的法律后果均为公司不能成立。因设立失败而导致公司不能成立将会带来两方面的法律后果。其一，在设立公司的过程中必然会发生一些交易和费用，这就涉及如何处理这些交易所发生的债务和费用的问题。根据《公司法》的有关规定，发起人应当对设立行为所产生的债务和费用负连带责任。其二，在采取募集方式设立股份有限公司的情形下，认股人如果已经缴纳了股款，发起人应当对认股人已缴纳的股款承担返还股款并加算银行同期存款利息的责任。

知识拓展(3-17)

（二）设立瑕疵

公司设立瑕疵，指公司虽然在形式上已经成立，即经登记注册并获得法人营业执照，但实际上存在未能满足公司设立的法定条件、程序或其他违反强制

公司设立瑕疵

性法律要求的情形。根据《公司法》的规定，虚报注册资本①、提交虚假材料②或者采取其他欺诈手段隐瞒重要事实③取得公司设立登记的，公司登记机关应依照法律、行政法规的规定予以撤销。

八、公司设立的法律后果

根据《公司法》第 44 条和第 107 条的规定，有限责任公司设立时的股东(股份有限公司的发起人)为设立公司从事的民事活动，其法律后果由公司承受。

公司未成立的，其法律后果由公司设立时的股东承受；设立时的股东为二人以上的，享有连带债权，承担连带债务。

设立时的股东为设立公司以自己的名义从事民事活动产生的民事责任，第三人有权选择请求公司或者公司设立时的股东承担。

设立时的股东因履行公司设立职责造成他人损害的，公司或者无过错的股东承担赔偿责任后，可以向有过错的股东追偿。

基于上述规定，设立人因履行公司设立职责造成他人损害的，公司、设立人应单独或共同承担损害赔偿责任。该损害赔偿责任适用于有限责任公司和股份有限公司，该责任具有如下特征。

(1) 损害赔偿责任的相对方为受到损害的第三人，包括自然人、法人和其他民事责任。

(2) 损害赔偿责任是设立人履行公司设立职责时产生的责任，其行为带有职务行为的性质。由于设立过程中公司尚未成立，设立人履行公司设立职责不可能以公司法人名义进行，而常常采取两种形式：一是以设立人个人或全体的名义进行；二是以设立中公司(拟设立公司)的名义进行。根据《公司法》第 44 条第 3 款的规定：“设立时的股东为设立公司以自己的名义从事民事活动产生的民事责任，第三人有权选择请求公司或者公司设立时的股东承担”。这里的“设立时的股东”在股份有限公司的场景下应当为“发起人”。

(3) 损害赔偿的责任人需要根据不同情况来确定。第一，根据公司成立与否来确定。公司成立的，由成立后的公司承担责任，公司对有过错的设立人有追偿权；公司不成立(设立失败)的，由全体设立人承担连带责任，无过错的设立人对有过错的设立人有追偿权。第二，如果属于设立人以自己的名义从事民事活动而产生民事责任的情形，按照前述《公司法》第 44 条第 3 款的规定，第三人可以选择公司或设立人来作为责任的承担者，但无论第三人如何选择，只要设立人有过错，则按照《公司法》第 44 条第 4 款的规定：“设立时的股东因履行公司设立职责造成他人损害的，公司或者无过错的股东承担赔偿责任后，可以向有过错的股东追偿”。

【例 3-4】甲公司为实行注册资本实缴登记制的股份有限公司。甲公司的主要发起人乙企业以经营性资产投入甲公司，并认购了相应的发起人股份。在甲公司成立后，乙企业将已经作为出资应当交付给甲公司的部分机器设备折合 200 万元作为自己的资产使用 3 年有余，至今尚未交付给甲公司。请问：根据《公司法》等法律的规定，乙企业的行为属于何种性质的违法行为？乙企业应当承担何种法律责任？

【解析】乙企业的行为属于虚假出资行为，且该行为已构成虚假出资罪。乙企业应承担的法律责任为：由公司登记机关责令改正，处以虚假出资金额 5%以上 15%以下的罚款。同时，依法追究刑事责任。

---

① 虚假注册资本指实际上没有注册资本而虚报其有、实有资本少于申报资本。
② 提交虚假材料指以达到非法设立公司为目的而向公司登记机关提交不真实的证明文件。
③ 采取其他欺诈手段隐瞒重要事实指采取除虚报注册资本、提交虚假注册文件以外的对涉及公司设立的关键信息予以欺瞒的手段，达到非法设立公司的目的。

九、公司设立登记的机关

公司登记是指公司在设立、变更、终止时，依法在公司注册登记机关由申请人提出申请，主管机关审查无误后予以核准并记载法定登记事项的行为。公司登记须在国家规定的公司注册登记机关进行。依《市场主体登记管理条例》及相关法律文件的规定，我国的公司登记机关是国家市场监督管总局和地方各级市场监督管理局。

无论是设立、变更、注销公司登记，均应在同一登记机关进行登记。而且，虽然企业迁移或跨地区设立分支机构需要在其他登记机关登记，但还须在原登记机关做变更登记。

第四节　有限责任公司

一、有限责任公司的设立

一般认为，设立有限责任公司，应当具备下列条件。

1. 股东符合法定人数

《公司法》规定有限责任公司由1人以上50个以下股东出资设立。

2. 有符合公司章程规定的全体股东认缴的出资额

有限责任公司的注册资本为在公司登记机关登记的全体股东认缴的出资额。全体股东认缴的出资额由股东按照公司章程的规定自公司成立之日起5年内缴足。法律、行政法规及国务院决定对有限责任公司注册资本实缴、注册资本最低限额、股东出资期限另有规定的，从其规定。例如《证券法》《中华人民共和国商业银行法》(以下简称《商业银行法》)、《保险法》分别对设立证券公司、商业银行、保险公司规定了相应的最低注册资本。

《公司法》确立了认缴登记资本制，公司股东(发起人)自主约定认缴出资额、出资方式、出资期限等，并记载于公司章程。

股东出资将依照其认缴的出资额和出资时间进行登记，股东依据公司章程缴足认缴的出资后，直接由全体股东指定的代表或者共同委托的代理人申请登记即可，不需要进行验资。有限责任公司股东认缴出资额、公司实收资本不是公司登记事项。公司登记时，不需要提交验资报告。

3. 股东共同制定公司章程

公司章程是记载公司组织、活动基本准则的公开性法律文件。设立有限责任公司必须由股东共同依法制定公司章程。股东应当在公司章程上签名、盖章。公司章程对公司、股东、董事、监事、高级管理人员具有约束力。

《公司法》规定，有限责任公司章程应当载明下列事项：①公司名称和住所；②公司经营范围；③公司注册资本；④股东的姓名或者名称；⑤股东的出资额、出资方式和出资时间；⑥公司的机构及其产生办法、职权、议事规则；⑦公司法定代表人的产生、变更办法；⑧股东会认为需要规定的其他事项。

4. 有公司名称，建立符合有限责任公司要求的组织机构

公司的名称起着主体识别的作用。有限责任公司必须有自己的名称，并且在名称中要标明"有限责任公司"或"有限公司"字样。公司名称应符合法律、行政法规的规定。公司名称应当申请名称的预先核准。预先核准的公司名称保留期为6个月，预先核准的公司名称在保留期内，不得

用于从事经营，不得转让。

公司组织机构是公司的法人机关，是形成公司独立意志、代表法人开展各种活动的机构。公司股东通过公司的组织机构参与对公司的决策和管理。有限责任公司的组织机构一般包括：股东会、董事会、监事会等。

5. 有公司住所

公司住所的确定便于公司与其客户进行业务往来，也便于政府实施监管、征收税款、确定诉讼管辖、确定法律文书送达地址等。公司可以有多个经营场所，但是作为公司主要办事机构所在地住所只有一个，在章程中载明并予以登记。

【例3-5】A、B、C拟共同出资设立一家有限责任公司，并共同制定了公司章程草案。该公司章程草案有关要点如下。公司注册资本总额为600万元。各方出资数额、出资方式及缴付出资的时间分别为：A出资180万元，其中货币出资70万元、计算机软件作价出资110万元，首次货币出资20万元，其余货币出资和计算机软件出资自公司成立之日起1年内缴足；B出资150万元，其中机器设备作价出资100万元、土地使用权出资50万元，自公司成立之日起6个月内一次缴足；C以货币270万元出资，首次货币出资90万元，其余出资自公司成立之日起第2年缴付100万元，第3年缴付剩余的80万元。请问：该公司的设立是否合法？为什么？

【解析】根据《公司法》的规定，该公司的设立合法。该公司设立过程中，出资人的首次出资额、出资形式、出资时间均符合《公司法》规定。

有限责任公司成立后，应当向股东签发出资证明书。出资证明书是确认股东出资的凭证，应当载明下列事项：①公司名称；②公司成立日期；③公司注册资本；④股东的姓名或者名称、认缴和实缴的出资额、出资方式和出资日期；⑤出资证明书的编号和核发日期。出资证明书由法定代表人签名，并由公司盖章。

有限责任公司应当置备股东名册。股东名册是公司为记载股东情况及其出资事项而设置的簿册，应记载下列事项：①股东的姓名或者名称及住所；②股东认缴和实缴的出资额、出资方式和出资日期；③出资证明书编号；④取得和丧失股东资格的日期。记载于股东名册的股东，可以依股东名册主张行使股东权利。

二、有限责任公司的组织机构

公司组织机构又称公司机关，是代表公司活动、行使相应职权的自然人或自然人组成的集合体。有限责任公司的组织机构包括股东会、董事会、监事会及高级管理人员，但其设置较股份有限公司灵活，如可依法以1名董事代替董事会，以1至2名监事代替监事会。此外，在一人有限责任公司、国有独资公司中的组织机构设置也有不同。

（一）股东会

1. 股东会的性质和组成

有限责任公司股东会由全体股东组成，股东无论出资多少，都有权参加股东会。股东会是依据公司法和公司章程的规定，对于公司经营管理和各种涉及股东权益事宜拥有最高决策权的公司权力机构。股东会对外不代表公司，对内不执行业务，也不是公司的常设机构。

2. 股东会的职权

根据《公司法》第59条的规定，股东会行使下列职权：①选举和更换董事、监事，决定有关董事、监事的报酬事项；②审议批准董事会的报告；③审议批准监事会的报告；④审议批准公司的利润分配方案和弥补亏损方案；⑤对公司增加或者减少注册资本作出决议；⑥对发行公司债券作出决议；⑦对公司合并、分立、解散、清算或者变更公司形式作出决议；⑧修改公司章程；⑨公司章程规定的其他职权。对前述事项股东以书面形式一致表示同意的，可以不召开股东会会议，直接作出决定，并由全体股东在决定文件上签名或者盖章。股东会可以授权董事会对发行公司债券作出决议。

只有一个股东的有限责任公司不设股东会。股东作出前述①~⑨所列事项的决定时，应当采用书面形式，并由股东签名或者盖章后置备于公司。

3. 股东会会议的形式

股东会的职权主要是通过召集股东会会议的方式实现的。股东会会议分为定期会议和临时会议。定期会议是按照公司章程的规定定期按时召开的会议，通常每年举行一次或两次，主要讨论、决定股东会权限范围内的议题。临时会议是根据需要为解决临时重要事项召开的会议。根据《公司法》第62条的规定，代表1/10以上表决权的股东，1/3以上的董事或者监事会提议召开临时会议的，应当召开临时会议。

4. 股东会会议的召开

首次股东会会议由出资最多的股东召集和主持，依法行使职权。有限责任公司设立董事会的，股东会会议由董事会召集，董事长主持；董事长不能履行职务或者不履行职务的，由副董事长主持；副董事长不能履行职务或者不履行职务的，由过半数的董事共同推举一名董事主持。董事会不能履行或者不履行召集股东会会议职责的，由监事会召集和主持；监事会不召集和主持的，代表1/10以上表决权的股东可以自行召集和主持。所谓不能履行职务，是指因生病、出差在外等客观原因导致其无法履行职务的情形。所谓不履行职务，是指不存在无法履行职务的客观原因，但以其他理由或者根本就没有理由而不履行职务的情形。

根据《公司法》第64条的规定，召开股东会会议，除公司章程另有规定或者全体股东另有约定外，应当于会议召开15日前通知全体股东，以保证股东事先了解会议议题而进行准备，保证股东有效行使股东权。

5. 股东会的决议

除公司章程另有规定以外，股东会会议由股东按出资比例行使表决权。股东会的议事方式和表决程序，除《公司法》另有规定外，由公司章程规定。股东行使表决权，并达到法定多数才能形成股东会决议。普通决议是指对一般事项所作的决议，一般只需经代表过半数表决权的股东同意即可，但根据《公司法》第66条的规定，对于修改公司章程、增加或者减少注册资本的决议，以及公司合并、分立、解散或者变更公司形式的决议，属特别决议，应当经代表2/3以上表决权的股东通过。股东会应当对所议事项的决定作成会议记录，出席会议的股东应当在会议记录上签名或者盖章。

(二) 董事会、经理

1. 董事会

(1) 董事会的性质和组成。董事会(board of directors)是有限责任公司的经营决策和业务执行机构，是公司的常设机构，对内执行业务，对外代表公司，对股东会负责。

董事会由股东会选举的董事和其他方式产生的董事组成，向股东会负责。董事会成员为3人以上，其成员中可以有公司职工代表。职工人数300人以上的有限责任公司，除依法设监事会并有公司职工代表的外，其董事会成员中应当有公司职工代表。董事会中的职工代表由公司职工通过职工代表大会、职工大会或者其他形式民主选举产生。董事会设董事长(board chairman)1 人，可以设副董事长。董事长、副董事长的产生办法由公司章程规定。董事任期不得超过 3 年，但选任可以连任。董事任期届满未及时改选，或者董事在任期内辞任导致董事会成员低于法定人数的，在改选出的董事就任前，原董事仍应当依照法律、行政法规和公司章程的规定，履行董事职务。董事辞任的，应当以书面形式通知公司，公司收到通知之日辞任生效，但存在前述情形的，董事应当继续履行职务。股东会可以决议解任董事，决议作出之日解任生效。无正当理由，在任期届满前解任董事的，该董事可以要求公司予以赔偿。

股东人数较少或者规模较小的有限责任公司，可以不设董事会，设一名董事，行使《公司法》规定的董事会的职权。该董事可以兼任公司经理。

根据《公司法》第 69 条的规定，有限责任公司可以按照公司章程的规定在董事会中设置由董事组成的审计委员会，行使《公司法》规定的监事会的职权，不设监事会或者监事。公司董事会成员中的职工代表可以成为审计委员会成员。

(2) 董事会的职权。根据《公司法》第 67 条的规定，董事会行使下列职权：①召集股东会会议，并向股东会报告工作；②执行股东会的决议；③决定公司的经营计划和投资方案；④制订公司的利润分配方案和弥补亏损方案；⑤制订公司增加或者减少注册资本以及发行公司债券的方案；⑥制订公司合并、分立、解散或者变更公司形式的方案；⑦决定公司内部管理机构的设置；⑧决定聘任或者解聘公司经理及其报酬事项，并根据经理的提名决定聘任或者解聘公司副经理、财务负责人及其报酬事项；⑨制定公司的基本管理制度；⑩公司章程规定或者股东会授予的其他职权。公司章程对董事会职权的限制不得对抗善意相对人。

(3) 董事会会议的召开。董事会会议由董事长召集和主持；董事长不能履行职务或者不履行职务的，由副董事长召集和主持；副董事长不能履行职务或者不履行职务的，由过半数的董事共同推举 1 名董事召集和主持。

(4) 董事会的决议。董事会的议事方式和表决程序，除《公司法》有规定的外，由公司章程规定。董事会会议应当有过半数的董事出席方可举行。董事会作出决议，应当经全体董事的过半数通过。董事会应当对所议事项的决定作成会议记录，出席会议的董事应当在会议记录上签名。董事会决议的表决，应当一人一票。

2. 经理

有限责任公司的经理(manager)，是负责公司中日常经营管理事务的高级管理人员。经理是由董事会决定聘任或解聘的，但经理不是有限责任公司的必设机关。规模较小或股东人数较少的有限责任公司，可以由董事兼任公司经理。经理对董事会负责，根据公司章程的规定或者董事会的授权行使职权。经理列席董事会会议。需要说明的是，《公司法》中的"经理"，实践中一般称为总经理，在总经理领导下的部门经理不是《公司法》中所称"经理"，不享有《公司法》规定的经理职权。

(三) 监事会

1. 监事会的性质和组成

监事会(board of supervisors)是公司的监督机构，但不是必设机构。规模较小或者股东人数较少的有限责任公司，可以不设监事会，设一名监事，依法行使监事会的职权；经全体股东一致同意，也可以不设监事。

根据《公司法》第 76 条的规定，有限责任公司设监事会，其成员不得少于 3 人。监事会成员应当包括股东代表和适当比例的公司职工代表，其中职工代表的比例不得低于 1/3，具体比例由公司章程规定。监事会中的职工代表由公司职工通过职工代表大会、职工大会或者其他形式民主选举产生。监事会设主席 1 人,由全体监事过半数选举产生。监事会主席召集和主持监事会会议;监事会主席不能履行职务或者不履行职务的,由过半数的监事共同推举一名监事召集和主持监事会会议。董事、高级管理人员不得兼任监事。监事的任期每届为 3 年。监事任期届满,连选可以连任。监事任期届满未及时改选,或者监事在任期内辞任导致监事会成员低于法定人数的,在改选出的监事就任前,原监事仍应当依照法律、行政法规和公司章程的规定,履行监事职务。

根据《公司法》第 69 条的规定,有限责任公司可以按照公司章程的规定在董事会中设置由董事组成的审计委员会,行使《公司法》规定的监事会的职权,不设监事会或者监事。公司董事会成员中的职工代表可以成为审计委员会成员。

2. 监事会的职权

根据《公司法》第 78 条的规定,监事会行使下列职权:①检查公司财务;②对董事、高级管理人员执行职务的行为进行监督,对违反法律、行政法规、公司章程或者股东会决议的董事、高级管理人员提出解任的建议;③当董事、高级管理人员的行为损害公司的利益时,要求董事、高级管理人员予以纠正;④提议召开临时股东会会议,在董事会不履行《公司法》规定的召集和主持股东会会议职责时召集和主持股东会会议;⑤向股东会会议提出提案;⑥依照《公司法》第 189 条的规定,对董事、高级管理人员提起诉讼;⑦公司章程规定的其他职权。

监事可以列席董事会会议,并对董事会决议事项提出质询或者建议。监事会发现公司经营情况异常,可以进行调查;必要时,可以聘请会计师事务所等协助其工作,费用由公司承担。监事会可以要求董事、高级管理人员提交执行职务的报告。董事、高级管理人员应当如实向监事会提供有关情况和资料,不得妨碍监事会或者监事行使职权。监事会行使职权所必需的费用,由公司承担。

3. 监事会的决议

根据《公司法》第 81 条的规定,监事会每年度至少召开一次会议,监事可以提议召开临时监事会会议。监事会的议事方式和表决程序,除《公司法》有规定的外,由公司章程规定。监事会决议应当经全体监事的过半数通过。监事会决议的表决,应当一人一票。监事会应当对所议事项的决定作成会议记录,出席会议的监事应当在会议记录上签名。

三、有限责任公司的股权转让

(一) 股权转让的概念、类型

股权转让,即有限责任公司股东出资的转让,一般是指有限责任公司的股东依照一定程序将自己持有的股权让给受让人的行为。股权转让的实质是股权权利主体的变更,对于转让人而言,股权转让是其退出公司或者减少股权的法律途径,对于受让人而言,股权转让使其取得该股权而成为公司股东或增加持有公司的出资额。股权转让,转让人是股东,公司不能成为转让人。

根据受让人的不同,股权转让可以分为内部转让和外部转让。内部转让是股东之间的相互转让;外部转让是向股东以外的人转让,两者要求的程序不同。根据是否依股东的意愿,股权转让可以分为自愿转让和强制转让。自愿转让,是依股东的意志而转让;强制转让,是股权作为财产权被人民法院强制执行而转让。

知识拓展(3-18)

股权转让的特征

(二) 导致股权转让的原因

根据《公司法》的规定，有多种原因会导致有限责任公司的股权转让，每一种原因均有相应的法律规制。

1. 股东之间转让股权

《公司法》第84条第1款规定，有限责任公司的股东之间可以相互转让其全部或者部分股权。据此规定，股东之间可以自由转让其全部出资或部分出资，即股东之间的转让不受限制，也无须股东会表决通过。但根据我国的产业政策，国有股必须控股或相对控股领域的有限责任公司，股东之间的股权转让不能使国有股丧失控股或相对控股的地位，若依公司具体情况确需非国有资本控股，则须报国家有关部门审批。

尽管公司法原则上不对股东之间的股权转让予以限制，但基于章程自治原则，《公司法》允许公司通过公司章程对股东之间的股权转让予以特别限制。《公司法》第84条第3款规定："公司章程对股权转让另有规定的，从其规定。"

2. 股东向股东以外的人转让股权

基于有限责任公司人合性和资合性的特征，股东内部关系的稳定对公司至关重要。为了保证有限责任公司的内部稳定，绝大多数国家和地区的公司法都对股东向股东以外的人转让股权作了严格限制。

根据《公司法》第84条第2款的规定，股东向股东以外的人转让股权的，应当将股权转让的数量、价格、支付方式和期限等事项书面通知其他股东，其他股东在同等条件下有优先购买权。股东自接到书面通知之日起30日内未答复的，视为放弃优先购买权。两个以上股东行使优先购买权的，协商确定各自的购买比例；协商不成的，按照转让时各自的出资比例行使优先购买权。

【例3-6】甲、乙、丙是某有限公司的股东，各占52%、22%和26%的股权。乙欲转让其所拥有的股权。下列关于乙转让股权的表述，正确的是(　　)。

A. 如果公司章程规定，公司存续期间，股东不得以任何理由和形式转让股权，则乙不能转让股权

B. 乙向丁转让股权的，应当将股权转让的数量、价格、支付方式和期限等事项书面通知甲和丙，甲和丙在同等条件下有优先购买权

C. 乙拟向戊转让股权，并将股权转让相关事项书面通知了甲和丙，甲自接到书面通知之日起30日内未作任何答复，视为甲放弃了优先购买权

D. 乙拟向庚转让股权，并将股权转让相关事项书面通知了甲和丙，甲和丙均欲行使优先购买权，甲认为丙的出资比例低因而丙不能行使优先购买权

【解析】根据《公司法》的规定，正确答案为ABC。

3. 因人民法院强制执行程序引起的股权转让

根据《公司法》第85条的规定，人民法院依照法律规定的强制执行程序转让股东的股权时，应当通知公司及全体股东，其他股东在同等条件下有优先购买权。其他股东自人民法院通知之日起满20日不行使优先购买权的，视为放弃优先购买权。

4. 因股权回购而发生的股权转让

股权回购是指有限责任公司依照法定条件和程序(具体内容参见本章第一节第四部分"股东权利与义务"中知识拓展(3-7)"股东股利的主要内容"的相应阐述)，将特定股东所持股权予以回购的行为。股权回购是基于有限责任公司的人合属性，为实现股东退出公司而确立的特殊制度安排。

股权回购是资本不变原则的例外性制度。股权回购既是为了方便反对股东退出公司，也是为了避免因公司僵局而导致公司解散。

实践中，人民法院审理涉及有限责任公司股东重大分歧案件时，应当注重调解。当事人协商一致以下列方式解决分歧，且不违反法律、行政法规的强制性规定的，人民法院应予支持：①公司回购部分股东股权；②其他股东受让部分股东股权；③他人受让部分股东股权；④公司减资；⑤公司分立；⑥其他能够解决分歧、恢复公司正常经营、避免公司解散的方式。

公司的控股股东滥用股东权利，严重损害公司或者其他股东利益的，其他股东有权请求公司按照合理的价格收购其股权。

5. 因继承引起的股权转让

《公司法》第90条规定："自然人股东死亡后，其合法继承人可以继承股东资格；但是，公司章程另有规定的除外。"依此规定，只要公司章程未另作规定，自然人股东死亡后，合法继承人无须其他股东同意即可继承股东资格，且排除了此情形下其他股东的优先购买权。

知识拓展(3-19)

股权转让的程序

(三) 股权转让的程序

实践中，有限责任公司的股权转让应根据《公司法》及相关法律、法规规定的程序进行。

(四) 股权转让的法律效果

股东转让已认缴出资但未届出资期限的股权的，由受让人承担缴纳该出资的义务；受让人未按期足额缴纳出资的，转让人对受让人未按期缴纳的出资承担补充责任。未按照公司章程规定的出资日期缴纳出资或者作为出资的非货币财产的实际价额显著低于所认缴的出资额的股东转让股权的，转让人与受让人在出资不足的范围内承担连带责任；受让人不知道且不应当知道存在上述情形的，由转让人承担责任。

知识拓展(3-20)

股权转让的法律效果

股东将股权转让后即丧失了股东资格，相应股东权自应转归受让人行使。

股权转让后，受让人依实质要件，应取得股东资格，但在形式要件变更之前，还不能依法取得股东资格。因此，股权转让后，公司应及时给受让人换发新的出资证明书，并变更股东名册，办理变更登记。公司拒绝或者在合理期限内不予答复的，转让人、受让人可以依法向人民法院提起诉讼。

第五节　股份有限公司

一、股份有限公司的设立

股份有限公司的设立，可以采取发起设立或者募集设立的方式。一般认为，设立股份有限公司，应当具备以下条件。

(1) 发起人符合法定人数。设立股份有限公司，应当有1人以上200人以下为发起人，其中应当有半数以上的发起人在中国境内有住所。发起人是指为设立公司而签署公司章程、向公司认购股份并履行公司设立职责的人，其主要功能是履行公司设立职责。股份有限公司发起人承担公司筹办事务。发起人应当签订发起人协议，明确各自在公司设立过程中的权利和义务。在设立公司过程中，发起人不依法履行职责应承担相应的法律责任。

(2) 有符合公司章程规定的全体发起人认购的股本总额或者募集的实收股本总额。股份有限公司的注册资本为在公司登记机关登记的已发行股份的股本总额。在发起人认购的股份缴足前，不得向他人募集股份。法律、行政法规及国务院决定对股份有限公司注册资本最低限额另有规定的，从其规定。例如，《商业银行法》《保险法》分别对商业银行和保险公司规定了最低注册资本要求，而且要求发起人必须在设立时实缴出资。

发起人应当在公司成立前按照其认购的股份全额缴纳股款。股份有限公司发起人的出资与有限责任公司股东相同。

(3) 股份发行、筹办事项符合法律规定。以发起设立方式设立股份有限公司的，发起人认足公司章程规定的出资后，应当选举董事会和监事会，由董事会向公司登记机关报送公司章程及法律、行政法规规定的其他文件，申请设立登记。

以募集设立方式设立股份有限公司的，发起人认购的股份不得少于公司股份总数的35%；但法律、行政法规另有规定的，从其规定。发起人向社会公开募集股份，必须公告招股说明书(prospectus)，并制作认股书(share subscription application)。认股书应当载明《公司法》第154条第2款、第3款所列事项①，由认股人填写认购的股份数、金额、住所，并签名或者盖章。认股人应当按照所认购股份足额缴纳股款。

发起人向社会公开募集股份，应当由依法设立的证券公司承销，签订承销协议(underwriting agreement)，应当同银行签订代收股款协议。代收股款的银行应当按照协议代收和保存股款，向缴纳股款的认股人出具收款单据，并负有向有关部门出具收款证明的义务。

发行股份的股款缴足后，应当经依法设立的验资机构验资并出具证明。募集设立股份有限公司的发起人应当自公司设立时应发行股份的股款缴足之日起30日内召开公司成立大会。以发起设立方式设立股份有限公司成立大会的召开和表决程序由公司章程或者发起人协议规定。创立大会由发起人、认股人组成。

发起人应当在成立大会召开15日前将会议日期通知各认股人或者予以公告。成立大会应当有持有表决权过半数的认股人出席，方可举行。公司成立大会行使下列职权：①审议发起人关于公司筹办情况的报告；②通过公司章程；③选举董事、监事；④对公司的设立费用进行审核；⑤对发起人非货币财产出资的作价进行审核；⑥发生不可抗力或者经营条件发生重大变化直接影响公司设立的，可以作出不设立公司的决议。成立大会对前述所列事项作出决议，应当经出席会议的认股人所持表决权过半数通过。

公司设立时应发行的股份未募足，或者发行股份的股款缴足后，发起人在30日内未召开成立大会的，认股人可以按照所缴股款并加算银行同期存款利息，要求发起人返还。发起人、认股人缴纳股款或者交付非货币财产出资后，除未按期募足股份、发起人未按期召开成立大会或者成立大会决议不设立公司的情形外，不得抽回其股本。

董事会应当授权代表，于公司成立大会结束后30日内依法向公司登记机关申请设立登记。

(4) 发起人制定公司章程，采用募集方式设立的须经成立大会通过。股份有限公司章程应当载明下列事项：①公司名称和住所；②公司经营范围；③公司设立方式；④公司注册资本、已发行的股份数和设立时发行的股份数，面额股的每股金额；⑤发行类别股的，每一类别股的股份数及其权利和义务；⑥发起人的姓名或者名称、认购的股份数、出资方式；⑦董事会的组成、职权和议事规则；⑧公司法定代表人的产生、变更办法；⑨监事会的组成、职权和议事规则；⑩公司

---

① 招股说明书应当附有公司章程，并载明下列事项：发行的股份总数；面额股的票面金额和发行价格或者无面额股的发行价格；募集资金的用途；认股人的权利和义务；股份种类及其权利和义务；本次募股的起止日期及逾期未募足时认股人可以撤回所认股份的说明。公司设立时发行股份的，还应当载明发起人认购的股份数。

利润分配办法；⑪公司的解散事由与清算办法；⑫公司的通知和公告办法；⑬股东会认为需要规定的其他事项。

此外，上市公司应在其公司章程中规定股东会的召开和表决程序，包括通知、登记、提案的审议、投票、计票、表决结果的宣布、会议决议的形成、会议记录及其签署、公告等，还应在公司章程中规定股东会对董事会的授权原则。授权内容应明确具体。

(5) 有公司名称，建立符合股份有限公司要求的组织机构。其内容参见有限责任公司设立的相关内容。

(6) 有公司住所。其内容参见有限责任公司设立的相关内容。

在设立股份有限公司的过程中，需要注意的是：有限责任公司变更为股份有限公司时，折合的实收股本总额不得高于公司净资产额。有限责任公司变更为股份有限公司，为增加资本公开发行股份时，应当依法办理。

二、股份有限公司的组织机构

(一) 股东会

1. 股东会的性质和组成

股份有限公司的股东会是公司的权力机构，依法行使职权。股东会作为公司的权力机构，虽然对外并不直接代表公司，对内也不直接从事经营活动，但却有权决定公司的重大事项。股份有限公司的股东会由全体股东组成，公司的任何一个股东，无论其所持股份有多少，都是股东会的成员。

2. 股东会的职权

股份有限公司股东会的职权与有限责任公司股东会的职权相同(该部分内容前已述及，此处不赘)。只有一个股东的股份有限公司不设股东会。股东作出前述所列事项的决定时，应当采用书面形式，并由股东签名或者盖章后置备于公司。

3. 股东会的形式

股份有限公司的股东会分为年会和临时股东会会议两种。年会是指依照法律和公司章程的规定每年按时召开的股东会会议。《公司法》规定，股东会应当每年召开1次年会。上市公司的年度股东会会议应当于上一会计年度结束后的6个月内举行。临时股东会会议是指股份有限公司在出现召开临时股东会会议的法定事由时，应当在法定期限召开的股东会。《公司法》规定，有下列情形之一的，应当在2个月内召开临时股东会会议：①董事人数不足《公司法》规定人数或者公司章程所定人数的2/3时；②公司未弥补的亏损达股本总额1/3时；③单独或者合计持有公司10%以上股份的股东请求时；④董事会认为必要时；⑤监事会提议召开时；⑥公司章程规定的其他情形。

4. 股东会的召开

股东会会议由董事会召集，董事长主持；董事长不能履行职务或者不履行职务的，由副董事长主持；副董事长不能履行职务或者不履行职务的，由过半数的董事共同推举1名董事主持。董事会不能履行或者不履行召集股东会会议职责的，监事会应当及时召集和主持；监事会不召集和主持的，连续90日以上单独或者合计持有公司10%以上股份的股东可以自行召集和主持。单独或者合计持有公司10%以上股份的股东请求召开临时股东会会议的，董事会、监事会应当在收到请求之日起10日内作出是否召开临时股东会会议的决定，并书面答复股东。

召开股东会会议,应当将会议召开的时间、地点和审议的事项于会议召开20日前通知各股东;临时股东会会议应当于会议召开15日前通知各股东;发行无记名股票的,应当于会议召开30日前公告会议召开的时间、地点和审议事项。

单独或者合计持有公司1%以上股份的股东,可以在股东会会议召开10日前提出临时提案并书面提交董事会;董事会应当在收到提案后2日内通知其他股东,并将该临时提案提交股东会审议;但临时提案违反法律、行政法规或者公司章程的规定,或者不属于股东会职权范围的除外。临时提案应当有明确议题和具体决议事项。股东会不得对前述通知中未列明的事项作出决议。公司不得提高提出临时提案股东的持股比例。公开发行股份的公司,应当以公告方式作出上述规定的通知。

5. 股东会的决议

股东出席股东会会议,所持每一股份有一表决权,类别股股东除外。股东委托代理人出席股东会会议的,应当明确代理人代理的事项、权限和期限;代理人应当向公司提交股东授权委托书,并在授权范围内行使表决权。公司持有的本公司股份没有表决权。

股东会决议的事项分为普通事项与特别事项两类。股东会对普通事项作出决议,应当经出席会议的股东所持表决权过半数通过。股东会对修改公司章程、增加或者减少注册资本,以及公司合并、分立、解散或者变更公司形式的特别事项作出决议,应当经出席会议的股东所持表决权的2/3以上通过。

股东会选举董事、监事,可以按照公司章程的规定或者股东会的决议,实行累积投票制。这里所称累积投票制,是指股东会选举董事或者监事时,每一股份拥有与应选董事或者监事人数相同的表决权,股东拥有的表决权可以集中使用。累积投票制的实施有利于中小股东按照其持股比例选举代表进入公司管理层,参与董事会的活动,保护其利益。根据《上市公司治理准则》的规定,控股股东控股比例在30%以上的上市公司,应当采用累积投票制。采用累积投票制度的上市公司应在公司章程里规定该制度的实施细则。股东会应当对所议事项的决定作成会议记录,主持人、出席会议的董事应当在会议记录上签名。会议记录应当与出席股东的签名册及代理出席的委托书一并保存。

上市公司召开股东会,还应当遵守中国证监会发布的《上市公司股东会规则》。

(二) 董事会、经理

1. 董事会的性质和组成

股份有限公司的董事会是股东会的执行机构,对股东会负责。股份有限公司设董事会,其成员为3人以上。董事会成员中可以有公司职工代表,职工人数300人以上的股份有限公司,除依法设监事会并有公司职工代表的外,其董事会成员中应当有公司职工代表。董事会中的职工代表由公司职工通过职工代表大会、职工大会或者其他形式民主选举产生。股份有限公司的董事任期由公司章程规定,但每届任期不得超过3年。董事任期届满,连选可以连任。董事任期届满未及时改选,或者董事在任期内辞任导致董事会成员低于法定人数的,在改选出的董事就任前,原董事仍应当依照法律、行政法规和公司章程的规定,履行董事职务。

规模较小或者股东人数较少的股份有限公司,可以不设董事会,设1名董事,行使《公司法》规定的董事会的职权。该董事可以兼任公司经理。

公司应当定期向股东披露董事、监事、高级管理人员从公司获得报酬的情况。

2. 董事会的职权

股份有限公司董事会的职权与有限责任公司董事会的职权相同。

股份有限公司可以按照公司章程的规定在董事会中设置由董事组成的审计委员会,行使《公司法》规定的监事会的职权,不设监事会或者监事。审计委员会成员为 3 名以上,过半数成员不得在公司担任除董事以外的其他职务,且不得与公司存在任何可能影响其独立客观判断的关系。公司董事会成员中的职工代表可以成为审计委员会成员。审计委员会作出决议,应当经审计委员会成员的过半数通过。审计委员会决议的表决,应当一人一票。审计委员会的议事方式和表决程序,除《公司法》有规定的外,由公司章程规定。公司可以按照公司章程的规定在董事会中设置其他委员会,如提名委员会、薪酬委员会、考核委员会、战略发展委员会等。

3. 董事会会议的召开

董事会设董事长 1 人,可以设副董事长。董事长和副董事长由董事会以全体董事的过半数选举产生。董事长召集和主持董事会会议,检查董事会决议的实施情况。副董事长协助董事长工作,董事长不能履行职务或者不履行职务的,由副董事长履行职务;副董事长不能履行职务或者不履行职务的,由过半数的董事共同推举 1 名董事履行职务。董事会每年度至少召开 2 次会议,每次会议应当于会议召开 10 日前通知全体董事和监事。代表 1/10 以上表决权的股东、1/3 以上董事或者监事会,可以提议召开临时董事会会议。董事长应当自接到提议后 10 日内,召集和主持董事会会议。董事会召开临时会议,可以另定召集董事会的通知方式和通知时限。

4. 董事会的决议

董事会会议应当有过半数的董事出席方可举行。董事会作出决议,应当经全体董事的过半数通过。董事会决议的表决,应当一人一票,即每个董事只能享有一票表决权。董事会会议,应当董事本人出席;董事因故不能出席,可以书面委托其他董事代为出席,委托书应当载明授权范围。董事会应当对所议事项的决定作成会议记录,出席会议的董事应当在会议记录上签名。董事应当对董事会的决议承担责任。董事会的决议违反法律、行政法规或者公司章程、股东会决议,给公司造成严重损失的,参与决议的董事对公司负赔偿责任。但经证明在表决时曾表明异议并记载于会议记录的,该董事可以免除责任。这里需要注意的是,并不是在所有的情况下,也不是所有的董事都对公司负赔偿责任。只有具备了下列三个条件,董事才对公司负赔偿责任:一是董事会的决议违反了法律、行政法规或者公司章程、股东会决议;二是董事会的决议给公司造成严重损失;三是该董事参与了董事会的决议并对某项决议表示了同意。对该决议持相反意见并记载于会议记录的董事,不对公司负赔偿责任。

5. 经理

股份有限公司设经理,由董事会决定聘任或者解聘。经理对董事会负责,根据公司章程的规定或者董事会的授权行使职权。经理列席董事会会议。公司董事会可以决定由董事会成员兼任公司经理。

(三) 监事会

股份有限公司设监事会,《公司法》另有规定的除外,监事会为公司的监督机构。规模较小或者股东人数较少的股份有限公司,可以不设监事会,设 1 名监事,行使《公司法》规定的监事会的职权。

1. 监事会的组成

股份有限公司监事会成员为 3 人以上,监事会成员应当包括股东代表和适当比例的公司职工代表，其中，职工代表的比例不得低于 1/3，具体比例由公司章程规定。监事会中的职工代表由公司职工通过职工代表大会、职工大会或者其他形式民主选举产生。董事、高级管理人员不得兼任监事。监事的任期每届为 3 年。监事任期届满连选可以连任。监事任期届满未及时改选，或者监事在任期内辞任导致监事会成员低于法定人数的，在改选出的监事就任前，原监事仍应当依照法律、行政法规和公司章程的规定，履行监事职务。

2. 监事会的职权

股份有限公司监事会的职权与有限责任公司监事会的职权基本相同。监事可以列席董事会会议，并对董事会决议事项提出质询或者建议。监事会发现公司经营情况异常，可以进行调查；必要时，可以聘请会计师事务所等协助其工作，费用由公司承担。监事会行使职权所必需的费用，由公司承担。

监事会可以要求董事、高级管理人员提交执行职务的报告。董事、高级管理人员应当如实向监事会提供有关情况和资料，不得妨碍监事会或者监事行使职权。

3. 监事会的召开

监事会设主席 1 人，可以设副主席。监事会主席和副主席由全体监事过半数选举产生。监事会主席召集和主持监事会会议；监事会主席不能履行职务或者不履行职务的，由监事会副主席召集和主持监事会会议；监事会副主席不能履行职务或者不履行职务的，由过半数的监事共同推举 1 名监事召集和主持监事会会议。监事会每 6 个月至少召开 1 次会议。监事可以提议召开临时监事会会议。监事会的议事方式和表决程序，除《公司法》有规定的外，由公司章程规定。监事会决议应当经全体监事的过半数通过。监事会决议的表决，应当一人一票。监事会应当对所议事项的决定作成会议记录，出席会议的监事应当在会议记录上签名。

三、上市公司

上市公司(listed company)，是指其股票在证券交易所上市交易的股份有限公司。上市公司因为股份公开发行和上市交易，涉及投资主体较多，因此法律规定了更多的监管要求。上市公司遵守的绝大多数规范是由中国证监会颁布的，而且仅适用于上市公司，如有关独立董事的规定、信息披露的规定等。《公司法》对上市公司组织及活动原则的特别规定，主要包括以下几个方面。

(1) 股东会特别决议事项。上市公司在 1 年内购买、出售重大资产或者向他人提供担保的金额超过公司资产总额 30% 的，应当由股东会作出决议，并经出席会议的股东所持表决权的 2/3 以上通过。

(2) 上市公司设立独立董事。上市公司独立董事(independent director)，是指不在上市公司担任除董事外的其他职务，并与其所受聘的上市公司及其主要股东、实际控制人不存在直接或间接利害关系，或者其他可能影响其进行独立客观判断的关系的董事。独立董事除了应履行董事的一般职责外，主要职责在于对控股股东及其选任的上市公司的董事、高级管理人员与公司进行的关联交易等进行监督。2023 年 8 月 1 日，中国证监会发布了《上市公司独立董事管理办法》。上市公司独立董事占董事会成员的比例不得低于 1/3，且至少包括 1 名会计专业人士。上市公司应当在董事会中设置审计委员会。审计委员会成员应当为不在上市公司担任高级管理人员的董事，其中独立董事应当过半数，并由独立董事中会计专业人士担任召集

知识拓展(3-21)

独立董事的任职
资格与职责

人。上市公司可以根据需要在董事会中设置提名、薪酬与考核、战略等专门委员会。提名委员会、薪酬与考核委员会中独立董事应当过半数并担任召集人。

独立董事必须保持独立性，担任独立董事应当符合《上市公司独立董事管理办法》所规定的条件。独立董事应依法履行职责。

(3) 上市公司章程及审计委员会的特别规定。上市公司的公司章程除载明《公司法》规定的股份有限公司章程应当载明的事项外，还应当依照法律、行政法规的规定载明董事会专门委员会的组成、职权以及董事、监事、高级管理人员薪酬考核机制等事项。

上市公司在董事会中设置审计委员会的，董事会对下列事项作出决议前应当经审计委员会全体成员过半数通过：①聘用、解聘承办公司审计业务的会计师事务所；②聘任、解聘财务负责人；③披露财务会计报告；④国务院证券监督管理机构规定的其他事项。

(4) 上市公司设立董事会秘书。董事会秘书(board secretary)是指掌管董事会文件并协助董事会成员处理日常事务的人员，董事会秘书是董事会设置的服务席位，既不能代表董事会，也不能代表董事长。上市公司董事会秘书是公司的高级管理人员，承担法律、行政法规及公司章程对公司高级管理人员所要求的义务，享有相应的工作职权，获得相应的报酬。上市公司设立董事会秘书，负责公司股东会和董事会会议的筹备、文件保管及公司股东资料的管理，办理信息披露事务等事宜。

(5) 关联关系董事的表决权排除制度。上市公司董事与董事会会议决议事项所涉及的企业或者个人有关联关系的，该董事应当及时向董事会书面报告。有关联关系的董事不得对该项决议行使表决权，也不得代理其他董事行使表决权。该董事会会议由过半数的无关联关系董事出席即可举行，董事会会议所作决议须经无关联关系董事过半数通过。出席董事会会议的无关联关系董事人数不足3人的，应将该事项提交上市公司股东会审议。这里所称关联关系，是指上市公司的董事与董事会决议事项所涉及的企业之间存在直接或者间接的利益关系。

(6) 信息披露与持股的特别规定。上市公司应当依法披露股东、实际控制人的信息，相关信息应当真实、准确、完整。禁止违反法律、行政法规的规定代持上市公司股票。

上市公司控股子公司不得取得该上市公司的股份。上市公司控股子公司因公司合并、质权行使等原因持有上市公司股份的，不得行使所持股份对应的表决权，并应当及时处分相关上市公司股份。

四、股份发行和转让

(一) 股份及其凭证

股份是指将股份有限公司的注册资本按相同的金额或比例划分为相等的份额。股份有限公司的同类股份具有平等性，公司每股金额相等，所表现出的股东权利和义务是相同的。公司的股份采取股票的形式。股票是公司签发的证明股东所持股份的凭证，是股份的表现形式。公司发行的股票，应当为记名股票。作为一种要式性、证权性的有价证券，股票可以在证券交易市场依法进行交易。

股票采用纸面形式或者国务院证券监督管理机构规定的其他形式。目前我国上市公司股票的发行、交易均已通过计算机采用电子信息等无纸化方式进行。股票应当载明下列主要事项：①公司名称；②公司成立日期或者股票发行的时间；③股票种类、票面金额及代表的股份数，发行无面额股的，股票代表的股份数。股票采用纸面形式的，还应当载明股票的编号，由法定代表人签名，公司盖章。发起人股票采用纸面形式的，应当标明发起人股票字样。股份有限公司成立后，即向股东正式交付股票。公司成立前不得向股东交付股票。

（二）股份的发行

1. 股份的发行原则

股份的发行是指股份有限公司为了筹集公司资本而出售和分配股份的法律行为。《公司法》第143条规定："股份的发行，实行公平、公正的原则，同类别的每一股份应当具有同等权利。同次发行的同类别股份，每股的发行条件和价格应当相同；认购人所认购的股份，每股应当支付相同价额。"据此，股份发行应当遵循下列原则。

(1) 公平、公正的原则。所谓公平，首先是指发行的股份所代表权利的公平，即在同一次发行中的同一类别股份应当具有同等的权利，享有同等的利益，同类别股份必须同股同权、同股同利；其次是指股份发行条件的公平，即在同次股份发行中，相同类别的股份，每股的发行条件和发行价格应当相同。所谓公正，是指在股份的发行过程中，应保持公正性，不允许任何人通过内幕交易、价格操纵、价格欺诈等不正当行为获得超过其他人的利益。

(2) 同股同价原则。同股同价，是指同次发行的同类别股份，每股的发行条件和价格应当是相同的，任何单位或者个人所认购的股份，每股应当支付相同价额，对于同一种类别的股份不允许针对不同的投资主体规定不同的发行条件和发行价格。这是股权平等原则在股份发行中的具体体现。存在特别表决权股份的上市公司，应当在公司章程中规定特别表决权股份的持有人资格、特别表决权股份拥有的表决权数量与普通股份拥有的表决权数量的比例安排、持有人所持特别表决权股份能够参与表决的股东会事项范围、特别表决权股份锁定安排及转让限制、特别表决权股份与普通股份的转换情形等事项。公司章程有关上述事项的规定，应当符合交易所的有关规定。

2. 股票的发行价格

股票的发行价格是指股票发行时所使用的价格，也是投资者认购股票时所支付的价格。股票的发行价格可以分为平价发行的价格和溢价发行的价格。平价发行是指股票的发行价格与股票的票面金额相同，也称为等价发行、券面发行。溢价发行是指股票的实际发行价格超过其票面金额。《公司法》规定，面额股股票的发行价格可以按票面金额，也可以超过票面金额，但不得低于票面金额。因为低于票面金额发行股票，违背资本充实原则，使股票发行募集的资金低于公司相应的注册资本数额，出现资本虚增，会影响交易安全，危及债权人的利益。

对于无面额股股票而言，无所谓平价发行或者溢价发行。根据《公司法》规定，公司的资本划分为股份。公司的全部股份，根据公司章程的规定择一采用面额股或者无面额股。采用面额股的，每一股的金额相等。公司可以根据公司章程的规定将已发行的面额股全部转换为无面额股或者将无面额股全部转换为面额股。采用无面额股的，应当将发行股份所得股款的1/2以上计入注册资本。

3. 公司发行新股

股份有限公司发行新股，股东会应当对下列事项作出决议：①新股种类及数额；②新股发行价格；③新股发行的起止日期；④向原有股东发行新股的种类及数额；⑤发行无面额股的，新股发行所得股款计入注册资本的金额。公司发行新股，可以根据公司经营情况和财务状况，确定其作价方案。公司章程或者股东会可以授权董事会在3年内决定发行不超过已发行股份50%的股份。但以非货币财产作价出资的应当经股东会决议。董事会依照前述规定决定发行股份导致公司注册资本、已发行股份数发生变化的，对公司章程该项记载事项的修改不需再由股东会表决。公司章程或者股东会授权董事会决定发行新股的，董事会决议应当经全体董事2/3以上通过。

公司向社会公开募集股份，应当经国务院证券监督管理机构注册，公告招股说明书。招股说明书应当附有公司章程，并载明下列事项：①发行的股份总数；②面额股的票面金额和发行价格或者无面额股的发行价格；③募集资金的用途；④认股人的权利和义务；⑤股份种类及其权利和义务；⑥本次募股的起止日期及逾期未募足时认股人可以撤回所认股份的说明。公司设立时发行股份的，还应当载明发起人认购的股份数。公司向社会公开募集股份，应当由依法设立的证券公司承销，签订承销协议。公司向社会公开募集股份，应当同银行签订代收股款协议。代收股款的银行应当按照协议代收和保存股款，向缴纳股款的认股人出具收款单据，并负有向有关部门出具收款证明的义务。公司发行股份募足股款后，应予公告。

(三) 股份转让

股份转让，是指股份有限公司的股份持有人依法自愿将自己所拥有的股份转让给他人，使他人取得股份成为股东或增加股份数额的法律行为。

1. 股份转让的一般规定

《公司法》对股份有限公司的股份转让作出了相应的规定，主要包括以下内容。

(1) 股份转让自由。股份以自由转让为原则，限制转让为例外。股份有限公司的股东持有的股份可以向其他股东转让，也可以向股东以外的人转让；公司章程对股份转让有限制的，其转让按照公司章程的规定进行。

(2) 股份转让的地点。股东转让其股份，应当在依法设立的证券交易场所进行或者按照国务院规定的其他方式进行。上市公司的股票，依照有关法律、行政法规及证券交易所交易规则上市交易。

(3) 股份转让的方式。股票的转让，由股东以背书方式或者法律、行政法规规定的其他方式进行，转让后由公司将受让人的姓名或者名称及住所记载于股东名册。股东会召开前 20 日内或者公司决定分配股利的基准日前 5 日内，不得变更股东名册。但是，法律、行政法规或者国务院证券监督管理机构对上市公司股东名册变更另有规定的，从其规定。自然人股东死亡后，其合法继承人可以继承股东资格；但是，股份转让受限的股份有限公司的章程另有规定的除外。

2. 股份转让的限制

(1) 对公开发行股份前已发行股份转让的限制。根据《公司法》的规定，公司公开发行股份前已发行的股份，自公司股票在证券交易所上市交易之日起 1 年内不得转让。法律、行政法规或者国务院证券监督管理机构对上市公司的股东、实际控制人转让其所持有的本公司股份另有规定的，从其规定。

(2) 对公司董事、监事、高级管理人员转让股份的限制。根据《公司法》的规定，公司董事、监事、高级管理人员应当向公司申报所持有的本公司的股份及其变动情况，在就任时确定的任职期间每年转让的股份不得超过其所持有本公司股份总数的 25%；所持本公司股份自公司股票上市交易之日起 1 年内不得转让。前述人员离职后半年内，不得转让其所持有的本公司股份。公司章程可以对公司董事、监事、高级管理人员转让其所持有的本公司股份作出其他限制性规定。

上市公司的董事、监事和高级管理人员除了遵守前述规定外，还应遵守《上市公司董事、监事和高级管理人员所持本公司股份及其变动管理规则(2024 年修订)》(以下简称《管理规则》)的规定。《管理规则》规定，上市公司董事、监事和高级管理人员在就任时确定的任职期间，每年通过集中竞价、大宗交易、协议转让等方式转让的股份，不得超过其所持本公司股份总数的 25%，因司法强制执行、继承、遗赠、依法分割财产等导致股份变动的除外。上市公司董事、监事和高级管理人员所持股份不超过 1 000 股的，可一次全部转让，不受前述转让比例的限制。

上市公司董事、监事和高级管理人员在下列期间不得买卖本公司股票：①上市公司年度报告、半年度报告公告前 15 日内；②上市公司季度报告、业绩预告、业绩快报公告前 5 日内；③自可能对本公司证券及其衍生品种交易价格产生较大影响的重大事件发生之日或在决策过程中，至依法披露之日止；④证券交易所规定的其他期间。

(3) 对公司收购自身股份的限制。根据《公司法》的规定，公司不得收购本公司股份。但是，有下列情形之一的除外：①减少公司注册资本；②与持有本公司股份的其他公司合并；③将股份用于员工持股计划或者股权激励；④股东因对股东会作出的公司合并、分立决议持异议，要求公司收购其股份；⑤将股份用于转换公司发行的可转换为股票的公司债券；⑥上市公司为维护公司价值及股东权益所必需。公司因上述第①项、第②项规定的情形收购本公司股份的，应当经股东会决议；公司因上述第③项、第⑤项、第⑥项规定的情形收购本公司股份的，可以按照公司章程或者股东会的授权，经 2/3 以上董事出席的董事会会议决议。公司收购本公司股份，可以通过公开的集中交易方式，或者法律法规和中国证监会认可的其他方式进行。

公司依照上述规定收购本公司股份后，属于第①项情形的，应当自收购之日起 10 日内注销；属于第②项、第④项情形的，应当在 6 个月内转让或者注销；属于第③项、第⑤项、第⑥项情形的，公司合计持有的本公司股份数不得超过本公司已发行股份总数的 10%，并应当在 3 年内转让或者注销。

上市公司收购本公司股份的，应当依照《证券法》的规定履行信息披露义务。上市公司因上述第③项、第⑤项、第⑥项规定的情形收购本公司股份的，应当通过公开的集中交易方式进行。

有下列情形之一的，对股东会该项决议投反对票的股东可以请求公司按照合理的价格收购其股份，公开发行股份的公司除外：①公司连续 5 年不向股东分配利润，而公司该 5 年连续盈利，并且符合《公司法》规定的分配利润条件；②公司转让主要财产；③公司章程规定的营业期限届满或者章程规定的其他解散事由出现，股东会通过决议修改章程使公司存续。自股东会决议作出之日起 60 日内，股东与公司不能达成股份收购协议的，股东可以自股东会决议作出之日起 90 日内向人民法院提起诉讼。公司因前述情形收购的本公司股份，应当在 6 个月内依法转让或者注销。

(4) 对公司股票质押的限制。根据《公司法》的规定，公司不得接受本公司的股份作为质权的标的。股份在法律、行政法规规定的限制转让期限内出质的，质权人不得在限制转让期限内行使质权。

(5) 禁止对他人取得本公司及其母公司股份提供财务资助。根据《公司法》的规定，公司不得为他人取得本公司或者其母公司的股份提供赠与、借款、担保以及其他财务资助，公司实施员工持股计划的除外。为公司利益，经股东会决议，或者董事会按照公司章程或者股东会的授权作出决议，公司可以为他人取得本公司或者其母公司的股份提供财务资助，但财务资助的累计总额不得超过已发行股本总额的 10%。董事会作出决议应当经全体董事的 2/3 以上通过。违反前述规定，给公司造成损失的，负有责任的董事、监事、高级管理人员应当承担赔偿责任。

3. 股票被盗、遗失或者灭失的处理

股票被盗、遗失或者灭失，股东可以依照《民事诉讼法》规定的公示催告程序，请求人民法院宣告该股票失效。人民法院宣告该股票失效后，股东可以向公司申请补发股票。公示催告的期间，由人民法院根据情况决定，但不得少于 60 日。

第六节　公司董事、监事、高级管理人员的资格和义务

一、概述

在公司组织结构下，股东投入资本形成了公司的财产，而这些财产的经营管理往往由公司的董事会和高级管理人员负责，这就是所谓的所有权和经营权的分离。这促进了企业经营的专业化分工，有利于提高经济效益，也使得投资者可以分散投资以降低投资风险，但这种分离也同时可能带来监督问题。如何保证负责公司经营管理的董事、高级管理人员不会为了自身的利益而损害股东整体利益，如何保证他们能够勤勤恳恳地为公司、为股东整体利益而经营管理公司，又如何保证监事们能够认真履行监督职责，这是《公司法》需要解决的重要问题。

董事、监事、高级管理人员①(以下简称"董监高")，作为公司管理层，他们在很大程度上控制公司的运营、决定公司的命运。"董监高"是由股东会选举或者由股东会聘任，是公司经营的受托人。"董监高"的素质、管理水平与公司的发展和命运有着直接的关系。各国公司法都对"董监高"施加了一定的法律义务，以确保公司管理层能够获得股东的信任。《公司法》对"董监高"的任职资格和义务作专章予以规定。"董监高"的任职资格限制及其义务的法定化，不仅是公司正常运营的需要，也是保护公司、股东等相关各方利益的需要。

二、公司董事、监事、高级管理人员的任职资格

"董监高"是代表公司组织机构行使职权的人员，在公司中处于重要地位并具有法定的职权，因此需要对其任职资格作必要的限制性规定，以保证其具有正确履行职责的能力与条件。

1.《公司法》规定的消极资格

消极资格是指任职资格的最低限制。积极资格是指任职工作和业务能力的要求。《公司法》仅对"董监高"的消极资格作出了规定。根据《公司法》第178条的规定，有下列情形之一的，不得担任公司的"董监高"：

(1) 无民事行为能力或者限制民事行为能力。虽然限制民事行为能力人和无民事行为能力人不能成为公司的"董监高"，但是有可能成为股东，例如因继承而成为股东。

(2) 因贪污、贿赂、侵占财产、挪用财产或者破坏社会主义市场经济秩序，被判处刑罚，或者因犯罪被剥夺政治权利，执行期满未逾5年，被宣告缓刑的，自缓刑考验期满之日起未逾2年。

(3) 担任破产清算的公司、企业的董事或者厂长、经理，对该公司、企业的破产负有个人责任的，自该公司、企业破产清算完结之日起未逾3年。需要说明的是，因经营管理不善而破产清算，对此不负有个人责任者，如某公司破产，而财务主管并无任何过错，这就不妨碍其在新的公司担任高层管理人员的职务。

(4) 担任因违法被吊销营业执照、责令关闭的公司、企业的法定代表人，并负有个人责任的，自该公司、企业被吊销营业执照、责令关闭之日起未逾3年。被吊销营业执照、责令关闭是公司

---

① 根据《公司法》第265条的规定，高级管理人员是指公司的经理、副经理、财务负责人，上市公司董事会秘书和公司章程规定的其他人员。经理，在实务中一般称为总经理、CEO等。CEO为公司首席执行官，其职权类似于我国公司总经理的职权。CFO为首席财务官，是公司的财务负责人。CEO和CFO都是公司的高级管理人员。CEO、CFO都不是公司法上的概念，而是实务中的用词。

被强制解散的情形。此种情形下，负有个人责任的法定代表人在其他公司任职就受到了限制。但其他董事、监事、高级管理人员的任职资格则不受限制。同属被强制解散的情形还有被撤销、人民法院依法予以解散，这两种情形下，法定代表人的再任职资格未被限制。

(5) 个人因所负数额较大债务到期未清偿被人民法院列为失信被执行人。"数额较大"的标准是什么？《公司法》并未作出具体规定。一般认为，"数额较大"是一个相对的概念，要结合具体情形认定，如甲欠乙15万元未还，对于一个小规模公司而言，这是较大的债务，而对于一个规模较大的公司来说，就不能算是较大的债务。

公司违反《公司法》规定选举、委派董事、监事或者聘任高级管理人员的，该选举、委派或者聘任无效。

"董监高"在任职期间出现《公司法》规定的不得担任公司的"董监高"的五种情况之一的，公司应当解除其职务。

2.《中华人民共和国公务员法》对公务员兼任公司"董监高"的限制

根据《中华人民共和国公务员法》(以下简称《公务员法》)第59条第16项的规定，公务员不得违反有关规定从事或者参与营利性活动，在企业或者其他营利性组织中兼任职务。据此，公务员不能违规兼任公司的"董监高"。公务员，是指依法履行公职、纳入国家行政编制、由国家财政负担工资福利的工作人员。

需要说明的是，国家出资公司(国有独资公司、国有资本控股公司)不仅具有一般公司的性质，也具有维护全民利益、国家利益、社会利益的使命和功能，因而，依据有关规定公务员可以在国家出资公司中担任"董监高"的职务。

公司违反《公务员法》和有关规定擅自选举、委派公务员为董事、监事或者聘任公务员为高级管理人员的，该选举、委派或者聘任无效。

需要说明的是，法律、行政法规对公司董事、高级管理人员的资格另有规定的，从其规定。例如，《商业银行法》关于商业银行董事、高级管理人员任职资格的规定异于《公司法》的相关规定；为了维护证券市场秩序，保护投资者合法权益和社会公众利益，促进证券市场健康稳定发展，中国证监会根据《证券法》《中华人民共和国证券投资基金法》《中华人民共和国行政处罚法》等法律、行政法规制定了《证券市场禁入规定》，根据该规定，中国证监会及其派出机构对违反法律、行政法规或者中国证监会有关规定且情节严重的有关责任人员采取相应的证券市场禁入措施[①]。

三、公司董事、监事、高级管理人员的义务

(一) 董事、监事、高级管理人员的忠实义务和勤勉义务

根据《公司法》的规定，"董监高"应当遵守法律、行政法规和公司章程。"董监高"对公司负有忠实义务，应当采取措施避免自身利益与公司利益冲突，不得利用职权牟取不正当利益。"董监高"对公司负有勤勉义务，执行职务应当为公司的最大利益尽到管理者通常应有的合理注意。公司的控股股东、实际控制人不担任公司董事但实际执行公司事务的，适用前述规定。

实践中，我国公司普遍存在"一股独大"的现象，很多控股股东、实际控制人虽未担任董事，但却实际掌握着公司的决策权，成为事实董事。事实董事又称为实质董事，是指不担任公司董事

---

① 在一定期限内直至终身不得从事证券业务、证券服务业务，不得担任发行证券的公司的"董监高"，或者一定期限内不得在证券交易所、国务院批准的其他全国性证券交易场所交易证券。

但实际执行公司事务的控股股东、实际控制人。根据《公司法》第 192 条的规定，公司的控股股东、实际控制人指示董事、高级管理人员从事损害公司或者股东利益的行为的，与该董事、高级管理人员承担连带责任。因此，事实董事也应依法承担董事的忠实义务和勤勉义务。

1. 忠实义务

所谓忠实义务(duty of loyalty)，是指公司的"董监高"对公司负有忠诚尽职，避免自身利益与公司利益冲突，并不得利用职权牟取不正当利益的义务。根据《公司法》第 180 条第 1 款规定，"董监高"对公司负有忠实义务，应当采取措施避免自身利益与公司利益冲突，不得利用职权牟取不正当利益。根据《公司法》第 181 条～第 184 条的规定，"董监高"的忠实义务主要表现在以下七个方面。

(1) 不得利用职权获取非法利益。根据《公司法》第 181 条第 1 项、第 2 项规定，"董监高"不得侵占公司财产、挪用公司资金，不得将公司资金以其个人名义或者以其他个人名义开立账户存储。

(2) 不得收受贿赂、某种利益或所允诺的其他利益。根据《公司法》第 181 条第 3 项、第 4 项规定，"董监高"不得利用职权贿赂或者收受其他非法收入，不得接受他人与公司交易的佣金归为己有。"董监高"如果违反前述义务，为自己牟取不正当利益，应将其所得返还给公司。

(3) 不得泄露公司秘密。根据《公司法》第 181 条第 5 项规定，"董监高"不得擅自披露公司秘密。

(4) 自我交易禁止义务。根据《公司法》第 182 条规定，"董监高"直接或者间接与本公司订立合同或者进行交易，应当就与订立合同或者进行交易有关的事项向董事会或者股东会报告，并按照公司章程的规定经董事会或者股东会决议通过。"董监高"的近亲属，"董监高"或者其近亲属直接或者间接控制的企业，以及与"董监高"有其他关联关系的关联人，与公司订立合同或者进行交易，适用前述规定。实践中，如果"董监高"与公司之间的合同或交易根本不可能导致公司利益受损，应作为《公司法》第 182 条规定适用的例外。

(5) 篡夺公司机会禁止义务。根据《公司法》第 183 条规定，"董监高"不得利用职务便利为自己或者他人谋取属于公司的商业机会。但是，有下列情形之一的除外：向董事会或者股东会报告，并按照公司章程的规定经董事会或者股东会决议通过；根据法律、行政法规或者公司章程的规定，公司不能利用该商业机会。

(6) 竞业禁止义务。根据《公司法》第 184 条规定，"董监高"未向董事会或者股东会报告，并按照公司章程的规定经董事会或者股东会决议通过，不得自营或者为他人经营与其任职公司同类的业务。所谓"自营或者为他人经营"，是指以自己或者第三人利益为目的而实施的竞争行为，至于以何人名义则在所不问。所谓"与其任职公司同类的业务"，既可为完全相同的商品或者服务，亦可为同种或者类似的商品或者服务。

(7) 其他忠实义务。根据《公司法》第 181 条第 6 项规定，"董监高"不得有"违反对公司忠实义务的其他行为"。如，根据《公司法》第 51 条、第 53 条、第 211 条、第 226 条的规定，违法不对瑕疵出资股东催缴出资的、协助股东抽逃出资的、违法分配利润的、违法减资给公司造成损失的，负有责任的董事、监事和高级管理人员要承担对于公司的赔偿责任。

2. 勤勉义务

所谓勤勉义务(duty of diligence)，是指公司的"董监高"须以一个合理的、谨慎的人在相似的情形下所应表现的谨慎、勤勉和技能履行其职责，若其履行职责时未尽合理的谨慎，则应对公司承担赔偿责任。一般认为，只要公司管理层在决策时没有利益冲突，是在当时掌握的信息和认知条件下做出的善意决策，即使该决策事后被证明是失败的，也不能追究其责任。根据《公司法》第180条第2款规定，"董监高"对公司负有勤勉义务，执行职务应当为公司的最大利益尽到管理者通常应有的合理注意。

3. 董事、监事、高级管理人员违反忠实义务、勤勉义务的法律后果

《公司法》在规定"董监高"忠实义务、勤勉义务的同时，也对违反该义务的法律后果作了具体的规定。

(1) 根据《公司法》第186条规定，"董监高"违反忠实义务所得的收入应当归公司所有。

【例3-7】成立于2018年的中国A公司一直从事重型机械买卖中介业务。2024年7月4日，A公司委派董事张乙驻守新加坡，寻找、联系在中国购买重型器械的客户。2024年7月28日，张乙了解到越南B公司亟需购买中国C公司生产的重型器械。张乙随即将这一信息以微信形式告知其弟弟张丙、张甲，并让他们在广州成立D公司。2024年8月5日，张乙就辞去在A公司的职务。2024年8月8日，张乙加入D公司。2024年8月28日，张乙以D公司的名义撮合B公司与C公司成交，D公司取得C公司支付的2500万元人民币的媒介居间费用。

请问：A公司发现此事后，可依据什么规定主张自己的权利？

【解析】A公司可以基于《公司法》第181条、第183条和第186条的规定主张归入权，张乙与D公司构成连带责任。作为董事，张乙擅自披露公司秘密，利用职务便利为自己或者他人谋取属于公司的商业机会，其行为违反了《公司法》的规定。尽管张乙已经辞职，但其行为仍然构成利用职务便利为自己谋取属于公司的商业机会。

【举一反三】《公司法》规定了公司对"董监高"的归入权，对股东可否主张归入权？上市公司的股东将其持有的本公司的股票在买入后6个月内卖出得到利益，公司有无权利要求该利益归公司？

【答】《证券法》第44条第1款规定，上市公司、股票在国务院批准的其他全国性证券交易场所交易的公司持有5%以上股份的股东、董事、监事、高级管理人员，将其持有的该公司的股票或者其他具有股权性质的证券在买入后6个月内卖出，或者在卖出后6个月内又买入，由此所得收益归该公司所有，公司董事会应当收回其所得收益。但是，证券公司因购入包销售后剩余股票而持有5%以上股份，以及有国务院证券监督管理机构规定的其他情形的除外。据此，股东违法进行短线交易的，公司可对其主张归入权。

(2) 根据《公司法》第188条规定，"董监高"执行职务违反法律、行政法规或者公司章程的规定，给公司造成损失的，应当承担赔偿责任。

(3) 根据《公司法》第191条规定，董事、高级管理人员执行职务，给他人造成损害的，公司应当承担赔偿责任；董事、高级管理人员存在故意或者重大过失的，也应当承担赔偿责任。

(4) 根据《公司法》第192条规定，公司的控股股东、实际控制人指示董事、高级管理人员从事损害公司或者股东利益的行为的，与该董事、高级管理人员承担连带责任。

为降低董事任职风险，激励董事积极履职，《公司法》第193条规定了董事责任保险制度，即，公司可以在董事任职期间为董事因执行公司职务承担的赔偿责任投保责任保险。公司为董事投保责任保险或者续保后，董事会应当向股东会报告责任保险的投保金额、承保范围及保险费率等内容。

(二) 接受股东质询及信息提供义务

1. 董事、监事、高级管理人员有接受股东质询的义务

根据《公司法》第187条的规定,股东会要求"董监高"列席会议的,"董监高"应当列席并接受股东的质询。股东有质询权,"董监高"就有相应的接受质询的义务。

2. 董事、高级管理人员有信息提供义务

根据《公司法》第80条的规定,监事会可以要求董事、高级管理人员提交执行职务的报告。董事、高级管理人员应当如实向监事会提供有关情况和资料,不得妨碍监事会或者监事行使职权。监事会、监事有监督权及保障监督权的信息获取权,相应的,被监督的董事、高级管理人员就有信息提供义务。

(三) 董事、监事、高级管理人员的责任

1. 董事、监事、高级管理人员责任的种类

(1) 董事、监事、高级管理人员对公司的责任。

实践中,"董监高"对公司的责任主要包括以下几个方面。①董事参与董事会决议而产生的对公司的民事责任,即当董事会的决议违反法律、行政法规或公司章程,致使公司遭受严重损失时,参与决议的董事对公司负有赔偿责任。但如果参加董事会的董事在表决时曾表明异议并记载于会议记录的,该董事可以免除责任。②董事违反董事会合法、有效的决议而产生的对公司的民事责任。董事作为董事会成员管理公司事务应当遵循公司董事会决议,否则,如果给公司造成损失,应负有赔偿责任。董事对董事会的无效决议没有服从义务,董事不执行董事会的无效决议,对公司不负个人责任。③董事、高级管理人员因越权行为而产生的对公司的民事责任。如果董事、高级管理人员违反《公司法》第181条规定,侵占公司财产、挪用公司资金;将公司资金以个人名义存储或者以其他个人名义开立账户存储;利用职权贿赂或者收受其他非法收入;接受他人与公司交易的佣金归为己有;擅自披露公司秘密等,致使公司受到损失的,董事、监事、高级管理人员应对公司承担责任。④董事、高级管理人员违反竞业禁止的规定给公司造成损失应承担的民事责任。《公司法》规定在董事违反竞业禁止义务时,公司可以依法行使归入权。⑤董事、监事、高级管理人员对其在管理公司事务中故意或者过失给公司造成严重损失的,负有赔偿责任。

一般认为,"董监高"对公司承担民事责任应具备以下几个构成要件:①对公司负有义务;②实施了侵害公司利益的行为;③主观上存在故意或重大过失;④不属于可免责的范围。

(2) 董事、高级管理人员对股东的责任。

根据《公司法》第190条、第192条的规定,如果董事、高级管理人员违反法律、行政法规或者公司章程的规定,损害股东利益的,股东可以向人民法院提起诉讼。公司的控股股东、实际控制人指示董事、高级管理人员从事损害股东利益的行为的,与该董事、高级管理人员承担连带责任。

董事、高级管理人员对股东的民事责任,一般属于侵权责任。当董事、高级管理人员的行为侵害了股东的利益,股东可以通过民事诉讼的程序,追究相关责任人的责任。

(3) 董事、监事、高级管理人员对第三人的责任。

针对"董监高"对第三人的责任,《公司法》第191条作了相应的规定。《证券法》第85条规定,信息披露义务人未按照规定披露信息,或者公告的证券发行文件、定期报告、临时报告及其他信息披露资料存在虚假记载、误导性陈述或者重大遗漏,致使投资者在证券交易中遭受损失的,信息披露义务人应当承担赔偿责任;发行人的控股股东、实际控制人、董事、监事、高级

管理人员和其他直接责任人员以及保荐人、承销的证券公司及其直接责任人员，应当与发行人承担连带赔偿责任，但是能够证明自己没有过错的除外。

2. 董事、监事、高级管理人员责任的承担

(1) 民事责任。

一般认为，"董监高"的民事责任主要包括以下几个方面。

① 确认行为无效。即当"董监高"违反法律、行政法规或公司章程作出决议或者行为时，如果侵害了公司或股东的权利，公司或者股东有权请求法院确认该行为无效。

② 停止侵害。当"董监高"进行或拟进行违法行为时，法院根据权利人的申请有权责令其停止行为。

③ 赔偿损失。根据《公司法》第 188 条规定，如果"董监高"的违法或不当行为给公司或者股东造成了损害，应对公司或股东进行赔偿。《公司法》第 22 条规定，公司的控股股东、实际控制人、董事、监事、高级管理人员不得利用关联关系损害公司利益。否则，给公司造成损失的，应当承担赔偿责任。

④ 返还财产或收益。如果公司财产被"董监高"侵占、挪为本人或第三人使用，则其负有返还公司财产的责任；如果公司董事、高级管理人员违反忠实义务，则其因违反义务所得的违法收益应当归公司所有，该责任又称为归入责任。

(2) 行政责任。

行政责任是指违反行政法律法规规定的义务而依法承担的法律上的不利后果。《公司法》《证券法》中均规定了"董监高"的行政责任。这种行政责任往往是对公司以及"董监高"实行双罚制，即对公司的处罚通常与对"董监高"的处罚同时进行，对公司的处罚是对当事人的处罚，而对"董监高"的处罚则是对直接责任人的处罚。这种双罚制的行政责任的目的在于通过强化"董监高"的责任来强化公司责任，促使公司合法合规，如《公司法》第 256 条规定，公司在进行清算时，隐匿财产，对资产负债表或者财产清单作虚假记载，或者在未清偿债务前分配公司财产的，由公司登记机关责令改正，对公司处以隐匿财产或者未清偿债务前分配公司财产金额 5%以上 10%以下的罚款；对直接负责的主管人员和其他直接责任人员处以 1 万元以上 10 万元以下的罚款。

(3) 刑事责任。

刑事责任是指公司的"董监高"严重违反《公司法》及相关法律规定，构成犯罪应当承担的刑事处罚。根据《中华人民共和国刑法》的规定，在我国，"董监高"因其违反法律规定而应当承担的相关刑事责任主要包括商业受贿罪、非法经营同类营业罪、职务侵占罪、挪用资金罪等。

课堂讨论(3-1)

张斐是甲家具有限责任公司的总经理，其违反公司章程的规定，兼任乙家具公司董事长。张斐代表乙公司与甲家具有限责任公司的老客户签订了一系列的家具销售合同，使得甲公司遭受经济损失 150 万元，张斐从中获得酬劳 10 万元。下列判断正确的是(　　)。

A. 张斐应当对甲公司的损失承担赔偿责任

B. 张斐获得的 10 万元酬劳应归甲公司所有

C. 张斐的行为应受甲公司章程的约束

D. 张斐为乙公司所签的销售合同无效

E. 在甲公司董事会和监事会拒绝的情况下，甲公司股东可以张斐为被告提起诉讼

四、股东诉讼

公司股东针对侵害自己或公司利益的行为，依法享有提起诉讼的权利。股东可通过股东代表诉讼(shareholder derivative action)和股东直接诉讼(shareholder direct litigation)来维护合法权益。

(一) 股东代表诉讼

股东代表诉讼(又称股东派生诉讼，也称股东间接诉讼)，是指当公司的合法权益受到不法侵害而公司不能或怠于起诉时，符合法定条件的本公司股东为了公司的利益，依法以自己的名义代表公司直接向人民法院提起诉讼(请求违法行为人赔偿公司损失)的一种法律制度。简而言之，股东代表诉讼是股东代表公司进行诉讼。股东代表诉讼实质上是一种代位诉讼(代公司之位)，股东取代了公司的原告位置，胜诉的利益归公司，即代公司主张权利(见图3-2)。

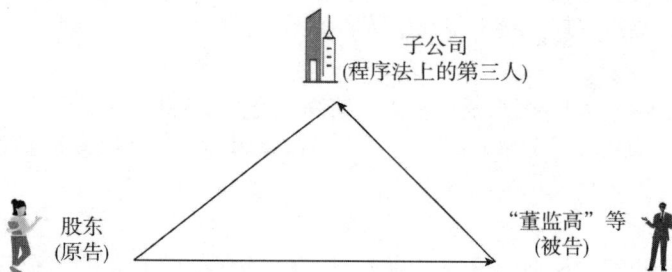

图3-2　股东代表诉讼示意图

引起股东代表诉讼的原因是公司的利益受到直接损害，这也就间接损害了股东的利益。提起股东代表诉讼的股东，一般是中小股东。股东代表诉讼对弥补公司治理结构的缺陷，保护中小股东的利益具有重要的意义。

作为一种基于股东身份而产生的替代性司法救济措施，股东代表诉讼肇始于19世纪初的英美国家，其直接目的是保护公司利益和股东的共同利益。各国公司法一般对股东代表诉讼规定了严格的限制条件，以防止滥诉，从而保证公司的正常经营不受干扰。《公司法》第189条、《证券法》第44条和第94条规定了股东代表诉讼制度，并对股东代表诉讼的主体、提起诉讼的理由、诉讼前置程序及其例外、股东双重代表诉讼等作了规定。

法条链接(3-5)

《公司法》《证券法》有关股东代表诉讼的规定

1. 股东代表诉讼的主体

(1) 股东代表诉讼的原告。股东代表诉讼的原告为具备相应资格的股东：①有限责任公司的任一股东；②股份有限公司有持股日期和比例的限制，持股日期为连续180日以上，持股比例为单独或者合计持有公司1%以上股份的股东；③根据《证券法》第94条第3款的规定，发行人的"董监高"执行公司职务时违反法律、行政法规或者公司章程的规定给公司造成损失，发行人的控股股东、实际控制人等侵犯公司合法权益给公司造成损失，投资者保护机构持有该公司股份的，可以为公司的利益以自己的名义向人民法院提起诉讼，持股比例和持股期限不受《公司法》规定的限制。

(2) 股东代表诉讼的被告。依据《公司法》的规定，股东代表诉讼的适格被告为"董监高"和"他人"。立法虽然没有对"他人"的范围予以明确，但公司的控股股东、其他股东、实际控制人等也应包含在"他人"之中。因此，凡是对公司实施了不正当行为而对公司负有民事责任的人，在公司怠于对其行使诉权的情形下，都可以成为股东代表诉讼的被告。

基于司法实践，我们在把握股东代表诉讼的主体时应注意以下几点：①监事会或者不设监事会的有限责任公司的监事依据《公司法》第189条第1款规定对董事、高级管理人员提起诉讼的，应当列公司为原告，依法由监事会主席或者不设监事会的有限责任公司的监事代表公司进行诉讼。②董事会或者不设董事会的有限责任公司的执行董事依据《公司法》第189条第1款规定对监事提起诉讼的，或者依据《公司法》第189条第3款规定对他人提起诉讼的，应当列公司为原告，依法由董事长或者执行董事代表公司进行诉讼。③符合《公司法》第189条第1款规定条件的股东，依据《公司法》第189条第2款、第3款规定，直接对"董监高"或者他人提起诉讼的，应当列公司为第三人参加诉讼。一审法庭辩论终结前，符合《公司法》第189条第1款规定条件的其他股东，以相同的诉讼请求申请参加诉讼的，应当列为共同原告。

2. 股东代表诉讼的可诉行为的范围

根据《公司法》的规定，股东代表诉讼的可诉行为为所有损害公司利益的行为，具体包括两种情形：①"董监高"执行公司职务时违反法律、行政法规或者公司章程的规定，给公司造成损失，应当承担赔偿责任的情形；②他人侵犯公司合法权益，应当承担赔偿责任的情形。

3. 股东代表诉讼的前置程序及其例外

股东代表诉讼设置前置性程序，是为了确保在提起诉讼之前，股东已经通过公司内部机制尝试解决问题，只有在内部机制失灵时，才允许股东代表公司提起诉讼。股东代表诉讼案件，由公司住所地人民法院管辖。由于股东代表诉讼是一种代位诉讼，是对原公司内部监督体制失灵设计的补充救济，因此其适用的前提是公司内部救济手段的用尽，即股东在公司遭到违法行为损害后，不能立即直接提起诉讼，而必须先向公司监督机关提出由公司出面进行诉讼的请求。只有在请求已落空或者注定落空、救济已失败或者注定失败时，股东才可以代表公司提起诉讼，此为股东代表诉讼的前置程序。

基于《公司法》第189条、《证券法》第44条的规定，股东代表诉讼的前置程序为：①原告股东需书面请求监事会或者监事(有限责任公司不设监事会时)向人民法院提起诉讼；如果是监事侵犯公司权益，则向董事会或者执行董事(有限责任公司不设董事会时)提出前述请求。监事会、监事、董事会、执行董事收到前述书面请求后拒绝提起诉讼，或者自收到请求之日起30日内未提起诉讼的，适格股东可提起代表诉讼。②上市公司"短线交易"归入权的代表诉讼，其前置程序为公司董事会不按照《证券法》第44条第1款规定执行的，股东有权要求董事会在30日内执行，公司董事会未在前述期限内执行的，适格股东可提起代表诉讼。

同时，为避免前置程序的僵化可能带来的消极影响，法律又规定了前置程序的免除条件，即"情况紧急、不立即提起诉讼将会使公司利益受到难以弥补的损害"时，股东可以不受此前置条件的限制，直接提起代表诉讼。至于何谓"紧急情况"，有待积累司法实践经验作出更加细致并且具有可操作性的规定。

当然，如果监事会或董事会已经接受股东请求，向人民法院提起了诉讼，则不会进入股东代表诉讼的程序。基于司法实践，此时公司将被列为诉讼原告，监事会或董事会将代表公司参与诉讼。

4. 股东代表诉讼的法律后果

(1) 一般原则。在股东代表诉讼中，股东的个人利益并没有受到直接的损害，只是由于公司的利益受到损害而间接受损，股东是为了公司的利益而以个人的名义直接提起诉讼。所以，胜诉利益归属于公司。司法实践中，股东请求被告直接向其承担责任的，人民法院不予支持。

(2) 具体后果。《公司法》对此未予明确规定。在各国的公司法实践中，一般基于原告胜诉和败诉而产生不同的法律后果。一是原告胜诉。股东代表诉讼中原告胜诉意味着公司确实遭受到了损害，公司应是被告履行赔偿义务的直接对象，这基本不存在异议。不过，在诉讼中花费了精力和金钱的仅仅是原告股东，因此，各国法律多规定此时应对原告股东进行赔偿或者补偿，只不过有关补偿主体的规定有所不同。实践中，公司应当承担股东因参加诉讼支付的合理费用。二是原告败诉。在此情况下，作为被告的董事等自然有向原告请求损害赔偿的权利，各国法律的差别主要在于赔偿的前提条件不同。此外，有的国家还规定，在原告败诉的情况下，公司还可以请求原告股东赔偿。

5. 股东双重代表诉讼

所谓"双重"，一重是全资母公司，另一重是全资子公司。股东双重代表诉讼，是子公司利益被侵害，子公司不主张权利，母公司也不主张权利，则母公司的股东代表母公司和子公司(双重代表)起诉，胜诉利益归子公司(见图3-3)。

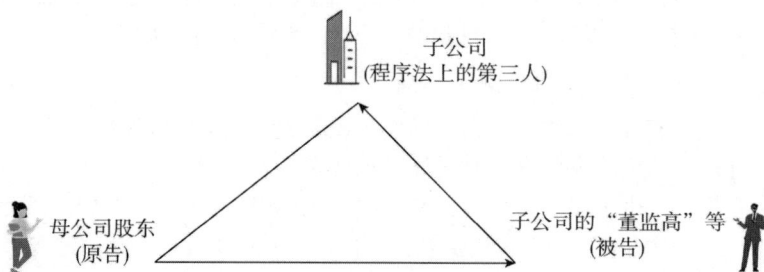

图3-3　股东双重代表诉讼示意图

根据《公司法》第189条第4款的规定，公司全资子公司的"董监高"有前条规定情形，或者他人侵犯公司全资子公司合法权益造成损失的，有限责任公司的股东、股份有限公司连续180日以上单独或者合计持有公司1%以上股份的股东，可以依照股东代表诉讼的一般规定书面请求全资子公司的监事会、董事会向人民法院提起诉讼或者以自己的名义直接向人民法院提起诉讼。例如，A有限责任公司(以下简称"A公司")是B有限责任公司(以下简称"B公司")的全资子公司，A公司的董事甲违背法律规定侵害了A公司的利益，但是A公司不起诉自己的董事甲，B公司(母公司)也装聋作哑，则B公司的股东乙履行前置性程序后可以提起代表诉讼，即乙自己作为原告，以甲为被告，请求甲向A公司(子公司)赔偿。

股东双重代表诉讼的主体限于全资母、子公司之间，即母公司须为子公司唯一的股东。在前置性程序上，母公司的股东只需书面请求全资子公司的监事会、董事会起诉责任人即可，即"穷尽全资子公司内部救济"，无须再请求母公司的董事会、监事会提起诉讼。

【例3-8】C公司主要经营低温液体储运、气体分离等设备。黄河是C公司的董事，自2025年1月起，黄河尚在任职期间，其另行申请设立了B公司，该公司的经营范围与C公司基本相同，并且黄河利用C公司的业务渠道和技术资料从事与该公司同类的业务活动，造成C公司约69万元人民币的经济损失。C公司遂向人民法院提起诉讼，请求黄河停止违法经营活动，返还违法经营所得，并赔偿损失。请问：人民法院是否会支持C公司的请求？

【解析】黄河的行为违反《公司法》的规定，人民法院应当支持C公司的请求，责令黄河停止违法经营行为，返还违法经营所得，并赔偿损失。

(二) 股东直接诉讼

股东直接诉讼，是指股东基于股权，针对董事、高级管理人员损害股东利益行为，为维护自身的利益，以自己的名义对公司或其他权利侵害人提起的诉讼。《公司法》第 190 条规定，董事、高级管理人员违反法律、行政法规或者公司章程的规定，损害股东利益的，股东可以向人民法院提起诉讼。

法条链接(3-6)

《公司法》《证券法》
有关股东直接诉讼
的规定

实践中，股东直接诉讼规则主要体现在以下几个方面。

(1) 股东会、董事会的会议召集程序、表决方式违反法律、行政法规或者公司章程，或者决议内容违反公司章程的，在会议决议形成至起诉时持续具有公司股东身份，并与股东会、董事会决议内容有利害关系的股东，可以自决议作出之日起的法定期限内，以公司为被告，请求人民法院撤销股东会、董事会决议，或者直接请求确认股东会、董事会决议无效。

(2) 股东请求查阅公司会计账簿，公司拒绝提供查阅的，股东可以请求人民法院要求公司提供查阅。

(3) 在法律规定的条件下，对股东会的某些决议投反对票的股东可以请求公司按照合理的价格收购其股权。自股东会会议决议通过之日起的法定期限内，与公司不能达成股权收购协议的股东可以自股东会会议决议通过之日起的法定期限内向人民法院提起诉讼。这一规定实际上确立了有限责任公司中小股东在特定条件下的退出机制。

(4) 董事、高级管理人员违反法律、行政法规或者公司章程的规定，损害股东利益的，股东可以向人民法院提起诉讼。

知识拓展(3-23)

股东代表诉讼与股
东直接诉讼的区别

(5) 股东向公司依法缴纳出资后，公司应当向股东签发出资证明书，将股东的名称在相关文件上登记记载等。公司未尽上述义务的，股东有权提起诉讼请求公司履行该义务。

作为一种诉讼制度，股东可以通过股东直接诉讼或股东代表诉讼向人民法院起诉，请求人民法院行使审判权以保护其权益。股东代表诉讼与股东直接诉讼存在诸多区别。

随堂练习(3-6)

甲有限责任公司股东王庚认为公司董事会作出的一项决议内容违反公司章程，向人民法院提起诉讼请求撤销该项决议，王庚提起诉讼的被告应当是(　　)。

A. 甲有限责任公司总经理　　　　　　B. 甲有限责任公司董事会

C. 甲有限责任公司董事长　　　　　　D. 甲有限责任公司

第七节　公司债券

一、公司债券的概念、特征与种类

(一) 公司债券的概念和特征

公司债券(corporate bond)是指公司依照法定程序发行、约定在一定期限还本付息的有价证券。公司债券与公司股票有不同的法律特征：①公司债券的持有人是公司的债权人，对于公司享有民法上规定的债权人的所有权利，而股票的持有人则是公司的股东，享有《公司法》所规定的股东权利；②公司债券的持有人，无论公司是否有盈利，对公司享有按照约定给付利息的请求权，而股票持有人，则必须在公司有盈利时才能依法获得股利分配；③公司债券到了约定期限，公司必须偿还债券本金，而股票持有人仅在公司解散时方可请求分配剩余财产；④公司债券的持有人享有优先于股票持有人获得清偿的权利，而股票持有人必须在公司全部债务清偿之后，方可就公司剩余财产请求分配；⑤公司债券的利率一般是固定不变的，风险较小，而股票股利分配的高低，与公司经营好坏密切相关，故常有变动，风险较大。

（二）公司债券的种类

依照不同的标准，对公司债券可做以下分类。

(1) 记名公司债券和无记名公司债券。记名公司债券是指在公司债券上记载债权人姓名或者名称的债券；无记名公司债券是指在公司债券上不记载债权人姓名或者名称的债券。区分记名公司债券和无记名公司债券的法律意义在于两者转让的要求不同。记名公司债券的转让，转让人须在债券上背书或者采取法律、行政法规规定的其他方式转让；而无记名公司债券的转让，转让人交付债券即发生转让的法律效力。根据《公司法》规定，公司债券应当为记名债券。

(2) 可转换公司债券和不可转换公司债券。可转换公司债券是指可以转换成公司股票的公司债券。这种公司债券在发行时规定了转换为公司股票的条件与办法。当条件具备时，债券持有人拥有将公司债券转换为公司股票的选择权，但法律、行政法规另有规定的除外。不可转换公司债券是指不能转换为公司股票的公司债券。凡在发行债券时未作出转换约定的，均为不可转换公司债券。根据《公司法》规定，股份有限公司经股东会决议，或者经公司章程、股东会授权由董事会决议，可以发行可转换为股票的公司债券，并规定具体的转换办法。上市公司发行可转换为股票的公司债券，应当经国务院证券监督管理机构注册。

二、公司债券的发行

1. 公司债券发行的条件

公司债券可以公开发行，也可以非公开发行。公司债券的发行和交易应当符合《证券法》和其他法规规定的发行条件与程序。

2. 公司债券募集办法

公开发行公司债券，应当经国务院证券监督管理机构注册，公告公司债券募集办法。公司债券募集办法应当载明下列主要事项：①公司名称；②债券募集资金的用途；③债券总额和债券的票面金额；④债券利率的确定方式；⑤还本付息的期限和方式；⑥债券担保情况；⑦债券的发行价格、发行的起止日期；⑧公司净资产额；⑨已发行的尚未到期的公司债券总额；⑩公司债券的承销机构。

公司以纸面形式发行公司债券的，应当在债券上载明公司名称、债券票面金额、利率、偿还期限等事项，并由法定代表人签名，公司盖章。

3. 置备公司债券持有人名册

公司债券，全部为记名债券。公司发行公司债券应当置备公司债券持有人名册。发行公司债券的，应当在公司债券持有人名册上载明下列事项：①债券持有人的姓名或者名称及住所；②债券持有人取得债券的日期及债券的编号；③债券总额，债券的票面金额、利率、还本付息的期限和方式；④债券的发行日期。发行可转换为股票的公司债券，应当在债券上标明可转换公司债券字样，并在公司债券持有人名册上载明可转换公司债券的数额。公司债券的登记结算机构应当建立债券登记、存管、付息、兑付等相关制度。

【例3-8】2025年1月某股份有限公司成功发行了3年期公司债券1 200万元，1年期公司债券800万元。该公司截至2025年5月30日的净资产额为8 000万元，到期需要偿还的债券本息均已偿还，计划于2025年6月再次发行公司债券。请问：根据公司法律制度的规定，该公司此次发行公司债券额最多不得超过多少万元？

【解析】该公司此次发行公司债券额最多不得超过2 000万元。根据《证券法》的规定，发行公司债券时，其累计债券余额不超过公司净资产额的40%。本例中，公司发行公司债券时，累计债券余额不得超过3 200万元(净资产8 000万元×40%＝3 200万元)，该公司2025年发行的尚未偿还的债券为1 200万元(3年期债券)，因此，本次发行公司债券额最多不得超过2 000万元。

三、公司债券的转让

《公司法》规定，公司债券可以转让，转让价格由转让人与受让人约定。公司债券的转让应当符合法律、行政法规的规定。公司债券在证券交易所上市交易的，按照证券交易所的交易规则转让。公司债券由债券持有人以背书方式或者法律、行政法规规定的其他方式转让；转让后由公司将受让人的姓名或者名称及住所记载于公司债券持有人名册，以备公司存查。受让人一经持有该债券，即成为公司的债权人。

发行可转换为股票的公司债券的，公司应当按照其转换办法向债券持有人换发股票，但债券持有人对转换股票或者不转换股票有选择权。法律、行政法规另有规定的除外。

四、债券持有人会议和债券受托管理人

1. 债券持有人会议

公开发行公司债券的，应当为同期债券持有人设立债券持有人会议，并在债券募集办法中对债券持有人会议的召集程序、会议规则和其他重要事项作出规定。债券持有人会议可以对与债券持有人有利害关系的事项作出决议。除公司债券募集办法另有约定外，债券持有人会议决议对同期全体债券持有人发生效力。

2. 债券受托管理人

公开发行公司债券的，发行人应当为债券持有人聘请债券受托管理人，由其为债券持有人办理受领清偿、债权保全、与债券相关的诉讼及参与债务人破产程序等。

债券受托管理人应当勤勉尽责，公正履行受托管理职责，不得损害债券持有人利益。受托管理人与债券持有人存在利益冲突可能损害债券持有人利益的，债券持有人会议可以决议变更债券受托管理人。债券受托管理人违反法律、行政法规或者债券持有人会议决议，损害债券持有人利益的，应当承担赔偿责任。

第八节　公司的财务、会计制度

一、公司财务、会计概述

(一) 公司财务、会计的概念

公司财务、会计是指以财务、会计法规、会计准则为主要依据，以货币为主要表现形式，对公司的整个财务状况和经营活动进行确认、计量、核算和报告，为公司管理者和其他利害关系人

定期提供公司财务信息的活动。

公司财务、会计反映的财务信息包括公司的财务状况和经营活动，如资产负债表、利润表、现金流量表等。公司财务、会计服务的对象是公司管理者和其他利害关系人。其他利害关系人是指公司股东、债权人、潜在投资者、潜在交易方、政府财税机关等。公司财务、会计是需要向外部公开的财务信息，这与公司的管理会计或考核指标数据等不同。

(二) 公司财务、会计制度的意义

公司财务、会计涉及公司股东、债权人、潜在投资者、潜在交易方、公司管理者、政府相关部门等的利益，因此，公司的财务、会计制度具有重要意义，主要表现如下。

(1) 有利于保护投资者和债权人的利益。普通投资者除通过参加决定一些重大事项外，一般不参与公司日常的生产经营，只能通过了解公司的生产经营状况和财务、会计情况，来维护自身的利益。公司资产是对债权人的担保，公司财务状况如何，直接影响其债权是否能得到清偿。公司财务、会计工作的规范化，可以保证公司正确核算经营成果，合理分配利润；可以保证公司资产的完整；使债权人的利益得到保护。

(2) 有利于吸收社会投资和获得交易机会。投资者作出对公司是否投资的决定依赖于公司财务、会计信息的披露。公司财务、会计制度的规范化和公开化，可以使人们方便地了解到公司的经营状况和盈利能力，有利于吸收社会投资。潜在的交易方与公司进行交易时，往往要考察公司的实力，该实力是通过规范的财务会计制度反映的，因此，规范的财务、会计工作可以使公司获得相应的交易机会。

(3) 有利于政府的宏观管理。健全的财务、会计制度有利于正确记录、反映公司的经营状况，有利于政府制定政策，实施管理。

二、公司财务会计报告

公司财务会计报告是反映公司某一特定日期的财务状况和某一期间的经营成果、现金流量等会计信息的书面文件。它由公司的会计报表(或会计表册)构成。《公司法》规定，公司应当在每一会计年度终了时编制财务会计报告，并依法经会计师事务所审计。财务会计报告应当依照法律、行政法规和国务院财政部门的规定制作。公司的组织形式不同，财务会计报告的要求也不同。

(一) 公司财务会计报告的内容

公司财务会计报告主要包括以下内容。

(1) 资产负债表。资产负债表是根据"资产=负债+股东权益"这一基本平衡公式，依照一定的分类标准和次序，将公司在某一特定日期的资产、负债及股东权益各项目予以适当排列编制而成的报表。资产负债表反映公司在某一特定日期的静态财务状况，因而学理上又称之为静态会计报表。它是最基本的也是国际上通行的财务报表。

资产负债表可以提供以下几方面的信息。①反映公司资产的规模和资产构成情况。②反映公司的权益结构。公司的权益结构又称为财务结构，是指公司资金来源中借入资本与自有资本的比例关系。在不同的财务结构下，公司所承受的风险不同。自有资本比例高，说明公司财务基础比较稳固；借入资本比例高，说明公司负债经营程度高，因此风险较大。③通过资产构成与权益结构两方面信息的对比，反映公司的短期偿债能力和支付能力；通过前后期资产负债表的对比，揭示公司财务状况的变化。

(2) 利润表。利润表反映的是公司在一定经营期间的经营成果及其分配情况，也反映了公司

的长期偿债能力，也是其缴纳国家各项税收的依据。

(3) 现金流量表。现金流量表是综合反映一定会计期间内现金和现金等价物来源和运用及其增减变动情况的报表。现金流量表反映的是公司在一定期间的现金和现金等价物流入和流出的会计报表，有利于判断公司的现金流量和资金周转情况。

(4) 附注。附注是对会计报表列示内容的进一步说明，以便于向知晓公司财务会计信息的使用者提供更加全面的财务会计信息。

(二) 财务会计报告的编制、验证与公示

《公司法》规定，公司应当在每一会计年度终了时制作财务会计报告。公司财务会计报告应当由董事会负责编制，并对其真实性、完整性和准确性负责。公司除法定的会计账簿外，不得另立会计账簿。对公司资产，不得以任何个人名义开立账户存储。

公司应当依法聘用会计师事务所对财务会计报告进行审查验证。公司聘用、解聘承办公司审计业务的会计师事务所，依照公司章程的规定，由股东会或者董事会决定。公司股东会或者董事会就解聘会计师事务所进行表决时，应当允许会计师事务所陈述意见。公司应当向聘用的会计师事务所提供真实、完整的会计凭证、会计账簿、财务会计报告及其他会计资料，不得拒绝、隐匿、谎报。监事会依照《公司法》赋予的检查公司财务的职权，对董事会提交股东会审议前的会计表册进行审核。监事会认为必要时，可聘请公司之外的注册会计师对会计表册进行审阅，所需费用由公司负担。监事会审核后，以书面形式将审核报告交给董事会。不论董事会对监事会的审核意见是否持有异议，都应将会计表册连同监事会审核报告一并交股东会。在股东会对会计表册表决前，董事会应将其置备于公司，以便股东查阅。会计表册一经股东会表决承认，会计表册的真实性、准确性、完整性应由公司对其负责，除非由于会计师事务所有重大过错。

对于公开发行证券的公司，其财务报告还应当依照规定进行审计。公开发行证券公司的年度报告中的财务会计报告必须经具有证券期货相关业务资格的会计师事务所审计，审计报告须由该所至少两名具有证券期货相关业务资格的注册会计师签字。已发行境内上市外资股及其衍生证券并在证券交易所上市的公司，还应进行境外审计。

财务会计报告是股东、投资者了解公司经营情况，评估投资价值，评价公司管理层表现的重要依据。公司应当依法披露有关财务会计资料。有限责任公司应当按照公司章程规定的期限将财务会计报告送交股东。股份有限公司的财务会计报告应当在召开股东会年会的 20 日前置备于本公司，供股东查阅；公开发行股份的股份有限公司应当公告其财务会计报告。

三、公司税后利润的分配

(一) 公司税后利润的分配原则及分配顺序

1. 公司税后利润

依照《企业会计准则》的规定，公司利润是公司在一定期间的经营成果，包括营业利润、投资净收益和营业外收支净额。营业利润是营业收入减去营业成本、期间费用和各种流转税及附加税费的余额。投资净收益是公司对外投资收入减去投资损失后的余额。营业外收支净额是指与公司生产经营没有直接关系的各种营业外收入减营业外支出后的余额。公司税后利润则是指公司当年利润减除应纳所得税的余额。

2. 公司税后利润的分配原则和顺序

《公司法》对公司税后利润分配的规定，严格贯彻了兼顾股东、债权人、公司及社会公众利益

的原则，明确公司税后利润首先用于弥补公司亏损，其次用于提留公司公积金，最后才能进行股息和红利的分配。基于上述原则，公司税后利润的分配顺序为：①弥补以前年度的亏损，但不得超过税法规定的弥补期限；②弥补在税前利润弥补亏损之后仍存在的亏损；③提取法定公积金；④提取任意公积金；⑤按股东的出资比例或股东持有的股份比例分配。

公司弥补亏损和提取公积金后所余税后利润，有限责任公司按照股东实缴的出资比例分配，但全体股东约定不按照出资比例分配的除外；股份有限公司按照股东持有的股份比例分配，但股份有限公司章程规定不按持股比例分配的除外。

公司股东会、股东大会或者董事会违反规定，在公司弥补亏损和提取法定公积金之前向股东分配利润的，股东必须将违反规定分配的利润退还公司。

公司持有的本公司股份不得分配利润。

3. 违法利润分配的表现和法律责任

实践中，常见的违法利润分配有以下表现。①公司无利润而实施"分配"。公司在没有可供分配利润(甚至存在亏损)的情况下，以分配股利的名义向股东支付资金(或者虽有利润，但支付给股东的金额多于可供分配的利润)。②公司有利润，未作分配决议就将公司收入以分红名义直接支付给股东。③公司有利润，履行了利润分配的决议程序(例如，股东会通过了分配利润决议)，但未提取法定公积金就实施分配。④公司与股东之间订立不以"税后利润"为分配基础的定额股息或定额回报协议，公司履行该类协议的行为也可能被法院认定为违法分配。

根据《公司法》的规定，违法分配利润将导致两种法律责任。①财产返还责任。该项责任属于无过错责任。无论股东对违法分配是否知情，股东都应当将违反规定分配给自己的利润退还公司。公司分配利润通常支付的是现金，也有可能采用分配实物股利或者股份股利的方式。无论利润采取什么形式分配，只要属于违法分配，股东均应将受领的财产利益返还给公司。②损害赔偿责任。如果违法分配给公司造成损失，股东及负有责任的董事、监事、高级管理人员应当承担赔偿责任。

(二) 公积金制度

公积金是公司在资本之外所保留的资金金额，又称为附加资本或准备金。公积金制度是各国公司法通常采用的一项强制性制度。

公积金分为盈余公积金和资本公积金两类。盈余公积金是从公司税后利润中提取的公积金，分为法定公积金和任意公积金两种。法定公积金按照公司税后利润的10%提取，当公司法定公积金累计额为公司注册资本的50%以上时可以不再提取。公司的法定公积金不足以弥补以前年度亏损的，在依照规定提取法定公积金之前，应当先用当年利润弥补亏损。任意公积金则按照公司股东会或者股东大会决议，从公司税后利润中提取。资本公积金是直接由资本原因形成的公积金，股份有限公司以超过股票票面金额的发行价格发行股份所得的溢价款及国务院财政部门规定列入资本公积金的其他收入，应当列为公司资本公积金。

公积金应当按照规定的用途使用，其用途主要有如下几个方面。①弥补公司亏损。公司的亏损按照国家税法规定可以用缴纳所得税前的利润弥补，超过用所得税前利润弥补期限仍未补足的亏损，可以用公司税后利润弥补；发生特大亏损，税后利润仍不足弥补的，可以用公司的公积金弥补。但是，资本公积金不得用于弥补公司的亏损。②扩大公司生产经营。公司可以根据生产经营的需要，用公积金来扩大生产经营规模。③转增公司资本。公司为了实现增加资本的目的，可以将公积金的一部分转为资本。对用任意公积金转增资本的，法律没有限制，但用法定公积金转增资本时，所留存的该项公积金不得少于转增前公司注册资本的25%。

第九节　公司合并、分立、解散和清算

一、公司合并

(一) 公司合并的形式

公司合并是指两个或两个以上的公司依照法定程序归并为一个公司或创设一个新的公司的法律行为。公司合并的形式有两种：一是吸收合并；二是新设合并。吸收合并是指一个公司吸收其他公司加入本公司，被吸收的公司解散。新设合并是指两个以上公司合并设立一个新的公司，合并各方解散。

(二) 公司合并的程序

知识拓展(3-24)

为确保合并行为顺利、有效，切实保护各有关方面的合法利益，公司合并必须按照法律规定的程序进行。否则，不仅会导致合并的无效，还会产生相应的法律责任。

公司合并
的程序

(三) 公司合并的法律效果

公司合并时，合并各方的债权、债务，应当由合并后存续的公司或者新设的公司承继。

合法的公司合并，其法律效果主要表现在以下三个方面。

(1) 公司的人格的消灭、变更或者设立。①公司消灭。公司合并必然有一个以上的公司解散：在吸收合并中，被吸收的公司解散；在新设合并中，被合并的公司均解散。所以合并是公司解散的事由之一。②公司变更。在吸收合并中，被吸收的公司继续存在但已经发生变更，如其资产或股权结构发生变动。③公司设立。在新设合并时，新公司因之设立。

(2) 股东身份发生变更。合并各方的股东要么丧失股东身份，要么取得另一公司的股东身份。

(3) 债权、债务法定概括移转。《公司法》第 221 条规定，公司合并时，合并各方的债权、债务，应当由合并后存续的公司或者新设的公司承继。据此，因合并而消灭的公司，其权利义务应当由合并后存续或新设的公司概括承受，不得附有任何条件。

二、公司分立

公司分立是指一个公司不经过清算程序，分为两个或两个以上公司的法律行为。实践中，公司分立是调整公司的业务经营和组织再造的重要手段。

(一) 公司分立的形式

知识拓展(3-25)

公司分立的形式有两种：一种是派生分立，即公司以其部分财产另设一个或数个新的公司，原公司存续；另一种是新设分立，即公司以其全部财产分别归入两个以上的新设公司，原公司解散。

(二) 公司分立的程序

公司分立必须按照法定程序方可进行。否则，不仅会导致分立的无效，还会产生相应的法律责任。

公司分立
的程序

(三) 公司分立的法律后果

(1) 公司主体的变更。公司分立涉及公司的解散、变更和新设。在新设分立中，原公司解散，新公司设立；派生分立中，原公司发生变更(股东、注册资本等)，新的公司设立。

(2) 股东和股权的变更。原公司一分为二(多)，原公司的股东变成了新公司的股东。留在原公司的股东虽然身份没有变化，但持股额会发生变化。

(3) 分立后的债务承担。《公司法》第 223 条规定，公司分立前的债务由分立后的公司承担连带责任。但是，公司在分立前与债权人就债务清偿达成的书面协议另有约定的除外。

三、公司解散

(一) 公司解散的概念及其特征

公司解散是指已经成立的公司，因发生法律或章程规定的解散事由而停止营业活动，开始处理未了结的事务，并逐步终止其法人资格的行为。其特征如下。

(1) 公司解散事由发生后，公司并未终止，仍然具有法人资格，可以自己的名义开展与清算有关的活动，直到清算完毕并注销后才消灭其主体资格。

(2) 公司解散的目的是终止其法人资格。

根据《公司法》的规定，公司除合并、分立导致的解散外，必须伴随公司财产与债权债务清算的终止而丧失其法人资格。

(二) 公司解散的原因

公司解散根据原因或条件不同，可分为任意解散和强制解散。但公司破产一般不被作为公司解散事由。而作为与公司解散相并列的另一种公司终止的原因。《公司法》第229条～第231条对公司解散的原因作了明确规定，其中包括自愿解散与强制解散，但未将公司破产纳入其中。

1. 自愿解散

自愿解散又称任意解散，是指基于公司章程的规定或股东会决议而解散公司。自愿解散是基于公司自身的意思而发生，属于自愿行为，而非因法律强制。其事由包括以下三个方面。

(1) 公司章程规定的营业期限届满或者公司章程规定的其他解散事由出现。公司章程规定的营业期限届满或者章程规定的其他解散事由出现，且尚未向股东分配财产的，可以通过修改公司章程而存续。该修改公司章程的表决，有限责任公司须经持有 2/3 以上表决权的股东通过，股份有限公司须经出席股东会会议的股东所持表决权的 2/3 以上通过。

(2) 股东会决议解散。在有限责任公司，股东会对公司解散作出的决议，必须经代表 2/3 以上表决权的通过；在股份有限公司，股东会对解散公司作出的决议，必须经出席会议的股东所持表决权的 2/3 以上通过。一人公司的解散由单个股东决定，国有独资公司的解散由履行出资人职责的机构决定。

(3) 因公司合并或者分立需要解散。公司合并、分立也是股东自治的结果，在很多合并、分立的场合，都伴随着公司解散。例如，吸收合并中，被吸收公司的解散；新设合并中，合并各方公司的解散；新设合并中，原公司的解散。

2. 强制解散

强制解散又称非自愿解散，是指非因公司自身意思，而是因法律规定或行政机关决定或司法机关裁判而解散公司。公司被强制解散的事由主要如下。

(1) 行政解散。行政解散是指因公司违反法律而由行政主管机关作出行政处罚决定导致公司解散。《公司法》第 229 条第 1 款第 4 项规定，依法被吊销营业执照、责令关闭或者被撤销的，公司解散。

实践中，可导致公司被行政解散的违法行为主要有：①虚报注册资本、提交虚假材料或者采取其他欺诈手段隐瞒重要事实取得公司设立登记的，撤销登记；②办理公司登记时虚报注册资本，提交虚假证明文件或者采取其他欺诈手段，情节严重的，吊销营业执照；③公司登记事项发生变更时，未依法办理有关变更登记，情节严重的，吊销营业执照；④伪造、涂改、出租、出借、转让营业执照，情节严重的，吊销营业执照。此外，凡经主管机关批准从事特定行业的公司，当其经营许可被撤销时，公司登记机关要撤销其登记，令其解散。对其中不具备公司条件的，应依法撤销公司登记，取消其法人资格和经营资格。

(2) 司法解散。当公司因股东矛盾陷入僵局，公司董事的行为危及公司存亡，或公司业务遇到显著困难，公司的财产有遭受重大损失之虞时，持有一定比例的出资额或股份的股东，有权请求法院解散公司。法院经审理，可判决公司解散。此即判决解散。

《公司法》第 231 条规定，公司经营管理发生严重困难，继续存续会使股东利益受到重大损失，通过其他途径不能解决的，持有公司 10% 以上表决权的股东，可以请求人民法院解散公司。该规定确立了我国公司僵局的司法解散制度。在公司存续期间发生严重内部矛盾导致公司不能正常运作，甚至使股东利益受到严重损失，被称为公司僵局。

实践中，公司僵局通常表现为如下情形：①公司持续 2 年以上无法召开股东会，公司经营管理发生严重困难；②股东表决时无法达到法定或者公司章程规定的比例，持续 2 年以上不能作出有效的股东会决议，公司经营管理发生严重困难；③公司董事长期冲突，且无法通过股东会解决，公司经营管理发生严重困难；④经营管理发生其他严重困难，公司继续存续会使股东利益受到重大损失。

(三) 公司解散的法律后果

公司进入解散程序后，即出现以下法律后果。

(1) 主体资格依旧存在，但不得再开展新业务。公司解散后，其主体资格并未立即终止，而是仍旧存在，一直到公司清算完毕并注销后主体资格才消灭。但公司在解散后，其权利能力受到法律限制，除从事清算范围内的事项外，不得开展新的营业活动。

(2) 解散信息公示。公司出现解散事由后，应当在 10 日内将解散事由通过国家企业信用信息公示系统予以公示，以便让公司的利益相关主体能及时知悉公司解散的事实。

(3) 进入清算程序。公司解散时，除合并、分立情形外，应成立清算组。清算组成立后，公司原来的代表机构及业务执行机关即丧失权利，由清算组取而代之，清算组对内管理公司事务、对外代表公司行事。公司由此成为清算中的公司。

四、公司清算

(一) 公司清算的概念及其意义

公司清算(liquidation)，是指公司解散后，依照法定程序处分公司财产，了结各种法律关系，并最终使公司归于消灭的行为和程序。

除因合并或分立而解散外，其余原因导致的公司终止，均须经过清算程序。公司清算由一系列行为构成，需要遵循相应的法律程序。通过清算，结束解散公司既存的法律关系，分派解散公司的剩余财产，从而最终消灭解散公司的法人资格。公司经宣告解散后，其法人人格于解散后、清算完结前仍然存在。清算中公司存在的目的仅是便于清算。《公司法》规定，清算期间，公司存续，但不得开展与清算无关的经营活动。公司财产在未依法清偿前，不得分配给股东。

公司清算对于维护债权人利益、保护投资人利益和其他利害关系人的利益等具有重要的意义。

(二) 公司清算的方式

根据《公司法》的规定，公司清算可分为自行清算、指定清算和破产清算。

1. 自行清算

自行清算是指公司自己组织的清算。根据《公司法》第 232 条第 1 款的规定，公司出现法定的解散事由而解散的，应当清算。这些解散事由包括：①基于公司章程规定的事由发生而解散；②股东决议解散；③依法被吊销营业执照、责令关闭或者被撤销而解散；④股东申请法院解散。

公司解散后，应当在合理的时间内确定适格的人对公司进行清算。根据《公司法》第 232 条的规定，董事为公司清算义务人，应当在解散事由出现之日起 15 日内组成清算组进行清算。清算组由董事组成，但是公司章程另有规定或者股东会决议另选他人的除外。

2. 指定清算

指定清算是指经利害关系人申请由人民法院指定清算人进行清算的情形。根据《公司法》第 233 条的规定，公司依法应当清算，逾期不成立清算组进行清算或者成立清算组后不清算的，利害关系人可以申请人民法院指定有关人员组成清算组进行清算。人民法院应当受理该申请，并及时组织清算组进行清算。

公司因依法被吊销营业执照、责令关闭或者被撤销而解散的，作出吊销营业执照、责令关闭或者撤销决定的部门或者公司登记机关，可以申请人民法院指定有关人员组成清算组进行清算。

3. 破产清算

公司被宣告破产后，其清算由企业破产法专门规定，公司法仅作衔接性规定。《公司法》第 242 条规定，公司被依法宣告破产的，依照有关企业破产的法律实施破产清算。《公司法》第 237 条规定，清算组在清理公司财产、编制资产负债表和财产清单后，发现公司财产不足清偿债务的，应当依法向人民法院申请破产清算。人民法院受理破产申请后，清算组应当将清算事务移交给人民法院指定的破产管理人。

(三) 公司清算人

1. 清算组的组成

清算人即公司清算事务的执行人。我国法律对清算人有不同的称谓，如在《个人独资企业法》《合伙企业法》《中华人民共和国信托法》中称为"清算人"；在《民法典》《公司法》《保险法》中称为"清算组"；在《企业破产法》中则称为"破产管理人"。清算组是在清算阶段代表解散中的公司依法处理清算事务的执行机构，负责公司具体的清算工作。

根据《公司法》第 232 条规定，董事为公司清算义务人，应当在解散事由出现之日起 15 日内组成清算组进行清算。清算组由董事组成，但是公司章程另有规定或者股东会决议另选他人的除外。清算义务人未及时履行清算义务，给公司或者债权人造成损失的，应当承担赔偿责任。

2. 清算组的职权与职责

清算组在执行清算业务的范围内拥有广泛的职权。《公司法》第 234 条规定，清算组在清算期间行使下列职权：①清理公司财产，分别编制资产负债表和财产清单；②通知、公告债权人；③处理与清算有关的公司未了结的业务；④清缴所欠税款以及清算过程中产生的税款；⑤清理债权、债务；⑥分配公司清偿债务后的剩余财产；⑦代表公司参与民事诉讼活动。

《公司法》第 238 条规定，清算组成员履行清算职责，负有忠实义务和勤勉义务。清算组成员怠于履行清算职责，给公司造成损失的，应当承担赔偿责任；因故意或者重大过失给债权人造成损失的，应当承担赔偿责任。

（四）公司清算的程序

公司清算应根据《公司法》规定的程序进行，即，依法成立清算组；通知、公告债权人；进行相应的债权申报和债权登记；清理公司财产、编制资产负债表和财产清单；制定清算方案，并报股东会或者人民法院确认；分配公司清算财产；制作、通过清算报告并办理注销登记。

知识拓展(3-26)

公司清算的程序

五、注销登记

根据《市场主体登记管理条例》，公司因解散、被宣告破产或者其他法定事由需要终止的，应当依法向登记机关申请注销登记。经登记机关注销登记，公司终止。公司注销依法须经批准的，应当经批准后向登记机关申请注销登记。人民法院裁定强制清算或者裁定宣告破产的，有关清算组、破产管理人可以持人民法院终结强制清算程序的裁定或者终结破产程序的裁定，直接向登记机关申请办理注销登记。

《公司法》规定了两种特别注销程序，分别如下。

（一）简易注销程序

根据《公司法》第 240 条规定，公司在存续期间未产生债务，或者已清偿全部债务的，经全体股东承诺，可以按规定通过简易程序注销公司登记。通过简易程序注销公司登记，应当通过国家企业信用信息公示系统予以公告，公告期限不少于 20 日。公告期限届满后，未有异议的，公司可以在 20 日内向公司登记机关申请注销公司登记。公司通过简易程序注销公司登记，股东对上述公司债务情况承诺不实的，应当对注销登记前的债务承担连带责任。

公司注销依法须经批准的，或者公司被吊销营业执照、责令关闭、撤销，或者被列入经营异常名录的，不适用简易注销程序。

（二）强制注销程序

根据《公司法》第 241 条规定，公司被吊销营业执照、责令关闭或者被撤销，满 3 年未向公司登记机关申请注销公司登记的，公司登记机关可以通过国家企业信用信息公示系统予以公告，公告期限不少于 60 日。公告期限届满后，未有异议的，公司登记机关可以注销公司登记。依照上述规定注销公司登记的，原公司股东、清算义务人的责任不受影响。

典型
例题解析

即测
即评

思考与探索

1. 试述公司的概念和特征。
2. 试述公司法人人格否认制度。
3. 试述股东的权利和义务。
4. 试述公司资本的主要内容。
5. 试述公司的设立与成立的区别。
6. 试述公司章程的性质、内容和效力。
7. 什么是有限责任公司?设立有限责任公司的条件是什么?
8. 试述有限责任公司股东会、董事会、监事会的职权。
9. 试述一人公司的概念及其特征。
10. 试述有限责任公司股权转让的规则。
11. 什么是股份有限公司?和有限责任公司相比,两者有哪些不同?
12. 试述股份有限公司发起人在公司设立过程中应承担的法律责任。
13. 试述股份有限公司监事会的职权。
14. 试述《公司法》对股份有限公司股份转让的限制。
15. 如何理解股东代表诉讼?
16. 试述公司债、公司债券与公司股份、股票的区别。
17. 试述公司税后利润分配的顺序。
18. 试述公司解散制度。

法务研议

案情一: 2019年6月6日,曲直与三位好友薛峰、司令、施煜商量,让他们帮助自己成立公司,具体方法为:由三位好友分别虚构欠曲直钱款人民币200万元的欠条,等公司成立后再设法抽逃出资并销毁欠条。三位好友表示"同意"并按照曲直的请求出具了欠条。

2019年7月7日,曲直、薛峰、司令、施煜、吕晟五人组建了深圳力拓超硬材料制品有限公司,主营金刚石砂轮的研发、生产和销售。公司注册资本为人民币1200万元,其中吕晟以技术作价人民币200万元出资;曲直实际共出资人民币1000万元,其中以自己名义出资人民币400万元,其余600万元分别以薛峰、司令、施煜的名义出资。公司章程规定以出资数额多少作为股权行使的依据,公司在运营期间股权不得转让。公司的董事长兼法定代表人为曲直的父亲曲天铭(现年82岁,系主攻外国文学、患有心脏病的退休教授),公司的财务部负责人为曲直的妻子桂琳,曲直自任该公司的董事长助理兼董事长办公室主任,吕晟负责公司的生产和经营。

2019年10月10日,曲直授意薛峰、司令、施煜三人通过签订虚假买卖合同的方式虚构债权债务关系,将他们三人的出资转出以清偿他们在公司成立时所欠曲直的所谓的债务并销毁了欠条。

2019年11月11日,曲直投资人民币200万元成立了一人有限公司——深圳鹏翔新材料有限公司,主营各种材质砂轮的研发、生产和销售,公司董事长为其妻桂琳,财务负责人为曲直。自2014年11月18日以来,桂琳先后多次虚构了深圳力拓超硬材料制品有限公司欠深圳鹏翔新材料有限公司货款的欠条,欠款共计达人民币7800余万元。

2024年12月18日,供货商(长沙利源新材料有限公司)向深圳力拓超硬材料制品有限公司主张3 200余万元债权被拒绝。

截至2025年4月18日，深圳力拓超硬材料制品有限公司一直没有召开股东会，也没有向股东分配利润。而股东吕晟认为，公司自成立以来的生产经营状况都很好，公司的产品一直供不应求。于是吕晟到财务部查阅公司账簿，发现公司自成立以来一直处于亏损状态。

问题：

1. 作为股东，吕晟该如何维护自己的合法权益？

2. 作为债权人，长沙利源新材料有限公司可采取哪些措施维护合法权益？

3. 作为商业伙伴，如果你正准备与深圳力拓超硬材料制品有限公司交易，你应该采取哪些措施防范商业风险？

案情二： 2024年8月2日，兴平家装有限公司(下称兴平公司)与甲、乙、丙、丁四个自然人，共同出资设立大昌建材加工有限公司(下称大昌公司)。在大昌公司筹建阶段，兴平公司董事长马玮被指定为设立负责人，全面负责设立事务，马玮又委托甲协助处理公司设立事务。

2024年8月25日，甲以设立中公司的名义与戊签订房屋租赁合同，以戊的房屋作为大昌公司将来的登记住所。

2024年9月5日，大昌公司登记成立，马玮为公司董事长，甲任公司总经理。公司注册资本1 000万元，其中，兴平公司以一栋厂房出资；甲的出资是一套设备(未经评估验资，甲申报其价值为150万元)与现金100万元。

2025年5月，在马玮知情的情况下，甲伪造丙、丁的签名，将丙、丁的全部股权转让至乙的名下，并办理了登记变更手续。乙随后于2021年8月，在马玮、甲均无异议的情况下，将登记在其名下的全部股权作价300万元，转让给不知情的吴耕，同时办理了登记变更等手续。

经审理查明：第一，兴平公司所出资的厂房，其所有权原属于马玮父亲，2023年8月，马玮在其父去世后，以伪造遗嘱的方式取得所有权，并于同年8月，以该厂房投资设立兴平公司，马玮占股80%，而马父遗产的真正继承人是马玮的弟弟马祎；第二，甲的100万元现金出资，系由其朋友满钺代垫，且在2024年9月10日，甲将该100万元自公司账户转到自己账户，随即按约还给满钺；第三，甲出资的设备在2024年9月初的价值为130万元；在2025年3月的价值为80万元。

问题：

1. 甲以设立中公司的名义与戊签订的房屋租赁合同，其效力如何？为什么？

2. 在2025年3月，丙、丁能否主张甲设备出资的实际出资额仅为80万元，进而请求甲承担相应的补足出资责任？为什么？

3. 在甲不能补足其100万元现金出资时，满钺是否要承担相应的责任？为什么？

4. 马祎能否请求大昌公司返还厂房？为什么？

5. 乙能否取得丙、丁的股权？为什么？

6. 吴耕能否取得乙转让的全部股权？为什么？

第四章

企业破产法律制度

导读提示

破产是法律规定的公平清偿债务的一种特殊手段，其目的在于通过破产的程序使全体债权人获得公平受偿、保护债权人的合法权益。《企业破产法》鼓励当事人积极寻求以避免企业倒闭清算的方式来公平清偿债务。

第一节　企业破产法概述

一、破产的概念与特征

一般认为，破产(bankruptcy)是指对丧失清偿能力的债务人，经法院依法审理，强制清算其全部财产，公平、有序地清偿全体债权人的法律制度。"丧失清偿能力"是指不能清偿到期债务，并且资产不足以清偿全部债务或者明显缺乏清偿能力的情形。就破产的性质而言，破产是一种法律规定的债务清偿的特殊手段，其目的在于通过破产的程序使全体债权人获得公平受偿、保护债权人的合法权益。破产一般是指破产清算程序，但在谈及破产法律制度时，通常是从广义上理解，不仅包括破产清算制度，而且包括以挽救债务人、避免破产为目的的重整、和解等法律制度。

知识拓展(4-1)

破产制度与民事诉讼和执行制度的关联

民事诉讼和执行制度在解决债务纠纷的过程中发挥着重要的作用，破产制度与前述制度存在着明显的不同。破产具有以下特征。

(1) 破产是一种特殊的偿债手段，它是以债务人自身的消灭为前提。债务人以全部资产一次性偿债后就丧失主体资格。

(2) 破产是在特定情况下适用的偿债手段。各国适用破产程序的条件不同，一般是资不抵债或是不能清偿到期债务。

(3) 破产制度的主要目的在于公平地清偿债务。破产制度对全体债权人适用，并且以公平为前提。

(4) 破产是通过诉讼程序实施的清偿手段。破产是通过国家司法强制力实施的，必须由法院介入，代表国家进行。

二、企业破产法概述

企业破产法是规定在债务人丧失清偿能力时，法院强制对其全部财产进行清算分配，公平、有序清偿债权人，或通过债务人与债权人会议达成的和解协议清偿债务，或进行企业重整，避免债务人破产的法律规范的总称。

狭义的企业破产法仅指对企业法人破产清算的法律，如《企业破产法》；广义的企业破产法则还包括其他有关破产的法律、法规、行政规章、司法解释及散见于其他立法中的调整破产关系的法律规范，如《商业银行法》《保险法》《公司法》《合伙企业法》等立法中有关破产的规定。现代意义上的企业破产法均由破产清算制度与挽救债务人的和解、重整等制度两方面的法律构成，属于广义上的企业破产法。

根据《企业破产法》第 2 条规定，其主体适用范围是所有的企业法人。同时，《企业破产法》第 135 条规定，其他法律规定企业法人以外的组织的清算，属于破产清算的，参照适用本法规定的程序。这适当扩大了企业破产法的实际适用范围。

知识拓展(4-2)

如何认识《企业破产法》

知识拓展(4-3)

《企业破产法》的适用范围

第二节 破产申请和受理

一、破产原因

破产原因，也称破产界限，是指认定债务人丧失清偿能力，当事人据以提出破产申请，法院据以启动破产程序的法律事实。《企业破产法》规定，企业法人不能清偿到期债务，并且资产不足以清偿全部债务或者明显缺乏清偿能力的，依照《企业破产法》规定清偿债务。

企业破产的实质标准是不能清偿到期债务(通常简称为不能清偿，是指债务人对债权人请求偿还的到期债务，因丧失清偿能力而持续无法偿还的客观财产状况)，需要满足以下三个条件：①债务人不能清偿的是已到期、债权人提出偿还请求的、无争议或已有确定名义(指已经生效的判决、裁决确定)的债务；②债务人明显缺乏清偿债务的能力，即不能以财产、信用或能力等任何方式清偿债务；③债务人对全部或者主要债务长期连续不能偿还，而非暂时的资金周转不灵。

知识拓展(4-4)

《企业破产法》及司法解释对破产原因的规定

二、破产申请

破产申请，是指债权人、债务人以及依法负有清算责任的人向法院提出的宣告企业破产的请示。企业破产案件由债务人住所地人民法院管辖。债务人住所地是指债务人的主要办事机构所在地，债务人主要办事机构不明确的，由其注册地人民法院管辖。提出破产申请时，应当向人民法院提交破产申请书及有关证据。破产申请书应当载明下列事项：①申请人、被申请人的基本情况；

②申请目的,即和解、重整或者破产清算;③申请的事实和理由,包括债权债务的由来、债权的性质和数额、债权到期债务人不能清偿的事实理由等;④人民法院认为应当载明的其他事项。债务人提出申请的,还应当向人民法院提交财产状况说明、债务清册、债权清册、有关财务会计报告、职工安置预案及职工工资的支付和社会保险费用的缴纳情况等。

三、破产申请受理

债务人发生破产原因,可以向人民法院提出破产申请。债务人不能清偿到期债务,债权人可以向人民法院提出破产清算申请。债权人提出破产申请的,人民法院应当自收到申请之日起 5 日内通知债务人。债务人对申请有异议的,应当自收到人民法院通知之日起 7 日内向人民法院提出。人民法院应当自异议期满之日起 10 日内裁定是否受理。除上述规定的情形外,人民法院应当自收到破产申请之日起 15 日内裁定是否受理。

人民法院受理破产申请的,应当自裁定作出之日起 5 日内送达申请人。人民法院裁定不受理破产申请的,应当自裁定作出之日起 5 日内送达申请人并说明理由,申请人对不受理的裁定不服的,可自裁定送达之日起 10 日内向上一级人民法院提起上诉。人民法院受理企业破产申请后至破产宣告前,发现债务人不符合法律规定的受理条件的,应当裁定驳回破产申请。申请人对驳回破产申请的裁定不服的,可以在裁定送达之日起 10 日内向上一级人民法院提起上诉。人民法院应当自裁定受理破产申请之日起 25 日内通知已知债权人,并予以公告。

人民法院受理破产申请后,债务人对个别债权人的债务清偿无效。有关债务人财产的保全措施解除,执行程序中止;已经开始而尚未终结的有关债务人的民事诉讼或者仲裁中止;在管理人接管债务人的财产后,该诉讼或者仲裁继续进行;有关债务人的民事诉讼,只能向受理破产申请的法院提起。法院在裁定受理破产申请的同时指定管理人。管理人是在破产程序进行中,管理债务人财产的机关。

随堂练习(4-1)

债务人在破产申请被受理前 4 个月时,已经具备破产原因,仍选择对个别债权人的债权进行清偿。根据企业破产法律制度的规定,下列表述中,正确的是(　　)。

A. 债务人支付劳动报酬的,可以撤销

B. 使债务人财产受益的个别清偿,可以撤销

C. 债务人为维系基本生产需要而支付水费的,可以撤销

D. 债务人与债权人恶意串通,通过诉讼程序进行的个别清偿,损害其他债权人利益的,可以撤销

四、债权申报

债权申报是指债务人的债权人在接到人民法院的破产申请受理裁定通知或者公告后,在法定期限内向人民法院申请登记债权,以取得破产债权人地位的行为。在人民法院确定的债权申报期限内,债权人未申报债权的,可以在破产财产最后分配前补充申报;但是,此前已进行的分配,不再对其补充分配。为审查和确认补充申报债权的费用,由补充申报人承担。债权人未依照《企业破产法》规定申报债权的,不得依照《企业破产法》上的程序行使权利。债权申报期限自人民

法院发布受理破产申请公告之日起计算，最短不得少于 30 日，最长不得超过 3 个月。

第三节 债务人财产

一、债务人财产概述

(一) 债务人财产的概念

债务人财产是指在破产程序中被破产管理人依法管理的为债务人所拥有的全部财产。它不同于破产财产。破产财产是指在破产过程中扣押的，由管理人依照破产程序分配给债权人的全部财产。在破产宣告以前，债务人的财产管理都服从于债务清理和企业拯救这两个目的。只有在破产宣告以后，债务人财产才成为以清算分配为目的的破产财产。

管理人接管的财产通常不等同于债务人的财产，管理人接管的财产可能因为管理人行使撤销权或追回权而增加，也可能因为利害关系人向管理人主张别除权、取回权或抵销权而减少。

(二) 债务人财产的范围

《企业破产法》规定，债务人财产的范围包括破产申请受理时属于债务人的全部财产，以及破产申请受理后至破产程序终结前债务人取得的财产两部分，具体如下。

(1) 破产申请受理时属于债务人的财产。主要包括以下情形：①有形财产、无形财产、货币和有价证券、投资权益和债权。其中，无形财产包括土地使用权、知识产权、专有技术、特许经营权等。②未成为担保物的财产和已成为担保物的财产。③位于我国境内的财产和位于我国境外的财产。

知识拓展(4-5)

债务人财产范围的界定

(2) 破产申请受理后至破产程序终结前债务人取得的财产。主要包括以下情形：①程序开始后债务人财产的增值，包括孳息、经营收益和其他所得。例如，租金、利息、销售利润、股票红利、不动产升值、新投资、退税等。②程序开始后收回的财产，如追收的债款、追回的被侵占财产、接受返还的财产、因错误执行而获得执行回转的财产等。③债务人的出资人在尚未完全履行出资义务的情况下补缴的出资。

随堂练习(4-2)

根据企业破产法律制度的规定，下列财产中，属于债务人财产的有( )。
A. 破产申请受理时债务人租赁他人的厂房
B. 破产申请受理后债务人得到的银行存款利息
C. 破产申请受理时债务人用于抵押担保的财产
D. 破产申请受理时债务人对按份共有财产所享有的份额

二、与债务人财产相关的权利

(一) 撤销权和追回权

债务人在处于破产状态或者预期将处于破产状态的情况下，从事的使破产财产不当减少或者不公平清偿的交易，会损害多数债权人和其他利益相关者的利益。《企业破产法》针对程序开始前的交易活动设立的撤销权和追回权，旨在对债务人财产加以保全和防止个别人抢先受偿，以满足利益相关者对于债务人的财产所存在的公平清偿和企业维持的合理预期。

1. 撤销权

撤销权是指因债务人实施的减少债务人财产的行为危及债权人的债权时，管理人可以请求人民法院撤销该行为的权利。设立撤销权制度的目的在于恢复债务人财产，防止因债务人对财产的不当处理损害债权人的利益，最大限度地确保债权人债权的实现。

撤销权应由管理人行使并向人民法院提起，追回的财产应并入债务人的财产。《企业破产法》规定，管理人可以行使撤销权的情形主要有以下几种。

(1) 人民法院受理破产申请前1年内，涉及债务人财产的下列行为，管理人有权请求人民法院予以撤销：①无偿转让财产的；②以明显不合理的价格进行交易的；③对没有财产担保的债务提供财产担保的；④对未到期的债务提前清偿的；⑤放弃债权的。

(2) 人民法院受理破产申请前6个月内，债务人有《企业破产法》第2条第1款规定的情形，仍对个别债权人进行清偿的，管理人有权请求人民法院予以撤销。但是，个别清偿使债务人财产受益的除外。

需要说明的是，为了强化对债权人债权的保护，《企业破产法》规定涉及债务人财产的下列行为无效而非可撤销：①为逃避债务而隐匿、转移财产的。②虚构债务或者承认不真实的债务的。该行为自实施之日起就没有法律效力，如果据此取得财产，管理人有权予以追回。

【例4-1】甲公司因经营管理不善，不能清偿到期债务，2025年4月20日被其债权人乙公司申请破产，人民法院于同年4月28日裁定受理该破产申请，在破产程序进行中，乙公司向管理人提供，甲公司在上年度2月放弃拥有的对其控股公司丙的20万元债权，那么管理人能否请求人民法院撤销甲公司放弃20万元债权的行为？

【解析】管理人不能请求人民法院撤销甲公司放弃20万元债权的行为。因为根据《企业破产法》规定，可撤销的行为必须发生在人民法院受理破产申请前1年内。

2. 追回权

追回权是指因债务人、债务人企业的出资人、董事、管理人员的不当行为导致债务人财产遭受损害的，法律赋予管理人依法追回有关财产的权利。追回权的行使，既是管理人的权利也是管理人的义务。管理人通过行使追回权，使债务人财产增加，从而实现债权人利益的最大化。根据《企业破产法》的规定，管理人对以下财产享有追回权。

(1) 因实施被人民法院撤销的行为或破产无效行为而取得的债务人的财产，管理人有权追回。

(2) 人民法院受理破产申请后，债务人的出资人尚未完全履行出资义务的，管理人应当请求该出资人缴纳所认缴的出资，而不受出资期限的限制。

(3) 债务人的董事、监事和高级管理人员利用职权从企业获取的非正常收入和侵占的企业财产，管理人应当追回。

知识拓展(4-6)

(二) 取回权

1. 取回权的概念

取回权是指在破产程序中，财产权利人对属于自己的财产向管理人请求取回的权利。作为以物权为基础的请求权，取回权是在破产程序中行使的对特定物的返还请求权。

取回权
的法律特征

2. 取回权的行使

根据《企业破产法》的规定，人民法院受理破产申请后，债务人占有的不属于债务人的财产，该财产的权利人可以通过管理人取回。实践中，作为取回权标的物的"不属于债务人的财产"主要包括：①合法占有的他人财产。即有合法根据而占有的属于他人的财产，包括共有财产、委托管理的财产、租赁财产、借用财产、加工承揽财产、寄存财产、寄售财产以及基于其他法律关系交破产人占有但未转移所有权的他人财产。②不法占有的他人财产。即无合法根据而占有的属于他人的财产。例如，非法侵占的财产，受领他人基于错误所为之给付而取得的财产，破产人据为己有的他人遗失财产。

实践中，人民法院受理破产申请时，出卖人已将买卖标的物向作为买受人的债务人发运，债务人尚未收到且未付清全部价款的，出卖人可以取回在运途中的标的物。但是，管理人可以支付全部价款，请求出卖人交付标的物。

破产宣告后，破产程序终结前，取回权人可随时向管理人请求取回财产。管理人收到取回权人的请求后，经证明属实的，应予以返还。

取回权标的物应当原物返还。取回权标的物因已经处分或者毁损、灭失而不能原物返还的，应当折价返还。

管理人在处理以取回权为由提出的给付请求时，如果认为请求人缺乏权利根据，可以拒绝给付。由此发生争议的，请求人可以向受理破产案件的人民法院提起诉讼。

随堂练习(4-3)

2025 年 3 月法院受理甲公司破产申请，并指定了管理人。现查明，甲公司所占有的一台精密仪器实为乙公司委托甲公司承运而交付给甲公司的。关于乙公司的取回权，下列说法错误的是(　　)。

A. 乙公司未在规定期限内行使取回权，则其取回权归于消灭

B. 管理人否认乙公司的取回权时，乙公司可以诉讼方式主张其权利

C. 乙公司未支付相关运输、保管等费用时，管理人可拒绝其取回该仪器

D. 取回权应在破产财产变价方案或和解协议、重整计划草案提交债权人会议表决之前行使

（三）抵销权

抵销权，是指债务人在破产申请受理后，在立案前与债务人互负债务的债权人享有的不依破产程序，而以其对该债务人和所欠债务在对等数额内相互抵销的权利。企业破产法上的抵销，可以对不同种类的债务折价抵销，对未到期的债务，可以扣除期限利益后抵销。

抵销权是对破产债权人利益的一种特别保护措施，其实质是给予对破产人负有债务的债权人一种优先权，避免在破产宣告后，债权人对破产人所享有的债权只能从破产人得到不完全清偿，而债权人对破产人的债务却必须完全清偿的不公平现象的发生。

法条链接

根据《企业破产法》的规定，抵销权的行使应符合下列要求。

(1) 债权人的债权已经依法申报并得到确认。

(2) 主张抵销的债权债务均发生于破产申请受理之前。

(3) 抵销权只能由债权人行使，且债权人必须向管理人提出。

《企业破产法》及
司法解释关于抵
销权的规定

(4) 有下列情形之一的，不得主张抵销权：①债务人的债务人在破产申请受理后取得他人对债务人的债权的；②债权人已知债务人有不能清偿到期债务或者破产申请的事实，对债务人负担债务的，但是债权人因为法律规定或者有破产申请1年前所发生的原因而负担债务的除外；③债务人的债务人已知债务人有不能清偿到期债务或者破产申请的事实，对债务人取得债权的，但是债务人的债务人因为法律规定或者有破产申请1年前所发生的原因而取得债权的除外。

实践中，债权人依法向管理人行使抵销权时，管理人不得主动抵销债务人与债权人的互负债务，但抵销使债务人财产受益的除外。

【例4-2】A公司与B公司在2024年7月1日签订房屋租赁合同，约定A公司将五间临街房出租给B公司用作商业经营，租期5年，自当年7月5日开始计算租期，每年租金10万元，每年支付一次。当年10月A、B双方又签订买卖合同，由B公司向A公司提供货物，A公司应付货款20万元。2025年7月13日其他债权人申请A公司破产，人民法院裁定受理破产申请，指定管理人对A公司的债权债务及财产进行清理清算。B公司向管理人申报债权时提出以其所欠A公司某年的租金10万元的债务，与A公司欠其20万元的债务相抵，租赁合同解除，剩余的10万元的货款作为债权予以申报。请问：B公司的请求是否符合《企业破产法》的规定？

【解析】B公司的请求符合《企业破产法》的规定。本案中，债权人B公司对破产企业A公司的10万元的租金债务产生在A公司被申请破产之前，即2025年7月13日之前，因此B公司的抵销请求符合《企业破产法》的规定。

（四）别除权

《企业破产法》第109条规定，对破产人的特定财产享有担保权的权利人，对该特定财产享有优先受偿的权利。此项权利即是企业破产法理论上的别除权。别除权是指债权人因其债权设有物权担保(抵押、质押、留置)或享有法定特别优先权，而在破产程序中就债务人(破产人)特定财产享有的优先受偿权利。别除权人行使优先受偿权利未能完全受偿的，其未受偿的债权作为普通债权；放弃优先受偿权利的，其债权作为普通债权。别除权的优先受偿权不受破产清算与和解程序的限制，但在重整程序中受到一定限制。

债权人在破产程序中享有和行使别除权，需具备以下条件：①有财产担保的权利应在破产宣告前依法成立并经申报和确认，即债权和担保权应合法成立并生效且债权已依法申报并获得确认；②该权利的担保应为物权担保。《民法典》规定的物权担保形式有抵押、质押和留置三种，因此，以这三种方式担保的债权可以构成别除权。

知识拓展(4-7)

行使别除权的方法

别除权人行使别除权，不受破产程序的约束。行使别除权的方法，依标的物的占有状态不同而不同。

实践中，别除权标的物折价或者拍卖、变卖后，其价款超过债权数额的部分，应当归入破产财产。其价款不足以清偿全部债务的，不足清偿的部分作为破产债权，通过清算分配程序受偿。

如果别除权标的物对于破产企业的继续营业或者破产财产的整体变价具有重要意义，需要收回和列入破产财产的，则管理人可以在被担保债权由该标的物所能实现的清偿范围内，提供相同数额的清偿或者替代担保，从而收回该标的物。

管理人可以通过清偿债务或者提供为债权人接受的担保，收回质物、留置物。

三、破产费用和共益债务

(一) 破产费用

破产费用是指人民法院受理破产申请后，在破产程序进行中为全体债权人共同利益而必须支付的各项费用。人民法院受理破产申请后发生的下列费用属于破产费用：①破产案件的诉讼费用；②管理、变价和分配债务人财产的费用；③管理人执行职务的费用、报酬和聘用工作人员的费用。

(二) 共益债务

共益债务是指人民法院受理破产申请后，管理人为全体债权人的共同利益管理财产时所负担或产生的债务。

人民法院受理破产申请后发生的下列债务属于共益债务：①因管理人或者债务人请求对方当事人履行双方均未履行完毕的合同所产生的债务；②债务人财产受无因管理所产生的债务；③因债务人不当得利所产生的债务；④为债务人继续营业而应支付的劳动报酬和社会保险费用以及由此产生的其他债务；⑤管理人或者相关人员执行职务致人损害所产生的债务；⑥债务人财产致人损害所产生的债务。

(三) 破产费用和共益债务的清偿

破产费用和共益债务的清偿，应遵循下列原则：①随时清偿。即随时发生，随时清偿，并非与破产债权同时清偿。②破产费用优先。当债务人财产不足以清偿所有破产费用和共益债务的，先行清偿破产费用。③足额清偿。即破产费用和共益债务发生多少，就足额清偿多少，如果不能足额清偿的，管理人应当提请人民法院终结破产程序。人民法院应当自收到请求之日起 15 日内裁定终结破产程序，并予以公告。若债务人财产不足以清偿所有的破产费用和共益债务的，按照比例清偿。

第四节　管理人与债权人会议

一、管理人

(一) 管理人的概念

管理人，也称破产管理人(bankruptcy trustee)，是人民法院依法受理破产申请的同时指定的全面接管破产企业并负责破产财产的保管、清理、估价、处理和分配，总管破产事务的人。破产管理人制度是企业破产法律制度中一项重要的内容。

管理人由人民法院指定。债权人会议认为管理人不能依法、公正执行职务或者有其他不能胜任职务情形的，可以申请人民法院予以更换。

(二) 管理人的组成

管理人可以由有关部门、机构的人员组成的清算组或者依法设立的律师事务所、会计师事务所、破产清算事务所等社会中介机构担任。管理人除了可以由有关组织担任外，也可以由自然人担任。个人担任管理人的，应当参加执业责任保险。

管理人的报酬由人民法院确定。管理人是独立于债权人会议、法院、债务人之外的组织，管理人的破产管理是有偿的服务，管理人依法履行职责的同时理应获得相应的报酬。管理人的报酬属于破产费用，标准由人民法院确定。债权人会议对管理人的报酬有异议的，有权向人民法院提出，由人民法院决定是否需要对管理人的报酬进行调整。

不得担任管理人的情形包括：①因故意犯罪受过刑事处罚；②曾被吊销相关专业执业证书；③与本案有利害关系；④人民法院认为不宜担任管理人的其他情形。

(三) 管理人的职责及其限制

1. 管理人的职责

管理人依法履行职责，向人民法院报告工作，并接受债权人会议和债权人委员会的监督。《企业破产法》规定，管理人履行下列职责：①接管债务人的财产、印章和账簿、文书等资料；②调查债务人财产状况，制作财产状况报告；③决定债务人的内部管理事务；④决定债务人的日常开支和其他必要开支；⑤在第一次债权人会议召开之前，决定继续或者停止债务人的营业；⑥管理和处分债务人的财产；⑦代表债务人参加诉讼、仲裁或者其他法律程序；⑧提议召开债权人会议；⑨人民法院认为管理人应当履行的其他职责。

2. 对管理人履行职责的限制

在第一次债权人会议召开之前，管理人实施下列行为时，应当经人民法院许可：决定继续或者停止债务人的营业；涉及土地、房屋等不动产权益的转让；探矿权、采矿权、知识产权等财产权的转让；全部库存或者营业的转让；借款；设定财产担保；债权和有价证券的转让；履行债务人和对方当事人均未履行完毕的合同；放弃权利；担保物的取回(以债务清偿为条件)；对债权人的利益有重大影响的其他财产处分行为。

随堂练习(4-4)

2025年4月6日人民法院受理了甲公司的破产申请，管理人查明，2024年9月9日，甲公司向乙公司出售价值100万元的设备，约定设备所有权自价款付清之日转移给乙公司。乙公司按约定支付第一批价款80万元，第二批价款按约定应于2025年11月1日支付。管理人决定继续履行该合同。下列表述中，正确的有(　　)。

A. 乙公司有权解除合同

B. 管理人无权取回设备

C. 该合同属于双方均未履行完毕的合同

D. 管理人有权要求乙公司提前清偿第二期价款

二、债权人会议

(一) 债权人会议的组成

债权人会议(creditors meeting)是由申报债权的全体债权人组成的自治性组织，是表达债权人意志的机构。债权人会议是债权人行使破产参与权的场所，它本身不是执行机关，也不是民事权利主体，不能以其名义对外进行民事活动。但它可以协调、平衡债权人之间的利益关系，可以通过参与和监督破产程序，维护全体债权人的利益。

依法申报债权的债权人为债权人会议的成员，有权参加债权人会议，享有表决权。但是债权尚未确定的债权人，除人民法院能够为其行使表决权而临时确定债权额的以外，不得行使表决权；对债务人特定财产享有担保权的债权人，未放弃优先受偿权利的，其对通过和解协议和破产财产的分配方案的事项不享有表决权。

债权人会议应当有债务人的职工和工会的代表参加，对有关事项发表意见。

债权人会议设会议主席 1 人，由人民法院从有表决权的债权人中指定。

（二）债权人会议的召集

第一次债权人会议由人民法院召集，自债权申报期限届满之日起 15 日内召开，由人民法院主持。第一次债权人会议以后的债权人会议，在人民法院认为必要时，或者管理人、债权人委员会、占债权总额 1/4 以上的债权人向债权人会议主席提议时召开。召开债权人会议时，管理人应当提前 15 日将会议的时间、地点、内容、目的等事项通知已知的债权人。

（三）债权人会议的职权

债权人会议依法行使下列职权：①核查债权；②申请人民法院更换管理人，审查管理人的费用和报酬；③监督管理人；④选任和更换债权人委员会成员；⑤决定继续或者停止债务人的营业；⑥通过重整计划；⑦通过和解协议；⑧通过债务人财产的管理方案；⑨通过破产财产的变价方案；⑩通过破产财产的分配方案；⑪人民法院认为应当由债权人会议行使的其他职权。

（四）债权人会议的决议

根据债权人会议议决事项的不同，债权人会议的决议分为普通决议与特别决议两类。

普通决议由出席会议的有表决权的债权人过半数通过，并且其所代表的债权额占无财产担保债权总额的半数以上。

特殊决议包括以下两种：①通过和解协议草案的决议，由出席会议的有表决权的债权人过半数通过，并且其所代表的债权额占无财产担保债权总额的 2/3 以上；②通过重整计划草案决议，按债权类型分组进行表决，由出席会议同一表决组的债权人过半数同意，并且其所代表的债权额占该组债权总额的 2/3 以上，为该组通过。各表决组均通过时，重整计划即为通过。

债权人会议通过债务人财产的管理方案以及破产财产的变价方案等事项时，经债权人会议表决未通过的，由人民法院裁定。债权人对人民法院作出的裁定不服的，可以自裁定宣布之日或者收到通知之日起 15 日内向人民法院申请复议。复议期间不停止裁定的执行。

债权人会议通过破产财产分配方案事项时，经 2 次表决仍未通过的，由人民法院裁定。债权额占无财产担保债权总额 1/2 以上的债权人对人民法院作出的裁定不服的，可以自裁定宣布之日或者收到通知之日起 15 日内向该人民法院申请复议。

（五）债权人委员会

债权人会议可以根据实际情况决定设立债权人委员会，专门行使日常监督权。债权人委员会由债权人会议选任的债权人代表和 1 名债务人的职工代表或者工会代表组成。债权人委员会成员不得超过 9 人。选任的债权人委员会成员并非当然成为债权人委员会成员，债权人委员会成员还应当经人民法院书面决定认可才有效。

第五节 重整、和解与破产清算

一、重整

重整是指当企业法人不能清偿到期债务时，应当事人的申请，在人民法院的主持下，由债务人与债权人达成协议，制订债务人重整计划，使债务人继续营业，并在一定期限内清偿债务的制度。

(一) 重整申请

(1) 尚未进入破产程序时，债务人或者债权人可以直接向人民法院申请对债务人进行重整。

(2) 债权人申请对债务人进行破产清算的，在人民法院受理破产申请后、宣告债务人破产前，债务人或者出资额占债务人注册资本10%以上的出资人，可以向人民法院申请重整。

(二) 重整期间

在重整期间，经债务人申请，人民法院批准，债务人可以在管理人的监督下自行管理财产和营业事务。在重整期间，对债务人的特定财产享有的担保权暂停行使；债务人的出资人不得请求投资收益分配；债务人的董事、监事、高级管理人员不得向第三人转让其持有的债务人的股权，但经人民法院同意的除外。

在重整期间，有下列情形之一的，经管理人或者利害关系人请求，人民法院应当裁定终止重整程序，并宣告债务人破产。

(1) 债务人的经营状况或者财产状况继续恶化，缺乏挽救的可能性。

(2) 债务人有欺诈、恶意减少债务人财产或者其他显著不利于债权人的行为。

(3) 由于债务人的行为致使管理人无法执行职务。

(三) 重整计划的制定

(1) 债务人自行管理财产和营业事务的，由债务人制作重整计划草案；管理人负责管理财产和营业事务的，由管理人制作重整计划草案。

(2) 债务人或者管理人应当自人民法院裁定债务人重整之日起6个月内，同时向人民法院和债权人会议提交重整计划草案。债务人或者管理人未按期提出重整计划草案的，人民法院应当裁定终止重整程序，并宣告债务人破产。

(四) 重整计划的批准

人民法院应当自收到重整计划草案之日起30日内召开债权人会议，对重整计划草案进行表决。出席会议的同一表决组的债权人过半数同意重整计划草案，并且其所代表债权额占该组债权总额的2/3以上的，即为该组通过重整计划草案。债务人或者管理人应当向债权会议就重整计划草案作出说明，并回答询问。

各表决组均通过重整计划草案时，重整计划即为通过。自重整计划通过之日起10日内，债务人或者管理人应当向人民法院提出批准重整计划的申请。人民法院经审查认为符合规定的，应当自收到申请之日起30日内裁定批准，终止重整程序，并予以公告。

债权人参加讨论重整计划草案时，依照下列债权性质，分组进行表决：①对债务人的特定财产享有担保权的债权；②债务人所欠职工的工资和医疗、伤残补助、抚恤费用，所欠的应当划入职工个人账户的基本养老保险、基本医疗保险费用，以及法律、行政法规规定应当支付给职工的补偿金；③债务人所欠税款；④普通债权。重整计划不得规定减免债务人欠缴的上述第②项规定以外的社会保险费用，该项费用的债权不参加重整计划草案的表决。

部分表决组未通过重整计划草案的，债务人或者管理人可以同其协商，该表决组可以在协商后再表决一次。若该组拒绝再次表决或者再次表决仍未通过的，但是重整计划草案符合法律规定条件的，债务人或者管理人可以申请人民法院批准重整计划草案。人民法院经审查认为符合规定的，应当自收到申请之日起30日内裁定批准，并予以公告。人民法院裁定批准的重整计划对债务人和全体债权人均有约束力。债权人对债务人的保证人和其他连带债务人所享有的权利，不受重整计划的影响。

重整计划草案未获得通过且未依照法律的规定获得批准，或者已通过的重整计划未获得批准的，人民法院应当裁定终止重整程序，并宣告债务人破产。

（五）重整计划的执行

(1) 经人民法院裁定批准的重整计划，对债务人和全体债权人均有约束力。

(2) 债权人未依照规定申报债权的，在重整计划执行期间不得行使权利；在重整计划执行完毕后，可以按照重整计划规定的同类债权的清偿条件行使权利。

(3) 债权人对债务人的保证人和其他连带债务人所享有的权利，不受重整计划的影响。

(4) 重整成功的，按照重整计划减免的债务，自重整计划执行完毕时起，债务人不再承担清偿责任。

二、和解

和解是指达到破产界限的债务人，为了避免破产清算，而与债权人会议协商一致达成的解决债务的协议。

（一）和解的提出

债务人可以直接向人民法院申请和解；也可以在人民法院受理破产申请后、宣告债务人破产前，向人民法院申请和解。

（二）和解协议的通过

(1) 债权人会议通过和解协议的决议，由出席会议的有表决权的债权人过半数同意，并且其所代表的债权额占无财产担保债权总额的 2/3 以上。

(2) 债权人会议通过和解协议的，由人民法院裁定认可，并予以公告。和解协议草案经债权人会议表决未获得通过，或者已经债权人会议通过的和解协议未获得人民法院认可的，人民法院应当裁定终止和解程序，并宣告债务人破产。

（三）和解协议的效力

(1) 经人民法院裁定认可的和解协议，对债务人和全体和解债权人均有约束力。

(2) 和解债权人未依照规定申报债权的，在和解协议执行期间不得行使权利；在和解协议执行完毕后，可以按照和解协议规定的清偿条件行使权利。

(3) 和解债权人对债务人的保证人和其他连带债务人所享有的权利，不受和解协议的影响。

(4) 和解协议无强制执行的效力，如债务人不履行和解协议，债权人不能请求人民法院强制执行，只能请求人民法院终止和解协议，宣告其破产。

三、破产清算

（一）破产宣告

破产宣告(bankruptcy declaration)是人民法院依据当事人的申请或法定职权裁定宣布债务人破产以清偿债务的活动。

有下列情形之一的，人民法院应当以书面裁定宣告债务人企业破产：

(1) 企业不能清偿到期债务，又不具备法律规定不予宣告破产条件的；

(2) 企业被人民法院依法裁定终止重整程序的;

(3) 人民法院依法裁定终止和解协议执行的。

人民法院依法宣告债务人破产的,应当自裁定作出之日起5日内送达债务人和管理人,自裁定作出之日起10日内通知已知债权人,并予以公告。债务人被宣告破产后,债务人称为破产人,债务人财产称为破产财产,人民法院受理破产申请时对债务人享有的债权称为破产债权。

破产宣告前,有下列情形之一的,人民法院应当裁定终结破产程序,并予以公告:①第三人为债务人提供足额担保或者为债务人清偿全部到期债务的;②债务人已清偿全部到期债务的。

(二) 破产财产的变价

破产财产是指破产宣告时及破产程序终结前,破产人所有的供破产清偿的全部财产。管理人拟定破产财产的变价方案,并提交债权人会议讨论通过。管理应当按照债权人会议通过的或者人民法院依法裁定的破产财产变价方案,适时变价出售破产财产。变价出售破产财产应当通过拍卖方式进行。破产企业变价出售时应尽可能整体变价出售。破产企业中如果有依法不得自由流通或交易的财产,如黄金、白银等,按照国家规定,由相关部门收购或依有关法律规定处理。

(三) 破产财产的分配

1. 分配顺序

破产财产按照下列顺序进行分配。

(1) 优先清偿破产费用和共益债务。

(2) 在清偿破产费用和共益债务后,按照下列顺序清偿:①所欠职工的工资和医疗、伤残补助、抚恤费用,所欠的应当划入职工个人账户的基本养老保险、基本医疗保险费用,以及法律、行政法规规定应当支付给职工的补偿金;②破产人所欠除前几项规定以外的社会保险费用、破产人所欠税款,如欠缴的失业保险等;③普通破产债权。

2. 破产财产分配中的注意事项

(1) 在前一顺序的债权得到全额偿还之前,后一顺序的债权不予分配。破产财产不足以清偿同一顺序的清偿请求的,按照比例分配。

(2) 在清偿职工工资时,破产企业的董事、监事和高级管理人员的工资不能完全按破产人破产前其实际的工资清偿,而是按照该企业职工的平均工资计算。

(3) 下列不属于破产债权的,不予清偿:①行政、司法机关对破产企业的罚款、罚金以及其他有关费用;②人民法院受理破产申请后债务人未支付应付款项的滞纳金、债务利息;③债权人个人参加破产程序所支出的费用;④超过诉讼时效和强制执行期的债权。

随堂练习(4-5)

根据企业破产法律制度的规定,关于破产财产的分配顺序,下列表述正确的是( )。

A. 私法债权优先于公法债权

B. 职工的法定补偿金优先于职工工资

C. 税收债权优先于债务人侵权行为造成的人身损害赔偿债权

D. 基本养老保险、基本医疗保险以外的社会保险费用优先于税款

3. 破产财产分配方案的实施

管理人拟定破产财产分配方案,经债权人会议通过后,由管理人将该方案提交人民法院裁定

认可。分配方案经人民法院认可后，由管理人执行。

债权人未受领的破产财产分配额，管理人应当提存。债权人自最后分配公告之日起满 2 个月仍不领取的，视为放弃受领分配的权利，管理人或者人民法院应当将提存的分配额分配给其他债权人。

破产财产分配时，对于诉讼或者仲裁未决的债权，管理人应当将其分配额提存。自破产程序终结之日起满 2 年仍不能受领分配的，人民法院应当将提存的分配额分配给其他债权人。

（四）破产程序的终结

破产程序的终结是指破产程序不可逆转地归于结束。《企业破产法》规定，有下列情形之一的，应当终结破产程序：①重整计划执行完毕；②人民法院裁定认可和解协议；③债务人有不予宣告破产的法定事由；④债务人财产不足以清偿破产费用；⑤破产人无财产可供分配；⑥破产财产分配完毕。

人民法院应自收到管理人终结破产程序的请求之日起 15 日内作出是否终结破产程序的裁定。管理人应当自破产程序终结之日起 10 日内，持人民法院终结破产程序的裁定，向登记机关办理注销登记。管理人应于办理注销登记完毕的次日终止执行职务，但是存在诉讼或者仲裁未决情况的除外。

破产人的保证人和其他连带债务人自破产程序终结后，对债权人依照破产清算程序未受清偿的债权，依法继续承担清偿责任。

（五）追加分配

追加分配是在破产分配完成，破产程序终结以后，对于新发现的属于破产人而可用于破产分配的财产，由法院按照破产程序的有关规则对尚未获得满足的破产请求权进行清偿的补充性程序。

破产程序终结后，债权人通过破产分配未能得到清偿的债权不再予以清偿，破产企业未清偿余债的责任依法免除。但是，自破产程序依法终结之日起 2 年内，有下列情形之一的，债权人可以基于法定情形请求人民法院按照破产财产分配方案进行追加分配。

知识拓展(4-8)

导致追加分配
的法定情形

对破产程序终结后发现的破产财产，可以由破产人的上级主管部门或者投资权人追回后，交人民法院分配，也可以由破产债权人直接请求受理原破产案件的人民法院予以追回后进行分配。

实践中，如果追加财产的数额较少，不足以支付分配费用的，则不再进行追加分配，由人民法院将其上缴国库。

典型
例题解析

即测
即评

思考与探索

1. 如何理解企业破产的实质标准？
2. 什么是破产管理人？其职权有哪些？
3. 如何界定企业破产财产和破产债权？
4. 如何理解破产费用与共益债务？
5. 如何理解破产财产的清偿顺序。

法务研议

鑫隆商贸有限公司(以下简称鑫隆公司)是 2014 年成立的一家注册资本为人民币 2 000 万元的有限责任公司，因经营管理不善，对其近 3 年到期和逾期的债务本息均无力偿还，并呈连续状态。鑫隆公司股东会作出破产决议，并于 2025 年 6 月 10 日向人民法院申请破产。2025 年 6 月 27 日，人民法院裁定受理破产申请，指定某会计师事务所作为管理人，并公告通知债权人自公告之日起 20 日内申报债权。

管理人对公司的资产负债情况进行了清理，情况如下。

公司现有房产变价 800 万元，对外长期投资作价 100 万元，设备作价 250 万元，未收回的债权 250 万元(破产终结时未收回)，尚未售出的本公司生产的产品价值 100 万元。

鑫隆公司欠甲公司逾期贷款 400 万元，欠乙银行逾期贷款 1 000 万元，公司与甲乙两单位分别于 2024 年 4 月 22 日和 5 月 9 日补签了房产抵押合同，并且依法办理了抵押物登记手续。欠丙公司贷款 600 万元，以丁银行承兑汇票方式结算，丁银行在 2025 年 3 月 10 日汇票到期时已经付款给丙公司，但鑫隆公司还欠丁银行 100 万元未还。欠戊公司逾期贷款 100 万元，但已过诉讼时效。欠其他公司未到期贷款 300 万元，欠职工债权 200 万元，欠税款 150 万元。破产费用和共益债务 50 万元。

问题：

1. 受案法院在受理鑫隆公司破产申请前后在程序上是否合法？

2. 鑫隆公司可供普通债权人分配的财产有多少？

3. 乙银行可以获得多少偿付？

第五章

合同法律制度

📢 导读提示

合同作为一种民事法律行为，是商品交换在法律上的表现形式。依法成立的合同，受法律保护，当事人应当履行。在履行合同的过程中，当事人可根据实际情形依法采取包括合同保全和担保措施在内的各种方法防范可能产生的风险。无正当理由不履行已生效合同，当事人应承担相应的违约责任。

第一节　合同与合同法律制度概述

一、合同的概念与特征

合同(contract)亦称契约，《民法典》第 464 条规定，合同是民事主体之间设立、变更、终止民事法律关系的协议。根据这一规定，合同具有以下法律特征。

(1) 合同是平等主体之间的民事法律关系。合同是平等当事人之间从事的法律行为，任何一方不论其所有制性质及行政地位，都不能将自己的意志强加给对方。实践中，政府采购合同适用合同法律制度的有关规定。因此，在政府采购的时候，双方的法律地位是平等的。非平等主体之间的合同不属于《民法典》中合同法律制度的调整对象。

(2) 合同是双方或者多方民事法律行为。首先，合同需要两个或两个以上的当事人；其次，合同是民事法律行为，故当事人的意思表示是合同的核心要素；最后，因为合同是双方民事法律行为或者多方民事法律行为，因此合同成立不但需要当事人有意思表示，而且要求当事人之间的意思表示一致。

(3) 合同是当事人之间民事权利与义务关系的协议。首先，根据《民法典》的规定，虽然民事主体之间民事法律关系的设立、变更、终止的协议均在《民法典》合同法律制度的调整范围内，但是根据《民法典》第 464 条第 2 款的规定，婚姻、收养、监护等有关身份关系的协议，适用有关该身份关系的法律规定；没有规定的，可以根据其性质参照适用合同法律制度的规定。其次，合同作为一种法律事实，是当事人自由约定，协商一致的结果。如果当事人之间的约定合法，则在当事人之间产生法律效力。当事人就必须按照约定履行合同义务。任何一方违反合同，都要依法承担违约责任。

(4) 合同以设立、变更或终止民事法律关系为目的和宗旨。合同是一种民事法律行为，是以协议的方式设立、变更、终止民事法律关系的法律事实。不是以设立、变更、终止民事法律关系为目的的协议不属于合同。因此，合同有别于好意施惠行为。

知识拓展(5-1)

好意施惠行为与
合同的区分

【例5-1】甲乙在火车上相识，甲怕自己到站时未醒，请求乙在 A 站唤醒自己下车，乙欣然同意。火车到达 A 站时，甲沉睡，乙也未醒。甲未能在 A 站及时下车，为此支出了额外的费用。甲请求乙赔偿损失。对此应(   )。

A. 由乙承担违约责任   B. 由乙承担侵权责任

C. 由乙承担缔约过失责任   D. 由甲自己承担损失

【解析】答案为 D。乙基于情谊，答应到站时唤醒甲，当事人间并没有就"到站唤醒"达成契约的意思表示，仅仅是一个基于帮助意图的行为。

二、合同的相对性

(一) 合同的相对性概述

合同不同于其他民事法律关系的重要特征就在于合同关系的相对性(privity of contract)。作为合同规则和制度的基石，合同关系的相对性主要是指合同关系只能发生在特定的合同当事人之间，当事人只能基于合同向另一方当事人提出请求或提起诉讼，不能向无合同关系的第三人提出合同上的请求，也不能擅自为第三人设定合同上的义务；非依法律规定或合同约定，第三人不能主张基于合同产生的权利。在合同的订立、履行、违约责任追究过程中，合同的相对性主要体现在主体、内容及责任三个方面。

知识拓展(5-2)

合同相对性
的主要体现

(二) 合同相对性的例外

虽然合同关系具有相对性，但这种相对性在一定条件下也可能会因为"物权化"或者保障债权实现等原因而被打破。《民法典》关于为他人利益的合同的规定、关于合同的保全的规定、关于"所有权让与不破租赁"的规定、关于分包人与承包人共同对发包人承担连带责任、单式联运合同中某一区段的承运人与总的承运人共同向托运人承担连带责任的规定，均属于合同相对性的例外。

合同相对性规则要求在确立合同责任时必须首先明确合同关系的主体和内容，区分不同的合同关系及在这些关系中的主体，从而正确认定责任。

法条链接(5-1)

《民法典》关于
合同相对性例外
的规定

【例5-2】下列选项中不能体现合同关系相对性的是(   )。

A. 租赁物在租赁期间发生所有权变动的，不影响租赁合同的效力

B. 当事人一方因第三人的原因造成违约的，应当向对方承担违约责任

C. 债务人向债权人交付标的物被第三人毁坏时，债权人追究第三人的侵权责任

D. 债务人无偿处分其财产使债权人的债权受到侵害的，债权人可请求人民法院撤销债务人的处分行为

【解析】本题考核合同的相对性及其例外，债权的物权化、合同的保全措施(代位权和撤销权)等被视为合同相对性规则的例外，依据法律规定，答案是 ACD。

课堂讨论(5-1)

甲汽车运输公司(简称甲公司)与乙公司订立一份货物运输合同，双方约定甲公司负责运输乙公司的一批货物到乙的仓库。后甲公司因自己安排不出车辆，便委托丙运输公司(简称丙公司)代为运输该批货物。运输过程中，因丙公司的过失发生交通事故，致货物受损。乙公司因未能及时收到货物而发生损失。请问：乙公司应该向谁请求损失赔偿？

三、合同的分类

根据不同的标准，可将合同分为不同的种类。合同的分类有助于正确理解法律、订立和履行合同，有助于正确地适用法律处理合同纠纷。通常，对合同可以作以下分类。

(一) 有名合同与无名合同

根据《民法典》或者其他法律是否对合同规定有确定的名称与调整规则为标准，合同可以分为有名合同与无名合同。一般认为，有名合同是指《民法典》或其他法律规定有确定名称与规则的合同，又称典型合同(typical contract)。如《民法典》在"典型合同"中规定的 19 类合同(买卖合同，供用电、水、气、热力合同，赠与合同，借款合同，保证合同，租赁合同，融资租赁合同，保理合同，承揽合同，建设工程合同，运输合同，技术合同，保管合同，仓储合同，委托合同，物业服务合同，行纪合同，中介合同及合伙合同)、《保险法》所规定的保险合同等均属于有名合同。

无名合同是立法上尚未规定有确定名称与规则的合同，又称非典型合同，如医疗服务合同、家教服务合同、家政服务合同、美容服务合同、法律服务合同等。无名合同如经法律确认或在形成统一的交易习惯后，可以转化为有名合同。从这个意义上说，合同法的历史是非典型合同不断变成典型合同的过程。如在我国旅游服务合同原为无名合同，《中华人民共和国旅游法》(以下简称《旅游法》)颁行后便转化为有名合同。

区分两者的法律意义在于法律适用的不同。有名合同可直接适用《民法典》"典型合同"中关于该种合同的具体规定。当事人之间依合意成立的无名合同，只要不违反法律、行政法规的强制性规定，不违背公序良俗，即属有效。基于《民法典》第 467 条第 1 款的规定，在无名合同因当事人意思表示不完备而出现纠纷时，适用《民法典》"第三编合同"通则的规定，并可以参照适用《民法典》"第三编合同"或者其他法律最相类似合同的规定。

(二) 单务合同与双务合同

根据合同当事人是否相互负有对价义务为标准，合同可以分为单务合同(unilateral contract)与双务合同(bilateral contract)。此处的对价义务并不要求双方的给付价值相等，而只是要求双方的给付具有相互依存、相互牵连的关系。单务合同是指仅有一方当事人承担义务的合同，如赠与合同。双务合同是指双方当事人互负对价义务的合同，如买卖合同、承揽合同、租赁合同等。

区分两者的法律意义在于，因为双务合同中当事人之间的给付义务具有依存和牵连关系，因此双务合同中存在同时履行抗辩权和风险负担的问题，而这些情形并不存在于单务合同中。

(三) 有偿合同与无偿合同

根据合同当事人是否因给付取得对价为标准，合同可以分为有偿合同(onerous contract)与无偿合同(gratuitous contract)。有偿合同是指合同当事人为从合同中得到利益要支付相应对价给付(此给付并不局限于财产的给付,也包含劳务、事务等)的合同。买卖、租赁、雇佣、承揽、行纪等都是有偿合同。无偿合同是指只有一方当事人作出给付,或者虽然是双方作出给付但双方的给付间不具有对价意义的合同。赠与合同是典型的无偿合同,另外,委托、保管合同如果没有约定利息和报酬的,也属于无偿合同。

区分两者的法律意义在于:主体资格要求不同,当事人的责任轻重不同,债权人撤销权的构成要件不同;同时,构成善意取得的一个重要条件之一是以有偿合同("以合理的价格转让")为前提。

(四) 诺成合同与实践合同

根据合同成立除当事人的意思表示以外,是否还要其他现实给付为标准,合同可以分为诺成合同(consensual contract)与实践合同(real contract)。诺成合同是指当事人意思表示一致即可认定合同成立的合同。实践合同是指在当事人意思表示一致以外,尚须有实际交付标的物或者有其他现实给付行为才能成立的合同。确认某种合同属于实践合同必须法律有规定。常见的实践合同有保管合同、自然人之间的借贷合同、定金合同等。但赠与合同、质押合同不再是实践合同。

区分两者的法律意义在于:两种合同的成立要件和当事人义务的确定不同。

(五) 要式合同与不要式合同

根据合同的成立是否必须符合一定的形式为标准,合同可以分为要式合同(formal contract)与不要式合同(informal contract)。要式合同是按照法律规定或者当事人约定必须采用特定形式订立方能成立的合同。不要式合同是对合同成立的形式没有特别要求的合同。确定某种合同是否属于要式合同以法律的规定为限。

区分两者的法律意义在于:因合同成立的要求不同,产生的法律后果也不同。如果要式合同不符合规定的"形式要件"时,可能会导致该合同不成立、无效或者其他的法律后果,而不要式合同就不存在这种问题。

(六) 主合同与从合同

根据两个或者多个合同相互间的主从关系为标准,合同可以分为主合同(principal contract)与从合同(ancillary contract)。主合同是无须以其他合同存在为前提即可独立存在的合同。这种合同具有独立性。从合同,又称附属合同,是以其他合同的存在为其存在前提的合同。保证合同、定金合同、质押合同等相对于提供担保的借款合同即为从合同。

区分两者的法律意义在于:明确它们之间的制约关系。从合同以主合同的存在为前提,主合同不成立,从合同就不能有效成立;主合同变更或转让,从合同也不能单独存在,依具体情况相应的可能发生变更、随同转让或者消灭的后果;主合同被宣告无效、撤销或者终止,从合同原则上也随之变更或消灭,当事人另有特别约定的除外。

(七) 本合同(本约)与预备合同(预约)

根据订立合同是否有事先约定的关系,合同可分为本合同与预备合同。当事人约定将来订立一定合同的合同是预备合同。《民法典》第495条规定,当事人约定在将来一定期限内订立合同的认购书、订购书、预订书等,构成预约合同。当事人一方不履行预约合同约定的订立合同义务的,对方可以请求其承担预约合同的违约责任。而将来应订立的合同就是本合同。如约定将来要购买房地产开发商的商品房是预备合同,而将来要买卖商品房就是本合同。

知识拓展(5-3)

预约与本约的区别

区分本约与预约的意义,主要体现在预约所具有的特殊功能以及预约的特殊效力方面。在实践中,预约不以本约的存在为前提，预约的目的在于成立本约，因而其具有一定的保障本约缔结的功能。

（八）为自己订立的合同与为第三人利益订立的合同

根据订立的合同是为谁的利益，合同可分为为自己订立的合同与为第三人利益订立的合同。仅订约当事人享有合同权利和直接取得利益的合同是为自己订立的合同；订约的一方当事人不是为了自己，而是为第三人设定权利，使其获得利益的合同是为第三人利益订立的合同，在这种合同中，第三人既不是缔约人，也不通过代理人参加订立合同，但他可以直接享有合同的某些权利，可以直接基于合同取得利益，如为第三人利益订立的保险合同。

区分两者的法律意义在于：两种合同的目的及合同的效力范围不同，同时，在缔约时的要求也不同。例如，当事人在缔结为第三人利益订立的合同时，当事人事先一般无须通知或征得第三人同意；第三人不必在合同上签字；当事人只能给第三者设定权利，而不得为其设定义务。

此外，根据不同的标准，合同还可分为书面合同、口头合同与其他形式合同，还可分为附条件合同与不附条件合同等。

四、合同法律制度概述

作为市场经济的基本法律制度，合同法律制度调整因合同产生的民事关系，主要规范合同的订立、合同的效力及合同的履行、保全、担保、变更、解除、违反合同的责任等问题。作为《民法典》的重要组成部分，合同法律制度①主要通过任意性法律规范来引导当事人的行为或补充当事人意思的不完整，强制性规范被严格限制在合理与必要的范围之内。

合同法律制度与物权法律制度均属财产法范畴，其中物权法律制度主要调整财产归属及利用的财产关系，是从静态角度为财产关系提供法律保护，而合同法律制度则调整财产的流转关系，即商品交换关系，是从动态角度为财产关系提供法律保护。

一般认为，作为调整平等主体之间商品交换关系的法律规范，合同法律制度不调整以下社会关系：①政府依法维护经济秩序的管理活动，适用有关行政法律；②法人、其他组织的内部管理关系，适用有关公司、企业的法律；③婚姻、收养、监护等有关身份关系的协议，适用有关该身份关系的法律规定；没有规定的，可以根据其性质参照适用《民法典》"第三编合同"规定。

第二节 合同的订立

一、概述

合同的订立又称缔约(entering into a contract)，是当事人之间为设立、变更、终止民事法律关系而进行协商、达成协议的过程。合同的订立是合同双方动态行为和静态协议的统一，它既包括缔约各方在达成协议之前接触和洽谈的整个动态的过程，也包括双方达成合意、确定合同的主要条款或者合同的条款之后所形成的协议。前者如要约邀请、要约、反要约等，包括先合同义务和缔约过失责任；后者如承诺、合同成立和合同条款等。

订立合同只能是在特定的人或者特定范围内的人之间进行，并且当事人须以缔约为目的进行接触，当事人之间相互所为的意思表示是为订约发出的。

---

① 为保障《民法典》的顺利实施，最高人民法院制定或修订了大量与合同法律制度密切相关的司法解释，这些司法解释与《民法典》"第三编合同"及其他单行法中涉及合同的内容一起构成我国现行合同法律制度。

　　当事人订立合同应当采用法律规定的方式。法律、行政法规对合同订立另有规定的，订立合同的当事人应依照该规定订立合同。《民法典》第494条规定，国家根据抢险救灾、疫情防控或者其他需要下达国家订货任务、指令性任务的，有关民事主体之间应当依照有关法律、行政法规规定的权利和义务订立合同。依照法律、行政法规的规定负有发出要约义务的当事人，应当及时发出合理的要约。依照法律、行政法规的规定负有作出承诺义务的当事人，不得拒绝对方合理的订立合同要求。

　　合同订立过程结束会有两种后果：①当事人之间达成合意，合同成立，这是合同订立的积极结果，也是当事人订立合同的意图的实现；②当事人之间不能达成合意，合同不成立，这是合同订立的消极结果，也是当事人订立合同的意图不实现，即订约不成功或失败。

二、合同订立的程序

　　《民法典》第471条规定，当事人订立合同，可以采取要约、承诺方式或者其他方式。其中，当事人订立合同的一般程序包括要约(offer)和承诺(acceptance)两个阶段，为订立合同，当事人需分别为要约、承诺的意思表示。

(一) 要约

1. 要约的概念和构成要件

　　要约，是一方当事人以订立合同为目的向对方当事人所作的意思表示。发出要约的人称为要约人(offeror)，接受要约的人则称为受要约人(offeree)或者承诺人。要约又称为发盘、出盘、发价、出价或报价等，是订立合同所必须经过的程序。根据《民法典》第472条的规定，要约是希望与他人订立合同的意思表示。从性质上讲，要约仅是一种意思表示，而非民事法律行为。作为一种意思表示，要约应当具备一定条件才能成立。基于法理并结合《民法典》第472条的规定，一般认为，要约应当具备以下构成要件。

　　(1) 要约须由具有订约能力的特定当事人发出。要约的目的在于订立合同，而合同的订立必须有两方以上具有订约能力的订约人参加。因此，只有要约人是特定的，受要约人才能对之承诺而成立合同。

　　(2) 要约须向受要约人发出。要约人订立合同的目的，只有通过受要约人对要约表示承诺才能实现。因此，要约只有向受要约人发出才能成立。要约人向谁发出要约，也就是希望与谁订立合同。受要约人原则上应为特定的人，因为只有受要约人为特定的人，才能说明要约人选择了将来与之订立合同的相对人，合同也才能订立。但是，在某些特殊情况下，受要约人也可以是不特定的人，如设置自动售货机，就是向不特定的人所发出的要约。

　　(3) 要约须具有订立合同的主观目的，即要约应"表明经受要约人承诺，要约人即受该意思表示的约束"。要约是向受要约人发出的，其预期效果是订立合同。而若让受要约人产生确定性，要约人必须有一个确定的意思表示，即受要约人一经承诺，要约人即受到该意思表示的约束。如果一方向他方发出提议，但是该提议并不欲发生订立合同的法律后果，则该提议就不是要约。

　　(4) 要约的内容须具体确定。所谓"具体"，即要约的内容必须具有足以使合同成立的必备条款；所谓"确定"，即要约的内容必须明确而不能含混不清，以免使受要约人难明其真实意思。例如，一项提议中尽管包括了合同主要条款，但是如果不明确(如数量无法明确)，也不能构成要约。一般而言，要约的内容除可以根据合同的主要条款确定外，还可以根据当事人之间业已形成的习惯做法或者惯例加以确定。

随堂练习(5-1)

下列选项中，属于要约的是(　　)。

A. 某购物网站展示："某手机限时优惠 2 999 元。"

B. 甲向乙发邮件说："因近期手头紧，我愿意以 1 万元卖我的车给你。"

C. 现有某型号全新、尊享版电脑 10 台，每台特惠价 5 698 元，售完为止

D. 丙向丁发邮件："愿以月租 3 万元的优惠价租给你 8 间共 1 000 平方米的办公室。"

E. 某直播间以弹窗的形式反复提醒："新款手机热销中，详情请关注主播并咨询。"

F. 某二手车商向特定客户戊发送邮件："××型号车辆，里程 3 万公里，车况良好，无事故，售价 15 万元，本报价保留至本周五下午 6 点。"

2. 要约邀请

要约邀请(invitation to offer)，又称要约引诱，是指希望他人向自己发出要约的表示。《民法典》第 473 条规定，拍卖公告、招标公告、招股说明书、债券募集办法、基金招募说明书、商业广告和宣传、寄送的价目表等为要约邀请。商业广告和宣传的内容符合要约条件的，构成要约。要约邀请只能唤起他人的要约，不可能导致他人承诺。而要约在发出以后，对要约人和受要约人都产生一定的拘束力。要约有一经承诺就成立合同的可能性，如果要约人违反了有效的要约，应承担法律责任。在学理上，要约与要约邀请存在诸多区别，如表 5-1 所示。

知识拓展(5-4)

要约与要约邀请的区别

表 5-1　要约与要约邀请的区别

区别	要约	要约邀请
当事人意愿	具有订约意图	希望他人向自己发出要约
订约提议的内容	应当包含合同的主要条款	不必包含合同的主要条款
意思表示针对的对象	原则上应向特定的相对人发出	大多是向不特定人发出
法律规定的形式	—	拍卖公告、招标公告、招股说明书、债券募集办法、基金招募说明书、商业广告和宣传、寄送的价目表等

此外，在区分要约和要约邀请时，还应当考虑交易习惯、相对人性质等各种因素。

【例 5-3】 以下选项中的表示属于要约邀请的是(　　)。

A. 甲对乙说："我正考虑卖掉家中祖传的一套家具。"

B. 丙对丁说："我打算把我的汽车卖掉，你有兴趣吗？"

C. 戊给己发微信称："愿以友情价将我的电脑转让，若有意可于 7 日内交付。"

D. 夏天，街边卖冰棍的小贩庚为了招揽顾客，大声吆喝："冰棍，清凉解暑的冰棍。"

E. 辛在某媒体上做广告，出售一台电脑，广告中注明："本广告所载商品售给最先支付现金的人。"

F. 壬跟其朋友癸在 QQ 聊天时说："我不是太喜欢我现在住的房子，如果有人开价合理，我一定会把它卖掉。"

【解析】 选项 ABCDF 中的表示属于要约邀请，因为选项中的意思表示不明确、不具体、不确定。选项 E 中的意思表示属于要约。E 项：尽管辛的广告是向不特定的公众发出的，但辛在广告中明确注明了"本广告所载商品售给最先支付现金的人"。这可以视为受要约人特定化的条件，表明辛发出广告仍是希望与公众中的某个特定人而非许多人缔结合同，故该广告属于要约而不是要约邀请。

3. 要约生效的时间

《民法典》规定，要约以对话方式作出的，相对人知道其内容时生效。要约以非对话方式作出的，到达相对人时生效。以非对话方式作出的采用数据电文形式的要约，相对人指定特定系统接收数据电文的，该数据电文进入该特定系统时生效；未指定特定系统的，相对人知道或者应当知道该数据电文进入其系统时生效。当事人对采用数据电文形式的要约的生效时间另有约定的，按照其约定。

4. 要约的法律效力

要约的法律效力表现在两方面。

(1) 对要约人的效力。此种拘束力又称为要约的形式拘束力，是指要约一经生效，要约人即受到要约的拘束，不得随意撤销或对受要约人随意加以限制、变更和扩张。当然，法律允许要约人在要约到达之前、受要约人承诺之前可以撤回、撤销要约，同时要约人也可以在要约中预先声明不受要约效力的拘束，只要符合这些规定，则撤回或变更要约的内容是有效的。

(2) 对受要约人的效力。此种拘束力又称为要约的实质拘束力，即受要约人在要约生效时即取得依其承诺而成立合同的法律地位。具体表现在：①要约生效以后，只有受要约人才享有对要约人作出承诺的权利。要约人确定了受要约人以后，受要约人才是有资格对要约人作出承诺的人。如果第三人代替受要约人作出承诺，此种承诺只能视为对要约人发出的要约，而不具有承诺的效力。②承诺的权利也是一种资格，它不能作为承诺的标的，也不能由受要约人随意转让，否则承诺对要约人不产生效力。当然，如果要约人在要约中明确允许受要约人具有转让的资格，或者受要约人在转让承诺时征得了要约人的同意，则此种转让是有效的。③承诺权是受要约人享有的权利，但是否行使这项权利应由受要约人自己决定。受要约人在收到要约以后并不负有必须承诺的义务，即使要约人在要约中明确规定承诺人不作出承诺通知即为承诺，此种规定对受要约人也不产生效力。

5. 要约的撤回和撤销

要约撤回(withdrawal of an offer)是指要约人在要约生效前，取消要约的意思表示。但撤回要约的通知应当在要约到达受要约人前或者与要约同时到达受要约人。可见，要约撤回权的行使时间是以要约的生效时间为分割点，在要约生效前，或在要约生效之时，要约可以撤回，而要约一旦生效，要约人的撤回权就消灭了。

要约撤销(revocation of an offer)是指要约生效后，要约人取消要约使其效力归于消灭。撤销要约的意思表示以对话方式作出的，该意思表示的内容应当在受要约人作出承诺之前为受要约人所知道；撤销要约的意思表示以非对话方式作出的，应当在受要约人作出承诺之前到达受要约人。为了保护受要约人的利益，《民法典》规定以下两种情况下要约不得撤销。

(1) 要约人以确定承诺期限或者其他形式明示要约不可撤销。这里的承诺期限是受要约人作出承诺的权利期间，也是要约的有效期间，它是要约信用的体现，一经确定就不能变更，这与要约本身应具有法律效力是密不可分的；这里的其他形式可以是在要约中规定要约的不可撤销性或在特定时间内不可撤销，或是以其他文字表明要约具有不可撤销性。

(2) 受要约人有理由认为要约是不可撤销的，并已经为履行合同做了合理准备工作。首先，受要约人有理由认为要约是不可撤销的，即要约本身并不是不可撤销的，但从要约表面上来看，受要约人又能够认为它是不可撤销的；其次，受要约人在发出承诺之前已经为履行合同做了合理准备工作，这里只要已经着手准备，准备是否充分在所不问。

6. 要约的失效

《民法典》第478条规定，要约失效的原因主要有以下几种。

(1) 要约被拒绝。拒绝要约是指受要约人没有接受要约所规定的条件。拒绝的方式有多种，既可以是明确表示拒绝要约的条件，也可以在规定的时间内不作答复而拒绝。一旦拒绝，则要约失效。不过，受要约人在拒绝要约以后，也可以撤回拒绝的通知，但必须在撤回拒绝的通知先于或与拒绝要约的通知同时到达要约人处，撤回通知才能产生效力。

(2) 要约被依法撤销。要约在受要约人发出承诺通知之前，可由要约人撤销要约，一旦撤销，要约将失效。

(3) 承诺期限届满，受要约人未作出承诺。凡是在要约中明确规定了承诺期限的，则承诺必须在该期限内作出，超过了该期限，则要约自动失效。

(4) 受要约人对要约的内容作出实质性变更。受要约人对要约的实质性内容作出限制、更改或扩张从而形成新要约，既表明受要约人已拒绝了要约，同时也向要约人提出了一项新要约。如果在受要约人作出的承诺通知中，并没有更改要约的实质性内容，只是对要约的非实质性内容予以变更，而要约人又没有及时表示反对，则此种承诺不应视为对要约的拒绝。但如果要约人事先声明要约的任何内容都不得改变，则受要约人更改要约的非实质性内容，也会产生拒绝要约的效果。

（二）承诺

1. 承诺的概念和构成要件

承诺是指受要约人向要约人作出的同意按要约的内容订立合同的意思表示。《民法典》第479条规定："承诺是受要约人同意要约的意思表示。"作出承诺的受要约人，也就是承诺人。在国际商务中，承诺被称为"接盘"或"收盘"。承诺是订立合同的最后一个阶段。承诺以与要约结合而使合同成立为目的，并非民事法律行为，而属于意思表示。承诺的法律效力在于，受要约人所作出的承诺一旦到达要约人，合同便告成立。如果受要约人对要约人提出的条件并没有表示接受，而附加了条件、作出了新的提议，则意味着拒绝了要约人的要约，并形成了一项反要约或新的要约。

根据《民法典》第483条的规定，除非法律另有规定或者当事人另有约定，承诺生效时合同成立。因而，承诺必须符合一定的条件。具体而言，承诺必须具备如下条件，才能产生法律效力。

(1) 承诺必须由受要约人向要约人作出。受要约人是要约人选择的，只有受要约人才有资格作出承诺。第三人不是受要约人，当然无资格向要约人作出承诺，否则视为发出要约。当然，在某些意外情况下，基于法律规定和要约人发出的要约规定，任何第三人可以对要约人作出承诺，则要约人应当受到承诺的拘束。承诺是对要约人发出的要约所作的答复，因此只有向要约人作出承诺，才能导致合同成立。如果向要约人以外的其他人作出承诺，则只能视为对他人发出要约，不能产生承诺效力。

(2) 承诺应当表明受要约人与要约人订立合同的意思。承诺作为同意要约的意思表示，应当具备与要约相同的法效意思。正如要约人必须具有与受要约人订立合同的目的一样，承诺中也同样必须明确表示受要约人希望与要约人订立合同、愿意接受合同拘束的意思，这样才能因要约——承诺的完成而使合同成立。承诺要表明愿意订立合同的意思，就要求受要约人的承诺必须清楚明确，不能含糊。例如，受要约人在答复中提出，"我们愿意考虑你所提出的条件"或"原则上赞成你们提出的条件"等，都不具有明确的订约意图，不能产生承诺的效力。

(3) 承诺的内容必须与要约的内容一致。《民法典》第488条规定，承诺的内容应当与要约的内容一致。受要约人对要约的内容作出实质性变更的，为新要约。有关合同标的、数量、质量、价款或者报酬、履行期限、履行地点和方式、违约责任和解决争议方法等的变更，是对要约内容的实质性变更。这意味着，在承诺中，承诺人必须表明其愿意按照要约的全部内容与要约人订立合同。也就是说，承诺是对要约的同意，其同意内容须与要约的内容一致，才构成意思表示的一致(即合意),从而使合同成立。如果承诺对要约内容的变更构成实质性变更,则不构成承诺,而应视为对原要约的拒绝并作出一项新的要约。承诺虽然不能改变要约的实质性内容,但这并不意味着受要约人不能对要约的内容进行任何更改。对要约非实质性内容作出更改,不应影响合同的成立。《民法典》第489条规定,承诺对要约的内容作出非实质性变更的,除要约人及时表示反对或者要约表明承诺不得对要约的内容作出任何变更外,该承诺有效,合同的内容以承诺的内容为准。

(4) 承诺必须在要约规定的期限内到达要约人。这意味着,第一,承诺只有到达要约人时才能生效。具体而言,承诺若以对话的方式作出,因可以立即到达要约人,承诺可立即生效;承诺若以非对话的方式作出,相关的承诺文件到达要约人控制范围的时间为承诺的到达时间。例如,相关的承诺文件到达要约人的信箱或者放置于要约人的办公室,至于到达以后要约人是否实际阅读,则不影响承诺的效力。第二,承诺必须在规定的期限内到达。承诺的到达必须受一定的期限限制。依据《民法典》第481条的规定,如果要约确定了承诺的期限,则承诺应当在要约确定的期限内到达要约人。要约没有确定承诺期限的,则要区分两种情形:①要约以对话方式作出的,应当即时作出承诺;②要约以非对话方式作出的,承诺应当在合理期限①内到达。因此,只有在规定的期限内到达的承诺才是有效的。未能在合理期限内作出承诺并到达要约人,则视为逾期承诺。此种逾期的承诺在民法上被视为一项新要约,而不是承诺。由于要约已经失效,受要约人不能作出承诺。对失效的要约作出承诺,视为向要约人发出要约,不能产生承诺效力。

实践中,要约以信件或者电报作出的,承诺期限自信件载明的日期或者电报交发之日开始计算。信件未载明日期的,自投寄该信件的邮戳日期开始计算。要约以电话、传真等快速通信方式作出的,承诺期限自要约到达受要约人时开始计算。

(5) 承诺的方式符合要约的要求。《民法典》第480条规定,承诺应当以通知的方式作出;但是,根据交易习惯或者要约表明可以通过行为作出承诺的除外。这意味着,受要约人必须将承诺的内容通知要约人,但受要约人通知的方式还应当符合要约的要求。如果要约要求承诺必须以一定的方式作出,则受要约人必须按照该方式作出承诺。如果要约没有特别规定承诺的方式,则不能将承诺的方式作为有效承诺的特殊要件。如果要约中没有规定承诺的方式,根据交易习惯也不能确定承诺的方式,则受要约人可以采用如下方式来表示承诺:①以口头或书面的方式表示承诺,这种方式是在实践中经常采用的。一般来说,如果法律或要约中没有明确规定必须用书面形式承诺,则当事人可以通过口头方式予以承诺。②以行为方式表示承诺。这就是说,受要约人尽管没有通过书面或口头方式明确表达其意思,但是通过实施一定的行为作出了承诺。这属于通过默示方式作出意思表示,此处所说的行为通常为履行行为。需要说明的是,以行为作出承诺,绝不同于单纯的缄默或不行动。缄默或不行动都是指受要约人没有作任何意思表示,也不能确定其具有承诺的意思,因此不属于承诺。

【例5-4】乙接到甲发出的E-mail称: "现有1 000吨红糖,每吨售价2 500元,如有意购买,请于6月1日前到我厂提货。" 乙于是给甲回了E-mail,称: "我厂同意按你厂提出的条件购买红糖,并将于5月30日到你厂提货。" 请问: 乙给甲发出的E-mail是否属于承诺?

【解析】乙给甲发出的E-mail是承诺,因为乙完全同意了甲的要约的内容。

2. 承诺生效的时间

以通知方式作出的承诺,生效的时间适用要约生效的时间的规定。承诺不需要通知的,根据

---

① 所谓合理期限,是指依通常情形可期待承诺到达的期间,一般包括要约到达受要约人的期间、受要约人作出承诺的期间、承诺通知到达要约人的期间。

交易习惯或者要约的要求作出承诺的行为时生效。

3. 承诺的法律效力

《民法典》第483条规定，承诺生效时合同成立，但是法律另有规定或者当事人另有约定的除外。据此，在通常情形下，只要当事人双方经过要约、承诺阶段，就合同主要条款达成合意，合同即可成立。但在特殊情形下，法律另有规定或者当事人另有约定的除外。例如，依据法律规定需要办理审批的合同，只有在完成审批程序后，合同才能生效。

4. 承诺的撤回

承诺撤回(withdrawal of acceptance)是指承诺人在承诺发出之后、承诺生效前，通知要约人收回承诺，以取消承诺的意思表示。《民法典》第485条规定，承诺可以撤回。但是，撤回承诺的通知应当在承诺到达要约人前或者与承诺同时到达要约人。

承诺撤回是承诺人阻止承诺发生法律效力的一种行为，它是《民法典》规定的承诺消灭的唯一原因。撤回承诺应以通知的形式由承诺人向要约人发出，撤回通知应明确表明撤回承诺、不愿意成立合同的意思，否则不产生撤回承诺的效力。在承诺撤回通知的时间上，一般来说，撤回承诺的通知应当先于或同时于承诺到达要约人，才能发生防止承诺生效的效果。实践中，承诺撤回一般只适用于书面形式的承诺，对于口头形式的承诺，一经发出就到达要约人，根本就不存在撤回的时间可能。而对于电子数据方式的承诺，同样也不存在撤回的时间可能，因为承诺一经发出，对方的电子信箱就可以收到。

5. 承诺迟延

承诺迟延是指受要约人所作承诺未在承诺期限内到达要约人。它包括两种情况。

(1) 逾期承诺，是指受要约人在承诺期限届满后发出承诺而使承诺迟延或者在承诺期限内发出承诺，按照通常情形不能及时到达要约人的承诺。逾期承诺不符合有效承诺的全部要件，不能发生承诺的法律效力。根据《民法典》第486条规定，逾期承诺有两种效力：一是要约人及时通知承诺人，承认该承诺有效的，合同成立；二是如果要约人接到逾期承诺后未及时通知承诺人该承诺有效的，就只能作为一个新的要约，而不能认为是承诺。

(2) 承诺迟到，是指受要约人在承诺期限内发出承诺，但因其他原因而使承诺迟到。承诺迟到与逾期承诺不同，逾期承诺是在发出时就已超出承诺期限或者在承诺期限内发出承诺但按照通常情形不能及时到达要约人的承诺，而承诺迟到却是在承诺期限内发出，只是在到达要约人时超出承诺期限。《民法典》第487条规定，受要约人在承诺期限内发出承诺，按照通常情形能够及时到达要约人，但是因其他原因致使承诺到达要约人时超过承诺期限的，除要约人及时通知受要约人因承诺超过期限不接受该承诺外，该承诺有效。可见，在承诺迟到的情况下，要约人负有通知不接受承诺的义务，这必须具备三个要件：①承诺在要约确定的承诺期限内发出；②承诺非因受要约人原因在承诺期限内未到达要约人；③该承诺在承诺期限后到达要约人。要约人未及时通知受要约人承诺迟到并拒绝该承诺的，应认为承诺有效，承诺到达要约人之日合同成立。

知识拓展(5-5)

订立合同的特殊方式

实践中，当事人有时采用招标投标、拍卖、交叉要约等特殊方式订立合同。

【例5-5】甲商场是一家主要经营电器的商场。2025年3月20日，某电视机厂向甲商场发函称：愿以每台电视机2 400元的价格卖给甲商场300台某型号的电视机。甲商场回函：要以每台2 100元的价格买200台。电视机厂收到商场函后又发一函称：愿以每台2 200元的价格卖给甲商场200台电视，且函到即发货。甲商场因对条件不满意，故未予理睬。3月30日，该电视机厂将200台电视运至商场，商场拒绝接收。后该电视机厂到法院起诉甲商场。请问：甲商场与某电视机厂是否存在买卖电视机的合同？为什么？

【解析】某电视机厂向甲商场第一次发出的函是要约，甲商场的回函为一个新的要约(其已经对电视机厂要约的内容作了实质性变更)，针对甲商场的新要约，电视机厂没有承诺(其第二次所发的函也是一个新要约，其中规定的"函到即发货"，表明不需甲商场承诺该买卖合同就生效，依据要约的效力，此规定对受要约人甲商场没有效力)。某电视机厂第二次函所发出的新要约，甲商场未予以理会。因而，合同没有成立。甲商场没有接受电视机厂所发的货物并付款的义务。电视机厂应当为自己的行为承担损失。

三、合同成立

(一) 概述

显然，合同订立是合同成立(establishment of contract)的基础和前提，没有合同的订立，也就不会有具体合同的成立。合同的成立仅是合同订立的积极结果，它是缔约当事人达成合意的状态。作为当事人之间产生权利义务的基础，合同的成立具有重要的意义。

(1) 合同的成立旨在解决合同是否存在的问题。合同成立仅是合同订立过程的结果之一。如果合同不成立，合同订立失败，不发生具体合同，也就无所谓合同的履行、变更、解除或者终止等问题。

(2) 合同的成立是认定合同效力的前提条件。只有成立的合同才会发生合同是否有效的问题。如果合同没有成立，当然也就谈不上合同的效力。

(3) 合同的成立是区分合同责任和缔约过失责任的重要标志。合同订立过程中，因一方当事人的过失致使合同不成立即订约失败，造成他方损失的，过失方应当承担赔偿责任，但因合同关系尚不存在，这种赔偿责任只能属于缔约过失责任。只有在合同成立后，因当事人之间存在合同关系，一方违反合同的，才会发生合同的违约责任。

(二) 合同成立的时间与地点

1. 合同成立的时间

由于合同订立方式的不同，合同成立的时间也有不同。

(1) 承诺生效时合同成立。这是大部分合同成立的时间标准。但是，法律另有规定或者当事人另有约定的除外。

(2) 当事人采用合同书形式订立合同的，自当事人均签名、盖章或者按指印时合同成立。在签名、盖章或者按指印之前，当事人一方已经履行主要义务，对方接受时，该合同成立。法律、行政法规规定或者当事人约定合同应当采用书面形式订立，当事人未采用书面形式但是一方已经履行主要义务，对方接受时，该合同成立。

(3) 当事人采用信件、数据电文等形式订立合同要求签订确认书(confirmation letter)的，签订确认书时合同成立。当事人一方通过互联网等信息网络发布的商品或者服务信息符合要约条件的，对方选择该商品或者服务并提交订单成功时合同成立，但是当事人另有约定的除外。

【例5-6】甲公司与乙公司就一批货物的买卖进行磋商，甲公司在传真中表示，如达成协议则以最终签订售货确认书为准。乙公司在接到甲公司的最后一份传真时认为，双方已就该笔买卖的价格、期限等主要问题达成一致，遂向甲公司开出信用证，但甲公司以信用证上注明的价格条件不能接受为由拒绝发货。下列有关该案的表述中，符合法律规定的是(　　)。

A. 合同不成立，甲公司有权拒绝发货

B. 合同不成立，甲公司有权拒绝发货，但应补偿乙公司相应的损失

C. 买卖合同已成立，甲公司应履行合同

D. 买卖合同已成立，但因未发生实际损失，甲公司不承担法律责任

【解析】答案为 A。本题考核在采用确认书的情况下合同的成立时间。《民法典》第 491 条规定，当事人采用信件、数据电文等形式订立合同要求签订确认书的，签订确认书时合同成立。

课堂讨论(5-2)

　　2025 年 3 月 30 日，甲以手机短信形式向乙发出购买一台笔记本电脑的要约，乙于当日回短信同意要约。但由于"五一"期间短信系统繁忙，甲于 4 月 3 日才收到乙的短信，并因个人原因于 4 月 8 日才阅读乙的短信，后于 9 日回复乙"短信收到"。请问：甲、乙之间买卖合同于何时成立？

2. 合同成立的地点

由于合同订立方式的不同，合同成立地点的确定标准也有不同。

(1) 承诺生效的地点为合同成立的地点。这是大部分合同成立的地点标准。

(2) 采用数据电文形式订立合同的，收件人的主营业地为合同成立的地点；没有主营业地的，其住所地为合同成立的地点。当事人另有约定的，按照其约定。

(3) 当事人采用合同书形式订立合同的，最后签名、盖章或者按指印的地点为合同成立的地点，但是当事人另有约定的除外。

四、合同的内容与形式

(一) 合同的内容

1. 合同条款

合同的内容就是合同当事人的权利与义务，具体体现为合同的各项条款。根据《民法典》的规定，在不违反法律强制性规定的情况下，合同条款可以由当事人自由约定，但一般包括以下条款：①当事人的姓名或者名称和住所；②标的，即合同双方当事人权利、义务所共同指向的对象；③数量；④质量；⑤价款或者报酬；⑥履行期限、地点和方式；⑦违约责任；⑧解决争议的方法。

2. 合同条款的解释

当事人对合同条款的理解有争议的，应当按照合同所使用的词句，结合相关条款、行为的性质和目的、习惯以及诚信原则，确定争议条款的含义。合同文本采用两种以上文字订立并约定具有同等效力的，对各文本使用的词句推定具有相同含义。各文本使用的词句不一致的，应当根据合同的相关条款、性质、目的以及诚信原则等予以解释。

3. 合同的法律适用

涉外合同的当事人可以协议选择合同适用的法律。当事人没有选择的，适用履行义务最能体现该合同特征的一方当事人经常居所地法律或者其他与该合同有最密切联系的法律。在中华人民共和国境内履行的中外合资经营企业合同、中外合作经营企业合同、中外合作勘探开发自然资源合同，适用中华人民共和国法律。

4. 格式条款

格式条款(standard terms)是当事人为了重复使用而预先拟定，并在订立合同时未与对方协商的条款。格式条款的适用可以简化签约程序，加快交易速度，减少交易成本。因此格式条款并非都是公平的。事实上，由于格式条款是由一方当事人拟定，且在合同谈判中不容对方协商修改，条

款内容难免有不公平之处。所以《民法典》对格式条款的效力及解释作了特别规定，以保证合同相对人的合法权益。

(1) 采用格式条款订立合同的，提供格式条款的一方应当遵循公平原则确定当事人之间的权利和义务，并采取合理的方式提示对方注意免除或者减轻其责任等与对方有重大利害关系的条款，按照对方的要求，对该条款予以说明。提供格式条款的一方未履行提示或者说明义务，致使对方没有注意或者理解与其有重大利害关系的条款的，对方可以主张该条款不成为合同的内容。

(2) 有下列情形之一的，该格式条款无效：①具有《民法典》规定的民事法律行为无效的情形；②具有《民法典》第 506 条规定的免责条款无效的情形；③提供格式条款一方不合理地免除或者减轻其责任、加重对方责任、限制对方主要权利；④提供格式条款一方排除对方主要权利。

(3) 对格式条款的理解发生争议的，应当按照通常理解予以解释。对格式条款有两种以上解释的，应当作出不利于提供格式条款一方的解释。格式条款和非格式条款不一致的，应当采用非格式条款。

【例 5-7】2025 年 3 月 30 日，某商场推出多种促销措施来吸引人气，并在商场的正门口打出横幅标语："从 4 月 1 日起至 5 月 30 日止，凡在本商场购物实行买一送一。"2025 年 4 月 4 日，杨女士经过该商场，选购了净含量 5 升的"金龙鱼"牌玉米油一桶，心想自家用一桶，另一桶送给父母。谁知商场只送净含量 400 毫升的"金龙鱼"牌玉米油一瓶。杨女士请求商场送同样的玉米油一桶，商场认为，"买一送一"就是选送一件商品，至于送什么商品由商场决定。杨女士认为这是欺诈，第二天来到人民法院起诉，请求该商场送同样的玉米油一桶。请问：该案应该如何处理？

【解析】《民法典》规定，对格式条款的理解发生争议的，应当按照通常理解予以解释；对格式条款有两款以上解释的，应当作出不利于提供格式条款一方的解释。本案中，商场应当送给杨女士一桶同样的玉米油，并承担因此产生的诉讼费。

5. 免责条款

免责条款(exemption clauses)是指合同当事人在合同中规定的排除(exclude)或限制(limit)一方当事人未来责任的条款。基于合同自由原则，对双方当事人自愿订立的免责条款，尤其是事后订立的免责条款，法律原则上不加干涉。但如事先约定的免责条款明显违反诚实信用原则及社会公共利益的，则法律规定其为无效。《民法典》第 506 条规定，合同中的下列免责条款无效：①造成对方人身伤害的；②因故意或者重大过失造成对方财产损失的。

(二) 合同的形式

合同的形式是指合同当事人意思表示一致的外在表现形式。当事人订立合同，可以采用书面形式(written contract)、口头形式或者其他形式。合同形式对于固定证据、警告当事人郑重其事、区分磋商与缔约两个阶段均有重要意义。

1. 口头形式

口头形式是指当事人只用语言为意思表示订立合同，而不用文字表达协议内容的合同形式。口头形式的合同虽方便易行，但缺点是发生争议时难以举证确认责任。实践中，不能即时清结的合同和标的数额较大的合同，不宜采用这种形式。

2. 书面形式

根据《民法典》第 469 条的规定，书面形式是合同书、信件、电报、电传、传真等可以有形地表现所载内容的形式。以电子数据交换、电子邮件等方式能

知识拓展(5-6)

合同的书面形式

够有形地表现所载内容，并可以随时调取查用的数据电文，视为书面形式。

书面形式的合同，需要双方当事人在合同文本上签字盖章。当事人若为自然人，签字或盖其名章均可。当事人若为法人，法定代表人签字即可，即使没有盖章，也受法律保护；其他人签字的，要么在合同文本上盖章，要么签字人向相对人出示法定代表人的授权委托书，否则，原则上法律不予保护。法人的章，要么是公章，要么是合同专用章。合同文本上，如果没有法定代表人的签名，仅仅盖有法人的分支机构(如某公司某项目经理部)的方章，合同不生效力。

当事人采用合同书形式订立合同的，应当签字或盖章。当事人在合同书上摁手印的，人民法院应当认定其具有与签字或盖章同等的法律效力。

3. 推定形式

当事人未以书面形式或者口头形式订立合同，但从双方从事的民事行为能够推定双方有订立合同意愿的，人民法院可以认定是以其他形式订立的合同。但法律另有规定的除外。学理上称此种情形为推定形式，例如某商店安装自动售货机，顾客将规定的货币投入机器内，买卖合同即成立。

五、缔约过失责任

(一) 缔约过失责任的含义和构成要件

缔约过失责任(precontractual liability)亦称缔约过错责任，是指当事人在订立合同过程中，缔约当事人一方因故意或者过失违背诚实信用原则所要求的先合同义务致使合同未成立、未生效、被撤销或无效，给他人造成信赖利益损失所应承担的民事责任。先合同义务是指法律为维护交易安全和保护缔约当事人各方的利益，基于诚实信用原则而赋予当事人在要约生效后、合同成立以前必须承担的义务。作为法定注意义务，先合同义务主要包括及时告知、如实说明、互相协助、相互保护、彼此忠实、相互保密等诚信义务。

一般认为，缔约过失责任的构成包括四个要件：①在缔约过程中，缔约人实施了与诚实信用原则相违背的行为；②缔约人在实施与诚实信用原则相违背的行为时主观上有过错(故意或过失)；③对方当事人遭受损失，即对方当事人因信赖合同的成立和有效而遭受的信赖利益损失，如订立合同的费用、准备履行的费用等，而不包括履行利益的损失；④损失与缔约人的过错存在因果关系。

缔约过失责任作为一种违反先合同义务的行为，其异于违约责任，如表5-2所示，两者在性质、发生时间、归责原则、承担责任的方式及赔偿范围等方面均存在差异。

知识拓展(5-7)

缔约过失责任与违约责任的区别

表5-2　缔约过失责任与违约责任的区别

区别	缔约过失责任	违约责任
性质	法定的赔偿责任，其目的是解决没有合同关系的情况下因一方的过错而造成另一方信赖利益损失的问题	由当事人自行约定，如当事人可以约定违约金、损失赔偿金的计算方法和数额等
适用的范围	合同未成立、合同未生效、合同无效等	生效合同
产生的时间	合同成立之前的合同缔结阶段	合同生效之后
具体责任形式	单一的赔偿责任	支付违约金、赔偿损失和实际履行等多种形式
赔偿范围	信赖利益的损失	可期待利益的损失
损失赔偿的限度	不得超过合同有效时相对人所可能得到的履行利益	不能超过违反合同的一方在订立合同时应当预见到的因违约所可能造成的损失

(二) 缔约过失的表现形式

根据《民法典》第500条、第501条的规定，当事人承担缔约过失责任的情形主要有以下四种。

(1) 假借订立合同，恶意进行磋商。如以订立合同为名，参观生产基地，或故意拖延谈判时间以争取更好的交易机会、条件等。

(2) 故意隐瞒与订立合同有关的重要事实或者提供虚假情况。如出具虚假资信证明，夸大自己的生产能力等。

(3) 泄露或者不正当使用在订立合同中知悉的对方的商业秘密或者其他应当保密的信息。在订立合同时，有时相互告知一些商业秘密或者其他应当保密的信息是达成合同所必需的，但无论合同是否成立，都不得泄露对方的秘密，否则，应基于缔约过失责任或者反不正当竞争法律赔偿因此致对方的损失。

知识拓展(5-8)

其他违背诚实信用原则的行为

(4) 其他违背诚实信用原则的行为。实践中，主要包括：一方未尽通知、协助等义务，增加了对方的缔约成本而造成财产损失；一方未尽告知义务，而使对方遭受损失；一方未尽照顾、保护义务，造成对方人身或财产损害等。

(三) 缔约过失的法律后果

当事人的行为违反先合同义务构成缔约过失给对方造成损失时，应承担相应的法律责任。除依据《民法典》第500条、第501条的规定承担赔偿责任外，当事人还应根据具体情况承担继续履行先合同义务、返还不当得利甚至合同解除等法律后果。

1. 损失赔偿

损失赔偿是缔约过失责任最主要的形式，其赔偿对象仅限于受害人信赖利益(非履行利益)损失，而不包括因合同的成立和生效所获得的各种利益未能获得的损失。所谓信赖利益，是指缔约人信赖合同有效成立，但因法定事由发生，致使合同不成立、无效、不被追认或被撤销等而造成的损失。一般认为，其具体范围主要包括：①缔约费用。即当事人为签订合同而支付的差旅费、邮寄费等必要费用。②准备履约所支付的费用。其包括车辆租赁费、贷款利息以及为履约已经支付的其他一切必要费用。③受害人支出前述费用所失去的利息。④所失利益，即因缔约过失而导致的与第三人另订合同机会的丧失所产生的损失。需要说明的是，对所失利益的赔偿，必须限定在该利益是在可预见的范围内，且该损失与缔约过失之间有相当的因果关系。

信赖利益的赔偿，原则上不得超过当事人在订立合同时所应当预见的因合同不成立、无效或被撤销所可能造成的损失，也不得超过合同有效或者合同成立时相对人所可能得到的履行利益。

【例5-8】甲公司与乙工厂洽商成立一个新公司，双方草签了合同，甲公司要将合同带回本部加盖公章。临行前，甲公司法定代表人提出，乙工厂须先征用土地并培训工人后甲公司方能在合同上盖章。乙工厂出资1 000万元征用土地并培训工人，在征地和培训工人将近完成时，甲公司提出因市场行情变化，无力出资设立新公司，请求终止与乙工厂的合作。乙工厂遂起诉到人民法院。请问：该案该如何处理？

【解析】根据《民法典》的规定，合同尚未成立，甲公司应承担缔约过失责任，赔偿乙工厂的损失。

2. 继续履行先合同义务

依照法律、行政法规的规定，合同应当办理批准等手续的，依照其规定。未办理批准等手续影响合同生效的，不影响合同中履行报批等义务条款以及相关条款的效力。应当办理申请批准等手续的当事人未履行义务的，对方可以请求其承担违反该义务的责任。实践中，人民法院可以根据案件的具体情况和相对人的请求，判决相对人自己办理相关手续；对方当事人对由此产生的费用和给相对人造成的实际损失，应当承担赔偿责任。

3. 返还不当得利

在缔约过程中，缔约人相互之间有保密义务。缔约人泄露或者不正当地使用在缔约过程中知悉的对方的商业秘密或者其他应当保密的信息，给对方造成损失的，缔约人应当在承担赔偿责任的同时将因为泄露或者不正当地使用该商业秘密或者其他应当保密的信息而获得的不当利益返还给受损失的人。

当然，在这种情况下，权利人可以请求违反保密义务人停止侵害。

4. 合同解除

根据《保险法》第 16 条的规定，投保人故意或者因重大过失未履行前款规定的如实告知义务，足以影响保险人决定是否同意承保或者提高保险费率的，保险人有权解除合同。投保人故意不履行如实告知义务的，保险人对于合同解除前发生的保险事故，不承担赔偿或者给付保险金的责任，并不退还保险费。投保人因重大过失未履行如实告知义务，对保险事故的发生有严重影响的，保险人对于合同解除前发生的保险事故，不承担赔偿或者给付保险金的责任，但应当退还保险费。

根据《最高人民法院关于审理外商投资企业纠纷案件若干问题的规定(一)》第 5 条的规定，外商投资企业股权转让合同成立后，转让方和外商投资企业不履行报批义务，经受让方催告后在合理的期限内仍未履行，受让方请求解除合同并由转让方返还其已支付的转让款、赔偿因未履行报批义务而造成的实际损失的，人民法院应予支持。

法务拓展

订立合同过程中的风险防范

合同的整个过程包括订立前、订立、履行等过程，任何一个过程中都有可能出现法律风险。合同当事人应充分考虑各种潜在风险的可能性，建立健全必要且严格的合同管理制度，降低经营活动的合规风险。订立合同过程中的风险主要集中在签约前和缔约过程两个阶段。

在合同订立前，缔约人应积极采用多种有效方式和手段审查对方的资质(主体资格、资信情况、履约能力等)及缔约目的，谨防对方以恶意谈判的方式进行合同磋商；同时，要采取有效措施防范商业秘密泄露。在合同的订立过程中，缔约人应根据《民法典》关于合同的有关规定，规范要约、承诺的表达；同时，缔约人应严格审查合同的内容，力求权利、义务对等、条款规范、约定明确，合同的各主要条款的文字表述应准确、完整、清晰、无歧义，标点符号的标注应准确、完整。除此之外，缔约人应严格审查合同的形式是否合规。

第三节　合同的效力

一、合同效力概述

(一) 合同效力的含义

依法成立的合同，自成立时生效，但是法律另有规定或者当事人另有约定的除外。合同效力(validity of contract)是指法律赋予依法成立的合同具有拘束当事人各方乃至第三人的强制力，即通常所说的合同的法律效力。

合同具有法律上的效力并不是说合同等同于法律。合同的效力来自法律的赋予，只有当事人的意志符合国家的意志，它才能得到作为国家意志体现的法律的认可和保护。

合同效力主要表明国家运用特定的法律价值标准对当事人之间一致的意思表示的评判。在不同的国家、同一国家的不同时期，合同效力的评判标准和类型通常不同。因此，合同的效力异于合同的成立。

知识拓展(5-9)

合同成立与合同
效力的关联

（二）合同效力的表现

一般认为，合同的效力主要指其内部效力，即合同仅能约束其当事人。但随着社会经济的发展，市场主体的外部经济关系日益复杂，当事人之间的合同关系往往会影响其他人的合法权益。因此，各国法律逐步赋予合同一定的外部效力。

知识拓展(5-10)

合同效力的具体表现

二、合同效力的类型

根据《民法典》的规定，合同的效力主要有四种类型，即有效的合同、无效的合同、可撤销的合同及效力待定的合同。合同效力的类型如表 5-3 所示。

表 5-3　合同效力的类型

	有效的合同	无效的合同	可撤销的合同	效力待定的合同
具备的条件	行为人具有相应的民事行为能力	无民事行为能力人订立的合同	因欺诈而订立的合同	限制民事行为能力人依法不能独立订立的合同
	意思表示真实	行为人与相对人以虚假的意思表示订立的合同		
	不违反法律、行政法规的强制性规定，不违背公序良俗	行为人与相对人恶意串通，损害他人合法权益的合同	因胁迫而订立的合同	表见代理以外的欠缺代理权(含无权代理、自己代理和双方代理)而代理订立的合同
	合同须具备法律所要求的形式	违反法律、行政法规的强制性规定的合同	因重大误解订立的合同	
		违背公序良俗的合同	在订立合同时显失公平的	
法律后果	有效的合同对当事人具有法律效力，能产生当事人预期的法律后果，当事人违约应承担违约责任	自始无法律约束力。合同被确认无效之后，将产生返还财产和赔偿损失等后果	被撤销之前，合同有效；被撤销之后，合同自始无法律约束力，将产生返还财产和赔偿损失等后果	合同已成立，但是否发生效力尚未确定，有待于其他行为或事实使之确定

三、有效的合同

（一）有效合同概述

有效合同(valid contract)是指具备法定条件，受到国家承认和保护的、具备法律效力的合同。合同有效是指合同符合《民法典》规定的有效要件时的状态，并不过多考量其是否具备了履行的条件；而合同生效则是指同时具备了有效要件和履行条件的合同。因而，合同有效与合同生效存在细微差异。在绝大多数情况下，合同有效了也就意味着合同生效了，但在某些情形下，合同有效并不一定是合同生效。例如，某买卖合同约定本合同自双方签字盖章时生效，双方确实在该合同文本上签字盖章了，那么该合同既是有效的，也是生效的。某涉外股权转让合同已经双方当事人签字盖章了，但尚未经行政主管机关批准，则该合同是有效的，但却是尚未生效的。

（二）合同有效的一般要件

合同有效的要件是判断合同是否发生法律效力的标准。在我国，合同有效的一般要件为：当事人缔约时具有相应的民事行为能力；当事人意思表示真实；不违反法律、行政法规的强制性规定，不违背公序良俗。

知识拓展(5-11)

合同有效的
一般要件

（三）合同有效的特殊要件

实践中，有些合同需要具备特殊的要件才能生效。

1. 法定审批或者登记的合同类型

对于一般合同，当事人可以协商确定合同采用的形式及生效的条件，但对于一些特殊合同，如中外合资经营企业合同，法律、行政法规对合同的形式和程序有特殊的规定。

对需要行政审批或登记的法律行为，我国现行法的立场是：未经审批前，行为未生效而非无效，且即便行为未生效，其中当事人报批义务的条款可独立发生效力。

2. 附条件和附期限的合同

有关附条件和附期限合同的表述请参见本书第一章第三节"与经济法相关的基础知识"中"附条件和附期限民事法律行为"部分的阐述，此处不赘。

四、无效的合同

（一）无效合同概述

无效合同(void contract)是指欠缺合同的生效要件，虽已成立，却不能依当事人意思发生法律效力的合同。无效合同自合同成立时起就不具有法律效力。

（二）无效合同的原因

根据《民法典》第144条、第146条、第153条、第154条的规定，无效合同的原因主要有：①无民事行为能力人订立的合同；②行为人与相对人以虚假的意思表示订立的合同；③行为人与相对人恶意串通，损害他人合法权益的合同；④违反法律、行政法规的强制性规定的合同；⑤违背公序良俗的合同。

相关具体表述请参见本书第一章第三节"与经济法相关的基础知识"中"无效的民事法律行为"部分的阐述，此处不赘。

（三）无效合同的确认

知识拓展(5-12)

无效合同的确认权依法由人民法院和仲裁机构行使。合同被确认无效后，视为自始没有法律效力；如果合同部分无效且不影响其他条款效力的，其他部分仍然有效。所谓部分无效的合同是指由于其部分条款违反法律规定或者损害他人利益，但并不影响合同的本质而成立的合同。通常，下列合同属于部分无效合同：①约定了免除或限制当事人因故意或重大过失而应承担责任的条款的

脱法行为

合同。例如，当事人约定，对于任何原因造成的合同不能履行，当事人只承担赔偿责任，不承担其他责任。这样的约定是违法的，因为有关人员如果玩忽职守给国家造成损失的，除应承担民事赔偿责任外，还应根据情况追究行政责任甚至刑事责任。所以，当事人在合同中约定这样的条款是无效的，但这并不影响其他条款的有效性。②约定了免除或者限制人身伤害责任条款的合同。例如，在劳动合同中类似"工伤事故概不负责"的约定是无效的。③约定了违法的违约责任或解决争议的方式。④约定了免除或限制法律禁止免除或限制的责任条款的合同。

合同一旦被确认无效，将产生相应的法律后果。具体请参见第一章第三节"与经济法相关的基础知识"中"无效的民事法律行为"相应部分的阐述，此处不赘。

实践中，关于格式条款及免责条款的效力前已述及，详见本章第二节中"合同的内容与形式"的相关表述。

【例5-9】甲与乙约定，由甲向乙提供一支"五四"式手枪，价格3500元，乙于10天后到甲住所提货，货款当面交清。请问：甲、乙双方的约定是否有效？

【解析】甲、乙双方的约定是无效合同，因为合同的内容违反了刑事法律的规定。

五、可撤销的合同

(一) 可撤销合同概述

可撤销合同(revocable contract)，是指合同成立后，因意思表示不真实，可由当事人行使撤销权使其归于无效的合同。其主要特点是：①订立合同时存在意思表示不真实的情况；②在被撤销前，合同(已成立，但因意思表示不真实而不能当然生效)在外观上是符合生效要件的，且无关社会公共利益、国家利益及第三人利益，如果当事人无异议，则视为有效合同，可正常履行；③意思表示不真实的一方对合同的撤销享有选择权，其他任何人不能主张合同撤销，法院或仲裁机构也不能主动干预、确认合同无效；④此种合同被撤销的，合同从订立时起即丧失法律效力。

显然，可撤销合同在被撤销前视为已经生效。在被撤销以前，其法律效果可以对抗除撤销权人以外的任何人。

(二) 可撤销合同的发生原因

根据《民法典》的规定，导致合同可撤销的原因有：①重大误解(gross misunderstanding)；②订立合同时显失公平(obvious unjust)的；③以欺诈(fraud)的手段订立合同；④以胁迫(duress)的手段订立合同。

此部分的表述请参见第一章第三节"与经济法相关的基础知识"中"可撤销的民事法律行为"部分的阐述，此处不赘。

【例5-10】甲的儿子不慎失足落水，甲因不会游泳遂向不远处的乙呼救。乙乘机提出：可以帮忙救甲的儿子，但甲必须支付给乙8万元钱，并给乙的女儿安排工作。甲为了救儿子，不得不先答应了乙的条件。请问：甲、乙之间的约定属于什么性质的合同？

【解析】甲、乙之间的约定属于可撤销合同，因为这是乙乘甲处于紧急危难中，迫切需要救助时，使甲在违背真实意思的情况下订立的合同。

(三) 撤销权的行使

关于可撤销合同中撤销权的行使及可撤销合同被撤销的后果，请参见第一章第三节"与经济法相关的基础知识"中"可撤销的民事法律行为"部分的阐述，此处不赘。

六、效力待定的合同

(一) 效力待定的合同概述

效力待定的合同(contract with uncertain validity) 是指合同成立之后，是否能够发生当事人预期的法律效力尚不能确定，有待于其他行为或事实使之确定的合同。因欠缺足以导致合同无效或可撤销的要件，这类合同的有效抑或无效取决于第三人意思表示辅助或特定事实要件的成就，因而称为效力待定的合同。

效力待定的合同欠缺有效要件，自身具有瑕疵，有权人不通过追认消除该瑕疵，合同就确定地归于无效。法律之所以允许有权人通过追认消除该瑕疵以使合同有效是基于保护当事人的合法权益和鼓励交易的考量。有权人的追认是指明确表示同意效力待定的合同，它是一种单方的意思表示，一般以明示方式作出，无须相对人的同意即可发生法律效力。有权人的追认须是无条件的，是对合同全部条款的承认。如果仅是对部分条款的承认，须相对人同意方可使该部分有效。

(二) 效力待定合同的发生原因

效力待定的合同包括限制民事行为能力人依法不能独立订立的合同、无权代理人以被代理人名义订立的合同、自己代理和双方代理所签订的合同等。具体表述请参见第一章第三节"与经济法相关的基础知识"中"效力待定的民事法律行为"部分的阐述，此处不赘。

知识拓展(5-13)

无权处分的
法律后果

需要说明的是，在债务承担行为中，债务人与第三人达成的由第三人承担债务人债务的合同也属于效力待定的合同。因为第三人的信用及履行债务的能力与债权人利益攸关，所以要使债务承担行为对债权人有效，发生债务转由第三人承担的效力，就必须经债权人同意。

(三) 效力待定合同的追认

(1) 追认权的行使。一方面，追认权人追认或拒绝追认的意思表示应向效力待定的相对人为之，向无权代理人、债务人、行为能力欠缺者所为追认或拒绝追认的意思表示，不发生效力。另一方面，追认权人追认的意思表示必须在法定的催告期内以明示的方式向相对人做出，过期不为追认的意思表示，视为拒绝追认。

知识拓展(5-14)

追认权的性质

(2) 追认与拒绝追认的法律效果。效力待定的民事行为经追认后，自始确定地发生效力，被拒绝追认后，自始确定地不发生效力。

(四) 相对人的催告权与撤销权

关于相对人的催告权。效力待定合同的相对人在得知其与对方签订的合同存在效力待定的事由后，可以将此事实告知追认权人，并敦促追认权人在一定期间内答复是否追认。经相对人催告后，追认权人应于相对人依法确定的期限内答复是否追认，不予答复的，视为拒绝追认。《民法典》规定相对人催告追认权人的追认期限为30日。

关于相对人的撤销权。效力待定的合同被追认前，善意相对人有撤销的权利，撤销应当以通知的方式做出。相对人撤销其意思表示的意思，可以向追认权人表示，也可以向对方行为人即无权代理人、债务移转人、行为能力欠缺者表示，相对人撤销其意思表示后，效力待定合同相当于未成立，因此也就不发生效力。相对人撤销权受两个方面的限制：①相对人仅于追认权人追认前享有撤销权，效力待定行为经追认后已经确定地发生效力，不能再撤销；②相对人须为善意，如在进行行为时就知道对方行为能力方面有缺陷，则不享有撤销权；③相对人撤销的意思表示应当用通知的方式做出，任何默示的方式都不构成撤销。

【例5-11】甲委托乙购买150台电视机，但是，乙未经甲同意，擅自与丙签订了购买250台电视机的合同。请问：乙与丙签订的合同属于什么性质的合同？

【解析】乙与丙签订的购买250台电视机的合同属于超越代理权以被代理人(甲)的名义订立的效力待定合同，如果甲在1个月之内未予以追认，则该合同的效力不及于甲，并且善意相对人丙有权撤销该合同。

随堂练习(5-2)

根据合同法律制度的规定，下列选项中说法正确的是( )。

A. 喜欢打猎的丁从机械制造能手戊处购买戊自制的枪支用于打猎，该合同为可撤销合同

B. 吴杉贵故意将赝品古董花瓶描述成真品，以高价卖给不知情的钱东来，该合同为无效合同

C. 甲欲出售其闲置电视机一台，先后与乙、丙订立了买卖合同，最终出售给丙。则甲与乙之间的合同无效

D. 柳霖谎称自己是甲企业推销员，向乙推销甲企业产品，并以甲企业的名义与乙签订了买卖合同，该买卖合同应属无效

E. 甲公司和乙公司签订了一份合同，根据相关法律规定，该类合同需要办理批准手续后才能生效。乙公司负有报批义务，但其未按约定履行报批义务，甲公司起诉至人民法院主张解除合同并请求甲公司承担违反报批义务的赔偿责任，人民法院应予支持

第四节 合同的履行

合同的履行是生效合同所必然发生的法律行为，是实现合同利益的根本措施，也是合同关系消灭的正常原因，因此合同的履行是整个合同法律制度的核心内容。

一、合同履行的原则

(一) 合同履行的一般原则

1. 全面履行原则

当事人应当按照约定全面履行自己的义务。全面履行原则又叫适当履行原则或正确履行原则，是指合同当事人应在适当的时间，适当的地点，以适当的方式，按照合同中约定的数量和质量，履行合同中约定的义务。这项原则包括三个方面的具体内容：一是履行主体适当，即当事人一般应亲自履行合同，不能由第三人代为履行，但当事人另有约定的除外。合同生效后，当事人不得因姓名、名称的变更或者法定代表人、负责人、承办人的变动而不履行合同义务。二是标的适当，即当事人交付的标的物、提供的工作成果、提供的劳动应符合合同约定或交易惯例。三是履行方式和地点适当，即当事人应按合同约定的数量、质量、品种等全面履行。

2. 诚实信用原则

当事人应当遵循诚信原则，根据合同的性质、目的和交易习惯履行通知、协助、保密等义务。诚实信用原则是指合同当事人应根据诚实信用原则，履行合同约定之外的附随义务。附随义务是基于诚实信用原则而产生的一项合同义务，虽然当事人在合同中可能没有约定此义务，但任何合同的当事人在履行时都必须遵守。《民法典》规定的附随义务包括：①通知义务；②协助义务；③保密义务；④提供必要的条件；⑤防止损失扩大。

3. 绿色原则

绿色原则是指当事人在履行合同过程中，应当避免浪费资源、污染环境和破坏生态。

4. 情势变更原则

情势变更又称情事变更，是指在合同有效成立后，在合同履行期间，因为合同的基础条件发生了当事人订约时难以预见的重大变化，致使合同不能履行或者履行结果显失公平，根据诚信原则，当事人可以请求变更或解除合同的制度。《民法典》第 533 条对情势变更制度作出了规定。这项原则是诚实信用原则在合同履行中的应用。适用情势变更原则应符合以下几个条件。

法条链接(5-2)

《民法典》第 533 条的规定

(1) 具有情势变更的客观事实。情势泛指作为法律行为成立基础或环境的一切客观事实；变更是指情势在客观上发生了重大异常变动。而情势变更不仅包括交易和经济情况的变化，也包括非经济事实的变化。

(2) 情势变更发生在合同成立生效以后，履行完毕以前。

(3) 情势变更非当事人所能预见，不属于商业风险。

(4) 情势变更不可归责于双方当事人，即双方当事人对于情势变更没有过错。而不可归责于当事人的事由可分为不可抗力、意外事件和其他事件三种。比如，施工过程中遇到双方难以预见的复杂地质情况，继续按照约定履行会造成施工成本增加数倍。又如，因政策调整或者市场供求关系异常变动等原因导致价格发生当事人在订立合同时无法预见的、异常剧烈的涨跌，但是，合同涉及市场属性活跃、长期以来价格波动较大的大宗商品及股票、期货等风险投资型金融产品的除外。

知识拓展(5-15)

情势变更与不可抗力的区别

(5) 因情势变更而使原合同的履行显失公平。情势变更发生后通常造成当事人之间的利益失衡，如果继续履行合同，就会对当事人明显有失公平，违反了诚实信用原则和公平原则。

(6) 构成情势变更时，当事人负有重新协商的义务。

从效力上看，情势变更原则主要体现在以下两个方面：①变更合同，从而使原合同在公平基础上得以履行；②解除合同，彻底消除显失公平现象。实践中，当事人请求变更合同的，人民法院不得解除合同；当事人一方请求变更合同，对方请求解除合同的，或者当事人一方请求解除合同，对方请求变更合同的，人民法院应当结合案件的实际情况，根据公平原则判决变更或者解除合同。

（二）约定不明合同的履行原则

根据《民法典》第 510 条、第 511 条的规定，约定不明合同的履行原则有以下几种。

1. 当事人协议补充原则

《民法典》第 510 条规定，合同生效后，当事人就质量、价款或者报酬、履行地点等内容没有约定或者约定不明确的，可以协议补充。

2. 按照合同有关条款或交易习惯确定原则

合同生效后，当事人就质量、价款或者报酬、履行地点等内容没有约定或者约定不明确，不能达成补充协议的，按照合同相关条款或者交易习惯确定。按照合同有关条款确定是指结合合同的其他方面内容加以确定，使合同具体化和明确化；按照交易习惯确定是指按照人们在同样的交易中通常采用的合同内容加以确定，使合同具体化和明确化。

3. 法定补充原则

法定补充原则又叫合同的补缺规则，是指法律规定的适用于主要条款欠缺或合同条款约定不明确、但并不影响效力的合同，以弥补当事人所欠缺或未明确表示的意思，使合同内容合理、确定，便于履行的法律条款。当事人就有关合同内容约定不明确，依照《民法典》第510条的规定仍不能确定的，适用《民法典》第511条的相应规定。此即法定补充原则的法律依据。

法条链接(5-3)

《民法典》第510条、第511条的规定

(三) 电子合同的履行原则

根据《民法典》第512条的规定，履行通过互联网等信息网络订立的电子合同时应遵循以下原则：

(1) 电子合同的标的为交付商品并采用快递物流方式交付的，收货人的签收时间为交付时间。电子合同的标的为提供服务的，生成的电子凭证或者实物凭证中载明的时间为提供服务时间；前述凭证没有载明时间或者载明时间与实际提供服务时间不一致的，以实际提供服务的时间为准。

(2) 电子合同的标的物为采用在线传输方式交付的，合同标的物进入对方当事人指定的特定系统且能够检索识别的时间为交付时间。

(3) 电子合同当事人对交付商品或者提供服务的方式、时间另有约定的，按照其约定。

(四) 执行政府定价或指导价合同的履行原则

在执行政府定价或指导价的合同中，当事人就必须按照政府定价或指导价确定价格，而不能另外约定价格；而且合同在履行过程中，遇到政府定价或指导价调整时，合同履行的总原则就是：保护按约履行合同的一方，惩罚违约方。根据《民法典》第513条的规定，具体包括三个方面。

(1) 双方当事人均按期履行合同的，在履行中遇到政府定价或指导价调整时，应按交付时的价格计价，即按新价格执行：交付货物时，货物涨价的，按已上涨的价格执行；降价的，按已降低的价格执行。

(2) 当事人逾期交付标的物的，标的物的政府定价或指导价上涨时，按原定的价格即原价格执行；价格下降时，按已下降的价格即新价格执行。

(3) 当事人逾期提取标的物或逾期付款的，标的物的政府定价或指导价上涨时，按已上涨的价格即新价格执行；价格下降时，按原定的价格即原价格执行。

(五) 向第三人履行和由第三人履行

根据《民法典》第522条、第523条、第524条的规定：

(1) 当事人约定由债务人向第三人履行债务，债务人未向第三人履行债务或者履行债务不符合约定的，应当向债权人承担违约责任。

(2) 法律规定或者当事人约定第三人可以直接请求债务人向其履行债务，第三人未在合理期限内明确拒绝，债务人未向第三人履行债务或者履行债务不符合约定的，第三人可以请求债务人承担违约责任；债务人对债权人的抗辩，可以向第三人主张。

（3）当事人约定由第三人向债权人履行债务，第三人不履行债务或者履行债务不符合约定的，债务人应当向债权人承担违约责任。

（4）债务人不履行债务，第三人对履行该债务具有合法利益的，第三人有权向债权人代为履行；但是，根据债务性质、按照当事人约定或者依照法律规定只能由债务人履行的除外。债权人接受第三人履行后，其对债务人的债权转让给第三人，但是债务人和第三人另有约定的除外。

【例 5-12】甲、乙签订了一份合同，约定由丙向甲履行债务，但丙履行债务的行为不符合合同的约定，下列有关甲请求承担违约责任的表述中，正确的是(　　)。

A. 请求丙承担　　　　B. 请求乙承担　　　　C. 请求丙和乙共同承担　　　　D. 请求丙或乙承担

【解析】正确答案为 B。本题考核第三人代为履行合同的责任承担。根据《民法典》第 523 条的规定，当事人约定由第三人向债权人履行债务，第三人不履行债务或者履行债务不符合约定的，债务人应当向债权人承担违约责任。

（六）债务人提前履行债务或部分履行债务的处理原则

1. 债务人提前履行债务的处理原则

《民法典》第 530 条规定，债权人可以拒绝债务人提前履行债务，但是提前履行不损害债权人利益的除外。债务人提前履行债务给债权人增加的费用，由债务人负担。

2. 债务人部分履行债务的处理原则

《民法典》第 531 条规定，债权人可以拒绝债务人部分履行债务，但是部分履行不损害债权人利益的除外。债务人部分履行债务给债权人增加的费用，由债务人负担。

部分履行的构成要件是：①部分履行是在履行期限内的履行，如果在履行期限之前履行就是提前履行，在履行期限之后履行就是迟延履行；②可以部分履行的合同标的物是可分的；③部分履行有两种情况：一是债务人在履行期限内将应当一次履行的债务采用分批履行的办法而全部履行，二是债务人虽然没有分批履行但履行标的物的数量不够。

二、双务合同履行中的抗辩权

所谓抗辩权(right of defense)，是指债务人根据法定事由对抗或拒绝债权人的请求权的权利，又称异议权。双务合同履行中的抗辩权，是指双务合同的一方当事人在法定条件下对抗另一方当事人的请求权，拒绝履行债务的权利，主要包括同时履行抗辩权、先履行抗辩权和不安抗辩权，如表 5-4 所示。

表 5-4　双务合同履行中的抗辩权类型

项目		同时履行抗辩权	先履行抗辩权	不安抗辩权
适用条件		因同一双务合同互负债务	因同一双务合同互负债务	因同一双务合同互负债务
		双方所负的债务之间具有牵连性	由一方当事人先为履行	由一方当事人先为履行
		双方互负的债务均已届清偿期		
		对方未履行或未适当履行债务	先履行的一方不履行或不适当履行合同债务	先履行的一方有确切的证据证明另一方不能或不会做出对待履行
		对方的对待履行是可能履行的		
效力		延期的抗辩权；不具有消灭对方请求权的效力，而仅产生使对方请求权延期的效果	延期的抗辩权；随时阻止对方当事人请求权的行使	暂时中止合同的履行

当事人可以根据对方违约的不同情形，选择适用不同的抗辩权，以维护自己的合法权益。

(一) 同时履行抗辩权

1. 概念

同时履行抗辩权(defense right of simultaneous performance)又叫不履行抗辩权,是指双务合同的一方当事人在对方未为对待给付时,可以拒绝自己的给付的权利。《民法典》第525条规定,当事人互负债务,没有先后履行顺序的,应当同时履行。一方在对方履行之前有权拒绝其履行请求。一方在对方履行债务不符合约定时,有权拒绝其相应的履行请求。这里的同时履行是指合同没有约定,法律也没有规定,根据交易习惯也不能确定双务合同的哪一方当事人有先履行义务时,双方当事人应当同时履行合同义务。

同时履行抗辩权在性质上属于延期的抗辩权,而不是否定的或永久的抗辩权。行使同时履行抗辩权的根据是双务合同的牵连性。

知识拓展(5-16)

同时履行抗辩权的构成要件

2. 适用范围

《民法典》第525条对此没有具体规定。一般认为,同时履行抗辩权适用于买卖、互易、租赁、承揽、有偿委托、保险等双务合同。此外,以下情况也可以行使同时履行抗辩权:一是可分之债;二是连带之债;三是为第三人利益订立的合同;四是原债务转化的损失赔偿之债;五是相互之间的返还义务;六是债权让与和债务转移。

3. 举证责任和效力

一方当事人行使同时履行抗辩权时,不负证明对方当事人未履行合同义务的举证责任,而对方当事人如果主张自己已履行了合同义务,就应负举证责任;但如果行使同时履行抗辩权的一方当事人主张对方当事人部分履行或履行不适当,就应负举证责任。

同时履行抗辩权的效力,在于使一方当事人在对方当事人未及时履行义务时,可以暂时也不履行自己的义务,但这并不能消灭对方当事人的请求,也不能消灭自己所负的债务;而当对方当事人提出履行时,同时履行抗辩权的效力就终止了,当事人必须履行自己的合同义务。

(二) 先履行抗辩权

1. 概念

先履行抗辩权又叫后履行抗辩权或先违约抗辩权,实践中亦称顺序履行抗辩权,是指在双务合同中,约定有先后履行顺序的,负有先履行义务的一方当事人未依照合同约定履行债务,后履行义务的一方当事人可以依据对方的不履行行为,拒绝对方当事人请求履行的抗辩权。《民法典》第526条规定,当事人互负债务,有先后履行顺序,应当先履行一方未履行的,后履行一方有权拒绝其履行请求。先履行一方履行债务不符合约定的,后履行一方有权拒绝其相应的履行请求。先履行抗辩权在性质上属于延期的抗辩权,而不是否定的或永久的抗辩权。

知识拓展(5-17)

先履行抗辩权的适用条件

2. 适用情形

(1) 先履行一方不履行债务,已到履行时间时,后履行一方就有不履行债务的权利。

(2) 先履行一方履行债务完全不符合约定,实际构成不履行,已到履行时间时,后履行一方就有不履行债务的权利。

(3) 先履行一方履行债务部分符合约定,构成部分不履行,已到履行时间时,后履行一方就有部分不履行相应债务的权利。

3. 效力

先履行抗辩权的效力,在于阻止对方当事人请求权的行使;而当对方当事人完全履行了合同债务时,先履行抗辩权就消灭了,当事人必须履行自己的合同债务。如果当事人行使先履行抗辩权致使合同迟延履行的,责任由对方当事人承担。

(三) 不安抗辩权

1. 概念

不安抗辩权又叫保证履行抗辩权,是指当事人互负债务,有先后履行顺序的,先履行的一方当事人有确切证据证明另一方当事人丧失履行债务能力时,有中止合同履行的权利。《民法典》第527条规定,应当先履行债务的当事人,有确切证据证明对方有下列情形之一的,可以中止履行:①经营状况严重恶化;②转移财产、抽逃资金,以逃避债务;③丧失商业信誉;④有丧失或者可能丧失履行债务能力的其他情形。当事人没有确切证据中止履行的,应当承担违约责任。

知识拓展(5-18)

不安抗辩权
的适用条件

2. 适用情形

(1) 后履行一方经营状况严重恶化。此时后履行一方很有可能无力清偿债务,因此先履行一方可以行使不安抗辩权。

(2) 后履行一方转移财产、抽逃资金,以逃避债务。此时先履行一方如果仍按合同约定先履行给付义务,就有可能使自己的债权不能实现,造成自己的损失,因此先履行一方可以行使不安抗辩权。

(3) 后履行一方严重丧失商业信誉。严重丧失商业信誉的商家的履约能力必然受到影响,因此先履行一方可以行使不安抗辩权。

(4) 后履行一方有丧失或者可能丧失履行债务能力的其他情形。即只要后履行一方表现出丧失或者可能丧失履行债务能力的情形,先履行一方就可以行使不安抗辩权。

3. 行使不安抗辩权当事人的附随义务

《民法典》在赋予先履行一方享有不安抗辩权的同时,又为他规定了两项附随义务:①通知义务。主张不安抗辩权的先履行一方应当及时通知对方,但无须征得对方的同意。②举证义务。主张不安抗辩权的先履行一方应当举出对方有法定的不能履行债务或者有不能履行债务可能的某一情形存在的确切证据,有确切证据的,不安抗辩权主张成立;没有确切证据的,不安抗辩权主张不能成立,并构成违约。

4. 效力

当事人依法行使不安抗辩权中止履行的,应当及时通知对方。对方提供适当担保时,应当恢复履行。中止履行后,对方在合理期限内未恢复履行能力且未提供适当担保的,视为以自己的行为表明不履行主要债务,中止履行的一方可以解除合同并可以请求对方承担违约责任。据此,行使不安抗辩权的法律效力如下。

(1) 暂时中止履行合同债务。不安抗辩权在性质上是一种延期抗辩权。如果后履行一方提供了适当担保或作了对待履行,不安抗辩权就消灭了,当事人就应当恢复履行自己的债务。

(2) 解除合同。主张不安抗辩权的先履行一方,在对方于合理期限内未恢复履行能力且未提供适当担保的情形下,就有权解除合同,消灭对方的请求权。此时,不安抗辩权就从延期抗辩权变成了永久抗辩权。

(3) 请求对方承担违约责任。中止履行的一方可以在解除合同的同时请求对方承担违约责任。

【例5-13】甲、乙签订了一份买卖合同，双方约定由甲向乙提供一批生产用原材料，总货款为500万元，甲最晚于7月底前供货，货到付款。6月份甲从报纸上得知：乙为逃避债务私自转移财产，被法院依法查封扣押了财产。于是甲通知乙，在乙付款或提供担保前中止履行合同。请问：甲行使的是什么权利？

【解析】甲行使的是不安抗辩权。根据《民法典》的相关规定，先履行的一方有确切证据证明另一方丧失履行债务能力时，在对方没有履行或者没有提供担保之前，有权中止合同的履行，即有权行使不安抗辩权。本案中甲明确得知乙丧失了履行能力，于是依法行使了不安抗辩权。

三、合同履行的保全措施

作为合同的一般担保，合同的保全(the contract preservation)是债的对外效力的体现，是指为了保护一般债权人不因债务人的财产不当减少而受损害，允许债权人干预债务人处分自己财产行为的法律制度。合同保全主要有代位权与撤销权。其中代位权是针对债务人消极不行使自己债权的行为，撤销权则是针对债务人积极侵害债权人债权实现的行为。两者或者为了实现债务人的财产权利，或是恢复债务人的责任财产，从而确保债权人债权的实现。

(一) 代位权

1. 代位权的概念和特征

代位权(right of subrogation)是指因债务人怠于行使其债权或者与该债权有关的从权利，影响债权人到期债权实现的，债权人可以向人民法院请求以自己的名义代位行使债务人对相对人的权利。它具有以下特征。

(1) 代位权是债权人代替债务人向次债务人(债务人的相对人)主张权利。债权人代位权赋予债权人对次债务人主张债权的权利。因此，代位权体现了债权的对外效力。

(2) 代位权是一种法定的权利。代位权是由法律直接规定的权利，不需要由当事人特别约定。

(3) 代位权是债权人以自己的名义行使债权人的权利。代位权是债权人所享有的权利，必须以债权人的名义行使。

(4) 代位权是通过债权人向法院请求的方式行使的。即只能通过诉讼的方式来行使代位权，通过起诉来请求法院保全债权。

2. 代位权的构成要件

一般认为，代位权的构成要件如下。

(1) 债权人与债务人之间存在合法的债权债务关系。这是首要条件。如果债权人对债务人不享有合法债权，债权人就不能行使代位权。

(2) 债务人怠于行使其债权或者与该债权有关的从权利且给债权人造成损害。这是实质要件。债务人怠于行使其债权或者与该债权有关的从权利并对债权人造成损害的，是指债务人不履行其对债权人的到期债务，又不以诉讼方式或者仲裁方式向其债务人主张其享有的具有金钱给付内容的到期债权，致使债权人的到期债权未能实现。可见，债务人只有以诉讼或仲裁的方式向次债务人主张权利，才不构成"怠于行使"，而仅仅以私力救济方式主张权利，如直接向次债务人或其代理人主张权利，甚至包括向民间调解委员会或行政机关请求处理，都属于"怠于行使"。实践中，只要债务人未履行对债权人的债务，债权人的债权未能实现，就可视为债权人的债权受到了损害。

(3) 债务人的债权已到期。只有债务人的债权已到期，债权人才能代债务人行使，否则就会侵害次债务人的合法权益。

(4) 债务人的债权不是专属于债务人自身的债权。专属于债务人自身的债权，是指基于扶养关系、抚养关系、赡养关系、继承关系产生的给付请求权和劳动报酬、退休金、养老金、抚恤金、安置费、人寿保险、人身伤害赔偿请求权等权利。这意味着作为代位权客体的权利，不但仅仅限于债务人对次债务人所享有的债权，而且还必须是非专属于债务人自身的债权。

3. 代位权的行使

债权人行使代位权时，应注意：

(1) 债权人必须以自己的名义通过诉讼形式行使代位权。当债务人有多个债权人时，各债权人在符合法律规定的情况下都可以行使代位权，但如果其中某一债权人已经就这项债权行使了代位权，那么其他债权人就不能再就这项债权行使代位权。

(2) 代位权行使的范围应当以债权人的到期债权为限。债权人的债权到期前，债务人的债权或者与该债权有关的从权利存在诉讼时效期间即将届满或者未及时申报破产债权等情形，影响债权人的债权实现的，债权人可以代位向债务人的相对人请求其向债务人履行、向破产管理人申报或者作出其他必要的行为。债权人行使代位权的请求数额一般不能超过债务人所负债务额的范围，也不能超过次债务人对债务人所负债务额的范围。

(3) 次债务人对债务人的抗辩权可以向债权人主张。在代位权诉讼中，债权人是原告，次债务人是被告，债务人是第三人，而次债务人对债务人的一般抗辩事由，都可以直接向债权人主张。

(4) 债权人行使代位权的必要费用由债务人负担。代位权诉讼由被告住所地人民法院管辖。

4. 代位权的效力

债权人代位权的行使，其效力涉及以下三个方面。

(1) 对债权人的效力。人民法院认定代位权成立的，由债务人的相对人向债权人履行义务，债权人接受履行后，债权人与债务人、债务人与相对人之间相应的权利义务终止。债务人对相对人的债权或者与该债权有关的从权利被采取保全、执行措施，或者债务人破产的，依照相关法律的规定处理。

(2) 对债务人的效力。首先，债务人不能就其被债权人代位行使的权利作出处分，否则代位权根本不能得到行使，债权更得不到保障，如债权人行使代位权后，债务人又将债权让与第三债务人，债权人就可以对第三债务人主张让与行为无效。其次，如果债务人未参加代位权诉讼，判决的效力就只及于诉讼当事人即债权人与次债务人，因此当债权人败诉时，债务人就可另行对次债务人起诉；如果债务人参加诉讼，判决的效力也就及于债务人，但当债权人胜诉时，债务人不能基于判决请求次债务人执行。

(3) 对次债务人的效力。债务人对次债务人的权利，无论是自己行使还是由债权人代位行使，次债务人的法律地位及其利益都不受影响。因此，凡是次债务人可以对抗债务人的一切抗辩，都可以用来对抗债权人。但这种抗辩权一般以代位权行使之前所产生的为限。

【例5-14】在甲、乙签订的合同中，甲为债权人，乙为债务人，甲对乙的债权为100万元。乙又是丙的债权人，债权为200万元，乙因怠于行使其对丙的到期债权，致使甲的到期债权得不到清偿，甲是否可以行使代位权？如何行使？数额是多少？如果甲对乙的债权为200万元，乙对丙的债权为100万元，甲行使代位权的数额是多少？

【解析】甲可以行使代位权。甲可以向人民法院请求以自己的名义代位行使乙对丙的债权，甲请求的数额应该以其所保全的债权为限，即只能请求丙向其清偿100万元。

如果甲对乙的债权为 200 万元，乙对丙的债权为 100 万元，则甲请求的数额应以乙对丙的债权数额为限，即只能请求丙向其清偿 100 万元。

(二) 撤销权

1. 撤销权的概念和法律性质

撤销权(right of revocation)又叫废罢诉权，是指债务人实施了减少财产行为并危及债权人债权实现时，债权人为保障自己的债权请求人民法院撤销债务人处分行为的权利。撤销权是一种法定权利，不需要当事人进行约定。但撤销权是附随于债权的权利，债权转让时它当然亦随之转让，债权消灭时它也归于消灭。

知识拓展(5-19)

合同保全中的撤销权与可撤销合同中的撤销权的关联

债权人行使撤销权，可请求受益人返还财产，恢复债务人责任财产的原状，因此撤销权兼有请求权和形成权的特点。

撤销权与代位权都是法定权利，都属于债的保全的内容，并且都必须附随于债权而存在，但两者又有区别：代位权针对的是债务人不行使债权的消极行为，通过行使代位权旨在保持债务人的财产；而撤销权针对的是债务人不当处分财产的积极行为，通过行使撤销权旨在恢复债务人的财产。

2. 撤销权的构成要件

债权人行使撤销权，应当具备以下条件。

(1) 债权人对债务人存在有效的债权。撤销权中债权人的债权不一定到期，债权人在任何时候发现债务人实施了可以被撤销的行为，都可以请求撤销。

(2) 债务人实施了一定的处分财产的行为。《民法典》第 538 条、第 539 条将可以撤销的债务人处分财产的行为限定在以下范围：①以放弃债权、放弃债权担保、无偿转让财产等方式无偿处分财产权益或者恶意延长其到期债权的履行期限，影响债权人的债权实现的；②以明显不合理的低价转让财产、以明显不合理的高价受让他人财产或者为他人的债务提供担保，影响债权人的债权实现，债务人的相对人知道或者应当知道该情形的。其中第②种处分行为不但要求有客观上对债权人造成损害的事实，还要求有受让人知道的主观要件。

这里应注意：①能够成为撤销权标的的一般只能是法律上的处分行为，并且是有效的民事法律行为，如果是事实上的处分行为或无效的民事法律行为，就不适用撤销权；②撤销权的标的行为，一般仅限于债务人的债权行为。

(3) 债务人的行为有害于债权。这是撤销权构成的一个重要判断标准。否则，即使债务人实施减少其财产的处分行为，但其资力雄厚，足以清偿全部债权，债权人就不能行使撤销权。债务人的行为是否有害于债权，可从以下两方面判断：①损害的具体状态。这种损害，不但包括实际造成损害而且包括可能造成损害。②损害的判断标准。只有在债务人的处分行为损害到其履行债务的能力时，才会导致对债权人的损害。根据"谁主张、谁举证"的原则，债权人撤销权构成要件的存在应由债权人举证，但为了便于债权人举证，以支付不能作为认定标准比较可取。

(4) 债权人行使撤销权应以其债权为限。只要行使撤销权的结果能够使债权人的债权得以保全，使债权人的债权完全实现，债权人就不能再对债务人其他处分财产的行为行使撤销权。

(5) 撤销权应在法定期间内行使。《民法典》第 541 条规定，撤销权自债权人知道或者应当知道撤销事由之日起 1 年内行使。自债务人的行为发生之日起 5 年内没有行使撤销权的，该撤销权消灭。这里规定的两类期限属于除斥期间，不适用时效的中止、中断、延长的规定；其中关于 1 年的规定，从债权人知道或应当知道撤销事由之日算起；关于 5 年的规定，从债务人的行为发生之日算起，而不管债务人是否知道撤销事由的存在。

当债务人的处分行为符合上述条件时，债权人可以请求人民法院撤销债务人的处分行为。

3. 撤销权的行使和效力

撤销权的行使必须是由债权人以自己的名义通过诉讼方式请求人民法院撤销债务人不当处分财产的行为。撤销权诉讼由被告住所地人民法院管辖。在实践中应注意以下问题。

(1) 撤销权诉讼的原告是享有撤销权的债权人。撤销权人为两个或者两个以上债权人以同一债务人为被告，就同一标的提起撤销权诉讼的，人民法院可以合并审理，也可以单独审理。

(2) 债权人行使债权的相对人是债务人和第三人。在撤销权诉讼中，债务人是被告，受益人或受让人是第三人。

对债务人而言，影响债权人的债权实现的行为被撤销的，自始没有法律约束力；对受益人而言，行为被撤销后，应返还其财产和收益，原物无法返还的，应折价赔偿，有偿受让的，受让人有向债务人请求返还对价的权利；对其他债权人而言，可根据合同请求债务人清偿债务，而债务人恢复财产后，这些财产就成为债务人所有债权的共同担保，所有债权人应平等受偿。

此外，债权人因提起撤销权诉讼而发生的律师代理费、差旅费、通讯费、文印费等必要费用，应由债务人承担；如果第三人(受益人和受让人)也存在过错，就应适当分担这些费用，具体分担比例由法院根据第三人的过错大小确定。

一旦人民法院确认债权人的撤销权成立，债务人的处分行为即归于无效。债务人的处分行为无效的法律后果则是双方返还，即受益人应当返还从债务人获得的财产。因此撤销权行使的目的是恢复债务人的责任财产，债权人就撤销权行使的结果并无优先受偿权利。

第五节　合同的担保

一、合同担保概述

(一) 担保的概念与特征

一般认为，担保是指法律规定或者当事人约定的确保债务人履行债务，保障债权人的债权得以实现的法律措施。担保具有以下法律特征。

(1) 从属性。担保合同是主债权债务合同的从合同。主债权债务合同无效的，担保合同无效，但是法律另有规定的除外。担保合同被确认无效时，债务人、担保人(保证人)、债权人有过错的，应当根据其过错各自承担相应的民事责任。所谓担保合同，是指为促使债务人履行其债务，保障债权人的债权得以实现，而在债权人(同时也是担保权人)和债务人之间，或在债权人、债务人和第三人(担保人)之间协商形成的，当债务人不履行或无法履行债务时，以一定方式保证债权人债权得以实现的协议。担保合同旨在明确担保权人和担保人之间的权利、义务关系，保障债权人的债权得以实现。《民法典》规定，设立担保物权，应当依照本法和其他法律的规定订立担保合同。担保合同包括抵押合同、质押合同和其他具有担保功能的合同。

(2) 补充性。担保对债权人权利的实现仅具有补充作用，在主债权债务关系因适当履行而正常终止时，担保人并不实际履行担保义务。只有在主债务不能得到履行时，补充的义务才需要履行，使主债权得以实现，因此担保具有补充性，连带责任保证除外。

(二) 担保的方式

传统认为，典型的担保方式包括保证、定金、抵押、质押、留置。实践中，所有权保留、融资租赁、保理也具有担保功能，作为非典型担保保障特定债权的实现。

知识拓展(5-20)

非典型担保

在立法体例上，《民法典》未设立独立的担保编，而是根据不同担保类型的特性，将其分布于不同章节。《民法典》"第二编物权""第三编合同"的相应章节分别规定了担保物权(抵押、质押、留置)、保证、定金；《民法典》"第三编合同"的相应章节规定了具有担保功能的非典型担保合同(所有权保留、融资租赁、保理)。本节主要阐述保证、定金和担保物权。

《民法典》规定，第三人为债务人向债权人提供担保的，可以要求债务人提供反担保。反担保适用《民法典》和其他法律的规定。所谓的反担保是指为了换取担保人提供保证、抵押或质押等担保方式，而由债务人或第三人向该担保人提供的担保，该担保相对于原担保而言被称为反担保。反担保人可以是债务人，也可以是债务人之外的其他人。反担保方式可以是债务人提供的抵押或者质押，也可以是其他人提供的保证、抵押或者质押。留置和定金不能作为反担保方式。在债务人自己向原担保人提供反担保的场合，保证就不得作为反担保方式。

(三) 共同担保中担保责任的承担

在同一债权上既有保证又有物的担保的，属于共同担保。《民法典》第392条规定，被担保的债权既有物的担保又有人的担保的，债务人不履行到期债务或者发生当事人约定的实现担保物权的情形，债权人应当按照约定实现债权；没有约定或者约定不明确，债务人自己提供物的担保的，债权人应当先就该物的担保实现债权；第三人提供物的担保的，债权人可以就物的担保实现债权，也可以请求保证人承担保证责任。提供担保的第三人承担担保责任后，有权向债务人追偿。

据此，物的担保和保证并存时，如果债务人不履行债务，则根据下列规则确定当事人承担的担保责任：①根据当事人的约定确定承担责任的顺序。②没有约定或者约定不明的，如果保证与债务人提供的物的担保并存，则债权人先就债务人的物的担保求偿。保证在物的担保不足清偿时承担补充清偿责任。③没有约定或者约定不明的，如果保证与第三人提供的物的担保并存，则债权人可以就物的担保实现债权，也可以要求保证人承担保证责任。根据该规定，第三人提供物的担保的，保证与物的担保居于同一清偿顺序，债权人既可以要求保证人承担保证责任，也可以对担保物行使担保物权。④没有约定或者约定不明的，如果保证与第三人提供的物的担保并存，其中一人承担了担保责任，则只能向债务人追偿，不能向另外一个担保人追偿。

二、保证

(一) 保证与保证合同

1. 保证的概念

保证(guarantee)是指第三人和债权人约定，当债务人不履行其债务时，该第三人按照约定履行债务或者承担责任的担保方式。"第三人"被称作保证人；"债权人"既是主债的债权人，也是保证合同中的债权人。保证是保证人与债权人之间的合同关系。

保证的方式有两种，即一般保证和连带责任保证。

2. 保证合同

保证合同是为保障债权的实现，保证人和债权人约定，当债务人不履行到期债务或者发生当事人约定的情形时，保证人履行债务或者承担责任的合同。保证合同是一种典型的单务合同、无偿合同、诺成合同和要式合同。

保证合同的内容一般包括被保证的主债权的种类、数额，债务人履行债务的期限，保证的方式、范围和期间等条款。保证合同可以是单独订立的书面合同，也可以是主债权债务合同中的保证条款。

保证合同是主债权债务合同的从合同。主债权债务合同无效的，保证合同无效，但是法律另有规定的除外。保证合同被确认无效后，债务人、保证人、债权人有过错的，应当根据其过错各自承担相应的民事责任。

在实践中，需要注意的是：①保证人在债权人与被保证人签订的订有保证条款的主合同上，以保证人身份签字或者盖章的，保证合同成立；②第三人单方以书面形式向债权人作出保证，债权人接收且未提出异议的，保证合同成立。③主合同中虽然没有保证条款，但保证人在主合同上以保证人的身份签字或者盖章的，保证合同成立。

（二）保证人

保证合同当事人为保证人和债权人。债权人可以是一切享有债权之人，自然人、法人或非法人组织均无不可。自然人、法人或者非法人组织均可以为保证人，保证人也可以为两人以上。但法律对保证人仍有相应的限制，这些限制主要如下。

(1) 主债务人不得同时为保证人。如果主债务人同时为保证人，意味着其责任财产未增加，保证的目的落空。

(2) 机关法人不得为保证人，但是经国务院批准为使用外国政府或者国际经济组织贷款进行转贷的除外。

(3) 以公益为目的的非营利法人、非法人组织不得为保证人。

(4) 《民法典》不禁止营利法人的分支机构及职能部门作为保证人。实践中，分支机构以自己的名义作为保证人，产生的民事责任由法人承担；也可以先以该分支机构管理的财产承担，不足以承担的，由法人承担。

(5) 保证人必须有代为清偿债务的能力。不具有完全代偿能力的主体，只要以保证人身份订立保证合同后，就应当承担保证责任。

（三）保证方式

1. 一般保证和连带责任保证

根据保证人承担责任方式的不同，可以将保证分为一般保证和连带责任保证。所谓一般保证，是指当事人在保证合同中约定，债务人不能履行债务时，由保证人承担保证责任的保证。所谓连带责任保证，是指当事人在保证合同中约定保证人和债务人对债务承担连带责任的保证。连带责任保证的债务人不履行到期债务或者发生当事人约定的情形时，债权人可以请求债务人履行债务，也可以请求保证人在其保证范围内承担保证责任。

如果当事人在保证合同中对保证方式没有约定或者约定不明确的，按照一般保证承担保证责任。这两种保证之间最大的区别在于保证人是否享有先诉抗辩权，一般保证的保证人享有先诉抗辩权，连带责任保证的保证人则不享有。

所谓先诉抗辩权，是指一般保证的保证人在主合同纠纷未经审判或者仲裁，并就债务人财产依法强制执行仍不能清偿前，拒绝向债权人承担保证责任的权利。所谓不能清偿，是指对债务人的存款、现金、有价证券、成品、半成品、原材料、交通工具等可以执行的动产和其他方便执行的财产执行完毕后，债务仍未能得到清偿。但有下列情形之一的，保证人不得行使先诉抗辩权：①债务人下落不明，且无财产可供执行；②人民法院已经受理债务人破产案件；③债权人有证据证明债务人的财产不足以履行全部债务或者丧失履行债务能力；④保证人书面表示放弃先诉抗辩权的。

实践中，一般保证的保证人在主债权履行期间届满后，向债权人提供债务人可供执行财产的真实情况，债权人放弃或者怠于行使权利致使该财产不能被执行的，保证人在其提供可供执行财产的价值范围内免除保证责任。

【例5-15】甲向乙借款50万元，乙要求甲提供担保，甲分别找到丙、丁、戊、庚，他们各自作出了以下表示，其中构成保证的是(   )。

A. 丙在甲向乙出具的借据上签署"保证人丙"

B. 丁向乙出具字据称"如果到期不向乙还款，本人愿代还3万元"

C. 戊向乙出具字据称"如果到期不向乙还款，由本人负责"

D. 庚向乙出具字据称"如果到期不向乙还款，由本人以某处私房抵债"

【解析】答案是ABC。《民法典》规定，第三人单方以书面形式向债权人作出保证，债权人接收且未提出异议的，保证合同成立。以不动产抵押的，应当办理抵押登记。抵押权自登记时设立；如果当事人未办理登记，抵押权未设立。实践中，主合同中虽无保证条款，但保证人在主合同上以保证人的身份签字或者盖章的，保证合同成立。

2. 单独保证和共同保证

从保证人的数量划分，保证可以分为单独保证和共同保证。单独保证是指只有一个保证人担保同一债权的保证。共同保证是指数个保证人担保同一债权的保证。共同保证既可以在数个共同保证人与债权人签订一个保证合同时成立，也可以在数个保证人与债权人签订数个保证合同，但担保同一债权时成立。

按照保证人是否约定各自承担的担保份额，可以将共同保证分为按份共同保证和连带共同保证。按份共同保证是保证人与债权人约定按份额对主债务承担保证义务的共同保证；连带共同保证是各保证人约定均对全部主债务承担保证义务或保证人与债权人之间没有约定所承担保证份额的共同保证。

需要注意的是，连带共同保证的"连带"是保证人之间的连带，而非保证人与主债务人之间的连带。故称之为"连带共同保证"，而非"连带责任保证"。连带共同保证的债务人在主合同规定的债务履行期届满没有履行债务的，债权人可以请求债务人履行债务，也可以请求任何一个保证人承担全部保证责任。已经承担保证责任的保证人，有权向债务人追偿，或者请求承担连带责任的其他保证人清偿其应当承担的份额。

3. 普通保证和最高额保证

普通保证是指保证人和债权人约定，当债务人不履行到期债务时，保证人履行债务或者承担责任的行为。最高额保证是指保证人和债权人签订一个总的保证合同，为一定期限内连续发生的借款合同或同种类其他债权提供保证，只要债权人和债务人在保证合同约定的期限且债权额限度内进行交易，保证人则依法承担保证责任的保证行为。

知识拓展(5-21)

最高额保证

作为保证的一种特殊形式，最高额保证通常适用于债权人与债务人之间具有经常性的、同类性质业务往来，多次订立合同而产生的债务。

(四) 保证责任

(1) 保证责任的范围。保证担保的责任范围包括主债权及其利息、违约金、损害赔偿金和实现债权的费用。当事人另有约定的，按照其约定。

(2) 主合同变更与保证责任承担。债权人和债务人未经保证人书面同意，协商变更主债权债务合同内容，减轻债务的，保证人仍对变更后的债务承担保证责任；加重债务的，保证人对加重的部分不承担保证责任。债权人和债务人变更主债权债务合同的履行期限，未经保证人书面同意的，保证期间不受影响。

(3) 主合同转让与保证责任承担。债权人转让全部或者部分债权，未通知保证人的，该转让对保证人不发生效力。保证人与债权人约定禁止债权转让，债权人未经保证人书面同意转让债权的，保证人对受让人不再承担保证责任。

债权人未经保证人书面同意，允许债务人转移全部或者部分债务，保证人对未经其同意转移的债务不再承担保证责任，但是债权人和保证人另有约定的除外。第三人加入债务的，保证人的保证责任不受影响。

(4) 保证期间与保证债务的诉讼时效。保证期间是确定保证人承担保证责任的期间，性质上属于除斥期间，不发生中止、中断和延长。债权人与保证人可以约定保证期间，但是约定的保证期间早于主债务履行期限或者与主债务履行期限同时届满的，视为没有约定；没有约定或者约定不明确的，保证期间为主债务履行期限届满之日起 6 个月。债权人与债务人对主债务履行期限没有约定或者约定不明确的，保证期间自债权人请求债务人履行债务的宽限期届满之日起计算。

债权人没有在保证期间主张权利的，保证人免除保证责任。主张权利的方式在一般保证中表现为对债务人提起诉讼或者申请仲裁，在连带责任保证中表现为向保证人请求承担保证责任。

一般保证的债权人在保证期间届满前对债务人提起诉讼或者申请仲裁的，从保证人拒绝承担保证责任的权利消灭之日起，开始计算保证债务的诉讼时效。连带责任保证的债权人在保证期间届满前请求保证人承担保证责任的，从债权人请求保证人承担保证责任之日起，开始计算保证债务的诉讼时效。

(5) 保证人的抗辩权与保证责任的承担。抗辩权是指债权人行使债权时，债务人根据法定事由对抗债权人行使请求权的权利。保证人可以主张债务人对债权人的抗辩。债务人放弃抗辩的，保证人仍有权向债权人主张抗辩。债务人对债权人享有抵销权或者撤销权的，保证人可以在相应范围内拒绝承担保证责任。

(6) 保证责任与共同担保。在同一债权上既有保证又有物的担保的，属于共同担保。该种情形下，保证人应依据《民法典》第 392 条的规定承担保证责任，请参见本节"合同担保概述"部分的相应阐述。

(7) 保证人的追偿权。保证人承担保证责任后，除当事人另有约定外，有权在其承担保证责任的范围内向债务人追偿，享有债权人对债务人的权利，但是不得损害债权人的利益。

【例 5-16】A、B、C、D 公司同为 E 公司向某银行 F 借款 1 000 万元的连带责任保证人，但未约定每个保证人的保证份额。后 E 公司未能按期偿还债务并宣告破产，B 公司下落不明。F 于是提起诉讼，请求 A 公司承担连带保证责任。经人民法院判决，A 公司已向 F 承担了保证责任。A 公司为此支付了借款本息、实现债权的律师费和诉讼费等共计 5 万元。请问：

(1) A、B、C、D 四个连带共同保证人应如何承担保证责任？

(2) 现有的三个连带责任保证人应如何承担保证责任？

【解析】(1) A、B、C、D 四个连带共同保证人之间，对保证份额没有约定，应当平均分担。

(2) 由于 B 公司下落不明，不能到案承担保证责任，其应当承担的保证份额应由现有的三个保证人分担，各承担 1/3 的保证责任。所以 A 公司履行了保证责任后，有权向未履行保证责任的 C、D 公司各追偿 1/3 的保证份额。

【例 5-17】甲承租乙的设备，双方就租金问题协商后，甲向乙出具欠条一张，注明于 2024 年 10 月 31 日前还款，若逾期则由丙支付。丙也在该欠条上签字同意担保。还款期满后，甲未向乙还款，乙也未向甲主张权利。直至 2025 年 5 月 16 日，乙才诉至法院请求丙承担保证责任。法院一审判决驳回原告的诉讼请求。请问：

(1) 如何确定本案债务的保证期间？自何时起至何时止？

(2) 法院的一审判决是否合法？

【解析】(1) 根据《民法典》第 692 条的规定，债权人与保证人没有约定保证期间或者约定不明确的，保证期间为主债务履行期限届满之日起 6 个月。本案的保证期间应自 2024 年 11 月 1 日起至 2025 年 4 月 30 日止。

(2) 法院的一审判决合法。因为原告起诉的时间(2025 年 5 月 16 日)超过了保证期间，原告乙也未曾在保证期间内请求保证人丙承担保证责任，所以丙的保证责任依法应予免除。

三、定金

定金(earnest money)是指合同当事人约定一方向对方给付一定数额的货币作为债权的担保。债务人履行债务的，定金应当抵作价款或者收回。给付定金的一方不履行债务或者履行债务不符合约定，致使不能实现合同目的的，无权请求返还定金；收受定金的一方不履行债务或者履行债务不符合约定，致使不能实现合同目的的，应当双倍返还定金。实践中，当事人一方不完全履行合同的，应当按照未履行部分所占合同约定内容的比例，适用定金罚则。

定金应当以书面形式约定，当事人在定金合同中应当约定交付定金的期限。定金合同自实际交付定金时成立。定金的数额由当事人约定，但是，不得超过主合同标的额的 20%，超过部分不产生定金的效力。实际交付的定金数额多于或者少于约定数额的，视为变更约定的定金数额。

当事人既约定违约金，又约定定金的，一方违约时，对方可以选择适用违约金或者定金条款。定金不足以弥补一方违约造成的损失的，对方可以请求赔偿超过定金数额的损失。

实践中，一般认为，当事人约定以交付定金作为订立合同担保的，给付定金的一方拒绝订立主合同时，无权请求返还定金；收受定金的一方拒绝订立合同的，应当双倍返还定金。当事人约定以交付定金作为主合同成立或者生效要件的，给付定金的一方未支付定金，但主合同已经履行或者已经履行主要部分的，不影响主合同的成立或者生效。

定金交付后，交付定金的一方可以按照合同的约定以丧失定金为代价而解除主合同，收受定金的一方可以双倍返还定金为代价而解除主合同。

因不可抗力、意外事件致使主合同不能履行的，不适用定金罚则。因合同关系以外第三人的过错，致使主合同不能履行的，适用定金罚则。受定金处罚的一方当事人，可以依法向第三人追偿。

四、抵押

(一) 抵押的概念

抵押(mortgage)是指为担保债务的履行，债务人或者第三人不转移财产的占有，将该财产作为债权的担保，当债务人不履行到期债务或者发生当事人约定的实现抵押权的情形时，债权人有权就该财产优先受偿。抵押中提供财产担保的债务人或者第三人为抵押人，债权人为抵押权人，不转移占有、用于担保的财产为抵押财产(亦称抵押物)。

知识拓展(5-22)

抵押权是不移转标的物占有的担保物权，具有从属性、不可分性和物上代位性等特征。

抵押权的特征

（二）抵押权的设定

1. 抵押权的设定方式

抵押权的设定应当由双方当事人签订抵押合同。抵押合同应当采用书面形式，内容一般包括下列条款：被担保债权的种类和数额；债务人履行债务的期限；抵押财产的名称、数量等情况；担保的范围。

抵押权人在债务履行期限届满前，与抵押人约定债务人不履行到期债务时抵押财产归债权人所有的，只能依法就抵押财产优先受偿。

2. 抵押当事人

抵押当事人包括抵押人和抵押权人。抵押权人就是指债权人。抵押人即抵押财产的所有人，既可能是债务人，也可能是第三人。抵押人必须对设定抵押的财产享有所有权或处分权。

3. 抵押物

抵押物是抵押权的标的物，是指抵押人用以设定抵押权的财产。①抵押物必须是可以转让的物，凡是法律禁止流通或强制执行的财产不得作为抵押物。②抵押标的物必须特定。如果抵押标的物没有约定或者约定不明，当事人可以对抵押合同进行补正。无法补正的，抵押合同不成立。③抵押权设定前为抵押物的从物的，抵押权的效力及于抵押物的从物。但是，抵押物与其从物为两个以上的人分别所有时，抵押权的效力不及于抵押物的从物。④抵押物因附合、混合或者加工使抵押物的所有权为第三人所有的，抵押权的效力及于补偿金；抵押物所有人为附合物、混合物或者加工物的所有人的，抵押权的效力及于附合物、混合物或者加工物；第三人与抵押物所有人为附合物、混合物或者加工物的共有人的，抵押权的效力及于抵押人对共有物享有的份额。⑤在共有关系中就共同财产设定抵押，法律规定：如果是按份共有，则按份共有人以其共有财产中享有的份额设定抵押；如果是共同共有，共同共有人应当征得其他共有人的同意才能设定抵押，否则抵押无效，但是其他共有人知道或者应当知道而未提出异议的视为同意。

知识拓展(5-23)

根据《民法典》第 395 条的规定，债务人或者第三人有权处分的下列财产可以抵押：①建筑物和其他土地附着物；②建设用地使用权；③海域使用权；④生产设备、原材料、半成品、产品；⑤正在建造的建筑物、船舶、航空器；⑥交通运输工具；⑦法律、行政法规未禁止抵押的其他财产。抵押人可以将前述①～⑦项所涉及的财产一并抵押。

可以作为
抵押物的财产

根据《民法典》的规定，下列财产不得抵押。

(1) 土地所有权。在我国，土地归国家所有和集体所有，而不能为私人财产。土地所有权不得抵押，也就是不能以国家或集体所有的土地抵押，否则抵押合同无效。

(2) 宅基地、自留地、自留山等集体所有土地的使用权，但是法律规定可以抵押的除外。这里的例外主要是：第一，根据《民法典》第 342 条的规定，以招标、拍卖、公开协商等方式承包农村土地，经依法登记取得权属证书的，可以依法抵押土地承包经营权。第二，《民法典》第 398 条规定，乡镇、村企业的建设用地使用权不得单独抵押。以乡镇、村企业的厂房等建筑物抵押的，其占用范围内的建设用地使用权一并抵押。《民法典》第 418 条规定，以集体所有土地的使用权依法抵押的，实现抵押权后，未经法定程序，不得改变土地所有权的性质和土地用途。

(3) 学校、幼儿园、医疗机构等为公益目的成立的非营利法人的教育设施、医疗卫生设施和其他公益设施。实践中，如果学校、幼儿园、医疗机构等为公益目的成立的非营利法人，以其教育设施、医疗卫生设施和其他社会公益设施以外的财产为自身债务设定抵押的，人民法院可以认定抵押有效。

(4) 所有权、使用权不明或者有争议的财产。所有权、使用权不明或者有争议，无法确定是否有处分权，因此不得抵押。

(5) 依法被查封、扣押、监管的财产。但是已经设定抵押的财产被采取查封、扣押等财产保全或者执行措施的，不影响抵押权的效力。

(6) 法律、行政法规规定不得抵押的其他财产。如以法定程序确认为违法、违章的建筑物。

4. 抵押登记

抵押登记的效力有两种情形。

(1) 登记是抵押权的设立条件。《民法典》第402条规定，以建筑物和其他土地附着物、建设用地使用权，海域使用权、正在建造的建筑物抵押的，应当办理抵押登记。抵押权自登记时设立。

实践中，以登记作为设立条件的抵押应当注意以下几个问题：①对上述财产进行抵押的，必须履行登记手续，才能设立抵押权。②抵押物登记记载的内容与抵押合同约定的内容不一致的，以登记记载的内容为准。③对上述财产设定抵押，如果当事人未办理登记，虽然抵押权没有设立，但是抵押合同已经生效。④以尚未办理权属证书的财产抵押的，只要当事人在一审法庭辩论终结前能够提供权利证书或者补办登记手续的，法院可以认定抵押有效。

(2) 登记为对抗第三人的效力。根据《民法典》第403条规定，以动产抵押的，抵押权自抵押合同生效时设立；未经登记，不得对抗善意第三人。因此，以动产(包括但不限于生产设备、原材料、半成品、产品，正在建造的船舶、航空器，交通运输工具等)设定抵押，当事人是否进行抵押登记，不影响抵押权的设立。如果没有登记，不能对抗善意第三人。

同时，以动产抵押的，不得对抗正常经营活动中已经支付合理价款并取得抵押财产的买受人。

【例5-18】2024年3月18日，甲向乙借款8万元办加工厂，乙要求甲以其新购置的一辆价值60万元的轿车作为抵押，甲同意了，双方遂签订了借款合同，约定：如果甲到期无法偿还，乙可将其轿车变卖后受偿。合同签订后，双方并未到车管所办理抵押登记。2025年4月18日，甲因加工厂倒闭，无力偿还乙的借款，又恐乙廉价变卖轿车使其遭受更大损失，遂将其轿车以54万元的价格卖给了不知情的丙。乙得知后，向法院起诉，请求法院从丙处追回轿车变卖受偿。请问：甲、乙双方订立的抵押合同效力如何？乙能否就甲的轿车优先受偿？

【解析】根据《民法典》第403条的规定，以动产抵押的，抵押权自抵押合同生效时设立；未经登记，不得对抗善意第三人。本案中，甲乙双方没有办理车辆抵押登记不影响抵押权的设立，但不得对抗善意第三人丙。因此，乙不能就甲的轿车优先受偿，也无权请求法院从丙处追回轿车。

(三) 抵押权的效力

抵押权的效力主要体现为抵押关系当事人的权利义务。

1. 抵押人的权利

抵押人的权利主要如下：

(1) 抵押物的占有权。抵押设定以后，除法律和合同另有约定以外，抵押人有权继续占有抵押物，并有权取得抵押物的孳息。因此原则上抵押权的效力不及于抵押物的孳息。但是，债务人不履行到期债务或者发生当事人约定的实现抵押权的情形，致使抵押财产被人民法院依法扣押的，自扣押之日起抵押权人有权收取该抵押财产的天然孳息或者法定孳息，但抵押权人未通知应当清偿法定孳息的义务人的除外。

(2) 抵押人对抵押物的收益权。抵押权设立前，抵押财产已经出租并转移占有的，原租赁关系不受该抵押权的影响。抵押权设立以后，抵押人有权将抵押物出租。实践中，抵押人将已抵押的财产出租时，如果抵押人未书面告知承租人该财产已抵押的，抵押人对出租抵押物造成承租人的损失承担赔偿责任；如果抵押人已书面告知承租人该财产已抵押的，抵押权实现造成承租人的损失，由承租人自己承担。抵押人将已抵押的财产出租的，抵押权实现后，租赁合同对受让人不具有约束力。

(3) 抵押人对抵押物设定多项抵押的权利。抵押人可以就同一抵押物设定多个抵押权，但不得超出余额部分。在同一抵押物上有数个抵押权时，各个抵押权人应按照法律规定的顺序行使抵押权。

(4) 抵押人对抵押物的处分权。抵押设定以后，抵押人并不丧失对抵押物的所有权。抵押期间，抵押人可以依法处分(包括但不限于转让、继承、赠与等)抵押物，抵押权不受影响。实践中，应注意：①抵押期间，当事人对转让抵押财产另有约定的，按照其约定。②抵押人转让抵押财产的，应当及时通知抵押权人。抵押权人能够证明抵押财产转让可能损害抵押权的，可以请求抵押人将转让所得的价款向抵押权人提前清偿债务或者提存。转让的价款超过债权数额的部分归抵押人所有，不足部分由债务人清偿。③抵押权不得与债权分离而单独转让或者作为其他债权的担保。债权转让的，担保该债权的抵押权一并转让，但是法律另有规定或者当事人另有约定的除外。

2. 抵押人的义务

抵押人的主要义务是妥善保管抵押物。抵押人的行为足以使抵押财产价值减少的，抵押权人有权请求抵押人停止其行为；抵押财产价值减少的，抵押权人有权请求恢复抵押财产的价值，或者提供与减少的价值相应的担保。抵押人不恢复抵押财产的价值也不提供担保的，抵押权人有权请求债务人提前清偿债务。

3. 抵押权人的权利

抵押权人的权利主要如下。

(1) 保全抵押物。在抵押期间，抵押权人虽未实际占有抵押物，但法律为了抵押权人的利益，赋予其保全抵押物的权利。如果抵押物受到抵押人或第三人的侵害，抵押权人有权请求停止侵害、恢复原状、赔偿损失。如果因抵押人的行为使抵押物价值减少，抵押权人有权请求抵押人恢复抵押物的价值，或者提供与减少的价值相当的担保。

(2) 放弃抵押权或者变更抵押权的顺位。《民法典》规定，抵押权人可以放弃抵押权或者抵押权的顺位。抵押权人与抵押人可以协议变更抵押权顺位以及被担保的债权数额等内容。但是，抵押权的变更未经其他抵押权人书面同意的，不得对其他抵押权人产生不利影响。债务人以自己的财产设定抵押，抵押权人放弃该抵押权、抵押权顺位或者变更抵押权的，其他担保人在抵押权人丧失优先受偿权益的范围内免除担保责任，但是其他担保人承诺仍然提供担保的除外。

(3) 优先受偿权。在债务人不履行到期债务或者发生当事人约定的实现抵押权的情形时，抵押权人可以与抵押人协议以抵押财产折价或者以拍卖、变卖该抵押财产所得的价款优先受偿。抵押期间，抵押财产毁损、灭失或者被征收等，抵押权人可以就获得的保险金、赔偿金或者补偿金等优先受偿。被担保债权的履行期限未届满的，也可以提存该保险金、赔偿金或者补偿金等。

抵押权人与抵押人未就抵押权实现方式达成协议的，抵押权人可以请求人民法院拍卖、变卖抵押财产。抵押物折价或者拍卖、变卖该抵押物的价款不足清偿债权的，不足清偿的部分由债务人按普通债权清偿。

【例5-19】2025 年 4 月 12 日，债务人 A 公司将自有市值 250 万元的房屋抵押给债权人 B 公司(双方约定：抵押期间抵押人未经抵押权人书面同意，不得转让抵押房屋)，并依法办理了抵押登记，取得借款 200 万元。抵押期间，A 公司又在 B 公司毫不知情的情形下将该房屋以 230 万元的价格转让给C公司。请问：B公司应如何维护自身合法权益？

【解析】根据《民法典》第406条的规定，抵押期间，当事人对转让抵押财产另有约定的，按照其约定。本例中，A公司未经B公司书面同意即转让抵押房屋违反约定。如B公司能够证明抵押房屋转让可能损害抵押权的，可以请求A公司将转让所得的价款向B公司提前清偿债务或者提存。

(四) 抵押权的实现

根据《民法典》的规定，担保物权的担保范围包括主债权及其利息、违约金、损害赔偿金、保管担保财产和实现担保物权的费用。当事人另有约定的，按照其约定。

债务人不履行到期债务或者发生当事人约定的实现抵押权的情形，抵押权人可以与抵押人协议以抵押财产折价或者以拍卖、变卖该抵押财产所得的价款优先受偿。协议损害其他债权人利益的，其他债权人可以请求人民法院撤销该协议。抵押权人与抵押人未就抵押权实现方式达成协议的，抵押权人可以请求人民法院拍卖、变卖抵押财产。抵押财产折价或者变卖的，应当参照市场价格。

债务人不履行到期债务或者发生当事人约定的实现抵押权的情形，致使抵押财产被人民法院依法扣押的，自扣押之日起，抵押权人有权收取该抵押财产的天然孳息或者法定孳息，但是抵押权人未通知应当清偿法定孳息义务人的除外。前述规定的孳息应当先充抵收取孳息的费用。

抵押财产折价或者拍卖、变卖后，其价款超过债权数额的部分归抵押人所有，不足部分由债务人清偿。

实践中，抵押物折价或者拍卖、变卖所得的价款，当事人没有约定的，清偿顺序如下：①实现抵押权的费用；②主债权的利息；③主债权。

如果在同一物上并存数个抵押权或并存数个物权(包括一项抵押权)，会产生优先受偿权的位序问题。关于优先受偿权位序，采取法定主义，由法律明确规定。

1. 多个抵押权并存时的清偿顺序

同一财产向两个以上债权人抵押的，拍卖、变卖抵押财产所得的价款按照以下规定清偿：

(1) 抵押权已登记的，按照登记的时间先后确定清偿顺序；

(2) 抵押权已登记的先于未登记的受偿；

(3) 抵押权未登记的，按照债权比例清偿。

2. 与其他物权并存时的清偿顺序

当抵押权与其他物权并存时，也存在位序问题。

(1) 同一财产既设立抵押权又设立质权的，拍卖、变卖该财产所得的价款按照登记、交付的时间先后确定清偿顺序。

(2) 动产抵押担保的主债权是抵押物的价款，标的物交付后10日内办理抵押登记的，该抵押权人优先于抵押物买受人的其他担保物权人受偿，但是留置权人除外。

(3) 同一动产上已经设立抵押权或者质权，该动产又被留置的，留置权人优先受偿。

(4) 抵押权与其他权利并存。根据《民法典》第807条的规定，发包人未按照约定支付价款的，承包人可以催告发包人在合理期限内支付价款。发包人逾期不支付的，除根据建设工程的性质不宜折价、拍卖外，承包人可以与发包人协议将该工程折价，也可以请求人民法院将该工程依法拍卖。建设工程的价款就该工程折价或者拍卖的价款优先受偿。

【例5-20】甲以自己的一辆汽车作抵押，获得乙银行贷款20万元，办理了抵押登记。由于甲的汽车价值40万元，所以甲又将其抵押给丙银行，获得贷款20万元，办理了抵押登记。后甲又将该汽车抵押给丁，获得丁的借款 10 万元，但未办理抵押登记。后甲做生意亏本，导致无法偿还乙银行、丙银行的贷款和丁的借款。于是三个债权人同时请求实现其抵押权。但抵押物拍卖后仅获得 41 万元，不足以清偿甲的全部债务。请问：本案中，乙银行、丙银行、丁的债权应按什么顺序受偿？

【解析】本案中，由于乙银行和丙银行的抵押权都经过了登记，而丁的抵押权没有登记，所以乙银行和丙银行的债权先于丁的受偿。同时乙银行的抵押权先于丙银行的抵押权登记，因此，乙银行先受偿，其次是丙银行，最后是丁。

3. 对恶意抵押的限制

债务人有多个普通债权人的，在清偿债务时，债务人与其中一个债权人恶意串通，将其全部或者部分财产抵押给该债权人，因此丧失了履行其他债务的能力，损害了其他债权人的合法权益，该抵押行为无效。

（五）最高额抵押

最高额抵押是指为担保债务的履行，债务人或者第三人对一定期间内将要连续发生的债权提供担保财产的，债务人不履行到期债务或者发生当事人约定的实现抵押权的情形，抵押权人有权在最高债权额限度内就该担保财产优先受偿的一种担保。

最高额抵押权的设定不以已经存在的债权为前提，而是对将来发生的债作担保。最高额抵押权设立前已经存在的债权，经当事人同意，可以转入最高额抵押担保的债权范围。

抵押权人的债权在下列情况下确定：①约定的债权确定期间届满；②没有约定债权确定期间或者约定不明确，抵押权人或者抵押人自最高额抵押权设立之日起满 2 年后请求确定债权；③新的债权不可能发生；④抵押权人知道或者应当知道抵押财产被查封、扣押；⑤债务人、抵押人被宣告破产或者被解散；⑥法律规定债权确定的其他情形。

最高额抵押担保的债权确定前，部分债权转让的，最高额抵押权不得转让，但是当事人另有约定的除外。最高额抵押担保的债权确定前，抵押权人与抵押人可以通过协议变更债权确定的期间、债权范围以及最高债权额。但是，变更的内容不得对其他抵押权人产生不利影响。

实践中，抵押权人实现最高额抵押权时，如果实际发生的债权余额高于最高限额的，以最高限额为限，超过部分不具有优先受偿的效力；如果实际发生的债权余额低于最高限额的，以实际发生的债权余额为限对抵押物优先受偿。

五、质押

（一）质押概述

所谓质押(pledge)，指为担保债务的履行，债务人或者第三人将其动产或权利移交债权人占有，将该财产作为债的担保，当债务人不履行到期债务或者发生当事人约定的实现质权的情形时，债权人有权依法以该动产或权利优先受偿。前述债务人或者第三人为出质人，债权人为质权人，交付的动产或权利为质押财产(亦称质押物)。质押分为动产质押与权利质押。

作为一种担保物权，质权同样具有担保物权的特征，即从属性、不可分性、物上代位性。但与抵押权相比，有一定的区别。

知识拓展(5-24)

质权与抵押权
的区别

(二) 动产质押

动产质押是以动产作为标的物的质押。

(1) 动产质押的设定。设定动产质押，出质人和质权人应当以书面形式订立质押合同。质押合同是诺成合同，并不以质物占有的移转作为合同的生效要件。质押合同的内容应当包括如下条款：被担保债权的种类和数额；债务人履行债务的期限；质押财产的名称、数量等情况；担保的范围；质押财产交付的时间、方式。

质权人在债务履行期限届满前，与出质人约定债务人不履行到期债务时质押财产归债权人所有的，只能依法就质押财产优先受偿。

出质人与质权人可以协议设立最高额质权。最高额质权除适用动产质押的有关规定外，参照适用最高额抵押权的有关规定。

质权自出质人交付质押财产时设立。因此，只有出质人将出质的动产移交给债权人占有，债权人才能取得质权。实践中，对于动产质押中标的物移转占有要注意以下几点。①标的物的占有移转是质权设立的条件，而非动产质押合同的生效条件。②债务人或者第三人未按质押合同约定的时间移交质物的，质权不成立，由此给质权人造成损失的，出质人应当根据其过错承担赔偿责任。③出质人代质权人占有质物的，质权没有设立。④出质人以间接占有的财产出质的，书面通知送达占有人时视为移交。占有人收到出质通知后，仍接受出质人的指示处分出质财产的，该行为无效。⑤质押合同中对质押的财产约定不明，或者约定的出质财产与实际移交的财产不一致的，以实际交付占有的财产为准。

(2) 动产质押的标的物。动产质押的标的物必须具备下列条件。①可让与性。法律禁止流通的物，不能作为质押的标的。②特定化。动产质押的标的物必须特定化，因此如果将金钱以特户、封金、保证金等形式特定化后，也可以作为动产质押的标的物。③出质人有处分权。但出质人以其不具有所有权但占有的动产出质的，法律保护善意质权人的权利。善意质权人行使质权给动产所有人造成损失的，由出质人承担赔偿责任。动产质权的效力及于质物的从物。但是从物未随同质物移交质权人占有的，质权的效力不及于从物。

(3) 动产质权的效力。出质人交付质押财产时设立质权。在质权存续期间，质权人享有的权利、承担的义务主要如下。①占有并妥善保管质押财产。因保管不善致使质押财产毁损、灭失的，质权人应当承担赔偿责任。质权人的行为可能使质押财产毁损、灭失的，出质人可以请求质权人将质押财产提存，或者请求提前清偿债务并返还质押财产。因不可归责于质权人的事由可能使质押财产毁损或者价值明显减少，足以危害质权人权利的，质权人有权请求出质人提供相应的担保；出质人不提供的，质权人可以拍卖、变卖质押财产，并与出质人协议将拍卖、变卖所得的价款提前清偿债务或者提存。②收取质押财产的孳息，但是合同里有约定的除外。所收取的孳息应当先充抵收取孳息的费用。③经出质人同意使用、处分质押财产。质权人在质权存续期间，未经出质人同意，擅自使用、处分质押财产，造成出质人损害的，应当承担赔偿责任。④经出质人同意转质。质权人在质权存续期间，未经出质人同意转质，造成质押财产毁损、灭失的，应当承担赔偿责任。质权人在质权存续期间，为担保自己的债务，经出质人同意，以其所占有的质物为第三人设定质权的，应当在原质权所担保的债权范围之内，超过的部分不具有优先受偿的效力。转质权的效力优于原质权。⑤放弃质权。质权人可以放弃质权。债务人以自己的财产出质，质权人放弃该质权的，其他担保人在质权人丧失优先受偿权益的范围内免除担保责任，但是其他担保人承诺仍然提供担保的除外。⑥返还质押财产。债务人履行债务或者出质人提前清偿所担保的债权的，质权人应当返还质押财产。

(4) 动产质权的实现。债务人不履行到期债务或者发生当事人约定的实现质权的情形，质权人可以与出质人协议以质押财产折价，也可以就拍卖、变卖质押财产所得的价款优先受偿。质押财产折价或者变卖的，应当参照市场价格。

出质人可以请求质权人在债务履行期限届满后及时行使质权；质权人不行使的，出质人可以请求人民法院拍卖、变卖质押财产。

质押财产折价或者拍卖、变卖后，其价款超过债权数额的部分归出质人所有，不足部分由债务人清偿。

（三）权利质押

权利质押指以可转让的权利为标的物的质权。《民法典》将权利质押与动产质押共同规定在质押中，仅就权利质押作了一些特殊规定，未对权利质押的一般问题作出规定。因此，权利质押本身未作特殊规定的，应适用动产质押的有关规定。

根据《民法典》的规定，债务人或者第三人有权处分的下列权利可以出质：①汇票、支票、本票；②债券、存款单；③仓单、提单；④可以转让的基金份额、股权；⑤可以转让的注册商标专用权、专利权、著作权等知识产权中的财产权；⑥现有的以及将有的应收账款；⑦法律、行政法规规定可以出质的其他财产权利。

权利质权因为出质的权利标的不同，其设立条件也不同。

(1) 有价证券的质押。以汇票、支票、本票、债券、存款单、仓单、提单出质的，质权自权利凭证交付质权人时设立；没有权利凭证的，质权自办理出质登记时设立。法律另有规定的，依照其规定。

实践中，对于这类权利质押，应注意以下几点：①必须在汇票、支票、本票上背书记载"质押"字样，否则不能对抗善意第三人。②以公司债券出质的，出质人与质权人应背书记载"质押"字样，否则不能对抗公司和第三人。③以存款单出质的，签发银行核押后又受理挂失并造成存款流失的，应当承担民事责任。④以票据、债券、存款单、仓单、提单出质的，质权人再转让或者质押的无效。⑤汇票、支票、本票、债券、存款单、仓单、提单的兑现日期或者提货日期先于主债权到期的，质权人可以兑现或者提货，并与出质人协议将兑现的价款或者提取的货物提前清偿债务或者提存。

(2) 可以转让的基金份额、股权的质押。以基金份额、股权出质的，质权自办理出质登记时设立。基金份额、股权出质后，不得转让，但是出质人与质权人协商同意的除外。出质人转让基金份额、股权所得的价款，应当向质权人提前清偿债务或者提存。

(3) 知识产权的质押。以注册商标专用权、专利权、著作权等知识产权中的财产权出质的，质权自办理出质登记时设立。知识产权中的财产权出质后，出质人不得转让或者许可他人使用，但是出质人与质权人协商同意的除外。出质人转让或者许可他人使用出质的知识产权中的财产权所得的价款，应当向质权人提前清偿债务或者提存。

(4) 应收账款的质押。以应收账款出质的，质权自办理出质登记时设立。应收账款出质后，不得转让，但是出质人与质权人协商同意的除外。出质人转让应收账款所得的价款，应当向质权人提前清偿债务或者提存。实践中，可以公路桥梁、公路隧道或者公路渡口等不动产收益权作为应收账款出质。

(5) 依法可以质押的其他权利。

【例5-21】甲于2024年5月12日向银行借款10 000元，以其在该银行的21 000元1年期定期存单出质。2024年11月12日，10 000元借款到期，甲无力偿还，银行支取了存单金额21 000

元及利息300元。请问：甲存单上的本息是否应全部归银行所有？

【解析】这是一个质权的实现问题。根据《民法典》第389条的规定，质权担保的范围包括主债权及其利息、违约金、损害赔偿金、保管质押财产和实现质权的费用。当事人另有约定的，按照其约定。据此，银行支取的21 000元本金和300元利息，应扣除银行的10 000元借款及其利息、违约金，如有剩余应返还给甲。

六、留置

知识拓展(5-25)

留置权的特征

留置权(lien)是指债权人合法占有债务人的动产，在债务人不履行到期债务时债权人有权依法留置该财产，并有权就该财产优先受偿的担保物权。债权人为留置权人，占有的动产为留置财产。

(1) 留置权的成立条件。留置权的成立条件如下。①债权人占有债务人的动产。原则上动产应当属于债务人所有。留置的财产为可分物的，留置财产的价值应当相当于债务的金额。根据《民法典》的规定，留置权也可以善意取得。即如果债权人合法占有债务人交付的动产时，不知债务人无处分该动产的权利，债权人仍可以行使留置权。②占有的动产与债权属于同一法律关系，但法律另有规定的除外。《民法典》规定，债权人留置的动产，应当与债权属于同一法律关系，但是企业之间留置的除外。从《民法典》的规定来看，我国留置权的适用范围不再局限于特定的合同关系，其他的债权债务关系，如不当得利、无因管理等法律关系也可以产生留置权。另一方面，对于企业之间的留置权的行使，可以不以同一债权债务关系为要件。③债权已届清偿期且债务人未按规定期限履行义务。

(2) 留置权的效力。留置权人在占有留置财产期间内，除了留置财产本身以外，留置权的效力还及于从物、孳息和代位物。留置财产为不可分物的，留置权人可以就其留置财产的全部行使留置权。

在留置权存续期间，留置权人享有的权利和义务主要如下。①留置标的物。债权人在其债权没有得到清偿时，有权留置债务人的财产，并给债务人确定一个履行期限。留置权人与债务人应当约定留置财产后的债务履行期限；没有约定或者约定不明确的，留置权人应当给债务人60日以上履行债务的期限，但是鲜活易腐等不易保管的动产除外。②妥善保管留置财产。因保管不善致使留置财产毁损、灭失的，留置权人应当承担赔偿责任。留置权人对留置财产丧失占有或者留置权人接受债务人另行提供担保的，留置权消灭。③收取留置财产的孳息。所收取的孳息应当先充抵收取孳息的费用。

(3) 留置权的实现。债务人逾期未履行的，留置权人可以与债务人协议以留置财产折价，也可以就拍卖、变卖留置财产所得的价款优先受偿。留置财产折价或者变卖的，应当参照市场价格。

债务人可以请求留置权人在债务履行期限届满后行使留置权；留置权人不行使的，债务人可以请求人民法院拍卖、变卖留置财产。

留置财产折价或者拍卖、变卖后，其价款超过债权数额的部分归债务人所有，不足部分由债务人清偿。

同一动产上已经设立抵押权或者质权，该动产又被留置的，留置权人优先受偿。

【例5-22】甲企业向乙企业购买了一批总价款为100万元的建筑材料。甲企业率先支付60万元，约定其余的40万元在3个月内付清。后甲企业将一台价值30万元的施工设备交由乙企业代为保管。3个月后，几经催告，甲企业仍未支付乙企业40万元货款。后来，甲企业前来提取设备，乙企业将该设备留置以担保货款债权的实现。请问：乙企业的行为是否合法？

【解析】乙企业的行为是合法的。《民法典》第448条规定，债权人留置的动产，应当与债权属于同一法律关系，但是企业之间留置的除外。

第六节　合同的变更、转让与终止

依法成立的合同受法律保护，对当事人具有法律约束力。当事人应当按照合同约定履行自己的义务，不得擅自变更或者解除合同。如果在合同订立之后，因为各种原因使得合同内容或者合同主体发生了变更，则为合同的变更与转让。如果当事人基于履行、提存、抵销等原因使得合同消灭，即为合同的终止。

一、合同的变更

《民法典》所称合同的变更是指合同内容的变更，不包括合同主体的变更。合同主体的变更属于合同的转让。合同是双方当事人合意的体现，因此经当事人协商一致，当然可以变更合同。但法律、行政法规规定变更合同应当办理批准等手续的，应当依照规定办理相应手续。《民法典》规定，当事人对合同变更的内容约定不明确的，推定为未变更。

除了双方通过合意变更合同以外，还存在法定变更的情形，即一方当事人单方通知对方变更合同的权利，如《民法典》第777条、第829条规定的变更。

合同的变更，仅对变更后未履行的部分有效，对已履行的部分无溯及力。

二、合同的转让

合同的转让，即合同主体的变更，指当事人将合同的权利和义务全部或者部分转让给第三人。合同的转让分为债权的转让和债务的转让，当事人一方经对方同意，也可以将自己在合同中的权利和义务一并转让给第三人，即合同的概括移转。

依照法律、行政法规的规定，合同的转让应当办理批准等手续的，应当依照规定办理相应手续。

（一）合同债权的转让

1. 债权转让的概念及条件

债权转让是指债权人将合同的权利全部或者部分转让给第三人的法律制度。其中债权人是转让人，第三人是受让人。《民法典》规定，债权人转让债权，未通知债务人的，该转让对债务人不发生效力。债权转让的通知不得撤销，但是经受让人同意的除外。据此，债权转让不以债务人的同意为生效条件，但是要对债务人发生效力，则必须通知债务人。

2. 禁止债权转让的情形

《民法典》规定，下列情形的债权不得转让。①根据债权性质不得转让。主要包括：根据当事人之间信任关系而发生的债权，如基于委托人对受托人的信任订立的委托合同；以选定的债权人为基础发生的合同权利，如以某个特定演员的演出活动为基础订立的演出合同；合同内容中包括了针对特定当事人的不作为义务，如禁止某人在转让某项权利后再将该权利转让给他人。②按照当事人约定不得转让。当事人约定非金钱债权不得转让的，不得对抗善意第三人。当事人约定金钱债权不得转让的，不得对抗第三人。当事人在订立合同时，可以对权利的转让作出特别的约定，禁止债权人将权利转让给第三人。此种约定不得约束善意第三人，如果一方当事人违反约定，将合同权利转让给善意第三人，则善意第三人可以取得该项权利。③依照法律规定不得转让。

3. 债权转让的效力

对债权人而言，如果在全部转让的情形，原债权人脱离债权债务关系，受让人取代债权人地位。在部分转让情形，原债权人就转让部分丧失债权。

对受让人而言，债权人转让债权的，受让人取得与债权有关的从权利，如抵押权，但该从权利专属于债权人自身的除外。受让人取得从权利不因该从权利未办理转移登记手续或者未转移占有而受到影响。对债务人而言，债权人转让债权，不得损害债务人的利益，不应影响债务人的权利：①债务人接到债权转让通知后，债务人对让与人的抗辩可以向受让人主张，如提出债权无效、诉讼时效已过等事由的抗辩。②债务人接到债权转让通知时，债务人对让与人享有债权，且债务人的债权先于转让的债权到期或者同时到期的，债务人可以向受让人主张抵销。③债务人的债权与转让的债权是基于同一合同产生的，债务人可以向受让人主张抵销。④因债权转让增加的履行费用，由让与人负担。

(二) 合同债务的承担

《民法典》规定，债务人将债务的全部或者部分转移给第三人的，应当经债权人同意。债务人或者第三人可以催告债权人在合理期限内予以同意，债权人未作表示的，视为不同意。债务人转移债务的，新债务人可以主张原债务人对债权人的抗辩；原债务人对债权人享有债权的，新债务人不得向债权人主张抵销。新债务人应当承担与主债务有关的从债务，但该从债务专属于原债务人自身的除外。

债务承担除了《民法典》规定的免责的债务承担以外，还有并存的债务承担，即第三人以担保为目的加入债的关系，而与原债务人共同承担同一债务。《民法典》第522条规定，第三人与债务人约定加入债务并通知债权人，或者第三人向债权人表示愿意加入债务，债权人未在合理期限内明确拒绝的，债权人可以请求第三人在其愿意承担的债务范围内和债务人承担连带债务。由于并存的债务承担并不使得原债务人脱离债的关系，因此原则上不以债权人的同意为必要。

(三) 合同债权债务的概括移转

合同权利义务的概括移转，是指合同一方当事人将自己在合同中的权利和义务一并转让的法律制度。《民法典》规定，当事人一方经对方同意，可以将自己在合同中的权利和义务一并转让给第三人。概括移转有意定的概括移转和法定的概括移转两种情形。意定的概括移转基于转让合同的方式进行。而法定的概括移转往往是因为某一法定事实的发生而导致。最典型的就是作为法人的合同当事人发生合并或分立时，就会有法定的概括移转的发生。《民法典》第67条规定，法人合并的，其权利和义务由合并后的法人享有和承担。法人分立的，其权利和义务由分立后的法人享有连带债权，承担连带债务，但是债权人和债务人另有约定的除外。据此，作为法人的当事人订立合同后合并的，由合并后的法人行使合同权利，履行合同义务。作为法人的当事人订立合同后分立的，除债权人和债务人另有约定的以外，由分立的法人对合同的权利和义务享有连带债权，承担连带债务。

三、合同的终止

(一) 合同终止的原因

合同的终止，是指因发生法律规定或当事人约定的情况，使当事人之间的权利义务关系消灭，而使合同终止法律效力。

根据《民法典》第 557 条的规定，合同终止的原因有：①债务已经履行；②债务相互抵销；③债务人依法将标的物提存；④债权人免除债务；⑤债权债务同归于一人；⑥法律规定或者当事人约定终止的其他情形。合同解除的，该合同的权利义务关系终止。

(二) 合同的解除

合同解除(rescind the contract)是指合同有效成立以后，没有履行或者没有完全履行之前，因主客观情况发生变化，使合同的履行成为不必要或不可能，根据双方当事人达成的协议或者一方当事人的意思表示提前终止合同效力的法律制度。合同解除分为约定解除与法定解除两种情况。

1. 合同解除的方式

(1) 约定解除。当事人约定解除合同包括两种情况。①协商解除。协商解除是指合同生效后，未履行或未完全履行之前，当事人以解除合同为目的，经协商一致，订立一个解除原来合同的协议，使合同效力消灭的行为。②约定解除权。解除权可以在订立合同时约定，也可以在履行合同的过程中约定，可以约定一方解除合同的权利，也可以约定双方解除合同的权利。《民法典》规定，当事人可以约定一方解除合同的事由。解除合同的事由发生时，解除权人可以解除合同。法律规定或者当事人约定解除权行使期限，期限届满当事人不行使的，该权利消灭。法律没有规定或者当事人没有约定解除权行使期限，自解除权人知道或者应当知道解除事由之日起 1 年内不行使，或者经对方催告后在合理期限内不行使的，该权利消灭。

(2) 法定解除。法定解除是指根据法律规定而解除合同。《民法典》规定，有下列情形之一的，当事人可以解除合同：①因不可抗力致使不能实现合同目的；②在履行期限届满前，当事人一方明确表示或者以自己的行为表明不履行主要债务；③当事人一方迟延履行主要债务，经催告后在合理期限内仍未履行；④当事人一方迟延履行债务或者有其他违约行为致使不能实现合同目的；⑤法律规定的其他情形。

以持续履行的债务为内容的不定期合同，当事人可以随时解除合同，但是应当在合理期限之前通知对方。

根据《民法典》第 533 条的规定，当事人基于情势变更请求人民法院变更或者解除合同的，人民法院或者仲裁机构应当结合案件的实际情况，根据公平原则变更或者解除合同。

2. 合同解除的程序

当事人协商一致，可以解除合同。

当事人一方依法主张解除合同的，应当通知对方。合同自通知到达对方时解除；通知载明债务人在一定期限内不履行债务则合同自动解除，债务人在该期限内未履行债务的，合同自通知载明的期限届满时解除。对方对解除合同有异议的，任何一方当事人均可以请求人民法院或者仲裁机构确认解除行为的效力。

当事人一方未通知对方，直接以提起诉讼或者申请仲裁的方式依法主张解除合同，人民法院或者仲裁机构确认该主张的，合同自起诉状副本或者仲裁申请书副本送达对方时解除。

依照法律、行政法规的规定，合同的解除应当办理批准等手续的，应当依照规定办理相应手续。

3. 合同解除的后果

合同解除后，尚未履行的，终止履行；已经履行的，根据履行情况和合同性质，当事人可以请求恢复原状或者采取其他补救措施，并有权请求赔偿损失。

合同因违约解除的，解除权人可以请求违约方承担违约责任，但是当事人另有约定的除外。

主合同解除后，担保人对债务人应当承担的民事责任仍应当承担担保责任，但是担保合同另有约定的除外。

合同解除的，该合同的权利义务关系终止。合同的权利义务终止，不影响合同中有关结算和清理条款，以及解决争议方法条款的效力。合同的权利和义务终止时，债权的从权利同时消灭，但是法律另有规定或者当事人另有约定的除外。合同的权利义务终止后，有时当事人还负有后合同义务，应当遵循诚实信用原则，根据交易习惯履行通知、协助、保密、旧物回收等义务。

【例5-23】甲厂与乙厂签订了一份购销机床合同，合同规定：甲厂一次供给10台机床，每台1万元，交货日期为2025年2月中旬，乙厂应支付定金10 000元，如果一方违约应向对方支付违约金15 000元。合同签订后，乙厂按约定向甲厂预付了定金，但甲厂至2025年3月底尚未交货。乙厂为不影响生产，从丙厂购进同样规格的机床10台，同时通知甲厂请求解除合同。甲厂对此未作答复，并于2025年4月中旬将10台机床发出。乙厂拒绝提货付款，甲厂以乙厂违约诉至人民法院。请问：你认为该案该如何处理？

【解析】甲厂与乙厂之间所签订的合同具有法律效力。甲厂迟延履行合同构成违约，并致使乙厂订约目的无法实现，同时乙厂已通知甲厂，因此双方已解除合同。人民法院应根据当事人的请求选择适用定金、违约金。甲厂发出的10台机床应由甲厂自行处理。

随堂练习(5-3)

根据合同法律制度的规定，下列情形中，合同当事人有权解除合同的是(   )。
A. 甲购买了仅一件存世的古董花瓶，古董花瓶在交付前意外毁损，无法修复
B. 丙向丁订购一幅画作，但丁迟迟未交货，经催告后在合理期限内仍未履行
C. 乙以分期付款的方式从乙公司购买一辆汽车，使用半年后无力支付剩余款项
D. 戊向庚订购一批月饼，后因遭遇地震，庚无法在合同约定的中秋节前完成供货

(三) 抵销

抵销(offset)是双方当事人互负债务时，一方通知对方以其债权充当债务的清偿或者双方协商以债权充当债务的清偿，使得双方的债务在对等额度内消灭的行为。抵销分为法定抵销与约定抵销。抵销具有简化交易程序，降低交易成本，提高交易安全性的作用。

(1) 法定抵销。《民法典》规定，当事人互负到期债务，该债务的标的物种类、品质相同的，任何一方可以将自己的债务与对方的到期债务抵销；但是，根据债务性质、按照当事人约定或者依照法律规定不得抵销的除外。法定抵销中的抵销权性质上属于形成权，因此当事人主张抵销的，应当通知对方。通知自到达对方时生效。抵销不得附条件或者附期限。

(2) 约定抵销。《民法典》规定，当事人互负债务，标的物种类、品质不相同的，经协商一致，也可以抵销。

（四）提存

(1) 提存的概念。提存(escrow)是指非因可归责于债务人的原因，导致债务人无法履行债务或者难以履行债务的情况下，债务人将标的物交由提存机关保存，以终止合同权利义务关系的行为。《民法典》第 571 条规定，债务人将标的物或者将标的物依法拍卖、变卖所得价款交付提存部门时，提存成立。提存成立的，视为债务人在其提存范围内已经交付标的物。

(2) 提存的原因。《民法典》规定，有下列情形之一，致使难以履行债务的，债务人可以将标的物提存，若标的物不适于提存或者提存费用过高的，债务人依法可以拍卖或者变卖标的物，将所得的价款提存：①债权人无正当理由拒绝受领；②债权人下落不明；③债权人死亡未确定继承人、遗产管理人，或者丧失民事行为能力未确定监护人；④法律规定的其他情形。

(3) 提存的法律后果。标的物提存后，债务人应当及时通知债权人或者债权人的继承人、遗产管理人、监护人、财产代管人。标的物提存后，毁损、灭失的风险由债权人承担。提存期间，标的物的孳息归债权人所有。提存费用由债权人负担。

债权人可以随时领取提存物。但是，债权人对债务人负有到期债务的，在债权人未履行债务或者提供担保之前，提存部门根据债务人的要求应当拒绝其领取提存物。债权人领取提存物的权利，自提存之日起 5 年内不行使而消灭，提存物扣除提存费用后归国家所有。但是，债权人未履行对债务人的到期债务，或者债权人向提存部门书面表示放弃领取提存物权利的，债务人负担提存费用后有权取回提存物。此处规定的"5 年"为不变期间，不适用诉讼时效中止、中断或者延长的规定。

【例 5-24】甲向乙定制了一套衣服，但甲迟迟不来领取，乙无法找到甲向其交付衣服，于是半年后乙将该套衣服变卖，将所得价款扣除了报酬和保管费用后，以甲的名义存入银行。请问：乙的行为属于什么性质？是否合法？

【解析】乙的行为属于依法将标的物提存，是合法的。

（五）免除与混同

债权人免除(forgive)债务人部分或者全部债务的，合同的权利义务部分或者全部终止，但是债务人在合理期限内拒绝的除外。

债权和债务同归于一人，即债权债务混同时，合同的权利义务终止，但是损害第三人利益的除外。

第七节　违约及其救济

一、违约行为

违约行为是指合同生效以后，合同目的尚未实现之前，合同当事人违反法定或约定义务不履行或者不完全履行合同的一种状态。

我国将违约行为区分为预期违约和实际违约两种类型。预期违约又可以分为明示毁约、默示违约两类。实际违约一般又可分为不履行、不能履行、不适当履行、加害给付及根本违约等五类，如图 5-1 所示。

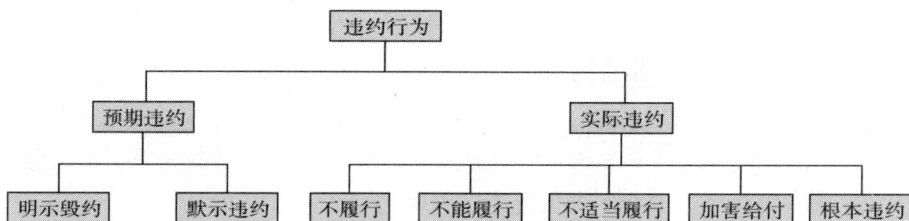

图 5-1 违约行为形态

1. 预期违约

(1) 预期违约(anticipatory breach)又叫先期违约，是指当事人一方在合同规定的履行期到来之前，明示或者默示其将不履行合同，由此在当事人之间发生一定的权利义务关系的一项合同法律制度。《民法典》第 578 条规定，当事人一方明确表示或者以自己的行为表明不履行合同义务的，对方可以在履行期届满前请求其承担违约责任。

预期违约行为发生在合同依法成立以后、履行期到来之前，它具有以下特点：①预期违约行为表现为未来不履行义务，而不表现为现实地违反义务。②预期违约行为侵害的是期待债权，而不是现实的债权。③预期违约在补救方式上也不同于实际违约。在明示毁约中，由于合同尚未到履行期，所以债权人为了争取对方继续履行合同，可以不顾对方的毁约表示，而等履行期到来后请求对方继续履行。如果对方仍不履行，那么预期违约就已转化为实际违约，此时债权人可采取实际违约的补救方式。

(2) 预期违约可分为明示毁约和默示违约两种。

明示毁约是指当事人一方明确表示不履行合同义务，其构成要件为：①毁约方必须向对方作出不履行债务的明确表示。表示的方式既可以是口头的，也可以是书面的。表示的内容既可以是直接拒绝履行合同义务，也可以是以其他借口拒绝履行合同义务。②毁约方必须是在合同履行期到来以前，作出拒绝履行义务的表示。如果在履行期到来后才提出毁约，就构成实际违约。而且毁约方所作的意思表示必须明确包括将要毁约的内容，而不能仅仅是表示履行的困难和不愿意履行。③毁约方必须表示不履行合同的主要义务。毁约方拒绝履行应当对对方从合同履行中获得的利益有重大影响，导致其合同目的的落空。如果仅仅是拒绝履行合同的部分内容，并且不妨碍债权人追求的根本目的，就不能构成预期违约。④明示毁约必须无正当理由。如果提出毁约有正当理由，就不能构成明示毁约。所谓正当理由，包括债务人享有法定的解除权；债务人因合同具有显失公平的原因而享有撤销权；合同关系自始不存在、条件不成熟；因不可抗力致使合同不能履行；合同本身具有无效因素等。

默示违约是指当事人一方以自己的行为表明不履行合同义务，其构成要件为：①一方预见另一方在履行期到来时，将不履行或不能履行合同。一方之所以作出如此预见，是因为另一方自己的行为产生的，如经营状况严重恶化，转移财产、抽逃资金以逃避债务，丧失商业信誉等。②一方的预见有确切的证据。一方预见另一方在履行期到来时不会或不能履约，毕竟只是一种主观臆断，为了平衡双方当事人的利益，一方必须借助一定的证据来说明自己判断的恰当性。③被要求提供履行担保的一方不能在合理期间内提供充分的担保。在一方预见到另一方将不履行或不能履行合同后，必须向对方提出提供履行担保的请求，并且只有在另一方在合理期间内未提供担保后，才能构成默示违约。

2. 实际违约

(1) 不履行。不履行也叫拒绝履行，是指在合同履行期届满时，合同当事人完全不履行自己的合同义务的行为。

(2) 不能履行。不能履行是指合同生效后，当事人在客观上不能履行合同使合同目的无法实现的行为。

(3) 不适当履行。不适当履行是指合同当事人虽然履行了合同，但是履行的时间、地点、方式、方法等与合同约定不符，合同目的没有实现的行为。

(4) 加害给付。加害给付是指当事人不适当的履行造成了对方当事人伤害的一种行为。

(5) 根本违约。根本违约(fundamental breach of contract)是指当事人一方迟延履行债务或者有其他违约行为，致使不能实现合同目的。构成要件包括：第一，违约的后果使另一方蒙受损害，以至于实际上剥夺了他根据合同规定有权期待的利益。第二，违约方预知，而且一个通常的人处于相同情况下也预知会发生根本违约的结果。如果违约方或者通常的人在此情况下不能预见到违约行为的严重后果，就不构成根本违约，即采用主客观相结合的方式确定根本违约。《民法典》也规定了根本违约制度，但未使用预见性理论来规定根本违约的构成，而是规定"当事人一方迟延履行债务或者有其他违约行为，致使不能实现合同目的"即构成根本违约。

二、违约责任

需要说明的是，违约救济(remedies for breach of contract)是一个比违约责任外延更大的概念，违约责任均可纳入违约救济的范畴之中，但违约救济自身又包含一些无法纳入违约责任范畴的内容，如合同解除、物的返还请求权、不当得利返还请求权等。违约救济是违约责任的上位概念，二者是包容关系。限于篇幅，本部分只阐述违约救济的重要内容之一——违约责任。

(一) 违约责任的概念与特征

违约责任(liability for breach of contract)也称为违反合同的民事责任，是指合同当事人因违反合同义务所承担的责任。违约责任具有以下特点。

(1) 违约责任以合同的有效存在为前提。

(2) 违约责任是合同当事人不履行合同义务所产生的财产责任。如果当事人违反的不是合同义务，而是法律规定的其他义务，则应负其他责任。《民法典》第 996 条规定，因当事人一方的违约行为，损害对方人格权并造成严重精神损害，受损害方选择请求其承担违约责任的，不影响受损害方请求精神损害赔偿。

(3) 违约责任具有相对性。由于合同关系具有相对性，因此违约责任也具有相对性，即违约责任只能在特定的当事人之间即合同关系的当事人之间发生。当事人一方因第三人的原因造成违约的，应当依法向对方承担违约责任。当事人一方和第三人之间的纠纷，依照法律规定或者按照约定解决。

(4) 违约责任具有任意性。合同当事人可以在法律、法规规定的范围内，对一方的违约责任做出事先安排，如可事先约定违约金的数额或幅度，可事先确定损失赔偿的数额或计算方法。同时，为了保障合同当事人设定的违约责任的公正合理，对不符合法律法规规定的违约责任，将会被宣告无效或被撤销。

知识拓展(5-26)

(5) 违约责任主要是一种损失补偿责任。法律确定违约责任的重要目的之一是弥补或补偿因违约方的违约行为所造成的损害后果，补偿受害人的损失，因此除法律另有规定外，违约责任具有补偿性而不具有惩罚性。这一般通过支付违约金、赔偿金和其他方式来体现，使受害人的实际损失得到全部补偿或部分补偿。

有关惩罚性赔偿责任的法律规定

(二) 违约责任的归责原则

违约责任的归责原则，是指合同当事人违约时，确定其承担民事责任的根据和标准。各国合同法律制度规定的违约责任的归责原则主要有过错责任原则、过错推定原则和严格责任原则三种。归责原则决定着违约责任的构成要件、举证责任、赔偿范围等诸多方面。《民法典》采用的是以严格责任原则为主、以过错责任原则和过错推定责任原则为辅的归责原则。

知识拓展(5-27)

违约责任
的归责原则

(三) 违约责任的一般构成要件

当事人承担违约责任的条件是归责原则的具体化。违约责任的具体形式很多，每一种责任形式都有自己的构成要件。违约责任的一般构成要件是指所有的违约责任形式都应具备的要件。根据《民法典》确定的严格责任归责原则，违约责任的一般构成要件有以下两个。

1. 当事人有违约行为

即当事人有不履行或不完全履行合同义务的行为，其具体表现形式前已述及。

2. 抗辩免责事由不成立

即违约方的违约行为发生的原因既不属于当事人依法约定的免责条款规定的事由，也不属于法定的抗辩免责事由。法定的抗辩免责事由主要有三种情形。

(1) 不可抗力。所谓不可抗力(force majeure)，是指不能预见、不能避免且不能克服的客观情况。常见的不可抗力主要有：①自然灾害，如地震、台风、洪水、海啸等。②政府行为。政府行为一定是指当事人在订立合同以后发生，且不能预见的情形。③社会异常形象，如罢工骚乱等。不可抗力虽为合同的免责事由，但有关不可抗力的具体事由很难由法律作出具体列举式的规定，因此根据合同自由原则，当事人可以在订立不可抗力条款时，具体列举各种不可抗力的事由。

不可抗力发生后对当事人责任的影响，要注意几点：①不可抗力并非当然免责，要根据不可抗力对合同履行的影响决定。《民法典》规定，因不可抗力不能履行合同的，根据不可抗力的影响，部分或者全部免除责任，但是法律另有规定的除外。②当事人迟延履行后发生不可抗力的，不能免除责任。

因不可抗力不能履行合同的，应当及时通知对方，以减轻可能给对方造成的损失，并应当在合理期限内提供证明。

随堂练习(5-4)

2025年1月21日，赵某与钱某签订活禽买卖合同，约定钱某于2025年2月15日前交付1 000只活禽。钱某运输活禽交给赵某需耗时2天，钱某到期未交付活禽。根据合同法律制度的规定，下列情形中，钱某可以不可抗力为由主张免于承担违约损害赔偿责任的有( )。

A. 2025年1月24日政府发布命令，暂停活禽交易1个月

B. 2025年2月10日钱某发货，途中遭遇泥石流致使活禽灭失

C. 2025年2月16日钱某发货，途中遭遇山体滑坡致使活禽灭失

D. 2025年2月11日钱某发货，途中因违反交通法规车辆被暂扣4日

(2) 依法行使抗辩权。即当事人因依法行使同时履行抗辩权、不安抗辩权、后履行抗辩权而没有履行合同义务的，不承担违约责任。

(3) 符合可撤销合同要件的合同，当事人一方已向人民法院或仲裁机构请求撤销的情况下没有履行的，不承担违约责任。

需要注意的是，受害人过错(受害人对违约行为或者违约损害后果的发生或者扩大存在过错)可以成为违约方全部或者部分免除责任的依据。实践中，当事人可以在订立合同时约定免责条款以排除或者限制其将来可能发生的违约责任。但是，合同中的免除造成对方人身伤害、因故意或者重大过失造成对方财产损失的违约责任的免责条款无效，当事人对此类损失仍应当承担赔偿责任。

(四) 承担违约责任的主要方式

《民法典》规定的承担违约责任的方式主要有：继续履行、补救措施、赔偿损失、违约金四种方式。

1. 继续履行

继续履行又称实际履行，是指债权人在债务人不履行合同义务时，可请求人民法院或者仲裁机构强制债务人按照原合同所约定的主要条件继续完成合同义务的行为。

《民法典》规定，当事人一方未支付价款、报酬、租金、利息，或者不履行其他金钱债务的，对方可以请求其支付。

当事人一方不履行非金钱债务或者履行非金钱债务不符合约定的，对方可以请求履行，但是有下列情形之一的除外：①法律上或者事实上不能履行；②债务的标的不适于强制履行或者履行费用过高；③债权人在合理期限内未请求履行。有前述规定的除外情形之一，致使不能实现合同目的的，人民法院或者仲裁机构可以根据当事人的请求终止合同权利义务关系，但是不影响违约责任的承担。

2. 补救措施

补救措施是指债务人履行合同义务不符合约定，债权人在请求人民法院或者仲裁机构强制债务人实际履行合同义务的同时，可根据合同履行情况要求债务人采取的补救履行措施。《民法典》规定，当事人一方不履行债务或者履行债务不符合约定，根据债务的性质不得强制履行的，对方可以请求其负担由第三人替代履行的费用。

履行不符合约定的，应当按照当事人的约定承担违约责任。对违约责任没有约定或者约定不明确，依据《民法典》第510条的规定仍不能确定的，受损害方根据标的的性质以及损失的大小，可以合理选择请求对方承担修理、重作、更换、退货、减少价款或者报酬等违约责任。

当事人一方不履行合同义务或者履行合同义务不符合约定的，在履行义务或者采取补救措施后，对方还有其他损失的，应当赔偿损失。

3. 赔偿损失

赔偿损失(compensation for losses)是指合同当事人由于不履行合同义务或者履行合同义务不符合约定，给对方造成财产上的损失时，由违约方以其财产赔偿对方所蒙受的财产损失的一种违约责任形式。赔偿损失可以与实际履行、解除合同、补救措施并用。实践中，应把握以下原则。

(1) 完全赔偿原则。完全赔偿原则是指因违约方的违约行为使受害人遭受的全部损失，都应由违约方负赔偿责任。即违约方不仅应赔偿对方因其违约而引起的现实财产的减少，而是应赔偿对方因合同履行而得到的履行利益。这是对受害人利益实行全面、充分保护的有效措施。从公平和等价交换原则看，由于违约方的违约而使受害人遭受损失，违约方也应以自己的财产赔偿全部损失。当然，这种赔偿应限制在法律规定的合理范围内。

根据《民法典》第584条的规定，损失赔偿额应当相当于因违约所造成的损失，包括合同履行后可以获得的利益。这里的损失仅指财产损失。也就是说，违约方不仅应赔偿受害人遭受的全部实际损失，还应赔偿可得利益损失，即包括合同履行后可以获得的利益损失。

实际损失是现存利益的损失，厘清实际损失的关键是要界定可得利益。可得利益是合同履行后债权人可以实现或者取得的收益，它具有以下特点：①未来性。可得利益不是现实的利益，而是一种未来的利益，它必须是经过合同违约方履行后才能获得的利益。②期待性。可得利益是当事人订立合同时可以预见的利益，可得利益的损失也是合同当事人能够预见到的损失。③一定的现实性。尽管可得利益并非订立合同时就可实际享有的利益，但这种利益并不是臆想的，如果合同违约方不违约，是非违约方可以得到的利益。

(2) 合理预见原则。完全赔偿原则是：对非违约方的有力保护，但应将这种损失赔偿限制在合理的范围内。根据《民法典》第 584 条的规定，损失赔偿额不得超过违约一方订立合同时预见到或者应当预见到的因违约可能造成的损失。这就是合理预见原则，又叫可预见性规则，主要包括以下内容：①预见的主体是违约方；②预见的时间是合同订立时；③预见的内容是违反合同可能造成的财产损失的范围；④判断违约方能否预见的标准采用主观和客观相结合的标准，即通常以同类型的社会一般人的预见能力为标准。

(3) 减轻损失原则。减轻损失原则是指在一方违约并造成损失后，受害人必须采取合理措施以防止损失的扩大，否则受害人应对扩大部分的损失负责，违约方此时也有权请求从损失赔偿金额中扣除本可避免的损失部分。《民法典》第 591 条规定，当事人一方违约后，对方应当采取适当措施防止损失的扩大；没有采取适当措施致使损失扩大的，不得就扩大的损失请求赔偿。当事人因防止损失扩大支出的合理费用，由违约方负担。减轻损失原则的构成要件是：①损失的发生由违约方所致，受害人对此没有过错；②受害人未采取合理措施防止损失扩大；③受害人的不当行为造成损失扩大。

(4) 损益相抵原则。损益相抵原则是指受害人基于损失发生的同一原因而获得利益时，应将所受利益从所受损失中扣除，以确定损失赔偿范围。这是确定赔偿责任范围的重要规则。根据这一规则，违约既使受害人遭受了损失，又使受害人获得了利益时，法院应责令违约方赔偿受害人全部损失与受害人所得利益的差额，但并不是减轻违约方本应承担的责任。

《民法典》没有规定损益相抵原则，但基于诚实信用原则和公平原则，一般认为应承认此原则。损益相抵原则的构成要件：①违约损失赔偿之债已经成立。只有构成违约损失赔偿之债时，才有必要确定损失赔偿范围，而损益相抵恰恰是限制损失赔偿范围的因素。②违约行为造成了损失和收益，即损失和收益是同一违约行为的不同结果。

(5) 责任相抵原则。责任相抵原则是指按照债权人与债务人各自应负的责任确定责任范围。《民法典》第 592 条规定，当事人都违反合同的，应当各自承担相应的责任。当事人一方违约造成对方损失，对方对损失的发生有过错的，可以减少相应的损失赔偿额。责任相抵原则的构成要件：①当事人双方都违反合同。即适用前提是双方当事人都存在违约行为。这是客观要件，只要客观上具有违约行为，而不管主观上是否存在过错。②双方各自承担相应的责任。在当事人双方都违约的情况下，其各自承担与其违约行为相对应的违约责任，不能相互替代。

(6) 惩罚性赔偿原则。这个问题已在本节"违约责任"中的"违约责任的概念与特征"做了相应的阐述，此处不赘。

4. 违约金

违约金(default fine)是按照当事人约定或者法律规定，一方当事人违约时应当根据违约情况向对方支付的一定数额的货币。

根据《民法典》第 585 条的规定，当事人可以约定一方违约时应当根据违约情况向对方支付一定数额的违约金，也可以约定因违约产生的损失赔偿额的计算方法。约定的违约金低于造成的损失的，人民法院或者仲裁机构可以根据当事人的请求予以增加；约定的违约金过分高于造成的损失的，人民法院或者仲裁机构可以根据当事人的请求予以适当减少。当事人就迟延履行约定违约金的，违约方支付违约金后，还应当履行债务。

当事人在合同中既约定违约金，又约定定金的，一方违约时，对方可以选择适用违约金或者定金条款。

（五）违约责任与侵权责任的竞合

所谓责任竞合，是指由于某种法律事实的出现而导致两种或两种以上的责任产生，这些责任彼此之间是相互冲突的。在民法中，责任竞合主要表现为违约责任和侵权责任的竞合。

《民法典》第 186 条规定，因当事人一方的违约行为，损害对方人身权益、财产权益的，受损害方有权选择请求其承担违约责任或者侵权责任。因此，在发生违约责任和侵权责任竞合的情况下，允许受害人选择一种责任提起诉讼。实践中，违约责任和侵权责任在归责原则、诉讼管辖、责任构成要件、免责条件、举证责任、时效期限、责任形式、损失赔偿的范围、对第三人的责任等方面存在区别，受害人选择不同的责任，将影响对其利益的保护和对不法行为人的制裁。

知识拓展(5-28)

违约责任与侵权责任的区别及竞合

债权人向人民法院起诉时做出选择后，在一审开庭以前又变更诉讼请求的，人民法院应当准许。但如对方当事人对变更后的诉讼请求提出管辖权异议，经审查异议成立的，人民法院应当驳回起诉。

【例 5-25】2025 年 1 月，周某从甲市场购买了一台热水器。同年 2 月，该热水器因质量问题给周某造成了人身伤害。2025 年 4 月，周某向甲商场提出交涉。双方协商未果，周某于 2025 年 5 月向人民法院提起诉讼。下列表述正确的是(　　)。
A. 周某只能请求甲商场承担侵权责任
B. 周某只能请求甲商场承担违约责任
C. 周某有权请求甲商场承担侵权责任和违约责任
D. 周某可以请求甲商场承担侵权责任或违约责任
【解析】根据我国法律规定，正确答案是 D。

第八节　典型的具体合同

如前所述，《民法典》规定了 19 种有名合同，其他法律也规定了一些有名合同，如《中华人民共和国政府采购法》规定了政府采购合同、《保险法》规定了保险合同、《旅游法》规定了旅游服务合同等。限于篇幅，以下仅介绍其中的一些具体合同。

一、买卖合同

（一）买卖合同的概念

买卖合同是指当事人双方约定，出卖人将出卖物交付买受人所有，买受人支付相应价金的协议。

买卖合同是双务、有偿的有名合同，除法律另有规定的以外，一般为诺成合同、非要式合同。买卖合同是最基本、最典型的有偿合同，因此《民法典》规定，其他有偿合同，法律有规定的，依照其规定；没有规定的，参照适用买卖合同的有关规定。

(二) 出卖人与买受人的主要义务

买卖合同属于双务合同，合同一方当事人的权利就是相对方的义务，而一方当事人的义务也就是相对方的权利。因而在双务合同中，我们可以从义务的角度了解当事人双方的权利和义务。

1. 出卖人的主要义务

(1) 交付标的物并提交单证。出卖人应当按照约定的包装方式、期限、地点交付标的物。一般认为，标的物(subject matter)应属于出卖人所有或者出卖人有权处分的物品。因出卖人未取得处分权致使标的物所有权不能转移的，买受人可以解除合同并请求出卖人承担违约责任。法律、行政法规禁止或者限制转让的标的物，依照其规定。标的物在订立合同之前已为买受人占有的，合同生效的时间为交付时间。

单证(documents)分为两类：一类是提取标的物的单证；另一类是辅助单证和有关资料。交付提取标的物的单证的意义与交付辅助单证和有关资料的意义并不相同，前者的交付是标的物的拟制交付，是完成基本义务的行为；后者的交付，是为了保证给付效果，是为了基本义务的履行。

(2) 转移标的物的所有权。标的物交付后，除非法律规定或者当事人另有约定外，均产生转移标的物所有权的效力。标的物的所有权自标的物交付时起转移，但法律另有规定或者当事人另有约定的除外。法律另有规定的，主要指以房屋等不动产为标的买卖合同，其所有权自办理过户登记手续时起转移给买受人，而非从交付时起转移。当事人双方的特别约定，主要是指双方约定保留所有权的买卖合同。当事人可以在买卖合同中约定买受人未履行支付价款或者其他义务的，标的物的所有权属于出卖人。

孳息(yield)归所有权人是孳息归属的一般原则。同时《民法典》第 630 条规定，标的物在交付之前产生的孳息，归出卖人所有；交付之后产生的孳息，归买受人所有。但是，当事人另有约定的除外。

出卖具有知识产权的标的物的，除法律另有规定或者当事人另有约定的以外，该标的物的知识产权不属于买受人。

(3) 瑕疵担保义务。标的物的瑕疵包括权利瑕疵和质量瑕疵两种。权利瑕疵担保义务是指出卖人应保证出卖物无权利瑕疵，即其对标的物有处分权，不致让第三人追索；质量瑕疵担保义务是指出卖人应保证出卖物无质量瑕疵。质量瑕疵有表面瑕疵和隐蔽瑕疵之分：表面瑕疵，出卖人一般无告知的义务；对隐蔽瑕疵，出卖人应如实告知买受人。法律对瑕疵担保义务另有规定的，依照规定。

(4) 回收标的物的义务。依照法律、行政法规的规定或者按照当事人的约定，标的物在有效使用年限届满后应予回收的，出卖人负有自行或者委托第三人对标的物予以回收的义务。

2. 买受人的主要义务

(1) 支付约定价款的义务。买受人应当按照约定的时间、地点、数额、方式支付价款。没有约定或者约定不明确的，依《民法典》的有关规定。

(2) 受领义务。通常情况下，买受人应当及时受领，不及时受领的，应当承担相应的责任。出卖人多交标的物的，买受人可以接收或者拒绝接收多交的部分。买受人接收多交部分的，按照合同的价格支付价款；买受人拒绝接收多交部分的，应当及时通知出卖人。

（3）检验义务。检验是买受人对标的物数量、质量等进行的检查。检验是买受人的权利，按照约定的时间及时检验，则是买受人的义务。买受人收到标的物时应当在约定的检验期限内检验，并在检验期限内将标的物的数量或者质量不符合约定的情形通知出卖人。买受人怠于通知的，视为标的物的数量或者质量符合约定。当事人没有约定检验期限的，买受人应当及时检验，并将标的物的数量或者质量不符合约定的情况在发现或者应当发现该情况的合理期限内通知出卖人。如在合理期限或者自标的物收到之日起 2 年内未通知出卖人的，视为标的物的数量或者质量符合约定。但是，对标的物有质量保证期的，适用质量保证期，不适用该 2 年的规定。出卖人知道或者应当知道提供的标的物不符合约定的，买受人不受前述通知时间的限制。

当事人约定的检验期限过短，根据标的物的性质和交易习惯，买受人在检验期限内难以完成全面检验的，该期限仅视为买受人对标的物的外观瑕疵提出异议的期限。约定的检验期限或者质量保证期短于法律、行政法规规定期限的，应当以法律、行政法规规定的期限为准。

当事人对检验期限未作约定，买受人签收的送货单、确认单等载明标的物数量、型号、规格的，推定买受人已经对数量和外观瑕疵进行检验，但是有相关证据足以推翻的除外。

出卖人依照买受人的指示向第三人交付标的物，出卖人和买受人约定的检验标准与买受人和第三人约定的检验标准不一致的，以出卖人和买受人约定的检验标准为准。

（三）标的物风险转移的规则

风险是指买卖合同生效后，不可归责于双方当事人的事由导致标的物遭受毁损、灭失的情形。可归责于一方当事人的事由导致标的物毁损、灭失，不属于风险负担，应当按照违约责任或者侵权责任处理。

（1）标的物毁损、灭失的风险，在标的物交付之前由出卖人承担，交付之后由买受人承担，但法律另有规定或者当事人另有约定的除外。因此，标的物的所有权转移与风险的承担可能并不一致。

（2）因买受人的原因致使标的物不能按照约定的期限交付的，买受人应当自违反约定之日起承担标的物毁损、灭失的风险。

（3）出卖人出卖交由承运人运输的在途标的物，除当事人另有约定的以外，毁损、灭失的风险自合同成立时起由买受人承担。

（4）当事人没有约定交付地点或者约定不明确，依照《民法典》第 603 条第 2 款第 1 项的规定，标的物需要运输的，出卖人应当将标的物交付给第一承运人后，标的物毁损、灭失的风险由买受人承担。

（5）出卖人按照约定或者依照《民法典》第 603 条第 2 款第 2 项的规定将标的物置于交付地点，买受人违反约定没有收取的，标的物毁损、灭失的风险自违反约定之日起由买受人承担。

（6）出卖人按照约定未交付有关标的物的单证和资料的，不影响标的物毁损、灭失风险的转移。

（7）因标的物质量不符合质量要求，致使不能实现合同目的的，买受人可以拒绝接受标的物或者解除合同。买受人拒绝接受标的物或者解除合同的，标的物毁损、灭失的风险由出卖人承担。

（8）标的物毁损、灭失的风险由买受人承担的，不影响因出卖人履行债务不符合约定，买受人请求其承担违约责任的权利。

(四) 特种买卖合同

1. 分期付款买卖合同

分期付款的买受人未支付到期价款的金额达到全部价款 1/5 的，经催告后在合理期限内仍未支付到期价款的，出卖人可以请求买受人支付全部价款或者解除合同。出卖人解除合同的，可以向买受人请求支付该标的物的使用费。

2. 凭样品买卖合同

出卖人就其交付的标的物与样品及其说明的质量相同负瑕疵担保责任。凭样品买卖的买受人不知道样品有隐蔽瑕疵的，即使交付的标的物与样品相同，出卖人交付的标的物的质量仍然应当符合同种物的通常标准。

3. 试用买卖合同

试用买卖的当事人可以约定标的物的试用期限。对试用期限没有约定或者约定不明确，双方又不能达成补充协议或者按照交易惯例仍然不能确定的，由出卖人确定。

试用买卖的买受人在试用期内可以购买标的物，也可以拒绝购买。试用期间届满，买受人对是否购买标的物未作表示的，视为购买。

4. 招标投标合同

招标投标合同，是指由招标人向数人或者公众发出招标通知或者招标公告，在诸多投标中按照一定的标准，选择自己最满意的投标人并与之订立的合同。这是现代社会中一种重要的竞争买卖形式，尤其在大宗订货和政府采购中被广泛使用。《民法典》规定，招标投标买卖的当事人的权利义务以及招投标程序等，依照有关法律法规的规定。《中华人民共和国招标投标法》是规范招标投标活动，保护国家利益、社会公共利益和招标投标活动当事人的合法权益的法律。

【例 5-26】甲到乙商场购买自行车，经挑选决定购买单价为 900 元的一辆，当时甲付款 700 元，约定所欠款 200 元在第二天取货时付清。为防止这辆车再被别人买走，甲请求乙商场将其挑选出的车子另行存放。乙商场将该车放在了后院。不幸该车当晚被盗。第二天，乙商场请求甲交清欠款，并不承担自行车被盗的责任，甲不服，诉至法院。请问：法院应如何审理判决此案？标的物的毁损灭失责任应由谁承担？

【解析】《民法典》规定，标的物毁损、灭失的风险，在标的物交付之前由出卖人承担，交付之后由买受人承担，但法律另有规定或者当事人另有约定的除外。法院应当根据《民法典》的这一规定审理此案，判决乙商场返还甲预付的货款 700 元。

本案中的自行车是在交付前丢失，其毁损灭失风险责任应由乙商场负责。

【例 5-27】甲、乙签订了一份奶牛买卖合同，约定甲向乙交付 5 头牛，总价款为 10 000 元，乙向甲交付定金 3 000 元，其余款项由乙在半年内付清，在乙向甲付清款项前，甲保留该 5 头牛的所有权。甲向乙交付了 5 头牛。请问：

(1) 在乙未付清款项前，如有 1 头牛死亡，应由谁承担损失？

(2) 在乙未付清款项前，乙与丁达成一项转让其中 1 头牛的合同，在向丁交付该牛之前，该合同的效力如何？

(3) 合同中的定金条款效力如何？为什么？

【解析】(1) 该损失由甲承担。根据《民法典》的规定，买卖合同标的物毁损、灭失的风险，在标的物交付之前由出卖人承担，交付之后由买受人承担，但法律另有规定或当事人另有约定的除外。本案中标的物虽已交付，但甲、乙双方约定，在乙向甲付清款项前，甲保留该 5 头牛的所有权。

(2) 合同有效。基于《民法典》第 597 条的规定，本案中牛的所有权属于甲，乙无处分权，但这不影响乙与丁之间的合同效力，在甲追认或乙取得牛的所有权之前，丁不能依据与乙之间的合同取得牛的所有权。

(3) 定金超过总价款20%的部分无效，不符合《民法典》的规定。

二、赠与合同

(一) 赠与合同的概念与特征

1. 赠与合同的概念

赠与合同是指当事人双方约定，一方将财产无偿交付对方所有，对方不需支付任何对价的协议。赠与合同是双方法律行为，只有赠与的意思表示，没有受领的意思表示，不能成立赠与合同。

2. 赠与合同的特征

(1) 赠与合同是转移财产所有权的合同。

(2) 赠与合同为无偿合同。

(3) 赠与合同是单务合同。在一般情况下，赠与合同仅由赠与人负有将自己的财产给予受赠人的义务，而受赠人并不负有义务。在附义务的赠与中，赠与人负有将其财产给付受赠人的义务，受赠人应当按照约定履行义务，但受赠人所负义务与赠与人所负义务并不是相对应的。

(4) 赠与合同为诺成合同。

(二) 赠与人的主要义务和责任

1. 转移赠与标的物的义务

赠与合同依法成立后，赠与人有向受赠人转移财产权利的义务。对于一般赠与，赠与人对受赠人交付请求权可以任意撤销权进行抗辩，但是具有救灾、扶贫等社会公益、道德义务性质的赠与合同或者经过公证的赠与合同，赠与人不交付赠与的财产的，受赠人可以请求交付。

2. 赠与人对赠与财产毁损、灭失的赔偿责任

经过公证的赠与合同或者依法不得撤销的具有救灾、扶贫、助残等公益、道德义务性质的赠与合同，赠与人不交付赠与财产的，受赠人可以请求交付。依据前述规定应当交付的赠与财产因赠与人故意或者重大过失致使毁损、灭失的，赠与人应当承担赔偿责任。

3. 瑕疵担保责任

(1) 赠与的财产有瑕疵的，赠与人不承担责任。

(2) 附义务的赠与，赠与的财产有瑕疵的，赠与人在附义务的限度内承担与出卖人相同的责任。

(3) 赠与人故意不告知瑕疵或者保证无瑕疵，造成受赠人损失的，应当承担赔偿责任。

(三) 赠与合同的撤销

1. 赠与人的任意撤销权

赠与人在赠与财产的权利转移之前可以撤销赠与。但是，经过公证的赠与合同或者依法不得撤销的具有救灾、扶贫、助残等公益、道德义务性质的赠与合同，不可以撤销赠与。

2. 赠与人的法定撤销权

已实际交付赠与物，受赠人有下列情形之一的，赠与人有权撤销赠与：①严重侵害赠与人或

者赠与人的近亲属的合法权益；②对赠与人有扶养义务而不履行；③不履行赠与合同约定的义务等。赠与人的撤销权，自知道或者应当知道撤销事由之日起1年内行使。

因受赠人的违法行为致使赠与人死亡或者丧失民事行为能力的，赠与人的继承人或者法定代理人可以撤销赠与。该撤销权自知道或者应当知道撤销原因之日起6个月内行使。

(四) 赠与合同的提前终止

赠与人经济状况显著恶化，严重影响其生产经营或者家庭生活的，可以不再履行赠与义务。

三、借款合同

(一) 借款合同的概念及分类

1. 借款合同的概念

借款合同(loan contract)是借款人向贷款人借款，到期返还借款并支付利息的合同。借款合同采用书面形式，但自然人之间借款另有约定的除外。借款合同的内容包括借款种类、币种、用途、数额、利率、期限和还款方式等条款。

2. 借款合同的分类

借款合同依据贷款人的不同可以区分为金融机构借款合同和自然人间的借款合同。两者的区别如下。

(1) 前者为有偿合同，后者对支付利息没有约定或者约定不明确的，视为不支付利息。

(2) 前者为要式合同，后者可以为要式合同也可以为不要式合同。

(3) 前者为诺成合同，后者为实践合同，自贷款人提供借款时成立。

(二) 合同当事人的权利和义务

1. 贷款人的义务

贷款人应当按约定提供借款。贷款人未按照约定的日期、数额提供借款，造成借款人损失的，应当赔偿损失。

2. 借款人的义务

(1) 如实提供信息的义务。订立借款合同，借款人应当按照贷款人的要求提供与借款有关的业务活动和财务状况的真实情况。

(2) 收取借款的义务。借款人未按照约定的日期、数额收取借款的，应当按照约定的日期、数额支付利息。

(3) 按照约定使用借款的义务。借款人未按照约定的借款用途使用借款的，贷款人可以停止发放借款、提前收回借款或者解除合同。

(4) 配合监督的义务。贷款人按照约定可以检查、监督借款的使用情况。借款人应当按照约定向贷款人定期提供有关财务会计报表或者其他资料。

(5) 返还本金并依约支付利息的义务。借款人应当按照约定的期限返还借款。对借款期限没有约定或者约定不明确，依法仍不能确定的，借款人可以随时返还；贷款人可以催告借款人在合理期限内返还。

(三) 利息的支付方式

禁止高利放贷，借款的利率不得违反国家有关规定。借款合同对支付利息没有约定的，视为没有利息。借款合同对支付利息约定不明确，当事人不能达成补充协议的，按照当地或者当事人的交易方式、交易习惯、市场利率等因素确定利息；自然人之间借款的，视为没有利息。

(1) 借款人应当按照约定的期限支付利息。

(2) 对支付利息的期限没有约定或者约定不明确，依照《民法典》第510条的规定加以确定。

(3) 上述方式仍不能确定，借款期间不满1年的，应当在返还借款时一并支付；借款期间1年以上的，应当在每届满1年时支付，剩余期间不满1年的，应当在返还借款时一并支付。

(4) 借款人未按照约定的期限返还借款的，应当按照约定或者国家有关规定支付逾期利息。

(5) 借款的利息不得预先在本金中扣除。利息预先在本金中扣除的，应当按照实际借款数额返还借款并计算利息。

(6) 借款人提前偿还借款的，除当事人另有约定的以外，应当按照实际借款的期间计算利息。

【例5-28】2024年6月29日，甲银行与乙公司签订借款合同，约定乙公司向甲银行借款550万元，其中的200万元借款期限为两个月，350万元借款期限为6个月。预先扣除借款期限内的全部利息42.5万元。甲银行按合同约定扣除利息后付给乙公司507.5万元，乙开具了收据。从2024年10月30日至2025年3月5日间，乙公司共还给甲银行本金235万元及利息15万元。2025年6月，甲银行向法院起诉，请求乙公司归还300万元欠款。请问：甲银行的诉讼请求是否成立？

【解析】根据《民法典》的规定，借款的利息不得预先在本金中扣除。利息预先在本金中扣除的，应当按照实际借款数额返还借款并计算利息。甲银行借款时先行扣除利息的做法违反了法律规定，应按实际借款507.5万元请求乙公司归还本息。扣除已归还的250万元，乙公司还需归还257.5万元，并应加倍支付迟延履行期间的债务利息。

四、租赁合同

(一) 租赁合同的概念与特征

1. 租赁合同的概念

租赁合同(lease contract)是当事人双方约定，出租人(lessor)将出租财产交付承租人(lessee)使用，承租人支付租金，并在租赁关系终止时返还承租财产于出租人的协议。

知识拓展(5-29)

房屋租赁合同
(参考范本)

2. 租赁合同的特征

(1) 租赁合同是双务、有偿、诺成合同。

(2) 租赁期限在6个月以上的定期租赁合同为要式合同；不满6个月的定期租赁合同为不要式合同；不定期租赁合同为不要式合同。不定期租赁合同包括：没有约定租赁期间或约定不明的；租赁期限在6个月以上，但是没有采用书面形式的；约定的租赁期届满，以推定形式继续成立的。

不定期租赁合同的当事人可以随时解除合同，但出租人解除合同应当在合理期限之前通知承租人。

(3) 租赁合同的标的物一般是特定物、不可消耗物，可消耗物在特定情形下，比如用于展览时，也可以作为租赁的标的物。

(4) 租赁期限的限定。租赁期限不得超过20年。超20年的，超过部分无效。租赁期间届满，当事人可以续订租赁合同，但约定的租赁期限自续订之日起不得超过20年。

(二) 出租人的主要义务

(1) 租赁物交付及适租的义务。出租人交付的租赁物应当符合约定的用途。因不可归责于承租人的事由，致使租赁物部分或者全部毁损、灭失的，承租人可以请求减少租金或者不支付租金；因租赁物部分或者全部毁损、灭失，致使不能实现合同目的或非因承租人原因致使租赁物无法使用的，承租人可以解除合同。承租人按照约定的方法或者根据租赁物的性质使用租赁物，致使租赁物受到损耗的，不承担赔偿责任。

(2) 出租人的维修义务。出租人应当履行租赁物的维修义务，但当事人另有约定的除外；承租人在租赁物需要维修时可以请求出租人在合理期限内维修，出租人未履行维修义务的，承租人可以自行维修，维修费用由出租人负担；因维修租赁物影响承租人使用的，应当相应减少租金或者延长租期。

(3) 瑕疵担保义务。租赁物危及承租人的安全或者健康的，即使承租人订立合同时明知该租赁物质量不合格，承租人仍然可以随时解除合同。因第三人主张权利致使承租人不能使用、收益的，承租人得请求减少租金。

(三) 承租人的主要义务和权利

1. 承租人的主要义务

(1) 按约定使用与按性质使用。

(2) 妥善保管的义务。

(3) 不任意改善、增设的义务。承租人经出租人同意，可以对租赁物进行改善或者增设他物；承租人未经出租人同意，对租赁物进行改善或者增设他物的，出租人可以请求承租人恢复原状或者赔偿损失。

(4) 租金支付义务。租金的支付方式：承租人应当按照约定的期限支付租金。对支付期限没有约定或者约定不明确，依照《民法典》第510条的规定仍不能确定，租赁期间不满1年的，应当在租赁期间届满时支付；租赁期间1年以上的，应当在每届满1年时支付，剩余期间不满1年的，应当在租赁期间届满时支付。

承租人无正当理由未支付或者迟延支付租金的，出租人可以请求承租人在合理期限内支付。承租人逾期不支付的，出租人可以解除合同。

(5) 返还租赁物的义务。租赁期间届满，承租人应当返还租赁物。返还的租赁物应当符合按照约定或者租赁物的性质使用后的状态。

2. 承租人的权利

(1) 优先购买权。出租人出卖租赁房屋的，应当在出卖之前的合理期限内通知承租人，承租人享有以同等条件优先购买的权利；但是，房屋按份共有人行使优先购买权或者出租人将房屋出卖给近亲属的除外。出租人履行通知义务后，承租人在15日内未明确表示购买的，视为承租人放弃优先购买权。

(2) 优先承租权。租赁期限届满，承租人继续使用租赁物，出租人没有提出异议的，原租赁合同继续有效，但是租赁期限为不定期。租赁期限届满，房屋承租人享有以同等条件优先承租的权利。

承租人在房屋租赁期限内死亡的，与其生前共同居住的人或者共同经营人可以按照原租赁合同租赁该房屋。

(四) 买卖不破租赁原则

租赁物在租赁期间发生所有权变动的，不影响租赁合同的效力，学理上称为"买卖不破租赁"。私有房屋在租赁期内，因买卖、赠予或者继承发生房屋产权转移的，原合同对租赁人和新房主继续有效。房屋租赁合同的承租人享有优先购买权，即出租人出卖租赁房屋的，应当在出卖之前的合理期限内通知承租人，承租人享有以同等条件优先购买的权利。这是对承租人利益的合理保护。

(五) 转租

承租人经出租人同意，可以将租赁物转租给第三人。承租人转租的，承租人与出租人之间的租赁合同继续有效，第三人对租赁物造成损失的，承租人应当赔偿损失。承租人未经出租人同意转租的，出租人可以解除合同。

承租人经出租人同意将租赁物转租给第三人，转租期限超过承租人剩余租赁期限的，超过部分的约定对出租人不具有法律约束力，但是出租人与承租人另有约定的除外。出租人知道或者应当知道承租人转租，但是在 6 个月内未提出异议的，视为出租人同意转租。承租人拖欠租金的，次承租人可以代承租人支付其欠付的租金和违约金，但是转租合同对出租人不具有法律约束力的除外。次承租人代为支付的租金和违约金，可以充抵次承租人应当向承租人支付的租金；超出其应付的租金数额的，可以向承租人追偿。

(六) 共同居住人的承租权

承租人在房屋租赁期间死亡的，与其生前共同居住的人可以按照原租赁合同租赁该房屋。

【例 5-29】2022 年，甲租用乙的房屋，双方签订了租赁合同，约定租赁期限为 5 年。2025 年，甲因租用的房屋年久失修，乙又无力维修，故提议乙出卖，乙同意以 3 万元的价格卖给甲，甲表示价格太高不买。此时，丙愿意以 3.2 万元的价格购买此房，乙、丙遂签订房屋买卖合同，乙以 3.2 万元的价格将该房卖给了丙。请问：

(1) 乙、丙的房屋买卖合同是否影响甲对该房的租用？

(2) 甲是否对该房有优先购买权？

【解析】(1)《民法典》规定，租赁物在租赁期间发生所有权变动的，不影响租赁合同的效力。在租赁存续期间，即使出租人将租赁物让与他人，对租赁合同也不产生影响，原租赁合同对新的所有权人继续有效，只是承租人和新的所有权人之间建立了权利义务关系。所以，乙、丙的房屋买卖合同并不影响甲对该房的租用，直至租赁期满。

(2)《民法典》规定，出租人出卖租赁房屋的，应当在出卖之前的合理期限内通知承租人，承租人享有以同等条件优先购买的权利。本案中，乙以 3.2 万元的价格将房屋卖给丙，高于告知甲的 3 万元价格，况且甲也表示不买，已经放弃了优先购买权。

五、融资租赁合同

(一) 融资租赁合同概述

融资租赁合同是出租人根据承租人对出卖人、租赁物的选择，向出卖人购买租赁物，提供给承租人使用，承租人支付租金的合同。融资租赁合同应当采用书面形式。

典型的融资租赁关系涉及三方当事人，即出租人、承租人和出卖人，内容涉及租赁和买卖两个方面。融资租赁的租赁物是出租人为承租人的使用而特别购入的，出租人通过为承租人提供融资的方式取得租金，租金是融资的对价，而非标的物使用的对价。出租人根据承租人对出卖人、租赁物的选择与出卖人订立买卖合同，出卖人按照约定向承租人交付标的物，承租人享有与受领标的物有关的买受人的权利。承租人检验标的物合格后出具验收合格通知书，并与出租人订立融资租赁合同，出租人据此向出卖人付款。

当事人以虚构租赁物方式订立的融资租赁合同无效。依照法律、行政法规的规定，对于租赁物的经营使用应当取得行政许可的，出租人未取得行政许可不影响融资租赁合同的效力。

出租人对租赁物享有的所有权，未经登记，不得对抗善意第三人。租赁物不符合约定或者不符合使用目的的，出租人不承担责任。但是，承租人依赖出租人的技能确定租赁物或者出租人干预选择租赁物的除外。承租人占有租赁物期间，租赁物造成第三人人身损害或者财产损失的，出租人不承担责任。出租人应当保证承租人对租赁物的占有和使用。出租人有下列情形之一的，承租人有权请求其赔偿损失：①无正当理由收回租赁物；②无正当理由妨碍、干扰承租人对租赁物的占有和使用；③因出租人的原因致使第三人对租赁物主张权利；④不当影响承租人对租赁物占有和使用的其他情形。

融资租赁合同因买卖合同解除、被确认无效或者被撤销而解除，出卖人、租赁物系由承租人选择的，出租人有权请求承租人赔偿相应损失；但是，因出租人原因致使买卖合同解除、被确认无效或者被撤销的除外。出租人的损失已经在买卖合同解除、被确认无效或者被撤销时获得赔偿的，承租人不再承担相应的赔偿责任。

融资租赁合同因租赁物交付承租人后意外毁损、灭失等不可归责于当事人的原因解除的，出租人可以请求承租人按照租赁物折旧情况给予补偿。

(二) 当事人的权利义务

1. 出卖人的义务

(1) 向承租人交付标的物的义务。出租人根据承租人对出卖人、租赁物的选择订立的买卖合同，未经承租人同意，出租人不得变更与承租人有关的合同内容。

(2) 瑕疵担保义务。

2. 出租人的义务

(1) 根据承租人对出卖人、租赁物的选择订立买卖合同的义务。

(2) 向出卖人支付价金的义务。

(3) 协助承租人向出卖人进行索赔的义务。出租人、出卖人、承租人可以约定，出卖人不履行买卖合同义务的，由承租人行使索赔的权利。承租人行使索赔权利的，出租人应当协助。承租人对出卖人行使索赔权利，不影响其履行支付租金的义务。但是，承租人依赖出租人的技能确定租赁物或者出租人干预选择租赁物的，承租人可以请求减免相应租金。出租人有下列情形之一，致使承租人对出卖人行使索赔权利失败的，承租人有权请求出租人承担相应的责任：①明知租赁物有质量瑕疵而不告知承租人；②承租人行使索赔权利时，未及时提供必要协助。出租人怠于行使只能由其对出卖人行使的索赔权利，造成承租人损失的，承租人有权请求出租人承担赔偿责任。

3. 承租人的义务

(1) 妥善保管、使用及维修租赁物的义务。

(2) 支付租金的义务。承租人应当按照约定支付租金。承租人经催告后在合理期限内仍不支付租金的，出租人可以请求支付全部租金；也可以解除合同，收回租赁物。

(3) 租期届满后返还租赁物的义务。当事人约定租赁期限届满租赁物归承租人所有，承租人已经支付大部分租金，但是无力支付剩余租金，出租人因此解除合同收回租赁物，收回的租赁物的价值超过承租人欠付的租金以及其他费用的，承租人可以请求相应返还。当事人约定租赁期限届满租赁物归出租人所有，因租赁物毁损、灭失或者附合、混合于他物致使承租人不能返还的，出租人有权请求承租人给予合理补偿。

(三) 租赁物的归属

出租人和承租人可以约定租赁期间届满租赁物的归属。对租赁物的归属没有约定或者约定不明确，依照《民法典》第 510 条的规定仍不能确定的，租赁物的所有权归出租人。

当事人约定租赁期限届满，承租人仅需向出租人支付象征性价款的，视为约定的租金义务履行完毕后租赁物的所有权归承租人。

融资租赁合同无效，当事人就该情形下租赁物的归属有约定的，按照其约定；没有约定或者约定不明确的，租赁物应当返还出租人。但是，因承租人原因致使合同无效，出租人不请求返还或者返还后会显著降低租赁物效用的，租赁物的所有权归承租人，由承租人给予出租人合理补偿。

六、承揽合同

(一) 承揽合同的概念与特征

1. 承揽合同的概念

承揽合同(processing contract)是指承揽人按照定作人的要求完成工作，交付工作成果，定作人支付报酬的合同。承揽包括加工、定作、修理、复制、测试、检验等工作。

2. 承揽合同的特征

(1) 承揽合同是双务、有偿、诺成合同。

(2) 承揽人按照定作人的要求，独立完成工作。

(3) 承揽活动中的意外风险责任由承揽人自己承担。

(二) 承揽人与定作人的主要义务

1. 承揽人的义务

(1) 按照合同的约定完成并交付工作成果。承揽人应当以自己的设备、技术和劳力，完成主要工作，但当事人另有约定的除外。

承揽人将其承揽的主要工作交由第三人完成的，应当就该第三人完成的工作成果向定作人负责；未经定作人同意的，定作人也可以解除合同。承揽人可以将其承揽的辅助工作交由第三人完成。承揽人将其辅助工作交由第三人完成的，应当就该第三人完成的工作成果向定作人负责。

(2) 对定作人提供的原材料及时验收、不得更换。

(3) 接受定作人必要的检查和监督。

(4) 对定作人委托的事务进行保密。

(5) 及时通知的义务。

2. 定作人的义务

(1) 按照约定提供材料的义务。

(2) 及时接受承揽人完成的工作成果。

(3) 支付报酬。

(4) 协助义务。

(三) 定作人的变更权、随时解除权以及留置权

定作人中途变更承揽工作的要求,造成承揽人损失的,应当赔偿损失。定作人在承揽人完成工作前可以随时解除承揽合同,造成承揽人损失的,应当赔偿损失。承揽合同是有偿合同,在定作人未支付报酬前,承揽人有权将承揽物予以留置。

七、运输合同

(一) 运输合同的概念

运输合同(carriage contract)是承运人将旅客或者货物从起运地点运输到约定地点,旅客、托运人或者收货人支付票款或者运输费用的合同。

(二) 客运合同中当事人的权利义务

1. 承运人的主要义务

(1) 承运人应当向旅客及时告知有关不能正常运输的重要事由和安全运输应当注意的事项。

(2) 承运人应当在约定期限或者合理期限内,将旅客运输到约定地点的义务。

(3) 按照约定的运输工具进行运输的义务。承运人擅自变更运输工具而降低服务标准的,应当根据旅客的请求退票或者减收票款;提高服务标准的,不应当加收票款。

(4) 尽力救助患有急病、分娩、遇险旅客的义务。

(5) 安全运送义务。承运人应当对运输过程中旅客的伤亡承担赔偿责任,但伤亡是旅客自身健康原因造成的或者承运人证明伤亡是旅客故意、重大过失造成的除外。此处的旅客包括免票、持优待票或者经承运人许可搭乘的无票旅客。

(6) 在运输过程中旅客随身携带物品毁损、灭失,承运人有过错的,应当承担赔偿责任。对于旅客托运的行李毁损、灭失的,适用货物运输的有关规定。

2. 旅客的主要义务

(1) 支付票款的义务。实名制客运合同的旅客丢失客票的,可以请求承运人挂失补办,承运人不得再次收取票款和其他不合理费用。

(2) 持有效客票乘运的义务。旅客无票乘坐、超程乘坐、越级乘坐或者持不符合减价条件的优惠客票乘坐的,应当补交票款,承运人可以按照规定加收票款;旅客不支付票款的,承运人可以拒绝运输。

(3) 限量携带行李,超过限量应办理托运手续的义务。旅客随身携带行李应当符合约定的限量和品类要求;超过限量或者违反品类要求携带行李的,应当办理托运手续。

(4) 不得携带违禁品的义务。旅客不得随身携带或者在行李中夹带易燃、易爆、有毒、有腐蚀性、有放射性,以及可能危及运输工具上人身和财产安全的危险物品或者违禁物品。旅客违反前述规定的,承运人可以将危险物品或者违禁物品卸下、销毁或者送交有关部门。旅客坚持携带或者夹带危险物品或者违禁物品的,承运人应当拒绝运输。

(三) 货运合同中当事人的权利义务

1. 承运人的主要义务和责任

(1) 安全运送的义务。承运人(carrier)对运输过程中货物的毁损、灭失承担赔偿责任,但承运人证明货物的毁损、灭失是因不可抗力、货物本身的自然性质或者合理损耗以及托运人(shipper)、收货人(cargo receiver)的过错造成的,不承担赔偿责任。

（2）单式联运承运人之间的连带责任。两个以上承运人以同一运输方式联运的，与托运人订立合同的承运人应当对全程运输承担责任。损失发生在某一运输区段的，与托运人订立合同的承运人和该区段的承运人承担连带责任。

（3）多式联运承运人之间的责任。多式联运经营人可以与参加多式联运的各区段承运人就多式联运合同的各区段运输约定相互之间的责任，但该约定不影响多式联运经营人对全程运输承担的义务。

2. 托运人的主要义务

（1）准确表明收货人和告知货物运输必要情况的义务。

（2）办理审批、检验手续的义务。

（3）妥善包装的义务。

（4）托运危险物品时的警示义务。

（5）按约定支付费用的义务。

3. 收货人的主要义务

（1）及时提货的义务。

（2）按照约定支付费用的义务。

（3）按照约定的期限检验货物的义务。收货人提货时应当按照约定的期限检验货物。对检验货物的期限没有约定或者约定不明确，依照《民法典》第510条的规定仍不能确定的，应当在合理期限内检验货物。收货人在约定的期限或者合理期限内对货物的数量、毁损等未提出异议的，视为承运人已经按照运输单证的记载交付的初步证据。

【例5-30】甲公司专营A地至B地的旅客运输业务。2025年4月1日，由于正值客运淡季，甲公司将一使用空调车的班次取消，购买了该班次车票的旅客被合并至没有空调的普通客车中。该批旅客认为甲公司的做法不合理，请求退还部分票款，但甲公司以近期多雨雾、路不好走，两种票价金额相差不大为由，不同意退还相差部分的票款。

当车行至某段山路时，司机因故采取了急刹车措施。乘客乙被甩到车内地板上摔伤。乘客乙经医院诊断鉴定为腰椎压缩性骨折，要求甲公司承担医药费及其他相关损失。请问：

（1）甲公司不退还部分旅客票款的行为是否符合法律规定？简要说明理由。

（2）甲公司应否对乘客乙受伤承担赔偿责任？简要说明理由。

【解析】（1）甲公司不退还票款的行为不符合法律规定。根据规定，承运人应当按照客票载明的时间和班次运输旅客。承运人擅自变更运输工具而降低服务标准的，应当根据旅客的请求退票或减收票款。本案中，甲公司擅自将空调车变更为普通车，降低了服务标准，因此，应该根据旅客的请求退票或减收票款。

（2）甲公司应对乘客乙受伤承担赔偿责任。根据规定，承运人应当对运输过程中旅客的伤亡承担赔偿责任，但伤亡是旅客自身健康原因造成的或者承运人证明伤亡是旅客故意、重大过失造成的除外。本案中，乘客乙的受伤是因为司机急刹车，并非自身健康或者故意、重大过失造成的，因此，甲公司应对其受伤承担赔偿责任。

八、保管合同与仓储合同

（一）保管合同

保管合同是保管人保管寄存人交付的保管物，并返还该物的合同。保管合同自保管物交付时成立，但当事人另有约定的除外。

1. 寄存人的权利义务

寄存人应当按照约定向保管人支付保管费。但如果当事人对保管费没有约定或者约定不明确，依据《民法典》第510条的规定仍不能确定的，视为无偿保管。有偿的保管合同，寄存人应当按照约定的期限向保管人支付保管费。当事人对支付期限没有约定或者约定不明确，依据《民法典》第510条的规定仍不能确定的，应当在领取保管物的同时支付。

寄存人交付的保管物有瑕疵或者按照保管物的性质需要采取特殊保管措施的，寄存人应当将有关情况告知保管人。寄存人未告知，致使保管物受损失的，保管人不承担赔偿责任；保管人因此受损失的，除保管人知道或者应当知道且未采取补救措施外，寄存人应当承担赔偿责任。寄存人寄存货币、有价证券或者其他贵重物品的，应当向保管人声明，由保管人验收或者封存；寄存人未声明的，该物品毁损、灭失后，保管人可以按照一般物品予以赔偿。

2. 保管人的权利义务

保管人应当妥善保管保管物。寄存人向保管人交付保管物的，保管人应当给付保管凭证，但另有交易习惯的除外。如当事人约定了保管场所或者方法。除紧急情况或者为了维护寄存人利益的以外，保管人不得擅自改变保管场所或者方法。

保管人不得将保管物转交第三人保管，如将保管物转交第三人保管，对保管物造成损失的，应当承担赔偿责任。但当事人另有约定的除外。

保管人不得使用或者许可第三人使用保管物，但当事人另有约定的除外。第三人对保管物主张权利的，除依法对保管物采取保全或者执行外，保管人应当履行向寄存人返还保管物的义务。第三人对保管人提起诉讼或者对保管物申请扣押的，保管人应当及时通知寄存人。

保管期间，因保管人保管不善造成保管物毁损、灭失的，保管人应当承担赔偿责任。但是，无偿保管人证明自己没有故意或者重大过失的，不承担赔偿责任。

当事人对保管期限没有约定或者约定不明确的，保管人可以随时请求寄存人领取保管物；约定保管期限的，保管人无特别事由，不得请求寄存人提前领取保管物。保管期限届满或者寄存人提前领取保管物的，保管人应当将原物及其孳息归还寄存人。

寄存人未按照约定支付保管费或者其他费用的，保管人对保管物享有留置权，但是当事人另有约定的除外。

(二) 仓储合同

仓储合同是保管人储存存货人交付的仓储物，存货人支付仓储费的合同。仓储合同自保管人和存货人意思表示一致时成立。

1. 仓单

存货人交付仓储物的，保管人应当出具仓单、入库单等凭证。仓单(warehouse receipt)是保管人收到仓储物后给存货人开具的提取仓储物的凭证。仓单包括下列事项：①存货人的名称或者姓名和住所；②仓储物的品种、数量、质量、包装及其件数和标记；③仓储物的损耗标准；④储存场所；⑤储存期限；⑥仓储费；⑦仓储物已经办理保险的，其保险金额、期间以及保险人的名称；⑧填发人、填发地和填发日期。

仓单是提取仓储物的凭证。保管人应当在仓单上签字或者盖章。存货人或者仓单持有人在仓单上背书并经保管人签字或者盖章的，可以转让提取仓储物的权利。

2. 当事人的权利义务

储存易燃、易爆、有毒、有腐蚀性、有放射性等危险物品或者易变质物品的，存货人应当说明该物品的性质，提供有关资料。存货人违反该规定的，保管人可以拒收仓储物，也可以采取相应措施以避免损失的发生，因此产生的费用由存货人承担。保管人储存易燃、易爆、有毒、有腐蚀性、有放射性等危险物品的，应当具备相应的保管条件。

保管人应当按照约定对入库仓储物进行验收。保管人验收时发现入库仓储物与约定不符合的，应当及时通知存货人。保管人验收后，发生仓储物的品种、数量、质量不符合约定的，保管人应当承担赔偿责任。

保管人根据存货人或者仓单持有人的要求，应当同意其检查仓储物或者提取样品。

保管人对入库仓储物发现有变质或者其他损坏的，应当及时通知存货人或者仓单持有人。保管人发现入库仓储物有变质或者其他损坏，危及其他仓储物的安全和正常保管的，应当催告存货人或者仓单持有人作出必要的处置。因情况紧急，保管人可以作出必要的处置；但是，事后应当将该情况及时通知存货人或者仓单持有人。

当事人对储存期限没有约定或者约定不明确的，存货人或者仓单持有人可以随时提取仓储物，保管人也可以随时请求存货人或者仓单持有人提取仓储物，但应当给予必要的准备时间。

储存期限届满，存货人或者仓单持有人应当凭仓单、入库单等提取仓储物。存货人或者仓单持有人逾期提取的，应当加收仓储费；提前提取的，不减收仓储费。储存期限届满，存货人或者仓单持有人不提取仓储物的，保管人可以催告其在合理期限内提取，逾期不提取的，保管人可以提存仓储物。

储存期间，因保管人保管不善造成仓储物毁损、灭失的，保管人应当承担赔偿责任。因仓储物的性质、包装不符合约定或者超过有效储存期造成仓储物变质、损坏的，保管人不承担赔偿责任。

九、委托合同、行纪合同与中介合同

(一) 委托合同

1. 委托合同的概念和特征

委托合同(agency appointment contract)是委托人和受托人约定，由受托人处理委托人事务的合同。它具有以下特征。

(1) 受托人(entrustee)一般是以委托人(client)的名义进行活动。受托人以自己的名义，在委托人的授权范围内与第三人订立的合同，第三人在订立合同时知道受托人与委托人之间的代理关系的，该合同直接约束委托人和第三人；但是，有确切证据证明该合同只约束受托人和第三人的除外。

受托人以自己名义与第三人订立合同时，第三人不知道受托人与委托人之间的代理关系的，受托人因第三人的原因对委托人不履行义务，受托人应当向委托人披露第三人，委托人因此可以行使受托人对第三人的权利(介入权)。但是，第三人与受托人订立合同时如果知道该委托人就不会订立合同的除外。受托人因委托人的原因对第三人不履行义务，受托人应当向第三人披露委托人，第三人因此可以选择受托人或者委托人作为相对人主张其权利，但是第三人不得变更选择的相对人。委托人行使受托人对第三人的权利的，第三人可以向委托人主张其对受托人的抗辩。第三人选定委托人作为其相对人的，委托人可以向第三人主张其对受托人的抗辩以及受托人对第三人的抗辩。

(2) 受托人只能在委托人委托的权限范围内进行活动。

(3) 委托合同既可以是有偿的，也可以是无偿的。委托人或者受托人可以随时解除委托合同。因解除合同造成对方损失的，除不可归责于该当事人的事由外，无偿委托合同的解除方应当赔偿因解除时间不当造成的直接损失，有偿委托合同的解除方应当赔偿对方的直接损失和合同履行后可以获得的利益。

(4) 委托合同以当事人双方的相互信任为基础，是为双务、诺成合同。委托人死亡、终止或者受托人死亡、丧失民事行为能力、终止的，委托合同终止；但是，当事人另有约定或者根据委托事务的性质不宜终止的除外。

2. 委托人与受托人的主要义务

(1) 受托人的义务：①根据委托人的指示处理委托事务。受托人应当按照委托人的指示处理委托事务。需要变更委托人指示的，应当经委托人同意；因情况紧急，难以和委托人取得联系的，受托人应当妥善处理委托事务，但是事后应当将该情况及时报告委托人。②亲自处理委托事务。受托人应当亲自处理委托事务。经委托人同意，受托人可以转委托。转委托经同意或者追认的，委托人可以就委托事务直接指示转委托的第三人，受托人仅就第三人的选任及其对第三人的指示承担责任。转委托未经同意或者追认的，受托人应当对转委托的第三人的行为承担责任；但是，在紧急情况下受托人为了维护委托人的利益需要转委托第三人的除外。因委托人死亡或者被宣告破产、解散，致使委托合同终止将损害委托人利益的，在委托人的继承人、遗产管理人或者清算人承受委托事务之前，受托人应当继续处理委托事务。因受托人死亡、丧失民事行为能力或者被宣告破产、解散，致使委托合同终止的，受托人的继承人、遗产管理人、法定代理人或者清算人应当及时通知委托人。因委托合同终止将损害委托人利益的，在委托人作出善后处理之前，受托人的继承人、遗产管理人、法定代理人或者清算人应当采取必要措施。③报告义务。受托人应当按照委托人的要求，报告委托事务的处理情况。委托合同终止时，受托人应当报告委托事务的结果。④财产转交义务。受托人处理委托事务取得的财产，应当转交给委托人。⑤谨慎注意义务和赔偿责任。有偿的委托合同，因受托人的过错给委托人造成损失的，委托人可以请求赔偿损失。无偿的委托合同，因受托人的故意或者重大过失造成损失的，委托人可以请求赔偿损失。受托人超越权限给委托人造成损失的，应当赔偿损失。

(2) 委托人的主要义务：①支付费用的义务。委托人应当预付处理委托事务的费用。受托人为处理委托事务垫付的必要费用，委托人应当偿还该费用并支付利息。②支付报酬的义务。受托人完成委托事务的，委托人应当向其支付报酬。因不可归责于受托人的事由，委托合同解除或者委托事务不能完成的，委托人应当向受托人支付相应的报酬。当事人另有约定的，按照其约定。③赔偿义务。受托人处理委托事务时，因不可归责于自己的事由受到损失的，可以向委托人请求赔偿损失。委托人经受托人同意，可以在受托人之外委托第三人处理委托事务。因此造成受托人损失的，受托人可以向委托人请求赔偿损失。

(二) 行纪合同

行纪合同是行纪人以自己的名义为委托人从事贸易活动，委托人支付报酬的合同。行纪人处理委托事务支出的费用，由行纪人负担，但是当事人另有约定的除外。

1. 行纪人的权利义务

行纪人占有委托物的，应当妥善保管委托物。委托物交付给行纪人时有瑕疵或者容易腐烂、变质的，经委托人同意，行纪人可以处分该物；不能与委托人及时取得联系的，行纪人可以合理处分。

行纪人低于委托人指定的价格卖出或者高于委托人指定的价格买入的，应当经委托人同意；未经委托人同意，行纪人补偿其差额的，该买卖对委托人发生效力。行纪人高于委托人指定的价格卖出或者低于委托人指定的价格买入的，可以按照约定增加报酬；没有约定或者约定不明确，依照《民法典》第510条的规定仍不能确定的，该利益属于委托人。委托人对价格有特别指示的，行纪人不得违背该指示卖出或者买入。

行纪人卖出或者买入具有市场定价的商品，除委托人有相反的意思表示外，行纪人自己可以作为买受人或者出卖人。在此情形下，行纪人仍然可以请求委托人支付报酬。

行纪人与第三人订立合同的，行纪人对该合同直接享有权利、承担义务。第三人不履行义务致使委托人受到损害的，行纪人应当承担赔偿责任，但是行纪人与委托人另有约定的除外。

2. 委托人的权利义务

行纪人按照约定买入委托物，委托人应当及时受领。经行纪人催告，委托人无正当理由拒绝受领的，行纪人依法可以提存委托物。委托物不能卖出或者委托人撤回出卖，经行纪人催告，委托人不取回或者不处分该物的，行纪人依法可以提存委托物。

行纪人完成或者部分完成委托事务的，委托人应当向其支付相应的报酬。委托人逾期不支付报酬的，行纪人对委托物享有留置权，但当事人另有约定的除外。

（三）中介合同

中介合同是中介人向委托人报告订立合同的机会或者提供订立合同的媒介服务，委托人支付报酬的合同，也叫居间合同。

中介人必须是经过有关国家机关登记核准的从事居间营业的自然人、法人或非法人组织。中介业务根据中介人所接受委托内容的不同，既可以是只为委托人提供订约机会的报告中介，也可以是为促成委托人与第三人订立合同进行介绍或提供机会的媒介中介，还可以是报告中介与媒介中介兼而有之的中介活动。

中介人应当就有关订立合同的事项向委托人如实报告。中介人故意隐瞒与订立合同有关的重要事实或者提供虚假情况，损害委托人利益的，不得请求支付报酬并应当承担赔偿责任。

中介人促成合同成立的，委托人应当按照约定支付报酬。对中介人的报酬没有约定或者约定不明确，依照《民法典》第510条的规定仍不能确定的，根据中介人的劳务合理确定。因中介人提供订立合同的媒介服务而促成合同成立的，由该合同的当事人平均负担中介人的报酬。

中介人促成合同成立的，中介活动的费用，由中介人负担。中介人未促成合同成立的，不得请求支付报酬；但是，可以按照约定请求委托人支付从事中介活动支出的必要费用。

委托人在接受中介人的服务后，利用中介人提供的交易机会或者媒介服务，绕开中介人直接订立合同的，应当向中介人支付报酬。

十、旅游服务合同

（一）旅游服务合同的概念

旅游服务合同是指旅游者与旅行社之间围绕旅游服务所设立、变更、终止民事权利义务关系的协议。《旅游法》对旅游服务合同作了专门的规定，故旅游服务合同属于有名合同。

实践中，旅游服务合同多为格式合同，作为双务、有偿、诺成合同的旅游服务合同主体一方具有特定性，其标的具有复杂性。

知识拓展(5-30)

旅游服务合同
的特征

(二) 旅游服务合同的种类

《旅游法》将旅游服务合同分为提供综合性服务的包价旅游合同和提供居间媒介性旅游服务的代办旅游合同两种。所谓的包价旅游合同就是指旅行社预先安排行程，提供或者通过履行辅助人提供交通、住宿、餐饮、游览、导游或者领队等两项以上旅游服务，旅游者以总价支付旅游费用的合同。合同的标的(旅游经营者提供的这种给付)具有综合性，基本包括旅行全过程可能涉及的服务。旅游经营者应该负责提供前述各种服务，旅游者支付相应的价金。

代办旅游合同是指旅行社接受旅游者的委托，为其代订交通、住宿、餐饮、游览、娱乐等旅游服务或者为其提供旅游行程设计、旅游信息咨询等服务并收取相应费用的合同。旅游者选择就某些旅游服务委托旅行社办理，可以借助旅行社的专业知识、职业经验和业务渠道，同时保留一定的旅游服务自由选择权。在这种情况下，旅行社与旅游者之间成立的是代办旅游合同，代办旅游合同的当事人为旅游者和旅游服务提供者，旅行社并不介入具体的旅游服务。但是，旅行社应当亲自处理委托事务。在代办旅游合同的情况下，旅游者与服务给付的提供人之间具有合同关系，服务给付的提供人不是第三人，而是合同相对人，双方应根据合同违约情况承担责任。因旅行社的过错给旅游者造成损失的，旅行社应当承担赔偿责任；同时，旅行社应当保证为旅游者提供的旅游行程设计合理、可行，旅游咨询信息及时、准确。

实践中，自助旅游由旅游者自行安排旅程，自行与运输业、住宿业、餐饮业等接待者分别订立合同，不属于旅游服务合同的范畴。

(三) 旅游服务合同当事人的权利和义务

1. 旅游者的主要权利和义务

(1) 旅游者的权利。

① 对所购买的旅游产品和服务的知情权。《旅游法》规定，旅游者有权知悉其购买的旅游产品和服务的真实情况。旅游者有权请求旅行社全面真实地介绍旅游线路、旅游景点、旅游价格、住宿标准、餐饮标准、旅游车船、旅游保险、导游服务及旅游合同等具体情况。旅游经营商必须真实可靠地提供上述信息，不能以欺诈手段和虚假广告从事旅游招徕活动。

② 对旅游产品和服务的选择权。旅游者有自主选择旅游经营者的权利。对于旅游产品和服务，旅游者有挑选、比较以及自主决定的权利。《旅游法》规定，旅游者有权自主选择旅游产品和服务，有权拒绝旅游经营者的强制交易行为。

③ 获得质价相符的旅游产品和旅游服务的权利。《旅游法》规定，旅游者有权请求旅游经营者按照约定提供产品和服务。在旅游活动期间，非经法定或约定程序，不得随意变更或者变相变更合同约定事项。因某些特殊原因需要改变行程或服务标准的，旅游经营者必须征得旅游者同意；涉及更改旅游合同内容的，经营者应与旅游者双方平等协商解决。同时，旅游经营者要对其产品和服务制定公平合理的价格，确保质价相符，并公开接受相关部门和社会的监督。旅游者对旅游经营者的强制性交易行为有权给予拒绝，有权得到所购买的旅游产品和服务的质量及标准的保障。

④ 享有人格尊严和人身、财产安全不受侵害的权利。《旅游法》规定，旅游者的人格尊严、民族风俗习惯和宗教信仰应当得到尊重。旅游者在人身、财产安全遇有危险时，有请求救助和保护的权利。旅游者人身、财产受到侵害的，有依法获得赔偿的权利。

人身与财产安全是旅游者的基本权利，旅游经营者所提供的旅游产品和旅游服务必须符合保障旅游者人身、财产安全的要求，不得侵犯旅游者上述的基本权利。中国旅游者在外国、外国旅游者在中国旅游期间，其人身权和财产权同样受到法律的保护。

(2) 旅游者的义务。旅游者在旅游活动过程中负有以下义务。

① 旅游者有给付约定旅游费用的义务。旅游者应当按照旅游服务合同约定的时间、数额、方式向旅行社提供有关费用。旅行社提供的其他服务，旅游者接受的，还应当另行支付服务费用。

② 旅游者有尊重当地的风俗习惯、文化传统和宗教信仰及行为规范的义务。旅游者应当尊重旅游地的风俗习惯，对旅游地的民族、文化传统、宗教信仰、肤色、生活习俗等不得有任何歧视，并规范自己的行为。

③ 旅游者有遵守社会公共秩序和社会公德、爱护旅游资源、保护生态环境、维护公共利益的义务。旅游者在旅游中应当爱护旅游资源、保护生态资源；并应当遵守社会公共秩序和社会公德，维护公共利益，保卫国家安全，不能从事危害国家安全的活动，不能有损害民族尊严的行为。

④ 旅游者购买、接受旅游服务时，应当向旅游经营者如实告知与旅游活动相关的个人健康信息，遵守旅游活动中的安全警示规定。旅游者对国家应对重大突发事件暂时限制旅游活动的措施以及有关部门、机构或者旅游经营者采取的安全防范和应急处置措施，应当予以配合。否则，旅游者应依法承担相应责任。

⑤ 旅游者在旅游活动中或者在解决纠纷时，不得损害当地居民的合法权益，不得干扰他人的旅游活动，不得损害旅游经营者和旅游从业人员的合法权益。

⑥ 出境旅游者不得在境外非法滞留，随团出境的旅游者不得擅自分团、脱团。入境旅游者不得在境内非法滞留，随团入境的旅游者不得擅自分团、脱团。

2. 旅行社的主要权利和义务

《旅游法》规定，旅行社经营出境旅游、边境旅游业务以及通过网络经营旅行社业务的，应当依法取得相应的业务经营许可。旅行社不得出租、出借旅行社业务经营许可证，或者以其他形式非法转让旅行社业务经营许可。旅行社及其从业人员组织、接待旅游者，不得安排参观或者参与违反我国法律、法规和社会公德的项目或者活动。旅行社应当按照规定缴纳旅游服务质量保证金，用于旅游者权益损害赔偿和垫付旅游者人身安全遇有危险时紧急救助的费用。同时，在旅游活动中，旅行社享有的权利、承担的义务主要如下。

(1) 旅行社的权利。旅行社的权利主要体现在向旅游者收取约定的服务费。旅行社为旅游者提供综合配套的各项服务，有权按双方合同约定收取相应的报酬，依照惯例，旅行社有权在旅游前提前收取旅游费。

(2) 旅行社的义务。

① 旅行社的告知义务。旅行社应当提示参加团队旅游的旅游者按照规定投保人身意外伤害保险。在包价旅游合同订立和履行过程中，旅行社应善尽诚实信用义务并向旅游者告知下列事项：旅游者不适合参加旅游活动的情形；旅游活动中的安全注意事项；旅行社依法可以减免责任的信息；旅游者应当注意的旅游目的地相关法律、法规和风俗习惯、宗教禁忌，依照中国法律不宜参加的活动等；法律、法规规定的其他应当告知的事项。

旅行社招徕旅游者组团旅游，因未达到约定人数不能出团的，组团社可以解除合同。但是，境内旅游应当至少提前 7 日通知旅游者，出境旅游应当至少提前 30 日通知旅游者。

② 旅行社如实发布旅游信息的义务。旅行社为招徕、组织旅游者发布信息，必须真实、准确，不得进行虚假宣传，误导旅游者。实践中，旅行社可根据特许经营的业务范围充分利用各种宣传媒体进行旅游广告宣传和开展旅游业务促销活动，组织招徕和接待旅游者，但所有这些旅游信息必须真实可靠，不得做虚假旅游广告，不能以任何欺诈手段骗取旅游者。

③ 旅行社有义务按旅游服务合同的约定向旅游者提供相应的旅游产品和服务，所提供的旅游服务标准不得低于合同约定的内容。在旅游行程中旅行社不得擅自变更旅游行程安排，未征得旅

游者书面同意，旅行社不得委托其他旅行社履行包价旅游合同。

旅行社组织团队出境旅游或者组织、接待团队入境旅游，应当按照规定安排领队或者导游全程陪同。如果存在质量缺陷，能够补救的应当及时补救，不能补救的则应相应减少或免除旅游费用。

需要注意的是，旅行社不得以不合理的低价组织旅游活动，诱骗旅游者，并通过安排购物或者另行付费旅游项目获取回扣等不正当利益；旅行社组织、接待旅游者，不得指定具体购物场所，不得安排另行付费旅游项目。但是，经双方协商一致或者旅游者请求，且不影响其他旅游者行程安排的除外。否则，旅游者有权在旅游行程结束后 30 日内，请求旅行社为其办理退货并先行垫付退货货款，或者退还另行付费旅游项目的费用。

④ 保障旅游者人身、财产安全的义务。旅行社组织旅游活动应当向合格的供应商订购产品和服务。旅行社所提供的旅游服务和产品必须符合相应的国家安全标准，并对旅游质量、安全状况给予充分的说明、提醒或警示，有责任和义务在旅游活动期间保护旅游者的人身、财产不受侵害。

⑤ 旅行社有义务在旅游活动期间尊重旅游者的民族习惯。

知识拓展(5-31)

《旅游法》关于旅游服务合同的主要规定

【例5-31】2025 年 1 月 8 日，深圳某报社发布了一则广告，广告内容是 A 旅行社推出的寒假海南旅游套餐。其中，广告中注明的景点包括万泉河、五指山。广告内容令深圳的李桦怦然心动。1 月 28 日，李桦来到 A 旅行社咨询海南旅游的相关事宜。旅行社向其提供了该旅行社设计的海南旅游宣传单和报刊上刊登的广告内容，并推荐她参加深圳至海南双飞五日游。旅行社一再向李桦保证，此次旅游景点以宣传单和广告内容为准。当日，李桦决定参加 A 旅行社组织的海南双飞五日游，并与旅行社签订了旅行社提供的旅游合同，合同中注明了旅游景点包括万泉河、五指山，约定于 2025 年 1 月 12 日出发。李桦支付了约定的全额旅游费用 5 400 元。

但实际的旅游经历让李桦大吃一惊，她发现，广告的内容和合同中注明要游览的景点万泉河、五指山，居然是"遥望五指山、远眺万泉河"。返回深圳后，李桦就旅行社的行为向 A 旅行社提出了赔偿请求，但旅行社却辩称，"遥望五指山、远眺万泉河"就是对合同约定的"万泉河、五指山"游览项目的旅行，拒绝进行赔偿。双方就此发生争议。无奈之余，李桦欲向 A 旅行社讨个说法。

请问：李桦该如何维护自己的权利？

【解析】A 旅行社的行为构成违约且同时构成欺诈。李桦可以依法向有管辖权的人民法院提起诉讼，请求 A 旅行社承担相应的赔偿责任。

典型
例题解析

即测
即评

思考与探索

1. 实践中，如何签订一个具有法律效力的、可履行的合同？
2. 在合同履行过程中，可采取哪些措施以防范法律风险？
3. 试述导致合同权利义务终止的情形。
4. 试述我国合同法律责任的主要内容。
5. 试述违约及其救济。

法务研议

案情一：柳忠元(15 周岁，身高 1.78 米，体重 74 千克)特别喜欢一款运动自行车，害怕父母不同意，遂想一办法，他以 100 元雇请一中年女子杨随风冒充其母亲封凌芏，陪同其前去丙品牌运动自行车店。丙店虽然对于杨随风的神态有所怀疑，但装作不知而未追问杨随风的身份，卖给柳忠元价值 5 000 元的自行车。因柳忠元以封凌芏的银行卡刷卡，短信即时通知到了封凌芏手机上。封凌芏人在外地，但当即电话告知，柳忠元是未成年人，并言明一周内到丙店处理退车事宜。

问题：

1. 基于《民法典》的规定，柳忠元与丙店的购车合同如何定性？

2. 封凌芏的电话是行使什么权利？该权利的行使，会使柳忠元与丙店的购车合同法律效力发生什么变化？

3. 丙店如果希望购车合同有效，应当行使什么权利？向谁主张？

4. 丙店在封凌芏决定前，是否有权请求撤销购车合同？为什么？

案情二：2025 年 3 月 25 日，甲、乙两家公司订立了一份买卖合同，双方约定由甲公司向乙公司提供 70 台专用仪器，甲公司于 4 月 30 日前交货，并负责将货物运至乙公司，乙公司在收到货物后 10 日内付清货款。双方均未在合同上签字盖章。3 月 28 日，甲公司与丙运输公司签订了货物运输合同，约定由丙公司将 70 台仪器运至乙公司。4 月 1 日，丙公司先运了 40 台仪器至乙公司，乙公司全部收到，并于 4 月 9 日将 40 台仪器的货款付清。4 月 20 日，甲公司认为乙公司在转移财产，有逃避债务的可能，随即通知丙公司暂停运输其余 30 台仪器并通知了乙公司中止交货，请求乙公司提供担保；乙公司及时提供了担保。4 月 26 日，甲公司通知丙公司将其余 30 台仪器运往乙公司，丙公司在运输途中发生交通事故，30 台仪器全部毁损，致使甲公司 4 月 30 日前不能按时全部交货。6 月 12 日，乙公司请求甲公司承担违约责任。

问题：根据《民法典》的规定，请分别评价本案中甲、乙、丙的行为。

第六章

银行法律制度

导读提示

　　银行是一种重要的金融机构。不同类型的银行，其职责也各不相同。随着信用经济的进一步发展和国家对社会经济生活干预的不断加强，银行法律制度应运而生。我国的银行法律制度主要包括中央银行法律制度、政策性银行法律制度、商业银行法律制度及外资银行法律制度。

第一节　银行法概述

　　作为货币融通的重要机构，银行是现代金融体系的核心；作为现代金融体系的重要形式，非银行金融机构(non-bank financial intermediaries)在市场经济中发挥着重要的作用。银行法是金融法的基本法。金融法是调整金融关系的法律规范的总称，有广义和狭义之分。狭义的金融法专指银行法；广义的金融法除了包括银行法外，还包括货币法、票据法、证券法、信托法、基金法、保险法等。

知识拓展(6-1)

非银行金融机构

一、银行概述

(一) 银行的概念

　　在我国，银行是指通过存款、贷款、汇兑、储蓄等业务，承担信用中介的金融机构。银行是金融机构之一，而且是最主要的金融机构。

(二) 银行业分类

　　根据我国银行业的现状，银行业可以概括为以下四类。

　　(1) 中央银行，即中国人民银行，是指我国政府组建的，负责控制国家货币(currency)供给、信贷条件以及监管金融体系的特殊国家机关。中国人民银行是我国最高的货币金融管理机构。各国中央银行在其金融体系中居于主导地位。

(2) 监管机构，即国家金融监督管理总局，是国务院直属机构。该机构的主要职责是，依法对除证券业之外的金融业实行统一监督管理，强化机构监管、行为监管、功能监管、穿透式监管、持续监管，维护金融业合法、稳健运行。

(3) 自律组织，即中国银行业协会，是指在我国境内注册的各商业银行、政策性银行自愿结成的非营利性社会团体，经中国人民银行批准并在民政部门登记注册，是我国银行业的自律组织。

(4) 银行业金融机构，包括政策性银行、商业银行、非银行金融机构、外资银行等。

（三）银行的作用

银行是经营货币的企业，它的存在方便了社会资金的筹措与融通：一方面，银行以吸收存款的方式，把社会上闲置的货币资金和小额货币节余集中起来，然后以贷款的形式借给需要补充货币的人去使用，在这里，银行充当贷款人和借款人的中介；另一方面，银行为商品生产者和商人办理货币的收付、结算等业务，它又充当支付中介。总之，银行起信用中介作用。

二、银行法的定义和调整对象

银行法是指有关银行组织和银行业务活动的法律规范的总称。银行法的基本内容包括金融组织法和银行业务法，金融组织法用来规范银行的性质、地位、组织体系、管理体制、职责权限等；银行业务法用来规范银行的从业范围以及在业务活动中当事人的权利义务等。

知识拓展(6-2)

银行法
的调整对象

三、银行法的基本原则

银行法的基本原则是指有关银行立法、执法以及从事银行金融活动时必须遵守的最基本的准则。一般认为，银行法的基本原则有：①维护货币政策的稳定，保证货币政策的实现；②促进资金安全和有效流动；③维护银行客户合法权益；④维护国家主权，尊重国际惯例。

知识拓展(6-3)

银行法
的基本原则

四、银行法的体系

银行法的体系是指银行法的内部结构。按照本书对银行法所下的定义，从银行法的调整对象来说，银行法的体系包括以下几个方面。

（一）银行组织法

银行组织法，是指确认我国银行体系中所有银行以及从事某些银行业务的非银行金融机构的法律地位，调整其组织内部各部门之间的组织管理关系和经营协作关系的法律规范的总称。银行组织法的作用是规定银行等金融机构的法律主体资格，赋予不同银行参加金融活动时各自的权利、义务，确定银行组织机构的形式和经营规则等。

（二）银行业务法

银行业务法，是指调整银行之间以及银行与客户之间，在经营货币或其他信用业务等活动中所形成的经济关系的法律规范的总称。银行业务关系是一种横向的平等主体之间的经济关系，主要包括存款业务关系、贷款业务关系、结算业务关系等。这种业务关系的一方是银行，另一方是其服务的对象，包括自然人、法人(包括银行)和国家等。

(三) 银行管理法

银行管理法，是指调整国家中央银行和有关国家经济管理机关对银行业进行监督管理和宏观调控过程中形成的社会关系的法律规范的总称。银行管理法通过明确银行管理的目标，确定管理机构的职责权限、规范管理手段等，贯彻国家货币政策，规范金融秩序。

银行组织法、银行业务法和银行管理法相互协调配合，共同构成了我国银行法体系不可分割的有机整体。

第二节　中央银行法律制度

一、中央银行与中央银行法的概念

中央银行是指由政府组建的，依法制定和执行货币金融政策，实施金融调控的特殊国家机关。它在一个国家的金融体系中居于主导和枢纽地位，是发行的银行、银行的银行、政府的银行和调控的银行。目前世界各国几乎都设有中央银行，但各国中央银行的名称并不统一。我国的中央银行是中国人民银行。

中央银行法，是指按照国家意志，规定有关调整中央银行的组织活动及其关系的法律规范。中央银行法是经济法中一个重要的组成部分，它是宏观经济调控法、公共服务法和金融业监管法。

二、中国人民银行的法律地位

中国人民银行是我国的中央银行，其在国务院领导下，制定和执行货币政策，防范和化解金融风险，维护金融稳定。中国人民银行代表国家进行金融调控与管理，是具有国家机关性质的特殊金融机构。

根据《中华人民共和国中国人民银行法》(以下简称《中国人民银行法》)的规定，作为依法享有相对独立权的国务院职能部门，中国人民银行是发行的银行、银行的银行、政府的银行、调控的银行。

知识拓展(6-4)

中国人民银行
的法律地位

三、中国人民银行的组织机构

(一) 领导机构

根据《中国人民银行法》的规定，中国人民银行设行长一人，副行长若干人。中国人民银行行长的人选，根据国务院总理的提名，由全国人民代表大会决定；全国人民代表大会闭会期间由全国人民代表大会常务委员会决定，由中华人民共和国主席任免。中国人民银行副行长由国务院总理任免。中国人民银行实行行长负责制。

(二) 咨询议事机构

中国人民银行设立的咨询议事机构是货币政策委员会。根据《中国人民银行法》的规定，中国人民银行应设立货币政策委员会。货币政策委员会的职责、组成和工作程序由国务院规定，报全国人民代表大会常务委员会备案。尽管是中国人民银行的内设机构，但货币政策委员会的职责、组成和工作程序，都是由国务院直接作专门规定。在一般情况下，这样的机构多直接对国务院负责。因此，货币政策委员会的地位要高于中国人民银行内设的一般职能机构。

(三) 中国人民银行的分支机构

《中国人民银行法》规定，中国人民银行根据履行职责的需要设立分支机构，作为中国人民银行的派出机构。中国人民银行对分支机构实行集中统一领导和管理。中国人民银行的分支机构根据中国人民银行的授权，负责本辖区的金融监督管理，承办有关业务。

中国人民银行分支机构包括：中国人民银行各级分支行及其办事处；中国人民银行在国外的代表处；中国人民银行直属的造币公司、印钞厂等企业法人。中国人民银行的各级分支行及其办事处，不是独立法人，而是中国人民银行的派出机构。中国人民银行对分支机构实行集中统一领导和管理。

四、中国人民银行的职责和业务

(一) 中国人民银行的职责

根据《中国人民银行法》的规定，中国人民银行应履行下列职责：发布与履行其职责有关的命令和规章；依法制定和执行货币政策；发行人民币，管理人民币流通；监督管理银行间同业拆借市场和银行间债券市场；实施外汇管理，监督管理银行间外汇市场；监督管理黄金市场；持有、管理、经营国家外汇储备、黄金储备；经理国库；维护支付、清算系统的正常运行；指导、部署金融业反洗钱工作，负责反洗钱的资金监测；负责金融业的统计、调查、分析和预测；作为国家的中央银行，从事有关的国际金融活动；国务院规定的其他职责。

(二) 中国人民银行的业务

中国人民银行的业务是指由《中国人民银行法》规定，中国人民银行作为中央银行实施货币政策和金融监管的需要可以经营的业务，是中央银行职能的具体表现。中国人民银行的业务与商业银行及其他金融机构相比，其特点是：第一，与国家宏观经济政策密切相关；第二，不以营利为目的。

中国人民银行的业务范围包括：一是为执行货币政策经营的业务；二是为加强对金融业的监督管理而经营的业务；三是为对金融机构、政府部门和其他机构提供服务而经营的业务。具体包括以下几个方面。

(1) 中国人民银行为执行货币政策可以运用下列货币政策(monetary policy)工具：要求金融机构按照规定的比例交存存款准备金(deposit reserve)；确定中央银行基准利率(benchmark rate)；为在中国人民银行开立账户的金融机构办理再贴现(rediscount)；向商业银行提供贷款。

(2) 为金融机构提供的服务，包括开立账户，提供结算和清算服务以及对商业银行提供贷款；为政府部门和其他机构提供的服务，包括经理国库业务和代理债券业服务。

五、中国人民银行的货币政策

货币政策是中央银行为实施既定的经济目标而采取的各种控制、调节货币供应量和信用总量的方针、政策、措施的总称。

(一) 货币政策的目标

根据《中国人民银行法》的规定，货币政策的最终目标是保持货币币值的稳定，并以此促进经济增长。

(二) 货币政策的工具

根据《中国人民银行法》的规定,中国人民银行为执行货币政策,可以运用下列货币政策工具:法定存款准备金、中央银行贷款、再贴现利率、公开市场操作(open-market operations)、中央银行外汇操作、贷款限额、中央银行贷款利率等。

(三) 我国的货币政策

我国的法定货币是人民币,以人民币支付我国境内的一切公共的和私人的债务,任何单位和个人不得拒收,人民币属信用货币。

我国的货币发行原则是:①集中统一发行原则,即除人民银行外,任何地区、任何单位和个人都无权发行货币或发行变相货币。②计划发行原则,即货币发行要根据国民经济发展的要求,有计划地发行。③经济发行原则,即发行货币要根据国民经济发展情况,按照商品流通的实际需要进行。

中国人民银行对人民币发行的管理是通过划分发行库与业务库来组织实施的。

知识拓展(6-5)

中国人民银行对金融机构监督管理的主要内容

六、中国人民银行的金融监督管理

金融监督管理是指我国的金融管理部门依照国家的法律、行政法规和规章,对金融机构及其经营活动实行外部监督、稽核、检查和对其违法行为进行处罚,以达到维护金融秩序、保证金融业的安全稳健运行。

第三节　政策性银行法律制度

一、政策性银行概述

(一) 政策性银行的概念和特征

政策性银行是指服务于国家经济和社会政策,专门经营政策性货币信用业务的特殊金融机构。其特征有:①政策性银行的资本金多由政府财政拨付;②政策性银行经营时主要考虑国家的整体利益、社会效益,不以营利为目标;③政策性银行有其特定的资金来源,主要依靠发行金融债券或向中央银行举债,一般不面向公众吸收存款;④政策性银行有特定的业务领域,不与商业银行竞争。

社会经济均衡发展的要求是政策性银行产生的基础。例如,农业、公共产业、区域开发等领域,投资规模大、建设周期长、经营风险高,商业银行的营利性决定了对这方面的贷款投放较为有限;而这些领域的发展对社会经济的发展具有举足轻重的作用,必须获得充分的资金支持和保障,政策性银行由此诞生。1994年,我国建立了国家开发银行、中国进出口银行和中国农业发展银行三家政策性银行。为加强对政策性银行的监管,督促其落实国家战略和政策,规范其经营行为,防控金融风险,2017年11月15日,原中国银监会(现国家金融监督管理总局)发布了《国家开发银行监督管理办法》《中国进出口银行监督管理办法》《中国农业发展银行监督管理办法》,自2018年1月1日起施行。

法条链接

《国家开发银行监督管理办法》

(二) 政策性银行的法律地位

我国的政策性银行是国务院全资设立的、受国务院领导的政策性金融机构。其基于政府的特定政策目标而设立，受政府部门的宏观决策与管理行为的左右，与政府之间保持某种依存关系，是为政府特定经济政策、产业政策服务的金融机构。

(三) 政策性银行的组织体制

我国政策性银行的组织体制，采取了单元制和分支行制相结合的组织形式。国家开发银行和中国进出口银行采用单元制，中国农业发展银行采用分支行制。

二、政策性银行业务

(一) 政策性银行业务的基本原则

政策性银行应当坚持依法合规经营、审慎稳健发展，遵守国家法律法规、银行业金融机构审慎经营规则，强化资本约束，实现长期可持续发展。

(二) 国家开发银行的业务

作为开发性金融机构，根据《国家开发银行监督管理办法》的规定，国家开发银行应当认真贯彻落实国家经济金融方针政策，充分运用服务国家战略、依托信用支持、市场运作、保本微利的开发性金融功能，发挥中长期投融资作用，加大对经济社会重点领域和薄弱环节的支持力度，促进经济社会持续健康发展。

国家开发银行应当坚守开发性金融定位，根据依法确定的服务领域和经营范围开展业务，以开发性业务为主，辅以商业性业务；应当遵守市场秩序，与商业性金融机构建立互补合作关系，积极践行普惠金融，可通过与其他银行业金融机构合作，开展小微企业等经济社会薄弱环节的金融服务。

(三) 中国进出口银行的业务

作为政策性金融机构，根据《中国进出口银行监督管理办法》的规定，中国进出口银行应当依托国家信用，紧紧围绕国家战略，充分发挥政策性金融机构在支持国民经济发展方面的重要作用，重点支持对外经贸发展、对外开放、国际合作、"走出去"等领域。

中国进出口银行应当坚守政策性金融定位，根据依法确定的服务领域和经营范围开展政策性业务和自营性业务；应当坚持以政策性业务为主体开展经营活动，遵守市场秩序，与商业性金融机构建立互补合作关系；应当创新金融服务模式，发挥政策性金融作用，加强和改进普惠金融服务，可通过与其他银行业金融机构合作的方式开展小微企业金融服务。

(四) 中国农业发展银行的业务

作为政策性金融机构，根据《中国农业发展银行监督管理办法》的规定，中国农业发展银行应当依托国家信用，服务经济社会发展的重点领域和薄弱环节，主要服务维护国家粮食安全、脱贫攻坚、实施乡村振兴战略、促进农业农村现代化、改善农村基础设施建设等领域，在农村金融体系中发挥主体和骨干作用。

中国农业发展银行应当坚守政策性金融定位，根据依法确定的服务领域和经营范围开展政策性业务和自营性业务；应当坚持以政策性业务为主体开展经营活动，遵守市场秩序，与商业性金融机构建立互补合作关系；应当创新金融服务模式，发挥政策性金融作用，加强和改进农村地区普惠金融服务，可通过与其他银行业金融机构合作的方式开展小微企业金融服务和扶贫小额信贷业务。

第四节　商业银行法律制度

一、商业银行概述

(一) 商业银行的概念和特征

商业银行(commercial bank)是指依照《商业银行法》和《公司法》设立的，以吸收公众存款、发放贷款和办理结算等业务的企业法人。其特征如下：①商业银行是以营利为目的的企业法人；②商业银行是以金融资产和金融负债为经营对象，经营的是特殊商品——货币和货币资本，经营内容包括货币收付、借贷以及各种与货币运动有关的或者与之相联系的金融服务；③与专业银行相比，商业银行的业务更综合，功能更全面。

(二) 商业银行的法律地位

作为企业法人，商业银行以安全性、流动性、效益性为经营原则，实行自主经营、自担风险、自负盈亏、自我约束。商业银行依法开展业务，不受任何单位和个人干涉。商业银行以其全部法人财产独立承担民事责任。

二、商业银行的设立、变更和终止

(一) 商业银行的设立

商业银行的设立是指创办人依照法定程序，组建商业银行并使之取得法律关系主体资格的行为。根据《商业银行法》的规定，设立商业银行应当经国务院银行业监督管理机构审查批准。未经国务院银行业监督管理机构批准，任何单位和个人不得从事吸收公众存款等商业银行业务，任何单位不得在名称中使用"银行"字样。银行业是国家特许经营的行业。只有经依法批准并领取经营许可证后，才能够设立商业银行。

1. 设立商业银行的条件

根据《商业银行法》的规定，设立商业银行应当具备下列条件。

(1) 有符合《商业银行法》和《公司法》规定的章程。

(2) 有符合《商业银行法》规定的注册资本最低限额。设立全国性商业银行的注册资本最低限额为10亿元人民币。设立城市商业银行的注册资本最低限额为1亿元人民币，设立农村商业银行的注册资本最低限额为5 000万元人民币。注册资本应当是实缴资本。国务院银行业监督管理机构根据审慎监管的要求可以调整注册资本的最低限额，但不得少于前款规定的限额。

(3) 有具备任职专业知识和业务工作经验的董事、高级管理人员。

(4) 有健全的组织机构和管理制度。

(5) 有符合要求的营业场所、安全防范措施和与业务有关的其他设施。

同时，设立商业银行还应当符合其他审慎性条件。

2. 设立商业银行的程序

根据《商业银行法》的规定，商业银行的设立分为四个步骤。

(1) 设立申请。设立商业银行，申请人应当向国务院银行业监督管理机构提出申请。《商业银行法》规定，设立商业银行，申请人应当向国务院银行业监督管理机构提交下列文件、资料：①申请书，申请书应当载明拟设立的商业银行的名称、所在地、注册资本等；②可行性研究报告；③国务院银行业监督管理机构规定提交的其他文件、资料。

《商业银行法》规定，设立商业银行的申请经审查符合规定的，申请人应当填写正式申请表，并提交下列文件、资料：①章程草案；②拟任职的董事、高级管理人员的资格证明；③法定验资机构出具的验资证明；④股东名册及其出资额、股份；⑤持有注册资本5%以上的股东的资信证明和有关资料；⑥经营方针和计划；⑦营业场所、安全防范措施和与业务有关的其他设施的资料；⑧国务院银行业监督管理机构规定的其他文件、资料。

(2) 设立审批。设立审批的机构为国务院银行业监督管理机构及其分支机构。

(3) 设立登记。经批准设立的商业银行，由国务院银行业监督管理机构颁发经营许可证，并凭该许可证向市场监督管理部门办理登记，领取营业执照。

知识拓展(6-6)

(4) 公告。《商业银行法》规定，经批准设立的商业银行及其分支机构，由国务院银行业监督管理机构予以公告。

商业银行根据业务需要可以在中华人民共和国境内外依法设立分支机构。商业银行及其分支机构自取得营业执照之日起无正当理由超过 6 个月未开业的，或者开业后自行停业连续6个月以上的，由国务院银行业监督管理机构吊销其经营许可证，并予以公告。

商业银行分支机构

(二) 商业银行的变更

《商业银行法》规定，商业银行有下列变更事项之一的，应当经银行业监督管理机构批准：①变更名称；②变更注册资本；③变更总行或者分支行所在地；④调整业务范围；⑤变更持有资本总额或者股份总额 5%以上的股东；⑥修改章程；⑦国务院银行业监督管理机构规定的其他变更事项。此外，更换董事、高级管理人员时，应当报经国务院银行业监督管理机构审查其任职资格。商业银行的分立、合并，适用《公司法》的规定。商业银行的分立、合并，应当经国务院银行业监督管理机构审查批准。商业银行应当依照法律、行政法规的规定使用经营许可证。禁止伪造、变造、转让、出租、出借经营许可证。

(三) 商业银行的终止

《商业银行法》规定，商业银行因解散、被撤销和被宣告破产而终止。商业银行的终止是指商业银行在组织上的解体和主体资格丧失，亦即从法律上消灭了其独立的人格。商业银行终止的法定原因如下。

(1) 解散，即商业银行因分立、合并，或者出现公司章程规定的解散事由而主动申请消灭其主体资格的行为。商业银行因分立、合并引起的解散在法律上称为相对终止；因公司章程规定的解散事由而引起的解散称为绝对终止。

(2) 撤销是指商业银行因为实施了严重违反我国法律法规的行为，严重损害国家、集体、社会公众利益，而依法被国务院银行业监督管理机构勒令停止，强制取消其主体资格的行为。在法律上因被撤销而引起的终止称为强制终止。

(3) 破产是指商业银行无力清偿到期债务，经债权人和债务人向人民法院申请宣告破产，以商业银行的全部资产清偿债务的行为。这也属于强制终止的范畴。

随堂练习(6-1)

根据《商业银行法》，关于商业银行的设立和变更，下列说法正确的是(　　)。
A. 商业银行的分立、合并不适用《公司法》
B. 商业银行的组织形式、组织机构适用《公司法》

C. 任何单位和个人购买商业银行股份总额5%以上的,应事先经国务院银行业监督管理机构批准

D. 国务院银行业监督管理机构可以根据审慎监管的要求,在法定标准的基础上提高商业银行设立的注册资本最低限额

三、商业银行的业务范围

《商业银行法》规定,商业银行可以经营下列部分或者全部业务:①吸收公众存款;②发放短期、中期和长期贷款;③办理国内外结算;④办理票据贴现;⑤发行金融债券;⑥代理发行、代理兑付、承销政府债券;⑦买卖政府债券;⑧从事同业拆借;⑨买卖、代理买卖外汇;⑩从事银行卡业务;⑪提供信用证服务及担保;⑫代理收付款项及代理保险业务;⑬提供保管箱服务;⑭经国务院银行业监督管理机构批准的其他业务。经营范围由商业银行章程规定,报国务院银行业监督管理机构批准。商业银行经中国人民银行批准,可以经营结汇、售汇业务。

随堂练习(6-2)

某商业银行决定推出一批新型理财产品,但该业务品种在已获批准的业务范围之外。该银行在报批的同时要求下属各分行开展试销。对此,下列说法正确的是(   )。

A. 该业务品种应由中国人民银行审批

B. 该业务品种应由国家金融监督管理总局审批

C. 该业务品种在批准前进行的试销交易为效力待定的民事法律行为

D. 因该业务品种在批准前即进行试销,有关部门有权对该银行进行处罚

四、商业银行业务的基本规则

(一) 存款业务的基本规则

商业银行办理个人储蓄存款业务(taking deposits),应遵循存款自愿、取款自由、存款有息和为存款人保密的原则。除法律另有规定外,商业银行有权拒绝任何单位或者个人查询、冻结和扣划个人储蓄存款。对单位存款,除法律、行政法规另有规定外,商业银行有权拒绝任何单位或者个人查询;除非法律另有规定,有权拒绝任何单位和个人冻结及扣划。商业银行应按照中国人民银行规定的存款利率的上下限,确定存款利率,并予以公告;应按照中国人民银行的规定,向中国人民银行缴存准备金,留足备用金。商业银行应保证存款本金和利息的支付,不得拖延、拒绝支付存款本金(principal)和利息。

(二) 贷款业务的基本规则

商业银行根据国民经济和社会发展的需要,在国家产业政策指导下开展贷款业务(loan business)。具体业务规则如下。

1. 严格资格审查

商业银行贷款应当对借款人的借款用途、偿还能力、还款方式等情况进行严格审查。商业银行贷款应当实行审贷分离、分级审批的制度。

2. 担保规则

商业银行贷款，借款人应当提供担保。商业银行应当对保证人的偿还能力，抵押物、质物的权属和价值以及实现抵押权、质权的可行性进行严格审查。

经商业银行审查、评估，确认借款人资信良好，确能偿还贷款的，可以不提供担保。

3. 合同规则

商业银行贷款，应当与借款人订立书面合同。合同应当约定贷款种类、借款用途、金额、利率、还款期限、还款方式、违约责任和双方认为需要约定的其他事项。

4. 利率规则

商业银行应当按照中国人民银行规定的贷款利率的上下限确定贷款利率。

5. 禁止向关系人贷款规则

商业银行不得向关系人发放信用贷款；向关系人发放担保贷款的条件不得优于其他借款人同类贷款的条件。关系人是指：①商业银行的董事、监事、管理人员、信贷业务人员及其近亲属；②前述所列人员投资或者担任高级管理职务的公司、企业和其他经济组织。

（三）资产负债比例规则

商业银行贷款，应当遵守下列资产负债比例管理的规定：①资本充足率不得低于 8%；②流动性资产余额与流动性负债余额的比例不得低于25%；③对同一借款人的贷款余额与商业银行资本余额的比例不得超过10%；④国务院银行业监督管理机构对资产负债比例管理的其他规定。

（四）同一借款人贷款规则

为了使商业银行分散风险，《商业银行法》规定，商业银行对同一借款人的贷款余额与商业银行资本余额的比例不得超过10%。这里的同一借款人指同一个自然人或者同一个法人。

（五）同业拆借规则

同业拆借是银行之间利用资金融通过程中的时间差、空间差和行际差来调剂资金头寸的一种短期借贷行为。同业拆借是商业银行支持资金正常周转，实现流动性的一种重要的借款业务。

同业拆借应遵守中国人民银行的规定。禁止利用拆入资金发放固定资产贷款或者用于投资。拆出资金限于交足存款准备金、留足备付金和归还中国人民银行到期贷款之后的闲置资金。拆入资金用于弥补票据结算、联行汇差头寸的不足和解决临时性周转资金的需要。

【例6-1】商业银行用于同业拆借的拆出资金限于下列(　　　　)情况以后的资金。
A. 交足存款准备金　　　　　　　　　　B. 留足备付金
C. 归还中国人民银行到期贷款　　　　　D. 留足当月到期的偿债资金
【解析】根据我国现行规定，正确答案是 ABC。

（六）工作人员行为规则

商业银行的工作人员应当遵守法律、行政法规和其他各项业务管理的规定，不得有下列行为：①利用职务上的便利，索取、收受贿赂或者违反国家规定收受各种名义的回扣、手续费；②利用职务上的便利，贪污、挪用、侵占本行或者客户的资金；③违反规定徇私向亲属、朋友发放贷款或者提供担保；④在其他经济组织兼职；⑤违反法律、行政法规和业务管理规定的其他行为。

随堂练习(6-3)

　　某商业银行推出"校园贷"业务,旨在向在校大学生提供额度不等的消费贷款。对此,下列说法错误的是(　　)。

　　A. 银行向在校大学生提供"校园贷"业务,须经国务院银监机构审批或备案

　　B. 在校大学生向银行申请"校园贷"业务,无论资信如何,都必须提供担保

　　C. 银行应对借款大学生的学习、恋爱经历、父母工作等情况进行严格审查

　　D. 银行为提高"校园贷"发放效率,审查人员和放贷人员可同为一人

五、商业银行的监督管理

(一) 商业银行的监督管理概述

　　《商业银行法》规定,商业银行依法接受国务院银行业监督管理机构的监督管理,但法律规定其有关业务接受其他监督管理部门或者机构监督管理的,依照其规定。换言之,国务院银行业监督管理机构承担监管商业银行的主要职责,但其他国家机关,如审计部门、财政部门等,也分别从不同的角度依法对商业银行实施监督管理。《商业银行法》规定,商业银行应当依法接受审计机关的审计监督。

(二) 国务院银行业监督管理机构的稽核与检查

　　报表稽核和现场检查,是银行监督管理机构对商业银行进行日常监督管理的基本手段。通过报表稽核和现场检查,银行业监督管理机构能够准确了解商业银行的经营状况,及时发现问题,并采取相应的监管措施。《商业银行法》规定,商业银行应当定期向国务院银行业监督管理机构、中国人民银行报送资产负债表、利润表以及其他财务会计、报表和资料。国务院银行业监督管理机构有权依法随时对商业银行的存款、贷款、结算、呆账等情况进行检查监督。检查监督时,检查监督人员应当出示合法的证件。商业银行应当按照国务院银行业监督管理机构的要求,提供财务会计资料、业务合同和有关经营管理方面的其他信息。

(三) 对商业银行内部控制制度的要求

　　国务院银行业监督管理机构对商业银行的监督管理,应遵守不干涉其正常经营的原则,但是,商业银行基本的内部控制制度应纳入商业银行立法和国务院银行业监督管理机构监管的范畴。《商业银行法》对商业银行的内部控制制度,着重从以下三个方面作了规定。

　　(1) 建章立制。《商业银行法》规定,商业银行应当按照有关规定,制定本行的业务规则,建立、健全本行的风险管理和内部控制制度。

　　(2) 内部稽核检查。《商业银行法》规定,商业银行应当建立、健全本行对存款、贷款、结算、呆账等各项情况的稽核、检查制度。商业银行对分支机构应当进行经常性的稽核和检查监督。

　　(3) 财会制度。商业银行应当依照法律和国家统一的会计制度以及国务院银行业监督管理机构的有关规定,建立、健全本行的财务、会计制度,应当按照国家有关规定,真实记录并全面反映其业务活动和财务状况,编制年度财务会计报告,及时向国务院银行业监督管理机构、中国人民银行和国务院财政部门报送。

(四) 国务院银行业监督管理机构对商业银行的接管

接管是当金融机构已经或者可能发生信用危机，严重影响存款人利益时，由国务院银行业监督管理机构派遣人员进驻并在一定期限内行使其经营管理权的制度。《商业银行法》对国务院银行业监督管理机构接管商业银行，作了明确规定。

1. 接管的前提和目的

国务院银行业监督管理机构对商业银行实行接管的前提是商业银行已经或者可能发生信用危机，严重影响存款人的利益。接管的目的是对被接管的商业银行采取必要措施，以保护存款人的利益，恢复商业银行的正常经营能力。

2. 接管的性质

接管是国务院银行业监督管理机构对特定商业银行所采取的一种短期的、强制性的监管补救措施。国务院银行业监督管理机构是否接管，并不取决于被接管商业银行的意志。接管表现为国务院银行业监督管理机构派遣人员进驻被接管的商业银行，在接管期限内行使其经营管理权。被接管的商业银行的债权债务关系不因接管而变化。

3. 接管的实施

接管由国务院银行业监督管理机构决定，并组织实施。国务院银行业监督管理机构的接管决定，应当载明下列内容：被接管的商业银行的名称；接管理由；接管组织；接管期限。接管决定由国务院银行业监督管理机构予以公告。接管自接管决定实施之日起开始。自接管之日起，由接管组织行使商业银行的经营管理权。接管期限届满，国务院银行业监督管理机构可以决定延期，但接管期限最长不得超过 2 年。有下列情形之一的，接管终止：接管决定规定的期限届满或者国务院银行业监督管理机构决定的接管延期届满；接管期限届满，被接管的商业银行已恢复正常经营能力；接管期限届满前，被接管的商业银行被合并或者被依法宣告破产。

【例6-2】中国人民银行可以对商业银行实施接管的情况是(　　　)。
A. 严重违法经营　　　　　　　B. 重大违约行为
C. 发生信用危机　　　　　　　D. 擅自开办新业务
【解析】根据我国现行规定，正确答案是 C。

第五节　外资银行法律制度

一、外资银行的概念

根据《中华人民共和国外资银行管理条例》(以下简称《外资银行管理条例》)的规定，外资银行是指依照我国有关法律、法规，经批准在我国境内设立的金融机构，包括：①1 家外国银行单独出资或者 1 家外国银行与其他外国金融机构共同出资设立的外商独资银行；②外国金融机构与中国的公司、企业共同出资设立的中外合资银行；③外国银行分行；④外国银行代表处。前述第①项至第③项所列机构统称外资银行营业性机构。

外国金融机构，是指在我国境外注册并经所在国家或者地区金融监管当局批准或者许可的金融机构。外国银行，是指在我国境外注册并经所在国家或者地区金融监管当局批准或者许可的商业银行。

二、外资银行的设立

根据《外资银行管理条例》的规定，设立外资银行及其分支机构，应当经银行业监督管理机构审查批准。

(一) 最低注册资本与营运资金

外商独资银行、中外合资银行的注册资本最低限额为 10 亿元人民币或者等值的自由兑换货币。注册资本应当是实缴资本。外商独资银行、中外合资银行在我国境内设立的分行，应当由其总行无偿拨给人民币或者自由兑换货币的营运资金。外商独资银行、中外合资银行拨给各分支机构营运资金的总和，不得超过总行资本金总额的 60%。外国银行分行应当由其总行无偿拨给不少于 2 亿元人民币或者等值的自由兑换货币的营运资金。

国务院银行业监督管理机构根据外资银行营业性机构的业务范围和审慎监管的需要，可以提高注册资本或者营运资金的最低限额，并规定其中的人民币份额。

(二) 申请设立外资银行的条件

根据《外资银行管理条例》第 9 条第 1 款的规定，设立外商独资银行、中外合资银行的股东或者拟设分行、代表处的外国银行应当具备下列条件。

(1) 具有持续盈利能力，信誉良好，无重大违法违规记录。

(2) 拟设外商独资银行的股东、中外合资银行的外方股东或者拟设分行、代表处的外国银行具有从事国际金融活动的经验。

(3) 具有有效的反洗钱制度。

(4) 拟设外商独资银行的股东、中外合资银行的外方股东或者拟设分行、代表处的外国银行受到所在国家或者地区金融监管当局的有效监管，并且其申请经所在国家或者地区金融监管当局同意。

(5) 国务院银行业监督管理机构规定的其他审慎性条件。

三、外资银行的业务范围

根据《外资银行管理条例》规定，外商独资银行、中外合资银行按照国务院银行业监督管理机构批准的业务范围，可以经营下列部分或者全部外汇业务和人民币业务：①吸收公众存款；②发放短期、中期和长期贷款；③办理票据承兑与贴现；④代理发行、代理兑付、承销政府债券；⑤买卖政府债券、金融债券，买卖股票以外的其他外币有价证券；⑥提供信用证服务及担保；⑦办理国内外结算；⑧买卖、代理买卖外汇；⑨代理收付款项及代理保险业务；⑩从事同业拆借；⑪从事银行卡业务；⑫提供保管箱服务；⑬提供资信调查和咨询服务；⑭经国务院银行业监督管理机构批准的其他业务。

外国银行分行按照国务院银行业监督管理机构批准的业务范围，可以经营上述除第⑪项以外的下列部分或者全部外汇业务以及对除中国境内公民以外客户的人民币业务。外国银行分行可以吸收中国境内公民每笔不少于 50 万元人民币的定期存款。

外商独资银行、中外合资银行、外国银行分行经中国人民银行批准，可以经营结汇、售汇业务。外商独资银行、中外合资银行的分支机构在总行授权范围内开展业务，其民事责任由总行承担。外国银行分行及其分支机构的民事责任由其总行承担。外国银行代表处可以从事与其代表的外国银行业务相关的联络、市场调查、咨询等非经营性活动。外国银行代表处的行为所产生的民事责任，由其所代表的外国银行承担。

知识拓展(6-7)

外资银行的监督管理

四、外资银行的监督管理

国务院银行业监督管理机构依法监督管理外资银行的各项业务。

典型例题解析

即测即评

思考与探索

1. 依据我国现行相关法规，如何理解我国的金融组织机构？
2. 试述中国人民银行的职责及法律地位。
3. 试述中国人民银行对商业银行的监督职能。
4. 试述我国政策性银行的职能。
5. 设立商业银行需具备什么条件？如何理解商业银行的基本职能？
6. 试述商业银行贷款经营的基本规则。

法务研议

2024年6月，郭某在中信银行Z市黄河路支行分管贷款业务时利用职务之便，指使该行部分员工从与有融资需求企业的前期接触中获得了它们的营业执照等各种盖有公章的证明文件，再以这些公司的名义炮制"理财合同"，以银行理财、承兑汇票等名义高息揽储，再以月息3分乃至更高的利率，将客户资金通过担保公司投向急需贷款的企业，息差收益除部分支付客户外，大部分被郭某等人瓜分。如L市甲制衣厂向其借款501万元，实际仅支付411万元，差额90万元被郭某及其他涉案人员以"提前计息"为名扣留。

2024年8月，因贷给L市甲制衣厂等三家企业的近4000万元无法如期收回，资金链最终断裂。受害的银行客户有110多人，涉案金额数千万元。

2025年年初，Z市公安局经侦支队按"个人诈骗"对此事立案，并对主要涉案人员郭某进行了批捕。截至案发时，仍有4000万元左右的客户资金无法追回。

经查，受害者均有类似的遭遇：在中信银行黄河路支行办理其他业务时，被告知有高回报"理财产品"发售；在该行营业大厅或郭某的副行长办公室签订理财合同；整个业务过程中均有该行工作人员陪同、操作；在郭某办公室刷POS机完成支付交易。值得注意的是，尽管上述合同上的公章分别是借款企业和担保公司的，最后合同签名处的签名却都是中信银行黄河路支行的工作人员。

问题：

1. 你认为应采取哪些措施以强化商业银行的合规经营？
2. 你认为应如何维护本案中受害人的合法权益？

第七章

证券法律制度

导读提示

作为现代金融法律制度的重要组成部分，证券法律制度是调整有价证券的发行、交易、清算以及国家在证券监管过程中所发生的各种社会关系的法律规范的总称，其核心任务是保护投资者的合法权益，维护证券市场秩序。我国证券法律制度的调整范围主要是股票、公司债券和国务院依法认定的其他证券的发行和交易。我国的证券法律制度为证券市场规范运行并充分发挥积极作用提供了重要保障。

第一节　证券法概述

一、证券的概念、种类及特征

(一) 证券的概念和种类

证券(securities)是指记载并代表特定民事权利的书面凭证，即记载并代表一定权利的文书。所谓"记载"与"书面凭证"，说明特定的民事权利是通过文字或通用符号而不是以图画或其他非通用符号记载于特定物质载体之上；所谓"特定民事权利"，说明可为证券所记载并代表的不是所有的民事权利，而是某种特定范围或具有某种特定性质的民事权利；所谓"代表"，说明这种对权利的文字记载在一定法律环境下，不仅是对人或对事单纯地表示或证明该权利，而且这种记载特定权利的书面本身就是权利的象征物或代表者。

从广义上讲，证券包括资本证券、货币证券和货物证券。《证券法》上所规范的证券仅为资本证券。按照不同的标准，可以对资本证券作多种分类。而我国目前证券市场上发行和流通的资本证券主要包括股票、债券、证券投资基

知识拓展(7-1)

我国证券市场上的主要证券

金份额、存托凭证及经国务院依法认定的其他证券。

(二) 证券的特征

《证券法》规定的证券，具有以下三个方面的法律特征。

1. 证券是具有投资属性的凭证

就证券的持有人而言，无论其购买证券还是在证券市场上转让证券，几乎都是以追求投资回报最大化为目的，或者说都是把自己对证券的投入或回收的资金作为投资资本来看待。所以，证券是投资者权利的载体，投资者的权利是通过证券记载，并凭借证券获取相应收益的。

2. 证券是证明持券人拥有某种财产权利的凭证

证券体现一定的财产权利。证券是一种有待证实的资本，证券虽然可以在兑现前为持券人带来不特定的或约定的收益，但是证券本金的投资回报还须视股票市场行情状况或义务人的经济状况而定。

3. 证券是一种可以流通的权利凭证

证券是一种可流通的权利凭证，是指证券具有可转让性和变现性，其持有者可以随时将证券转让出售，以实现自身权利。

二、证券市场

1. 证券市场的概念和分类

证券市场是证券发行与交易活动场所的总称。它由金融工具、交易场所，以及市场参与主体等要素构成，是现代金融市场极其重要的组成部分。证券市场的实质是通过各类证券的发行和交易以募集和融通资金并取得预期利益。在现代市场经济中，证券市场是完整市场体系的重要组成部分，它不仅反映和调节货币资金的运动，而且对整个经济的运行具有重要影响。

基于不同的标准或角度，可以将证券市场做不同的分类。

(1) 依照证券市场的功能，分为证券发行市场(证券发行主体将新发行和增资发行的股票或债券通过承销商出售给投资者的市场)和证券流通市场(投资者把在发行市场上认购的证券再次或重复多次投入流通，实现证券在不同投资者之间不断买卖的市场)。

(2) 依照证券市场的组织形式，分为场内交易市场(又称集中交易市场，一般为证券交易所设立的交易场所)和场外交易市场(证券交易所以外的其他证券交易市场)。

(3) 依照证券市场交易对象的种类，分为股票市场(发行和买卖股票的市场)、债券市场(发行和买卖债券的市场)、基金市场(基金发行和流通的市场)和衍生证券市场(各种衍生证券上市与交易的市场)。

知识拓展(7-2)

证券市场

2. 证券市场的构成要素

(1) 市场主体。证券市场的主体主要是资金需求者、资金供给者，以及提供各种金融服务的参与者。资金需求者即证券发行主体，通常是指证券发行人，一般包括公司、企业、金融机构、基金组织、政府等。资金供给者即证券投资主体，通常是指证券投资人，一般分为个人投资者和机构投资者。机构投资者一般包括公司、企业、金融机构、基金组织、政府机构等。提供各种金融服务的参与者通常是指为证券发行与交易提供服务的各种中介机构，一般包括证券交易所、证券登记结算机构、证券公司、证券服务机构。

(2) 市场客体。证券市场的客体即金融工具，是指交易双方在交易活动中按照一定的格式明确各自权利义务的书面凭证,如股票、债券、基金、权证,以及各种证券衍生品。

(3) 市场组织方式。证券市场的组织方式是指证券市场各个要素的结合方式,根据市场各要素结合方式和交易方式不同,一般有场内交易方式和场外交易方式。场内交易方式即交易所方式,场外交易方式主要有柜台交易方式、股份转让系统等方式。

三、证券法的概念、适用范围及基本原则

(一) 证券法的概念及适用范围

证券法是规范证券发行与交易的法律。证券法的概念有狭义和广义之分。狭义的证券法仅指《证券法》。广义的证券法除《证券法》外,还包括其他法律中有关证券管理的规定、国务院颁发的有关证券管理的行政法规、证券管理部门发布的部门规章、地方立法部门颁布的有关证券管理的地方性法规和规章等。证券交易所等有关证券自律性组织依法制定的业务规则和行业活动准则等对我国证券市场的规范运作也起到重要的调整作用。

现行《证券法》于2019年修订。《证券法》对我国证券的发行、交易以及证券交易、中介机构和监督管理等内容作出详细的规定。《证券法》以及其他法律中有关证券管理的规定、国务院和政府有关部门发布的有关证券方面的法规、规章以及规范性文件,构成了我国的证券法律体系。

《证券法》的调整范围,是指在我国境内股票、公司债券和国务院依法认定的其他证券的发行和交易。《证券法》未规定的,适用《公司法》和其他法律、行政法规的规定。政府债券、证券投资基金份额的上市交易适用《证券法》,其他法律、行政法规有特别规定的,适用其规定。资产支持证券、资产管理产品等证券衍生品发行、交易的管理办法,由国务院依照《证券法》的原则规定。

在我国境外的证券发行和交易活动,扰乱中华人民共和国境内市场秩序,损害境内投资者合法权益的,依照《证券法》有关规定处理并追究法律责任。

(二) 证券法的基本原则

根据《证券法》的规定,在证券活动和证券监管中应坚持公开、公平、公正原则;自愿、有偿、诚实信用原则;守法原则;分业经营、分业管理的原则;保护投资者合法权益的原则;国家统一监管与行业自律相结合原则。

知识拓展(7-3)　　知识拓展(7-4)

证券法的基本原则　　投资者保护

第二节　证券市场主体

证券市场主体是证券市场的参与者,除证券发行人之外,主要指提供集中交易场所的证券交易所和为证券活动提供各种服务的证券机构或中介机构,包括证券公司、证券交易场所、证券登记结算机构、证券服务机构、证券业协会等。它们是筹资者与投资者之间的桥梁,对证券市场的发展具有举足轻重的作用。

一、证券公司

(一) 证券公司的概念

在我国,证券公司(securities company)是指依《公司法》和《证券法》规定设立的经营证券业

务的有限责任公司或者股份有限公司。证券公司可分为综合类证券公司和经纪类证券公司。综合类证券公司既可从事经纪业务，又可开展自营、承销及其他业务，因而是同时为本人或客户从事证券买卖、为客户提供服务的经济组织。经纪类证券公司是指接受客户的委托，以自己的名义从事证券买卖，收取一定佣金的经济组织。公司通常提供交易的基本条件和服务。

设立证券公司应经国务院证券监督管理机构批准。未经国务院证券监督管理机构批准，任何单位和个人不得以证券公司名义开展证券业务活动。

法条链接(7-1)

《证券法》关于证券公司设立的规定

(二) 证券公司的业务管理

为防范风险、保障投资者的合法权益，《证券法》对证券公司的净资本和其他风险控制指标作出了规定；同时，《证券法》对证券公司的交易风险准备金、内部控制制度、经营行为等进行了相应的规范。

法条链接(7-2)

《证券法》关于证券公司业务管理的规定

二、证券交易所

(一) 证券交易所的概念与特征

证券交易所(stock exchange)是依法设立的，以股票、公司债券等证券作为交易对象，以提供集中竞价的交易市场为目的的法人。

证券交易所是为证券集中交易提供场所和设施，组织和监督证券交易，实行自律管理的法人。证券交易所具有以下特征。

(1) 证券交易所是提供证券集中竞价交易的公开市场。

(2) 证券交易所是非营利性的社团法人。非营利性是指证券交易所不以营利为目的，并非表明证券交易所不收取任何费用。

(3) 证券交易所担负管理职责。

(二) 证券交易所的设立和组织形态

1. 证券交易所的设立

证券交易所属于非营利性的社团法人，同其他社团法人一样，其设立行为应表现为其成员共同订立、设立契约和交易所章程的行为。然而，证券交易所的设立并非完全属于私法自治的范畴，以维护公共利益为出发点，公共权力可以介入证券交易所的创设行为中。

2. 证券交易所的组织形态

证券交易所，依其组织形态，可以分为会员制的证券交易所与公司制的证券交易所。两种交易所在成员构成、机构设置、运营目标等方面具有一定的差异。我国的证券交易所采用的是会员制。

(三) 我国证券交易所的交易规则

1. 交易账户的开立

投资人在证券交易所开展证券交易，必须委托拥有交易所交易席位的会员证券商进行。

2. 证券交易的委托

证券交易所会员所从事的经纪业务是代客买卖业务，因此只有在接受客户的委托指令之后才能入场交易。客户买卖证券都要向证券商发出委托，证券商按照客户的指令在证券交易所的交易平台上买卖证券。

3. 会员的申报、竞价与成交

(1) 申报。会员在接受客户的有效委托指令之后，应当按照接受客户委托的先后顺序向交易主机申报。

(2) 竞价与成交。交易所内的证券买卖系竞争性买卖，会员所作申报须经集中竞价之后方可成交。上海、深圳两家交易所的集中竞价交易都是通过电脑主机撮合完成的。

4. 清算交收

买卖证券的交易经计算机自动撮合完成后，即进入所谓清算交收阶段。

5. 交易所的交易信息发布

证券市场的价格瞬息万变，即时获得最新的成交信息对投资人的投资判断是相当重要的，因此现代证券交易所都设有完善、快捷的即时行情发布系统，每日发布即时行情、股价指数等信息。

三、证券登记结算机构

(一) 证券登记结算机构的概念

证券登记结算机构是依法设立的，为证券交易提供集中登记、存管与结算服务，不以营利为目的的法人。

证券登记结算机构具有以下特点。

(1) 证券登记结算机构是法人团体，具有独立的资金、组织机构和办公场所，能够依法独立地享有权利并承担义务。

(2) 证券登记结算机构为证券交易提供集中登记、托管和结算服务，其自身并不参加证券交易，也不代理他人进行证券交易。

(3) 证券登记结算机构的设立须依照法定程序和条件进行。

(二) 证券登记结算机构的职能

证券登记结算机构一般具有登记、存管和结算三项职能。所谓登记职能是指证券登记结算机构具有记录并确定当事人证券账户、证券持有情况及相关权益的职责与功能；所谓存管职能，是指证券登记结算机构具有接受证券商或投资者委托，代为保管证券并提供相应服务的职责与功能；所谓结算职能，是指证券登记结算机构具有协助证券交易的双方相互交付证券与价款的职责与功能。

《证券法》第148条规定，在证券交易所和国务院批准的其他全国性证券交易场所交易的证券的登记结算，应当采取全国集中统一的运营方式。前述规定以外的证券，其登记、结算可以委托证券登记结算机构或者其他依法从事证券登记、结算业务的机构办理。

四、证券服务机构

证券服务机构是指依法设立的从事证券服务业务的法人机构，主要包括证券投资咨询公司、信用评级机构、会计师事务所、资产评估机构、律师事务所、证券信息公司等。《证券法》规定，会计师事务所、律师事务所及从事证券投资咨询、资产评估、资信评级、财务顾问、信息技术系统服务的证券服务机构，应当勤勉尽责、恪尽职守，按照相关业务规则为证券的交易及相关活动提供服务，同时应遵守以下规则。

(1) 从事证券投资咨询服务业务，应当经国务院证券监督管理机构核准；未经核准，不得为证券的交易及相关活动提供服务。从事其他证券服务业务，应当报国务院证券监督管理机构和国务院有关主管部门备案。

(2) 证券投资咨询机构及其从业人员从事证券服务业务不得有下列行为：①代理委托人从事证券投资；②与委托人约定分享证券投资收益或者分担证券投资损失；③买卖本证券投资咨询机构提供服务的证券；④法律、行政法规禁止的其他行为。有前述所列行为之一，给投资者造成损失的，应当依法承担赔偿责任。

(3) 证券服务机构应当妥善保存客户委托文件、核查和验证资料、工作底稿，以及与质量控制、内部管理、业务经营有关的信息和资料，任何人不得泄露、隐匿、伪造、篡改或者毁损。上述信息和资料的保存期限不得少于 10 年，自业务委托结束之日起算。

(4) 证券服务机构为证券的发行、上市、交易等证券业务活动制作、出具审计报告及其他鉴证报告、资产评估报告、财务顾问报告、资信评级报告或者法律意见书等文件，应当勤勉尽责，对所依据的文件资料内容的真实性、准确性、完整性进行核查和验证。其制作、出具的文件有虚假记载、误导性陈述或者重大遗漏，给他人造成损失的，应当与委托人承担连带赔偿责任，但是能够证明自己没有过错的除外。

五、证券业协会

(一) 证券业协会的性质与职责

证券业协会，也称"证券业同业公会"，是证券业的自律性组织，是依法设立的对证券行业进行自律性管理的具有法人资格的社会团体组织。其性质属于自律性社会团体法人。证券业协会是由证券公司和其他证券经营、服务机构及其人员自愿组织成立的，有自己独立的财产或基金，有会员共同制定的团体章程，其活动不以营利为目的。我国的证券业协会组织分为全国性证券业协会和地方性证券业协会两种，二者均为独立的社团法人。中国证券业协会成立于1991 年 8 月 28 日，是全国证券业自律性管理组织。《证券法》第 166 条规定了证券业协会应履行的职责。

法条链接(7-3)

《证券法》第 166条的规定

(二) 证券业协会的会员

根据《中国证券业协会章程》规定，协会的会员分为团体会员与个人会员。凡依法批准设立的证券交易所、专门经营证券业务的证券公司和兼营证券业务的金融机构及团体，只要承认协会章程、遵守协会的各项规则，均可申请加入协会，成为协会的团体会员。协会根据需要吸收证券市场管理部门有关领导及从事证券研究及业务工作的专家、学者为协会的个人会员。《证券法》规定，证券公司应当加入证券业协会。

(三) 证券业协会的组织机构

证券业协会作为社会团体法人，应当有自己的组织机构，其组织机构一般由会员大会、理事会、监事会三部分组成。

(1) 会员大会。证券业协会的权力机构为全体会员组成的会员大会。证券业协会章程由会员大会制定，并报国务院证券监督管理机构备案。

(2) 理事会。证券业协会设理事会，是协会的执行机构，理事会成员依章程的规定由会员大会选举产生。

(3) 监事会。证券业协会的监事会由会员大会选举产生的监事组成。

第三节　证券发行

一、证券发行的概念和特征

对证券发行(issuance)的含义，有广义和狭义两种理解。广义上，证券发行是指符合发行条件的商业组织或政府组织，以筹集资金为直接目的，依照法律规定的程序向社会投资人要约出售代表一定权利的资本证券的行为。在狭义上，证券发行指发行人以集资或调整股权结构为目的做成证券并交付相对人的单独法律行为。

证券发行的特征如下。

(1) 证券发行以筹集资金为目的。

(2) 证券发行必须符合法律所设定的条件和程序。

(3) 证券的发行在实质上表现为一种证券的销售行为。

二、证券发行的分类

依发行者主体的不同，证券发行可分为公司发行、金融机构发行以及政府发行。公司、金融机构主要是发行股票和债券；政府发行国债、国库券。

依发行对象的不同，证券发行可分为公募和私募。公募即公开发行，是发行者向不特定的社会公众广泛出售证券的行为；私募即非公开发行，是指面向少数特定的投资者发行证券的行为。《证券法》对公开发行作了明确的界定。有下列情形之一的，为公开发行：①向不特定对象发行证券的；②向特定对象发行证券累计超过200人，但依法实施员工持股计划的员工人数不计算在内；③法律、行政法规规定的其他发行行为。非公开发行证券，不得采用广告、公开劝诱和变相公开方式。

三、证券发行的审核制度

证券发行市场管理的宗旨是保护投资人的利益，维护证券市场的秩序，防止证券欺诈行为。为了实现这一宗旨，各国都规定了一套有效的证券发行管理制度。其中，证券发行的审核制度占据着极为重要的地位。综观各国，审核制度主要有两种：注册制与核准制。

注册制，又称申报制、登记制、公开主义或形式主义，是指发行人在发行证券时，应当并且只需依法全面、准确地把投资人作出投资决策所需的重要信息资料予以充分完全的披露，向证券主管机关申报；证券主管机关对证券发行人发行证券并不作实质性审查，而仅对发行条件作形式要件的审查，审查的内容为发行人资料的真实性、准确性和完整性；发行人公开和申报有关信息材料后，若未受到证券主管机关的阻止，即可发行证券。

核准制，又称实质审查主义或实质管理原则，是指发行人不仅要依法全面、准确地把投资人作出投资决策所需的重要信息予以充分完全的披露，而且必须合乎法律、法规规定的实质条件，证券发行人只有在获得主管机关的核准后，才可开始发行证券；证券主管机关不仅审查发行人公开信息的真实性、准确性和完整性，而且对证券的投资价值进行实质性审查。

《证券法》第 9 条第 1 款规定，公开发行证券，必须符合法律、行政法规规定的条件，并依法报经国务院证券监督管理机构或者国务院授权的部门注册；未经依法注册，任何单位和个人不得公开发行证券。证券发行注册制的具体范围、实施步骤，由国务院规定。

发行人申请公开发行股票、可转换为股票的公司债券，依法采取承销方式的，或者公开发行法律、行政法规规定实行保荐制度的其他证券的，应当聘请证券公司担任保荐人。保荐人应当遵守业务规则和行业规范，诚实守信，勤勉尽责，对发行人的申请文件和信息披露资料进行审慎核查，督导发行人规范运作。

四、证券发行的条件

（一）股票发行的条件

股票的发行分为设立发行和新股发行，两者的发行条件和程序并不完全一致。

1. 设立发行的条件

股票的设立发行又可分为发起设立发行和募集设立发行。在公司发起设立时，其发行的股票因不涉及社会公众，《公司法》规定的公司发起设立的条件和程序同时也就是其发行股票的条件和程序。而在募集设立中，因为涉及股票的公开发行，所以应符合法律、行政法规规定的其他条件和程序。

《证券法》第 11 条规定，设立股份有限公司公开发行股票，应当符合《公司法》规定的条件和经国务院批准的国务院证券监督管理机构规定的其他条件，向国务院证券监督管理机构报送募股申请和下列文件：①公司章程；②发起人协议；③发起人姓名或者名称，发起人认购的股份数、出资种类及验资证明；④招股说明书；⑤代收股款银行的名称及地址；⑥承销机构名称及有关的协议。依照规定聘请保荐人的，还应当报送保荐人出具的发行保荐书。法律、行政法规规定设立公司须报经批准的，还应当提交相应的批准文件。

2. 新股发行的条件

关于新股发行，《证券法》第 12 条规定，公司公开发行新股，应当符合下列条件：①具备健全且运行良好的组织机构；②具有持续经营能力；③最近 3 年财务会计报告被出具无保留意见审计报告；④发行人及其控股股东、实际控制人最近 3 年不存在贪污、贿赂、侵占财产、挪用财产或者破坏社会主义市场经济秩序的刑事犯罪；⑤经国务院批准的国务院证券监督管理机构规定的其他条件。上市公司发行新股，应当符合经国务院批准的国务院证券监督管理机构规定的条件，具体管理办法由国务院证券监督管理机构规定。公开发行存托凭证的，应当符合首次公开发行新股的条件及国务院证券监督管理机构规定的其他条件。

公司公开发行新股，应当报送募股申请和下列文件：①公司营业执照；②公司章程；③股东会决议；④招股说明书或者其他公开发行募集文件；⑤财务会计报告；⑥代收股款银行的名称及地址。依法聘请保荐人的，还应当报送保荐人出具的发行保荐书。依法实行承销的，还应当报送承销机构名称及有关的协议。

公司对公开发行股票所募集资金，必须按照招股说明书或者其他公开发行募集文件所列资金用途使用；改变资金用途，必须经股东会作出决议。擅自改变用途，未作纠正的，或者未经股东会认可的，不得公开发行新股。

（二）公司债券发行的条件

公司债券是指公司依照法定程序发行、约定在一定期限还本付息的有价证券。公开发行公司债券，应当符合下列条件：①具备健全且运行良好的组织机构；②最近 3 年平均可分配利润足以支付公司债券 1 年的利息；③国务院规定的其他条件。

公开发行公司债券筹集的资金，必须按照公司债券募集办法所列资金用途使用；改变资金用途，必须经债券持有人会议作出决议。公开发行公司债券筹集的资金，不得用于弥补亏损和非生产性支出。

上市公司发行可转换为股票的公司债券，除应当符合上述规定的条件外，还应当遵守《证券法》关于公开发行新股的规定。但是，按照公司债券募集办法，上市公司通过收购本公司股份的方式进行公司债券转换的除外。

申请公开发行公司债券，应当向国务院授权的部门或者国务院证券监督管理机构报送下列文件：①公司营业执照；②公司章程；③公司债券募集办法；④国务院授权的部门或者国务院证券监督管理机构规定的其他文件。依法聘请保荐人的，还应当报送保荐人出具的发行保荐书。

有下列情形之一的，不得再次公开发行公司债券：①对已公开发行的公司债券或者其他债务有违约或者延迟支付本息的事实，仍处于继续状态；②违反《证券法》规定，改变公开发行公司债券所募资金的用途。

五、发行公告

发行公告是指发行人在证券发行前必须依法进行向社会公众公告其招股说明书等募集文件的活动。发行人报送的证券发行申请文件，应当充分披露投资者作出价值判断和投资决策所必需的信息，内容应当真实、准确、完整。为证券发行出具有关文件的证券服务机构和人员，必须严格履行法定职责，保证所出具文件的真实性、准确性和完整性。发行人依法申请公开发行证券所报送的申请文件的格式、报送方式，由依法负责注册的机构或者部门规定。国务院证券监督管理机构或者国务院授权的部门依照法定条件负责证券发行申请的注册。

发行人申请首次公开发行股票的，在提交申请文件后，应当按照国务院证券监督管理机构的规定预先披露有关申请文件。

按照国务院的规定，证券交易所等可以审核公开发行证券申请，判断发行人是否符合发行条件、信息披露要求，督促发行人完善信息披露内容。依照前述规定参与证券发行申请注册的人员，不得与发行申请人有利害关系，不得直接或者间接接受发行申请人的馈赠，不得持有所注册的发行申请的证券，不得私下与发行申请人进行接触。

国务院证券监督管理机构或者国务院授权的部门应当自受理证券发行申请文件之日起 3 个月内，依照法定条件和法定程序作出予以注册或者不予注册的决定，发行人根据要求补充、修改发行申请文件的时间不计算在内。不予注册的，应当说明理由。

证券发行申请经注册后，发行人应当依照法律、行政法规的规定，在证券公开发行前公告公开发行募集文件，并将该文件置备于指定场所供公众查阅。发行证券的信息依法公开前，任何知情人不得公开或者泄露该信息。发行人不得在公告公开发行募集文件前发行证券。

国务院证券监督管理机构或者国务院授权的部门对已作出的证券发行注册的决定，发现不符合法定条件或者法定程序，尚未发行证券的，应当予以撤销，停止发行。已经发行尚未上市的，撤销发行注册决定，发行人应当按照发行价并加算银行同期存款利息返还证券持有人；发行人的控股股东、实际控制人及保荐人，应当与发行人承担连带责任，但是能够证明自己没有过错的除外。

股票的发行人在招股说明书等证券发行文件中隐瞒重要事实或者编造重大虚假内容，已经发行并上市的，国务院证券监督管理机构可以责令发行人回购证券，或者责令负有责任的控股股东、实际控制人买回证券。

六、证券承销

证券承销业务采取代销或者包销方式。证券代销是指证券公司代发行人发售证券，在承销期结束时，将未售出的证券全部退还给发行人的承销方式。证券包销分两种情况：一是证券公司将发行人的证券按照协议全部购入，然后再向投资者销售，当卖出价高于购入价时，其差价归证券公司所有；当卖出价低于购入价时，其损失由证券公司承担。二是证券公司在承销期结束后，将售后剩余证券全部自行购入。在这种承销方式下，证券公司要与发行人签订合同，在承销期内，是一种代销行为；在承销期满后，是一种包销行为。股票发行采取溢价发行的，其发行价格由发行人与承销的证券公司协商确定。股票依法发行后，发行人经营与收益的变化，由发行人自行负责；由此变化引致的投资风险，由投资者自行负责。

证券公司承销证券，应当对公开发行募集文件的真实性、准确性、完整性进行核查；发现有虚假记载、误导性陈述或者重大遗漏的，不得进行销售活动；已经销售的，必须立即停止销售活动，并采取纠正措施。证券公司承销证券，不得有下列行为：①进行虚假的或者误导投资者的广告宣传或者其他宣传推介活动；②以不正当竞争手段招揽承销业务；③其他违反证券承销业务规定的行为。证券公司有前述所列行为，给其他证券承销机构或者投资者造成损失的，应当依法承担赔偿责任。

向不特定对象发行证券聘请承销团承销的，承销团应当由主承销和参与承销的证券公司组成。

证券的代销、包销期限最长不得超过 90 日。证券公司在代销、包销期内，对所代销、包销的证券应当保证先行出售给认购人，证券公司不得为本公司预留所代销的证券和预先购入并留存所包销的证券。股票发行采用代销方式，代销期限届满，向投资者出售的股票数量未达到拟公开发行股票数量 70%的，为发行失败。发行人应当按照发行价并加算银行同期存款利息返还股票认购人。公开发行股票，代销、包销期限届满，发行人应当在规定的期限内将股票发行情况报国务院证券监督管理机构备案。

第四节　证券交易

一、概述

(一) 证券交易的概念

证券交易，主要指证券买卖，即证券持有人依照证券交易规则，将已依法发行的证券转让给其他证券投资者的行为。证券交易具有流动性、收益性和风险性等特征。证券交易的方式可以分为集中交易和非集中交易两种，分别适用于证券交易所和场外交易市场。

(二) 证券交易的一般规定

知识拓展(7-5)

(1) 证券交易的标的与主体必须合法。首先，交易的证券，必须是依法发行并交付的证券。非依法发行的证券，不得买卖。证券交易当事人买卖的证券，可以采用纸面形式，也可以采用国务院证券监督管理机构规定的其他形式。其次，依法发行的证券,法律对其转让期限有限制性规定的,在限定的期限内不得买卖。

(2) 在合法的证券交易场所交易。公开发行的证券，应当在依法设立的证券

证券转让依法
受限的情形

交易所上市交易或者在国务院批准的其他全国性证券交易场所交易。非公开发行的证券,可以在证券交易所、国务院批准的其他全国性证券交易场所、按照国务院规定设立的区域性股权市场转让。

(3) 以合法方式交易。证券在证券交易所上市交易,应当采用公开的集中交易方式或者国务院证券监督管理机构批准的其他方式。

(4) 规范交易服务。首先,证券交易场所、证券公司、证券登记结算机构、证券服务机构及其工作人员应当依法保护投资者的信息,不得非法买卖、提供或者公开投资者的信息。证券交易场所、证券公司、证券登记结算机构、证券服务机构及其工作人员不得泄露所知悉的商业秘密。其次,证券交易的收费必须合理,并公开收费项目、收费标准和管理办法。

(5) 规范程序化交易。通过计算机程序自动生成或者下达交易指令进行程序化交易的,应当符合国务院证券监督管理机构的规定,并向证券交易所报告,不得影响证券交易所系统安全或者正常交易秩序。

二、证券上市

申请证券上市交易,应当向证券交易所提出申请,由证券交易所依法审核同意,并由双方签订上市协议。证券交易所根据国务院授权的部门的决定安排政府债券上市交易。

申请证券上市交易,应当符合证券交易所上市规则规定的上市条件。证券交易所上市规则规定的上市条件,应当对发行人的经营年限、财务状况、最低公开发行比例和公司治理、诚信记录等提出要求。

上市交易的证券,有证券交易所规定的终止上市情形的,由证券交易所按照业务规则终止其上市交易。证券交易所决定终止证券上市交易的,应当及时公告,并报国务院证券监督管理机构备案。

对证券交易所作出的不予上市交易、终止上市交易决定不服的,可以向证券交易所设立的复核机构申请复核。

三、信息披露

信息披露亦称"信息公开",是指发行人及法律、行政法规和国务院证券监督管理机构规定的其他信息披露义务人为保障投资者利益和接受社会公众的监督而依照法律规定公开或公布或自愿公开其有关信息和资料的行为。实行信息披露,可以了解上市公司的经营状况、财务状况及其发展趋势,从而有利于证券主管机关对证券市场的管理,引导证券市场健康、稳定地发展;有利于社会公众依据所获得的信息,及时采取措施,做出正确的投资选择;也有利于上市公司的广大股东及社会公众对上市公司进行监督。

信息披露的基本要求是真实性、准确性、完整性和及时性。信息披露义务人,应当及时依法履行信息披露义务。信息披露义务人披露的信息,应当真实、准确、完整,简明清晰,通俗易懂,不得有虚假记载、误导性陈述或者重大遗漏。证券同时在境内境外公开发行、交易的,其信息披露义务人在境外披露的信息,应当在境内同时披露。除依法需要披露的信息之外,信息披露义务人可以自愿披露与投资者作出价值判断和投资决策有关的信息,但不得与依法披露的信息相冲突,不得误导投资者。发行人及其控股股东、实际控制人、董事、监事、高级管理人员等作出公开承诺的,应当披露。不履行承诺给投资者造成损失的,应当依

知识拓展(7-6)

信息披露

知识拓展(7-7)

信息披露的
基本要求

法承担赔偿责任。

信息披露义务人披露的信息应当同时向所有投资者披露，不得提前向任何单位和个人泄露。但是，法律、行政法规另有规定的除外。任何单位和个人不得非法要求信息披露义务人提供依法需要披露但尚未披露的信息。任何单位和个人提前获知的前述信息，在依法披露前应当保密。

依法披露的信息，应当在证券交易场所的网站和符合国务院证券监督管理机构规定条件的媒体发布，同时将其置备于公司住所、证券交易场所，供社会公众查阅。

国务院证券监督管理机构对信息披露义务人的信息披露行为进行监督管理。证券交易场所应当对其组织交易的证券的信息披露义务人的信息披露行为进行监督，督促其依法及时、准确地披露信息。

(一) 公开发行申请文件

发行人报送的证券发行申请文件，应当充分披露投资者作出价值判断和投资决策所必需的信息，内容应当真实、准确、完整。为证券发行出具有关文件的证券服务机构和人员，必须严格履行法定职责，保证所出具文件的真实性、准确性和完整性。

(二) 公开报告

1. 定期报告

上市公司、公司债券上市交易的公司、股票在国务院批准的其他全国性证券交易场所交易的公司，应当按照国务院证券监督管理机构和证券交易场所规定的内容和格式编制定期报告，并按照以下规定报送和公告：①在每一会计年度结束之日起4个月内，报送并公告年度报告，其中的年度财务会计报告应当经符合《证券法》规定的会计师事务所审计；②在每一会计年度的上半年结束之日起2个月内，报送并公告中期报告。

发行人的董事、高级管理人员应当对证券发行文件和定期报告签署书面确认意见。发行人的监事会应当对董事会编制的证券发行文件和定期报告进行审核并提出书面审核意见。监事应当签署书面确认意见。

发行人的董事、监事和高级管理人员应当保证发行人及时、公平地披露信息，所披露的信息真实、准确、完整。董事、监事和高级管理人员无法保证证券发行文件和定期报告内容的真实性、准确性、完整性或者有异议的，应当在书面确认意见中发表意见并陈述理由，发行人应当披露。发行人不予披露的，董事、监事和高级管理人员可以直接申请披露。

2. 临时报告

当发生可能对上市公司、股票在国务院批准的其他全国性证券交易场所交易的公司的股票交易价格、上市交易公司债券的交易价格产生较大影响，而投资者尚未得知的重大事件时，公司应当立即将有关该重大事件的情况向国务院证券监督管理机构和证券交易场所报送临时报告，并予公告，说明事件的起因、目前的状态和可能产生的法律后果。

公司的控股股东或者实际控制人对重大事件的发生、进展产生较大影响的，应当及时将其知悉的有关情况书面告知公司，并配合公司履行信息披露义务。

知识拓展(7-8)

重大事件

(三) 违规信息披露的法律后果

信息披露义务人未按照规定披露信息，或者公告的证券发行文件、定期报告、临时报告及其他信息披露资料存在虚假记载、误导性陈述或者重大遗漏，致使投资者在证券交易中遭受损失的，信息披露义务人应当承担赔偿责任；发行人的控股股东、实际控制人、董事、监事、高级管理人员和其他直接责任人员，以及保荐人、承销的证券公司及其直接责任人员，应当与发行人承担连带赔偿责任，但是能够证明自己没有过错的除外。

【例7-1】某上市公司董事长授意有关员工采用签订虚假销售合同、转移费用支出和违规进行资产评估等手段，虚增当年营业利润和资本公积等指标误导投资者，造成投资者重大损失。案发后，该上市公司的董事长以自己并未直接参与财务造假过程为由拒绝承担连带赔偿责任。请问：该董事长是否应当承担连带赔偿责任。

【解析】根据《证券法》的规定，上市公司的年度报告中存在虚假记载、误导性陈述或者重大遗漏，致使投资者在证券交易中遭受损失的，上市公司的董事应当承担连带赔偿责任，但是能够证明自己没有过错的除外。该上市公司的董事长显然有过错，并涉嫌犯罪，因此应当承担连带赔偿责任。

四、禁止的交易行为

根据《证券法》的规定，禁止的交易行为主要包括内幕交易行为、利用未公开信息交易行为、操纵证券市场行为、编造传播虚假信息或者误导性信息行为、损害客户利益行为和其他禁止的交易行为。证券交易场所、证券公司、证券登记结算机构、证券服务机构及其从业人员对证券交易中发现的禁止的交易行为，应当及时向证券监督管理机构报告。

(一) 内幕交易行为

内幕交易(insider trading)是指知悉证券交易内幕信息的知情人和非法获取内幕信息的人，利用内幕信息进行证券交易的活动。

证券交易内幕信息的知情人包括：①发行人及其董事、监事、高级管理人员；②持有公司5%以上股份的股东及其董事、监事、高级管理人员，公司的实际控制人及其董事、监事、高级管理人员；③发行人控股或者实际控制的公司及其董事、监事、高级管理人员；④由于所任公司职务或者因与公司业务往来可以获取公司有关内幕信息的人员；⑤上市公司收购人或者重大资产交易方及其控股股东、实际控制人、董事、监事和高级管理人员；⑥因职务、工作可以获取内幕信息的证券交易场所、证券公司、证券登记结算机构、证券服务机构的有关人员；⑦因职责、工作可以获取内幕信息的证券监督管理机构工作人员；⑧因法定职责对证券的发行、交易或者对上市公司及其收购、重大资产交易进行管理可以获取内幕信息的有关主管部门、监管机构的工作人员；⑨国务院证券监督管理机构规定的可以获取内幕信息的其他人员。

知识拓展(7-9)

非法获取证券交易内幕信息的人员

证券交易活动中，涉及发行人的经营、财务或者对该发行人证券的市场价格有重大影响的尚未公开的信息，为内幕信息。《证券法》规定的，应当公开，可能对上市公司、股票在国务院批准的其他全国性证券交易场所交易的公司的股票交易价格、上市交易公司债券的交易价格产生较大影响，而投资者尚未得知的重大事件属于内幕信息。

证券交易内幕信息的知情人和非法获取内幕信息的人，在内幕信息公开前，不得买卖该公司的证券，或者泄露该信息，或者建议他人买卖该证券。持有或者通过协议、其他安排与他人共同持有公司5%以上股份的自然人、法人、非法人组织收购上市公司的股份，《证券法》另有规定的，适用其规定。

禁止证券交易场所、证券公司、证券登记结算机构、证券服务机构和其他金融机构的从业人员、有关监管部门或者行业协会的工作人员，利用因职务便利获取的内幕信息以外的其他未公开的信息，违反规定，从事与该信息相关的证券交易活动，或者明示、暗示他人从事相关交易活动。

内幕交易行为给投资者造成损失的，应当依法承担赔偿责任。

【例7-2】戴莉在担任甲上市公司董事期间，利用甲公司与乙上市公司进行资产重组、乙公司主营业务将要发生重大变化这一信息，于某年11月18日至20日期间，在某证券公司营业部投入资金350万元，以平均6元的价格买入乙公司股票80万股，信息公开后以每股7元的价格全部卖出，获利共计80万元。同年12月，甲公司与乙公司相继公告进行了资产重组的信息。请问：戴莉的行为是否合法？

【解析】不合法。戴莉的行为属于利用内部信息进行证券交易、非法获利的行为。根据《证券法》的规定，证券交易内幕信息的知情人，在内幕信息公开前，不得买入和卖出该公司的证券。

课堂讨论(7-1)

2024年4月1日，甲上市公司董事长向其朋友李浩透露该公司将发行新股的信息，李浩便以每股6元的价格买入甲公司股票1万股；持有甲公司法人股2%的A公司认为甲公司具有潜在的投资价值，便以每股6.2元的价格买入8万股；受托为甲公司发行股票出具审计报告的某会计师事务所会计张苒，在审计期间也以6.2元的价格买入3万股。2024年6月1日，信息公开后，甲公司股票连续攀升，至7月份，涨幅高达50%左右。李浩、A公司、张苒分别以11.30元、11.70元、11.90元抛出其持有的甲公司股票。

请问：李浩、A公司、张苒买卖甲公司股票的行为是否符合法律规定？

(二) 利用未公开信息交易行为

利用未公开信息交易行为是指特定主体利用因职务便利获取的内幕信息以外的其他未公开的信息，违反规定，从事与该信息相关的证券交易活动，或者明示、暗示他人从事相关交易活动，该行为也称"老鼠仓"交易。特定主体是指证券交易场所、证券公司、证券登记结算机构、证券服务机构和其他金融机构的从业人员、有关监管部门或者行业协会的工作人员。《证券法》第54条规定，禁止证券交易场所、证券公司、证券登记结算机构、证券服务机构和其他金融机构的从业人员、有关监管部门或者行业协会的工作人员，利用因职务便利获取的内幕信息以外的其他未公开的信息，违反规定，从事与该信息相关的证券交易活动，或者明示、暗示他人从事相关交易活动。

利用未公开信息进行交易给投资者造成损失的，应当依法承担赔偿责任。

(三) 操纵证券市场行为

操纵证券市场(manipulatrion of securities market)行为，是指单位或者个人以获取利益或减少损失为目的，利用其资金、信息等优势或者采取其他手段影响证券市场价格，制造证券市场假象，诱导或者致使投资者在不了解事实真相的情况下做出买卖证券的决定，扰乱证券市场秩序的行为。实践中，操纵证券市场的行为人以为自己牟取不正当利益或者转嫁风险为目的，背离市场自由竞价和供求关系原则，以各种不正当的手段，影响证券市场价格或者证券交易量，制造证券市场假象，以引诱他人参与证券交易。

《证券法》规定，禁止任何人以下列手段操纵证券市场，影响或者意图影响证券交易价格或者证券交易量：①单独或者通过合谋，集中资金优势、持股优势或者利用信息优势联合或者连续买卖；②与他人串通，以事先约定的时间、价格和方式相互进行证券交易；③在自己实际控制的账户之间进行证券交易；④不以成交为目的，频繁或者大量申报并撤销申报；⑤利用虚假或者不确定的重大信息，诱导投资者进行证券交易；⑥对证券、发行人公开作出评价、预测或者投资建议，并进行反向证券交易；⑦利用在其他相关市场的活动操纵证券市场；⑧操纵证券市场的其他手段。

操纵证券市场行为给投资者造成损失的，应当依法承担赔偿责任。

【例7-3】某证券公司利用资金优势，在3个交易日内对某一上市公司的股票进行连续买卖，使该股票从每股20元迅速上升至每股26元，然后在此价位大量卖出获利。

请问：该证券公司的行为是否违法？

【解析】该证券公司的行为违法。根据《证券法》的规定，该证券公司的行为属于操纵市场的违法行为。

(四) 编造传播虚假信息或者误导性信息行为

编造传播虚假信息或者误导性信息行为是指在证券交易活动中编造、传播虚假信息或误导性信息，扰乱证券市场的行为。《证券法》第56条对编造传播虚假信息或者误导性信息进行了如下规定。

(1) 禁止任何单位和个人编造、传播虚假信息或者误导性信息，扰乱证券市场。

(2) 禁止证券交易场所、证券公司、证券登记结算机构、证券服务机构及其从业人员，证券业协会、证券监督管理机构及其工作人员，在证券交易活动中作出虚假陈述或者信息误导。

(3) 各种传播媒介传播证券市场信息必须真实、客观，禁止误导。传播媒介及其从事证券市场信息报道的工作人员不得从事与其工作职责发生利益冲突的证券买卖。传播媒介及其从事证券市场信息报道的工作人员违反该规定，从事与其工作职责发生利益冲突的证券买卖的，没收违法所得，并处以买卖证券等值以下的罚款。编造、传播虚假信息或者误导性信息，扰乱证券市场的，依法承担相应的法律责任。

编造、传播虚假信息或者误导性信息，扰乱证券市场，给投资者造成损失的，应当依法承担赔偿责任。

(五) 损害客户利益行为

损害客户利益行为是指证券公司及其从业人员在证券交易及相关活动中，诱骗投资者买卖证券以及其他违背投资者真实意愿、损害其利益的行为。《证券法》第57条规定，禁止证券公司及其从业人员从事下列损害客户利益的行为：①违背客户的委托为其买卖证券；②不在规定时间内向客户提供交易的确认文件；③未经客户的委托，擅自为客户买卖证券，或者假借客户的名义买卖证券；④为牟取佣金收入，诱使客户进行不必要的证券买卖；⑤其他违背客户真实意思表示，损害客户利益的行为。违反前述规定给客户造成损失的，应当依法承担赔偿责任。

【例7-4】某证券公司挪用客户账户上的资金用于股票买卖，但在获利后及时、足额地归还到客户账户中。请问：该证券公司的行为是否合法？属于何种行为？

【解析】不合法。根据《证券法》的规定，该证券公司的行为属于欺诈客户的行为。

（六）其他禁止的交易行为

任何单位和个人不得违反规定，出借自己的证券账户或者借用他人的证券账户从事证券交易。禁止投资者违规利用财政资金、银行信贷资金买卖证券。

国有独资企业、国有独资公司、国有资本控股公司买卖上市交易的股票，必须遵守国家有关规定。

随堂练习(7-1)

> 刘莎是知名财经记者。在买入某上市公司股票后，刘莎将该公司已经公布的年报内容在其任职的财经媒体上集中报道、积极评价，以吸引投资者买入。因刘某的报道和评价，该股票价格明显上涨，刘莎趁机将之前所购股票全部卖出。根据证券法律制度的规定，下列关于刘莎的行为性质的表述中，正确的是（　　）。
> A. 刘莎的行为构成内幕交易
> B. 刘莎的行为构成操纵证券市场
> C. 刘莎的行为构成"老鼠仓"交易
> D. 刘莎的行为构成消极信息披露人的虚假陈述

五、短线交易与上市公司归入权

法条链接(7-4)

《证券法》第44条规定了短线交易和归入权。

（一）短线交易的概念和构成

《证券法》关于短线交易的规定

短线交易(short swing trading)是上市公司、股票在国务院批准的其他全国性证券交易场所交易的公司持有5%以上股份的股东、董事、监事、高级管理人员，在法定期间内，买入本公司股票或者其他具有股权性质的证券并再行卖出，或者卖出本公司股票或其他具有股权性质的证券后再行买入的行为。归入权是指公司取得短线交易者所得收益的权利。据此，短线交易构成要件如下。

1. 主体条件

《证券法》规定的短线交易主体范围比较狭窄，包括上市公司、股票在国务院批准的其他全国性证券交易场所交易的公司持有5%以上股份的股东、董事、监事、高级管理人员。

实践中，认定董事、监事、高级管理人员和持有本公司股份5%以上的股东，要根据股份有限公司的股东名册和证券登记结算公司的登记文件。对于事实董事、监事、高级管理人员及在事实上持有公司5%以上股份的股东，按照《公司法》第22条的规定，也可以推定为短线交易主体，应当受到短线交易规则的限制。

知识拓展(7-10)

2. 行为条件

短线交易的构成要素

短线交易由一组买进和卖出两个行为构成，可以是"先买入、再卖出"，也可以是"先卖出、再买入"。

3. 客体条件

短线交易包括一组买进和卖出行为，应当针对同一股票或者其他具有股权性质的证券。

4. 期间条件

《证券法》规定，在6个月内买进并卖出或者卖出再买入，即可认定为短线交易。

（二）归入权的行使

1. 归入权的行使主体

公司是归入权的权利主体，在原则上，应当由公司行使归入权。《证券法》第44条规定，公司董事会应当收回其所得收益。在解释上，董事会行使归入权所得利益，应当视为公司利益，应当进入公司账户，不能以公司董事会名义存储，不能以董事个人名义存储。归入权的义务主体是短线交易主体，即公司董事、监事、高级管理人员和持有公司5%以上股份的股东。

2. 归入权的实现程序

归入权的实现方式有三种：主动履行、公司诉讼和股东派生诉讼。主动履行是指短线交易主体将所得利益主动交付公司。公司诉讼是指公司以自己名义向短线交易主体提起诉讼。股东派生诉讼是指在符合法律规定的条件下，由股东代表公司请求短线交易主体将所得利益交付公司的特别诉讼。

3. 归入权与股东派生诉讼

如果短线交易主体不将短线交易利益交付给公司，公司有权向短线交易主体提出权利主张。然而，公司董事、监事、高级管理人员和持有公司5%股份的股东，往往是公司事务的实际控制者，为了实现自身利益最大化，可能采取放弃诉讼或者减少索赔金额等方式损害公司利益。基于此等利益冲突，《证券法》特别设置了股东派生诉讼，以弥补公司诉讼的不足。

4. 股东派生诉讼的前置程序

《证券法》规定，公司股东就归入权利益提起派生诉讼前，有权要求董事会在30日内执行归入权。唯有公司未在上述期限内执行归入权，股东才能提起归入权之派生诉讼。为公司股东提起派生诉讼设置前置程序，有助于遏制股东滥用诉权，避免过度浪费司法资源，且有助于推动公司按照自治原则处理公司内部事务，此做法为各国公司法普遍采用。

5. 董事会成员的连带责任

公司董事会不按照《证券法》第44条规定执行的，负有责任的董事依法承担连带责任。短线交易所得利益既然归属于公司，放弃该所得利益即为公司遭受损失，为了实现公司利益，公司董事应履行忠实和勤勉义务，积极执行归入权。

课堂讨论(7-2)

某上市公司董事吴焕持有该公司6%的股份。后其将持有的该公司股票在买入后的第5个月卖出，获利600万元。关于此收益，下列哪些选项是正确的？（　　　）

A. 该收益应当全部归公司所有

B. 该收益应由公司董事会负责收回

C. 董事会不收回该收益的，股东有权要求董事会限期收回

D. 董事会未在规定期限内执行股东关于收回吴焕收益要求的，股东有权代替董事会以公司名义直接向法院提起收回该收益的诉讼

【解析】根据《证券法》第44条的规定，正确答案为ABC。

第五节 上市公司收购

一、上市公司收购概述

(一) 上市公司收购的概念

上市公司收购(acquisition)，是指收购人通过在证券交易所的股份转让活动，持有一个上市公司的已发行的表决权股份达到一定比例或通过证券交易所股份转让活动以外的其他合法方式控制一个上市公司的表决权股份达到一定程度，导致其获得或者可能获得对该公司的实际控制权的行为。

上市公司收购的对象是上市公司；收购的标的是上市公司的股份；收购的主体是收购人，包括投资者及其一致行动人；收购的目的是获得或者巩固对上市公司的控制权。不以达到对上市公司实际控制权而受让上市公司股票的行为，不能称为收购。这里所指的实际控制权是指：① 投资者为上市公司持股 50%以上的控股股东；②投资者可以实际支配上市公司股份表决权超过 30%；③投资者通过实际支配上市公司股份表决权能够决定公司董事会半数以上成员选任；④ 投资者依其可实际支配的上市公司股份表决权足以对公司股东会的决议产生重大影响；⑤国务院证券监督管理机构认定的其他情形。收购人可以通过取得股份的方式成为一个上市公司的控股股东或通过投资关系、协议和其他安排的途径成为一个上市公司的实际控制人，也可以同时采取上述方式和途径取得上市公司控制权。

1. 上市公司收购人

收购人包括投资者及与其一致行动的他人。一致行动，是指投资者通过协议、其他安排，与其他投资者共同扩大其所能够支配的一个上市公司股份表决权数量的行为或者事实。在上市公司的收购及相关股份权益变动活动中有一致行动情形的投资者互为一致行动人。上市公司收购人在收购活动中应履行公告、禁售、锁定等义务。

知识拓展(7-11)

上市公司收购人及其义务

2. 上市公司收购的支付方式

收购人可以采用现金、依法可以转让的证券、现金与证券相结合等合法方式支付收购上市公司的价款。收购人为终止上市公司的上市地位而发出全面要约的，或者按照国务院证券监督管理机构的规定不能免除要约收购而发出全面要约的，应当以现金支付收购价款；以依法可以转让的证券支付收购价款的，应当同时提供现金方式供被收购公司股东选择。

(二) 上市公司收购的权益披露

权益披露是指投资者及其一致行动人对其拥有上市公司的股份权益及权益变动情况进行的披露。投资者收购上市公司，在持股达到一定限度时，要依法披露其在上市公司中拥有的权益,包括登记在其名下的股份和虽未登记在其名下但该投资者可以实际支配表决权的股份。投资者及其一致行动人在一个上市公司中拥有的权益应当合并计算。权益披露的义务人是投资者及其一致行动人。

知识拓展(7-12)

上市公司收购的特征

1. 进行权益披露的情形与时间

(1) 场内交易受让股份。通过证券交易所的证券交易，投资者及其一致行动人拥有一个上市公司已发行的有表决权股份达到 5%时，应当在该事实发生之日起 3 日内编制权益变动报告书，向国务院证券监督管理机构、证券交易所作出书面报告，通知该上市公司，并予公告，在上述期限内不得再行买卖该上市公司的股票，但国务院证券监督管理机构规定的情形除外。

投资者及其一致行动人拥有一个上市公司已发行的有表决权股份达到5%后，其所持该上市公司已发行的有表决权股份比例每增加或者减少5%，应当依照上述规定进行报告和公告，在该事实发生之日起至公告后3日内，不得再行买卖该上市公司的股票，但国务院证券监督管理机构规定的情形除外。投资者及其一致行动人拥有一个上市公司已发行的有表决权股份达到5%后，其所持该上市公司已发行的有表决权股份比例每增加或者减少 1%，应当在该事实发生的次日通知该上市公司，并予公告。

违反上述规定买入上市公司有表决权的股份的，在买入后的 36 个月内，对该超过规定比例部分的股份不得行使表决权。

依照上述规定所做的持股权益变动公告应当包括下列内容：①持股人的名称、住所；②持有的股票的名称、数额；③持股达到法定比例或者持股增减变化达到法定比例的日期、增持股份的资金来源；④在上市公司中拥有有表决权的股份变动的时间及方式。

(2) 协议转让受让股份。通过协议转让方式，投资者及其一致行动人在一个上市公司中拥有表决权的股份拟达到或者超过 5%时，应当在该事实发生之日起 3 日内编制权益变动报告书，向国务院证券监督管理机构、证券交易所提交书面报告，通知该上市公司，并予公告。

投资者及其一致行动人拥有表决权的股份达到 5%后，其拥有表决权的股份比例每增加或者减少达到或者超过 5%的，应当依照上述规定履行报告、公告义务。投资者及其一致行动人在作出报告、公告前，不得再行买卖该上市公司的股票。

(3) 被动受让股份。投资者及其一致行动人通过行政划转或者变更、执行法院裁定、继承、赠与等方式拥有表决权的股份变动达到 5%时，同样应当按照协议转让的规定履行报告、公告义务。

2. 权益变动的披露文件

(1) 简式权益变动报告书。简式权益变动报告书是一种内容相对简化的权益披露文件，投资者及其一致行动人不是上市公司的第一大股东或者实际控制人，其拥有表决权的股份达到或者超过 5%但未达到 20%的，应当编制简式权益变动报告书。

(2) 详式权益变动报告书。详式权益变动报告书是一种内容较为翔实的权益披露文件，投资者及其一致行动人是上市公司第一大股东或者实际控制人，或者拥有表决权的股份达到 20%但未超过 30%的，应当编制详式权益变动报告书。详式权益变动报告书除需披露简式权益变动报告书规定的信息外，还增加了部分披露内容。

知识拓展(7-13)

权益公开规则和慢走规则

二、上市公司收购的方式

《证券法》规定，投资者可以采取要约收购、协议收购及其他合法方式收购上市公司。

(一) 要约收购

1. 要约收购的概念

要约收购是指通过证券交易所的证券交易，投资者持有或通过协议、其他安排与他人共同持有一个上市公司已发行的有表决权股份达到30%时，继续增持股份的，应当采取向被收购公司的股东发出收购要约的方式进行的收购。

投资者选择向被收购公司的所有股东发出收购其所持有的全部股份要约的，称为全面要约；投资者选择向被收购公司所有股东发出收购其所持有的部分股份要约的，称为部分要约。

2. 要约收购的适用条件

(1) 持股比例达到30%。投资者通过证券交易所的证券交易，或者协议、其他安排持有或与他人共同持有一个上市公司的已发行的有表决权股份达到30%(含直接持有和间接持有)。

(2) 继续增持股份。在前一个条件下，投资者继续增持表决权股份时，即触发依法向上市公司所有股东发出收购上市公司全部或者部分股份的要约的义务。

只有在上述两个条件同时具备时，才适用要约收购。

收购人应当公平对待被收购公司的所有股东。持有同一种类股份的股东应当得到同等对待。上市公司发行不同种类股份的，收购人可以针对不同种类股份提出不同的收购条件。

3. 收购要约的期限

收购要约约定的收购期限不得少于30日，并不得超过60日，但是出现竞争要约的除外。

4. 收购要约的撤销

在收购要约确定的承诺期限内，收购人不得撤销其收购要约。投资者持有或者通过协议、其他安排与他人共同持有该上市公司30%以上的表决权股份，其发出收购要约已经将收购的有关信息作了披露，这些经披露的信息对该上市公司的股票交易将发生重要影响。如果收购人撤销收购要约，会对该上市公司的股票交易产生新的影响，有可能损害中小股东的利益。因此，《证券法》规定在收购要约确定的承诺期限内，收购人不得撤销其收购要约。

5. 收购要约的变更

收购人需要变更收购要约的，应当及时公告，载明具体变更事项。收购要约的变更不得存在下列情形：①降低收购价格；②减少预定收购股份数额；③缩短收购期限；④国务院证券监督管理机构规定的其他情形。

收购要约期限届满前15日内，收购人不得变更收购要约，但是出现竞争要约的除外。在要约收购期间，被收购公司董事不得辞职。

随堂练习(7-2)

根据证券法律制度的规定，下列关于要约收购的表述中，正确的有(   )。

A. 收购人在要约收购期内不得卖出被收购公司的股票

B. 收购人在证券交易所之外进行的收购，属于要约收购

C. 收购人在收购要约确定的承诺期限内，不得撤销其收购要约

D. 收购人应当编制要约收购报告书，并对报告书摘要作出提示性公告

(二) 协议收购

协议收购是指收购人在证券交易所之外，通过与被收购公司的股东协商一致达成协议，受让其持有的上市公司的股份而进行的收购。以协议方式收购上市公司时，收购协议的各方应当获得相应的内部批准(如股东会、董事会等)。收购协议达成后，收购人必须在3日内将该收购协议向国务院证券监督管理机构及证券交易所作出书面报告，并予公告。在公告前不得履行收购协议。

采取协议收购方式的，协议双方可以临时委托证券登记结算机构保管协议转让的股票，并将资金存放于指定的银行。

采取协议收购方式的，收购人收购或者通过协议、其他安排与他人共同收购一个上市公司已发行的有表决权股份达到30%时，继续进行收购的，应当依法向该上市公司所有股东发出收购上市公司全部或者部分股份的要约，转而进行要约收购。但是，按照国务院证券监督管理机构的规定免除发出要约的除外。如果收购人依照上述规定触发以要约方式收购上市公司股份，应当能够遵守前述有关要约收购的规定。

【例 7-5】甲在证券市场上陆续买入戊股份公司的表决权股票，持股达 6%时才公告，被证券监督管理机构以信息披露违法为由实施处罚。之后甲欲继续购买戊公司股票，戊公司的股东乙、丙反对，持股4%的股东丁同意。对此，下列说法中正确的是(　　)。

A. 甲的行为已违法，故无权再买入戊公司股票

B. 乙可邀请其他公司对戊公司展开要约收购

C. 丙可主张甲已违法，故应撤销其先前购买股票的行为

D. 丁可与甲签订股权转让协议，将自己所持全部股份卖给甲

【解析】正确答案是BD。根据规定，甲违反权益披露的规定，但不影响交易行为的有效，也不影响甲依法继续买入股票。乙反对甲收购，可以独自或者邀请其他投资者发起收购，甲持股未触及强制要约收购的触发点，可以与丁进行协议收购。

(三) 其他合法方式收购

其他合法收购方式是指要约收购与协议收购两种上市公司收购的基本方式之外的各种收购方式，如认购股份收购、集中竞价收购等。认购股份收购是指收购人经上市公司非关联股东批准，通过认购上市公司发行的新股使其在公司拥有的表决权的股份能够达到控制权的获得与巩固；集中竞价收购是指收购人在场内交易市场上，通过证券交易所集中竞价交易的方式对目标上市公司进行的收购。随着证券市场的不断成熟，上市公司收购制度不断完善，收购方式也不断创新。

依据《上市公司收购管理办法》的规定，其他合法方式还包括国有股权的行政划转或变更、执行法院裁定、继承、赠与等方式。需要说明的是，在国有股行政划转或变更、司法裁定等方式构成的上市公司收购中，收购人(行政划转或变更的受让方和司法裁决的胜诉方)可能没有取得上市公司控制权的主观动机，但如果上述行为的结果使收购人获得了或可能获得上市公司的控制权，即为收购，收购人就应履行相关义务。

三、上市公司收购的法律后果

上市公司收购完成后，将产生一系列的法律后果。

(1) 终止上市与余额股东强制性出售权。收购期限届满，被收购公司股权分布不符合证券交易所规定的上市交易要求的，该上市公司的股票应当由证券交易所依法终止上市交易；其余仍持有被收购公司股票的股东，有权向收购人以收购要约的同等条件出售其股票，收购人应当收购。

(2) 变更企业形式。收购行为完成后，被收购公司不再具备股份有限公司条件的，应当依法变更企业形式。

(3) 限期禁止转让股份。在上市公司收购中，收购人持有的被收购的上市公司的股票，在收购行为完成后的 18 个月内不得转让。

(4) 更换股票。收购行为完成后，收购人与被收购公司合并，并将该公司解散的，被解散公

司的原有股票由收购人依法更换。

收购行为完成后，收购人应当在 15 日内将收购情况报告国务院证券监管机构和证券交易所，并予以公告。

课堂讨论(7-3)

ABC 股份有限公司于 2016 年 7 月上市，从事软件研发与经营业务，近年来企业效益持续增长。甲公司从事机械制造业，近几年连续亏损，为扭转局面，决定涉足软件行业。于是，便于 2024 年 1 月至 6 月期间，悄悄购买 ABC 公司大量股票，至 2024 年 7 月 5 日，已持有 ABC 公司 51%的股份。

请问：甲公司的收购行为是否合法？

 典型例题解析

 即测即评

思考与探索

1. 简述证券的概念与特征。
2. 简述股票发行的条件。
3. 简述公司债券的概念、特征与发行条件。
4. 简述股票交易的基本程序。
5. 股票交易有哪些限制性规定？
6. 简述《证券法》规定的禁止交易行为。
7. 简述上市公司收购的权益披露。

法务研议

甲公司和乙公司系各自持有上市公司 A 公司 5%以上股份的股东，且甲公司董事长、总经理兼任 A 公司董事长、总经理，可提前获知 A 公司财务报告内容及分红方案。在某年 8 月初到当年年底，甲公司和乙公司大量买卖 A 公司的股票，并在时间和数量方面予以配合。在 A 公司分红公告之前，甲、乙两公司所控制的 7 个账户已持有 A 公司流通股 1970 万股；在 A 公司分红后，甲、乙两公司互相买卖 A 公司股票，继续拉抬 A 公司股价，并伺机逐步抛售 A 公司股票。至甲、乙两公司被调查时，已非法获利 6 651 万元，尚余 A 公司股票 233 万股。

请根据《证券法》的规定分别评价本案中甲、乙公司的行为。

第八章

保险法律制度

导读提示

　　保险是市场经济条件下风险管理的基本手段，是金融体系和社会保障体系的重要组成部分。我国保险法是调整商业保险关系(保险经营关系和保险管理关系)的法律规范的总称，主要包括保险合同法和保险业法两大类。完善的保险法律制度有利于保险业的健康发展。

第一节　保险法概述

一、保险的概念和种类

(一) 保险的概念

　　从经济关系的角度来看，保险(insurance)是一种分散危险、消化损失的经济补偿制度。从法律角度看，保险是指投保人(insurance applicant)根据合同约定，向保险人(insurer)支付保险费(insurance premium)，保险人对于合同约定的可能发生的事故因其发生所造成的财产损失承担赔偿保险金责任，或者当被保险人(insured)死亡、伤残、疾病，或者达到合同约定的年龄、期限时承担给付保险金责任的商业保险行为。

　　作为一种具有经济补偿功能的商事法律行为，保险必须以存在不确定的危险为前提，以多数人的互助共济为基础，以对危险事故所致损失进行补偿为目的。

(二) 保险的种类

　　根据不同的标准，可将保险作不同的划分，常见的分类方法和保险种类如下。

1. 根据实施形式不同，可将保险分为自愿保险和强制保险

　　自愿保险(voluntary insurance)是指根据投保人与保险人双方在平等互利原则的基础上签订保险合同而产生的保险。强制保险(compulsory insurance)亦称法定保险，是指以国家颁布法律、法令

的形式强制实行的保险。我国的旅客意外伤害保险和机动车船保险即属强制保险之列。

2. 根据保险的目的和功能，可将保险分为商业保险、社会保险和政策性保险

商业保险(commercial insurance)是指保险公司按照商业经营的原则所经营的各种保险。商业保险以营利为目的，进行独立经济核算。社会保险(social security)是国家为实现某种社会政策或保障公民利益而采取的一种经济补偿手段。它是在既定的社会政策下，由国家通过立法手段对全体社会公民强制征缴保险费，形成保险基金，用以对其中因年老、疾病、生育、伤残死亡和失业而导致丧失劳动能力或失去工作机会的成员提供基本生活保障的一种社会保障制度。对象为全体公民，目的在于保障社会成员的基本生活，而非营利。社会保险不以营利为目的，运行中若出现赤字，国家财政将给予支持。《中华人民共和国社会保险法》(以下简称《社会保险法》)规定，国家建立基本养老保险、工伤保险、失业保险、生育保险等社会保险制度，保障公民在年老、疾病、工伤、失业、生育等情况下依法从国家和社会获得物质帮助的权利。政策性保险是国家为了体现一定的国家政策，如产业政策、国际贸易等，通常会以国家财政为后盾，举办一些不以营利为目的的保险。常见的政策性保险有出口信用保险、投资保险等。

3. 根据保险标的的不同，可将保险分为财产保险和人身保险

保险标的(insurance subject)是指作为保险对象的财产及其利益或者人的寿命和身体。在此基础上，将保险合同分为财产保险合同和人身保险合同。财产保险(property insurance)是以财产及其有关利益为保险标的的保险，包括财产损失保险、责任保险、信用保险、保证保险等。人身保险(personal insurance)是以人的寿命和身体为保险标的的保险，包括人寿保险、健康保险、意外伤害保险等。当人们遭受不幸事故或因疾病、年老以致丧失工作能力、伤残、死亡或年老退休后，根据保险合同的规定，保险人对被保险人或受益人给付保险金或年金，以解决病、残、老、死所造成的经济困难。

4. 根据保险保障的范围不同，可将保险分为财产保险、责任保险、保证保险和人身保险

责任保险(liability insurance)是指以被保险人的民事赔偿责任为保险标的的一种保险，又包括公众责任保险、雇主责任保险、职业责任保险和产品责任保险等。保证保险(guaranty insurance)是指由保险人为被保险人向权利人提供担保，保证被保险人作为或不作为的一种保险，包括雇员忠诚保险、履约保险、信用保险等。保证保险实际上是一种由保险人充任保证人的担保业务。财产保险和人身保险见前述，只不过此处的财产保险是指最初意义上的有形财产的保险。

5. 根据保险人承担责任的次序不同，可将保险分为原保险和再保险

根据保险人承担责任的次序不同，可将保险分为原保险(original insurance)与再保险(reinsurance)。原保险是指由保险人直接承保业务并与投保人签订保险合同，对于被保险人因保险事故所造成的损失，承担直接的原始赔偿责任的保险。再保险是指对原保险的保险责任再予以承保的保险。具体地说，再保险是保险人通过订立合同，将自己已投保的风险，全部或部分地转移给一个或几个保险人，以降低自己所面临的风险的保险行为，其中分出自己承保业务的保险人被称为原保险人，接受再保险业务的保险人被称为再保险人。

再保险与原保险之间的关系为：①再保险以原保险的存在为前提，但是再保险又具有独立性，再保险有自己独立的当事人和保险标的；②再保险的保险责任以原保险的责任为限，原保险合同终止时，再保险合同也应终止。

6. 根据保险的次数划分，保险可分为单保险和复保险

单保险(simple insurance)是指投保人对于同一保险标的、同一保险利益、同一保险事故，与一个保险人订立保险合同的行为。重复保险(multiple insurance)是指投保人对同一保险标的、同一保

险利益、同一保险事故分别与两个以上保险人订立保险合同，且保险金额总和超过保险价值的保险。重复保险的各保险人赔偿保险金的总和不得超过保险价值。除合同另有约定外，各保险人按照其保险金额与保险金额总和的比例承担赔偿保险金的责任。重复保险的投保人可以就保险金额总和超过保险价值的部分，请求各保险人按比例返还保险费。

由两个或两个以上的保险人同时联合直接承保同一保险标的、同一保险利益、同一保险事故而保险金额之和不超过保险价值的保险是共同保险，简称共保。

7. 根据保险利益的基本分类，可将保险分为损失补偿性保险和定额给付性保险

保险利益(insurable interest)是指投保人或被保险人对保险标的的具有的法律上认可的利益。保险利益可以分为具体性保险利益和抽象性保险利益，以此为基础，保险合同可分为损失补偿性保险合同和定额给付性保险合同。

损失补偿性保险是以具体性保险利益投保而订立的保险合同。在当事人没有特别约定的情况下，所有财产保险合同和人身保险合同中有关医疗费用、丧葬费用、债务保证的保险，都属于损失补偿性保险。在这种保险当中，保险人只负责赔偿被保险人所实际遭受的损失，而不是按照签订合同时合同中约定的保险金额进行赔偿。

定额给付性保险是以抽象性保险利益投保而订立的保险合同，保险赔偿的范围是当事人在保险合同中的约定，这种保险被称为定额给付性保险。现在一般的人寿保险合同，都属于定额给付性保险。

8. 根据保险金额与保险价值的关系，分为足额保险、不足额保险、超额保险

足额保险(full insurance)是指保险金额等于保险价值的保险。保险事故发生时，如果保险标的全部损失，保险人按保险金额全部赔偿；如果部分损失，保险人按实际损失额赔偿。足额保险合同的被保险人既可以获得充分的保险保障，也不会多支付不必要的保险费。不足额保险(under insurance)是指保险金额低于保险价值的保险。出现不足额保险时，保险人对被保险人损失的赔偿责任仅以保险金额为限，超出保险金额以外的部分，保险人不负赔偿责任，视作被保险人自保，不足额保险合同中，除合同另有约定外，保险人按保险金额与保险价值之间的比例负赔偿责任。超额保险(over insurance)合同是指保险金额大于财产价值的保险合同。《保险法》规定，保险金额不得超过保险价值；超过保险价值的，超过部分无效。

9. 根据保障主体不同，分为团体保险和个人保险

团体保险是以集体名义使用一份总合同向其团体内成员所提供的保险。如机关、团体、企业等单位按集体投保方式，为其员工个人向保险人集体办理投保手续所建立的保险关系。

个人保险是以个人名义向保险人投保的家庭财产保险和人身保险。

10. 根据保险标的状况不同，分为个别保险、集合保险、总括保险

个别保险又称单独保险，是指以一人或者一物为保险标的的保险。集合保险是指以集合多数性质相似的保险标的而订立一个保险合同，合同对每一保险标的的分别订有各自的保险金额。在保险事故发生时，保险人对每一保险标的的在其保险金额限度内根据实际损失或者保险金额承担给付保险金的责任。总括保险是指以可变动的多数人或者物的集体为标的的保险。保险人对承保的多数保险标的的只确定一个保险金额，而不分别规定保险金额。保险事故发生时，保险人在保险金额的限度内承担保险责任。

此外，按照保险是否具有涉外因素，保险可分为国内保险和涉外保险。按照保险标的的价值划分，可分为定值保险和不定值保险。

二、保险法的概念

在我国，保险法有广义、狭义之分。广义的保险法是指调整保险关系的法律规范的总称，包括商业保险法和社会保险法；狭义的保险法是指调整民商事保险关系的法律规范的总称。

在我国，专门调整商业保险的法律是《保险法》，专门调整社会保险的法律是《社会保险法》。

三、保险法的基本原则

保险法的基本原则是贯穿整个保险立法，集中体现保险法区别于其他法律的特征，对各项保险制度和保险规范起统帅和指导作用的方针，主要有最大诚信原则、保险利益原则、近因原则、损失补偿原则四项。

(一) 最大诚信原则

保险是特殊的民事活动，在保险法律关系中，要求当事人具有较一般民事活动更为严格的诚信程度，即要求当事人具有"最大诚信"，这就是保险法的最大诚信原则。

1. 最大诚信原则的内容

最大诚信原则的内容主要是当事人的告知、保证、弃权与禁止反言。

(1) 告知。告知是指投保人在订立保险合同时应当将与保险标的有关的重要事实如实向保险人陈述。投保人不履行如实告知义务将承担相应的法律后果。

(2) 保证。保证是指投保人在保险合同中向保险人做出的履行某种特定义务的承诺，或担保某一事项的真实性。如果投保人违反保证义务，保险人即可取得解除合同的权利或不负赔偿责任。

(3) 弃权与禁止反言。弃权是指保险人放弃因投保人或被保险人违反告知义务或保证而产生的保险合同解除权。禁止反言是指保险人既然放弃自己的权利，将来不得反悔再向对方主张已经放弃的权利。

2. 最大诚信原则的效力

最大诚信原则更多地体现在对投保人或被保险人的不当行为的法律约束。当投保人违反该原则时，保险人可以解除合同或者请求确认合同无效，但不能强制对方履行某项义务或请求对方赔偿损失。

(二) 保险利益原则

为区别保险和赌博、确定损失补偿性保险的赔偿范围、防止不当得利和道德风险，各国保险法均确立了保险利益原则，将保险利益视为保险合同的法定生效要件。

保险利益又称可保利益，是指投保人对保险标的具有法律上承认的利益。投保人对保险标的之合法的利益，包括财产利益和人身利益，根据损失可否以金钱计算，又区分为抽象性保险利益和具体性保险利益。

财产保险和人身保险中的保险利益，其构成要件有所不同。

财产保险的保险利益是指投保人对保险标的所具有的某种确定的、合法的经济利益，包括现有

知识拓展(8-1)

确立最大诚信
原则的原因

知识拓展(8-2)

《保险法》关于
告知的规定

知识拓展(8-3)

《《保险法》关于
弃权与禁止反言
的规定

知识拓展(8-4)

保险利益
的特征

利益、基于现有利益而产生的期待利益和基于某一法律上的权利基础而产生的期待利益三种。一般认为，保险标的在因发生保险事故而受损的时刻，当事人必须具有保险利益。通常，下列人对于如下财产及其利益有保险利益：①财产所有人对其所有的财产；②财产的他物权人对相应的他人财产；③财产的使用人对使用的财产；④民事侵权行为人对其承担的损害赔偿责任；⑤合同当事人对其因违约行为而承担的损害赔偿责任；⑥债权人对其债权；⑦保险人对保险标的的保险责任。

人身保险的保险利益是指投保人对于被保险人的生命或身体所具有的利害关系，即投保人对于被保险人将因保险事故的发生而遭受损失，因保险事故的不发生而维持原有的利益。一般认为，人身保险的保险利益，应取决于具有法定的关系或被保险人的同意。《保险法》规定，投保人对下列人员具有保险利益：①本人；②配偶、子女、父母；③除第二项之外与投保人有抚养、赡养或扶养关系的家庭成员、近亲属；④与投保人有劳动关系的劳动者。同时，被保险人同意投保人为其订立合同的，视为投保人对被保险人具有保险利益。

与财产保险不同，人身保险只要求投保人在保险合同成立之日具有保险利益，至于保险事故发生时，投保人对被保险人是否仍具有保险利益则在所不问。《最高人民法院关于适用〈中华人民共和国保险法〉若干问题的解释(三)》〔以下简称《保险法解释(三)》〕第4条规定，保险合同订立后，因投保人丧失对被保险人的保险利益，当事人主张保险合同无效的，人民法院不予支持。

【例8-1】关于保险利益，下列表述错误的是(   )。
A. 保险利益本质上是一种经济上的利益，即可以用金钱衡量的利益
B. 人身保险的投保人在保险事故发生时，对保险标的应当具有保险利益
C. 财产保险的被保险人在保险合同订立时，对保险标的应当具有保险利益
D. 责任保险的投保人在保险合同订立时，对保险标的应当具有保险利益
【解析】根据《保险法》的规定，正确答案是BCD。

【例8-2】下列选项符合保险利益原则的是(   )。
A. 甲经同事乙同意，为其购买一份人寿险
B. 丙为自己刚出生一个月的孩子购买一份人身险
C. 丁公司为其经营管理的风景区内的一颗巨型钟乳石投保一份财产险
D. 戊公司为其一座已经投保的仓库再投保一份财产险
【解析】根据《保险法》的规定，正确答案是ABCD。

(三) 近因原则

所谓近因(proximate cause)并非指时间上最接近损失的原因，而是指直接促成结果的原因，效果上有支配力或有效的原因，也即必要原因。适用近因原则一方面可以克服漫无边际地对保险人滥施责任；另一方面也可有效地避免保险人推卸责任。

(四) 损失补偿原则

损失补偿原则是指当保险事故发生使投保人或被保险人遭受损失时，保险人必须在责任范围内对投保人或被保险人所受的实际损失进行补偿。

损失补偿原则的目的在于保护投保人或被保险人的合法权益，弥补受害人的损失，禁止被保险人或受益人因保险合同的存在而获得超出其损失的利益。

损失补偿原则包括两层含义：①被保险人在保险事故发生后，有权依保险合同从保险人处获

得全面、充分的赔偿；②保险赔偿以被保险人的实际损失为限，被保险人不能因获得保险赔偿而获得额外利益。

作为保险法的一项基本原则，损失补偿原则的适用也受到一定的限制。《保险法》规定，在出现以下情形时不能适用补偿原则。①人身保险。一般认为，损失补偿原则不适用于人身保险，与此相关联的保险代位原则也同样不予适用。②法律和保险合同对赔偿金额的限制。根据保险业务的需要，法律和保险合同往往通过规定最高赔偿限额、免赔额和被保险人自负额，从而限制了补偿原则的适用。③比例承保、定值保险和重置成本保险的约定。在约定了比例承保的合同中，保险人在保险事故发生时，只按约定的比例赔偿被保险人的经济损失，被保险人不能获得全面、充分的赔偿。在定值保险中，当保险事故发生时，保险人以约定的保险价值为基础，向被保险人计付赔偿金，而不问保险标的在保险事故发生时的实际价值。在重置成本保险中，重置成本保险以超过当时市价的财产重置价作为保险金额，从而突破了实际损失的限制。

第二节　保险合同

一、保险合同的概念和特征

保险合同是投保人与保险人约定保险权利义务关系的协议，它具有以下特征。

1. 保险合同是格式合同

所谓格式合同(format contract)，也称附合合同、标准合同或定式合同，是指由一方预先拟定合同的条款，对方只能表示接受或不接受，即订立或不订立合同，而不能就合同的条款内容与拟订方进行协商的合同。保险合同的条款是由保险人单方面预先制订而成立的标准化合同。其特征是，在订立保险合同时，投保人只能被动地服从、接受或者拒绝保险方所提出的条件，所以，其具有较强的附和性。保险合同的附和性显然是对合同自由的一种限制，它使得投保人处于不利的地位。为了对这种情形加以平衡，在对保险合同的文义进行解释时，通常采取不利于保险人的解释原则。

法条链接(8-1)

《保险法》《民法典》关于格式合同的规定

2. 保险合同是射幸合同

射幸合同是指当事人一方或双方的给付义务，取决于合同成立后偶然事件的发生。保险合同的目的在于使保险人在特定不可预料或不可抗力的事故发生时，对被保险人履行给付义务，所以也是射幸合同的一种。保险合同的这种射幸性质是由保险事故的发生具有偶然性特点决定的，即保险人承保的危险或者保险合同约定的给付保险金的条件的发生与否，均为不确定。

3. 保险合同是双务、有偿合同

保险合同属于双务合同，即在保险合同中，投保人负有依照合同的约定缴纳保险费的义务，而保险人则负有按约定的条件支付保险金的义务。保险合同的有偿性，是指被保险人或者受益人所获得的保险赔偿或者给付是以投保人缴纳保险费为对价的；相应的，保险人所收取的保险费则是以今后可能赔偿或者给付保险金为对价的。

4. 保险合同是诺成合同

保险合同属诺成性合同，只要双方当事人意思表示一致，保险合同即可成立生效。即使保险事故发生在保险单或者暂保单签发之前，亦不影响保险合同的拘束力。

5. 保险合同是不要式合同

一般认为，保险合同是不要式合同。这意味着保险合同自投保人与保险人达成协议时即行成立并生效，从而，投保人、被保险人可以据此接受保险人提供的保险保障，避免保险人借保险单或者其他保险凭证的签发而推脱保险责任。

二、保险合同的主体

（一）保险合同的当事人

(1) 保险人亦称承保人，是与投保人订立保险合同，并根据保险合同收取保险费，在保险事故发生时承担赔偿或者给付保险金责任的人。保险人是合同的一方当事人，也是经营保险业务的保险公司。

(2) 投保人亦称要保人，是与保险人订立保险合同并按照保险合同负有支付保险费义务的人。投保人是保险合同的一方当事人。

（二）保险合同的关系人

(1) 被保险人是其财产或者人身受保险合同保障，享有保险金请求权的人。被保险人可以是投保人，但是以下几种情况，投保人与被保险人并非同一人。①为他人利益订立保险合同的。如果投保人以他人的利益订立保险合同，那么合同上的保险赔偿请求权应归于他人(被保险人)。②保险利益转移后，受让人及继承人可以是被保险人。③责任保险合同的受害人。为了保护受侵害的第三人，一般认为，受侵害的第三人可以直接向保险人请求赔偿，无须投保人(被保险人)的通知。此时，受害人应为实质上的被保险人。

(2) 受益人(beneficiary)是由被保险人或投保人在保险合同中指定的享有保险金请求权的人。受益人的受益权具有以下特点。①受益人由被保险人或投保人指定，但投保人指定受益人必须征得被保险人同意，否则，指定行为无效。②受益人本身具有不确定性。③受益人享受的受益权是一种期待利益，只有在保险事故发生后才能享受。④受益权不能继承，受益人可以放弃受益权但不能行使出售、转让等任何处分的权利。⑤被保险人或投保人可变更受益人，但投保人变更受益人须征得被保险人同意而无须征得保险人同意，只要通知保险人即可。⑥受益权只能由受益人独享，具有排他性，其他人都无权剥夺或分享受益人的受益权。受益人领取的保险金不是遗产，无须交遗产税，不用抵偿被保险人生前的债务。⑦受益人先于被保险人死亡、受益人放弃或丧失受益权且无其他受益人时，保险金可依法作为被保险人的遗产处理。⑧受益人故意造成被保险人死亡、伤残、疾病的，或者故意杀害被保险人未遂的，该受益人丧失受益权。

（三）保险合同的辅助人

保险合同的辅助人是协助保险合同当事人办理保险合同有关事项的人。保险合同的辅助人一般如下。

(1) 保险代理人。保险代理人(insurance agent)是根据保险代理合同或授权书，向保险人收取保险代理手续费，并以保险人的名义代为办理保险业务的人。对保险代理人的含义可理解为：①保险代理人既可以是法人，也可以是自然人。②要有保险人的委托授权，其授权形式一般采用书面授权即委托授权书的形式，有明示授权、默示授权、追认。③以保险人的名义办理保险业务，而不是以自己的名义。④向保险人收取代理手续费。⑤代理行为所产生的权利和义务的后果直接由保险人承担。

(2) 保险经纪人。保险经纪人(insurance broker)是基于投保人的利益，为投保人与保险人订立保险合同提供中介服务，并依法收取佣金的人。保险经纪人本质上是投保人的代理人。但是，如果保险经纪人也有为保险人代收保险费的情况，这时也同时为保险人的代理人，投保人在将保险费交付经纪人时，也发生保险费已交付的效力。

(3) 保险公估人。保险公估人(insurance assessor)是指专门从事保险标的的查验、评估及保险事故的认定、估损、理算等业务，并据此向当事人委托方收取合理费用的机构或个人。

保险公估人作为一种特殊的中介机构，发挥着专业技术服务功能、保险信息沟通功能和风险管理咨询功能。保险公估人出具的公估报告书，一般是作为理赔的参考依据，其本身并不具有法律权威性。

随堂练习(8-1)

根据保险法律制度的规定，下列关于保险经纪人的表述中，正确的是( )。

A. 保险经纪人是专门从事保险经纪活动的个人

B. 保险经纪人以自己的名义独立实施保险经纪行为

C. 保险经纪人代表保险人的利益从事保险经纪行为

D. 保险经纪人可以同时向投保人和保险人双方收取佣金

三、保险合同的订立、变更、解除和终止

(一) 保险合同的订立程序和形式

1. 保险合同的订立一般也经过投保(要约)和承保(承诺)两个阶段

(1) 投保。投保人提出保险请求，简称投保；投保又是投保人单方的意思表示，非经保险人接受，不产生保险的效力。投保人向保险人索取并如实填具保单，如实回答保险人所须了解的重要事项，认可保险人规定的保险费率和相应的保险条款后，将投保单交付于保险人，构成投保，即产生合同要约的效力。

(2) 承保。保险人承诺投保人的保险要约的行为即承保。保险人收到投保人填具的投保单后，经必要的审核，与投保人协商保险条件，在投保单上签字盖章就构成承诺。

保险合同成立后，保险人应当及时签发保险单或保险凭证。保险单或保险凭证是保险合同已经成立的书面证明。保险单应载明保险合同的全部内容，保险凭证实际是简化了的保险单，保险凭证没有载明的内容，以同一险种的保险单的内容为准。如保险人未签发保险单或保险凭证，仍应承担保险合同中规定的义务。

实践中，保险人接受了投保人提交的投保单并收取了保险费，尚未作出是否承保的意思表示，发生保险事故，被保险人或者受益人请求保险人按照保险合同承担赔偿或者给付保险金责任，符合承保条件的，人民法院应予支持；不符合承保条件的，保险人不承担保险责任，但应当退还已经收取的保险费。保险人主张不符合承保条件的，应承担举证责任。

2. 保险合同成立的时间

投保人提出保险要求，经保险人同意承保，保险合同成立。实践中，投保人或者投保人的代理人订立保险合同时没有亲自签字或者盖章，而由保险人或者保险人的代理人代为签字或者盖章的，对投保人不生效。但投保人已经交纳保险费的，视为其对代签字或者盖章行为的追认。

3. 保险合同的形式

(1) 保险单。保险单(insurance policy)是指投保人与保险人之间订立保险合同的正式书面证明。但是保险合同的存在与否不以保险人是否出具保险单为准，只要投保人的要约经保险人承诺后，即使保险事故发生在保险单签发之前，保险合同依然有效，保险人应负赔偿责任。除非当事人双

方事先约定出具保险单为保险合同生效的条件，保险人才可免负赔偿责任。

(2) 保险凭证。保险凭证(insurance certificate)，俗称"小保单"，是一种简化了的保险单，是指除保险单以外的由保险人签发的，表明其接受投保人申请、与之签订保险合同、交由投保人收执的书面凭证。

(3) 暂保单。暂保单(binder)又称临时契约，是指保险人签发正式保险单之前出具给投保人的、用于证明存在保险合同的一种临时凭证。暂保单的内容比较简单，有效期限一般以30天为限，当正式保单出立后，暂保单就自动失效。

(4) 投保单。投保单(insurance slip)又称要保书，是指投保人向保险人提出订立保险合同件。投保人填写的投保单一经保险人签章，便成为保险合同的重要组成部分。

(5) 批单。批单(insured endorsement)是指为了对保险合同进行修改、补充或增删内容而由保险人出立的一种凭证。批单的法律效力高于保险单，当批单内容与保险单不相一致时，以批单内容为准，如多次批改，应以最后一次批改为准。

随堂练习(8-2)

根据保险法律制度的规定，保险合同中记载内容不一致时，下列关于认定规则的表述中，正确的是(   )。

A. 投保单与保险单不一致的，一般以投保单为准
B. 非格式条款与格式条款不一致的，以格式条款为准
C. 保险凭证记载时间不同的，以形成时间在前的为准
D. 保险凭证存在手写和打印两种方式的，以打印的内容为准

(二) 保险合同的内容

保险合同的内容是指为确定投保人、保险人、被保险人和受益人权利义务而在保险合同中加以记载的事项。保险合同的内容可分为主要事项和特约事项，均由当事人双方约定并记载在保险合同中，对当事人具有同等的约束力。

1. 保险合同的具体内容

保险合同的具体内容包括：①保险人名称和住所；②投保人、被保险人名称和住所，以及人身保险的受益人的名称和住所；③保险标的；④保险责任和责任免除；⑤保险期间和保险责任开始时间；⑥保险价值；⑦保险金额；⑧保险费以及支付办法；⑨保险金赔偿或者给付办法；⑩违约责任和争议处理；⑪订立合同的年、月、日。

2. 保险合同的特约事项

特约事项是指投保人与保险人在保险合同的主要事项之外，特别约定的其他事项，通常包括附带条款、保证条款和附加条款。

(三) 保险合同的生效与解释

1. 保险合同的生效

一般认为，法律对保险合同的生效有规定的，依规定；没有规定的，依当事人之间的约定；法律既无规定又无当事人之间的特别约定的，保险合同生效于保险合同成立之时。

2. 保险合同的解释

保险合同的解释方法主要有：①文字解释原则。该原则指要严格按条款的文字本身所表达的

意思来解释。②附加条款优于标准条款解释原则。在保险合同中，基本条款是保险人事先印制的。如当事人需要变更合同的条款，可以采用在正文上批注、加贴批注、书写、打字等方式规定附加条款。在这几种文字形式发生矛盾时，解释应当遵循批注优于正文、后批优于前批、加贴批注优于正文批注、书写优于打印、打印优于复印原则。③疑义的利益解释原则。保险人与投保人、被保险人或受益人对于保险合同的条款的理解发生争议，人民法院或仲裁机关应当作出有利于被保险人和受益人的解释。

（四）保险合同的履行

依法成立的保险合同，自成立时起生效。保险合同当事人应积极履行合同。投保人应履行的义务为：①支付保险费的义务；②危险增加的通知义务；③保险事故发生后的通知义务；④接受保险人检查、维护保险标的的安全义务；⑤积极施救义务。

相应的，保险人应履行的义务为：①给付保险赔偿金或保险金的义务；②支付其他合理、必要费用的义务。

（五）索赔和理赔

1. 保险索赔

保险索赔是指被保险人或受益人在保险标的因保险事故发生而造成财产损失或人身伤亡，或依照保险合同的约定，在一定的法律事实出现时，请求保险人赔偿损失或给付保险金的意思表示。保险索赔应遵循下列程序。

(1) 向保险人发出出险通知和提出索赔申请。保险索赔应首先及时把保险事故发生的时间、地点、原因、情况及有关合同的单证、保险标的、保险期限等事项告知保险人，以便于保险人迅速地调查、核实、确认保险事故发生的原因、造成的损失。被保险人、受益人得知保险事故发生造成损害后，应在保险索赔的时效内，向保险人提出损失赔偿或保险金给付的请求。

(2) 提供索赔单证。保险事故发生后，依照保险合同请求保险人赔偿或者给付保险金时，投保人、被保险人或者受益人应当向保险人提供其所能提供的与确认保险事故的性质、原因、损失程度等有关的证明和资料。

(3) 领取赔偿金或保险金。保险人对索赔资料进行审查后，对于符合合同规定的，投保人、被保险人或受益人可以领取保险赔偿金或保险金。

权利人应在法律规定的期限内行使索赔权，人寿保险以外的其他保险的被保险人或者受益人，对保险人请求赔偿或者给付保险金的权利，自其知道保险事故发生之日起 2 年不行使而消灭；人寿保险的被保险人或者受益人对保险人请求给付保险金的权利，自其知道保险事故发生之日起 5 年不行使而消灭。

2. 保险理赔

保险理赔是指保险人应被保险人、受益人的请求，以保险合同为依据，核定保险责任并进行保险赔偿或保险金给付的行为，是保险人履行保险合同的一种体现。任何单位和个人不得非法干预保险人履行赔偿或者给付保险金的义务，也不得限制被保险人或者受益人取得保险金的权利。

保险人收到被保险人或者受益人的赔偿或者给付保险金的请求后，应当及时作出核定；情形复杂的，应当在 30 日内作出核定，但合同另有约定的除外。保险人应当将核定结果通知被保险人或者受益人；对属于保险责任的，在与被保险人或者受益人达成赔偿或者给付保险金的协议后 10 日内，履行赔偿或者给付保险金义务。保险合同对赔偿或者给付保险金的期限有约定的，保险人应当按照约定履行赔偿或者给付保险金义务。保险人未及时履行前述规定义务的，除支付保险金外，应当赔偿被保险人或者受益人因此受到的损失。对不属于保险责任的，保险人应当自作出核定之日起 3 日内向被保险人或者受益人发出拒绝赔偿或者拒绝给付保险金通知书，并说明理由。保险人自收到赔偿或者给付保险金的请求和有关证明、资料之日起 60 日内，对其赔偿或者给付保险金的数额不能确定的，应当根据已有证明和资料可以确定的数额先予支付；保险人最终确定赔偿或者给付保险金的数额后，应当支付相应的差额。

知识拓展(8-5)

保险理赔的程序

保险理赔应依法遵循相应的程序。

(六) 保险合同的变更

在保险合同有效期内，投保人和保险人经协商同意，可以变更保险合同的有关内容。变更保险合同的，应当由保险人在原保险单或者其他保险凭证上批注或者附贴批单，或者由投保人和保险人订立变更的书面协议。

(七) 保险合同的解除和终止

知识拓展(8-6)

保险合同终止的原因

保险合同的解除是保险合同成立后，当事人因一定事由解除双方的权利义务关系，使保险合同自始无效的法律行为。保险合同成立后，除法律规定或保险合同约定不许解除外，投保人可以解除合同。而保险人只能在法律规定或保险合同约定的情况下才可解除保险合同。

保险合同的终止是指某种法定或约定事由的出现，致使保险合同当事人的权利义务归于消灭。

随堂练习(8-3)

根据保险法律制度的规定，关于保险人的合同解除权，下列表述中错误的是(　　)。

A. 被保险人故意制造保险事故的，保险人有权解除合同

B. 被保险人未按照合同约定履行其对保险标的的安全应尽责任的，保险人有权解除合同

C. 未发生保险事故，受益人谎称发生了保险事故，向保险人提出给付保险金请求的，保险人有权解除合同

D. 自人身保险合同效力中止之日起 1 年内保险合同当事人未达成协议恢复合同效力的，保险人有权解除合同

第三节　人身保险合同

一、概述

(一) 人身保险合同的含义

人身保险合同是指当事人以人的寿命和身体作为保险标的而订立的保险合同。按照人身保险合同，保险人有权向投保人收取保险费，并于被保险人死亡、伤残或保险期限届满时向受益人或被保险人给付保险金。除具有保险合同的一般特征外，人身保险合同还具有保险标的的不可估价、保险金一般实行定额给付、保险期限较长、当事人可以指定受益人、人身保险具有储蓄功能等特征。

(二) 人身保险合同的类型

人身保险合同主要有人寿保险合同、健康保险合同和意外伤害保险合同三种类型。人寿保险

合同是指当事人以被保险人的生存和死亡作为保险事故而订立的保险合同，它又可以细分为生存保险合同、死亡保险合同和两全保险合同三类。意外伤害保险合同是指当事人以被保险人因在保险期内遭受意外伤害造成死亡或残废为保险事故而订立的保险合同。这种保险可以由保险人单独承保，也可以作为人寿保险的附加责任而承保。健康保险合同，也称疾病保险合同，是指当事人以被保险人需要支出医疗费、护理费、因疾病造成残废以及因疾病或意外伤害暂时不能工作而减少劳动收入为保险事故而订立的保险合同。投保人可以单独投保健康保险，也可以将其作为人寿保险或意外伤害保险的附加责任进行投保。

二、人身保险合同的效力

下列人身保险合同无效：

(1) 订立合同时，投保人对被保险人不具有保险利益的，合同无效。

投保人对下列人员具有保险利益：①本人；②配偶、子女、父母；③除了配偶、子女、父母以外与投保人有抚养、赡养或者扶养关系的家庭其他成员、近亲属；④与投保人有劳动关系的劳动者。除前款规定外，被保险人同意投保人为其订立合同的，视为投保人对被保险人具有保险利益。

(2) 投保人为无民事行为能力的人投保，以死亡为给付保险金条件的，合同无效，保险人也不得承保。父母为其未成年子女投保的人身保险，不受此规定限制。

(3) 以死亡为给付保险金条件的合同，未经被保险人同意并认可保险金额的，合同无效。父母为其未成年子女投保的人身保险，不受此规定限制。

人身保险合同成立生效之后，对保险人、投保人、被保险人、受益人发生法律约束力。

(一) 对保险人的效力

保险人的主要义务为依法或依约定向被保险人或受益人给付保险金，该义务应当在保险事故发生时或保险期限届满时履行。当被保险人死亡之后，如果合同没有指定受益人，或受益人先于被保险人死亡又没有其他受益人，或受益人依法丧失受益权或放弃受益权又没有其他受益人的，保险金作为被保险人的遗产，保险人应当向被保险人的继承人给付保险金。与财产保险不同，人身保险的被保险人如因第三人的原因而发生死亡、伤残等保险事故，保险人在向被保险人或受益人履行给付保险金义务之后，不享有对第三人的代位求偿权。

(二) 对投保人的效力

投保人的主要义务是向保险人缴纳保险费。投保人应当按照合同约定的方式和时间履行该义务。在人身保险合同成立生效后，如投保人不愿缴纳或拒绝缴纳保费，保险人不得以诉讼方式请求投保人履行义务。

(三) 对被保险人的效力

在合同没有规定受益人的情况下，被保险人享有保险金给付请求权。在保险合同的有效期内，被保险人行为对保险合同的效力有重大影响。在以死亡为给付条件的合同中，自合同成立之日起2 年内，被保险人如自杀，保险人可以不承担保险责任。被保险人如果故意犯罪导致其自身伤残或死亡的，保险人也不承担保险责任。

(四) 对受益人的效力

受益人根据保险合同可以享有受益权。当合同指定多数人为受益人时，各受益人按照合同规定的份额享有受益权，如果多数受益人之间存在顺位差异，只有顺位在前的全部受益人放弃或丧失受益权或死亡时，后顺位的受益人才可行使受益权。但受益人如果故意造成被保险人死亡、伤残、疾病的，或者故意杀害被保险人未遂的，丧失受益权。

【例8-3】杜威与其妻陈芳经法院判决于2023年离婚，其女随陈芳生活。2024年杜威为其母购买了一份人寿保险，并经其母同意指定自己为受益人。杜威无其他亲属。一日，杜威与其母外出旅游遭遇车祸，其母当场死亡，杜威受重伤住院两天后亦死亡。对于人寿保险金，下列选项中正确的是(   )。

    A. 因已无受益人，应归国家所有   B. 应当支付给杜威的前妻陈芳和女儿

    C. 应当支付给杜威的女儿   D. 因已无受益人，应归保险公司所有

【解析】根据《保险法》的规定，正确答案是C。

三、人身保险合同的中止、终止和解除

(一) 人身保险合同的中止

合同约定分期支付保险费，投保人支付首期保险费后，除合同另有约定外，投保人自保险人催告之日起超过30日未支付当期保险费，或者超过约定的期限60日未支付当期保险费的，合同效力中止，或者由保险人按照合同约定的条件减少保险金额。被保险人在上述规定期限内发生保险事故的，保险人应当按照合同约定给付保险金，但可以扣减欠交的保险费。

合同效力中止的，经保险人与投保人协商并达成协议，在投保人补交保险费后，合同效力恢复。

(二) 人身保险合同的终止

人身保险合同一般因出现下列事由而终止：①合同已经履行；②保险期限届满；③合同被解除。

在人身保险合同中，投保人享有任意解除权。被保险人则只有在具备法定事由时才享有解除权：①投保人申报的被保险人年龄不实且被保险人的真实年龄超出合同约定的限制；②投保人因未按期缴纳保费而导致合同效力中止后，投保人未与保险人就恢复合同效力达成协议。保险人行使解除权还受期间的限制。因投保人违反如实告知义务解除合同的期间为自合同成立之日起2年，因投保人欠交保费而解除合同的期间为自合同效力中止之日起2年。

(三) 人身保险合同的解除

除法律另有规定或者保险合同另有约定外，保险合同成立后，投保人可以解除合同。投保人解除合同的，保险人应当自收到解除合同通知之日起30日内，按照合同约定退还保险单的现金价值。

人身保险合同效力中止之日起满2年双方未达成协议的，保险人有权解除合同。保险人依照前款规定解除合同的，应当按照合同约定退还保险单的现金价值。

投保人申报的被保险人年龄不真实，并且其真实年龄不符合合同约定的年龄限制的，保险人可以解除合同，并按照合同约定退还保险单的现金价值。投保人故意或者因重大过失未履行如实告知义务，足以影响保险人决定是否同意承保或者提高保险费率的，保险人有权解除合同。保险人在合同订立时已经知道投保人未如实告知的情况的，保险人不得解除合同。

合同解除权，自保险人知道有解除事由之日起，超过30日不行使而消灭。自合同成立之日起超过2年的，保险人不得解除合同；发生保险事故的，保险人应当承担赔偿或者给付保险金的责任。

四、人身保险金的给付

（一）保险人给付保险金

被保险人死亡后，有下列情形之一的，保险金作为被保险人的遗产，由保险人依照《民法典》中继承法律制度的规定履行给付保险金的义务：①没有指定受益人，或者受益人指定不明无法确定的；②受益人先于被保险人死亡，没有其他受益人的；③受益人依法丧失受益权或者放弃受益权，没有其他受益人的。

受益人与被保险人在同一事件中死亡，且不能确定死亡先后顺序的，推定受益人死亡在先。

（二）保险人免除给付责任的情形

（1）投保人故意造成被保险人死亡、伤残或者疾病的，保险人不承担给付保险金的责任。投保人已交足2年以上保险费的，保险人应当按照合同约定向其他权利人退还保险单的现金价值。

受益人故意造成被保险人死亡、伤残、疾病的，或者故意杀害被保险人未遂的，该受益人丧失受益权。

（2）以被保险人死亡为给付保险金条件的合同，自合同成立或者合同效力恢复之日起2年内，被保险人自杀的，保险人不承担给付保险金的责任，但被保险人自杀时为无民事行为能力人的除外。

（3）因被保险人故意犯罪或者抗拒依法采取的刑事强制措施导致其伤残或者死亡的，保险人不承担给付保险金的责任。

【例8-4】李蔡为其子投保了以死亡为给付保险金条件的人身保险，期限5年，保费已一次缴清。两年后其子因抢劫罪被判处死刑并已执行。李蔡请求保险公司履行赔付义务。对此，保险公司的处理应为（　　）。
A. 依照合同规定给付保险金
B. 根据李蔡已付保费，按照保单的现金价值予以退还
C. 可以不承担给付保险金的义务，也不返还保险费
D. 可以解除合同，但应全额返还保险费
【解析】答案是B。《保险法》规定，被保险人故意犯罪导致其自身伤残或者死亡，但投保人已交足2年以上保险费的，保险人应当按照保险单退还其现金价值。

第四节　财产保险合同

一、财产保险合同的概念和种类

（一）财产保险合同的概念

财产保险合同是以投保人或被保险人对某项财产及其有关利益为标的而订立的保险合同。

（二）财产保险合同的种类

财产保险合同分为有形财产保险合同和无形财产保险合同两大类，具体可分为财产损失保险合同、责任保险合同、信用保险合同、保证保险合同等。

1. 财产损失保险合同

财产损失保险合同，是指以补偿财产的损失为目的的保险合同。在该合同项下，投保人按照约定向保险人支付保险费，在被保险财产发生保险事故时，保险人按照约定向被保险人支付保险金。财产损失保险合同标的是除农作物、牲畜以外的一切动产和不动产。在我国，依照投保标的的不同，财产损失保险合同又可分为以下四种。

(1) 企业财产保险合同，即以国家、企事业单位所有或经营的财产为保险标的的保险合同。

(2) 家庭财产保险合同，即以家庭或公民个人所有的财产为保险标的的保险合同。

(3) 运输工具保险合同，即以船舶、飞机、机动车辆等运输工具为保险标的的保险合同。

(4) 运输货物保险合同，即以运输过程中的货物为保险标的的合同，包括海上运输货物保险合同、陆上运输货物保险合同、航空运输货物保险合同、邮包保险合同等。

2. 责任保险合同

责任保险合同是指以被保险人对第三者所负的赔偿责任为保险标的而成立的保险合同。《保险法》规定，保险人对责任保险的被保险人给第三者造成的损害，可以依照法律的规定或合同的约定，直接向该第三者赔偿保险金。责任保险合同通常分为以下四种。

(1) 产品责任保险合同，即以投保人因其产品的质量缺陷致使产品使用者或消费者遭受人身伤亡或财产损失而依法应承担的赔偿责任为保险标的的保险合同。

(2) 雇主责任保险合同，即以投保人(雇主)对雇佣人在雇佣期间因人身伤害依法应承担的赔偿责任为保险标的的保险合同。

(3) 公众责任保险合同，即以投保人因意外事故造成第三者人身伤亡或财产损失而依法应承担的赔偿责任为保险标的的保险合同。

(4) 职业责任保险合同，即以投保人因职业工作中的过失致使他人遭受人身伤亡或财产损失而依法应承担的赔偿责任为保险标的的保险合同。

3. 信用保险合同

信用保险合同又称商业信用保险合同，是指保险人对被保险人信用放贷或信用售货提供担保而和投保人订立的保险合同。当债务人不清偿或不能清偿时，由保险人负责赔偿，信用保险合同主要包括出口信用保险合同、国外投资信用保险合同和国内商业信用保险合同。

4. 保证保险合同

保证保险合同是指保险人向被保证人提供担保而成立的保险合同。当被保证人的行为或不行为致使权利人遭受经济损失，由保险人负赔偿责任。保证保险合同主要有忠诚保证保险合同和确实保证保险合同两种。

二、财产保险合同的主要内容

(一) 保险标的

保险标的是指作为保险对象的财产及其有关利益或者人的寿命和身体。随着保险业的发展，保险标的的范围有扩大的趋势。在我国，财产保险合同的保险标的范围主要包括以下三种。

1. 可保财产

凡承保人依法可以承保的财物即为可保财产。可保财产，在保单内可作概括性规定，也可列举财产细目，分项规定其保险金额。可保财产分为两种：①一般的可保财产。即企事业单位的固定资产、流动资产和建设工程，个人的房屋、家具、电器用品等生活资料，以及汽车、飞机、轮船等。②特约的可保财产。市场价格变化大或无固定价格的稀有、珍贵财产，如金银、首饰、珠宝、古玩、古画、邮票、艺术品、稀有金属等，原则上不属可保财产，但可由投保人与保险人约定作为特保财产的投保。

2. 预期利益

预期利益包括：①因现有利益而产生的期待利益。如货物的托运人对货物到达目的地后应得的利润、收入可作为运输货物保险合同的保险标的。②因合同而产生的利益。如卖方出售货物后，对方及时支付货款而取得的利益，可作为保证保险合同的保险标的。

3. 消极利益

消极利益是指免除由于事故的发生而增加的额外支出。如出于被保险人的行为以致他人的财物或人身受到损害时，为承担经济赔偿责任需支付的费用，可作为责任保险合同的保险标的。

值得注意的是，对于价值的评估没有客观标准、损失率难以预测、道德危险大的物品，一般不能作为财产保险合同的保险标的，投保人非法占有、使用的财产，也不能成为财产保险合同的保险标的。

（二）保险金额

保险金额是指投保人对保险标的的实际投保金额，是保险人承担赔偿责任的最高限额和计算保险费的依据。

财产保险合同的保险金额是按保险标的的实际价值确定的，保险金额一般不得高于保险财产的实际价值。

根据保险金额与保险财产实际价值的关系，可将保险金额分为三种情况。

1. 足额保险

足额保险是指保险金额相当于财产实际价值的保险。足额保险是一种比较理想的保险，被保险人所具有的保险标的的价值，可得到完全的保护，在保险标的发生损失时，能够按实际损失如实得到赔偿。

2. 不足额保险

不足额保险是指保险金额低于财产实际价值的保险。《保险法》规定，保险金额低于保险价值的，除合同另有约定外，保险人按照保险金额与保险价值的比例承担赔偿责任。

3. 超额保险

超额保险是指保险金额大于财产实际价值的保险。《保险法》规定，保险金额不得超过保险价值；超过保险价值的，超过的部分无效。

（三）保险责任

财产保险合同中的保险责任的范围，主要包括以下几个方面。

1. 因自然灾害造成的损失

自然灾害是指不可预见、不能避免并不能克服的客观情况。在财产保险中，凡雷电、暴雨、龙卷风、洪水、海啸、地震、泥石流等自然现象所造成的损失，保险人均负赔偿责任，但是否构成上述自然灾害，应以气象、地质等专业部门的标准为准。

2. 因意外事件造成的损失

意外事件是指损害结果的发生不是行为人出于故意或过失，而是由于不能抗拒或者不能预见的原因所引起的事件。在财产保险中，凡火灾、爆炸、空中运行物的坠落等意外事件所造成的损失，保险人均负责赔偿。

(四) 除外责任

在财产保险合同中，除了明确规定的保险责任以外，还须对保险人不承保的危险事故作为除外责任明列于合同之中。

(1) 投保人或被保险人的故意行为。《保险法》规定，投保人、被保险人或者受益人故意制造保险事故的，保险人有权解除保险合同，不承担赔偿或者给付保险金的责任，除本法另有规定外，也不退还保险费。但如果保险事故的发生，是因投保人或被保险人以外的人故意造成的，保险人仍需负赔偿责任。

(2) 因财产本身缺陷、保管不善而致损失，变质、霉烂、受潮、虫咬以及自然磨损与按规定的正常消耗。

(3) 堆放在露天或在罩棚下的保险财产，以及有芦席、布、草、纸板、塑料布做棚顶的罩棚，由于暴风、暴雨等造成的损失。

(4) 战争、军事行动或暴力行为。

(5) 核辐射和污染。

(6) 因遭受保险责任内的灾害或事故造成停工、停业等的一切间接损失，主要指工资、利润、收益等。

三、财产保险合同的效力

财产保险合同的效力是指保险合同成立后所发生的法律后果，表现为保险当事人的权利和义务。因财产保险合同为双务合同，当事人之间权利义务相互对应，因此，除对有关保险人的一些特殊权利作单独介绍外，以下仅从当事人一方的义务方面阐述。

(一) 投保人、被保险人的义务

投保人、被保险人应依约承担以下义务。

1. 依约支付保险费

向保险人支付保险费是投保人的主要义务。不论投保人是为自己利益还为他人利益订立合同，均应按约定的期限和方式向保险人支付保险费。在保险合同成立后，投保人拒绝支付保险费的，保险人有权选择解除合同或终止合同。

2. 维护保险标的的安全

被保险人应当遵守国家有关消防、安全等方面的法律规定以及当事人之间的约定，维护保险标的的安全。保险人为维护保险标的的安全，在经被保险人同意后，可以直接采取安全预防措施。投保人如果违反该义务，保险人有权要求增加保险费或解除合同。

3. 及时发出危险增加的通知

如果在合同成立后，保险标的的危险程度明显增加，为保障保险人的利益，法律要求投保人应及时向保险人发出危险增加的通知。

4. 采取补救措施避免损失扩大

在保险事故发生后，投保人、被保险人有义务采取必要措施减少或者防止损失的进一步扩大。违反该义务而导致损失的扩大，保险人可不予承担赔偿责任。因采取施救措施所发生的费用由保险人负担。当然，投保人采取的措施应当是合理的、必要的。

5. 及时发出保险事故通知

保险事故发生后，投保人、被保险人有义务及时将保险事故发生的情况通知保险人，以便于保险人及时调查、取证、确定责任。如保险事故实际并未发生，投保人、被保险人谎报发生了保险事故，保险人有权解除合同，并不予退还保险费。

6. 协助

在保险人依合同约定对保险标的进行防损检查，或在保险事故发生后保险人核实损害、调查取证时，投保人应当提供一切必要的协助。

7. 不得放弃对第三人的索赔权

在保险事故发生后，如存在第三人应对保险标的的损失负赔偿责任的情形，投保人、被保险人不得放弃对该第三人的索赔权。如在保险人给付保险赔偿金之前放弃索赔权，保险人不承担赔偿保险金的责任；如在给付保险赔偿金之后放弃索赔权，该行为无效。

（二）保险人的义务

保险人的义务主要是在保险事故发生后，依约向被保险人承担赔偿损失的责任。保险人收到被保险人或者受益人的赔偿或者给付保险金的请求后，应当及时作出核定，并将核定结果通知被保险人或者受益人；对属于保险责任的，在与被保险人或者受益人达成有关赔偿或者给付保险金额的协议后 10 日内，履行赔偿或者给付保险金义务。保险合同对保险金额及赔偿或者给付期限有约定的，保险人应当依照保险合同的约定，履行赔偿或者给付保险金义务。保险人未及时履行前款规定义务的，除支付保险金外，应当赔偿被保险人或者受益人因此受到的损失。

保险人自收到赔偿或者给付保险金的请求和有关证明、资料之日起 60 日内，对其赔偿或者给付保险金的数额不能确定的，应当根据已有证明和资料可以确定的最低数额先予支付；保险人最终确定赔偿或者给付保险金的数额后，应当支付相应的差额。保险人的先予支付义务，可以最大限度减少被保险人的损失，帮助被保险人恢复生产或方便生活。

保险人的赔偿责任范围为保险金额限度内保险事故所发生的实际损失。实际损失不包括施救费用、查明保险事故原因的费用、因第三人提起仲裁或诉讼而发生的仲裁或诉讼费用等。

【例 8-5】刁宇将自有轿车向保险公司投保，其保险合同中含有自燃险险种。一日，该车在行驶中起火，刁宇情急之下将一农户晾在公路旁的棉被打湿灭火，但车辆仍有部分损失，棉被也被烧坏。保险公司对(　　　)应承担赔付责任。

A. 车辆修理费 500 元　　　　　　　　B. 刁宇误工费 400 元

C. 农户的棉被损失 200 元　　　　　　D. 刁宇乘其他车辆返回的交通费 30 元

【解析】根据《保险法》的规定，正确答案是 AC。

四、保险人的代位求偿权

保险人的代位求偿权(right of subrogation)是指在财产保险合同中，因第三者对保险标的的损害而造成保险事故的，保险人赔偿被保险人的损失后，所取得的被保险人享有的依法向负有民事赔偿责任的第三者请求赔偿的权利。

保险代位求偿权实质上是一种债权转移，保险代位求偿权的取得必须以保险人履行赔偿义务为前提。保险代位求偿权的范围不得超过保险人的赔付金额。保险代位求偿权的取得是由于保险人履行了赔偿义务。设立保险代位求偿权，

法条链接(8-2)

有关保险代位权的规定

目的在于保护被保险人的利益，同时也防止其获得双重利益，避免道德危险。

一般认为，成立保险代位求偿权需具备以下三个条件：①须第三人与保险人同时对被保险人因保险事故的发生所受损失负有赔偿责任；②被保险人没有放弃对第三人的赔偿请求权；③保险人已经向被保险人支付了保险赔偿金。

一般认为，保险代位求偿权具有以下效力：①保险人得直接向第三人请求赔偿；②被保险人放弃对第三人的赔偿请求权的行为无效；③被保险人负辅助保险人行使求偿权的义务；④被保险人就未从保险人取得赔偿的部分损失对第三人仍享有赔偿请求权。

保险人应以自己的名义行使保险代位求偿权。实践中，为防止保险代位求偿权滥用，还应注意：①除被保险人的家庭成员或者组成人员作为第三人故意造成保险事故外，保险人不得对被保险人的家庭成员或其组成人员行使代位求偿权。②保险人取得保险标的的权利。保险事故发生后，保险人如果已经向被保险人支付了全部保险金额，并且保险金额与保险价值相等的，保险人则取得保险标的的全部权利；如保险金额低于保险价值，保险人则可以按照保险金额与保险价值的比例取得保险标的的部分权利。法律赋予保险人依上述条件取得保险标的的权利，目的在于防止被保险人因财产保险关系而谋取超出其保险金额之外的利益。

【例8-6】李玥给自己的越野车投保了10万元责任险。李玥让其子小李(年16岁)学习开车，某日小李独自开车时不慎撞坏叶凡的轿车，叶凡为此花去修车费2万元。下列选项正确的是(　　)。

A. 应当由李玥对叶凡承担侵权赔偿责任

B. 应当由小李对叶凡承担侵权赔偿责任

C. 因李玥疏于管理保险财产，保险公司有权单方通知李玥解除保险合同

D. 保险公司支付保险赔款后不能对小李行使代位追偿权

【解析】根据保险代位权的基本原理，答案是AD。本案中，因为小李是李玥的家庭成员，其也不是故意造成保险事故，所以保险公司不得对小李进行代位追偿。

五、财产保险合同的转让、变更和终止

财产保险合同的转让，是指被保险人将保险合同的权利义务转让给第三人的行为。这种转让实际上是保险合同的主体一方的变更。转让的原因一般是保险标的的所有权发生转移。

保险标的转让的，保险标的的受让人承继被保险人的权利和义务。保险标的转让的，被保险人或者受让人应当及时通知保险人，但货物运输保险合同和另有约定的合同除外。因保险标的转让导致危险程度显著增加的，保险人自收到前款规定的通知之日起30日内，可以按照合同约定增加保险费或者解除合同。保险人解除合同的，应当将已收取的保险费，按照合同约定扣除自保险责任开始之日起至合同解除之日止应收的部分后，退还投保人。被保险人、受让人未履行前述规定的通知义务的，因转让导致保险标的的危险程度显著增加而发生的保险事故，保险人不承担赔偿保险金的责任。

财产保险合同的变更，是指在保险合同有效期内合同内容的变更，分法定变更和协议变更两种。协议变更是指当事人协商变更合同的内容。法定变更指在发生法定事由时，当事人一方变更合同内容。保险人单方变更保险合同的法定事由有：投保人、被保险人不履行对保险标的的安全保障义务而致保险危险程度增加；在合同有效期内，保险标的危险程度增加。投保人变更保险合同的法定事由有：保险标的的保险价值明显减少；据以确定保险费率的有关情况发生变化，保险标的危险程度减少。

财产保险合同的终止，是指财产保险合同的权利义务关系归于消灭。导致财产保险合同终止

的原因主要有：①保险合同的有效期届满；②保险合同已经全部履行；③出现法定事由时当事人依法终止合同；④保险合同被依法解除。

 典型例题解析

 即测即评

？！思考与探索

1. 试述保险法的基本原则。
2. 试述保险合同成立与生效的联系与区别。
3. 试述导致保险合同解除的原因。
4. 试述财产保险与人身保险的联系与区别。
5. 试述投保人、保险代理人的权利和义务。

法务研议

2024年7月7日20时，甲公司将一车货物从A市运往B市，途经某镇偏僻小道拐弯处时，因当地居民乙违章在自家院外挖坑施工且未设置警示标志，导致甲公司的货车翻入坑内，部分货物毁损，损失5000元，同时将骑自行车途经此处的黄彩桦撞倒致其骨盆粉碎性骨折。经查，黄彩桦是2024年6月18日刚大学毕业还没有找到工作的外地人。黄彩桦在住院期间的医疗费共计人民币379000元。

经公安部门认定，乙对该事故负全责。甲公司所运该批货物已向保险公司投保，遂向保险公司索赔。保险公司认为，甲公司应先向实际致害人乙索赔，于是作出拒赔决定。

黄彩桦所在的学校在2020年9月10日入学时为黄彩桦及全体同级学生投保了为期4年的学生意外伤害附加医疗保险，每人保额分别为5000元和60000元，期限截至2024年9月9日。

问题：

1. 你认为保险公司的拒赔理由是否成立？
2. 你认为该如何维护黄彩桦的合法权益？

第九章

票据法律制度

导读提示

票据一般是指商业上由出票人签发，无条件约定自己或请求他人支付一定金额并可流通转让的有价证券。在我国，票据即汇票(银行汇票和商业汇票)、本票(银行本票)及支票的统称。票据法是调整票据关系的法律规范的总称。我国票据法在规范票据行为，保障票据活动中当事人的合法权益，维护社会经济秩序，促进社会主义市场经济发展过程中发挥着重要作用。

第一节　票据法概述

一、票据概述

(一) 票据的概念

票据(negotiable instrument)是出票人依法约定由自己或委托他人无条件支付一定金额，并可供流通转让的有价证券。一般认为，作为一种金钱债权证券，票据是设权证券、文义证券、要式证券、完全有价证券、无因证券。

知识拓展(9-1)

票据的特征

(二) 票据的功能

作为一种完全有价证券，票据具有支付功能、汇兑功能、信用功能、结算功能和融资功能。

知识拓展(9-2)

票据的功能

二、票据法简介

(一) 票据法的概念和特点

票据法是调整票据关系的法律规范的总称。它具有以下特点。

1. 强行性

票据的种类由法律直接规定，不允许当事人自由创设；票据是严格的要式证券，各种票据行为是严格的要式行为。

2. 技术性

票据法是为实现票据的支付、汇兑、流通、结算等经济技术功能而创设的，具有高度的技术性。

3. 国际性

由于票据具有较强的支付、汇兑、流通、结算等功能，随着国际贸易的深入发展，票据法出现了国际统一立法，即《统一汇票本票法公约》和《统一支票法公约》，使票据法具有很强的国际性。

知识拓展(9-3)　知识拓展(9-4)

《统一汇票本票法公约》　《统一支票法公约》

(二) 票据关系的概念和特点

票据关系，即票据法律关系，是指票据当事人之间基于票据行为所发生的票据权利义务关系。它具有如下特点。

1. 票据关系是票据权利义务关系

票据关系当事人为票据权利义务而实施票据行为，票据权利义务成为票据关系的内容，因此，该法律关系是票据权利义务关系。

2. 票据关系是票据行为所产生的权利义务关系

票据行为是票据法规定的能够发生票据关系的法律行为，包括出票、背书、承兑、保证、参加承兑等。票据行为之外的行为，无论其是否合法，都不能发生票据权利义务，不是发生票据关系的法律事实。

3. 票据关系具有无因性

票据关系中，票据债务人负担无条件支付票面金额的义务，自有其原因或者基础，例如买方为支付价款而向卖方出票，买卖关系就是票据关系的基础关系。票据法为鼓励人们使用票据，最大限度地保障票据的安全性、可信度，把票据关系与其基础关系之间的联系一刀切断，使票据关系成为独立于基础关系的法律关系。而且，只要票据关系无瑕疵，基础关系纵然无效，票据权利仍然有效。

三、票据权利

(一) 票据权利的概念和特点

票据权利是指持票人享有的请求票据债务人支付票据金额的权利，包括付款请求权和追索权(right of recourse)。持票人取得票据应善意、合法且支付相应对价。票据权利的特点主要如下。

1. 票据权利享有者是合法持票人

凡以出票、背书等票据行为和继承等合法方式取得票据者，均为合法持票人，依票据之持有而享有票据权利。不法取得票据者，不得享有票据权利。

2. 票据权利是票据金额给付请求权

只有经过请求票据债务人付款，票据债务人满足此请求，兑付票面金额，将票面金额交付持票人，持票人才取得金钱。

3. 票据权利是请求票据债务人支付票据金额的权利

票据债务人是在票据上签章的人。具体讲，有出票人、背书人、保证人、承兑人、支票的付款人。

4. 票据权利是二次性权利

持票人得请求票据上记载的付款人支付票面金额，此为付款请求权。当付款请求权不能实现时，持票人得向背书人、出票人追索票面金额及有关费用，此为追索权(亦称二次请求权)。

(二) 票据权利的取得

票据权利的取得，也称票据权利的发生。票据权利以持有票据为依据，行为人合法取得票据，即取得了票据权利。当事人取得票据的情形主要有：①出票取得。出票是创设票据权利的票据行为，从出票人处取得票据，即取得票据权利。②转让取得。票据通过背书或交付等方式可以转让给他人，以此取得票据即获得票据权利。③通过税收、继承、赠与、企业合并等方式取得票据。

行为人依法取得票据权利，必须注意以下几个问题：①票据的取得，必须给付对价，即应当给付票据双方当事人认可的相对应的代价。无对价或无相当对价取得票据的，如果属于善意取得，即票据取得人取得票据不存在欺诈、偷盗、胁迫等情形，没有主观恶意，仍然享有票据权利，但票据持有人必须承担其前手的权利瑕疵，即该票据权利不得优于其前手。如果前手的权利因违法或有瑕疵而受影响或丧失，该持票人的权利也因此受影响或丧失。前手是指在票据签章人或者持票人之前签章的其他票据债务人。②因税收、继承、赠与可以依法无偿取得票据的，不受给付对价的限制。但是，所享有的票据权利不得优于其前手。③因欺诈、偷盗、胁迫、恶意取得票据或因重大过失取得不符合法律规定的票据的，不得享有票据权利。

(三) 票据权利的行使和保全

1. 票据权利的行使

票据权利的行使是指票据权利人向票据债务人提示票据并请求履行票据债务的行为，即行使付款请求权请求付款和行使追索权进行追索。

2. 票据权利的保全

票据权利人为防止票据权利消灭所进行的行为，叫作票据权利的保全。为防止票据权利因时效期间届满而消灭，就应当采取必要行为以保全权利。保全行为有提示票据、作成拒绝证明、起诉、中断时效等等。其中，作成拒绝证明是指持票人向票据上记载的承兑人或付款人提示票据请求承兑或请求付款，遭到拒绝时，请求拒绝之人出具拒绝承兑或拒绝付款的书面证明。

3. 票据权利行使和保全的处所与时间

《票据法》第16条规定，持票人对票据债务人行使票据权利，或者保全票据权利，应当在票据当事人的营业场所和营业时间内进行，票据当事人无营业场所的，应当在其住所进行。

(四) 票据权利的补救

知识拓展(9-5)

票据权利与票据紧密相连，如果票据丧失，票据权利的实现就会受到影响。由于票据丧失并非出于持票人的本意，《票据法》规定了票据丧失后的三种补救措施，即挂失止付、公示催告、普通诉讼。

票据权利的补救措施

(五) 票据权利的消灭

票据权利的消灭是指因发生一定的法律事实而使票据权利不复存在。票据权利消灭之后，票据上的债权债务关系也随之消灭。在一般情况下，票据权利可因履行、免除、抵销等事由的发生而消灭。《票据法》着重规定了持票人的票据权利因时效届满而消灭的四种情形，即票据权利在下列期限内不行使而消灭：①持票人对票据的出票人和承兑人的权利(包括付款请求权和追索权)，自票据到期日起 2 年；见票即付的汇票、本票，自出票日起 2 年。②持票人对支票出票人的权利(包括付款请求权和追索权)，自出票日起 6 个月。③持票人对前手(不包括出票人)的追索权，自被拒绝承兑或者被拒绝付款之日起 6 个月。④持票人对前手(不包括出票人)的再追索权，自清偿日或者被提起诉讼之日起 3 个月。

【例 9-1】根据票据法律制度的相关规定，下列有关票据权利的表述正确的是(　　　)。
A. 因税收、继承、赠与可以依法无偿取得票据，不受给付对价的限制，但所享有的票据权利不得优于其前手的权利
B. 以欺诈、偷盗或者胁迫等手段取得票据的，不得享有票据权利
C. 持票人因重大过失取得不符合法律规定的票据的，不得享有票据权利
D. 票据债务人无论如何不得以自己与出票人或者与持票人的前手之间的抗辩事由对抗持票人
【解析】根据《票据法》的规定，正确答案为 ABC。

四、票据行为

(一) 票据行为的概念和特点

票据行为(act on commercial paper)是指票据关系的当事人之间以发生设立、变更或终止票据权利义务关系为目的而依照《票据法》所实施的法律行为。它具有以下特点。

1. 要式性

票据行为的要式性主要表现在三个方面：一是必须以书面形式进行；二是行为人必须签章，票据当事人可以委托其代理人在票据上签章，但应当在票据上表明其代理关系；三是必须遵循法定的款式。

行为人违反票据行为的要式性规定，除法律有特殊规定外，一律为无效，符合法定形式的才发生票据行为的效力。如背书行为，只可在票据背面书写特定文字并签名，如果在正面进行，就不构成背书。

2. 文义性

票据行为的内容仅依票据文义确定。即使该记载与行为人的真意或者实际情形不符，也依该记载来确定，不允许当事人以票据之外的证明方法对票据文义予以变更或补充。

3. 无因性

票据行为仅以签名加交付为成立要件，实施票据行为的原因对票据行为毫无影响。比如，因买卖支付价款而由买受人签发一张银行承兑汇票给出卖人后，即使买卖行为后来因法定原因而无效，也不影响出票行为本身的效力；如果出卖人将该汇票背书转让的，受让人仍然可以取得完整的票据权利。

4. 独立性

票据上的各个票据行为之间相互独立，是否有效须根据各自的要件评判。一个票据行为如果形式上合法但因为欠缺其他要件而无效，原则上不影响其他票据行为的效力。当然，在特定情形下，票据行为的独立性也有例外。

需要提及的是，《票据法》规定了出票、承兑、背书、保证这几种票据行为应当如何做成，分别发生何种效果。当事人如果要进行票据行为，就只能按

法条链接

《票据法》关于票据行为独立性的规定

照这种要求去做，对于所发生的法律后果也没有另做特别约定的余地。票据行为的这个特点使得票据行为如同一种法定的格式性法律行为。

> **【例9-2】** 根据票据法律制度的规定，下列有关票据签章效力的表述，正确的是(　　)。
> A. 没有代理权而以代理人名义在票据上签章的，应当由签章人承担票据责任
> B. 出票人在票据上的签章不符合规定的，票据无效
> C. 承兑人、保证人在票据上的签章不符合规定的，其签章无效，但不影响其他符合规定签章的效力
> D. 背书人在票据上的签章不符合规定的，其签章无效，但不影响其前手符合规定签章的效力
> **【解析】** 根据《票据法》的规定，正确答案为ABCD。

(二) 票据行为的种类

一般认为，票据行为包括出票、背书、承兑、参加承兑、保证五种。五种票据行为中，出票、背书为各种票据都适用的行为；承兑、参加承兑是汇票特有行为；保证是汇票、本票都适用的行为。

《票据法》对出票、背书、承兑三种行为有其定义，对参加承兑未作规定，虽规定了票据保证制度，但未给保证定义。依《票据法》规定，出票是指出票人签发票据并将其交付给收款人的票据行为。背书是指在票据背面或者粘单上记载有关事项并签章的票据行为。承兑是指汇票付款人承诺在汇票到期日支付汇票金额的票据行为。保证是票据债务人之外的人为担保债务的履行而在票据上记载担保文字并签名的票据行为。

(三) 票据伪造、变造，更改与涂销

票据伪造(forgery of bill)指假冒或虚构他人名义为票据行为并在票据上签章。被伪造人不承担任何票据责任，伪造人亦不承担票据义务但须承担其他法律责任。伪造的签章不影响真实签章的效力。

票据变造(alteration of bill)指无合法变更权限之人，对除签章外的票据记载事项加以变更。变造人在票据上没有签章，则不承担票据义务，但应负相应刑事、民事及行政责任；若变造人在票据上有签章，则按其变造以后的票据记载事项承担票据义务，并承担相应刑事、民事及行政责任；在变造之前签章的其他人对原记载事项负责；在变造之后签章的其他人对变造后的记载事项负责；不能辨别在变造之前签章或变造之后签章的，视为在变造之前签章。

票据更改指依《票据法》有更改权限的人，以法定方式对票据上的可更改记载事项加以更改。票据更改应在原记载人交付票据之前进行，交付之后进行更改的，须征得相关票据当事人同意，并由同意人在改写处签章。

票据涂销指有涂销权之人故意将票据记载事项进行涂抹或消除。被涂销部分的记载事项失去票据记载效力，被涂销部分的票据权利消灭。

> **【例9-3】** 甲签发一张本票交收款人乙，金额为2万元，乙背书转让给丙，丙取得本票后将金额改为5万元然后转让给丁，丁又背书转让给戊。因甲乙签章在变造之前，故应就2万元负责；丙为变造人，应对其所变造的文义负责，即对5万元负责；丁签章在变造之后，应对5万元负责。如果戊向甲请求付款，甲只负责付给2万元。戊已付给丁5万元，其所受损失3万元应向丁和丙请求赔偿。请问：上述有关甲乙丙丁承担责任的表述是否正确？
> **【解析】** 正确。《票据法》规定，票据上其他记载事项被变造的，在变造之前签章的人，对原记载事项负责；在变造之后签章的人，对变造之后的记载事项负责。

第二节　票据抗辩与补救

一、票据抗辩

(一) 票据抗辩的概念

票据抗辩(bill deraignment)即票据抗辩权，是指票据债务人依照《票据法》享有的、因法定事由的存在而对抗持票人，拒绝履行票据债务的权利。

票据抗辩权是与票据权利对立存在的一种权利，它是权利人维护自身权益的主要手段。票据抗辩权有以下特点：①对票据金额全额抗辩；②票据保证人不具有先诉抗辩权。

(二) 票据抗辩的种类

票据抗辩包括对物的抗辩、对人的抗辩两大类。

(1) 对物抗辩，又称绝对抗辩、客观抗辩，是指基于票据本身存在的事由而发生的抗辩。这一抗辩可以对任何持票人提出。其主要包括以下情形：①票据行为不成立而为的抗辩，如票据应记载的内容有欠缺；票据债务人无行为能力；无权代理或超越代理权进行票据行为；票据上有禁止记载的事项(如付款附有条件，记载到期日不合法)；背书不连续；持票人的票据权利有瑕疵(如因欺诈、偷盗、胁迫、恶意、重大过失取得票据)等。②依票据记载不能提出请求而为的抗辩，如票据未到期、付款地不符等。③票据载明的权利已消灭或已失效而为的抗辩，如票据债权因付款、抵销、提存、免除、除权判决、时效届满而消灭等。④票据权利的保全手续欠缺而为的抗辩，如应作成拒绝证书而未作等。⑤票据上有伪造、变造情形而为的抗辩。

(2) 对人的抗辩。又称主观抗辩、相对抗辩，指基于票据义务人与特定票据权利人之间一定关系发生的抗辩，抗辩只能对特定票据权利人主张。

对人的抗辩主要有以下情形：①在原因关系不存在、无效或消灭的情形下，票据债务人可对有直接原因关系的票据权利人进行抗辩；②票据债务人可对有直接债权债务关系且未履行约定的持票人进行抗辩；③持票人以欺诈、偷盗、胁迫等非法手段取得票据，或明知有此类情形仍恶意取得票据；④持票人明知票据债务人与出票人或与持票人前手(remote holder)之间存在抗辩事由而取得票据；⑤持票人以重大过失取得票据。

若存在上述情形，票据纠纷案件的当事人可以提供担保、申请法院采取保全或执行措施。

二、票据抗辩的补救

票据抗辩的补救即票据抗辩权的限制，又称票据抗辩切断，指《票据法》对票据债务人不得对特定票据权利人行使抗辩权的规定。《票据法》第13条规定，票据债务人不得以自己与出票人或者与持票人的前手之间的抗辩事由对抗持票人，但是，持票人明知存在抗辩事由而取得票据的除外。此即抗辩限制的规定。

对物抗辩是绝对的，不存在限制问题，票据抗辩限制主要指对人抗辩的限制，主要有两种情形。

(1) 对出票人抗辩的切断。票据债务人不得以自己与出票人之间的抗辩事由对抗持票人。

(2) 对持票人前手的抗辩切断。票据债务人不得以自己与持票人前手(任何前手)之间的抗辩事由对抗持票人。

持票人在取得票据时，明知票据债务人与出票人或自己前手之间存在抗辩事由，则不受抗辩切断的保护。

第三节 汇票、本票与支票

一、汇票

(一) 汇票概述

1. 汇票的概念

汇票(bill of exchange)是出票人签发的、委托付款人在见票时或者在指定日期无条件支付确定的金额给收款人或者持票人的票据。在汇票法律关系中享有票据权利和承担票据责任者，称为汇票当事人。其中，享有票据权利者称为汇票权利人，承担汇票责任的称为汇票债务人。根据各当事人参与汇票活动时间的不同，可分为基本当事人与非基本当事人两种。汇票的基本当事人是指基于最初的汇票行为而明确的当事人，包括出票人、收款人和(受托)付款人，其名称或商号均记载于汇票的正面。汇票的非基本当事人包括被背书人和保证人。

我国现行的汇票均由商业银行总行统一印制，票面上印刷有"银行汇票""银行承兑汇票""商业承兑汇票"的字样。持票人可以将该汇票通过设质背书进行质押，用以担保主债务的履行；还可以选择汇票作为远期付款的工具，在汇票付款的期限未到之前，持票人可以通过转让汇票取得现款。

2. 汇票的种类

(1) 即期汇票和远期汇票。这是按汇票付款时间的不同而定的。即期汇票是指以持票人提示日为到期日，持票人持票到银行或其他委托付款人的营业点，后者见票必须付款的一种汇票，即期汇票权利人可以随时行使自己的票据权利，在此之前无须提前通知付款人准备履行义务。远期汇票是指约定一定的期日付款的汇票，可分为定日付款汇票、出票后定期付款汇票、见票后定期付款等三种形式。

(2) 记名汇票与无记名汇票。记名汇票是指在票据上记载收款人的姓名或商号的汇票，无记名汇票是指在票据上不记载收款人的姓名，凡持票人都可以享有票据权利，直接向付款人请求承兑和请求付款的汇票。

(3) 银行汇票与商业汇票。按汇票出票人的不同，可分为银行汇票(bank draft)和商业汇票(commercial draft)。银行汇票是指汇款人将确定的款项交存所选定的银行(出票银行)，由银行签发给汇款人，银行在见票时按照实际结算金额无条件付给收款人或者持票人的票据。银行汇票多用于办理异地转账结算或支取现金。商业汇票是由出票人签发的，委托付款人在指定日期无条件支付确定的金额给收款人或者持票人的票据。

(二) 汇票的票据行为

1. 汇票的出票

出票(issue a bill)是指出票人依照《票据法》的要求记载汇票所必须记载的事项，签署自己的姓名、加盖单位公章(或者与银行约定的财务章)，然后交付给收款人的票据行为。由于票据的背书、保证、承兑、付款和追索等行为都产生在出票行为之后，所以人们将出票行为称为基础票据行为，由出票行为陆续产生之后的各种票据行为称为辅助票据行为。

根据出票时汇票上的记载事项对出票行为效力的影响，可以将其分为绝对必要记载事项、相对必要记载事项和任意记载事项，此外还有禁止记载事项。

绝对必要记载事项是《票据法》规定票据上必须记载，否则就不能使票据生效的事项，包括票据文句、无条件支付的委托、确定的金额、付款人名称、收款人(collector)名称、出票日期、出票人签章。

相对必要记载事项是指《票据法》规定应当记载，但如果不记载时，法律另行拟制，推定效果，不致票据无效的事项。比如，《票据法》规定：未记载付款日期的汇票付款日期为见票即付；汇票上未记载付款地的，付款人的营业场所、住所或者经常居住地为付款地；汇票上未记载出票地的，出票人的营业场所、住所或者经常居住地为出票地。

任意记载事项是指《票据法》允许当事人按其意思记载或者不记载，但一经记载即发生票据上效力的事项。禁止记载事项是指《票据法》禁止记载于票据上，如果记载了也不发生票据效力或者使票据无效的事项。

2. 背书

背书(endorsement)是指在票据背面或者粘单上记载有关事项并签章的票据行为，可以分为转让背书与非转让背书两种。转让背书是以转让票据权利为目的的背书，转让人称为背书人(endorser)，受让人称为被背书人(endorsee)。《票据法》第 27 条规定，持票人可以将汇票权利转让给他人或者将一定的汇票权利授予他人行使，此种行为应当背书并交付汇票。被背书人可以以背书的连续证明自己是合法的票据持有人，从而享有完整的票据权利。非转让背书包括授权背书和质押背书。根据《票据法》规定，以背书转让的汇票，后手(在票据签章人之后签章的其他票据债务人)应当对其直接前手背书的真实性负责。背书不得附有条件；背书时附有条件的，所附条件不具有汇票上的效力。将汇票金额的一部分转让的背书或者将汇票金额分别转让给二人以上的背书无效。背书人在汇票上记载"不得转让"字样，其后手再背书转让的，原背书人对后手的被背书人不承担保证责任。背书记载"委托收款"字样的，被背书人有权代背书人行使被委托的汇票权利。但是，被背书人不得再以背书转让汇票权利。汇票可以设定质押；质押时应当以背书记载"质押"字样。被背书人依法实现其质权时，可以行使汇票权利。背书人以背书转让汇票后，即承担保证其后手所持汇票承兑和付款的责任。

随堂练习(9-1)

甲公司的财务人员吴某，伪造甲公司的印章，将甲公司作为收款人的一张汇票背书给乙公司，吴某是乙公司法定代表人。乙公司之后将该汇票背书给丙公司，丙公司又背书给丁公司。下列表述正确的是(　　)。

A. 丁公司可以对吴某行使票据权利

B. 丁公司可以对甲公司行使票据权利

C. 丁公司行使追索权时，丙公司可以票据伪造为由进行抗辩

D. 吴某伪造甲公司印章进行汇票背书转让的行为，不产生票据行为效力

3. 承兑

承兑(acceptance)是指汇票付款人(drawee)承诺在到期日支付汇票金额的票据行为。《票据法》规定的三种票据中只有商业汇票才有承兑制度，承兑后，承兑人就成为该汇票的主债务人。

定日付款或者出票后定期付款的汇票，持票人应当在汇票到期日前向付款人提示承兑。见票后定期付款的汇票，持票人应当自出票日起 1 个月内向付款人提示承兑。汇票未按照规定期限提示承兑的，持票人丧失对其前手的追索权。

4. 保证

汇票保证(guarantee)是指汇票除主债务人及连带债务人以外的第三人以承担无条件付款为目

的，在汇票上签章及记载必要事项的票据行为。其中担保汇票付款者称为保证人，被担保的汇票债务人称为被保证人。汇票保证以担保汇票付款增强信用为目的，有利于保障交易安全。

保证人在汇票上签章即构成保证责任，保证人应当与被保证人对持票人承担连带责任，汇票到期后，被保证人为主债务人的，不能付款时，持票人有权向保证人请求付款，保证人应当无条件付款；当汇票被付款人拒付，持票人向连带债务人追索，为被追索的连带债务人担保的保证人承担连带无条件付款责任。保证人清偿汇票债务后，代替被追索的债务人取得汇票权利，可以行使持票人对被保证人及其前手的追索权。

根据《票据法》规定，汇票的债务可以由保证人承担保证责任。保证人由汇票债务人以外的他人担当。保证人为二人以上的，保证人之间承担连带责任。保证人对合法取得汇票的持票人所享有的汇票权利，承担保证责任。但是，被保证人的债务因汇票记载事项欠缺而无效的除外。被保证的汇票，保证人应当与被保证人对持票人承担连带责任。汇票到期后得不到付款的，持票人有权向保证人请求付款，保证人应当足额付款。保证人清偿汇票债务后，可以行使持票人对被保证人及其前手的追索权。保证不得附有条件；附有条件的，不影响对汇票的保证责任。

5. 付款

付款(payment)是债务人将票面金额无条件付给持票人的票据行为，是持票人实现经济利益的行为。

《票据法》第53条规定，持票人应当按照下列期限提示付款：见票即付的汇票，自出票日起1个月内向付款人提示付款；定日付款、出票后定期付款或者见票后定期付款的汇票，自到期日起10日内向承兑人提示付款。

(三) 汇票的追索权

1. 汇票追索的原因

该原因主要包括拒绝付款或附加条件，汇票被拒绝承兑，承兑人或付款人死亡、逃匿，承兑人或付款人被依法宣告破产或责令终止业务活动。

2. 追索权的行使

持票人承兑汇票或请求付款遭到拒绝，以及具有其他不能行使请求付款权的情形时，在行使追索权前，将不能行使请求付款权的事实书面告诉其前手及所有汇票债务人的一种票据行为，其内容应当记明汇票的主要记载事项，并说明该汇票已经不能得到付款的情况。持票人行使追索权时，应当提供被拒绝承兑或者被拒绝付款的有关证明。

3. 追索对象

《票据法》第68条第1款规定，汇票的出票人、背书人、承兑人和保证人对持票人承担连带责任。上述人员对持票人受到拒绝承兑或拒绝付款时承担无条件地给付汇票全部金额的责任，持票人可以按《票据法》第68条第2款、第3款的规定，自由选择对自己有利的追索对象。

4. 再追索

再追索是指当被追索人清偿债务时，应收取持票人提示的汇票原件和有关拒绝证明，并出具所收到已经支付利息和费用的收据。被追索者清偿债务后，与持票人享有同一(追索)权利，如果其还有前手的，依法再向前手债务人行使追索权。依此顺序，直至该汇票的债权债务关系因履行或其他法定原因而消灭为止。但是，持票人为出票人的，对其前手无追索权；持票人为背书人的，对其后手(subsequent endorser)无追索权。

再追索的内容包括已清偿的全部金额，该金额自清偿日起至再追索清偿日止，按照中国人民银行规定的同期贷款利率计算的利息和发出通知的费用，以及其他必要的费用。

【例9-4】 根据《票据法》的有关规定，下列有关汇票的表述中，正确的是(   )。

A. 汇票金额中文大写与阿拉伯数码记载不一致的，以中文大写金额为准

B. 汇票保证中，被保证人的名称属于绝对应记载事项

C. 见票即付的汇票，无须提示承兑

D. 汇票承兑后，承兑人如果没有出票人的资金，则可对抗持票人

【解析】 根据《票据法》的规定，正确答案为C。

二、本票

(一) 本票的概念和特征

本票(promissory note)是指出票人签发的承诺自己在见票时无条件支付确定的金额给持票人的票据。其特征主要如下。

(1) 本票是自付证券。本票由出票人承担付款责任，基本法律关系的当事人仅为出票人和持票人两方。当事人方面少，票据权利义务关系就简明一些，票据权利的行使也要简便一些。例如，不需第三人即付款人承兑即可直接请求付款，无须担心票据不获承兑等。

(2) 本票以出票人为当然的主债务人。本票出票人对持票人负无条件付款责任。各国票据法公认：本票出票人的付款责任为绝对责任。到期不付款者，持票人得请求法院强制执行。

(3) 本票为预约支付证券。本票的出票人承诺于到期日由自己无条件支付票据金额，属于一种"预约支付"，因此本票是预约支付证券。

(4) 本票是无须承兑但有见票的票据。本票均不需承兑，但见票后定期付款的本票，以"见票"为必要程序。《票据法》第79条规定，本票的持票人未按照规定的期限提示见票的，丧失对出票人以外的前手的追索权。

所谓"见票"，是指一种程序，即本票的出票人因持票人按规定的期限提示本票，请求确定付款日期，在本票上签名并记载见票文义和时间的行为，它是本票特有的一种现象。汇票虽然也有见票后定期付款的种类，但它通过提示承兑的程序，有效地确定票据付款日，不必为见票手续。本票无承兑程序，以见票来确定付款日期。支票是见票即付的票据，自无须见票后另定付款日，不存在见票程序。

(5) 本票的出票人仅负付款责任而无承兑担保责任。本票无须承兑，出票人即没有承兑担保责任。

(6) 本票的背书人负有担保付款责任。本票依背书转让的，背书人对被背书人负有担保付款的责任，持票人到期不获付款时，有权利保全手续的，对前手得行使追索权。

(二) 见票

见票是指本票的出票人因持票人的提示，为确定见票后定期付款本票的到期日，在本票上记载见票字样及日期，并且签名的行为。

见票的效力表现在两个方面：①确定到期日；②保全追索权。持票人提示见票，见票人可能予以"签见"，也可能拒绝见票。签见的，发生到期日确定之效果；拒绝见票的，持票人得在规定的期限内作成拒绝证书，以便行使追索权，如果持票人未在规定期限内提示见票的，丧失对前手的追索权。

三、支票

支票(cheque)是指出票人签发的、委托办理支票存款业务的银行或者其他金融机构在见票时无条件支付确定的金额给收款人或者持票人的票据。与汇票、本票相比较，支票有下列特点。

(1) 付款人资格有限制。支票的付款人，限于出票人开立存款账户的银行和其他金融机构。

(2) 支票的出票人与付款人之间须有资金关系。汇票的出票人与付款人之间，不必先有资金关系。本票是出票人付款，无资金关系可言。

(3) 支票的出票人与付款人之间先有支付委托合同。只有在银行开户，与开户行订有支付委托合同的存款人，才能从开户行或信用社买得空白支票凭证，在使用支票时签发。

(4) 支票为见票即付的票据。

(5) 支票无须承兑或见票，提示票据就是请求付款。

(6) 支票的主债务人是出票人。

(7) 支票的出票人承担付款保证责任。

(8) 支票无须保证。

(9) 支票可为空白授权出票。依《票据法》第85条、第86条规定，支票出票时，金额、收款人名称均可空白，由出票人授权持票人补记。汇票和本票则不得签发空白票据。

(10) 支票有无记名式。《票据法》不允许汇票和本票采用无记名方式，却认可支票的无记名方式。在《统一汇票本票法公约》和《统一支票法公约》中亦如此。

(11) 支票有划线制度。在统一支票法公约中，有划线支票的规定，划线支票的收款人仅限于银行或付款人的客户，安全性较大。汇票和本票均不得划线。

(12) 支票信用作用弱而支付功能强。

支票为见票即付票据，提示付款的期限极短，一般在十数天左右。按照《票据法》第91条的规定，除异地使用的支票由中国人民银行另定外，同城使用的支票，提示付款的期限为自出票日起10日内。由于付款提示期限短，出票人自收款人处得到信用的时间就很短，支票的信用功能就很弱。

(13) 支票仅限一份，不得有复本和誊本。

在外国票据法中，汇票可有复本与誊本，本票可有誊本，支票却仅限一份，不准使用复本和誊本。《票据法》未认可复本与誊本制度，支票也仅有一式一份。支票有存根，存根只供出票人留存备查和记账使用，不是支票的复本或誊本。

随堂练习(9-2)

根据票据法律制度的规定，下列关于票据签章的表述，正确的有(   )。

A. 甲公司在商业承兑汇票上承兑时，应当加盖其预留银行的签章

B. 乙银行签发汇票时，应当加盖乙银行汇票专用章加其法定代表人或其授权代理人的签名或盖章

C. 丙银行签发本票时，未加盖规定的本票专用章而加盖丙银行公章的，丙银行应承担票据责任

D. 丁公司签发支票时，未加盖与其在银行预留签章一致的财务专用章而加盖公司公章的，丁公司不承担票据责任

四、《票据法》对本票、支票准用汇票规范的规定

《票据法》第80条规定，本票的背书、保证、付款行为和追索权的行使，除适用本票规定外，适用《票据法》第二章有关汇票的规定。本票的出票行为，除本票规定外，适用《票据法》第24条关于汇票的规定。

《票据法》第93条规定，支票的背书、付款行为和追索权的行使，除适用支票规定外，适用《票据法》第二章有关汇票的规定。支票的出票行为，除适用支票规定外，适用《票据法》第24条、第26条关于汇票的规定。

 典型例题解析

 即测即评

思考与探索

1. 如何理解票据抗辩制度？
2. 如何理解票据行为的特征？
3. 试述汇票背书的种类及其法律意义。
4. 试述支票的特点。

法务研议

A为支付一批走私货货款，签发了一张以N为付款人的汇票给收款人B，金额为18万元。B依法办理承兑，加注"本汇票不得转让"的字样后，将该汇票转让给C。C获得该汇票的第二天，因车祸死亡，该汇票由其唯一的继承人D获得。D将依法继承该汇票的有效证明粘贴在票据上并签章后，将该汇票背书转让给E，E获得该汇票之后，将汇票金额改为118万元，并背书转让给F，F又将该汇票背书转让给G。G在法定期限内向付款人请求付款，付款人在审查该汇票后拒绝付款，理由是：①该汇票背书不连续。因为C受让该汇票时是该转让行为的被背书人，而在下一次背书转让中，背书人不是C，而是D。②该汇票金额已被变造。随即，付款人作成退票理由书，退票。

问题：

1. 如何评价该案中各当事人的行为？
2. G可以采取哪些措施维护自己的合法权益？
3. 如何界定当事人的民事责任？

第十章

知识产权法律制度

导读提示

知识产权是关于人类在社会实践中创造的智力劳动成果的专有权利，一般包括著作权、专利权和商标权。随着科学技术的发展和社会的进步，不仅使知识产权传统权利类型的内涵不断丰富，而且使知识产权的外延不断拓展。知识产权与人类的生活息息相关，在商业竞争上具有重要作用。

第一节　知识产权法概述

一、知识产权概述

(一) 知识产权的概念

知识产权(intellectual property)是指智力成果的创造人对所创造的智力成果和工商活动的行为人对所拥有的标记依法所享有的权利的总称。

知识拓展(10-1)

(二) 知识产权的特征

知识产权是一种与物权、债权并列的独立的民事权利，其具有法定性、无形性、专有性、地域性和时间性的特征。

知识产权的特征

(三) 知识产权的分类

1. 著作权和工业产权

这种分法以对知识的消费方式为标准。这里的著作权是广义的，包括著作权(copyright)和邻接权(neighboring right)，其保护对象是满足人类精神需要和审美要求的知识类型，包括文学、艺术和科学作品，表演艺术家的演出，录音制品和广播电视节目等。

工业产权(industrial property rights)是指著作权以外的知识产权。其保护对象的内容已超出"工业"的范围，主要是指以实现人类的衣、食、住、行等生产、生活的功能，满足以物质消费为目的的知识类型；同时还有以实现规范市场经济秩序功能为目的的符号、标记类型的知识，如工商业标记等。

2. 创造性智力成果权和工商业标记权

这种分法以知识产权价值的来源为标准。其中创造性智力成果权的价值直接来源于对该成果的商业性利用；工商业标记本身却不是其财产价值的源泉，它的价值来源于所标记的商品或服务，来源于它所标记的工商业主体的商业信誉。

二、知识产权法的概念

知识产权法是指由国家制定或认可的，用以调整自然人、法人及其他社会组织和国家因知识产权的归属、利用和保护而产生的社会关系的法律规范的总称。

从体系范围而言，知识产权法有广狭义之分。狭义的知识产权法，即传统意义上的知识产权法，包括著作权(含邻接权)、专利权、商标权三个主要组成部分。广义的知识产权法包括涉及著作权、邻接权、商标权、商号权、商业秘密权、产地标记权、专利权、集成电路布图设计权等各种权利的法律规范的总称。

现代知识产权法体系可由如下权利构成：著作权、专利权、商标权、反不正当竞争权等。

本章主要介绍著作权法、专利法、商标法等法律、法规的内容，反不正当竞争法在本书第十一章阐述。

第二节　著　作　权　法

著作权是我国民事主体享有的一项基本权利。著作权法是指调整因文学、艺术和科学作品的创作及使用而产生的人身关系和财产关系的法律规范的总称。为了保护著作权，我国制定并修改了《著作权法》。

一、著作权的概念

著作权亦称版权，是指作者及其他著作权人对其创作的文学、艺术和科学作品依法享有的权利。著作权包括人身权和财产权两个方面的内容。人身权是指作者享有的与其人身密不可分的权利，又称精神权利，它表现为作者对其作品的发表权、署名权、修改权和保护作品完整权。财产权是指作者及其他著作权人依法对其作品享有的使用和获得报酬的权利，它表现为著作权人以复制、出租、表演、播放、信息网络传播、展览、发行、摄制电影、电视或者改编、翻译、注释、汇编等方式使用作品，并由此获得报酬(remuneration)的权利。著作权人可以全部或部分转让上述财产权，并依照约定或《著作权法》的规定获得报酬。

著作权属于民事权利，是知识产权重要的组成部分。著作权除了具有知识产权所共有的特征，即具有专有性、地域性、时间性等特征外，与其他知识产权相比，还具有以下特征。

(1) 著作权因作品的创作完成而自动产生。专利权、商标权的取得必须经过申请、审批、登记和公告，即必须以行政确认程序来确认权利的取得和归属。而著作权因作品的创作完成而自动产生，一般不必履行任何形式的登记或注册手续，也不论其是否已经发表。

(2) 著作权突出对人身权的保护。著作权与作品的创作者密切相关，因此，在著作权中，保护作者对作品的人身权利是其重要的内容。著作权中作者的发表权、署名权、修改权、保护作品完整权等人身权利，永远归作者享有，不能转让，也不受著作权保护期限的限制。

二、著作权的主体与归属

(一) 著作权的主体

知识拓展(10-2)

著作权的主体又称著作权人(copyright holder)，是指依法对文学、艺术和科学作品享有著作权的人。根据《著作权法》的规定，著作权人包括作者以及其他依法享有著作权的自然人、法人或者非法人组织。

著作权的主体

(二) 著作权的归属

(1) 著作权归属的一般原则。《著作权法》规定，著作权属于作者，法律另有规定的除外。这是关于著作权归属的一般原则。

(2) 演绎作品著作权的归属。演绎作品是指改编、翻译、注释、整理、汇编已有作品而产生的作品。演绎作品的著作权由改编、翻译、注释、整理、汇编人享有，但其行使著作权时不得侵犯原作品的著作权。演绎作品的作者仅对演绎部分享有著作权，对被演绎的作品不享有著作权，并且无权阻止他人对同一原作进行演绎。

(3) 合作作品著作权的归属。合作作品是指两人以上合作创作的作品。合作作品的著作权由合作作者共同享有，没有参加创作的人不能成为合作作者。合作作品的著作权由合作作者通过协商一致行使；不能协商一致，又无正当理由的，任何一方不得阻止他方行使除转让、许可他人专有使用、出质以外的其他权利，但是所得收益应当合理分配给所有合作作者。

合作作品可以分割使用的，作者对各自创作的部分可以单独享有著作权，但行使著作权时不得侵犯合作作品整体的著作权。合作作品不可以分割使用的，其著作权由各合作作者共同享有，通过协商一致行使；合作作者对著作权的行使如果不能协商一致，任何一方无正当理由不得阻止他方行使除转让以外的其他权利，但是所得收益应当合理分配给所有合作作者。

(4) 汇编作品著作权的归属。汇编作品是指汇编若干作品、作品的片段或者不构成作品的数据或者其他材料，对其内容的选择或者编排体现独创性的作品。汇编作品的著作权由汇编人享有，但行使著作权时，不得侵犯原作品的著作权。由法人或者非法人单位组织人员进行创作，提供资金或者资料等创作条件，并承担责任的百科全书、辞书、教材、大型摄影画册等编辑作品，其整体著作权归法人或者非法人单位所有。

(5) 视听作品著作权的归属。视听作品是指电影、电视、录像作品和以类似摄制电影的方法创作的作品。视听作品中的电影作品、电视剧作品的著作权由制作者享有，但编剧、导演、摄影、作词、作曲等作者享有署名权，并有权按照与制作者签订的合同获得报酬。前述规定以外的视听作品的著作权归属由当事人约定；没有约定或者约定不明确的，由制作者享有，但作者享有署名权和获得报酬的权利。视听作品中的剧本、音乐等可以单独使用的作品的作者有权单独行使其著作权。著作权人许可他人将其作品摄制成电影、电视、录像作品的，视为已同意对其作品进行必要的改动，但是这种改动不得歪曲篡改原作品。

(6) 职务作品著作权的归属。职务作品是指自然人为完成法人或者非法人组织工作任务所创作的作品。职务作品的著作权由作者享有，但法人或者非法人组织有权在其业务范围内优先使用。作品完成2年内，未经单位同意，作者不得许可第三人以与单位使用的相同方式使用该作品。作品完成 2 年内，如单位在其业务范围内不使用，作者可以请求单位同意由第三人以与单位使用的相同方式使用，单位没有正当理由不得拒绝。在作品完成 2 年内，经单位同意，作者许可第三人以与单位使用的相同方式使用作品所获报酬，由作者与单位按约定的比例分配。作品完成 2 年后，单位可以在其业务范围内继续使用。上述作品完成 2 年的期限，自作者向单位交付作品之日起计算。

《著作权法》规定，有下列情形之一的职务作品，作者享有署名权，著作权的其他权利由法人或者非法人组织享有，法人或者非法人组织可以给予作者奖励：①主要是利用法人或者非法人组织的物质技术条件创作，并由法人或者非法人组织承担责任的工程设计图、产品设计图、地图、示意图、计算机软件等职务作品；②报社、期刊社、通讯社、广播电台、电视台的工作人员创作的职务作品；③法律、行政法规规定或者合同约定著作权由法人或者非法人组织享有的职务作品。

(7) 委托作品著作权的归属。委托作品是指受他人委托而创作的作品。委托作品著作权的归属由委托人和受托人通过合同约定。合同未作明确约定或者没有订立合同的，著作权属于受托人。对于委托作品著作权属于受托人的情形，委托人在约定的使用范围内享有使用作品的权利；双方没有约定使用作品范围的，委托人可以在委托创作的特定目的范围内免费使用该作品。

(8) 美术作品著作权的归属。美术作品包括绘画、书法、雕塑、建筑等作品。美术作品原件所有权的转移，不改变作品著作权的归属，不视为作品著作权的转移，但美术、摄影作品原件的展览权由原件所有人享有。作者将未发表的美术、摄影作品的原件所有权转让给他人，受让人展览该原件不构成对作者发表权的侵犯。

(9) 作者身份不明的作品著作权的归属。作者身份不明的作品，由作品原件的合法持有人行使除署名权以外的著作权。作者身份确定后，由作者或者其继承人行使著作权。

三、著作权的客体

著作权的客体是指《著作权法》保护的对象，即作品(works)，是指文学、艺术和科学领域内具有独创性并能以一定形式表现的智力成果。其构成要件如下。

(1) 作品必须是一种智力创作成果。作品首先是一种智力成果，是自然人智力劳动的结果。其次，作品是一种创作成果。

(2) 具有独创性。独创性亦称原创性，是指作品由作者独立构思和创作而成的，而不是抄袭、剽窃、篡改他人作品。其含义为：①作品系独立创作完成，而非剽窃之作；②作品必须体现作者的个性，属于作者智力劳动创作结果，即具有创作性。独创性存在于作品的表达之中，作品中所包含的思想并不要求必须具有独创性。作品的表达是作品形式和作品内容的有机整体。

(3) 可复制性。即作品必须可以通过某种有形形式复制，从而被他人所感知。

《著作权法》所称的作品，包括下列形式的作品：文字作品；口述作品；音乐、戏剧、曲艺、舞蹈、杂技艺术作品；美术、建筑作品；摄影作品；视听作品；工程设计图、产品设计图、地图、示意图等图形作品和模型作品；计算机软件；符合作品特征的其他智力成果。

著作权人应依法行使著作权，国家对作品的出版、传播依法进行监督管理。不受《著作权法》保护的对象主要包括：法律、法规，国家机关的决议、决定、命令和其他具有立法、行政、司法性质的文件，及其官方正式译文；单纯事实消息；历法、通用数表、通用表格和公式。

随堂练习(10-1)

下列对象中不受著作权法保护的是( )。

A. 李律师在法庭上发表的代理词
B. 马法官就某一案件撰写的判决书
C. 陈教授利用业余时间翻译的《日本民法典》
D. 刊登在专利公报上的某一发明专利的说明书

四、著作权的内容

著作权的内容是指著作权人享有的权利和承担的义务。根据《著作权法》的规定,著作权包括两个方面的内容,即著作人身权和著作财产权。

(一)著作人身权

著作人身权又称精神权利,是指作者基于作品的创作而依法享有的以精神利益为内容的权利。著作人身权具有永久性、不可分割性和不可剥夺性的特点。

根据《著作权法》的规定,著作人身权包括以下内容。

(1) 发表权(right of publication),即决定作品是否公之于众的权利。

(2) 署名权(right of authorship),即表明作者身份,在作品上署名的权利。

(3) 修改权(right of modification),即修改或者授权他人修改作品的权利。

(4) 保护作品完整权(right to maintain integrity),即保护作品不受歪曲、篡改的权利。

(二)著作财产权

著作财产权(property right in work),是指著作权人自己使用或者授权他人以一定方式使用作品并获取财产利益的权利。其主要表现为使用权、许可使用权、转让权和获得报酬权。著作财产权可以转让、继承或放弃。

知识拓展(10-3)

使用权的具体内容

1. 使用权

使用权是指著作权人以复制、发行、出租、展览、放映、广播、网络传播、改编、翻译、汇编等方式使用自己作品的权利。

2. 许可使用权

许可使用权是指著作权人依法享有的许可他人使用作品并获得报酬的权利。使用他人作品,应当同著作人订立许可使用合同,但属于法定使用许可情形的除外。使用许可合同未明确许可的权利,未经著作人同意,另一方当事人不得行使。

3. 转让权

转让权是指著作权人依法享有的转让使用权中一项或多项权利并获得报酬的权利。转让的标的不能是著作人身权,只能是著作财产权中的使用权。转让作品使用权的,应当订立书面合同。转让合同中未明确约定转让的权利,未经著作权人同意,另一方当事人不得行使。

4. 获得报酬权

获得报酬权是指著作权人依法享有的因作品的使用或转让而获得报酬的权利。获得报酬权通常是从使用权、使用许可权或转让权中派生出来的财产权,但获得报酬权有时又具有独立存在的价值。如在法定许可使用的情况下，他人使用作品可以不经著作权人同意，但必须按规定支付报酬。此时著作权人享有的获得报酬权就是独立存在的。

随堂练习(10-2)

某图书馆将国家图书馆的馆藏图书制作成数据库在互联网上供公众有偿阅读，则该图书馆没有侵犯的权利是( )。

A. 图书作者的复制权   B. 图书作者的发表权

C. 图书作者的网络传播权   D. 图书作者的保护作品完整权

五、著作权的保护期限和限制

(一) 著作权的保护期限

著作权保护期限是指著作权人依法取得的著作权的有效期限在保护期内，著作权人的著作权受法律保护；超过保护期，该作品即进入公有领域，作者或者其他著作权人不再享有专有使用权。《著作权法》规定，著作权的保护期限如下。

1. 著作人身权的保护期限

作者的署名权、修改权、保护作品完整权的保护期不受限制。发表权的保护期与著作财产权的保护期相同。

2. 著作财产权的保护期限

(1) 自然人的作品，其发表权、著作权中的财产权的保护期为作者终生及其死亡后50年，截止于作者死亡后第50年的12月31日；如果是合作作品，截止于最后死亡的作者死亡后第50年的12月31日。

(2) 法人或者非法人组织的作品、著作权(署名权除外)由法人或者非法人组织享有的职务作品，其发表权的保护期为50年，截止于作品创作完成后第50年的12月31日；著作权中的财产权的保护期为50年，截止于作品首次发表后第50年的12月31日，但作品自创作完成后50年内未发表的，不再保护。

(3) 视听作品，其发表权的保护期为50年，截止于作品创作完成后第50年的12月31日；著作权中的财产权的保护期为50年，截止于作品首次发表后第50年的12月31日，但作品自创作完成后50年内未发表的，不再保护。

(二) 著作权的限制

著作权的限制主要是针对著作权人所享有的财产权利的限制。著作权人依法享有的人身权利不受任何限制。根据《著作权法》的规定，著作权的限制主要体现在以下两个方面。

1. 合理使用

合理使用是指根据法律的明文规定，不必征得著作权人同意而无偿使用他人已发表作品的行为。合理使用一般只限于为个人消费或公益性使用等目的少量使用他人作品的行为，可以不经著作权人许可，不向其支付报酬，但应当指明作者姓名或者名称、作品名称，并且不得影响该作品的正常使用，也不得损害著作权人的合法权益。

2. 法定许可使用

法定许可使用是指依照法律的明文规定，不经著作权人同意有偿使用他人已经发表作品的行为。

法定许可使用的情形主要包括：为实施义务教育和国家教育规划而编写出版教科书，可以不经著作权人许可，在教科书中汇编已经发表的作品片段或者短小的文字作品、音乐作品或者单幅的美术作品、摄影作品、图形作品，但应当按照规定向著作权人支付报酬，指明作者姓名或者名称、作品名称，并且不得侵犯著作权人依照《著作权法》享有的其他权利。前述规定适用于对与著作权有关的权利的限制。

《著作权法》关于权利限制的规定

【例 10-1】甲创作的一篇杂文，发表后引起较大轰动。该杂文被多家报刊、网站无偿转载。乙将该杂文译成法文，丙将之译成维吾尔文，均在国内出版，未征得甲的同意，也未支付报酬。下列观点正确的是(   )。

A. 报刊和网站转载该杂文的行为不构成侵权

B. 乙和丙的行为均不构成侵权

C. 乙的行为不构成侵权，丙的行为构成侵权

D. 乙的行为构成侵权，丙的行为不构成侵权

【解析】根据《著作权法》的规定，正确答案是 D。

六、邻接权

邻接权，也称为与著作权有关的权利，是指作品的传播者所享有的权利。邻接权与作品的著作权不同，两者的区别主要表现在以下三个方面：一是权利主体不同。著作权的主体为创作作品的作者和作者以外依法取得著作权的公民、法人或者其他组织；邻接权的主体则是作品的传播者。二是权利内容不同。著作权的内容包括著作人身权和著作财产权；邻接权体现的主要是作品传播者对其传播劳动及传播作品的过程中投入资金的回报所享有的权利。三是权利对象不同。著作权的对象是作品；邻接权的对象则为作品的传播行为。

根据《著作权法》的规定，邻接权主要包括：出版者对其出版的图书和报刊享有的权利；表演者对其表演享有的权利；录音录像制作者对其制作的录音录像制品享有的权利；广播电台、电视台对其制作的广播、电视节目享有的权利。

第三节 专 利 法

专利权(patent right)是指专利权人在法定期限内对其发明创造所享有的独占权。为了鼓励发明创造，促进科学技术的发展，我国制定并修订了《中华人民共和国专利法》(以下简称《专利法》)。专利法是指调整因确认发明创造的所有权和因发明创造的实施而产生的各种社会关系的法律规范的总称。

(一) 发明人或者设计人

《专利法》所称发明人或者设计人，是指对发明创造的实质性特点作出创造性贡献的人。在完

成发明创造过程中，只负责组织工作的人、为物质技术条件的利用提供方便的人或者从事其他辅助工作的人，不是发明人或者设计人。

发明人或者设计人一般具有以下特征。

(1) 发明人或者设计人为自然人。

(2) 发明人或者设计人的认定不受其民事行为能力的限制。

(3) 发明人或者设计人必须是对发明创造的实质性特点作出创造性贡献的人。

(二) 职务发明创造的单位

职务发明创造是指发明人或者设计人执行本单位的任务，或者主要是利用本单位的物质技术条件所完成的发明创造。凡是不能被证明为职务发明创造的，为非职务发明创造。

对于职务发明创造，申请专利的权利属于该单位，申请被批准后，该单位为专利权人。该单位可以依法处置其职务发明创造申请专利的权利和专利权，促进相关发明创造的实施和运用。对于非职务发明创造，申请专利的权利属于发明人或者设计人，申请被批准后，该发明人或者设计人为专利权人。

知识拓展(10-4)

职务发明创造的认定

利用本单位的物质技术条件所完成的发明创造，单位与发明人或者设计人订有合同，对申请专利的权利和专利权的归属作出约定的，从其约定。两个以上单位或者个人合作完成的发明创造、一个单位或者个人接受其他单位或者个人委托所完成的发明创造，除另有协议的以外，申请专利的权利属于完成或者共同完成的单位或者个人；申请被批准后，申请的单位或者个人为专利权人。

> **【例 10-2】** 李泉是甲公司的研究人员，承担了一种冷藏机的研制任务，在研制成功前辞职开办乙公司。辞职近一年时，李泉研制成功了该冷藏机，并以乙公司的名义申请并获得了专利。丙公司在李泉研制成功之前已经研制出该冷藏机技术并开始生产产品。下列选项正确的是(　　　)。
>
> A. 该专利权应归甲公司享有，李泉享有在专利文件中署名的权利
>
> B. 该专利权应归甲公司享有，乙公司享有免费使用权
>
> C. 该专利权应归乙公司享有，甲公司享有免费使用权
>
> D. 在该专利授权后，丙公司应停止生产该冷藏机
>
> **【解析】** 根据《专利法》第 6 条的规定，正确答案是 A。

(三) 外国人、外国企业或者外国其他组织

外国人、外国企业或者外国其他组织在我国申请和取得专利权，依照有关规定，应按照以下情况办理。

(1) 在中国有经常居所或者营业所的外国人、外国企业或者外国其他组织在中国申请专利的，根据《巴黎公约》的规定和国际惯例，享有与我国国民同等的待遇。

(2) 在中国没有经常居所或者营业所的外国人、外国企业或者外国其他组织在中国申请专利的，依照其所属国同中国签订的协议或者共同参加的国际条约，或者依照互惠原则，根据《专利法》的规定处理。

(3) 在中国没有经常居所或者营业所的外国人、外国企业或者外国其他组织在中国申请专利和办理其他专利事务的，应当委托国务院专利管理机关指定的专利代理机构办理。

二、专利权的客体

专利权的客体是指可以获得《专利法》保护的发明创造。《专利法》规定的发明创造是指发明、实用新型和外观设计。

(一) 发明

发明(invention)是指对产品、方法或者其改进所提出的新的技术方案。发明必须是一种技术方案，是发明人将自然规律在特定技术领域进行运用和结合的结果，而不是自然规律本身。同时，发明通常是自然科学领域的智力成果，文学、艺术和社会科学领域的成果也不能构成《专利法》意义上的发明。发明分为产品发明、方法发明和改进发明三种形式。

发明专利的保护期限为20年，自申请日起计算。

(二) 实用新型

实用新型(utility model)是指对产品的形状、构造或者其结合所提出的适于实用的新的技术方案。实用新型具有如下特征：①实用新型是一种新的技术方案，也是发明的一部分；②实用新型仅限于产品，不包括方法；③实用新型要求产品必须是具有固定的形状、构造的产品。气态、液态、凝胶状或颗粒粉末状的物质或者材料，不属于实用新型的产品范围。

实用新型专利保护期限为10年，自申请日起计算。

(三) 外观设计

外观设计(exterior design)是指对产品的整体或者局部的形状、图案或者其结合以及色彩与形状、图案的结合所作出的富有美感并适于工业应用的新设计。外观设计具有如下特征：①外观设计必须与产品相结合；②外观设计必须能在产业上应用，必须能够用于生产经营目的的制造或生产；③外观设计富有美感。外观设计包含的是美术思想，即解决产品的视觉效果问题，而不是技术思想。这一点与实用新型有区别。

外观设计的专利保护期限为15年，自申请日起计算。

(四) 不授予专利权的对象

根据《专利法》的规定，下列情况不授予专利权：违反法律、社会公德或妨害公共利益的发明创造；对违反法律、行政法规的规定获取，或者利用遗传资源并依赖该遗传资源完成的发明创造；科学发现；智力活动的规则和方法；疾病的诊断和治疗方法；动物和植物品种，但是对于动物和植物品种的生产方法可以依法授予专利权；原子核变换方法及用原子核变换方法获得的物质；对平面印刷品的图案、色彩或者二者的结合作出的主要起标识作用的设计。

三、授予专利权的条件

授予专利权的发明和实用新型，应当具备新颖性、创造性和实用性。授予专利权的外观设计，应当同申请日以前在国内外出版物上公开发表过或者国内公开使用过的外观设计不相同和不近似，并不得与他人在先取得的合法权利相冲突。

(一) 新颖性

新颖性(novelty)，是指在申请日以前没有同样的发明或者实用新型在国内外出版物上公开发表过、在国内公开使用过或者以其他方式为公众所知，也没有同样的发明或者实用新型由他人向国务院专利行政部门提出过申请并且记载在申请日以后公布的专利申请文件中。但申请专利的发明创造在申请日以前 6 个月内，有下列情形之一的不丧失新颖性：

(1) 在国家出现紧急状态或者非常情况时，为公共利益目的首次公开的；

(2) 在中国政府主办或者承认的国际展览会上首次展出的；

(3) 在规定的学术会议或者技术会议上首次发表的；

(4) 他人未经申请人同意而泄露其内容的。

（二）创造性

创造性(creativity)是指同申请日以前已有的技术相比，该发明有突出的实质性特点和显著的进步，该实用新型有实质性特点和进步。

（三）实用性

实用性(practicability)是指该发明或者实用新型能够制造或者使用，并且能够产生积极效果。

随堂练习(10-3)

关于下列成果可否获得专利权的判断，正确的选项是(　　)。

A. 甲设计的新交通规则，能缓解道路拥堵，可获得方法发明专利权

B. 乙设计的新型医用心脏起搏器，能迅速使心脏重新跳动，该起搏器不能被授予专利权

C. 丙通过转基因方法合成一种新细菌，可过滤汽油的杂质，该细菌属动物新品种，不能被授予专利权

D. 丁设计的儿童水杯，其新颖而独特的造型既富美感，又能防止杯子滑落，该水杯既可申请实用新型专利权，也可申请外观设计专利权

四、专利权的内容及其保护与限制

（一）专利权人的权利

专利权可以分为专利人身权利和专利财产权利两大类。专利人身权利主要是指发明人、设计人的署名权；专利财产权利主要包括制造权、使用权、许诺销售权、销售权、进口权、许可权等。基于此，专利权人的权利如下。

知识拓展(10-5)　法条链接(10-2)

专利权的主要内容　《专利法》关于专利权内容的规定

1. 标示权

标示权是指专利权人享有的在其专利产品或者该产品的包装上标明专利标记和专利号的权利。

2. 独占实施权

发明和实用新型专利权被授予后，除《专利法》另有规定的以外，任何单位或者个人未经专利权人许可，都不得实施其专利，即不得为生产经营目的制造、使用、许诺销售、销售、进口其专利产品，或者使用其专利方法以及使用、许诺销售、销售、进口依照专利方法直接获得的产品。

外观设计专利权被授予后，任何单位或者个人未经专利权人许可，都不得实施其专利，即不得为生产经营目的制造、许诺销售、销售、进口其外观设计专利产品。

3. 实施许可权

实施许可权是指专利权人可以许可他人实施其专利技术并收取专利使用费。专利权人自愿以书面方式向国务院专利行政部门声明愿意许可任何单位或者个人实施其专利，并明确许可使用费支付方式、标准的，由国务院专利行政部门予以公告，实行开放许可。开放许可声明被公告撤回的，不影响在先给予的开放许可的效力。实行开放许可的专利权人可以与被许可人就许可使用费进行协商后给予普通许可，但不得就该专利给予独占或者排他许可。许可他人实施专利的，当事人应当订立书面合同。

4. 转让权

专利权可以转让。转让专利权的，当事人应当订立书面合同并依法办理相应的登记手续。

(二) 专利权人的义务

专利权人的义务主要是缴纳专利年费。未按规定缴纳年费的，可能导致专利权终止。同时，申请专利和行使专利权应当遵循诚实信用原则。不得滥用专利权损害公共利益或者他人合法权益。滥用专利权，排除或者限制竞争，构成垄断行为的，依照《中华人民共和国反垄断法》(以下简称《反垄断法》)处理。

(三) 专利权的保护范围

专利权的保护范围是指发明、实用新型和外观设计专利权的法律效力所及的范围。法律明确规定专利权的保护范围，划清专利侵权与非侵权的界限，既有利于依法充分保护专利权人的合法权益，又可以避免不适当地扩大专利保护的范围，损害专利权人以外的社会公众的利益。

发明或者实用新型专利权的保护范围，以其权利要求的内容为准，说明书及附图可以用于解释权利要求。

外观设计专利权的保护范围，以表示在图片或者照片中的该外观设计专利产品为准。外观设计专利权的保护范围，以体现该产品外观设计的图片或者照片为基本依据。需要说明的是，外观设计专利权所保护的"表示在图片或者照片中的该外观设计专利产品"的范围，应当是同类产品的范围，不是同类产品，即使外观设计相同，也不能认为是侵犯了专利权。

(四) 专利权的限制

1. 指定许可

国有企业事业单位的发明专利，对国家利益或者公共利益具有重大意义的，国务院有关主管部门和省、自治区、直辖市人民政府报经国务院批准，可以决定在批准的范围内推广应用，允许指定的单位实施，由实施单位按照国家规定向专利权人支付使用费。

2. 强制许可

强制许可亦称非自愿许可，是指国务院专利行政部门依照法律规定，不经专利权人的同意，直接许可具备实施条件的申请者实施发明或实用新型专利的一种行政措施。其目的是促进获得专利的发明创造得以实施，防止专利权人滥用专利权，维护国家利益和社会公共利益。《专利法》将强制许可分为三类：不实施时的强制许可；根据公共利益需要的强制许可；从属专利的强制许可。

3. 不视为侵犯专利权的行为

《专利法》规定，有下列情形之一的不视为侵犯专利权。

(1) 专利产品或者依照专利方法直接获得的产品，由专利权人或者经其许可的单位、个人售出后，使用、许诺销售、销售、进口该产品的。

(2) 在专利申请日前已经制造相同产品、使用相同方法或者已经做好制造、使用的必要准备，并且仅在原有范围内继续制造、使用的。

(3) 临时通过中国领陆、领水、领空的外国运输工具，依照其所属国同中国签订的协议或者共同参加的国际条约，或者依照互惠原则，为运输工具自身需要而在其装置和设备中使用有关专利的。

知识拓展(10-6)

(4) 专为科学研究和实验而使用有关专利的。

(5) 为提供行政审批所需要的信息，制造、使用、进口专利药品或者专利医疗器械的，以及专门为其制造、进口专利药品或者专利医疗器械的。

侵犯专利权的
行为及例外

【例10-3】甲公司获得了某医用镊子的实用新型专利，不久后乙公司自行研制出相同的镊子，并通过丙公司销售给丁医院使用。乙、丙、丁都不知道甲已经获得该专利。下列选项正确的是(　　)。

A. 乙的制造行为不构成侵权　　　　B. 丙的销售行为不构成侵权

C. 丁的使用行为不构成侵权　　　　D. 丙和丁能证明其产品的合法来源，不承担赔偿责任

【解析】根据《专利法》第11条的规定，正确答案是D。

第四节　商　标　法

商标权是指商标所有人对法律确认并给予保护的商标享有的权利。商标法是指调整商标的组成、注册、使用、管理和商标专用权的保护等的法律规范的总称。为加强商标管理，保护商标专用权，促使生产者、经营者保证商品质量和服务质量，维护商标信誉，我国制定并修订了《中华人民共和国商标法》(以下简称《商标法》)。

一、商标

(一) 商标的概念及其特征

商标(trademark)是商品的生产者、经营者或者服务的提供者为了表明自己、区别他人在其商品或者服务项目上使用的显著标记，即由文字、图形、字母、数字、三维标志、颜色组合和声音等，以及上述要素的组合所构成的标志。商标应具有显著特征、便于识别商品或服务，并不得与他人在先取得的合法权利冲突。在先权利是指在申请商标注册之前的合法权利，其内容具体包括但不限于下列权利：著作权、地理标志权、商号权、外观设计专利权、姓名权、肖像权、商品化权。

商标具有如下特征。

(1) 商标主要是由文字、图形或文字与图形等结合而组成的标记。商标的构成具有多样性，凡能够将一企业的商品或者服务与另一企业的商品或者服务加以区别的任何标志或者标志的组合，均能构成一项商标。

(2) 商标是使用于商品或者服务上的显著标记。商标依附于商品或者服务而存在，其使用具有商业意义和商业价值。

(3) 商标是代表特定商品生产者、经销者或者服务提供者的专用符号。商标具有识别性和表彰性功能。

(4) 商标是附于商品表面或包装、或标于与所提供的服务相关的物品上的具有显著特征的简洁符号。

（二）商标的分类

根据不同的划分标准，可以将商标分为不同的种类。

(1) 根据商标是否登记注册，可将商标划分为注册商标(registered trademark)和未注册商标(unregistered trademark)。注册商标是指已经在商标注册主管机关获准注册的商标。未注册商标是指已经使用但未经商标注册主管机关获准注册的商标。

世界上对商标的保护有两种做法，一是注册保护，另一种是使用保护。在实行注册保护制度的国家，只有注册商标方可取得商标权，未注册商标不能取得商标权，但这并不意味着未注册商标不受法律保护。在我国，未注册商标中，除驰名商标受法律特别保护外，其他商标使用人不享有法律赋予的商标权，但受到相关民事法律、反不正当竞争法的保护。对未注册商标，使用人所享有的利益仍被承认。实践中，未注册商标的所有者可以反对他人抢注，如果抢注人以不正当手段抢先注册，先用人可以通过商标异议或者撤销程序维护自己的利益，但是不能根据《商标法》禁止他人模仿、仿冒其商标。在采用使用原则取得商标权的国家，仅凭使用商标的事实即可取得商标权。

(2) 根据商标标示对象的不同，可将商标分为商品商标和服务商标。商品商标是用于生产销售的商品上的标记。服务商标是用于服务行业，以便与其他服务行业相区别的标记。

(3) 根据商标的构成要素，可将商标分为：①文字商标是由纯文字构成的商标，既可以是中文，也可以是外文。中文包括汉字、汉语拼音和少数民族文字。②图形商标是由纯图形构成的商标。③字母商标是由纯字母构成的商标。④数字商标是由纯数字构成的商标。⑤三维标志商标，即立体商标，是指由长宽高三维组成的商标。三维标志往往表现为商品的外形或商品包装特有的形状，如某酒瓶的包装。⑥颜色组合商标是指由几种不同的颜色按照一定的规则组合而成的商标，但单一的颜色不得作为商标。⑦组合商标是指由各种符号要素组合而成的商标。此类商标往往图文并茂，表形表意结合。⑧声音商标是指由足以使相关消费者区别商品或服务来源的声音构成的商标。声音商标是以听觉而非视觉的方法作为区别商品或服务的交易来源。该商标识别性的判断，须具有足以使消费者认识，彰显商品或服务来源，并借以与他人的商品或服务相区别，方可准予注册。实践中，以声音标志申请商标注册的，应当在申请书中予以声明，提交符合要求的声音样本，对申请注册的声音商标进行描述，说明商标的使用方式。对声音商标进行描述，应当以五线谱或者简谱对申请用作商标的声音加以描述并附加文字说明；无法以五线谱或者简谱描述的，应当以文字加以描述；商标描述与声音样本应当一致。

(4) 根据商标具有的特殊作用，可将商标分为证明商标(certification trademark)、集体商标(collective trademark)。证明商标是指由对某种商品或者服务具有监督能力的组织所控制，而由该组织以外的单位或者个人使用于其商品或者服务，用以证明该商品或者服务的原产地、原料、制造方法、质量或者其他特定品质的标志。集体商标是指以团体、协会或者其他组织名义注册，专供该组织成员在商事活动中使用以表明使用者在该组织中的成员资格的标志。

(5) 根据商标的目的和功能的不同，可将商标分为等级商标和防卫商标。等级商标是指同一经营者对同类商品因规格、质量不同而使用的系列商标，其作用在于区别同一经营者的不同规格、不同质量的同类商品。等级商标可以一并申请注册，一并转让或许可他人使用，其中某一个商标被注销或撤销，不影响其他商标的存在，因而等级商标中的系列商标具有相对的独立性。防卫商标是指为了防止他人的使用或注册而对自己的核心商标所进行的注册，包括联合商标和防御商标两种形式。联合商标是指注册人在同一商品上注册若干个近似商标，包括正商标[①](original

---

① 正商标是指最先创设使用的商标。相对于可以只注册不使用的联合商标和防御商标而言，企业必须履行实际使用义务的主要商标。例如某公司因其"乐口福"享有盛名而又申请注册了"乐福口""口福乐""口乐福"等商标。在这组近似商标中，"乐口福"为正商标，其余则为联合商标。

trademark)和其余的联合商标。其主要目的在于保护正商标,防止他人影射和搭便车。防御商标是指为防止他人注册,驰名商标的所有权人在不同类别的商品或服务上注册的商标。最早注册的是正商标,以后再注册在不同类别的商品上的商标为防御商标。其目的在于保护驰名商标的声誉,防止商标被淡化、弱化。

(6) 根据商标在相关市场上的知名度,可将商标分为驰名商标(reputed trademark)、著名商标(famous trademark)和知名商标(well-known trademark)。

驰名商标是指由知识产权局认定的在市场上享有较高声誉并为相关公众[①]所熟知的商标。国家知识产权局依据当事人申请,结合处理案件的需要,负责在商标注册审查、商标争议处理和查处商标违法案件过程中认定和保护驰名商标。认定驰名商标,应当考虑下列因素:①相关公众对该商标的知晓程度;②该商标使用的持续时间;③该商标的任何宣传工作的持续时间、程度和地理范围;④该商标作为驰名商标受保护的记录;⑤该商标驰名的其他因素。国家知识产权局认定驰名商标后,应当将认定结果通知有关部门及申请人,并予以公告。

《商标法》第 13 条规定,为相关公众所熟知的商标,持有人认为其权利受到侵害时,可以依照《商标法》规定请求驰名商标保护。在商标注册审查、市场监督管理部门查处商标违法案件过程中,当事人依照《商标法》第 13 条规定主张权利的,知识产权局根据审查、处理案件的需要,可以对商标驰名情况作出认定。在商标争议处理过程中,当事人依照《商标法》第 13 条规定主张权利的,商标评审委员会根据处理案件的需要,可以对商标驰名情况作出认定。在商标民事、行政案件审理过程中,当事人依照《商标法》第 13 条规定主张权利的,最高人民法院指定的人民法院根据审理案件的需要,可以对商标驰名情况作出认定。生产、经营者不得将"驰名商标"字样用于商品、商品包装或者容器上,或者用于广告宣传、展览以及其他商业活动中。

著名商标是指由省级知识产权管理部门认可的,在该行政区划范围内具有较高声誉和市场知名度的商标。知名商标是指由市一级知识产权管理部门认可的,在该行政区划范围内具有较高声誉和市场知名度的商标。

二、商标权

(一) 商标权的概念

商标权是指商标所有人对其商标拥有的独占的、排他的权利。由于我国在商标权的取得方面实行的是注册原则,因此,商标权实际上是因商标所有人申请,经政府主管部门确认的专有权利,即因商标注册而产生的权利。从权利的性质上看,商标权与所有权一样,属于绝对权的范围,即权利主体对其注册商标享有完全的使用权和排他的权利。从权利的特征上看,商标权与一般知识产权一样,具有无形性、法定性、专有性、地域性和时间性。

(二) 商标权的主体

商标权的主体是指通过法定程序,在自己生产、制造、加工、拣选、经销的商品或者提供的服务上享有商标专用权的人。根据《商标法》的规定,商标权的主体范围包括:自然人、法人或者其他组织。两个以上自然人、法人或者其他组织可以共同向知识产权局申请注册同一商标,共同享有和行使该商标专用权。

---

① 相关公众包括与使用商标所标示的某类商品或者服务有关的消费者,生产前述商品或者提供服务的其他经营者以及经销渠道中所涉及的销售者和相关人员等。

(三) 商标权的客体

商标权的客体是指经知识产权局核准注册的商标,即注册商标。申请注册的商标应当具备以下条件。

(1) 商标应当具备显著性。《商标法》规定,申请注册的商标应当有显著特征,便于识别,并不得与他人在先取得的合法权利相冲突。商标具备的这种显著性,可以通过两种方式产生:一是商标本身具有显著性;二是通过长期的使用获得商标的显著性。

知识拓展(10-7)

(2) 商标应当符合规定的要求。《商标法》规定,任何能够将自然人、法人或者其他组织的商品与他人的商品区别开的标志,包括文字、图形、字母、数字、三维标志、颜色组合和声音等,以及上述要素的组合,均可以作为商标申请注册。由此可见,气味标志不能成为注册商标。

不得作为
商标使用的标志

【例10-4】某企业在其生产的人用药品上使用"病必治"商标,但未进行注册。下列选项正确的是(   )。

A. 该企业使用该商标违法,因人用药品商标必须注册

B. 该商标夸大宣传并具有欺骗性,不得使用

C. 该商标可以使用,但不得注册

D. 该商标通过使用获得显著性后,可以注册

【解析】根据《商标法》第10条的规定,正确答案是B。

随堂练习(10-4)

以下标识中,不得作为商标使用的是(   )。
A. 文字"中国"　　　B. 图形"蝴蝶"　　　C. 数字与字母"56F"　　　D. 文字"红新月"

下列标志不得作为商标注册:仅有本商品的通用名称、图形、型号的;仅直接表示商品的质量、主要原料、功能、用途、重量、数量及其他特点的;其他缺乏显著特征的。前述所列标志经过使用取得显著特征,并便于识别的,可以作为商标注册。同时,作为商标的标志不得与他人在先取得的合法权利相冲突。在先取得的合法权利是指在商标注册申请人提出商标申请以前,他人已经依法取得或者依法享有并受法律保护的权利。通常包括著作权、专利权、姓名权、肖像权、商号权、地理标志权、域名权等。

随堂练习(10-5)

根据《商标法》的规定,下列商标中不违反法律禁止性规定的是(   )。
A. 暖和牌棉裤　　　B. 明亮牌灯泡　　　C. 粮食牌白酒　　　D. 甜蜜牌衬衣

同时,根据《商标法》的规定,申请注册商标时,还应注意以下几个方面。

以三维标志申请注册商标的,仅由商品自身的性质产生的形状、为获得技术效果而需有的商品形状或者使商品具有实质性价值的形状,不得注册。

就相同或者类似商品申请注册的商标是复制、摹仿或者翻译他人未在中国注册的驰名商标,容易导致混淆的,不予注册并禁止使用。

就不相同或者不相类似商品申请注册的商标是复制、摹仿或者翻译他人已经在中国注册的驰

名商标，误导公众，致使该驰名商标注册人的利益可能受到损害的，不予注册并禁止使用。

未经授权，代理人或者代表人以自己的名义将被代理人或者被代表人的商标进行注册，被代理人或者被代表人提出异议的，不予注册并禁止使用。就同一种商品或者类似商品申请注册的商标与他人在先使用的未注册商标相同或者近似，申请人与该他人具有前述规定以外的合同、业务往来关系或者其他关系而明知该他人商标存在，该他人提出异议的，不予注册。

商标中有商品的地理标志(标示某商品来源于某地区，该商品的特定质量、信誉或者其他特征，主要由该地区的自然因素或者人文因素所决定的标志)，而该商品并非来源于该标志所标示的地区，误导公众的，不予注册并禁止使用。但是，已经善意取得注册的继续有效。

(四) 商标权取得的原则及程序

1. 商标权取得的原则

(1) 注册原则。如果商标所有人不向知识产权局提出注册申请，即使其商标经过长期使用，也同样不能获得商标权。未注册商标虽然被法律允许使用，但大多处于无法律保障的状态，只有在被他人以不正当手段抢先注册，且自己的商标已经使用并有一定影响时，商标所有人才可依据《商标法》的规定对抗抢注者。

(2) 自愿注册原则。商标所有人自行决定是否申请商标注册，不注册的商标也可以使用，但商标所有人不享有商标权。对涉及人们健康的极少数商品实行强制注册，如烟草制品(主要指卷烟、雪茄烟、有包装的烟丝)。

(3) 以使用在先为补充的申请在先原则。对于两个或两个以上的申请人，在同一种或类似商品上申请注册相同或近似的商标时，准予先申请人的注册，驳回后申请人的申请。同一天申请的，初步审定并公告使用在先的商标。但对于无法确定先使用人的，由各申请人自行协商，不愿协商或协商不成的，知识产权局通知各申请人以抽签方式确定一个申请人，驳回其他人的注册申请。

(4) 优先权(priority)原则。商标注册申请人自其商标在外国第一次提出商标申请之日起 6 个月内，又在中国就相同商品以同一商标提出商标注册申请的，依照该外国同中国签订的协议或者共同参加的国际条约，或者按照相互承认的优先权原则，可以享有优先权。商标在中国政府主办的或承认的国际展览会展出的商品上首次使用的，自该商品展出之日起 6 个月内，该商标的注册申请人可以享有优先权。

2. 商标权取得的程序

商标权的取得可分为原始取得和继受取得。

商标权的原始取得应按照商标注册程序办理。首次申请商标注册，申请人应当提交申请书、商标图样、证明文件并缴纳申请费。知识产权局对受理的商标注册申请，依法进行审查，对符合规定的，予以初步审定并予以公告，对不符合规定的，予以驳回并书面通知申请人。不以使用为目的的恶意商标注册申请，应当依法予以驳回。对初步审定的商标，自公告之日起 3 个月内，相关当事人可提出异议。当事人对公告期满无异议的，予以核准注册，发给商标注册证，并予公告。

继受取得应按合同转让和继承注册商标的程序办理。

(五) 商标权的内容

商标权是指商标所有人依法对其注册商标所享有的占有、使用、收益和处分的权利，即专用权、使用许可权、转让权、续展权、标示权和禁止权。

同时，根据《商标法》的规定，商标注册人在使用商标时应承担以下义务：不得擅自改变注册商标，需要改变其标志的，应当重新提出注册申请；不得自行改变注册商标的注册人名义、地址或者其他注册事项，否则由地方市场监督管理部门责令限期改正，期满不改正的，由知识产权局撤销其注册商标；不得自行转让注册商标，转让注册商标应通过商标主管机关核准；注册商标必须使用，连续3年停止使用的，注册商标由知识产权局撤销其商标注册。

知识拓展(10-8)

商标权
的具体内容

三、商标权法律保护

注册商标专用权是指注册商标的所有人对其所有的注册商标享有独占的使用权，未经其许可，任何人都不得在同一种商品或者类似商品上使用与其注册商标相同或者近似的商标。注册商标的专用权以核准注册的商标和核定使用的商品或服务为限。当他人侵害了注册商标专用权时，注册商标专用权人有权采取措施。

知识拓展(10-9)

商标侵权行为
的主要表现形式

法条链接(10-3)

《商标法》关于注册商标专用权保护的规定

行为人侵犯他人注册商标专用权的，应当视其情节依法承担相应的法律责任，包括民事责任、行政责任甚至刑事责任。

典型
例题解析

即测
即评

思考与探索

1. 试述知识产权的法律特征。
2. 试述著作权的内容及其限制。
3. 试述专利侵权行为的特征及表现形式。
4. 试述商标的类型及商标权法律保护的主要内容。

法务研议

某企业甲于2017年获得了"兰亭"商标专用权，使用在女士服装上并已经在市场上享有较高知名度和美誉度。2025年5月，企业乙通过域名注册商丙注册了"lanting.com.cn"域名，并在该域名网站上发布乙生产的女士服装经营信息。之后甲注册"lanting.com.cn"域名时因乙的在先注册而没有成功，遂将乙和丙诉上法庭，认为乙、丙的行为构成不正当竞争，请求乙将该域名无偿转移给甲，并请求乙、丙共同赔偿损失。乙抗辩，兰亭是风景名胜地名，且乙公司设立在该地附近，有权将这一公共资源作为域名使用，并且在网站上没有任何使用甲商标的行为。丙认为，其作为域名注册服务商遵循"先申请，先服务"的原则，没有责任审查该域名应当归谁所有，故不承担任何责任。

问题：

1. 作为律师，该如何评价本案？
2. 作为经营者，应采取哪些措施以避免出现类似甲企业的遭遇？

第十一章

市场规制法律制度

导读提示

　　市场经济是法治经济，市场秩序是依法规范的经济秩序。市场规制法是调整市场经济秩序的法律规范的总和，它是建立在对市场失灵和政府失灵进行双调整基础上的法律，其本质就是国家权力对市场交易活动的依法适度干预。作为经济法重要的组成部分，市场规制法包括的领域非常广泛，涉及的基本范畴非常复杂，且一直处于变化中。限于篇幅，本章仅介绍反垄断法、反不正当竞争法、反倾销法、反补贴和保障措施法、产品质量法、消费者权益保护法、价格法和广告法的主要内容。

第一节　反垄断法

一、垄断的概念和分类

　　垄断(monopoly)是指少数企业凭借雄厚的经济实力对生产和市场进行控制，并在一定的市场领域内从实质上限制竞争(competition)的一种市场状态。垄断由自由竞争发展而来，是竞争参与者在取得支配地位后向排斥和限制他人竞争转化而形成的。垄断与市场经济自由公平原则背道而驰，窒息了市场竞争的活力，阻碍了经济持久健康发展。

　　垄断可根据市场占有的情况，分为独占垄断、寡头垄断和联合垄断。独占垄断也称为完全垄断，是指一家企业对整个行业的生产、销售和价格有完全的排他性的控制能力，在该行业内不存在任何竞争。寡头垄断是指市场上只有为数不多的企业生产、销售某种特定的产品或者服务，每个企业都占有一定的市场份额，对价格实施了排他性的控制，但它们相互之间又存在一定的竞争。联合垄断，是指多个相互间有竞争关系并有相当经济实力的企业，通过限制竞争协议等形式，联合控制某一行业市场的状态。

　　垄断也可根据产生的原因，分为经济性垄断、国家垄断、行政垄断和自然垄断。经济性垄断又称市场垄断，是指市场主体通过自身的力量设置市场障碍而形成的垄断，这是一般的垄断。国家垄断是指国家出于保护目的，对某一行业市场的生产、销售等进行直接控制，不允许其他市场主体进入该市场领域的情况。行政垄断是指由政府行政机构违法设置市场障碍而形成的垄断，如在计划经济向市场经济转轨时期，一些地方和部门的保护主义就是典型的行政性垄断。自然垄断是指由于市场的自然条件原因而产生的独占经营，即某些行业不适合竞争经营，否则将导致社会资源的浪费或市场秩序的混乱，如公用事业。

二、反垄断法的概念、调整对象和范围

反垄断法是调整国家在制止市场主体以控制市场为目的的反竞争行为过程中所发生的经济关系的法律规范的总和。作为维护正当竞争的法，反垄断法所规范的重心在于反竞争的垄断行为而非垄断状态。《反垄断法》调整的主要是具有竞争关系的经营者之间的法律关系。

《反垄断法》所禁止的并不是所有的垄断行为，只是法律特定的垄断行为。只有当企业从获取超额垄断利润或者排挤竞争对手等目的出发，占有较高的市场份额，并滥用这种市场优势实施反竞争的行为时，才被视为垄断，才需要依《反垄断法》加以制止。对于农业生产者及农村经济组织在农产品生产、加工、销售、运输、储存等经营活动中实施的联合或者协同行为给予特别保护，免于《反垄断法》的规制，这不仅有利于疏导农业生产风险，促进我国农业的规模化经营，同时也符合国际惯例。此外，有些垄断如知识产权垄断，其市场进入障碍既非垄断者自身力量形成，也不是行政力量制造，而是由法律所赋予的权利。

三、《反垄断法》所规制的垄断行为

《反垄断法》将各种垄断行为分为垄断协议，滥用市场支配地位，经营者集中和滥用行政权力排除、限制竞争等四类。

(一) 垄断协议

1. 垄断协议的含义

垄断协议(cartel)是指两个或两个以上的经营者以协议、决议或其他联合方式实施的限制竞争行为。垄断协议可以表现为企业间限制竞争的合同或协议、企业团体的决议及企业间的协同行为等形式。构成垄断协议应具备的要件为：①协议或者协同行为由多个独立主体构成。垄断协议必须发生在两个或两个以上的有竞争关系的经营者之间，具有"多个主体共同行为"的特征。同时，参加联合的主体应是在事实上具有独立性的主体，否则不能认定为限制竞争行为的联合主体。②经营者之间存在通谋或协同一致的行为。这种通谋或协同一致的行为，可以表现在各方签署形成的协议、合同、备忘录中，也可以表现在企业团体的决定或决议中，还可以是行为人之间协同一致的行为。

2. 垄断协议的表现形式

一般认为，垄断协议主要有横向垄断协议(horizontal monopoly agreement)、纵向垄断协议(vertical monopoly agreement)与行业协会(guild)组织的垄断协议三种表现形式。

所谓横向垄断协议又称水平垄断协议，是指两个或两个以上因经营同类产品或服务而在生产或销售过程中处于同一经营阶段的同业竞争者之间的垄断协议。《反垄断法》禁止的横向垄断协议包括：①固定或者变更商品价格；②限制商品的生产数量或者销售数量；③分割销售市场或者原材料采购市场；④限制购买新技术、新设备或者限制开发新技术、新产品；⑤联合抵制

交易；⑥国务院反垄断执法机构认定的其他垄断协议。

纵向垄断协议又称为垂直垄断协议，是指两个或两个以上在同一产业中处于不同阶段而有买卖关系的企业间的垄断协议。《反垄断法》禁止的纵向垄断协议包括：①固定向第三人转售商品的价格；②限定向第三人转售商品的最低价格；③国务院反垄断执法机构认定的其他垄断协议。对前述①和②规定的协议，经营者能够证明其不具有排除、限制竞争效果的，不予禁止。经营者能够证明其在相关市场的市场份额低于国务院反垄断执法机构规定的标准，并符合国务院反垄断执法机构规定的其他条件的，不予禁止。此外，《反垄断法》第19条规定，经营者不得组织其他经营者达成垄断协议或者为其他经营者达成垄断协议提供实质性帮助。

《反垄断法》第21条规定，行业协会不得组织本行业的经营者从事依法禁止的垄断行为。

3. 垄断协议的除外适用

在实践中，经营者达成的某些协议虽然具有限制竞争的效果，但整体上有利于技术进步、经济发展和社会公共利益。因此，各国反垄断法又大都规定在一定情况下，对经营者达成的这类协议予以豁免。《反垄断法》第20条规定，经营者能够证明所达成的协议属于下列情形之一的，不适用关于禁止垄断协议的规定：①为改进技术、研究开发新产品的；②为提高产品质量、降低成本、增进效率，统一产品规格、标准或者实行专业化分工的；③为提高中小经营者经营效率，增强中小经营者竞争力的；④为实现节约能源、保护环境、救灾救助等社会公共利益的；⑤因经济不景气，为缓解销售量严重下降或者生产明显过剩的；⑥为保障对外贸易和对外经济合作中的正当利益的；⑦法律和国务院规定的其他情形。属于第①项～第⑤项情形之一而不适用关于横向垄断协议和纵向垄断协议规定的，经营者还应当证明所达成的协议不会严重限制相关市场的竞争，并且能够使消费者分享由此产生的利益。

法条链接(11-1)

4. 垄断协议的法律责任

垄断协议被普遍认为是垄断行为中危害性最大的一种反竞争行为，因此对它的处罚最为严厉。大多数市场经济国家对垄断协议的法律责任除包括损害赔偿的民事责任外，还有严厉的罚款的行政责任，甚至处以罚金、拘役的刑事责任。

违法实施垄断协议的法律责任

【例11-1】根据《反垄断法》的规定，下列选项不构成垄断协议的是(　　)。

A. 某行业协会组织本行业的企业就防止进口原料时的恶性竞争达成保护性协议

B. 三家大型房地产公司的代表聚会，就商品房价格达成共识，随后一致采取涨价行动

C. 某品牌的奶粉含有毒物质的事实被公布后，数家大型零售公司联合声明拒绝销售该产品

D. 数家大型煤炭企业就采用一种新型矿山安全生产技术达成一致意见

【解析】根据《反垄断法》第16条～第19条的规定，正确答案是ACD。

随堂练习(11-1)

飞快汽车生产公司与好迪4S店达成的下列协议中，构成垄断协议的是(　　)。

A. 好迪4S店在H省独家销售飞快汽车

B. 好迪4S店向消费者提供升级服务，每项服务价格不得高于200元

C. 好迪4S店向消费者提供飞快汽车保养服务，各项服务价格固定为200元

D. 飞快公司授权好迪4S店销售原装轮胎，每个轮胎的价格不得低于2 000元

(二) 滥用市场支配地位

1. 市场支配地位的含义及认定

市场支配地位是指经营者在相关市场内具有能够影响、控制商品价格、数量或其他交易条件，或者能够阻碍、影响其他经营者进入相关市场能力的市场地位。

《反垄断法》第23条规定，认定经营者具有市场支配地位，应当依据下列因素：①该经营者在相关市场的市场份额，以及相关市场的竞争状况；②该经营者控制销售市场或者原材料采购市场的能力；③该经营者的财力和技术条件；④其他经营者对该经营者在交易上的依赖程度；⑤其他经营者进入相关市场的难易程度；⑥与认定该经营者市场支配地位有关的其他因素。

此外，《反垄断法》第24条还规定，有下列情形之一的，可以推定经营者具有市场支配地位：①一个经营者在相关市场的市场份额达到1/2的；②两个经营者在相关市场的市场份额合计达到2/3的；③三个经营者在相关市场的市场份额合计达到3/4的。有第②项、第③项规定的情形，其中有的经营者市场份额不足1/10的，不应当推定该经营者具有市场支配地位。被推定具有市场支配地位的经营者，有证据证明不具有市场支配地位的，不应当认定其具有市场支配地位。

2. 滥用市场支配地位的表现形式

滥用市场支配地位是指具有一定市场支配地位的企业滥用市场优势地位，对其他主体进行不公平的交易或者排除竞争对手的行为。认定滥用市场支配地位的行为需要考虑两个要素，一是取得特定市场的支配地位，二是滥用支配力量妨碍竞争。

首先是关于特定市场支配地位的认定(具体的认定标准前已述及)。需要说明的是，这里的特定市场是指相关产品市场和相关地域市场。相关产品就是所有销售者向共同的购买者销售的具有竞争性的产品，包括相同的产品或在价格、质量、用途等方面可替代的产品；相关地域市场是指消费者能够有效地选择各类竞争产品，供应商能够有效地供应产品的一定区域。这里的支配地位是指企业拥有的市场控制力(支配力)，是企业及其联合体在特定市场上具有的控制价格或排除竞争的能力。

其次是滥用市场支配地位妨碍竞争的认定。通常的行为表现如下。

(1) 不正当地确定、维持、变更商品价格。这种行为既损害了消费者的权益，将消费者享有的部分福利转移到垄断厂商，也妨碍了其他竞争者的进入，对竞争构成实质性的限制。

(2) 差别对待。处于支配地位的企业在向条件相同的交易对象提供商品时，没有正当理由却在价格或其他交易条件上给予明显的区别对待，从而限制了交易对象之间的竞争。

(3) 强制交易。处于支配地位的企业采取利诱、胁迫或其他不正当的方法，迫使其他企业违背真实意愿与之交易或者促使其他企业从事限制竞争的行为。

(4) 掠夺性定价。处于市场支配地位的企业以排挤竞争对手为目的，以低于成本的价格销售商品。

(5) 独家交易。处于市场支配地位的企业要求经销商在特定市场内只经销自己的商品，不得经销其他企业的同种或同类商品。独家交易又称排他性交易行为。

根据《反垄断法》第22条的规定，禁止具有市场支配地位的经营者从事下列滥用市场支配地位的行为：①以不公平的高价销售商品或者以不公平的低价购买商品；②没有正当理由，以低于成本的价格销售商品；③没有正当理由，拒绝与交易相对人进行交易；④没有正当理由，限定交易相对人只能与其进行交易或者只能与其指定的经营者进行交易；⑤没有正当理由搭售商品，或者在交易时附加其他不合理的交易条件；⑥没有正当理由，对条件相同的交易相对人在交易价格等交易条件上实行差别待遇；⑦国务院反垄断执法机构认定的其他滥用市场支配地位的行为。

具有市场支配地位的经营者不得利用数据和算法、技术及平台规则等从事前述规定的滥用市场支配地位的行为。

3. 滥用市场支配地位的法律责任

《反垄断法》第 57 条规定，经营者违反《反垄断法》规定，滥用市场支配地位的，由反垄断执法机构责令停止违法行为，没收违法所得，并处上一年度销售额 1% 以上 10% 以下的罚款。

经营者实施滥用市场支配地位行为，给他人造成损失的，依法承担民事责任。

【例 11-2】关于市场支配地位，下列说法正确的是(　　)。
A. 有市场支配地位而无滥用该地位的行为者，不为《反垄断法》所禁止
B. 市场支配地位的认定，只考虑经营者在相关市场的市场份额
C. 其他经营者进入相关市场的难易程度，不影响市场支配地位的认定
D. 一个经营者在相关市场的市场份额达到 1/2 的，推定为有市场支配地位
【解析】根据《反垄断法》第 22 条～第 24 条的规定，正确答案是 AD。

(三) 经营者集中

1. 经营者集中的含义

经营者集中(undertakings concentration)是指经营者通过合并及购买股权或资产等方式进行的企业经营行为，其核心是指两个或两个以上企业以一定的方式或手段所形成的企业间的资产、营业和人员的整合。《反垄断法》第 25 条规定了经营者集中的三种情况：①经营者合并。经营者合并是指两个或两个以上的企业通过订立合并协议，根据相关法律合并为一家企业的法律行为。通过证券交易所进行股票收购而形成的企业合并也属于反垄断法中所指的经营者合并。②经营者通过取得股权或者资产的方式取得对其他经营者的控制权。③经营者通过合同等方式取得对其他经营者的控制权或者能够对其他经营者施加决定性影响。例如委托经营、联营，或者通过合同控制其他经营者的人事、财务安排或其他重要决策，也属于经营者集中的方式之一。

经营者集中可以形成一定的规模经济，但经济力量过度集中又使市场竞争主体数量减少，市场结构发生变化，对市场竞争产生不利影响。根据《反垄断法》第 33 条的规定，在认定经营者集中时，应当考虑下列因素：①参与集中的经营者在相关市场的市场份额及其对市场的控制力；②相关市场的市场集中度；③经营者集中对市场进入、技术进步的影响；④经营者集中对消费者和其他有关经营者的影响；⑤经营者集中对国民经济发展的影响；⑥国务院反垄断执法机构认为应当考虑的影响市场竞争的其他因素。

经营者集中是否是涉嫌垄断，可以根据经营者集中前后的市场份额变化及对竞争的影响情况作出判断。当经营者集中行为违反法律规定，危及市场竞争、损害社会公共利益时，应予禁止。在我国现阶段，有益于提高效率的经营者集中仍然可以合法进行，政策上予以促进和鼓励。应该从我国现阶段经济发展的实际情况出发，既要防止经营者过度集中形成垄断，又要有利于国内企业通过依法集中做大做强，发展规模经济，提高产业集中度，增强竞争力。

2. 经营者集中的申报制度

根据《反垄断法》第 26 条规定，经营者集中达到国务院规定的申报标准的，经营者应当事先向国务院反垄断执法机构申报，未申报的不得实施集中。经营者集中未达到国务院规定的申报标准，但有证据证明该经营者集中具有或者可能具有排除、限制竞争效果的，国务院反垄断执法机构可以要求经营者申报。经营者未依照前述规定进行申报的，国务院反垄断执法机构应当依法进行调查。

根据《反垄断法》第 27 条规定，经营者集中有下列情形之一的，可以不向国务院反垄断执法机构申报：①参与集中的一个经营者拥有其他每个经营者 50%以上有表决权的股份或者资产的；②参与集中的每个经营者 50%以上有表决权的股份或者资产被同一个未参与集中的经营者拥有的。

3. 经营者集中的审查与决定

国务院反垄断执法机构应当自收到经营者提交的符合规定的文件、资料之日起 30 日内，对申报的经营者集中进行初步审查，作出是否实施进一步审查的决定，并书面通知经营者。国务院反垄断执法机构作出决定前，经营者不得实施集中。国务院反垄断执法机构作出不实施进一步审查的决定或者逾期未作出决定的，经营者可以实施集中。

知识拓展(11-1)

经营者集中
的审查与决定

4. 经营者违法集中的法律责任

根据《反垄断法》第 58 条规定，经营者违反《反垄断法》规定实施集中，且具有或者可能具有排除、限制竞争效果的，由国务院反垄断执法机构责令停止实施集中、限期处分股份或者资产、限期转让营业以及采取其他必要措施恢复到集中前的状态，处上一年度销售额 10%以下的罚款；不具有排除、限制竞争效果的，处 500 万元以下的罚款。

经营者违反《反垄断法》的规定实施集中，给他人造成损失的，应依法承担民事责任。

【例 11-3】下列情形属于《反垄断法》规定的经营者集中的是(   )。
A. 经营者合并
B. 经营者通过取得股权或资产的方式取得对其他经营者的控制权
C. 经营者通过合同取得对其他经营者的控制权
D. 经营者通过合同外的方式取得能够对其他经营者施加决定性影响的地位
【解析】根据《反垄断法》第 25 条的规定，正确答案是 ABCD。

(四) 滥用行政权力排除、限制竞争

1. 滥用行政权力排除、限制竞争的含义

滥用行政权力排除、限制竞争亦称行政垄断或行政性垄断，是指拥有行政权力的政府机关以及其他依法具有管理公共事务职能的组织滥用行政权力，排除、限制竞争的各种行为。行政垄断是政府违背市场规律及行政规范，参与市场竞争、干涉市场主体行为、分享市场资源、破坏经济自由的不正常状况。

判断是否构成滥用行政权力排除、限制竞争，一般应考虑以下因素：①从行为的实施者来看，必须是行政机关或者依照法律、法规授权具有管理公共事务职能的其他组织。这两类主体的特点是均拥有一定的行政权力。②行为主体实施了"滥用行政权力"的行为。③该行为产生了破坏市场机制、损害公平竞争秩序，排除或者限制竞争的严重后果。

知识拓展(11-2)

滥用行政权力
排除、限制竞争
的特征

知识拓展(11-3)

2. 滥用行政权力排除、限制竞争的表现形式

滥用行政权力排除、限制竞争的行为方式多种多样，《反垄断法》重点规制的行为主要有强制交易、地区封锁、排斥或限制外地经营者参加本地招标投标、排斥或者限制外地经营者在本地投资或设立分支机构，或者妨碍外地经营者在本地的正常经营活动、强制经营者从事垄断行为、抽象行政性垄断行为等。

滥用行政权力
排除、限制竞争
的表现形式

3. 滥用行政权力排除、限制竞争的法律责任

《反垄断法》第 61 条规定，行政机关和法律、法规授权的具有管理公共事务职能的组织滥用行政权力，实施排除、限制竞争行为的，由上级机关责令改正；对直接负责的主管人员和其他直接责任人员依法给予处分。反垄断执法机构可以向有关上级机关提出依法处理的建议。法律、行政法规对行政机关和法律、法规授权的具有管理公共事务职能的组织滥用行政权力实施排除、限制竞争行为的处理另有规定的，依照其规定。

法条链接(11-2)

《反垄断法》关于滥用行政权力排除、限制竞争的规定

4. 公平竞争审查制度

促进市场公平竞争是提高经济效率、增加消费者福利的根本保障。为保证公平竞争，必须清除阻碍公平竞争的不合理制度安排，形成公平竞争的体制环境。《反垄断法》第 5 条规定，国家建立健全公平竞争审查制度。行政机关和法律、法规授权的具有管理公共事务职能的组织在制定涉及市场主体经济活动的规定时，应当进行公平竞争审查。公平竞争审查制度的目标是规范政府有关行为，防止出台排除、限制竞争的政策措施，逐步清理废除妨碍

知识拓展(11-4)

公平竞争审查制度

全国统一市场和公平竞争的规定和做法。2016 年 6 月，国务院发布《关于在市场体系建设中建立公平竞争审查制度的意见》，对公平竞争审查的对象、方式、标准，实施步骤和保障措施等作了框架性规定。2021 年 6 月，国家市场监督管理总局等五部委联合发布《公平竞争审查制度实施细则》，对公平竞争审查制度进行了细化。为了规范公平竞争审查工作，促进市场公平竞争，优化营商环境，建设全国统一大市场，根据《反垄断法》等法律，2024 年 5 月 11 日国务院第 32 次常务会议制定并通过了《公平竞争审查条例》，自 2024 年 8 月 1 日起施行。该条例对审查标准、审查机制和监督保障等作出了相应的规定，是目前关于公平竞争审查制度的效力层级最高的立法，未来，国家市场监督管理总局还将根据该条例制定公平竞争审查的具体实施办法。

随堂练习(11-2)

根据反垄断法律制度的规定，我国公平竞争审查制度适用的范围有(　　)。
A. 政府部门负责起草的地方性法规
B. 涉及市场主体经济活动的行政法规
C. 以县级以上地方各级人民政府名义出台的政策措施
D. 法律授权的具有管理公共事务职能的组织制定的涉及市场主体经济活动的规范性文件

四、《反垄断法》的实施

(一)《反垄断法》主管机关

《反垄断法》的执法采用的是二元执法体制，即分别设立反垄断委员会和反垄断执法机构。

国务院设立反垄断反不正当竞争委员会，负责组织、协调、指导反垄断工作，履行下列职责：①研究拟订有关竞争政策；②组织调查、评估市场总体竞争状况，发布评估报告；③制定、发布反垄断指南；④协调反垄断行政执法工作；⑤国务院规定的其他职责。国务院反垄断委员会的组成和工作规则由国务院规定。

国务院规定的承担反垄断执法职责的机构依照《反垄断法》规定，负责反垄断执法工作。国务院反垄断执法机构根据工作需要，可以授权省、自治区、直辖市人民政府相应的机构，依照《反

垄断法》规定负责有关反垄断执法工作。

(二) 对涉嫌垄断行为的调查

反垄断执法机构依法对涉嫌垄断行为进行调查。对涉嫌垄断行为,任何单位和个人有权向反垄断执法机构举报。反垄断执法机构应当为举报人保密。举报采用书面形式并提供相关事实和证据的,反垄断执法机构应当进行必要的调查。

知识拓展(11-5)

对涉嫌垄断行为
的调查

知识拓展(11-6)

《反不正当竞争法》
的修订和完善

知识拓展(11-7)

不正当竞争与正当
竞争、不平等竞争、
垄断的区别

第二节　反不正当竞争法

一、不正当竞争的概念与特征

不正当竞争(unfair competition)有广义和狭义之分,广义的不正当竞争,泛指一切违反商业道德和善良风俗,特别是违反有关法律而从事商品生产、经营的行为,包括垄断、限制竞争和以不正当手段从事竞争三种行为。狭义的不正当竞争一般指除垄断和限制竞争以外的以不正当手段从事竞争的行为。

一般认为,不正当竞争行为是指经营者在生产经营活动中,违反《反不正当竞争法》的规定,扰乱市场竞争秩序,损害其他经营者或者消费者的合法权益的行为。基于此,不正当竞争行为具有主体的特定性、领域的限定性、性质的违法性和结果的有害性等法律特征。不正当竞争不同于正当竞争、不平等竞争和垄断。

二、不正当竞争行为的表现形式

根据《反不正当竞争法》第7条至第15条的规定,不正当竞争行为主要有以下九种。

1. 仿冒混淆行为

仿冒混淆行为(counterfeit)是指经营者冒用他人商品的标识或名义用于自己的商品,足以引人误认为是他人的商品或者与他人存在特定联系,以谋取非法利益的行为。仿冒混淆行为即典型的"搭便车",旨在诱使消费者误认、误购,牟取非法利益,既剥夺了被冒用的经营者的市场份额、损害其利益,也蒙骗消费者、损害其合法权益,破坏市场公平竞争秩序。

仿冒混淆行为主要表现为以下几个方面:

(1) 经营者擅自使用与他人有一定影响的商品名称、包装、装潢等相同或近似的标识;

(2) 擅自使用他人有一定影响的名称(包括简称、字号等)、姓名(包括笔名、艺名、网名、译名等);

(3) 擅自使用他人有一定影响的域名主体部分、网站名称、网页、新媒体账号名称、应用程序名称或者图标等;

(4) 其他足以引人误认为是他人商品或者与他人存在特定联系的混淆行为。

擅自将他人注册商标、未注册的驰名商标作为企业名称中的字号使用,或者将他人商品名称、企业名称(包括简称、字号等)、注册商标、未注册的驰名商标等设置为搜索关键词,引人误认为是他人商品或者与他人存在特定联系的,属于前述规定的混淆行为。

经营者不得帮助他人实施混淆行为。

【例 11-4】甲欲买"全聚德"牌的袋装烤鸭，临上火车前误购了商标不同但外包装十分近似的显著标明名称为"全聚德"的烤鸭，遂向"全聚德"公司投诉。"全聚德"公司发现，"全聚德"烤鸭的价格仅为"全聚德"的 1/3。如果"全聚德"起诉"全聚德"，其纠纷的性质应当是(   )。
  A. 诋毁商誉的侵权纠纷   B. 低价倾销的不正当竞争纠纷
  C. 欺骗性交易的不正当竞争纠纷   D. 企业名称侵权纠纷
【解析】根据《反不正当竞争法》第 7 条的规定，正确答案是 C。

【例 11-5】根据《反不正当竞争法》的规定，下列属于不正当竞争行为中混淆行为的是(   )。
  A. 甲厂在其产品说明书中作夸大其词的不实说明
  B. 乙厂的矿泉水使用"清凉"商标，而"清凉矿泉水厂"是本地一知名矿泉水厂的企业名称
  C. 丙商场在有奖销售中把所有的奖券刮奖区都印上"未中奖"字样
  D. 丁酒厂将其在当地评奖会上的获奖证书复印在所有的产品包装上
【解析】根据《反不正当竞争法》第 7 条的规定，正确答案是 B。

2. 商业贿赂行为

商业贿赂行为(commercial bribery)是指经营者采用财物或者其他手段贿赂相关单位或者个人，以谋取交易机会或者竞争优势的行为。实践中，商业贿赂的给付是在账外暗中进行的。经营者向交易相对方支付折扣、向中间人支付佣金的，应当如实入账。接受折扣、佣金的经营者也应当如实入账。折扣和佣金在账外暗中给付的，涉嫌不正当竞争，而以明示方式，给付方与接受方均如实入账的，则属正当商业手段。

知识拓展(11-8)

商业贿赂行为
的构成要件

3. 虚假宣传行为

虚假宣传行为(false propaganda)，是指经营者对其商品或帮助其他经营者做虚假或者引人误解的商业宣传，欺骗、误导消费者的行为。

《反不正当竞争法》第 9 条规定，经营者不得对其商品的性能、功能、质量、销售状况、用户评价、曾获荣誉等做虚假或者引人误解的商业宣传，欺骗、误导消费者和其他经营者。经营者不得通过组织虚假交易、虚假评价等方式，帮助其他经营者进行虚假或者引人误解的商业宣传。

知识拓展(11-9)

虚假宣传行为
的三种类型

【例 11-6】新星公司为了宣传其新开发的保健品，虚构保健品功效，并委托某广告公司设计了"谁吃谁明白"的广告，聘请大腕明星做代言人，邀请某社会团体向消费者推荐，在报刊和电视上频繁地发布引人误解的不实广告。根据《反不正当竞争法》的规定，下列选项正确的是(   )。
  A. 新星公司不论其主观状态如何，都必须对虚假广告承担法律责任
  B. 广告公司只有在明知保健品功效虚假的情况下才承担法律责任
  C. 明星代言人即使对厂商造假不知情，只要蒙骗了消费者，就应承担民事责任
  D. 社会团体在虚假广告中向消费者推荐商品，应承担民事连带责任
【解析】根据《反不正当竞争法》第 9 条、第 25 条，《消费者权益保护法》第 45 条和《中华人民共和国广告法》第 18 条、第 56 条的规定，正确答案是 AD。

4. 侵犯商业秘密的行为

所谓商业秘密(trade secret)，是指不为公众所知悉、具有商业价值并经权利人采取相应保密措

施的技术信息、经营信息等商业信息。商业秘密具有如下特征：①无形性，即商业秘密以技术信息和经营信息的形式表现和存在，包括设计、程序、产品配方、制作工艺、制作方法、管理诀窍、客户名单，货源情报、产销策略、物流及供应链信息、招投标中的标底及标书内容等信息。②商业性，具有确定的可应用性，能为权利人带来现实的或者潜在的经济利益或者竞争优势。③秘密性，即该信息是不能从公开渠道直接获取因而不为社会公众所知悉。④保密性，即权利人为之采取了相应保密措施来维持这种秘密性，包括订立保密协议，建立保密制度及采取其他合理的保密措施。

侵犯商业秘密行为是指经营者及相关非经营者非法获取和非法披露、使用或者允许他人使用权利人的商业秘密的行为。

知识拓展(11-10)

实践中，通过自行开发研制或者反向工程等方式获得的商业秘密，不认定为《反不正当竞争法》规定的侵犯商业秘密行为。所谓反向工程是指通过技术手段对从公开渠道取得的产品进行拆卸、测绘、分析等而获得该产品的有关技术信息。例如，花玢自筹资金开办了一家机械配件厂。不久，他发现市场上销售一种新型煤气灶具，就购买了一台，利用在大学学到的机械知识

侵犯商业秘密
行为的认定

和原理，将此灶具拆开研究，分析出该灶具的工艺流程和生产方法。然后，花玢按照自己研究出来的技术方案自行生产了灶具。此例中的花玢就是运用反向工程获取了原灶具的技术秘密。根据《最高人民法院关于适用〈中华人民共和国反不正当竞争法〉若干问题的解释》的规定，该行为不属于不正当竞争。但是，当事人以不正当手段知悉了他人的商业秘密之后，又以反向工程为由主张获取行为合法的，该主张不能成立。

在侵犯商业秘密的民事审判程序中，商业秘密权利人提供初步证据，证明其已经对所主张的商业秘密采取保密措施，且合理表明商业秘密被侵犯，涉嫌侵权人应当证明权利人所主张的商业秘密不属于《反不正当竞争法》规定的商业秘密。商业秘密权利人提供初步证据合理表明商业秘密被侵犯，且提供以下证据之一的，涉嫌侵权人应当证明其不存在侵犯商业秘密的行为：①有证据表明涉嫌侵权人有渠道或者机会获取商业秘密，且其使用的信息与该商业秘密实质上相同；②有证据表明商业秘密已经被涉嫌侵权人披露、使用或者有被披露、使用的风险；③有其他证据表明商业秘密被涉嫌侵权人侵犯。

【例11-7】甲、乙公司均为网络公司，都在从事反病毒软件的开发和推广。甲公司向法院起诉，指控乙公司挖走了其研发主管及技术人员十余名，乙公司发布的2025版反病毒软件与甲公司2024版反病毒软件实质相似，甲公司的老客户已有1/3成为乙公司的新客户，请求法院认定乙公司侵犯了甲公司的商业秘密，构成不正当竞争，责令停止侵权并赔偿损失。关于乙公司如何证明自己不侵权，下列选项错误的是(   )。

A. 证明从甲公司过来的研发主管及技术人员都是合同到期后或辞职后正常流动过来的，没有竞业禁止义务或对甲公司不再承担保密义务

B. 证明其2025版反病毒软件与甲公司的2024版反病毒软件不构成实质相似

C. 证明甲公司的2024版反病毒软件不是商业秘密

D. 证明甲公司是以诉讼手段恶意打压竞争对手

【解析】根据《反不正当竞争法》第10条的规定，正确答案是CD。

5. 不正当有奖销售行为

不正当的有奖销售(prize-giving sales)行为是指经营者违反诚实公平竞争原则，利用物质、金

钱或其他经济利益引诱购买者与之交易，排挤竞争对手的不正当竞争行为。这类行为包括：①所设奖的种类、兑奖条件、奖金金额或者奖品等有奖销售信息不明确，影响兑奖；②有奖销售活动开始后，无正当理由变更所设奖的种类、兑奖条件、奖金金额或者奖品等有奖销售信息；③采用谎称有奖或者故意让内定人员中奖的欺骗方式有奖销售；④抽奖式的有奖销售(凡以抽签、摇号等带有偶然性的方法决定购买者是否中奖的，均属于抽奖方式；但经政府或者政府有关部门依法批准的有奖募捐及其他彩票发售活动不在此列)，最高奖的金额超过 50 000 元。

6. 诋毁商誉行为

诋毁商誉(commercial defamation)也称商业诽谤，是指经营者通过编造、传播或者指使他人编造、传播虚假信息或者误导性信息，损害其他经营者的商业信誉(business reputation)、商品声誉的行为。

构成诋毁商誉的行为必须满足以下条件。①行为对象是同业竞争者且行为人具有诋毁其他经营者、削弱其他经营者竞争能力的故意。②行为损害了其他经营者的商业信誉和商品声誉。商业信誉是社会对经营者商业道德，商品品质、价格、服务等方面的积极评价；商品声誉是社会对特定商品品质、性能的赞誉。③行为人采用了编造、传播或者指使他人编造、传播虚假信息或者误导性信息的手段。如果经营者所发布的对其他经营者不利的信息属于客观事实，则不构成诋毁商誉的行为。

【例 11-8】甲公司为宣传其"股神"股票交易分析软件，高价聘请记者发表文章，称"股神"软件是"股民心中的神灵"，贬称过去的同类软件"让多少股民欲哭无泪"，并称乙公司的软件"简直是垃圾"。根据《反不正当竞争法》的规定，下列选项正确的是( )。
A. 只有乙公司才能起诉甲公司的诋毁商誉行为
B. 甲公司的行为只有出于故意才能构成诋毁商誉行为
C. 只有证明记者拿了甲公司的钱财，才能认定其参与诋毁商誉行为
D. 只有证明甲公司捏造和散布了虚假事实，才能认定其构成不正当竞争
【解析】根据《反不正当竞争法》第 12 条的规定，正确答案为 BD。

【例 11-9】根据《反不正当竞争法》的规定，下列行为属于不正当竞争行为的是( )。
A. 丙企业规定，销售一台电脑给中间人 5%的佣金，可不入账
B. 甲灯具厂捏造乙灯具厂偷工减料的事实，但只告诉了乙厂的几家客户
C. 通过某网络电商平台进行生产经营活动的甲公司通过水军"刷单""刷钻"，误导消费者
D. 乙企业举办抽奖式有奖销售，最高奖为 5 200 元购物券，并规定用购物券购物满 1 000 元的可再获一次抽奖机会
【解析】根据《反不正当竞争法》第 8 条、第 9 条、第 11 条、第 12 条的规定，正确答案为 ABC。

7. 利用网络进行的不正当竞争行为

利用网络进行的不正当竞争行为也称网络恶意竞争行为，是指经营者利用数据和算法、技术、平台规则等技术手段，通过影响用户选择或者其他方式，实施妨碍、破坏其他经营者合法提供的网络产品或者服务正常运行的行为。经营者利用网络从事生产经营活动，应当遵守《反不正当竞争法》的各项规定。根据《反不正当竞争法》第 13 条第 2 款的规定，该行为表现为：①未经其他经营者同意，在其合法提供的网络产品或者服务中插入链接、强制进行目标跳转；②误导、欺骗、强迫用户修改、关闭、卸载其他经营者合法提供的网络产品或者服务；③恶意对其他经营者合法

提供的网络产品或者服务实施不兼容；④其他妨碍、破坏其他经营者合法提供的网络产品或者服务正常运行的行为。

根据《反不正当竞争法》第13条第3款、第4款的规定，经营者不得从事下列行为损害其他经营者的合法权益，扰乱市场竞争秩序：①经营者以欺诈、胁迫、避开或者破坏技术管理措施等不正当方式，获取、使用其他经营者合法持有的数据；②经营者滥用平台规则，直接或者指使他人对其他经营者实施虚假交易、虚假评价或者恶意退货等行为。

随堂练习(11-3)

甲公司取得了热播电视剧《12 小时》的独家网络直播权，张仝嫌该剧片头广告时间过长，开发出屏蔽该片头广告的软件，在其社交主页上炫耀，并提供了专门的下载通道，受到网民追捧。随后张仝用此软件招商播放乙公司的产品广告，收益颇丰。下列说法正确的是( )。

　　A. 张仝的行为构成不正当竞争行为

　　B. 张仝的行为有利于消费者，是合法行为

　　C. 张仝并非经营者，所以其不是不正当竞争行为的适格主体

　　D. 甲公司的实际损失难以计算的，可按张仝向乙公司收取的报酬确定赔偿金额

8. 平台经营者强制或者变相强制平台内经营者低于成本销售商品的行为

《反不正当竞争法》第14条规定，平台经营者不得强制或者变相强制平台内经营者按照其定价规则，以低于成本的价格销售商品，扰乱市场竞争秩序。

近年来，"全网最低价"等口号成为各大平台流量争夺策略，受平台企业低价竞争影响，中小微商户线上经营利润逐渐走低，同时潜藏虚假宣传、价格欺诈等多重风险。事实上，不合理的定价规则违背交易成本理论，看起来是在保护消费者，实际上很可能侵犯消费者权益。从长远看，这容易造成企业的合规管理和质量控制水平下降，损害平台内中小经营者、劳动者权益，加剧平台内经营者的低水平无序竞争，导致市场失序风险上升，最终损害的还是消费者权益。为了规制"内卷式"竞争，《反不正当竞争法》强化了平台责任。《反不正当竞争法》第21条规定，平台经营者应当在平台服务协议和交易规则中明确平台内公平竞争规则，建立不正当竞争举报投诉和纠纷处置机制，引导、规范平台内经营者依法公平竞争；发现平台内经营者实施不正当竞争行为的，应当及时依法采取必要的处置措施，保存有关记录，并按规定向平台经营者住所地县级以上人民政府监督检查部门报告。该规定合理设置平台经营者的义务，有助于数字平台制定和实施平台规则时遵守诚实信用原则和公认的商业道德。例如，网约车平台若通过算法隐蔽压价或转嫁成本，将面临处罚；外卖平台需建立公平竞争规则并及时处置商家违规行为。

9. 大型企业等经营者滥用其市场优势地位进行的不公平竞争行为

为了保护中小企业的合法权益，防止大型企业利用其市场优势地位进行不公平竞争，《反不正当竞争法》第15条规定，大型企业等经营者不得滥用自身资金、技术、交易渠道、行业影响力等方面的优势地位，要求中小企业接受明显不合理的付款期限、方式、条件和违约责任等交易条件，拖欠中小企业的货物、工程、服务等账款。经营者违反前述规定滥用自身优势地位的，由省级以上人民政府监督检查部门责令限期改正，逾期不改正的，处100万元以下的罚款；情节严重的，处100万元以上500万元以下的罚款。

三、对涉嫌不正当竞争行为的监督、调查与司法救济

1. 社会监督

国家鼓励、支持和保护一切组织和个人对不正当竞争行为进行社会监督。

对涉嫌不正当竞争行为，任何单位和个人有权向监督检查部门举报，监督检查部门接到举报后应当依法及时处理。监督检查部门应当向社会公开受理举报的电话、信箱或者电子邮件地址，并为举报人保密。对实名举报并提供相关事实和证据的，监督检查部门应当将处理结果告知举报人。

2. 对涉嫌不正当竞争行为的调查

知识拓展(11-11)

监督检查部门(县级以上人民政府履行市场监督管理职责的部门及相关法律、行政法规规定的其他部门)调查涉嫌不正当竞争行为，可以依法采取相应措施。经营者涉嫌从事不正当竞争行为的，监督检查部门可以对其有关负责人进行约谈，要求其说明情况、提出改进措施。监督检查部门调查涉嫌不正当竞争行为，被调查的经营者、利害关系人及其他有关单位、个人应当如实提供有关资料或者情况。监督检查部门及其工作人员对调查过程中知悉的商业秘密、个人隐私和个人信息依法负有保密义务。

对涉嫌不正当
竞争行为的调查

3. 司法救济

经营者的合法权益受到不正当竞争行为损害的，可以向人民法院提起诉讼。当事人对监督检查部门做出的决定不服的，可以依法申请行政复议或者提起行政诉讼。

四、不正当竞争行为的法律责任

经营者违反《反不正当竞争法》的规定实施不正当竞争行为应承担相应法律责任。该法律责任包括民事责任、行政责任和刑事责任三种。

（一）民事责任

经营者实施不正当竞争行为，给他人造成损害的，应当依法承担民事责任。因不正当竞争行为受到损害的经营者的赔偿数额，按照其因被侵权所受到的实际损失或者侵权人因侵权所获得的利益确定。经营者故意实施侵犯商业秘密行为，情节严重的，可以在按照前述方法确定数额的 1 倍以上 5 倍以下确定赔偿数额。赔偿数额还应当包括经营者为制止侵权行为所支付的合理开支。权利人因被经营者实施仿冒混淆行为、侵犯商业秘密行为被侵权所受到的实际损失、侵权人因侵权所获得的利益难以确定的，由人民法院根据侵权行为的情节判决给予权利人 500 万元以下的赔偿。

（二）行政责任

知识拓展(11-12)

行政责任分为行政处分和行政处罚。行政处分是国家机关根据法律、法规和规章制度，给予犯有轻微违法失职行为或者内部违纪人员的一种制裁。对实施不正当竞争行为的经营者，由县级以上人民政府履行市场监督管理职责的部门或法律、行政法规规定的其他部门进行行政处罚。

经营者从事不正当竞争，有主动消除或者减轻违法行为危害后果等法定情形的，依法从轻或者减轻行政处罚；违法行为轻微并及时纠正，没有造成危害后果的，不予行政处罚。当事人对行政处罚决定不服的，可以依法申请行政复议或者提起行政诉讼。

《反不正当竞争法》
关于行政责任的
规定

(三) 刑事责任

经营者及其他主体违反《反不正当竞争法》规定,构成犯罪的,依法追究刑事责任。在我国,能够构成犯罪的不正当竞争行为主要是仿冒混淆行为、商业贿赂行为等不正当竞争行为。

第三节 反倾销、反补贴和保障措施法

一、反倾销法律制度

(一) 倾销与反倾销法的概念

倾销(dumping)是一种发生于国际贸易中的低价销售行为。根据《关税及贸易总协定》和 WTO 《反倾销协议》的规定,倾销是指在正常的国际贸易中一国产品以低于正常价格的价格向另一国出口并对进口国的相关产业造成重大损害的行为。倾销包含三个要素:一是产品出口价低于正常价值;二是倾销产品给进口国工业造成实质性的损害;三是倾销行为与损害之间具有因果关系。按照《中华人民共和国反倾销条例》(以下简称《反倾销条例》)的规定,倾销是指在正常贸易过程中进口产品以低于其正常价值的出口价格进入我国市场的行为。

反倾销法是调整进口国政府对进口商、出口商和进口国生产商在产品出口和进口过程中发生的倾销与反倾销关系的法律规范的总称。反倾销法是政府直接干预经济的法律,是国家维护国际贸易公平竞争、保护本国产业的重要手段。反倾销案件的执行机关是行政部门,对反倾销行为的制裁措施主要是调整进口关税,但反倾销法的滥用可能会导致贸易保护主义。

(二) 倾销与损害的认定

1. 倾销

倾销是指在正常贸易过程中进口产品以低于其正常价值的出口价格进入中国市场。对倾销的调查和确定,由商务部负责。确定倾销的关键是比较正常价值和出口价格。出口价格低于其正常价值的幅度,为倾销幅度。

知识拓展(11-13)

倾销幅度
的确定

2. 损害

损害是指倾销对已经建立的国内产业造成实质损害或者产生实质损害威胁,或者对建立国内产业造成实质阻碍。商务部负责对损害的调查和确定。涉及农产品的反倾销调查,由商务部会同农业农村部进行。

在确定倾销对国内产业造成的损害时,应审查下列事项:倾销进口产品的数量;倾销进口产品的价格;倾销进口产品对国内产业的相关经济因素和指标的影响;倾销进口产品的出口国(地区)、原产国(地区)的生产能力、出口能力,被调查产品的库存情况;造成国内产业损害的其他因素。

国内产业指中国国内同类产品的全部生产者,或者其生产产品的总产量占国内同类产品全部总产量的主要部分的生产者。但是,国内生产者与出口经营者或者进口经营者有关联的,或者其本身为倾销进口产品的进口经营者的,可以排除在国内产业之外。特殊情况下,国内一个区域市场中的生产者,在该市场中销售其全部或者几乎全部的同类产品,并且该市场中同类产品的需求主要不是由国内其他地方的生产者供给的,可以视为一个单独产业(区域产业)。

同类产品指与倾销进口产品相同的产品;没有相同产品的,以与倾销进口产品的特性最相似的产品为同类产品。

在确定倾销对国内产业造成的实质损害时，应当依据肯定性证据。在确定倾销对国内产业造成的实质损害威胁时，应当依肯定性证据，不得仅依据指控、推测或者极小的可能性。

3. 因果关系

倾销进口与国内产业损害间必须存在因果关系。倾销进口必须是造成国内产业损害的原因。在确定倾销对国内产业的损害时，应当依据肯定性证据，不得将非倾销因素对国内产业造成的损害归因于倾销。

4. 累积评估

倾销进口产品来自两个以上国家(地区)，并且同时满足下列条件的，可以就倾销进口产品对国内产业造成的影响进行累积评估：第一，来自每一国家(地区)的倾销进口产品的倾销幅度不小于 2%，并且其进口量不属于可忽略不计的；第二，根据倾销进口产品以及倾销进口产品与国内同类产品之间的竞争条件，进行累积评估是适当的。

【例 11-10】部分中国企业向商务部提出反倾销调查申请，请求对原产于某国的某化工原材料进口产品进行相关调查。经查，商务部终局裁定确定倾销成立，决定征收反倾销税。根据我国相关规定，下列说法正确的是(　　)。
A. 构成倾销的前提是进口产品对我国化工原材料产业造成了实质损害，或者产生实质损害威胁
B. 对不同出口经营者应该征收同一标准的反倾销税税额
C. 征收反倾销税，由国务院关税税则委员会作出决定，商务部予以执行
D. 与反倾销调查有关的对外磋商、通知和争端事宜由外交部负责
【解析】根据《反倾销条例》的相关规定，正确答案为 A。

(三) 反倾销措施

反倾销措施包括临时反倾销措施、价格承诺和征收反倾销税等。

1. 临时反倾销措施

临时反倾销措施是指在业已开始的反倾销调查程序中，为了及时有效地保护国内产业，对经初裁确定为倾销并因此对国内产业造成损害的进口产品采取的一种临时措施。《反倾销条例》规定，初裁决定确定倾销成立，并由此对国内产业造成损害的，可以采取下列临时反倾销措施：①征收临时反倾销税；②要求提供保证金、保函或者其他形式的担保。

临时反倾销税税额或者提供的保证金、保函或者其他形式担保的金额，应当不超过初裁决定确定的倾销幅度。

2. 价格承诺

价格承诺是指在反倾销调查期间，由出口经营者提出的愿意采取有关措施来消除倾销的损害性影响的意思表示。《反倾销条例》规定，倾销进口产品的出口经营者在反倾销调查期间，可以向商务部作出改变价格或者停止以倾销价格出口的价格承诺。商务部可以向出口经营者提出价格承诺的建议。商务部不得强迫出口经营者作出价格承诺。商务部认为价格承诺能够接受并符合公共利益的，可以决定中止或终止反倾销调查，不采取临时反倾销措施或征收反倾销税。如果决定不接受价格承诺，商务部应当向有关出口经营者说明理由。商务部也可以向出口经营者提出价格承诺的建议，但是任何情况下，商务部不得强迫出口经营者作出价格承诺。

3. 征收反倾销税

《反倾销条例》规定，终裁决定确定倾销成立，并由此对国内产业造成损害的，可以征收反倾

销税。征收反倾销税应当符合公共利益。征收反倾销税，由商务部提出建议，国务院关税税则委员会根据商务部的建议作出决定，由商务部予以公告。海关自公告规定实施之日起执行。

《反倾销条例》规定，反倾销税的纳税人为倾销进口产品的进口经营者。征收反倾销税的期限为 5 年。特殊情况下，可以对实施临时反倾销措施之日前 90 天内进口的产品追溯征收反倾销税。所谓特殊情况是指必须同时存在下列两种情况。①倾销进口产品有对我国国内产业造成损害的倾销历史，或者该产品的进口经营者知道或者应当知道该产品的出口经营者实施倾销并且倾销对我国国内产业将造成损害。②倾销进口产品在短期内大量进口，并且可能会严重破坏即将实施的反倾销税的补救效果。

上述追溯征税的对象不包括立案调查前进口的产品。

反倾销税的征收期限和价格承诺的履行期限不超过 5 年；但是经复审确定终止征收反倾销税有可能导致损害的继续或者再度发生的，可以适当延长反倾销税的征收期限。对于反倾销税和价格承诺，商务部可以决定对其必要性进行复审；经利害关系方申请，商务部也可以对反倾销税和价格承诺的必要性进行复审。根据复审结果，商务部作出保留、修改或者取消反倾销税或价格承诺的决定。复审期间，复审程序不妨碍反倾销措施的实施。

二、反补贴法律制度

(一) 补贴与反补贴法的概念

知识拓展(11-14)

补贴(subsidy)是指出口国(地区)政府或者其任何公共机构(以下统称出口国政府)提供的并为接受者带来利益的财政资助以及任何形式的收入或者价格支持。除收入或价格支持外，构成补贴须具备两个要素：政府提供的财政资助和接受者获得的利益。补贴的表现形式多样。

补贴的表现形式

补贴是各国政府实现国家经济政策的手段，对于一国在金融、贸易等方面的发展具有重要作用。但另一方面，补贴会在一定程度上扭曲资源的分配，使生产不根据市场原则进行，尤其对国际贸易而言，对出口产品的补贴使得出口产品的价格低于在进口国内销售的价格，从而对进口国的国内产品构成不正当竞争，违背了国际贸易的基本准则。因此，许多国家通过立法制定反补贴措施，世界贸易组织也始终将反补贴问题作为重要的谈判内容，并最终达成了协议，1994 年通过的《补贴与反补贴措施协议》适用于全体 WTO 成员。

反补贴法是调整在国际贸易中因补贴与反补贴产生的经济关系的法律规范的总称。《中华人民共和国反补贴条例》(以下简称《反补贴条例》)对反补贴问题作出了原则性规定。

(二) 补贴与损害的认定

《反补贴条例》规定，进口产品存在补贴，并对已经建立的国内产业造成实质损害或者产生实质损害威胁，或者对建立国内产业造成实质阻碍的，依法进行调查，采取反补贴措施。

1. 补贴的认定

知识拓展(11-15)

补贴是一种政府行为，是一种财政性措施。补贴为生产者或销售者所获得，使受补贴方获得某种利益，即受补贴方从某项政府资助计划中取得某些它从市场上不能取得的价值或优惠条件。

进行调查、采取反补贴措施的补贴，必须具有专向性。即只有在补贴是具体针对一个(或一类)企业或行业的情况下方可进行调查、采取反补贴的补救措施。

补贴的调查和确定由商务部负责。

补贴专向性的确定

2. 损害的认定

损害是指补贴对已经建立的国内产业造成实质损害或者产生实质损害威胁，或者对建立国内产业造成实质阻碍。对损害的调查和确定，由商务部负责；涉及农产品的，由商务部会同农业农村部进行。

知识拓展(11-16)

如何确定补贴对国内产业的损害

3. 补贴进口产品与国内产业损害间的因果关系

补贴进口产品必须是造成国内产业损害的原因。在确定补贴对国内产业的损害时，应当依据肯定性证据，不得将对国内产业造成损害的非补贴因素归因于补贴进口产品。

（三）反补贴措施

反补贴措施与反倾销措施类似，包括临时反补贴措施、承诺及反补贴税。实施条件基本相同。不同的是，出口国政府或出口经营者，都可以作出承诺，分别承诺取消、限制补贴或其他有关措施，承诺修改价格。反补贴税额不得超过终裁决定确定的补贴金额。反补贴税的纳税人为补贴进口产品的进口经营者。

反补贴税只能对终裁决定公告之日后进口的产品适用，但下述情形除外：违反承诺的，可采取临时反补贴措施，并可对实施临时反补贴措施前 90 天内进口的产品追溯征收反补贴税，但违反承诺前进口的产品除外。终裁决定确定存在实质损害或实质损害威胁，此前已经采取临时反补贴措施，反补贴税可对临时反补贴措施的期间追溯征收。下列三种情形并存的，必要时，可以对实施临时反补贴措施之日前 90 天内进口的产品追溯征收反补贴税：补贴进口产品在较短的时间内大量增加；此种增加对国内产业造成难以补救的损害；此种产品得益于补贴。

三、保障措施法律制度

（一）保障措施及其法律制度

保障措施是世界贸易组织规则允许的保护国内产业的一种行政措施，是各成员国政府依法维护本国产业利益的重要手段。其要旨是允许任何一个成员国在特定紧急情况下，为保障本国经济利益、维护国家主权而背离多边贸易体制下应承担的义务，对因履行协定所造成的严重损害进行补救，或避免因严重损害威胁可能产生的后果，并不必承担责任。

保障措施意在贸易自由化的推进进程中兼顾成员国的经济主权，使成员国在必要时能适度维护自身经济利益及经济安全，同时推进国内产业结构调整、提高国际竞争力。保障措施较好地协调了多边贸易体制的共同、长远利益与成员国暂时、眼前利益的冲突，使发展中国家更自愿、更主动、更放心地加入 WTO 体制。世界贸易组织及其前身关贸总协定十分重视相关制度的建立，1994 年《关税与贸易总协定》(GATT)第 19 条以及以其为基础而制定的 WTO《保障措施协议》成为保障措施的基本规则。

（二）采取保障措施的基本条件

如果根据《中华人民共和国保障措施条例》(以下简称《保障措施条例》)进行的保障措施调查，确定进口产品数量增加，并对生产同类产品或者直接竞争产品的国内产业造成严重损害或者产生严重损害威胁，可以采取保障措施。进口产品数量增加、国内产业受到损害、二者之间存在因果关系，是采取保障措施的三个基本条件。进口数量增加指进口数量的绝对增加或者与国内生产相比的相对增加。适用保障措施要求的产业损害程度重于反倾销或反补贴要求的损害程度，即严重损害而不是实质损害。

(三) 调查的发起

与国内产业有关的自然人、法人或者其他组织，可以依照《保障措施条例》，向商务部提出保障措施的申请；必要时，商务部在没有收到此类申请时，也可以立案调查。《保障措施条例》对申请人不存在《反倾销条例》或《反补贴条例》中的产业支持量的要求。一般保障措施调查由商务部负责；涉及农产品的，由商务部会同农业农村部进行。商务部根据调查结果，可以作出初裁决定，也可以直接作出终裁决定。

(四) 进口产品数量增加

进口产品数量增加，是指进口产品数量与国内生产相比绝对增加或者相对增加。进口产品增加这一条件的关键是增加的确定。国内主管机关应对进口产品增加提供合理的充分说明。由于存在相对增加这一情况，增加并不仅仅是一个量的概念。不仅要求证明数量的任何增加，而且还要证明以造成严重损害或威胁的数量和条件进口，这要求必须评估以绝对和相对条件进口增加的比率和数量。用于比较的时间点、调查期间内的增长趋势，都是考虑因素。调查期限内进口数量的暂时下降，对进口产品增加的确定不起决定作用。

(五) 损害的调查与确定

在确定进口产品数量增加对国内产业造成的损害时，应当审查下列相关因素：进口产品的绝对和相对增长率及增长量；增加的进口产品在国内市场中所占的份额；进口产品对国内产业的影响，包括对国内产业在产量、销售水平、市场份额、生产率、设备利用率、利润与亏损、就业等方面的影响；造成国内产业损害的其他因素。对严重损害威胁的确定，应当依据事实，不能仅依据指控、推测或者极小的可能性。国内产业指中国国内同类产品或者直接竞争产品的全部生产者，或者其总产量占国内同类产品或直接竞争产品全部总产量的主要部分的生产者。

(六) 进口产品数量增加与国内产业损害间的因果关系

商务部根据客观事实和证据，确定进口产品数量增加与国内产业损害是否存在因果关系。进口增加以外的因素对国内产业造成的损害不得归因于进口增加。

(七) 保障措施的实施

有明确证据表明进口产品数量增加，在不采取临时保障措施将对国内产业造成难以补救的损害的紧急情况下，商务部可以作出初步裁定，并采取临时保障措施。临时保障措施可采取提高关税的形式。

终局裁定确定进口产品数量增加，并由此对国内产业造成损害的，可以采取保障措施。保障措施可以采取提高关税、数量限制等形式。保障措施应针对正在进口的产品实施，不区分产品来源国(地区)。采取保障措施应限制在防止、补救严重损害并便利调整国内产业所必要的范围内。终裁决定确定不采取保障措施的，已征收的临时关税应当予以退还。

保障措施的实施期限不超过 4 年。符合法律规定的条件的，保障措施的实施期限可以适当延长，但一项保障措施的实施期限及延长期限，最长不超过 10 年。保障措施实施期限超过 1 年的，应当在实施期间内按固定时间间隔逐步放宽。这些都不同于反倾销措施或反补贴措施。

对同一进口产品再度采取保障措施的，与前次采取保障措施的时间间隔应当不短于前次采取保障措施的实施期限，并且至少为 2 年。符合下列条件的，对一产品实施的期限为 180 天或更短的保障措施，可以不受前述时间间隔的限制：自对该进口产品实施保障措施之日起，已经超过 1 年；自实施该保障措施之日起 5 年内，未对同一产品实施 2 次以上保障措施。

另外，根据《中华人民共和国对外贸易法》的规定，在进口产品增加损害国内产业时，除采取清除或减轻损害的保障措施外，还可以对该产业提供必要的支持。

【例11-11】进口到中国的某种化工材料数量激增，其中来自甲国的该种化工材料数量最多，导致中国同类材料的生产企业遭受实质损害。根据我国相关法律规定，下列选项正确的是(　　)。

A. 中国有关部门启动保障措施调查，应以国内有关生产者申请为条件

B. 中国有关部门可仅对已经进口的甲国材料采取保障措施

C. 如甲国企业同意进行价格承诺，则可避免被中国采取保障措施

D. 如采取保障措施，措施针对的材料范围应当与调查范围相一致

【解析】根据我国的相关规定，正确答案为D。

第四节　产品质量法

一、产品质量法概述

产品质量是指国家有关法律法规、质量标准以及合同规定的对产品适用、安全和其他特性的要求。产品质量关系企业的生存与发展，也关系到消费者、使用者或第三人的权益，同时也关系到国家和特定区域国民经济发展的规划和目标。

产品质量法是指调整生产者、销售者、消费者、使用者、政府有关部门以及与产品质量有关的其他机构等主体之间在生产、流通以及监督管理过程中，因产品质量而发生的各种社会关系的法律规范的总称。我国专门调整产品质量的法律是《中华人民共和国产品质量法》(以下简称《产品质量法》)。

《产品质量法》调整的内容主要包括产品质量的监督管理、生产者和销售者的产品质量和义务、造成损害后的赔偿、违反产品质量法应承担的法律责任等。在产品质量的法律关系中，主体是生产者、销售者、使用者、消费者、有关的社会团体和中介机构以及质量监督管理机构；客体是产品和行为(监督行为，制造、销售等行为)。

《产品质量法》所界定的产品是指经过加工、制作，用于销售的物质产品，包括工业产品、农业产品、建筑材料、建筑构配件和设备等，而不包括不动产。

《产品质量法》的适用具有强制性，各类当事人不能任意排除。在我国境内从事产品的生产、销售活动，包括销售进口商品，都必须遵守《产品质量法》；但建筑工程和军工产品不适用，由其他法律另行规定。

为了强化对农产品的质量监管，保障农产品质量安全，维护公众健康，我国制定了《中华人民共和国农产品质量安全法》(以下简称《农产品质量安全法》)。为了保证食品安全，强化公众身体健康和生命安全保障，我国制定了《中华人民共和国食品安全法》(以下简称《食品安全法》)。为了明确产品质量责任，强化产品生产者、经营者的法律责任，《民法典》第七编"侵权责任"第四章"产品责任"从第1202条至第1207条对产品责任作了专门的规定。

截至目前，我国已构建了以《产品质量法》为主，包括《农产品质量安全法》《食品安全法》《民法典》等其他众多单行法律法规在内的较为完整的产品质量法律体系。

二、我国产品质量监督管理的体制与制度

(一) 产品质量监督管理体制

国务院市场监督管理部门主管全国产品质量监督工作。国务院有关部门在各自的职责范围内负责产品质量监督工作。县级以上地方市场监督管理部门主管本行政区域内的产品质量监督工作。县级以上地方人民政府有关部门在各自的职责范围内负责产品质量监督工作。法律对产品质量的监督部门另有规定的,依照有关法律的规定执行。

(二) 产品质量监督管理制度

《产品质量法》规定了我国产品监督管理制度,主要由产品质量标准制度、产品生产许可证制度、企业质量体系认证制度、产品质量体系认证制度、产品质量检验制度、产品质量的监督检查制度及社会对产品质量的监督制度等几个方面组成。

知识拓展(11-17)

产品质量
监督管理制度

三、监督管理部门对产品质量的义务

(1) 各级人民政府应把产品质量纳入国民经济和社会发展规划,统筹规划和组织领导,各自在职责范围内负责产品质量工作。

(2) 各级人民政府工作人员和其他国家机关工作人员不得滥用职权、玩忽职守或者徇私舞弊,包庇、放纵本地区或本系统发生的违反《产品质量法》的行为。

(3) 任何单位、个人不得排斥合格产品进入本地区。

(4) 依法设立检验和认证机构。

(5) 监督部门不得向社会推荐生产者的产品,不得参与产品的经营活动。

(6) 监督管理部门应接受消费者的申诉,为检举者保密。

(7) 检验、认证机构应据实出具检验结果,否则,给消费者造成损害或损失的,要与产品的生产者、销售者一起承担连带责任。

四、生产者、销售者的产品质量义务

(一) 生产者的产品质量义务

1. 作为的义务

(1) 产品应当符合内在质量的要求。产品不应存在危及人体健康及人身、财产安全的不合理的危险;产品已有保障人体健康和人身、财产安全国家标准、行业标准的,应当符合该标准。产品应当具备规定的使用性能,但是对产品存在使用性能的瑕疵作出说明的除外。产品应符合在产品或者其包装上注明采用的产品标准,符合以产品说明、实物样品等方式表明的质量状况。

(2) 产品或者其包装上的标识应当符合要求。包括合格证明、产品名称、厂家和厂址、产品规格、安全使用日期、警示标志等。

(3) 特殊产品的包装必须符合要求。即剧毒、危险、易碎、储运中不能倒置以及有其他特殊要求的产品的包装应符合有关要求。

2. 不作为的义务

生产者不得生产国家明令淘汰的产品;不得伪造产地,伪造或者冒用他人的厂名、厂址;不

得伪造或者冒用认证标志、名优标志等质量标志；生产产品不得掺杂、掺假，以假充真、以次充好，以不合格产品冒充合格产品。

(二) 销售者的产品质量义务

1. 作为的义务

销售者应当执行进货检查验收制度，验明产品合格证明和其他标识；在进货之后，销售者应当采取措施，确保销售产品的质量；所销售产品的标识应当符合有关的规定。

2. 不作为的义务

销售者不得销售失效、变质的产品；不得伪造产地，伪造或者冒用他人的厂名、厂址；不得伪造或者冒用认证标志、名优标志等质量标志；销售产品，不得掺杂、掺假，以假充真、以次充好，以不合格产品冒充合格产品。

五、产品责任

(一) 产品责任的内涵

1. 产品责任的概念

产品责任和产品质量责任是两个概念。产品责任(product liability)，又称产品缺陷责任，是指产品的生产者、销售者及有关机构和有关人员，因其生产或销售的产品有缺陷，造成消费者、使用者或者他人人身、财产的损害而应承担的一种民事赔偿责任。产品责任是一种特殊的侵权责任，在当事人之间存在合同关系的情况下，还可能出现与违约责任的竞合。《产品质量法》未使用"产品责任"概念，而采用"赔偿责任"(compensation liability)一词。目前，我国关于产品责任的规定，最集中地体现在《产品质量法》以及《民法典》中，同时，在《农产品质量安全法》和《食品安全法》中也有关于产品责任的补充规定。

产品质量责任(quality control responsibility)的内涵如表 11-1 所示。由此可见，产品质量责任是一个综合性的概念，也是一种综合责任，它是指行为人违反《产品质量法》所应承担的各种消极法律后果。这里的"行为人"不仅包括产品的生产者、销售者，而且包括对产品质量负有直接责任的人员以及从事产品质量监督的国家工作人员。这里的"消极法律后果"既包括因产品缺陷而给他人造成人身、财产损失时，由生产者和销售者依法应承担的产品责任，还包括违反《民法典》《标准化法》《中华人民共和国计量法》以及规范产品质量的其他法规应当承担的责任，包括合同品质瑕疵担保责任、行政责任和刑事责任。

表 11-1　产品质量责任的内涵

产品质量责任	民事责任	合同责任(瑕疵担保责任)	
		产品责任(产品侵权责任)	
	行政责任	行政处分(对个人适用)	
		行政处罚(对个人、单位适用)	
	刑事责任	主　刑	管制、拘役、有期徒刑、无期徒刑、死刑(对个人适用)
		附加刑	罚金(对个人、单位适用)
			剥夺政治权利(对个人适用)
			没收财产(对个人适用)

知识拓展(11-18)

2. 产品责任与合同品质瑕疵担保责任的区别

产品责任与合同品质瑕疵担保责任虽然有一定的联系，但它们之间的区别是很大的。最大的区别就在于合同品质担保当事人可以约定排除，而产品责任则不能约定排除，产品责任具有强制性。

产品责任与合同品质瑕疵担保责任的区别

【例11-12】关于产品缺陷责任，下列选项符合《产品质量法》规定的是(　　)。

A. 基于产品缺陷的更换、退货等义务属于合同责任，因产品缺陷致人损害的赔偿义务属于侵权责任

B. 产品缺陷责任的主体应当与受害者有合同关系

C. 产品缺陷责任一律适用过错责任原则

D. 产品质量缺陷责任一律适用举证责任倒置

【解析】根据《产品质量法》第40条、第41条的规定，正确答案是A。

(二) 产品责任的构成要件

一般认为，产品责任的成立须同时具备以下三个条件。

1. 产品存在缺陷

产品缺陷是指产品存在不合理的危险，且这种危险在产品离开生产者或销售者之前就已经存在。《产品质量法》规定，缺陷是指产品存在危及人身、他人财产安全的不合理的危险；产品有保障人体健康和人身、财产安全的国家标准(national standard)、行业标准(industry standard)的，是指不符合该标准。从该规定来看，产品缺陷是指产品存在危及人身、他人财产安全的不合理危险。该定义同时确立了缺陷产品的认定标准，即"不合理危险"标准。

知识拓展(11-19)

一般认为，产品缺陷可以分为制造缺陷(在生产工艺中因工艺、质量管理不善等原因而产生的不合理危险性)、设计缺陷(在生产工艺中因工艺、质量管理不善等原因而产生的不合理危险性)与警示缺陷(生产者疏于以适当方式向消费者说明产品的使用方法及危险预防方面应注意的事项，导致产品产生不合理的危险性)三种。

产品缺陷的分类

需要说明的是，《民法典》第1206条确立了缺陷产品召回(product recall)制度，该条规定"产品投入流通后发现存在缺陷的，生产者、销售者应当及时采取停止销售、警示、召回等补救措施；未及时采取补救措施或者补救措施不力造成损害扩大的，对扩大的损害也应当承担侵权责任。"

实践中，应注意区分产品缺陷与产品瑕疵。一般认为，产品缺陷与产品瑕疵都是指产品不符合质量要求。产品缺陷是针对较大的质量问题而言的，产品瑕疵则是指一般性的质量问题。二者存在诸多差异。

知识拓展(11-20)

事实上，依《民法典》规定属于瑕疵产品的并不一定具有对人身财产的危险性，因而不一定属于《产品质量法》规定的缺陷产品；依《产品质量法》的规定属于有缺陷的产品，基于《民法典》的规定，可能并无瑕疵。实践中，当产品进入流通后，发现缺陷，产品的生产者或者销售者应积极采取相应的补救措施。对于已经进入流通领域的产品，如果产品存在缺陷并致人损害的，消费者可以依据《消费者权益保护法》《产品质量法》《民法典》等向产品的销售者、生产者主张相应的赔偿权利。

产品缺陷与产品瑕疵的区别

2. 有损害事实存在

这是指产品因缺陷造成了人身、缺陷产品以外的其他财产的损害。如果产品有缺陷，但并未造成人身或财产损害，或者仅造成缺陷产品本身的损害，均不构成产品责任；在这种情况下，生产者或销售者仅按法律关于产品瑕疵担保责任的有关规定，承担修理、更换、退货或者赔偿损失的责任。

3. 产品缺陷与损害后果之间有因果关系

因果关系是客观事物之间的前因后果的关联性。产品缺陷与损害后果之间有因果关系是指产品缺陷是导致损害发生的直接原因。在产品责任事故中，损害后果的发生往往是由多种原因导致的，因此，必须确定产品缺陷是引起损害后果的唯一原因或直接原因，产品责任才能成立，生产者才承担责任。

适用疏忽原则确定和追究产品责任时，除具备上述三项要件外，还须具备一个要件，即生产者或销售者主观上有过错。但为了更好地保护消费者利益，受害者并不承担过错的证明责任，一般采用"举证责任倒置"或"事实自证规则"来确定生产者或销售者是否存在过错。

(三) 产品责任的法律适用

1. 适用产品责任的法律依据

目前，《产品质量法》和《民法典》是适用有关产品责任的主要法律依据。如果《产品质量法》和《民法典》规定不一致的，按照"新法优于旧法、特别法优于普通法"的原理，适用《民法典》的有关规定。

知识拓展(11-21)

产品责任的归责原则

2. 产品责任的归责原则

我国采取的是严格责任和过错责任相结合的双重责任原则，生产者对其生产的缺陷产品造成他人人身或财产的损害承担严格责任，而销售者则承担过错责任。

3. 产品责任的当事人

(1) 产品责任的受害者。这是发生产品责任后有权提起诉讼的当事人。受害人包括消费者、使用者或第三人。因产品存在缺陷造成损害的，被侵权人可以向产品的生产者请求赔偿，也可以向产品的销售者请求赔偿。

(2) 产品责任的责任主体。根据《产品质量法》的规定，产品责任主体是生产者、销售者、供货者，若检验认证机构出具的检验结果不实，则检验认证机构也是产品责任主体。《民法典》第 1202 条至第 1204 条对责任主体作了进一步明确。

① 生产者。因产品存在缺陷造成他人损害的，生产者应当承担侵权责任。

② 销售者。因销售者的过错使产品存在缺陷，造成他人损害的，销售者应承担侵权责任。销售者不能指明缺陷产品的生产者也不能指明缺陷产品的供货者的，销售者应承担侵权责任。

③ 连带责任人。(a)产品质量认证机构违反《产品质量法》的规定，对不符合认证标准而使用认证标志的产品，未依法要求其改正或者取消其使用认证标志资格的，对因产品不符合认证标准给消费者造成的损失，与产品的生产者、销售者承担连带责任。(b)社会团体、社会中介机构对产品质量作出承诺、保证，而该产品又不符合其承诺、保证的质量要求，给消费者造成损失的，与产品的生产者、销售者承担连带责任。(c)在广告中对产品质量作虚假宣传，欺骗和误导消费者，使购买商品或者接受服务的消费者的合法权益受到损害的，由广告主依法承担民事责任；广告经营者、广告发布者明知或者应知广告虚假仍设

法条链接(11-3)

《食品安全法》关于连带责任的部分规定

计、制作、发布的，应当依法承担连带责任。广告经营者、广告发布者不能提供广告主的真实名称、地址的，应当承担全部民事责任。(d)社会团体或者其他组织，在虚假广告中向消费者推荐商品或者服务，使消费者的合法权益受到损害的，应当依法承担连带责任。

4. 产品责任的追偿机制

因销售者的过错使产品存在缺陷的，生产者赔偿后，有权向销售者追偿。产品缺陷由生产者造成的，销售者赔偿后，有权向生产者追偿。因运输者、仓储者等第三人的过错使产品存在缺陷，造成他人损害，产品的生产者、销售者赔偿后，有权向第三人追偿。

同时，根据《农产品质量安全法》第54条的规定，农产品批发市场中销售《农产品质量安全法》禁止销售的农产品给消费者造成损害的，消费者可以向农产品批发市场请求赔偿；属于生产者、销售者责任的，农产品批发市场有权追偿。消费者也可以直接向农产品生产者、销售者请求赔偿。

5. 产品责任的损害赔偿

依《产品质量法》《民法典》的规定，损害赔偿的范围包括人身损害、财产损害、精神损害、惩罚性赔偿等。

(1) 人身损害赔偿。《产品质量法》规定，因产品存在缺陷造成受害人人身伤害的，侵害人应当赔偿医疗费、治疗期间的护理费、因误工减少的收入等费用；造成残疾的，还应当支付残疾者生活辅助具费、生活补助费、残疾赔偿金以及由其扶养的人所必需的生活费等费用；造成受害人死亡的，并应当支付丧葬费、死亡赔偿金以及由死者生前扶养的人所必需的生活费等费用。《民法典》第1179条规定，侵害他人造成人身损害的，应当赔偿医疗费、护理费、交通费、营养费、住院伙食补助费等为治疗和康复支出的合理费用，以及因误工减少的收入。造成残疾的，还应当赔偿辅助器具费和残疾赔偿金；造成死亡的，还应当赔偿丧葬费和死亡赔偿金。

(2) 财产损害赔偿。因产品存在缺陷造成受害人财产损失的，侵害人应当恢复原状或者折价赔偿。受害人因此遭受其他重大损失的，侵害人应当赔偿损失。

(3) 精神损害赔偿。受害人因产品缺陷所遭受的精神损害，可请求侵权行为人予以赔偿。《民法典》第1183条规定，侵害自然人人身权益造成严重精神损害的，被侵权人有权请求精神损害赔偿。

(4) 惩罚性赔偿。根据《民法典》第1207条的规定，明知产品存在缺陷仍然生产、销售，或者没有依据相关规定采取有效补救措施，造成他人死亡或者健康严重损害的，被侵权人有权请求相应的惩罚性赔偿。同时，根据《食品安全法》第96条规定，违反《食品安全法》规定，造成人身、财产或者其他损害的，依法承担赔偿责任。生产不符合食品安全标准的食品或者销售明知是不符合食品安全标准的食品，消费者除请求赔偿损失外，还可以向生产者或者销售者请求支付价款10倍的赔偿金。很明显，前述规定加重了生产者、销售者的法律责任，使被侵权人能够获得更多的赔偿。

依据我国相关法律的规定，生产者、销售者违法从事生产、经营活动的，应当承担民事赔偿责任和缴纳罚款、罚金，其财产不足以同时支付时，先承担民事赔偿责任；构成犯罪的，依法追究刑事责任。

6. 承担产品责任的期限

产品责任期限是责任主体承担赔偿责任的法定界限，在此期间责任主体的义务是满足受害人的赔偿请求，在此期限后，责任消灭，责任主体有权拒绝受害人的赔偿请求。《产品质量法》规定，因产品存在缺陷造成损害请求赔偿的诉讼时效期间为2年，自当事人知道或应当知道其权益受到损害时起计算。请求赔偿的请求权，在造成损害的缺陷产品交付最初消费者满10年后丧失，但是尚未超过明示的安全使用期的除外。

7. 不承担产品责任的免责事由

《产品质量法》针对产品责任的特殊性，规定了免除生产者产品责任的条件。即生产者能证明有下列情形之一的，可以不承担产品责任：①未将产品投入流通的；如擅自使用尚处于产品研发阶段、试验阶段的电动椅，因椅子漏电导致使用者死亡的，死者家属不能因此主张生产者的产品责任。②产品投入流通时，引起损害的缺陷不存在的；③将产品投入流通时的科学技术水平不能发现缺陷的存在的。

除此之外，有关《民法典》确立的一些民事责任免除的一般条件仍适用产品责任。如由于使用者或者第三人的过错造成人身伤害的，生产者不承担责任。《产品质量法》未就销售者的免责条件作出规定，对此，应按《民法典》的相关规定来确定。

【例 11-13】刘粟伙同王山从某电扇厂仓库盗窃未经检验的轮船用小型电扇两台。二人各分得一台。刘粟将电扇以 60 元的价格卖给了高斐。高斐在使用时，被飞出的扇叶削掉半截左耳。高斐以扇叶和保护网设计及制造中有瑕疵为由向电扇厂提出索赔。请问：高斐是否有权向电扇厂索赔？法律依据是什么？

【解析】高斐不能向电扇厂索赔，只能向刘粟请求赔偿。尽管高斐所受的伤害是因电扇的缺陷所致，电扇厂理应承担赔偿责任，但由于该电扇系刘粟伙同他人从电扇厂仓库盗窃而来，并没有正式投入流通，属于法律规定的免责情况。因此，电扇厂对高斐不负赔偿责任。

六、产品质量争议的处理

《产品质量法》规定，因产品质量发生民事纠纷时，当事人可以通过协商或者调解解决。当事人不愿通过协商、调解解决或者协商、调解不成的，可以根据当事人各方的协议向仲裁机构申请仲裁；当事人各方没有达成仲裁协议的，可以向人民法院起诉。市场监督管理部门及有关部门负责处理用户、消费者有关产品质量问题的申诉。产品质量纠纷的仲裁由仲裁委员会受理。对产品质量问题的权益争议，可通过民事诉讼程序处理。对产品质量问题的行政争议，可通过行政复议或行政诉讼来解决。

近年来，随着产品日益丰富和现代化程度的不断提高，因使用产品而发生事故所导致的产品质量争议也急剧增加，生产者、销售者的产品质量责任也日趋加重。在这一形势下，生产者、销售者应积极采取应对措施。实践证明，产品责任保险是众多有效措施中的一种。

【例 11-14】花琪为其 2 岁儿子购买了某品牌的奶粉，其子喝后上吐下泻，住院 7 天才恢复健康。花琪之子从此见任何奶类制品都拒食。经鉴定，该品牌奶粉属劣质品。为此，花琪欲采取维权行动。花琪亲友们提出的下列建议缺乏法律依据的是（　　）。
A. 请媒体曝光，并请求市场监督管理机关严肃查处
B. 向出售该奶粉的商场索赔，或向生产该奶粉的厂家索赔
C. 直接提起诉讼，请求商场赔偿医疗费、护理费、误工费、交通费等
D. 直接提起仲裁，请求商场和厂家连带赔偿花琪全家所受的精神损害
【解析】根据《产品质量法》第 43 条、第 44 条、第 46 条、第 47 条的规定，正确答案是 D。

随堂练习(11-4)

A 电动车公司(以下简称"A 公司")生产的电动车近期发生多起自燃事件，经调查发现是由于电池造成，致多起纠纷久久未解决。B 电商平台(以下简称"B 平台")的自营业务出售该款电动车，在宣传时称：该车型电动车严格按照检查程序检查，没有质量问题。王彤在 B 平台购买该电动车一台，使用不足一个月时，该电动车自燃烧毁，王彤被烧伤造成残疾。下列有关说法正确的是(　　)。

A. 王彤只能向 A 公司主张赔偿责任

B. A 公司和 B 平台对王彤按份承担赔偿责任

C. 王彤可以向 A 公司主张赔偿残疾生活辅助器具费和残疾赔偿金

D. 市场监督管理局可以责令 A 公司召回该电动车

第五节　消费者权益保护法

一、消费者权益保护法概述

(一) 消费者

知识拓展(11-22)

消费者(consumer)是指为满足个人生活消费需要而购买、使用商品或者接受服务的人。消费者作为消费主体，其范围包括一切进行生活消费的个人和消费群体。

消费者
的法律特征

(二) 消费者权益保护法的概念

消费者权益保护法是调整国家机关、经营者、消费者相互之间因保护消费者权益而产生的各种社会关系的法律规范的总称。为保护消费者权益、维护社会经济秩序，促进社会主义市场经济健康发展，我国全国人民代表大会常务委员会制定并修改了《消费者权益保护法》。《消费者权益保护法》及《消费者权益保护法实施条例》是我国保护消费者权益的基本法律规范。广义上的《消费者权益保护法》则包括所有有关保护消费者权益的法律、法规，如《产品质量法》《反不正当竞争法》《旅游法》等。

(三)《消费者权益保护法》的调整对象

《消费者权益保护法》的调整对象是消费过程中所产生的社会关系，具体包括：

(1) 经营者与消费者之间的关系，主要是经营者因违法经营给消费者造成损害，消费者有权请求赔偿，以及消费者对经营者进行监督而发生的关系；

(2) 国家机关与经营者之间的关系，主要是国家机关对经营者的经营活动进行监督管理的关系；

(3) 国家机关与消费者之间的关系，主要是国家有关管理部门，在为消费者提供指导、服务与保护过程中所发生的关系。

(四)《消费者权益保护法》的适用范围

(1) 消费者为生活消费需要购买、使用商品或者接受服务，适用《消费者权益保护法》。

(2) 经营者为消费者提供其生产、销售的商品或者提供服务，适用《消费者权益保护法》。

(3) 农民购买、使用直接用于农业生产的生产资料，参照《消费者权益保护法》执行。

二、消费者的权利

消费者的权利是指消费者在购买、使用商品或者接受服务的一定时间内，依法应享有的各种权利。根据《消费者权益保护法》的规定，消费者享有以下十一项权利。

知识拓展(11-23)

《消费者权益保护法实施条例》第 7 条的规定

1. 安全保障权

消费者在购买、使用商品和接受服务时享有人身、财产安全不受损害的权利；消费者有权请求经营者提供的商品和服务，符合保障人身、财产安全的要求。安全权(right to safety)包括人身安全权和财产安全权两个方面，这是消费者最重要的权利。

【例 11-15】郭舍与 10 岁的儿子到饭馆用餐，欲如厕时将手提包留在座位上嘱其儿子看管，回来后发现手提包丢失。郭舍请求饭馆赔偿被拒绝，遂提起民事诉讼。根据消费者安全保障权，下列说法正确的是(　　)。

A. 饭馆应保障顾客在接受服务时的财产安全，并承担顾客随身物品遗失的风险

B. 饭馆应保证其提供的饮食服务符合保障人身、财产安全的要求，但并不承担对顾客随身物品的保管义务，也不承担顾客随身物品遗失的风险

C. 饭馆应对顾客妥善保管随身物品作出明显提示，否则应当对顾客的物品丢失承担赔偿责任

D. 饭馆应确保其服务环境绝对安全，应当对顾客在饭馆内遭受的一切损失承担赔偿责任

【解析】根据《消费者权益保护法》第 18 条的规定，正确答案是 B。

2. 知悉真情权

知识拓展(11-24)

《消费者权益保护法实施条例》第 9 条的规定

知悉真情权(right to be informed)是指消费者享有的知悉其购买、使用的商品或者接受的服务的真实情况的权利。对消费者来说，知情是消费活动中必不可少的，它是消费者决定购买商品、接受服务的前提。消费者有权根据商品或者服务的不同情况，请求经营者提供商品的价格、产地、生产者、用途、性能、规格、等级、主要成分，生产日期、有效期限、检验合格证明、使用方法说明书、售后服务，或者服务的内容、规格、费用等有关情况。

3. 自主选择权

自主选择权(right to choose)是指消费者享有的根据自己的消费需求、意向和兴趣，自主选择自己满意的商品或服务的权利。这项权利包括四方面的内容：①自主选择商品或者服务的经营者；②自主选择商品的品种或者服务的方式；③自主决定是否购买商品或者接受服务；④自主比较、鉴别和挑选商品或服务。

知识拓展(11-25)

《消费者权益保护法实施条例》第 11 条的规定

4. 公平交易权

公平交易权(right to a fair deal)是指消费者在购买商品或者接受服务时所享有的，获得质量保障和价格合理、计量准确等公平交易条件、拒绝经营者的强制交易行为的权利。其核心是消费者以一定数量的货币换取同等价值的商品或者服务。

5. 依法求偿权

依法求偿权(right to claim indemnity)是指消费者因购买、使用商品或者接受服务受到人身、财

产损害的，享有依法获得赔偿的权利。它是弥补消费者所受损害的必不可少的救济权。享有获得赔偿权的主体包括购买、使用商品或者接受服务的消费者和使用他人购买的商品、服务而受到损害的消费者，以及在别人购买、使用商品或接受服务时，因在场而受到商品或者服务的伤害，致使人身、财产受损害的第三者。前者按契约关系求偿，后二者因与经营者之间没有契约关系，一般按侵权处理，求偿的范围包括人身损害和财产损害两方面。

6. 依法结社权

依法结社权(right of association)是指消费者享有依法成立维护自身合法权益的社会组织的权利，如消费者协会。消费者成立社会组织的目的在于通过集体力量来改变自身的弱势地位，从而维护自身的合法权益。

7. 获得知识权

获得知识权(right to education)是指消费者享有获得有关消费和消费者权益保护方面的知识的权利。消费者应当努力掌握所需商品或者服务的知识和使用技能，正确使用商品，提高自我保护意识。

8. 维护尊严权

维护尊严权(right of personal dignity)是指消费者在购买、使用商品和接受服务时，享有其人格尊严、民族风俗习惯得到尊重的权利。它包括人格尊严、民族风俗习惯获得尊重两方面。消费者在消费过程中不受非法搜查、检查、侮辱、诽谤。

9. 个人信息保护权

个人信息保护权也称信息权(right of information)，是指消费者在购买、使用商品和接受服务时，享有个人信息依法得到保护的权利。一般认为，个人信息(information privacy)是指可以直接或间接识别本人的信息的总和，包括一个人生理的、心理的、智力的、个体的、社会的、经济的、文化的、家庭的信息。经营者收集、使用消费者个人信息，应当遵循合法、正当、必要的原则，明示收集、使用信息的目的、方式和范围，并经消费者同意。未经消费者许可，获得消费者个人信息的经营者不得使用或者传播该信息。

10. 冷却期退货权

冷却期退货权(right of return in cool-off period)是指通过特定销售方式购买的商品，消费者在法定期限内享有无理由退货的权利。特定销售方式是指采用网络、电视、电话、邮购等销售方式，法定期限是指自消费者收到货物之日起 7 日内。无理由退货的商品不包括：消费者定做的；鲜活易腐的；在线下载或者消费者拆封的音像制品、计算机软件等数字化商品；交付的报纸、期刊。除前述商品外，其他根据商品性质并经消费者在购买时确认不宜退货的商品，不适用无理由退货。

11. 监督权

监督权(right of supervision)是指消费者享有对商品和服务以及保护消费者权益工作进行监督的权利。消费者有权检举、控告侵害消费者权益的行为和国家机关及其工作人员在保护消费者权益工作中的违法失职行为，有权对保护消费者权益工作提出批评、建议。消费者认为经营者提供的商品或者服务可能存在缺陷，有危及人身、财产安全危险的，可以向经营者或者有关行政部门反映情况或者提出建议。

三、经营者的义务

根据《消费者权益保护法》规定，经营者应当履行以下十一项义务。

1. 履行法定或约定的义务

经营者向消费者提供商品或者服务，应当依照法律、法规的规定履行义务。经营者和消费者有约定的，应当按照约定履行义务，但双方的约定不得违背法律、法规的规定。经营者向消费者提供商品或者服务，应当恪守社会公德，诚信经营，保障消费者的合法权益；不得设定不公平、不合理的交易条件，不得强制交易。

2. 接受监督的义务

经营者应当听取消费者对其提供的商品或者服务的意见，接受消费者的监督。

知识拓展(11-26)

《消费者权益保护法实施条例》关于经营者义务的规定

3. 保障安全的义务

经营者应当保证其提供的商品或者服务符合保障人身、财产安全的要求。对可能危及人身、财产安全的商品和服务，应当向消费者作出真实的说明和明确的警示，并说明和标明正确使用商品或者接受服务的方法以及防止危害发生的方法。宾馆、商场、餐馆、银行、机场、车站、港口、影剧院等经营场所的经营者，应当对消费者尽到安全保障义务。

经营者发现其提供的商品或者服务存在缺陷，有危及人身、财产安全危险的，应当立即向有关行政部门报告和告知消费者，并采取停止销售、警示、召回、无害化处理、销毁、停止生产或者服务等措施。采取召回措施的，经营者应当承担消费者因商品被召回支出的必要费用。采取召回措施的，生产或者进口商品的经营者应当制订召回计划，发布召回信息，明确告知消费者享有的相关权利，保存完整的召回记录，并承担消费者因商品被召回所支出的必要费用。商品销售、租赁、修理、零部件生产供应、受委托生产等相关经营者应当依法履行召回相关协助和配合义务。经营者对消费者未尽到安全保障义务，造成消费者损害的，应当承担侵权责任。

因第三人侵权导致损害结果发生的，由实施侵权行为的第三人承担赔偿责任。安全保障义务人有过错的，应当在其能够防止或者制止损害的范围内承担相应的补充责任。安全保障义务人承担责任后，可以向第三人追偿。

4. 提供真实信息的义务

经营者向消费者提供有关商品或者服务的质量、性能、用途、有效期限等信息，应当真实、全面，不得作虚假或者引人误解的宣传。经营者对消费者就其提供的商品或者服务的质量和使用方法等问题提出的询问，应当作出真实、明确的答复。经营者提供商品或者服务应当明码标价。

采用网络、电视、电话、邮购等方式提供商品或者服务的经营者，以及提供证券、保险、银行等金融服务的经营者，应当向消费者提供经营地址、联系方式、商品或者服务的数量和质量、价款或者费用、履行期限和方式、安全注意事项和风险警示、售后服务、民事责任等信息。

知识拓展(11-27)

《消费者权益保护法实施条例》第12条、第15条的规定

5. 标明经营者真实名称和标记的义务

经营者应当标明其真实名称和标记。租赁他人柜台或者场地的经营者，应当标明其真实名称和标记。展销会举办者、场地和柜台提供者应当加强管理，督促参展者和场地柜台的使用者悬挂营业执照并标明其真实名称和标记。

知识拓展(11-28)

《消费者权益保护法实施条例》第10条、第13条的规定

6. 出具凭证或单据的义务

经营者提供商品或者服务，应当按照国家有关规定或者商业惯例向消费者出具发票等购货凭证或者服务单据；消费者索要发票等购货凭证或者服务单据的，经营者必须出具。

7. 保障产品质量的义务

经营者应当保证在正常使用商品或者接受服务的情况下其提供的商品或者服务应当具有的质量、性能、用途和有效期限；但消费者在购买该商品或者接受该服务前已经知道其存在瑕疵，且存在该瑕疵不违反法律强制性规定的除外。经营者以广告、产品说明、实物样品或者其他方式表明商品或者服务的质量状况的，应当保证其提供的商品或者服务的实际质量与表明的质量状况相符。经营者提供的机动车、计算机、电视机、电冰箱、空调器、洗衣机等耐用商品或者装饰装修等服务，消费者自接受商品或者服务之日起6个月内发现瑕疵，发生争议的，由经营者承担有关瑕疵的举证责任。

8. 质量补救义务

经营者提供的商品或者服务不符合质量要求的，消费者可以依照国家规定、当事人约定退货，或者请求经营者履行更换、修理等义务。没有国家规定和当事人约定的，消费者可以自收到商品之日起7日内退货；7日后符合法定解除合同条件的，消费者可以及时退货，不符合法定解除合同条件的，可以请求经营者履行更换、修理等义务。依照前述规定进行退货、更换、修理的，经营者应当承担运输等必要费用。

消费者退货的商品应当完好。经营者应当自收到退回商品之日起7日内返还消费者支付的商品价款。退回商品的运费由消费者承担；经营者和消费者另有约定的，按照约定。

知识拓展(11-29)

《消费者权益保护法实施条例》关于质量补救义务的规定

9. 严格遵守公平交易的义务

经营者在经营活动中使用格式条款的，应当以显著方式提请消费者注意商品或者服务的数量和质量、价款或者费用、履行期限和方式、安全注意事项和风险警示、售后服务、民事责任等与消费者有重大利害关系的内容，并按照消费者的请求予以说明。经营者不得以格式条款、通知、声明、店堂告示等方式，作出排除或者限制消费者权利、减轻或者免除经营者责任、加重消费者责任等对消费者不公平、不合理的规定，不得利用格式条款并借助技术手段强制交易。格式条款、通知、声明、店堂告示等含有前款所列内容的，其内容无效。

根据《消费者权益保护法实施条例》规定，经营者使用格式条款的，应当遵守上述规定。经营者不得利用格式条款不合理地免除或者减轻其责任、加重消费者的责任或者限制消费者依法变更或者解除合同、选择诉讼或者仲裁解决消费争议、选择其他经营者的商品或者服务等权利。

10. 尊重消费者人格尊严的义务

消费者依法享有人身权，经营者不得以任何理由侵犯消费者的人身权利，不得对消费者进行侮辱、诽谤，不得搜查消费者的身体及其携带的物品，不得侵犯消费者的人身自由。

11. 保护消费者信息安全的义务

经营者收集、使用消费者个人信息，应当遵循合法、正当、必要的原则，明示收集、使用信息的目的、方式和范围，并经消费者同意。经营者收集、使用消费者个人信息，应当公开其收集、使用规则，不得违反法律、法规的规定和双方的约定收集、使用信息。经营者及其工作人员对收集的消费者个人信息必须严格保密，不得泄露、出售或者非法向他人提供。经营者应当采取技术措施和其他必要措施，确保信息安全，防止消费者个人信息泄露、丢失。在发生或者可能发生信息泄露、丢失的情况时，应当立即采取补救措施。

知识拓展(11-30)

《消费者权益保护法实施条例》关于经营者保护消费者信息安全义务的规定

经营者未经消费者同意或者请求，或者消费者明确表示拒绝的，不得向其发送商业性信息。

【例 11-16】经营者的下列行为中违反了《消费者权益保护法》规定的是(　　)。
A. 商家在商场内多处设置监控录像设备，其中包括服装销售区的试衣间
B. 商场的出租柜台更换了承租商户，新商户进场后，未更换原商户设置的名称标牌
C. 顾客以所购商品的价格高于同城其他商店的同类商品的售价为由请求退货，商家予以拒绝
D. 餐馆规定，顾客用餐结账时，餐费低于 5 元的不开发票
【解析】根据《消费者权益保护法》第 21 条、第 22 条、第 27 条的规定，正确答案是 ABD。

【例 11-17】某大型商场在商场各醒目处张贴海报：本商场正以 3 折的价格处理一批因火灾而被水浸过的商品。消费者葛利见后，以 468 元购买了一件原价 1 444 元的名牌女皮衣。该皮衣穿后不久，表面出现严重的泛碱现象。葛利请求商场退货，被拒绝。下列说法正确的是(　　)。
A. 商场不承担退货责任
B. 商场应当承担退货责任
C. 商场可以不退货，但应当允许葛利用该皮衣调换一件价值 468 元的其他商品
D. 商场可以对该皮衣进行修复处理并收取适当的费用
【解析】根据《消费者权益保护法》第 20 条、第 23 条的规定，正确答案是 AD。

四、消费者权益的保护

(一) 消费者合法权益的国家保护

(1) 立法保护。国家通过制定、修改、颁布有关消费者权益保护法的立法活动来保护消费者的合法权益。我国颁布实施的《反不正当竞争法》《产品质量法》《农产品质量安全法》《食品安全法》《旅游法》等都体现了对消费者合法权益的保护。为更好地保护消费者的合法权益，国家制定有关消费者权益的法律、法规、规章和强制性标准，应当听取消费者和消费者协会等组织的意见。

(2) 行政保护。行政机关通过行政执法和监督活动对消费者的合法权益进行保护，包括行政管理和行政监督。各级人民政府应当加强领导、组织、协调和督促有关行政部门做好保护消费者合法权益的工作，落实保护消费者合法权益的职责。市场监督管理部门或者其他有关行政部门应当畅通和规范消费者投诉、举报渠道，完善投诉、举报处理流程，依法及时受理和处理投诉、举报，加强对投诉、举报信息的分析应用，开展消费预警和风险提示。投诉、举报应当遵守法律、法规和有关规定，不得利用投诉、举报牟取不正当利益，侵害经营者的合法权益，扰乱市场经济秩序。

(3) 司法保护。国家司法机关通过司法程序对消费者的合法权益予以保护。通过侦查、起诉、审判的活动，惩处经营者在提供商品和服务中侵害消费者合法权益的违法犯罪行为；人民法院应当采取措施方便消费者提起诉讼，对符合《民事诉讼法》起诉条件的消费者权益争议，应当受理及时审理。

(二) 消费者合法权益的社会保护

国家鼓励、支持一切组织和个人对损害消费者合法权益的行为进行社会监督，消费者协会和依法成立的其他消费组织，在保护消费者权益方面起着至为重要的作用；广播、电视、报刊等大众传播媒介应当为维护消费者合法权益做好宣传，对损害消费者合法权益的行为进行舆论监督。国家

鼓励、支持一切组织和个人对损害消费者合法权益的行为进行社会监督。大众传播媒介应当真实、客观、公正地报道涉及消费者权益的相关事项，加强消费者维权相关知识的宣传普及，对损害消费者合法权益的行为进行舆论监督。

(三) 消费者权益保护机构

1. 各级人民政府

国家和地方各级市场监督管理机关，是实施消费者权益保护的基本职能机构，其主要职能包括：拟订和组织实施有关法律、法规和政策，协调各部门共同做好保护消费者权益的工作，在市场监督管理机关职权范围内查处侵犯消费者利益的行为。

有关行政部门应当听取消费者和消费者协会等组织对经营者交易行为、商品和服务质量问题的意见，及时调查处理。有关行政部门在各自的职责范围内，应当定期或者不定期对经营者提供的商品和服务进行抽查检验，并及时向社会公布抽查检验结果。有关行政部门发现并认定经营者提供的商品或者服务存在缺陷，有危及人身、财产安全危险的，应当立即责令经营者采取停止销售、警示、召回、无害化处理、销毁、停止生产或者服务等措施。

2. 公安、司法机关

经营者的违法行为构成犯罪的，应由公安机关或人民检察院依法立案、侦查、起诉到人民法院追究相关责任人员的刑事责任。人民法院依法受理消费者权益争议案件，及时审理，通过公正的审理保护消费者的合法权益。

3. 消费者组织

消费者协会(consumer association)和其他消费者组织是依法成立的对商品和服务进行社会监督的保护消费者合法权益的社会组织。消费者协会履行下列公益性职责：①向消费者提供消费信息和咨询服务，提高消费者维护自身合法权益的能力，引导文明、健康、节约资源和保护环境的消费方式；②参与制定有关消费者权益的法律、法规、规章和强制性标准；③参与有关行政部门对商品和服务的监督、检查；④就有关消费者合法权益的问题，向有关部门反映、查询，提出建议；⑤受理消费者的投诉，并对投诉事项进行调查、调解；⑥投诉事项涉及商品和服务质量问题的，可以委托具备资格的鉴定人鉴定，鉴定人应当告知鉴定意见；⑦就损害消费者合法权益的行为，支持受损害的消费者提起诉讼或者依照《消费者权益保护法》提起诉讼；⑧对损害消费者合法权益的行为，通过大众传播媒介予以揭露、批评。

对侵害众多消费者合法权益的行为，中国消费者协会以及在省、自治区、直辖市设立的消费者协会，可以向人民法院提起诉讼。

各级人民政府对消费者协会履行职责应当予以必要的经费等支持。消费者协会应当认真履行保护消费者合法权益的职责，听取消费者的意见和建议，接受社会监督。依法成立的其他消费者组织依照法律、法规及其章程的规定，开展保护消费者合法权益的活动。

消费者组织不得从事商品经营和营利性服务，不得以收取费用或者其他牟取利益的方式向消费者推荐商品和服务。

(四) 消费者权益争议的解决途径

消费者和经营者发生消费者权益争议的，可以通过下列途径解决。①与经营者协商和解。②请求消费者协会或者依法成立的其他调解组织调解。③向有关行政部门投诉(消费者向有关行政部门投诉的，该部门应当自收到投诉之日起7个工作日内，予以处理并告知消费者)。根据《消费者权益保护法实施条例》的规定，消费者和经营者发生消费争议向市场监督管理部门或者其他有关行政部门投诉的，应当提供真实身份信息，有明确的被投诉人、具体的投诉请求和事实依据。有关行政部门应当自收到投诉之日起 7 个工作日内，予以处理并告知消费者。对不符合规定的投诉决定不予受理的，应当告知消费者不予受理的理由和其他解决争议的途径。有关行政部门受理投诉后，消费者和经营者同意调解的，有关行政部门应当依据职责及时调解，并在受理之日起 60 日内调解完毕；调解不成的应当终止调解。调解过程中需要鉴定、检测的，鉴定、检测时间不计算在 60 日内。有关行政部门经消费者和经营者同意，可以依法将投诉委托消费者协会或者依法成立的其他调解组织调解。④根据与经营者达成的仲裁协议提请仲裁机构仲裁。⑤向人民法院提起诉讼。

五、违反《消费者权益保护法》的法律责任

(一) 赔偿责任主体的确定

(1) 消费者在购买、使用商品时，其合法权益受到损害的，可以向销售者请求赔偿。销售者赔偿后，属于生产者的责任或者属于向销售者提供商品的其他销售者的责任的，销售者有权向生产者或者其他销售者追偿。

(2) 消费者或者其他受害人因商品缺陷造成人身、财产损害的，可以向销售者请求赔偿，也可以向生产者请求赔偿。属于生产者责任的，销售者赔偿后，有权向生产者追偿。属于销售者责任的，生产者赔偿后，有权向销售者追偿。

(3) 消费者在接受服务时，其合法权益受到损害的，可以向服务者请求赔偿。

(4) 消费者在购买、使用商品或者接受服务时，其合法权益受到损害，因原企业分立、合并的，可以向变更后承受其权利义务的企业请求赔偿。

(5) 使用他人营业执照的违法经营者提供商品或者服务，损害消费者合法权益的，消费者可以向其请求赔偿，也可以向营业执照的持有人请求赔偿。

(6) 消费者在展销会、租赁柜台购买商品或者接受服务，其合法权益受到损害的，可以向销售者或者服务者请求赔偿。展销会结束或者柜台租赁期满后，也可以向展销会的举办者、柜台的出租者请求赔偿。展销会的举办者、柜台的出租者赔偿后，有权向销售者或者服务者追偿。

(7) 消费者通过网络交易平台购买商品或者接受服务，其合法权益受到损害的，可以向销售者或者服务者请求赔偿。网络交易平台提供者不能提供销售者或者服务者的真实名称、地址和有效联系方式的，消费者也可以向网络交易平台提供者请求赔偿；网络交易平台提供者作出更有利于消费者的承诺的，应当履行承诺。网络交易平台提供者赔偿后，有权向销售者或者服务者追偿。网络交易平台提供者明知或者应知销售者或者服务者利用其平台侵害消费者合法权益，未采取必要措施的，依法与该销售者或者服务者承担连带责任。

(8) 消费者因经营者利用虚假广告或者其他虚假宣传方式提供商品或者服务，其合法权益受到损害的，可以向经营者请求赔偿。广告经营者、发布者发布虚假广告的，消费者可以请求行政主管部门予以惩处。广告经营者、发布者不能提供经营者的真实名称、地址和有效联系方式的，应当承担赔偿责任。广告经营者、发布者设计、制作、发布关系消费者生命健康商品或者服务的虚假广告，造成消费者损害的，应当与提供该商品或者服务的经营者承担连带责任。社会团体或者其他组织、个人在关系消费者生命健康商品或者服务的虚假广告或者其他虚假宣传中向消费者推荐商品或者服务，造成消费者损害的，应当与提供该商品或者服务的经营者承担连带责任。

(二) 法律责任

违反《消费者权益保护法》的法律责任形式以民事责任为核心，同时还包括行政责任和刑事责任。

1. 民事责任

民事责任包括侵害消费者人身和财产两个方面的责任。

(1) 侵害消费者人身权利的民事责任。经营者提供商品或者服务，造成消费者或者其他受害人人身伤害的，应当赔偿医疗费、护理费、交通费等为治疗和康复支出的合理费用，以及因误工减少的收入。造成残疾的，还应当赔偿残疾生活辅助具费和残疾赔偿金。造成死亡的，还应当赔偿丧葬费和死亡赔偿金。经营者侵害消费者的人格尊严、侵犯消费者人身自由或者侵害消费者个人信息依法得到保护的权利的，应当停止侵害、恢复名誉、消除影响、赔礼道歉，并赔偿损失。经营者有侮辱诽谤、搜查身体、侵犯人身自由等侵害消费者或者其他受害人人身权益的行为，造成严重精神损害的，受害人可以请求精神损害赔偿。

(2) 侵害消费者财产权利的民事责任。经营者提供的商品或服务不符合国家规定或者约定、不履行法定或者约定的义务造成消费者财产损害的，或者产品被认定为不合格以及有欺诈行为的，都应承担民事责任。具体如下。①经营者提供商品或者服务，造成消费者财产损害的，应当依照法律规定或者当事人约定承担修理、重作、更换、退货、补足商品数量、退还货款和服务费用或者赔偿损失等民事责任。②经营者以预收款方式提供商品或者服务的，应当按照约定提供。未按照约定提供的，应当按照消费者的请求履行约定或者退回预付款；并应当承担预付款的利息、消费者必须支付的合理费用。③依法经有关行政部门认定为不合格的商品，消费者请求退货的，经营者应当负责退货。④除商品或者服务的标签标识、说明书、宣传材料等存在不影响商品或者服务质量且不会对消费者造成误导的瑕疵外，经营者提供商品或者服务有欺诈行为的，应当按照消费者的请求增加赔偿其受到的损失，增加赔偿的金额为消费者购买商品的价款或者接受服务的费用的 3 倍；增加赔偿的金额不足 500 元的，为 500 元。法律另有规定的，依照其规定。

法条链接(11-4)

《食品安全法》的相关规定

需要说明的是，通过夹带、调包、造假、篡改商品生产日期、捏造事实等方式骗取经营者的赔偿或者对经营者进行敲诈勒索的，不适用前述规定，依照《中华人民共和国治安管理处罚法》(以下简称《治安管理处罚法》)等有关法律、法规处理；构成犯罪的，依法追究刑事责任。

经营者明知商品或者服务存在缺陷，仍然向消费者提供，造成消费者或者其他受害人死亡或者健康严重损害的，受害人有权请求经营者依照《消费者权益保护法》第49条、第51条等法律规定赔偿损失，并有权请求所受损失 2 倍以下的惩罚性赔偿。

【例 11-18】下列经营者的行为中，消费者可依法请求经营者承担惩罚性赔偿责任的是(　　)。
A. 将已过有效期的商品上的日期涂覆而销售该商品
B. 谎称某家用电器为"进口原装"进行销售
C. 销售未标明中文产品名称、生产厂名和厂址的商品
D. 向消费者出售国家明令淘汰且未标明生产日期的商品
E. 某海鲜饭馆有一厨师叫鲍鱼，饭馆将该厨师炒的饭命名为"鲍鱼炒饭"并高价出售，而消费者并没有发现"鲍鱼炒饭"中有鲍鱼
【解析】根据《消费者权益保护法》第55条的规定，答案是 ABE。

随堂练习(11-5)

周宇在好吃网外卖平台订餐，点了一份好味源餐厅的餐点，价款 50 元。11:08 短信提示外卖已送出，11:38 短信告知订单因配送问题被取消，且 50 元餐费被退回。周宇向好吃网质询，对方反馈：大部分订单已经完成了配送，只是部分订单被系统自动取消。周宇起诉好吃网欺诈消费者，主张 500 元的赔偿。法院查明该订单配送方式为××专送，配送服务方是好吃网平台，取消订单系配送问题。以下选项正确的是(　　)。

A. 好吃网应向周宇退回 50 元餐费

B. 好吃网应向周宇赔偿 500 元

C. 好吃网应向周宇赔偿 150 元

D. 好味源餐厅应向周宇赔偿 500 元

法条链接(11-5)

2. 行政责任

经营者违反《消费者权益保护法》的规定，侵害消费者合法权益的，除承担相应的民事责任外，应根据《消费者权益保护法》第 56 条和《消费者权益保护法实施条例》第 50 条~第 52 条的规定承担相应的行政责任。

《消费者权益保护法》及
其实施条例关于行政
责任的规定

课堂讨论(11-1)

2025 年 2 月 14 日，黄烨两眼干涩并且头晕，在沈阳市康惠医药有限公司第八零售店店长张敏的极力推荐下花费 150 元购买了一瓶由明星 Y 代言的某品牌保健品——鱼油，张敏打开该鱼油的说明书，声称该保健品可对症治疗黄烨的疾病。黄烨在服用该鱼油的过程中觉得自己的症状在加重。经鉴定，该品牌的鱼油并不具有其说明书上所称的治疗眼睛干涩和头晕的功能。2025 年 4 月 8 日，黄烨向康惠医药有限公司交涉请求赔偿，未果。2025 年 4 月 19 日，黄烨向有管辖权的人民法院提起诉讼。下列表述正确的是(　　)。

A. 黄烨可请求明星 Y 承担法律责任

B. 黄烨可请求康惠医药有限公司承担法律责任

C. 黄烨可请求康惠医药有限公司退还 150 元，并增加赔偿金 500 元

D. 市场监督管理部门应对康惠医药有限公司实施相应的行政处罚并记入信用档案

3. 刑事责任

经营者违反《消费者权益保护法》的规定提供商品或者服务，侵害消费者合法权益，构成犯罪的，依法追究刑事责任。以暴力、威胁等方法阻碍有关行政部门工作人员依法执行职务的，依法追究刑事责任；拒绝、阻碍有关行政部门工作人员依法执行职务，未使用暴力、威胁方法的，由公安机关依照《治安管理处罚法》的规定处罚。国家机关工作人员玩忽职守或者包庇经营者侵害消费者合法权益的行为的，由其所在单位或者上级机关给予行政处分；情节严重，构成犯罪的，依法追究刑事责任。

第六节 价 格 法

一、价格法概述

价格是商品价值的货币表现，它反映着一定的生产关系，主要表现为商品的经营者与消费者之间的经济关系。狭义的价格是指商品的价格和经营性服务的收费标准；广义的价格，包括劳动力、土地、资本、技术、信息等各种生产要素的价格。《中华人民共和国价格法》(以下简称《价格法》)所规范的价格是指狭义的价格。

价格法是指国家为调整与价格的制定、执行、监督有关的各种经济关系而制定的法律规范的总称。价格法与经济法中的计划法、反垄断法、反不正当竞争法等关系密切。价格法通过价格调控制度和价格规制制度规范政府和市场主体的价格行为，改善国家宏观调控，保障市场机制的公平和效率，保障经营者和消费者的合法权益，从而实现价格法的经济社会功能。

二、价格法的基本制度

1. 我国的价格管理体制

价格管理体制是指一国价格管理机构的设置、权限划分和职能的规定。我国的价格管理机构是政府的各级物价主管部门和其他有关部门。国务院价格主管部门统一负责全国的价格工作。国务院其他有关部门在各自的职责范围内，负责有关的价格工作。县级以上的各级人民政府价格主管部门负责本行政区域内的价格工作。县级以上各级人民政府其他有关部门在各自的职责范围内，负责有关的价格工作。

《价格法》规定的价格管理办法是，除极少数不适宜由市场调节价格的商品外，多数商品的价格放开，由经营者在国家政策指导下自主制定，只对其价格行为通过法律、法规进行规范；而对极少数商品和服务的价格，用政府的《定价目录》规定其范围，由政府的价格主管部门和其他有关部门进行管理。

2. 经营者的价格行为

经营者依法享有进行价格活动的权利和义务。自主制定属于市场调节的价格；在政府指导价规定的幅度内制定价格；制定属于政府定价产品范围内的新产品的试销价格(特定产品除外)；检举、控告侵犯其依法自主定价权利的行为。同时，经营者应力求为消费者提供合格的商品及服务，以合法手段赚取利润；经营者负有使其核定生产经营成本的记录真实准确的义务；经营者应依法执行政府指导价、政府定价、法定的价格干预措施和紧急措施；经营者应遵守政府价格主管部门有关商品和服务码及其他标示的规定；经营者不得收取任何标价之外的费用。

《价格法》第14条明令禁止经营者以下的不正当竞争行为：①相互串通、操纵市价及损害其他经营者或消费者的合法权益；②在依法降价处理鲜活、季节性商品、积压类商品之外，为了排挤竞争对手或独占市场以低于成本价格倾销，损害国家及地方利益的行为；③捏造、散布涨价信息，哄抬价格的行为；④利用虚假或诱人误解的价格手段，诱骗消费者或其他经营者与之交易的；⑤提供相同商品与服务方面的价格歧视；⑥变相提高或压低价格以牟利的行为；⑦其他违法牟取暴利和依法禁止的不正当价格行为。

【例 11-19】 根据《价格法》的规定，没有正当理由，低于成本价格销售商品，属于违法行为。下列各项中可以构成以低于成本价格销售商品的正当理由的有(　　)。

A. 降价处理鲜活商品　　　　　B. 降价处理季节性商品

C. 降价处理积压商品　　　　　D. 因清偿债务、转产、歇业降价销售商品

【解析】 根据《价格法》第 11 条、第 14 条的规定，正确答案是 ABCD。

3. 政府的定价行为

政府的定价行为，是指政府价格主管部门或其他有关部门依照定价权限和范围制定政府定价与指导价的活动。

政府定价和指导价的适用范围主要包括：与国计民生关系重大的极少数商品价格、资源稀缺的少数商品价格、自然垄断经营的商品价格、重要的公用事业和重要的公益性服务价格。

《价格法》规定了政府制定价格及指导价的程序。例如，应听取消费者、经营者的意见；开展价格成本调查；与价格成本调查相关的单位应相互沟通和协助等。又如，公用事业、公益性服务、自然垄断经营的商品的政府定价与指导价的制订，应建立听证会制度，听取各方意见以论证其必要性与可行性。

4. 价格总水平的调控

《价格法》规定："稳定市场价格总水平是国家重要的宏观经济政策目标。国家根据国民经济发展的需要和社会承受能力，确定市场价格总水平调控目标，列入国民经济和社会发展计划，并综合运用货币、财政、投资进出口等方面的政策与措施予以实现。""政府可以建立重要商品的储备制度，设立价格调节基金，调控价格，稳定市场。""为适应价格调控和管理的需要，政府价格主管部门应当建立价格监测制度，对重要商品、服务价格的变动进行监测。"政府调控价格主要用经济手段，但在特殊情况下，也不排斥必要的行政手段的调节。

5. 价格监督检查

价格的监督检查，是价格主管部门、各有关部门、社会团体和人民群众，对违反价格政策、法律、法规的行为所进行的监督和检查、审理与处置等活动的总称。

政府价格主管部门进行价格监督检查时，应依法行使职权。政府部门价格工作人员不得将依法取得的资料或者了解的情况用于依法进行价格管理以外的任何其他目的，不得泄露当事人的商业秘密。

经营者接受政府价格主管部门的监督检查时，应当如实提供价格监督所必需的账簿、单据、凭证、文件及其他有关资料。

消费者组织、职工价格监督组织、居民委员会、村民委员会等组织以及消费者，有权对价格行为进行社会监督；新闻单位有权进行价格舆论监督。

政府价格主管部门应建立对价格违法行为的举报制度，应对任何单位和个人举报者给予鼓励，并负责为其保密。

法条链接(11-6)

《价格法》第 34 条的规定

三、违反《价格法》的法律责任

经营者、地方各级人民政府或者各级人民政府有关部门、价格工作人员违反《价格法》的规定应承担的法律责任包括：民事责任、行政责任和刑事责任三种。

1. 民事责任

经营者因价格违法行为致使消费者或者其他经营者多付价款的，应当退还多付部分；造成损害的，应当依法承担赔偿责任。

2. 行政责任

行政责任分为行政处分和行政处罚。行政处分是国家机关根据法律、法规和规章制度，给予犯有轻微违法失职行为或者内部违纪人员的一种制裁。对违反《价格法》的经营者，由市场监督管理部门或法律、行政法规规定的其他监督检查部门进行行政处罚。

知识拓展(11-31)

违反《价格法》的
法律责任

3. 刑事责任

价格工作人员泄露国家秘密、商业秘密以及滥用职权、徇私舞弊、玩忽职守、索贿受贿，构成犯罪的，依法追究刑事责任。

第七节 广 告 法

一、广告与广告法的概念

广告，即"广而告之"的意思，也就是广泛地向公众告之某事以引起注意或了解。广告是指商品经营者或者服务提供者承担费用，通过一定媒介和形式直接或者间接地介绍自己所推销的商品或者所提供的服务的商业广告。一般认为，广告具有以下基本特征：广告是一种信息传播；广告通过一定的媒介来发布；广告通常需支付一定的费用；广告有其特定的宣传目的。

从不同的角度可以将广告作不同的区分，如按广告的内容和性质划分，广告可分为商业广告、社会广告、文化广告和政府广告。其中的商业广告，又称经济广告，在所有广告中的比重最大，是各国广告法重点规范的对象。

广告法是广告管理和广告活动的基本法律依据。在我国，狭义的广告法特指《中华人民共和国广告法》(以下简称《广告法》)；广义的广告法除了《广告法》以外，还包括相关法律中涉及广告的内容和其他有关广告管理、广告活动的行政法规、地方性法规等规范性文件。

《广告法》规定的原则，概括起来有三条：一是真实、合法原则；二是保护消费者合法权益原则；三是守法和公平、诚实信用原则。

二、广告法的基本制度

1. 广告准则制度

广告准则又称广告标准，是指发布广告的一般原则与限制，是判断广告是否合法的依据，是广告法律、法规规定的广告内容与形式应符合的要求。广告准则是规范广告活动行为的重要依据。

知识拓展(11-32)

《广告法》关于
广告准则的规定

《广告法》规定，广告要具有可识别性，广告应当真实、合法，以健康的表现形式表达广告内容，符合社会主义精神文明建设和弘扬中华优秀传统文化的要求。广告不得含有虚假或者引人误解的内容，不得欺骗、误导消费者。

2. 广告活动制度

广告主、广告经营者、广告发布者之间在广告活动中应当依法订立书面合同，三者不得在广告活动中进行任何形式的不正当竞争。

广告主自行或者委托他人设计、制作、发布广告，应当具有或者提供真实、合法、有效的系列证明文件。广告主所推销的商品或者所提供的服务应当符合广告主的经营范围。委托他人设计、制作、发布广告，广告主应当委托具有合法经营资格的广告经营者、广告发布者。

广告主或者广告经营者在广告中使用他人名义、形象的，应当事先取得他人的书面同意；使用无民事行为能力人、限制民事行为能力人的名义、形象的，应当事先取得其监护人的书面同意。

从事广告经营者的，应当具有必要的专业技术人员、制作设备，并依法办理公司或者广告经营登记，方可从事广告活动。广播电台、电视台、报刊出版单位的广告业务，应当由其专门从事广告业务的机构办理，并依法办理兼营广告的登记。广告经营者、广告发布者按照国家有关规定，建立、健全广告业务的承接登记、审核、档案管理制度。

法律、行政法规禁止生产、销售的商品或者提供的服务，以及禁止发布广告的商品或者服务，不得设计、制作、发布广告。有下列情形之一的，不得设置户外广告：利用交通安全设施、交通标志的；影响市政公共设施、交通安全设施、交通标志使用的；妨碍生产或者人民生活，损害市容市貌的；国家机关、文物保护单位和名胜风景区的建筑控制地带；当地县级以上地方人民政府禁止设置户外广告的区域。

3. 广告的审查制度

《广告法》规定，利用广播、影视、报刊以及其他媒介发布药品、医疗器械、农药、兽药等商品的广告和法律、行政法规规定应当进行审查的其他广告，必须在发布前依照有关法律、行政法规由有关行政主管部门(以下简称广告审查机关)对广告内容进行审查；未经审查，不得发布。

广告主申请广告审查，应当依照法律、行政法规向广告审查机关提交有关证明文件。广告审查机关应当依照法律、行政法规做出审查决定。任何单位和个人不得伪造、变造或者转让广告审查决定文件。

三、违反《广告法》的法律责任

广告主、广告经营者、广告发布者、市场监督管理部门和负责广告管理相关工作的有关部门的工作人员违反《广告法》的规定应承担的法律责任包括：民事责任、行政责任和刑事责任三种。

1. 民事责任

违反《广告法》规定，发布虚假广告，欺骗、误导消费者，使购买商品或者接受服务的消费者的合法权益受到损害的，由广告主依法承担民事责任。广告经营者、广告发布者不能提供广告主的真实名称、地址和有效联系方式的，消费者可以请求广告经营者、广告发布者先行赔偿。关系消费者生命健康的商品或者服务的虚假广告，造成消费者损害的，其广告经营者、广告发布者、广告代言人应当与广告主承担连带责任。前述规定以外的商品或者服务的虚假广告，造成消费者损害的，其广告经营者、广告发布者、广告代言人，明知或者应知广告虚假仍设计、制作、代理、发布或者作推荐、证明的，应当与广告主承担连带责任。

《食品安全法》规定，广告经营者、发布者设计、制作、发布虚假食品广告，使消费者的合法权益受到损害的，应当与食品生产经营者承担连带责任。社会团体或者其他组织、个人在虚假广告或者其他虚假宣传中向消费者推荐食品，使消费者的合法权益受到损害的，应当与食品生产经营者承担连带责任。

广告主、广告经营者、广告发布者违反《广告法》规定实施侵权行为的，依法承担民事责任。

2. 行政责任

知识拓展(11-33)

行政责任分为行政处分和行政处罚。行政处分是国家机关根据法律、法规和规章制度，给予犯有轻微违法失职行为或者内部违纪人员的一种制裁。对违反《广告法》的广告主、广告经营者、广告发布者、广告代言人、广播电台、电视台、报刊出版单位，由市场监督管理部门依法给予行政处罚。

违反《广告法》
的法律责任

3. 刑事责任

违反《广告法》的规定，构成犯罪的，依法承担刑事责任。

典型
例题解析

即测
即评

？！ 思考与探索

1. 如何对经营者集中行为进行法律规制？
2. 不正当竞争行为有哪些，具有哪些特征？
3. 采取反倾销措施时应具备哪些条件？
4. 产品生产者在何种情况下不承担产品责任？
5. 消费者权益争议的解决途径有哪些？
6. 在广告活动中应该遵循哪些基本原则？

法务研议

2023年，H省S市的A企业生产一种"金玉"牌啤酒，十分畅销。但与H省相邻的Z省G市生产同类产品的小企业B则销路不佳，于是B企业召开有关会议，商讨对策，决定采取以下措施：将本企业产品的包装改为与A企业产品近似的包装；散发小册子，宣传自己的产品，在宣传中加上自己产品本没有的多种疗效功能；以获得A企业的核心技术、商业营销策略和客户为目的，买通或高薪聘请A企业的研发人员和销售人员。为了降低A企业产品在消费者心目中的形象，B企业故意生产质量差、口感差的啤酒并贴上"金玉"牌商标销往A企业产品畅销的S市。同时，他们还请求政府给予保护性的支持。政府为了支持G市企业的发展，决定制定一个啤酒质量标准，限制A企业的产品进入本地。以上措施实施后，2024年A企业的产品滞销，企业的效益直线下降。

2025年5月8日，S市的居民杜果在小区门口的F超市以优惠的价格购买了9瓶"金玉"牌啤酒。杜果在家开启啤酒瓶准备招待客人的过程中，啤酒瓶发生爆炸致客人3岁的小孩左眼失明、杜果及其余客人严重受伤。

问题：

1. 如何评价B企业的行为？
2. 如何评价G市的营商环境(从市场竞争的角度)？
3. 作为经营者，应采取哪些措施以避免出现类似A企业的遭遇？
4. 杜果及其客人的合法权益该如何维护？

第十二章

会计法律制度

导读提示

    会计是指运用货币形式，根据凭证，通过记账、报账、用账等手段，核算和分析各企业、各有关单位的经济活动和财务开支，反映和监督经济过程及其成果的一种活动。会计的基本职能是会计核算和会计监督。

    会计法是调整会计机构、会计人员在办理会计事务过程中发生的经济关系，以及国家在管理监督会计工作过程中所发生的经济关系的法律规范的总称。我国已经建立了以《中华人民共和国会计法》(以下简称《会计法》)、《企业会计准则》以及其他会计法规为渊源的会计法律体系。在会计活动过程中，各会计单位应依法设置会计账簿、依法办理各项会计事务，确保会计信息的真实性，否则应承担相应的法律责任。

第一节　会计核算与会计监督

一、会计核算的法律规定

(一) 会计核算的内容

    会计核算的内容，包括实行独立核算的单位在其生产经营或者执行业务过程中所发生的一切可以利用货币计价反映的经济活动。《会计法》第 10 条规定，各单位应当对下列经济业务事项办理会计手续，进行会计核算：①资产的增减和使用；②负债的增减；③净资产(所有者权益)的增减；④收入、支出、费用、成本的增减；⑤财务成果的计算和处理；⑥需要办理会计手续、进行会计核算的其他事项。

(二) 会计年度及记账本位币

    我国会计年度采用公历制，自公历 1 月 1 日起至 12 月 31 日止。记账本位币为人民币。业务收支以人民币以外的货币为主的单位，可以选定其中一种货币作为记账本位币，但是编报的财务会计报告应当折算为人民币。

(三) 会计核算的方法、程序和要求

1. 会计核算的方法

会计机构、会计人员依照法律规定进行会计核算，实行会计监督。各单位必须根据实际发生的经济业务事项进行会计核算，填制会计凭证，登记会计账簿，编制财务会计报告。任何单位不得以虚假的经济业务事项或者资料进行会计核算。

2. 会计核算的程序

会计核算的基本程序包括：①凡符合应当办理会计制度、能够会计核算的事项，必须填制或者取得原始凭证，并及时送交会计机构。会计机构则必须对原始凭证进行审核，并根据审核过的原始凭证编制记账凭证。②会计机构根据经过审核的原始凭证和记账凭证，按照会计制度关于记账规则的规定记账。③各单位应当建立财产清查制度，保证账簿记录与实物、款项相符。④各单位按照国家统一的会计制度的规定，根据账簿记录编制会计报表，报送财政部门和有关部门。会计报表必须及时、准确。各单位应当按照国家规定，按季、按月编制和报送会计报表。⑤会计报表由单位领导人和会计机构负责人、会计主管人员签名或者盖章，设置总会计师的单位，还必须由总会计师签名或者盖章。

3. 会计核算的要求

(1) 对会计凭证的要求。会计凭证包括原始凭证和记账凭证。会计凭证、会计账簿、财务会计报告和其他会计资料，必须符合国家统一的会计制度的规定。使用电子计算机进行会计核算的，其软件及其生成的会计凭证、会计账簿、财务会计报告和其他会计资料，也必须符合国家统一的会计制度的规定。任何单位和个人不得伪造、变造会计凭证、会计账簿及其他会计资料，不得提供虚假的财务会计报告。会计机构、会计人员必须按照国家统一的会计制度的规定对原始凭证进行审核，对不真实、不合法的原始凭证有权不予接受，并向单位负责人报告；对记载不准确、不完整的原始凭证予以退回，并要求按照国家统一的会计制度的规定更正、补充。原始凭证记载的各项内容均不得涂改；原始凭证有错误的，应当由出具单位重开或者更正，更正处应当加盖出具单位印章。原始凭证金额有错误的，应当由出具单位重开，不得在原始凭证上更正。记账凭证应当根据经过审核的原始凭证及有关资料编制。

【例12-1】某公司从外地购买了一批原材料，收到发票后，在与实际支付款项进行核对时发现发票金额错误，经办人员因急于休假、交接工作，又一时找不到销售方有关人员了解情况，因此自行在原始凭证上进行了更改，写明情况并加盖了自己的印章，拟作为原始凭证据此入账。请问：上述做法是否合规？

【解析】公司经办人员自行更改原始凭证金额的做法不符合规定。原始凭证金额有错误的，应当由出具单位重开，不得在原始凭证上更正。

随堂练习(12-1)

甲企业会计王舒采用涂改手段，将金额为10 000元的购货发票改为40 000元。根据会计法律制度规定，该行为属于(   )。

A. 伪造会计凭证 　　　　　B. 变造会计凭证

C. 伪造会计账簿 　　　　　D. 变造会计账簿

随堂练习(12-2)

下列关于外来发票出现错误金额的处理中，符合会计法律制度规定的是(　　)。

A. 退回原出具单位，并由原出具单位重新开发票

B. 退回原出具单位，并由原出具单位划线更正并加盖公章

C. 接收单位直接更正，并要求原出具单位说明情况，同时加盖单位公章

D. 接收单位直接更正，并说明情况，同时加盖单位公章

(2) 对会计登记账簿的要求。会计账簿登记，必须以经过审核的会计凭证为依据，并符合有关法律、行政法规和国家统一的会计制度的规定。会计账簿包括总账、明细账、日记账和其他辅助性账簿。会计账簿应当按照连续编号的页码顺序登记。会计账簿记录发生错误或者隔页、缺号、跳行的，应当按照国家统一的会计制度规定的方法更正，并由会计人员和会计机构负责人(会计主管人员)在更正处盖章。使用电子计算机进行会计核算的，其会计账簿的登记、更正，应当符合国家统一的会计制度的规定。各单位发生的各项经济业务事项应当在依法设置的会计账簿上统一登记、核算，不得违反《会计法》和国家统一的会计制度的规定私设会计账簿登记、核算。各单位应当定期将会计账簿记录与实物、款项及有关资料相互核对，保证会计账簿记录与实物及款项的实有数额相符、会计账簿记录与会计凭证的有关内容相符、会计账簿之间相对应的记录相符、会计账簿记录与会计报表的有关内容相符。各单位采用的会计处理方法，前后各期应当一致，不得随意变更；确有必要变更的，应当按照国家统一的会计制度的规定变更，并将变更的原因、情况及影响在财务会计报告中说明。

(3) 对财务会计报告的要求。财务会计报告应当根据经过审核的会计账簿记录和有关资料编制，并符合《会计法》和国家统一的会计制度关于财务会计报告的编制要求、提供对象和提供期限的规定；其他法律、行政法规另有规定的，从其规定。财务会计报告由会计报表、会计报表附注和财务情况说明书组成。向不同的会计资料使用者提供的财务会计报告，其编制依据应当一致。有关法律、行政法规规定会计报表、会计报表附注和财务情况说明书须经注册会计师审计的，注册会计师及其所在的会计师事务所出具的审计报告应当随同财务会计报告一并提供。财务会计报告应当由单位负责人和主管会计工作的负责人、会计机构负责人(会计主管人员)签名并盖章；设置总会计师的单位，还须由总会计师签名并盖章。单位负责人应当保证财务会计报告真实、完整。

(4) 对会计记录的文字和会计档案的要求。会计记录的文字应当使用中文。在民族自治地方，会计记录可以同时使用当地通用的一种民族文字。在中华人民共和国境内的外商投资企业、外国企业和其他外国组织的会计记录可以同时使用一种外国文字。各单位对会计凭证、会计账簿、财务会计报告和其他会计资料应当建立档案，妥善保管。会计档案的保管期限、销毁、安全保护等具体管理办法，由国务院财政部门会同有关部门制定。

4. 各单位会计核算不得实施的行为

根据《会计法》的规定，各单位进行会计核算不得有下列行为：

(1) 随意改变资产、负债、净资产(所有者权益)的确认标准或者计量方法，虚列、多列、不列或者少列资产、负债、净资产(所有者权益)；

(2) 虚列或者隐瞒收入，推迟或者提前确认收入；

(3) 随意改变费用、成本的确认标准或者计量方法，虚列、多列、不列或者少列费用、成本；

(4) 随意调整利润的计算、分配方法，编造虚假利润或者隐瞒利润；

(5) 违反国家统一的会计制度规定的其他行为。

二、会计监督

(一) 单位内部的会计监督

各单位应当建立、健全本单位内部会计监督制度。单位内部会计监督制度应当符合下列要求：①记账人员与经济业务事项和会计事项的审批人员、经办人员、财物保管人员的职责权限应当明确，并相互分离、相互制约；②重大对外投资、资产处置、资金调度和其他重要经济业务事项的决策和执行的相互监督、相互制约程序应当明确；③财产清查的范围、期限和组织程序应当明确；④对会计资料定期进行内部审计的办法和程序应当明确；⑤国务院财政部门规定的其他要求。

知识拓展(12-1)

单位内部会计监督的具体职权

单位负责人应当保证会计机构、会计人员依法履行职责；不得授意、指使、强令会计机构、会计人员违法办理会计事项。

会计机构、会计人员在会计监督方面的职权主要是：发现会计账簿记录与实物、款项及有关资料不相符的，按照国家统一的会计制度的规定有权自行处理的，应当及时处理；无权处理的，应当立即向单位负责人报告，请求查明原因，作出处理。

(二) 国家监督

根据《会计法》及相关规定，财政部门对各单位的会计工作实施监督主要包括：监督各单位是否依法设置会计账簿；监督各单位的会计凭证、会计账簿、财务会计报告和其他会计资料是否真实、完整；各单位必须依法保证其会计凭证、会计账簿、财务会计报告和其他会计资料真实、完整；监督各单位的会计核算是否符合《会计法》和国家统一的会计制度的规定；监督各单位是否依法管理会计档案；从事会计工作的人员是否具备专业能力、遵守职业道德。

知识拓展(12-2)

国家监督的主要内容

财政、审计、税务、金融管理等部门应当依照有关法律、行政法规规定的职责，对有关单位的会计资料实施监督检查，并出具检查结论。财政、审计、税务、金融管理等部门应当加强监督检查协作，有关监督检查部门已经作出的检查结论能够满足其他监督检查部门履行本部门职责需要的，其他监督检查部门应当加以利用，避免重复查账。依法对有关单位的会计资料实施监督检查的部门及其工作人员对在监督检查中知悉的国家秘密、工作秘密、商业秘密、个人隐私、个人信息负有保密义务。

各单位必须依照有关法律、行政法规的规定，接受有关监督检查部门依法实施的监督检查，如实提供会计凭证、会计账簿、财务会计报告和其他会计资料及有关情况，不得拒绝、隐匿、谎报。

(三) 社会监督

有关法律、行政法规规定，须经注册会计师进行审计的单位，应当向受委托的会计师事务所如实提供会计凭证、会计账簿、财务会计报告和其他会计资料以及有关情况。任何单位或者个人不得以任何方式要求或者示意注册会计师及其所在的会计师事务所出具不实或者不当的审计报告。财政部门有权对会计师事务所出具审计报告的程序和内容进行监督。

第二节　会计机构和会计人员

一、会计机构

(一) 会计机构和会计人员的设置

各单位应当根据会计业务的需要配备会计人员，并确保其具备从事会计工作所需要的专业能力；设置会计机构，或者在有关机构中设置会计人员并指定会计主管人员。设置会计机构，应当配备会计机构负责人，在有关机构中配备专职会计人员，应当在专职会计人员中指定会计主管人员。会计机构负责人、会计主管人员应当具备 5 项基本条件：①坚持原则，廉洁奉公；②具备会计师以上专业技术职务资格或者从事会计工作 3 年以上经历；③熟悉国家财经法律、法规、规章和方针、政策，掌握本行业业务管理的有关知识；④有较强的组织能力；⑤身体状况能够适应本职工作的要求。

没有设置会计机构和配备会计人员的单位，应当根据《代理记账管理办法》委托会计师事务所或者持有代理记账许可证书的其他代理记账机构进行代理记账。

国有的和国有资产占控股地位或者主导地位的大、中型企业必须设置总会计师。国务院颁布的《总会计师条例》规定，总会计师由具有会计师以上专业技术资格的人员担任。总会计师是单位行政领导成员，协助单位主要行政领导人工作，直接对单位主要行政领导人负责。总会计师组织领导本单位的财务管理、成本管理、预算管理、会计核算和会计监督等方面的工作，参与本单位重要经济问题的分析和决策。总会计师具体组织本单位执行国家有关财经法律、法规、方针、政策和制度，保护国家财产。

总会计师负责对本单位财会机构的设置和会计人员的配备、会计专业职务的设置和聘任提出方案；组织会计人员的业务培训和考核；支持会计人员依法行使职权。

【例 12-2】振兴公司是一家国有大型企业。2025 年 5 月，公司召开董事会，董事长兼总经理胡某认为：财务会计报告专业性很强，我也看不懂，以前我在财务会计报告上签字盖章，也只是履行程序而已，意义不大。从今以后公司对外报送的财务会计报告一律改由公司总会计师范仕一人签字盖章后报出。请问：振兴公司董事长兼总经理胡某的观点是否合法？

【解析】胡某的观点不符合《会计法》的规定。董事长胡某作为企业法人代表，应当依法对本企业的会计工作和会计资料的真实性、完整性负责，也应当依法在本单位对外出具的财务会计报告上签名并盖章。

(二) 会计机构内部应当建立稽核制度

会计机构内部稽核制度是会计机构自身对于会计核算工作进行的一种自我检查、自我审核的制度，其主要内容包括：稽核工作的组织形式和具体分工；稽核工作的职责、权限；审核会计凭证和复核会计账簿、会计报表的方法。建立会计机构内部稽核制度的目的在于防止会计核算工作上的差错和有关人员的舞弊，提高会计核算工作的质量。

根据《会计基础工作规范》的规定，各单位应当根据会计业务需要设置会计工作岗位。会计工作岗位，可以一人一岗、一人多岗或者一岗多人。但出纳人员不得兼管稽核、会计档案保管和收入、支出、费用、债权债务账目的登记工作。

随堂练习(12-3)

下列关于会计机构的设置的表述中，不正确的是(　　)。

A. 不具备设置条件的,应当委托经批准设立从事会计代理记账业务的中介机构代理记账

B. 企业必须设置会计机构

C. 企业可以不设置会计机构，在有关机构中设置会计人员并指定会计主管人员

D. 各单位根据业务的需要，设置会计机构

二、会计人员

(一) 会计人员的任职资格

会计人员应当具备从事会计工作所需要的专业能力。担任单位会计机构负责人(会计主管人员)的，应当具备会计师以上专业技术职务资格或者从事会计工作3年以上经历。

因有提供虚假财务会计报告，做假账，隐匿或者故意销毁会计凭证、会计账簿、财务会计报告，贪污、挪用公款，职务侵占等与会计职务有关的违法行为被依法追究刑事责任的人员，不得再从事会计工作。

会计人员有下列行为之一，情节严重的，5年内不得从事会计工作：①不依法设置会计账簿的；②私设会计账簿的；③未按照规定填制、取得原始凭证或者填制、取得的原始凭证不符合规定的；④以未经审核的会计凭证为依据登记会计账簿或者登记会计账簿不符合规定的；⑤随意变更会计处理方法的；⑥向不同的会计资料使用者提供的财务会计报告编制依据不一致的；⑦未按照规定使用会计记录文字或者记账本位币的；⑧未按照规定保管会计资料，致使会计资料毁损、灭失的；⑨未按照规定建立并实施单位内部会计监督制度或者拒绝依法实施的监督或者不如实提供有关会计资料及有关情况的；⑩任用会计人员不符合《会计法》规定的。

会计人员有下列情形之一，5年内不得从事会计工作：①伪造、变造会计凭证、会计账簿，编制虚假财务会计报告尚未构成犯罪的；②隐匿或者故意销毁依法应当保存的会计凭证、会计账簿、财务会计报告尚未构成犯罪的。

知识拓展(12-3)

违反《会计法》应承担的法律责任

知识拓展(12-4)

交接手续的具体要求

(二) 会计人员调动或离职时应当办理交接手续

会计人员调动工作或者离职，必须与接管人员办清交接手续。

(三) 会计人员应遵守职业道德

会计人员在会计工作中应当遵守职业道德，树立良好的职业品质、严谨的工作作风，严守工作纪律，努力提高工作效率和工作质量。财政部门、业务主管部门和各单位应当定期检查会计人员遵守职业道德的情况，并作为会计人员晋升、晋级、聘任专业职务、表彰奖励的重要考核依据。

知识拓展(12-5)

会计专业技术人员的教育和培训

(四) 会计专业技术人员的教育和培训

会计专业技术人员应当按照国家有关规定参加会计业务的教育和培训。

 典型
例题解析

 即测
即评

思考与探索

1. 试述《会计法》对会计人员的法律保护。
2. 试述会计核算的基本内容和要求。

法务研议

　　某公司为了争取上市，有关负责人决定对公司进行包装。主要作出如下决定：在上市的有关材料中多列收入，将未来的收入也计入会计报告中，以此提高公司的业绩，并暂不披露公司的有关债务和一台重要设备将进入大修的情况。根据单位负责人的意见，会计人员制作了会计报告，报告制成后，委托某会计师事务所进行审计。在审计中，会计师事务所发现该会计报告存在问题，准备出具保留意见。但此时，公司负责人要求会计师事务所对公司上市予以支持，考虑到以后的业务关系，会计师事务所决定不出具保留意见，公司获准上市。但上市后不久，由于设备大修，不能投入生产，加之债务到期，公司出现了严重亏损，给投资者造成重大损失。

　　问题：

1. 公司的哪些行为违反了《会计法》的有关规定？
2. 你认为该如何保障投资者的合法权益？

第十三章

税收法律制度

导读提示

税法即税收法律制度，是国家调整税收关系的法律规范的总称。作为税收制度的法律表现形式和国家法律的重要组成部分，税法是伴随着税收的产生、发展而逐步产生和完善起来的。税收以税法为其依据和保障，而税法又必须以保障税收活动的有序进行为其存在的理由和依据。

第一节　税法概述

一、税收的概念和特点

税收(taxation)是国家为实现其职能，凭借政治权力参与社会产品和国民收入分配，按照法定的标准和程序、无偿地、强制取得财政收入的分配关系。这种分配关系的主体是国家，客体是劳动人民创造的国民收入和积累的社会财富，目的是实现国家的职能。

税收与其他财政收入形式相比，具有强制性、无偿性、固定性的特点。

(1) 税收在征收上具有强制性。国家税务机关依照法律规定直接向纳税人征税，法律的强制力是税收的强制性的最直接原因，即税收的征收以国家强制力为后盾，纳税与否不以纳税人的意志为征税的要件，纳税人必须依法纳税，否则国家通过法律强制力迫使纳税人履行纳税义务，并追究其相应的法律责任。

(2) 税收在缴纳性质上具有无偿性。即国家的征税过程，就是把纳税人所有的这部分财产转移给国家所有，形成国家财政收入，不再返还给原纳税人，也不向纳税人支付任何报酬。

(3) 税收在征税对象和标准上具有固定性。税收的法定性来源于税收法定原则，国家以法律的形式明确规定税收的纳税主体、征收对象和税率等基本要素，即通过税法把对什么征税、对谁征税和征多少税预先固定下来，不仅纳税人必须严格依法按时足额申报纳税，而且国家也只能依法定程序和标准征税。

二、税法的概念及调整对象

税法(taxation law)是调整国家税收关系的所有法律规范的总称。税法的调整对象是税收关系。税收关系是指税收利益在各个相关主体之间进行分配时所产生的各种关系的总称，其核心内容就是税收利益的分配。税收关系包括国家与税收机关之间的授权关系、税收机关与纳税人之间的征纳关系及它们的衍生关系，如中央政府与地方政府之间的税收归属关系，税务机关与委托代征人的行政委托关系，其他行政机关或机构与税务机关的行政协助关系，代扣代缴义务人与纳税人之间的代扣代缴关系等。

三、税法的构成要素

税法的构成要素，又称课税要素，是指各种单行税法具有的共同的基本要素的总称。这一概念包含以下基本含义：一是税法要素既包括实体性的，也包括程序性的；二是税法要素是所有完善的单行税法共同具备的，仅为某一税法所单独具有而非普遍性的内容，不构成税法要素，如扣缴义务人。

具体而言，税法要素主要包括以下内容。

(1) 税收主体。税收主体(tax subject)是税收法律关系的参加者，包括征税主体和纳税主体。征税主体是负有征税职责的税务机关、海关和财政部门。纳税主体(taxpayer)又称纳税人或纳税义务人，是指税法规定的直接负有纳税义务的自然人、法人或其他组织。负有代扣代缴、代收代缴税款义务的单位和个人是扣缴义务人。

(2) 征税对象(tax object)又称征税客体。这是指税法规定对什么征税，它是征税的标的，具体可分为流转额、所得额、财产和行为四个因素。征税对象是各个税种之间相互区别的根本标志。

(3) 税目(tax items)是征税对象的具体化，它反映具体的征税范围并代表征税的广度。有些税种(tax categories)的征税对象简单、明确，如房产税、屠宰税等，但对大多数税种来说，一般征税对象都比较复杂，在具体征税时，对这些征税对象还必须作进一步划分并作出具体界限规定，这些规定的界限范围就是税目。

(4) 税率(tax rate)。税率是应纳税额与课税对象之间的数量关系或比例，是计算税额的尺度。税率的高低直接关系到纳税人的负担和国家税收收入的多少，是国家在一定时期内的税收政策的主要表现形式，是税收制度的核心要素。税率主要有比例税率、累进税率和定额税率三种基本形式：①比例税率(flat rate)。比例税率是对同一课税对象不论数额大小，都按同一比例征税，税额占课税对象的比例总是相同的。比例税率是最常见的税率之一，应用广泛。比例税率具有横向公平性，其主要优点是计算简便，便于征收和缴纳。②累进税率(progressive rate)。累进税率是指按课税对象数额的大小规定不同的等级，随着课税数量增大而随之提高的税率。具体做法是按课税对象数额的大小划分为若干等级，规定最低税率、最高税率和若干等级的中间税率，不同等级的课税数额分别适用不同的税率，课税数额越大，适用税率越高。累进税率一般在所得课税中使用，可以充分体现对纳税人收入多的多征、收入少的少征、无收入的不征的税收原则，从而有效地调节纳税人的收入，正确处理税收负担的纵向公平问题。③定额税率(fixed-sum rate)又称固定税率，是按课税对象的计量单位直接规定应纳税额的税率形式，课税对象的计量单位主要有吨、升、平方米、立方米、辆等。定额税率一般适用于从量定额计征的某些课税对象，实际是从量比例税率。

(5) 纳税环节(tax payment stage)。纳税环节是指商品在整个流转过程中按照税法规定应当缴纳税款的阶段。

(6) 纳税期限(term of tax)。纳税期限是税法规定的纳税主体向税务机关缴纳税款的具体时间。纳税期限是衡量征纳双方是否按时行使征税权力和履行纳税义务的尺度。纳税期限一般分为按次征收和按期征收两种。在现代税制中，一般还将纳税期限分为缴税期限和申报期限两段，但也可以将申报期限内含于缴税期限之中。

(7) 税收优惠。税收优惠是指税法对某些特定的纳税人或征税对象给予的一种免除规定，它包括减税(tax cut)、免税(tax free)、税收抵免等多种形式。税收优惠按照优惠目的通常可以分为照顾性和鼓励性两种；按照优惠范围可以分为区域性和产业性两种。

(8) 违章处理和税务纠纷处理。违章处理是指纳税主体如果有欠税、偷税、抗税等违章行为，依法对其予以惩罚。税务纠纷是指税务机关，因实施税务管理采取行政措施，作出税务行政处理而与纳税人，代征人，代缴义务人，直接责任人之间引起的争议。解决税务纠纷的手段为税务行政复议和税务行政诉讼。

第二节 流 转 税 法

一、流转税法的概念

流转税法是调整以商品流转额和非商品流转额为征税对象的一系列税收关系的法律规范的总称。所谓商品流转额，是指在商品流转中因销售或购进商品而发生的货币收入或支出金额。所谓非商品流转额是指各种劳务或服务性业务的收入金额。流转税包括增值税、消费税、关税等，是我国税收收入的主要来源。流转税法律制度在我国整个税法体系中占有重要地位。

二、增值税

增值税(value-added tax)是以商品(含应税劳务)在流转过程中产生的增值额为征税对象的一种税。

根据规定，增值税是对在我国境内销售货物，提供加工、修理修配劳务(以下简称"应税劳务")，销售服务、无形资产或者不动产(以下简称"应税行为")，以及进口货物的单位和个人，就其实现的增值额作为征税对象而课征的一种流转税。所谓增值额，是指企业或者其他经营者从事生产、服务，销售无形资产、不动产和提供劳务，在购入的货物、劳务、服务、无形资产和动产的价值基础上新增加的价值额，是从事生产、经营、服务过程中新创造的那部分价值。

1. 增值税的纳税人

增值税的纳税人是指在我国境内销售或者进口货物，提供应税劳务和应税行为的单位和个人。其中，单位是指企业、行政单位、事业单位、军事单位、社会团体及其他单位；个人是指个体工商户和其他个人。

我国将增值税的纳税人划分为小规模纳税人(small scale taxpayer) 和一般纳税人(general taxpayer)。

小规模纳税人是指年应征增值税销售额(以下简称年应税销售额，是指纳税人在连续不超过12 个月的经营期内累计应征增值税销售额，包括纳税申报销售额、稽查查补销售额、纳税评估调整销售额、税务机关代开发票销售额和免税销售额)在规定标准以下，会计核算不健全，不能按规定报送有关税务资料的增值税纳税人。会计核算不健全是指不能正确核算增值税的销项税额(VAT received)、进项税额(VAT paid)和应纳税额。一般纳税人是指年应税销售额达到规定标准的增值税纳税人，或年应税销售额未达规定标准但会计核算健全、能够提供准确税务资料，并向主管税务机关办理一般纳税人资格登记的增值税纳税人。

2. 征税范围

根据我国现行相关规定，在一般情况下，增值税的征税范围如下。

(1) 销售货物。"货物"是指有形动产，包括电力、热力、气体在内。销售货物是指有偿转让货物的所有权，其中，"有偿"不仅指从购买方取得货币，还包括取得货物或其他经济利益。

(2) 进口货物。指申报进入我国海关境内的有形动产。进口货物包括国外产制和我国已出口又转内销的货物、国外捐赠的货物，以及进口者自行采购的货物、用于贸易行为的货物，自用或用于其他方面的货物。

(3) 应税劳务。应税劳务是指有偿提供加工、修理修配劳务(不包含单位或者个体工商户聘用的员工为本单位或者雇主提供加工、修理修配劳务)。"加工"是指受托加工货物，即委托方提供原料及主要材料，受托方按照委托方的要求，制造货物并收取加工费的业务。"修理修配"是指受托方对损伤和丧失功能的货物进行修复，使其恢复原状和功能的业务。

(4) 应税行为。应税行为是指销售服务、无形资产或者不动产。销售服务是指提供交通运输服务、邮政服务、电信服务、建筑服务、金融服务、现代服务、生活服务。销售无形资产是指转让无形资产所有权或者使用权的业务活动，其中，无形资产是指不具实物形态，但能带来经济利益的资产，包括技术、商标、著作权、商誉、自然资源使用权和其他权益性无形资产。销售不动产是指转让不动产所有权的业务活动，其中，不动产是指不能移动或者移动后会引起性质、形状改变的财产，包括建筑物、构筑物等。

在经济实务中，某些特殊项目或行为也属于增值税的征税范围。

增值税税率表

3. 增值税的税率

(1) 基本税率。纳税人销售或进口货物(另有列举的货物除外)、提供应税劳务、提供有形动产租赁服务的，税率为 13%。这一税率即为增值税的基本税率。

(2) 低税率。①纳税人销售或者进口下列货物，税率为9%：粮食等农产品、食用植物油、食用盐；自来水、暖气、冷气、热水、煤气、石油液化气、天然气、二甲醚、沼气、居民用煤炭制品；图书、报纸、杂志、音像制品、电子出版物；饲料、化肥、农药、农机、农膜；国务院规定的其他货物。②提供交通运输业服务、邮政业服务、基础电信服务、建筑服务、不动产租赁服务，销售不动产，转让土地使用权，税率为 9%。③提供现代服务、增值电信服务、金融服务、生活服务、销售无形资产(转让土地使用权除外)，税率为6%。

(3) 零税率。零税率适用于出口货物(国务院另有规定的除外)和符合条件的服务、无形资产。符合条件的服务、无形资产是指境内的单位和个人销售的下列服务和无形资产：①国际运输服务；②航天运输服务；③向境外单位提供的完全在境外消费的服务，如研发服务、合同能源管理服务、设计服务、广播影视节目(作品)的制作和发行服务、软件服务、电路设计及测试服务、信息系统服务、业务流程管理服务、离岸服务外包业务、转让技术。④财政部和国家税务总局规定的其他服务。

随堂练习(13-1)

根据增值税法律制度的规定，境内单位和个人提供的下列服务中，不适用零税率政策的是(   )。

A. 在境内载运旅客或者货物出境   B. 在境外载运旅客或者货物入境

C. 在境外载运旅客或者货物   D. 在境内载运旅客或者货物

4. 增值税的征收率

依据我国现行增值税的相关规定，对小规模纳税人和一般纳税人适用的征收率不尽相同，具体由财政部和国家税务总局规定。

5. 增值税的计算方法

一般纳税人的计税方法为：应纳税额＝当期销项税额－当期进项税额。

其中：销项税额＝销售额×税率。

小规模纳税人的计税方法为：应纳税额＝销售额×征收率。

【例 13-1】爱菊面粉厂(一般纳税人)向超市销售面粉一批，开具普通发票注明价款 12 000 元，请计算该业务的销项税额。

【解析】不含税销售额＝12 000÷(1+9%)≈11 009.17(元)

销项税额＝11 009.17×9%≈990.83(元)

【例 13-2】某餐饮连锁企业属于增值税一般纳税人，2025 年 3 月营业额为 200 万元，该企业该月购买适用 9%税率的面粉、油、自来水等原材料 17.699 万元，增值税税额为 1.947 万元；购买适用 13%税率的酒水、饮料等原材料 8.547 万元，增值税税额为 1.453 万元，均取得增值税专用发票。请计算该企业该月应纳增值税额。

【解析】销项税额＝200÷(1+6%)×6%＝11.321(万元)

进项税额＝1.947+1.453＝3.4(万元)

应纳增值税＝11.321－3.4＝7.921(万元)

三、消费税

消费税(consumption tax)是对应税消费品和特定的消费行为按消费流转额征收的一种流转税。

消费税的征收范围是有选择的，这种选择性能够更好地体现国家的产业政策、消费政策，对产业结构的调整，对于引导消费能起到积极作用。

1. 消费税的纳税人

消费税的纳税人是指在我国境内生产、委托加工和进口应税消费品的单位和个人。

随堂练习(13-2)

下列各项中，属于消费税纳税义务人的是(　　)。

A. 零售卷烟的超市　　　　　　　　　B. 生产销售酒精的工业企业

C. 零售超豪华小汽车的 4S 店　　　　D. 生产销售钻石首饰的工业企业

2. 消费税的税目和税率

税目是征税对象的具体化。我国的消费税共有 15 个税目，分别是烟、酒、高档化妆品(包括高档美容、修饰类化妆品、高档护肤类化妆品和成套化妆品)、贵重首饰及珠宝玉石、鞭炮和焰火、成品油(包括汽油、柴油、石脑油、溶剂油、航空煤油、润滑油、燃料油，需要说明的是航空煤油暂缓征收消费税)、小汽车、摩托车、游艇、高尔夫球及球具、高档手表、木制一次性筷子、实木地板、电池、涂料。

消费税税率有两种形式：一种是比例税率；另一种是定额税率，即单位税额。根据不同的应税消费品分别实行从价定率、从量定额和从量定额与从价定率相结合的复合计税方法。

下列各项中，应征收消费税的是(　　)。

A. 溶剂油原料　　　　　　　　B. 沙滩车

C. 高尔夫车　　　　　　　　　D. 影视演员化妆用的上妆油

3. 消费税的计算

从价征收消费税的，其计算公式为：应纳税额＝销售额(不含增值税额)×税率。

从量征收消费税的，其计算公式为：应纳税额＝销售数量×单位税额。

适用复合计税法的，其计算公式为：应纳税额＝销售数量×单位税额＋销售额(或组成计税价格)×税率。

【例13-3】丽妍化妆品厂为增值税一般纳税人，2025年3月销售化妆品一批，取得不含税销售额100万元，并负责运输，收取运费2万元，请计算该笔业务应纳消费税和增值税销项税额。

【解析】应纳消费税＝[100＋2÷(1＋13%)]×15%≈15.27(万元)

销项税额＝[100＋2÷(1＋13%)]×13%≈13.23(万元)

第三节　所得税法

一、企业所得税

企业所得税(corporate income tax)是指对内资企业的生产经营所得和其他所得征收的一种税。我国企业和外商投资企业、外国企业统一适用于《企业所得税法》。其主要内容如下。

1. 纳税主体

在中国境内，企业和其他取得收入的组织为企业所得税的纳税人，依照《企业所得税法》的规定缴纳企业所得税。个人独资企业、合伙企业不适用《企业所得税法》的规定缴纳企业所得税。企业分为居民企业(resident enterprise)和非居民企业(non-resident enterprise)。居民企业是指依法在中国境内成立或者依照外国法律成立但实际管理机构在中国境内的企业。非居民企业是指依照外国法律成立且实际管理机构不在中国境内，但在中国境内设立机构、场所的，或者在中国境内未设立机构、场所，但有来源于中国境内所得的企业。

2. 征税对象

企业所得税的征税对象根据居民企业和非居民企业而有所不同。居民企业应当就其来源于中国境内、境外的所得缴纳企业所得税。非居民企业的征税对象根据该企业在中国境内是否设立机构、场所进行区分：在中国境内设立机构、场所的，应当就其所设机构、场所取得的来源于中国境内的所得，以及发生在中国境外但与其所设机构、场所有实际联系的所得，缴纳企业所得税；在中国境内未设立机构、场所的，或者虽设立机构、场所但取得的所得与其所设机构、场所没有实际联系的，应当就其来源于中国境内的所得缴纳企业所得税。

3. 税率

企业所得税的基本税率为25%，适用于居民企业和在中国境内设有机构、场所且所得与机构、场所有关联的非居民企业。

低税率为20%，适用于在中国境内未设立机构、场所的，或虽设立机构、场所但所得与其所设机构、场所没有实际联系的非居民企业，但实际征税时适用10%的税率。

4. 企业所得税应纳税额的计算

企业所得税的计算公式为：

应纳税额＝应纳税所得额×适用税率－减免和抵免税额

应纳税所得额＝每一纳税年度收入总额－不征税收入－免税收入－按税法规定的各项扣除

*　　　　　　　－允许弥补的以前年度亏损*

5. 税收抵免

企业取得的下列所得已在境外缴纳的所得税税额，可以从其当期应纳税额中抵免，抵免限额为该项所得依照《企业所得税法》的规定计算的应纳税额；超过抵免限额的部分，可以在以后五个年度内，用每年度抵免限额抵免当年应抵税额后的余额进行抵补。

(1) 居民企业来源于中国境外的应税所得。

(2) 非居民企业在中国境内设立机构、场所，取得发生在中国境外但与该机构、场所有实际联系的应税所得。

居民企业从其直接或者间接控制的外国企业分得的来源于中国境外股息、红利等权益性投资收益，外国企业在境外实际缴纳的所得税税额中属于该项所得负担的部分，可以作为该居民企业的可抵免境外所得税税额，在《企业所得税法》第23条规定的抵免限额内抵免。

二、个人所得税

个人所得税是对居民个人和非居民个人应税所得征收的一种税。根据《个人所得税法》及其实施条例，个人所得税的主要内容如下。

知识拓展(13-2)

《个人所得税法》
的修订及完善

1. 纳税主体

个人所得税以所得人为纳税人，以支付所得的单位或者个人为扣缴义务人。纳税人为居民个人(在中国境内有住所，或者无住所而一个纳税年度内在中国境内居住累计满183天的个人)、非居民个人(在中国境内无住所又不居住，或者无住所而一个纳税年度内在中国境内居住累计不满183天的个人)。纳税年度，自公历1月1日起至12月31日止。

2. 征税范围

居民个人从中国境内和境外取得的所得，依照《个人所得税法》规定缴纳个人所得税。非居民个人从中国境内取得的所得，依照《个人所得税法》规定缴纳个人所得税。

居民个人从中国境外取得的所得，可以从其应纳税额中抵免已在境外缴纳的个人所得税税额，但抵免额不得超过该纳税人境外所得依照《个人所得税法》规定计算的应纳税额。

3. 征税对象

根据《个人所得税法》第2条规定，应缴纳个人所得税的个人所得有：①工资、薪金所得；②劳务报酬所得；③稿酬所得；④特许权使用费所得；⑤经营所得；⑥利息、股息、红利所得；⑦财产租赁所得；⑧财产转让所得；⑨偶然所得。

居民个人取得前款第①项～第④项所得(以下称综合所得)，按纳税年度合并计算个人所得税；非居民个人取得前款第①项～第④项所得，按月或者按次分项计算个人所得税。纳税人取得前款第⑤项~第⑨项所得，依照《个人所得税法》规定分别计算个人所得税。

4. 税率

个人所得税实行超额累进税率与比例税率相结合的税率体系。

(1) 综合所得适用 3%~45% 的超额累进税率，如表 13-1 所示。

表 13-1　个人所得税税率表(一)(综合所得适用)

级数	全年应纳税所得额	税率/%	速算扣除数
1	不超过 36 000 元的	3	0
2	超过 36 000 元至 144 000 元的部分	10	2 520
3	超过 144 000 元至 300 000 元的部分	20	16 920
4	超过 300 000 元至 420 000 元的部分	25	31 920
5	超过 420 000 元至 660 000 元的部分	30	52 920
6	超过 660 000 元至 960 000 元的部分	35	85 920
7	超过 960 000 元的部分	45	181 920

注：①本表所称全年应纳税所得额是指依照《个人所得税法》第 6 条的规定，居民个人取得综合所得以每一纳税年度收入额减除费用 6 万元以及专项扣除、专项附加扣除和依法确定的其他扣除后的余额。②非居民个人取得工资、薪金所得，劳务报酬所得，稿酬所得和特许权使用费所得，依照本表按月换算后计算应纳税额。

(2) 经营所得适用 5%~35% 的超额累进税率，如表 13-2 所示。

表 13-2　个人所得税税率表(二)(经营所得适用)

级数	全年应纳税所得额	税率/%	速算扣除数
1	不超过 30 000 元的	5	0
2	超过 30 000 元至 90 000 元的部分	10	1 500
3	超过 90 000 元至 300 000 元的部分	20	10 500
4	超过 300 000 元至 500 000 元的部分	30	40 500
5	超过 500 000 元的部分	35	65 500

注：本表所称全年应纳税所得额是指依照《个人所得税法》第 6 条的规定，以每一纳税年度的收入总额减除成本、费用以及损失后的余额。

(3) 利息、股息、红利所得，财产租赁所得，财产转让所得和偶然所得，适用比例税率，税率为 20%。

5. 应纳税所得额的计算

(1) 居民个人的综合所得，以每一纳税年度的收入额减除费用 6 万元以及专项扣除、专项附加扣除和依法确定的其他扣除后的余额，为应纳税所得额。

专项扣除，包括居民个人按照国家规定的范围和标准缴纳的基本养老保险、基本医疗保险、失业保险等社会保险费和住房公积金等；专项附加扣除，包括子女教育、继续教育、大病医疗、住房贷款利息或者住房租金、赡养老人等支出，具体范围、标准和实施步骤由国务院确定，并报全国人民代表大会常务委员会备案。

(2) 非居民个人的工资、薪金所得，以每月收入额减除费用 5 000 元后的余额为应纳税所得额；劳务报酬所得、稿酬所得、特许权使用费所得，以每次收入额为应纳税所得额。

(3) 经营所得，以每一纳税年度的收入总额减除成本、费用以及损失后的余额，为应纳税所得额。

(4) 财产租赁所得，每次收入不超过 4 000 元的，减除费用 800 元；4 000 元以上的，减除 20% 的费用，其余额为应纳税所得额。

(5) 财产转让所得，以转让财产的收入额减除财产原值和合理费用后的余额，为应纳税所得额。

(6) 利息、股息、红利所得和偶然所得，以每次收入额为应纳税所得额。劳务报酬所得、稿酬所得、特许权使用费所得以收入减除20%的费用后的余额为收入额。稿酬所得的收入额减按70%计算。个人将其所得对教育、扶贫、济困等公益慈善事业进行捐赠，捐赠额未超过纳税人申报的应纳税所得额30%的部分，可以从其应纳税所得额中扣除；国务院规定对公益慈善事业捐赠实行全额税前扣除的，从其规定。

6. 免税、减税及纳税调整

在税收征收过程中，涉及个人所得税免征、减免的，依照《个人所得税法》的规定执行。

税务机关有权基于《个人所得税法》规定、按照合理方法进行纳税调整。税务机关依照法定情形①作出纳税调整，需要补征税款的，应当补征税款，并依法加收利息。

知识拓展(13-3)

免征、减免
个人所得税的情形

【例13-4】某民警在某一次执行公务中牺牲，被公安部授予"一级英模"称号，并奖励奖金1万元，奖金由该民警家属代领，同时其家属还收到全国各地捐款共达10万元。对该民警家属的11万元所得应否纳税存在下列几种意见，正确的是(　　)。
A. 对11万元全额征收个人所得税
B. 对11万元全部免纳个人所得税
C. 对1万元的奖金免纳个人所得税，对10万元的受赠金可减纳个人所得税
D. 对11万元减纳个人所得税
【解析】根据《个人所得税法》第4条的规定，正确答案是C。

【例13-5】根据法律规定，下列个人所得中可以免征个人所得税的是(　　)。
A. 甲存入国有商业银行存款而获得的利息收入500元
B. 乙向保险公司投保获得的保险赔款200元
C. 丙因工负伤获得的抚恤金3 000元
D. 丁获得县人民政府颁发的教育奖金5 000元
【解析】根据《个人所得税法》第4条、第5条的规定，正确答案是B、C。

第四节　财产、行为、资源和环境税法

本节主要阐述房产税、契税、车船税等财产税，印花税、土地增值税等行为税，资源税，以及环境保护税。

一、财产税

财产税是以法人和自然人拥有和归其支配的财产为对象所征收的一类税，主要包括房产税、契税、遗产税和赠与税等税种，我国目前主要包括房产税和契税。财产税的纳税人可以包括财产的所有人或占有人。财产税的计税依据可以是应税财产的评估价值，也可以是对应税财产产生的收益。财产税是一种地方税，用以满足地方政府的财政支出，作为现代三大税收体系的一个独立体系，它

---

① 法定情形具体包括：个人与其关联方之间的业务往来不符合独立交易原则而减少本人或者其关联方应纳税额，且无正当理由；居民个人控制的，或者居民个人和居民企业共同控制的设立在实际税负明显偏低的国家(地区)的企业，无合理经营需要，对应当归属于居民个人的利润不作分配或者减少分配；个人实施其他不具有合理商业目的的安排而获取不当税收利益。

在为政府特别是为地方政府筹集财政收入和调节社会财富等方面发挥着其他税种不可替代的作用。

(一) 房产税

房产税(house tax)是以房屋为征税对象,按照房屋的计税余值或租金收入向产权所有人征收的一种税。

房产税以房产为征税对象,征税范围为城市、县城、建制镇和工矿区,不包括农村。房产税的纳税人是房屋的产权所有人。产权属于全民所有的,经营者为纳税人;产权出典的,承典人为纳税人;产权所有人、承典人不在房产所在地的,代管人为纳税人;产权未确定及租典纠纷未解决的,房屋代管者或使用者为纳税人。房产税的计税依据为房产的计税余值或租金。房产自用的,其计税依据为房产的计税余值。所谓房产的计税余值,是指房产原值一次减除10%~30%的自然损耗等因素后的余额。具体减除幅度由省、自治区、直辖市人民政府根据当地具体情况确定。房产出租的,以房产租金收入为房产税的计税依据。房产税根据计税依据不同,分设两种税率:依照房产价值计算纳税的,税率为1.2%;依照房产租金收入计算缴纳的,税率为12%(自2001年1月1日起,对个人出租居民住房用于居住的,适用4%的税率)。自2008年3月1日起,对个人出租住房,区分用途,按4%的税率征收房产税。

房产税应纳税额的计算方法有两种:一种是从价计征,应纳税额=房产原值×(1−扣除比例)×1.2%,其中扣除比例为10%~30%;第二种是从租计征,应纳税额=租金收入×12%(或4%)。

(二) 契税

契税(deed tax)是以在中国境内转移土地、房屋权属为征税对象,向产权承受人征收的一种财产税。

契税的纳税人是承受在我国境内转移的土地、房屋权属的单位和个人。契税的计税依据包括:①土地使用权出让、出售,房屋买卖,为土地、房屋权属转移合同确定的成交价格包括应交付的货币及实物、其他经济利益对应的价款;②土地使用权互换、房屋互换,为所互换的土地使用权、房屋价格的差额;③土地使用权赠与、房屋赠与及其他没有价格的转移土地、房屋权属行为,为税务机关参照土地使用权出售、房屋买卖的市场价格依法核定的价格。纳税人申报的成交价格、互换价格差额明显偏低且无正当理由的,由税务机关依照《中华人民共和国税收征收管理法》的规定核定。契税的税率一般为3%~5%的比例税率。契税应纳税额的计算公式为:应纳税额=计税依据×具体适用税率。

契税的减征、免征应符合《中华人民共和国契税法》的规定。

随堂练习(13-4)

发生下列行为的单位和个人,应缴纳契税的是( )。

A. 某企业将房屋赠与养老院   B. 韩先生将房屋用于抵偿债务

C. 张先生购买古朴小屋用于拆料   D. 李先生将自有房产投资于本人独资经营企业

(三) 车船税

车船税(vehicle and vessel tax)是以车辆、船舶(以下简称"车船")为征税对象,向车船的所有人或者管理人征收的一种税。

1. 纳税义务人

在我国境内依法应当在车船管理部门登记的车辆、船舶的所有人或者管理人为车船税的纳税人。车船管理部门是指公安、交通、农业、渔业、军事等依法具有车船管理职能的部门。管理人是指对车船具有管理使用权，不具有所有权的单位。从事机动车第三者责任强制保险业务的保险机构为机动车车船税的扣缴义务人，应在收取保险费时依法代收车船税，并出具代收税款凭证。

2. 征税范围

车船税的征税范围是指在我国境内属于《中华人民共和国车船税法》(以下简称《车船税法》)所附《车船税税目税额表》规定的车辆、船舶。车辆、船舶是指：①依法应当在车船登记管理部门登记的机动车辆和船舶；②依法不需要在车船登记管理部门登记的在单位内部场所行驶或者作业的机动车辆和船舶。

3. 税目与税率

车船税实行定额税率。车船税的适用税额，依照《车船税法》所附《车船税税目税额表》确定。车辆的具体适用税额由省、自治区、直辖市人民政府依照《车船税法》所附《车船税税目税额表》规定的税额幅度和国务院的规定确定。船舶的具体适用税额由国务院在《车船税法》所附《车船税税目税额表》规定的税额幅度内确定。

知识拓展(13-4)

4. 车船税的免税、减征范围

在税收征收过程中，涉及车船税免征、减免的，依照《车船税法》的规定执行。

5. 车船税的征收

车船税的纳税义务发生时间为取得车船所有权或者管理权的当月，车船税的纳税地点为车船的登记地或者车船税扣缴义务人所在地。依法不需要办理登记的车船，车船税的纳税地点为车船的所有人或者管理人所在地。车船税按年申报缴纳，具体申报纳税期限由省、自治区、直辖市人民政府规定。

免征、减免
车船税的情形

二、行为税

行为税(conduct tax)是以纳税人的某些特定行为为课税对象的一类税。行为税的最大特点是征纳行为的发生具有偶然性或一次性。属于行为税的税种较多，主要有印花税、城市维护建设税、耕地占用税、土地增值税、证券交易税(我国未开征)、屠宰税(在我国已取消)、筵席税(在我国已停征)等。由于行为税中很多税种是国家根据一定时期的客观需要征收的，大部分是为了限制某种特定的行为而开征的，因此，行为税各个税种的具体课征对象差异较大，征收制度各不相同。行为税税源零星，征收管理难度较大，又多为地方税，在税法体系中此类税收一般作为辅助税种存在。

(一) 印花税

印花税(stamp tax)是指对纳税人书立应税凭证或者进行证券交易征收的一种税。

知识拓展(13-5)

印花税的纳税人是指在我国境内书立应税凭证、进行证券交易的单位和个人，在我国境外书立在境内使用的应税凭证的单位和个人，应当依法缴纳印花税。《印花税税目税率表》列明的合同、产权转移书据、营业账簿和证券交易为印花税的征税范围。

《印花税法》

印花税为比例税率。应税凭证的计税依据为合同和产权转移书据所列的金额、营业账簿记载的金额，证券交易的计税依据为证券交易成交金额。印花税的应纳税额按照计税依据乘以适用税率计算。

符合法定情形的应税凭证免征印花税。根据国民经济和社会发展的需要，国务院对居民住房需求保障，企业改制重组、破产，支持小型微型企业发展等情形可以规定减征或者免征印花税，报全国人民代表大会常务委员会备案。

印花税的纳税义务发生时间为纳税人书立应税凭证或者完成证券交易的当日。证券交易印花税扣缴义务发生时间为证券交易完成的当日。证券交易印花税对证券交易的出让方征收，不对受让方征收。印花税可以采用粘贴印花税票或者由税务机关依法开具其他完税凭证的方式缴纳。

(二) 车辆购置税

车辆购置税(vehicle purchase tax)是以在我国境内购置应税车辆为课税对象、在特定的环节向车辆购置者征收的一种税。

知识拓展(13-6)

车辆购置税的纳税人是在我国境内购置应税车辆的单位和个人，包括购买、进口、自产、受赠、获奖或者其他方式取得并自用应税车辆的行为。

车辆购置税的税率为10%的固定比例税率。车辆购置税实行一次性征收，购置已征车辆购置税的车辆，不再征收车辆购置税。车辆购置税应纳税额的计算为：应纳税额＝计税价格×10%。

车辆购置税
的应税车辆

应税车辆的计税价格，按照下列规定确定：①纳税人购买自用应税车辆的计税价格，为纳税人实际支付给销售者的全部价款，不包括增值税税款；②纳税人进口自用应税车辆的计税价格，为关税完税价格加上关税和消费税；③纳税人自产自用应税车辆的计税价格，按照纳税人生产的同类应税车辆的销售价格确定，不包括增值税税款；④纳税人以受赠、获奖或者其他方式取得自用应税车辆的计税价格，按照购置应税车辆时相关凭证载明的价格确定，不包括增值税税款。

(三) 城市维护建设税

城市维护建设税(urban maintenance and construction tax)是指以单位和个人实际缴纳的增值税、消费税(以下简称"两税")的税额为计税依据而征收的一种税。城市维护建设税属于附加税。在中华人民共和国境内缴纳增值税、消费税的单位和个人是城市维护建设税的纳税人。城市维护建设税以纳税人依法实际缴纳的增值税、消费税税额为计税依据。城市维护建设税的计税依据应当按照规定扣除期末留抵退税退还的增值税税额。

城市维护建设税税率为：①纳税人所在地在市区的，税率为7%；②纳税人所在地在县城、镇的，税率为5%；③纳税人所在地不在市区、县城或者镇的，税率为1%。

城市维护建设税应纳税额的计算为：应纳税额＝计税依据×具体适用税率。

对进口货物或者境外单位和个人向境内销售劳务、服务、无形资产缴纳的增值税、消费税税额，不征收城市维护建设税。根据国民经济和社会发展的需要，国务院对重大公共基础设施建设、特殊产业和群体，以及重大突发事件应对等情形可以规定减征或者免征城市维护建设税，报全国人民代表大会常务委员会备案。

城市维护建设税的纳税义务发生时间与增值税、消费税的纳税义务发生时间一致，分别与增值税、消费税同时缴纳。城市维护建设税的扣缴义务人为负有增值税、消费税扣缴义务的单位和个人，在扣缴增值税、消费税的同时扣缴城市维护建设税。

(四) 城镇土地使用税

城镇土地使用税(urban land-using tax)是对在城市、县城、建制镇和工矿区使用土地的单位和个人，以其实际占用的土地面积为计税依据，实行从量定额征收的一种税。

城镇土地使用税的纳税人是在城市、县城、建制镇和工矿区使用土地的单位和个人，包括外商投资企业、外国企业和外籍个人。凡是城市、县城、建制镇和工矿区范围内的土地，不论是国家所有，还是集体所有，均属城镇土地使用税的征税范围。城镇土地使用税的计税依据是纳税人实际占用土地的面积。省级政府组织测定的，以测定的土地面积为准；尚未测定，有土地使用权证书的，以证书确定的土地面积为准；尚未核发土地使用权证书的，由纳税人据实申报土地面积，待核发土地使用权证书后再作调整。

城镇土地使用税采用有幅度的定额税率。以每平方米年税额为单位，按大、中、小城市和县城、建制镇、工矿区分别确定税额。城镇土地使用税实行按年计算，分期缴纳，其应纳税额的计算为：应纳税额＝实际占用应税土地面积(平方米)×适用税额。

在税收征收过程中，符合法定免税项目和省级地方政府确定的减免税项目的，依照规定执行。

(五) 耕地占用税

耕地占用税是对在我国境内占用耕地建设建筑物、构筑物或者从事非农业建设的单位和个人，就其实际占用的耕地面积征收的一种税，它属于对特定土地资源占用课税。

1. 纳税义务人

耕地占用税的纳税义务人是在我国境内占用耕地建设建筑物、构筑物或者从事非农业建设的单位和个人。

2. 征税范围

耕地占用税的征税范围是纳税人为建设建筑物、构筑物或者从事非农业建设而占用的耕地。

在税收征收过程中，涉及耕地占用税免征、减免的，依照《中华人民共和国耕地占用税法》的规定执行。

知识拓展(13-7)

耕地占用税
的征税范围

(六) 土地增值税

土地增值税(increment tax on land value)是对有偿转让国有土地使用权及地上建筑物和其他附着物产权并取得增值收入的单位和个人征收的一种税。

土地增值税的纳税人为转让国有土地使用权、地上的建筑及其附着物(简称转让房地产)并取得收入的单位和个人。土地增值税的征税范围包括转让国有土地使用权和地上的建筑物及其附着物连同国有土地使用权一并转让。在实际工作中，可以通过以下几条标准来判定：①转让的土地使用权必须是国家所有；②土地使用权、地上的建筑物及其附着物的产权必须发生转让；③必须取得转让收入。以继承、赠与方式无偿转让房地产的行为，以及房地产的出租、抵押等未转让房产产权、土地使用权的行为不缴纳土地增值税。

土地增值税实行四级超率累进税率：增值额未超过扣除项目金额50%的部分，税率为30%；增值额超过扣除项目金额50%，未超过扣除项目金额100%的部分，税率为40%；增值额超过扣除项目金额100%，未超过扣除项目金额200%的部分，税率为50%；增值额超过扣除项目金额200%的部分，税率为60%。土地增值税的计税依据是纳税人转让房地产所取得的增值额。土地增值税应在转让房地产合同签订的7日内，到房地产所在地主管税务机关申报纳税。

在税收征收过程中，涉及土地增值税减免、优惠的，依照规定执行。

三、资源税

资源税(resource tax)是对在我国境内从事应税资源开发的单位和个人课征的一种税，属于对自然资源占用课税的范畴。

资源税的纳税人是指在中华人民共和国领域和中华人民共和国管辖的其他海域开发应税资源的单位和个人。

应税资源的具体范围由《中华人民共和国资源税法》(以下简称《资源税法》)所附《资源税税目税率表》确定。有下列情形之一的，免征资源税：①开采原油及在油田范围内运输原油过程中用于加热的原油、天然气；②煤炭开采企业因安全生产需要抽采的煤成(层)气。

资源税的税目、税率，依照《资源税税目税率表》执行。资源税按照《资源税税目税率表》实行从价计征或者从量计征。

在税收征收过程中，涉及资源税免征、减免的，依照《资源税法》的规定执行。

随堂练习(13-5)

根据资源税法律制度的规定，下列各项中，不属于资源税征税范围的是(   )。
A. 人造石油　　　　B. 地热　　　　C. 砂石　　　　D. 矿泉水

四、环境保护税

我国的环境保护税是对在我国领域和我国管辖的其他海域，直接向环境排放应税污染物的企业事业单位和其他生产经营者征收的一种税。

(一) 纳税人

环境保护税的纳税义务人是在中华人民共和国领域和中华人民共和国管辖的其他海域，直接向环境排放应税污染物的企业事业单位和其他生产经营者。

(二) 征税范围

知识拓展(13-8)

应税污染物，是指符合《中华人民共和国环境保护税法》(以下简称《环境保护税法》)所附《环境保护税税目税额表》《应税污染物和当量值表》规定的大气污染物、水污染物、固体废物和噪声。

需要提及的是，依法设立的城乡污水集中处理、生活垃圾集中处理场所超过国家和地方规定的排放标准向环境排放应税污染物的，应当缴纳环境保护税；企业事业单位和其他生产经营者贮存或者处置固体废物不符合国家和地方环境保护标准的，应当缴纳环境保护税。

不缴纳相应污染物的
环境保护税的情形

(三) 税目与税率

环境保护税税目包括大气污染物、水污染物、固体废物和噪声4大类，采用定额税率，其中，对应大气污染物和水污染物规定了幅度定额税率，具体适用税额的确定和调整由省、自治区、直辖市人民政府统筹考虑本地区环境承载能力、污染物排放现状和经济社会生态发展目标要求，在规定的税额幅度内提出，报同级人民代表大会常务委员会决定，并报全国人民代表大会常务委员会和国务院备案。

知识拓展(13-9)

(四) 税收减免

在税收征收过程中，涉及环境保护税免征、减免的，依照《环境保护税法》的规定执行。

免征、减免
环境保护税的情形

第五节　税收征收管理法

税收征收管理是税务机关对纳税人依法征收税款和进行税务监督的管理的总称。税收征收管理机关是税务机关。税收征收管理机关的职权包括税务管理、税款征收、税务检查和税务处罚。

一、税务管理

税务管理包括税务登记管理，账簿、凭证管理，发票管理和纳税申报管理四个部分的内容。

(一) 税务登记管理

税务登记(tax registration)又称纳税登记，是税务机关对纳税人的开业、变动、歇业以及生产经营范围变化实行法定登记的一项制度，是确定纳税人履行纳税义务的法定手续，也是税务机关切实控制税源和对纳税人进行纳税监督的一种手段。税务登记包括开业登记，变更登记，停业、复业登记，注销登记，外出经营报验登记等。

从事生产、经营的纳税人，应当自领取营业执照之日起，或依法成为纳税人之日起30日内，向所在地税务机关申请办理开业税务登记。纳税人税务登记的内容发生变化的，应当自市场监督管理部门办理变更登记之日起30日内，到原税务登记机关申报办理变更税务登记。

(二) 账簿、凭证管理

从事生产经营的纳税人、扣缴义务人按照国务院财政、税务主管部门的规定设置账簿，根据合法、有效凭证记账进行核算。纳税人、扣缴义务人应自领取营业执照之日起15日内设置账簿。扣缴义务人应当在法定扣缴义务发生之日起10日内，按照所代扣、代收的税种，分别设置代扣代缴、代收代缴税款账簿。

(三) 发票的管理

根据国家有关发票(invoice)管理的法律的规定，在全国范围内统一式样的发票，由国家税务总局确定；在省、自治区、直辖市范围内统一式样的发票，由省级税务机关确定。增值税专用发票由国务院税务部门指定的企业印制；其他发票按照国务院税务主管部门的规定，分别由省、自治区、直辖市税务机关指定的企业印制。

(四) 纳税申报管理

纳税人、扣缴义务人必须按照法定的或税务机关确定的申报期限、申报内容如实办理纳税申报(tax declaration)和代扣代缴、代收代缴税款的申报手续，报送纳税申报表、财务会计报表及税务机关要求纳税人报送的其他纳税资料。

二、税款征收

税款征收是税务机关依照税收法律、法规的规定，将纳税人依法应纳的税款以及扣缴义务人代扣代缴的税款通过不同的方式组织征收入库的活动。

（一）税款征收方式

我国税款征收主要有以下几种方式。

(1) 查账征收。适用于掌握税收法律法规，账簿、凭证、财务会计制度比较健全，能够如实反映生产经营成果，正确计算应纳税额的纳税人。

(2) 查定征收。适用于生产规模较小、账册不健全、财务管理和会计核算水平较低、产品零星、税源分散的纳税人。

(3) 查验征收。适用于某些零星、分散的高税率工业产品。

(4) 定期定额征收。适用于生产经营规模小，又确无建账能力，经主管税务机关审核，县级以上(含县级)税务机关批准可以不设置账簿或暂缓建账的小型纳税人。

(5) 其他征收方式。主要包括代扣代缴、代收代缴、委托代征、邮寄申报纳税等。

（二）税收征收措施

税收征收措施是指为保证税款及时征收入库，税收征收管理机关所采取的特殊措施，主要有加收滞纳金、核定应纳税额、税收保全措施、税收强制执行措施、出境清税、税款追征等。

知识拓展(13-10)

税收征收措施

三、税务行政处罚、行政复议和行政诉讼

（一）税务行政处罚

税务行政处罚，是指公民、法人或者其他经济组织有违反税收征收管理秩序的违法行为，尚未构成犯罪，依法应当承担行政责任的，由税务机关给予相应的行政处罚。

税务行政处罚的种类有罚款、没收非法所得、停止出口退税权。

（二）税务行政复议

税务行政复议是指纳税人和其他税务当事人对税务机关的具体行政行为不服，依法向该税务机关的上一级税务机关(复议机关)提出申诉，由上一级税务机关对引起争议的具体行政行为依法作出维持、变更、撤销等决定的活动。

（三）税务行政诉讼

税务行政诉讼是指公民、法人和其他组织认为税务机关及其工作人员的具体税务行政行为违法或不当，侵犯了其合法权益，依法向人民法院提出行政诉讼，由人民法院对具体税务行政行为的合法性和适当性进行审理并作出裁决的司法活动。

（四）税务行政处罚、行政复议和行政诉讼的关系

纳税人、扣缴义务人、纳税担保人同税务机关在纳税上发生争议时，必须先依照法律、行政法规的规定缴纳或者解缴税款及滞纳金，或提供相应的担保，然后可以依法申请行政复议；对行政复议决定不服的，可以依法向法院起诉。

当事人对税务机关的处罚决定、强制执行措施或者税收保全措施不服的，可以依法申请行政复议，也可以依法向法院起诉。

四、法律责任

违反税法的行为包括违反税收征收管理法的行为和危害税收征管罪两大类,前者为违法行为,后者为犯罪行为。

违反税收征收管理法的法律责任包括纳税人违反税法行为的法律责任、扣缴义务人违反税法行为的法律责任、开户银行及金融机构违反税法行为的法律责任和税务机关及其税务人员违反税法行为的法律责任等。

危害税收征管罪的种类有:逃税罪,抗税罪,逃避追缴欠税罪,骗取出口退税罪,虚开增值税专用发票或者虚开用于骗取出口退税、抵扣税款专用发票罪,伪造、出售伪造的增值税专用发票罪,非法出售增值税专用发票罪,非法购买增值税专用发票、购买伪造的增值税专用发票罪,非法制造、出售非法制造的用于骗取出口退税、抵扣税款发票罪,非法制造、出售非法制造的发票罪,非法出售用于骗取出口退税、抵扣税款发票罪,非法出售发票罪。

思考与探索

1. 税收有哪些特点? 税法的构成要素有哪些?
2. 试述增值税的课税范围。
3. 依据我国现行税收法律制度,试述个人所得税减税、免税的情形。
4. 试述纳税人的权利和义务。

法务研议

2025年3月,张三、王五、李四三人共同投资组成一家有限责任公司,生产某种产品。经营一年后,公司生产状况良好,在一个纳税年度内生产获利20万元。由于公司又有了一项新专利,于是他们决定,将原有专利转让,通过转让专利收入18万元,但公司在账簿上将转让专利的收入只列为12万元。三人决定,纳税后留一部分用于再投资,剩余部分用于个人投资的分配。每人分配可在2万元以上。在三人中,张三在另一家公司还有投资,并从该公司收取股息1万元,另外还获取其他劳务报酬6万元,其中2万元来源于土耳其。

问题:

1. 试分析该公司应缴纳哪些税?
2. 张三个人应就哪些收入缴纳个人所得税?
3. 该公司的行为是否合法?

第十四章

环境与资源保护法律制度

导读提示

自然资源与环境是人类社会生存发展的自然基础和物质条件。合理开发、有效利用自然资源，强化环境意识、加强环境保护、切实减少环境污染，关系到社会的可持续发展，也是市场主体应尽的社会责任。

第一节　自然资源法律制度

一、自然资源法的概念

自然资源，就是自然界形成的，在一定的技术经济条件下对人类有用的一切自然要素或能量的总称，包括土地、水、森林、草原、野生动植物、矿产等自然要素，以及阳光、风力、地热、潮汐等能量。

自然资源法，也称自然资源保护法，是调整人们在开发、利用和保护自然资源的过程中所产生的各种社会关系的法律规范的总称。根据自然资源法调整对象的范围，可将其分为土地管理法、森林法、草原法、水法、渔业法、野生动植物保护法、矿产资源法等。

二、自然资源法的主要制度

（一）自然资源权属制度

自然资源权属制度是指人们在开发利用和保护各种自然资源的活动中，关于自然资源所有权、使用权和其他专项权益的法律制度。

1. 自然资源的所有权

自然资源的所有权是指特定主体对自然资源占有、使用、收益和处分的权利。一般认为，自然资源的所有权是特定主体基于法定的理由和程序取得的。我国不存在完整意义上的自然资源个人所有权,目前,自然资源个人所有权的取得方式也仅限于开发利用及继承。

2. 自然资源的使用权

自然资源的使用权是指特定主体依法对自然资源进行占有并开发、利用的权利。自然资源使用权的取得都必须通过法定程序办理相应手续。

(二) 自然资源有偿使用制度

自然资源有偿使用制度是指自然资源的利用者在向有关部门缴纳一定的费用后才得以利用此种资源的制度。这项制度提高了资源的使用价值和经济效益,同时也减少了资源浪费和破坏行为。我国目前对自然资源的有偿使用主要是通过缴纳费用或征税来实现的。

(三) 自然资源开发禁限制度

自然资源开发禁限制度是指为了防止人类的过度开发行为,实现资源的可持续利用,法律明确规定对自然资源的某些特殊区域或种类实行禁止或限制开发的一系列管理制度。我国的多项自然资源立法都采用了这一制度。如《中华人民共和国土地管理法》《中华人民共和国水法》(以下简称《水法》)、《中华人民共和国森林法》(以下简称《森林法》)、《中华人民共和国渔业法》《中华人民共和国野生动物保护法》(以下简称《野生动物保护法》)等均有规定。

知识拓展(14-1)

自然资源开发利用禁限的范围

按照禁限的内容不同,自然资源的禁限可以分为对开发利用数量的限制,对开发利用方式的限制,对开发利用时间的限制,对开发利用程序的限制,对开发利用地域的限制,对开发利用主体的限制,以及对开发利用对象主体的限制等。

(四) 自然资源开发利用许可制度

自然资源开发利用许可制度,是指特定主体在向有关的管理机关提出开发申请,经审查依法获批并被颁发许可证后方能从事此项自然资源开发利用的制度。许可制度的采用有利于国家对自然资源的宏观管理,同时也有利于对持证人进行监督管理,有效保护资源开发利用者的合法权益。

知识拓展(14-2)

资源补救的主体

(五) 自然资源补救制度

自然资源补救制度,是按照法律规定要求开发利用者对因开发利用自然资源而造成的损害和破坏,进行相关的恢复、更新、补救资源的一项责任制度。它有利于保障自然资源的再生能力,实现人类的可持续发展。

第二节 环境法律制度

一、概述

环境是指影响人类生存和发展的各种天然的和经过人工改造的自然因素的总体,包括大气、水、海洋、土地、矿藏、森林、草原、野生生物、自然遗迹、人文遗迹、自然保护区、风景名胜区、城市和乡村等。它是人类生存和发展的物质条件。

环境法是指在调整人们开发、利用、保护和改善环境的活动中所产生的各种社会关系的法律规范的总称。我国先后制定了一系列的环境保护法律规范，目前，已基本形成了以《中华人民共和国宪法》《中华人民共和国环境保护法》(以下简称《环境保护法》)、《中华人民共和国海洋环境保护法》(以下简称《海洋环境保护法》)、《中华人民共和国大气污染防治法》(以下简称《大气污染防治法》)、《中华人民共和国水污染防治法》(以下简称《水污染防治法》)、《中华人民共和国噪声污染防治法》《中华人民共和国固体废物污染环境防治法》(以下简称《固体废物污染环境防治法》)等为主要渊源的环境法律体系。

二、环境法基本制度

(一) 环境规划制度

环境规划是指根据国民经济和社会发展的需要，对一定时期、一定范围的环境的开发、利用、保护和改善活动进行的总体部署和安排。

作为国民经济、社会发展计划的重要组成部分，环境规划制度充分发挥了计划的指导作用，制定和实施环境规划制度对于平衡协调环境保护工作、经济建设和社会发展三者的关系，促进企业建立环境保护责任制度，实现经济可持续发展具有非常重要的作用。

知识拓展(14-3)

《环境保护法》
第 13 条、第 29 条
的规定

(二) 环境标准制度

1. 环境标准的概念

环境标准是指为了控制环境污染、维护生态平衡、保护人群健康，行政机关根据法律规定的程序制定的涉及环境质量以及污染物的排放、环境监测方法以及其他需要的事项的各种技术指标与规范的总称。

2. 环境标准的分类

根据《环境保护法》的规定，环境标准主要包括环境质量标准和污染物排放标准两大类。除此之外，环境基础标准、环境监测方法标准和环境标准样品标准也属于环境标准的范畴。在环境标准中，环境质量标准、污染物排放标准属于强制性标准，必须执行。环境质量标准、污染排放标准以外的环境标准属于推荐性环境标准。此外，国家鼓励采用推荐性环境标准，推荐性环境标准若被强制性环境标准引用，也必须强制执行。

需要说明的是，在环境标准体系中，生态环境部标准特指需要在全国环境保护工作范围内统一的技术要求而又没有国家环境标准时由生态环境部制定的标准。生态环境部标准属于行业标准，不属于国家标准，其主要局限于环境基础标准和环境影响评价技术规范两大类，属于推荐性标准。

环境质量标准分为国家和地方两级。《环境保护法》第 15 条规定，国务院环境保护主管部门制定国家环境质量标准。省、自治区、直辖市人民政府对国家环境质量标准中未作规定的项目，可以制定地方环境质量标准；对国家环境质量标准中已作规定的项目，可以制定严于国家环境质量标准的地方环境质量标准。地方环境质量标准应当报国务院环境保护主管部门备案。

污染物排放标准是为实现环境质量标准，结合技术经济条件和环境特点，限制排入环境中的污染物或对环境造成危害的其他因素所作的控制规定。它是针对污染物排放所规定的最大限度值(污染允许限度)。编制污染物排放标准的主要依据是环境质量标准，并按照不同类别的功能区分别规定与之相应的排放限值，适用于所有经划定的环境质量功能区内的污染源。《环境保护法》

第16条规定，国务院环境保护主管部门根据国家环境质量标准和国家经济、技术条件，制定国家污染物排放标准。省、自治区、直辖市人民政府对国家污染物排放标准中未作规定的项目，可以制定地方污染物排放标准；对国家污染物排放标准中已作规定的项目，可以制定严于国家污染物排放标准的地方污染物排放标准。地方污染物排放标准应当报国务院环境保护主管部门备案。

(三) 环境影响评价制度

知识拓展(14-4)

环境影响评价是指对规划和建设项目实施后可能造成的环境影响进行分析、预测和评估，提出预防或者减轻不良环境影响的对策和措施，进行跟踪监测的方法与制度。实行环境影响评价对于促进科学决策、加强环境监督具有重要意义。

在进行环境影响评价时，公众有依法参与的权利。有关环境影响评价的信息应依法公开。

《环境保护法》第19条、第65条的规定

【例14-1】 根据《环境保护法》规定，环境影响报告书应在建设项目的(　　)报批。
A. 设计阶段　B. 可行性研究阶段　　C. 竣工验收阶段　　D. 投入使用阶段
【解析】 根据《环境保护法》第19条的规定，正确答案是B。

随堂练习(14-1)

某公立医院要建一座新的住院楼，由甲公司承建，环评报告书已经审批，因为医院的项目资金迟迟没落实到位，一直没有开工。6年后医院的资金到位重新准备开工，市生态环境局提出周围新建有养老院、居民楼，需要降低噪声。关于该项目的下列说法中正确的是(　　)。
A. 将原环境影响评价报告书报原审批部门审核
B. 在原环境影响评价报告的基础上进行补充评价
C. 将原环境影响评价报告书备案但不影响其继续执行
D. 将原环境影响评价报告书报原审批部门的上级部门审核

(四) "三同时"制度

知识拓展(14-5)

"三同时"制度是指建设项目需要配置的环境保护设施必须与主体工程同时设计、同时施工、同时投产使用的制度。它是我国首创的一项环境法律制度，与环境影响评价制度一起成为法律规定的预防和控制新污染源的重要手段。《环境保护法》第41条规定，建设项目中防治污染的设施，应当与主体工程同时设计、同时施工、同时投产使用。防治污染的设施应当符合经批准的环境影响评价文件的要求，不得擅自拆除或者闲置。

"三同时"制度的主要内容

建设单位必须严格按照"三同时"制度的要求，在建设施工的各个阶段，履行相应的环境保护义务，否则就必要要承担相应的法律后果。如《环境保护法》第61条规定，建设单位未依法提交建设项目环境影响评价文件或者环境影响评价文件未经批准，擅自开工建设的，由负有环境保护监督管理职责的部门责令停止建设，处以罚款，并可以责令恢复原状。

(五) 清洁生产制度

清洁生产是指从事生产和服务活动的单位以及从事相关管理活动的部门不断采取改进设计、使用清洁的能源和原料、采用先进的工艺技术与设备、改善管理、综合利用等措施，从源头削减污染，提高资源利用效率，减少或者避免生产、服务和产品使用过程中污染物的产生和排放，以减轻或者消除对人类健康和环境的危害。《中华人民共和国清洁生产促进法》确立了这一制度。

《环境保护法》第 40 条规定，国家促进清洁生产和资源循环利用。国务院有关部门和地方各级人民政府应当采取措施，推广清洁能源的生产和使用。企业应当优先使用清洁能源，采用资源利用率高、污染物排放量少的工艺、设备以及废弃物综合利用技术和污染物无害化处理技术，减少污染物的产生。

(六) 排污许可证制度

排污许可证制度是指凡是需要向环境排放各种污染物的单位或个人，都必须事先向生态环境保护部门办理申领排污许可证手续，经生态环境保护部门批准后获得排污许可证后方能向环境排放污染物的制度。《水污染防治法》《大气污染防治法》《环境保护法》等法律规定了这一制度。如《环境保护法》规定，国家依照法律规定实行排污许可管理制度。实行排污许可管理的企业事业单位和其他生产经营者应当按照排污许可证的要求排放污染物；未取得排污许可证的，不得排放污染物。同时规定，违反法律规定，未取得排污许可证排放污染物，被责令停止排污，拒不执行的企业事业单位和其他生产经营者应承担相应的法律责任。

(七) 污染物排放征税制度

污染物排放征税制度是指在我国领域和我国管辖的其他海域，直接向环境排放应税污染物的企业事业单位和其他生产经营者为环境保护税的纳税人，应依照《环境保护税法》规定缴纳环境保护税。应税污染物，是指《环境保护税法》所附《环境保护税税目税额表》《应税污染物和当量值表》规定的大气污染物、水污染物、固体废物和噪声。

自《环境保护税法》施行之日(2018 年 1 月 1 日)起，依照《环境保护税法》规定征收环境保护税，不再征收排污费。有关环境保护税的阐述参见第十三章"税收法律制度"中的相应部分，此处不赘。

(八) 治理、恢复与补救制度

治理、恢复与补救制度是指当环境利用行为造成环境污染或生态破坏时，对行为人采取的以恢复环境与自然的原状为中心的行政命令措施。这一制度所保护的法益应为公众的环境公益与自然资源的共益权，也包括维护国家对社会公共事务的管理秩序。

(1) 治理。治理是指对造成严重环境污染或生态破坏者，由政府及其行政主管部门根据环境利用行为人的实际状况制订专门的治理计划并设定一定治理期限，命令环境利用行为人在该期限内完成治理事项、达到治理目标的行政强制措施。《环境保护法》《水污染防治法》《固体废物污染环境防治法》《海洋环境保护法》《大气污染防治法》中都有相关的规定。

《环境保护法》规定，开发利用自然资源，应当合理开发，保护生物多样性，保障生态安全，依法制定有关生态保护和恢复治理方案并予以实施。企业事业单位和其他生产经营者超过污染物排放标准或者超过重点污染物排放总量控制指标排放污染物的，县级以上人民政府环境保护主管部门可以责令其采取限制生产、停产整治等措施；情节严重的，报经有批准权的人民政府批准，责令停业、关闭。

违反《水污染防治法》规定，不正常使用水污染物处理设施，或者未经环境保护主管部门批准拆除、闲置水污染物处理设施的，由县级以上人民政府环境保护主管部门责令限期改正，处应缴纳排污费数额 1 倍以上 3 倍以下的罚款。同时，违反《水污染防治法》规定，排放水污染物超过国家或者地方规定的水污染物排放标准，或者超过重点水污染物排放总量控制指标的，由县级以上人民政府环境保护主管部门按照权限责令限期治理，处应缴纳排污费数额 2 倍以上 5 倍以下的罚款。

限期治理期间,由环境保护主管部门责令限制生产、限制排放或者停产整治。限期治理的期限最长不超过1年;逾期未完成治理任务的,报经有批准权的人民政府批准,责令关闭。

(2) 恢复与补救。恢复与补救主要适用于因开发利用规划的失误或者违法开发利用自然资源而导致自然资源受到破坏或者自然环境可能遭受损失的区域,主要包括恢复原状与补救两种措施。恢复原状措施主要适用于因开发利用规划的失误造成土地资源过度开垦,或改变原自然环境的使用功能和生态功能而造成生态不良影响的区域,如恢复土地原状、土地复垦等,其目的在于恢复该土地的原有功能和使用用途。补救措施适用于依据众所周知的事实与自然规律可以判定行为的结果将会造成生态破坏及其损害的领域,如在水生动物洄游通道处建闸筑坝的行为、开发矿产资源的行为以及从事工程建设导致供水影响的行为等都应当依法采取补救措施。

(九) 突发环境事件应对制度

突发环境事件是指突然发生,造成或者可能造成重大人员伤亡、重大财产损失和对全国或者某一地区的经济社会稳定、政治安定构成重大威胁和损害,有重大社会影响的涉及公共安全的环境事件。为提高政府保障公共安全和处置突发事件的能力,最大限度地预防和减少突发公共事件及其危害,我国根据不同种类的突发环境事件(突发环境污染事件、生物物种安全环境事件、辐射环境污染事件)确立了相应的应对制度。

知识拓展(14-6)

《环境保护法》
第47条的规定

(十) 环境标志制度

环境标志亦称绿色标志、生态标志,是指由政府部门或公共、私人团体依据一定的环境标准向有关厂家颁布证书,证明其产品的生产使用及处置过程全都符合环保要求,对环境无害或危害极小,同时有利于资源的再生和回收利用。1994年,中国环境标志产品认证委员会成立,正式开始了"中国环境标志"的认证工作。2003年9月,原国家环境保护总局(现生态环境部)环境认证中心成立,成为国家授权的唯一授予中国环境标志的机构。在我国,环境标志是由生态环境部确认、发布,并经国家知识产权局备案的证明性标识。未经生态环境部许可,任何单位和个人不得将该标志或与该标志近似的标志作为商标注册;不得擅自使用该标志的名称或与该标志近似的标志。

根据规定,在生产、使用及处置等过程中采取一定措施消除污染或减少污染,达到中国环境标志产品技术要求,并通过中国环境标志认证的产品,其生产企业可以向认证机构申请使用中国环境标志。中国环境标志所有权归生态环境部。

我国环境标志的使用宗旨是为了倡导可持续生产和消费,促进环境友好型社会建设。中国环境标志有效推进和引导了中国绿色(环境)产品的形成和发展,改善了企业的环境行为,对发展绿色经济、引导绿色消费、促进我国环境与经济的协调发展,起到了很好的推动作用。同时,中国环境标志对消除或减轻国际贸易中绿色壁垒对我国产品出口的不利影响意义重大。

(十一) 排污权交易制度

排污权交易是指在污染物排放总量控制指标确定的条件下,利用市场机制,建立合法的污染物排放权利(排污权),并允许这种权利像商品那样被买入和卖出,以此来控制污染物的排放,从而实现减少排放量、保护环境的目的。

排污权交易的实施,是在污染物排放总量控制的前提下,为激励污染物排放量的削减,排污权交易双方利用市场机制及环境资源的特殊性,在生态环境主管部门的监督管理下,通过交易实现低成本治理污染。2007年,我国第一个排污权交易平台在浙江省嘉兴市揭牌成立,排污权转让有了专门的二级市场。我国也先后出台了一些地方性的排污权交易条例和法规，但总体而言，我国排污权交易的法律亟须完善。

随堂练习(14-2)

　　某节目演出组到某山区演出，该地属自然保护区范围。演出组在某一天然景点搭设了一座栈桥，为运送演出设备在区内修建了一条简易公路。区内环境和植被因此遭受一定程度的毁坏。演出计划得到了主管部门和当地政府批准，演出组并已付钱请当地人承担恢复原貌工作。关于该事件的下列意见中错误的是(　　)。

　　A. 演出组在该自然保护区内景点修建的是临时建筑物,其影响环境的行为不受我国环境保护法的约束

　　B. 演出组为了演出需要而搭设栈桥,不属于工业性项目,也没有排放污染,环境保护管理部门无须过问

　　C. 演出组的行为即使对当地环境有影响,也不构成跨区环境问题,不属于国务院环境保护行政主管部门的监管范围

　　D. 对于该演出组的上述行为,我国法律目前没有可适用的处罚规定

三、环境法律责任

环境法律责任包括民事责任、行政责任和刑事责任。

(一) 环境民事责任

环境民事责任是指从事了违反环境法的行为或造成环境污染和环境破坏而侵害他人的民事权利者，依照环境保护法律、法规应当承担的法律责任。《环境保护法》第 64 条规定，因污染环境和破坏生态造成损害的，应当依照《民法典》的有关规定承担侵权责任。《环境保护法》第 66 条规定，提起环境损害赔偿诉讼的时效期间为 3 年，从当事人知道或者应当知道其受到损害时起计算。

1. 环境民事责任的构成要件

环境民事责任的构成要件包括：①实施了危害环境的行为。②发生了环境损害的事实。③危害环境的行为与环境损害的事实有因果关系。《民法典》第 1230 条规定，因污染环境、破坏生态发生纠纷，行为人应当就法律规定的不承担责任或者减轻责任的情形及其行为与损害之间不存在因果关系承担举证责任。

2. 环境民事责任的免除事由

环境民事责任的免除事由包括：①不可抗力造成的，并且行为人及时采取了合理措施。②受害人自我致害，即污染损失是由受害者自身的责任造成的。③行为和损害之间没有因果关系。

3. 环境民事责任的责任形式

根据《民法典》的规定，承担环境民事责任的形式主要有赔偿损失、停止侵害、排除妨碍、消除危险等。因污染环境、破坏生态造成他人损害的，侵权人应当承担侵权责任。因第三人的过错污染环境、破坏生态的，被侵权人可以向侵权人请求赔偿，也可以向第三人请求赔偿。侵权人赔偿后，有权向第三人追偿。侵权人违反法律规定故意污染环境、破坏生态造成严重后果的，被侵权人有权请求相应的惩罚性赔偿。

实践中，违反国家规定造成生态环境损害，生态环境能够修复的，国家规定的机关或者法律规定的组织有权请求侵权人在合理期限内承担修复责任。侵权人在期限内未修复的，国家规定的机关或者法律规定的组织可以自行或者委托他人进行修复，所需费用由侵权人负担。

【例14-2】由于某化工厂长期排污，该厂周边方圆一公里内的庄稼蔬菜生长不良、有害物质含量超标，河塘鱼类无法繁衍，该地域内三个村庄几年来多人患有罕见的严重疾病。根据《环境保护法》的规定，下列选项错误的是(　　)。

A. 受害的三个村的村委会和受害村民有权对该厂提起民事诉讼

B. 因环境污染引起的民事诉讼的时效为3年

C. 环境污染民事责任的归责原则实行公平责任原则

D. 环境污染致害的因果关系证明，受害方不负举证责任

【解析】根据《环境保护法》的相关规定，正确答案是C。

(二) 环境行政责任

环境行政责任是指违反了《环境保护法》，实施了破坏或者污染环境的单位或个人所应当承担的行政方面的法律责任。《环境保护法》中规定了罚款、责令改正、责令采取限制生产、停产整治，责令停业、关闭、责令恢复原状、拘留等行政处罚措施。负有环境保护监督管理职责的部门违反《环境保护法》的规定，对直接负责的主管人员和其他直接责任人员给予相应的行政处分。

(三) 环境刑事责任

环境刑事责任是指行为人由于故意或者过失而实施了严重危害环境的行为，并造成人身伤亡或者公私财产的严重损失，已经构成犯罪而应当承担刑罚制裁的法律责任。违反《环境保护法》的规定，构成犯罪的，依法追究刑事责任。

法条链接

《环境保护法》关于
法律责任的规定

四、环境公益诉讼

环境公益诉讼是指公民、组织或者国家机关为了保护环境与自然资源，根据法律的授权代表公众或者公共利益向侵犯环境权益的主体(包括政府、组织及个人)提起诉讼，寻求司法救济。《环境保护法》第58条规定，对污染环境、破坏生态，损害社会公共利益的行为，符合下列条件的社会组织可以向人民法院提起诉讼：①依法在设区的市级以上人民政府民政部门登记；②专门从事环境保护公益活动连续5年以上且无违法记录。符合前款规定的社会组织向人民法院提起诉讼，人民法院应当依法受理。提起诉讼的社会组织不得通过诉讼牟取经济利益。

环境公益诉讼可以分为环境公益民事诉讼与环境公益行政诉讼。环境公益诉讼有利于鼓励公民、法人或其他组织积极与污染和破坏环境的行为做斗争。

票罪，非法出售用于骗取出口退税、抵扣税款发票罪，非法出售发票罪。

典型
例题解析

即测
即评

思考与探索

1. 试述自然资源法的基本制度。
2. 试述《环境保护法》的基本制度。
3. 试述《环境保护法》中的法律责任。

法务研议

甲化工厂和乙造纸厂坐落在一条小河的两岸。化工厂生产中排放三氯化铁残液，造纸厂生产中排放漂白废水，两厂排污浓度均不超过国家规定的排放标准。在河水水位正常的情况下，两个工厂排污均不会对河水造成污染。2025年3月该地大旱，河水明显减少，化工厂排放的废水冲入造纸厂的排污口，两股废水混合后发生化学反应，产生了有毒气体——氯化氢，致使在河边劳动的12名搬运工人中毒晕倒，送医院抢救后脱险。受害人为此花费医疗费86 000元。当地环保局对两工厂排污口进行监测，结果表明其排污均无异常，属于达标排放，排放方式亦未违法。当地环保部门决定对两工厂各罚款6 000元，并应12名受害人请求责令两工厂赔偿受害人医疗费86 000元，每个工厂承担43 000元。

问题：

1. 假如你是律师，该如何评价本案？
2. 作为经营者，你可以从该案中获得哪些有益的启示？

第十五章

劳动合同法律制度

导读提示

劳动合同是指劳动者与用工单位之间确立劳动关系，明确双方权利和义务的协议。订立和变更劳动合同，应当遵循平等自愿、协商一致的原则，不得违反法律、行政法规的规定。劳动合同依法订立即具有法律约束力，当事人必须履行劳动合同规定的义务。

第一节　劳动合同概述

一、劳动关系

一般认为，劳动关系是指劳动者和用人单位双方根据其合意所建立的，劳动者为用人单位提供从属性劳动而用人单位为劳动者提供劳动条件并支付劳动报酬的社会关系。劳动关系是劳动法律关系的现实基础，劳动法律关系是劳动关系的法律形式，但并非所有的劳动关系都表现为劳动法律关系。劳动法律关系是劳动关系受劳动法调整后形成的，是当事人依据劳动法律规范，在实现劳动过程中形成的权利义务关系。劳动法律关系是受国家劳动法律规范、调整和保护的劳动关系，是国家干预劳动关系的后果。

知识拓展(15-1)

劳动法律关系

与一般的民事关系不同，劳动关系具有以下特征。

(1) 劳动关系的主体具有特定性。劳动关系主体的一方是劳动者，另一方是用人单位。

(2) 劳动关系的内容具有较强的法定性。劳动合同涉及财产和人身关系，劳动者在签订劳动合同后，成为用人单位的员工，受用人单位的管理。为了保护处于弱势的劳动者的权益，法律规定了较多的强制性规范，当事人签订劳动合同不得违反强制性规定，否则无效。例如，因劳动者本人原因给用人单位造成经济损失的，用人单位可按照劳动合同的约定请求其赔偿经济损失。经济损失的赔偿，可从劳动者本人的工资(wages)中扣除。但每月扣除的部分不得超过劳动者当月工资的20%。

若扣除后的剩余工资部分低于当地最低工资标准，则按最低工资标准支付。

知识拓展(15-2)

(3) 劳动者在签订和履行劳动合同时的地位发生了变化。劳动者与用人单位在签订劳动合同时，遵循平等、自愿、协商一致的原则，双方法律地位是平等的；一旦双方签订了劳动合同，在履行劳动合同的过程中，用人单位和劳动者就具有了支配与被支配、管理与服从的从属关系。

劳动关系和劳务关系的区别及司法实践应用

为规范劳动关系，国家先后颁布了一系列相关法律、法规和规章。如《中华人民共和国劳动法》(以下简称《劳动法》)、《中华人民共和国劳动合同法》(以下简称《劳动合同法》)、《中华人民共和国劳动争议调解仲裁法》(以下简称《劳动争议调解仲裁法》)、《中华人民共和国劳动合同法实施条例》(以下简称《劳动合同法实施条例》)、《劳动保障监察条例》《女职工劳动保护特别规定》等。这些法律、法规构成了我国劳动合同法律制度的主要内容。

根据《劳动合同法》的规定，我国境内的企业、个体经济组织、民办非企业单位、依法成立的会计师事务所、律师事务所等合伙组织和基金会等组织(以下称用人单位)与劳动者建立劳动关系，订立、履行、变更、解除或者终止劳动合同(employment contract)，适用《劳动合同法》。

国家机关、事业单位、社会团体和与其建立劳动关系的劳动者，订立、履行、变更、解除或者终止劳动合同，依照《劳动合同法》执行。

事业单位与实行聘用制的工作人员订立、履行、变更、解除或者终止劳动合同，法律、行政法规或者国务院另有规定的，依照其规定；未作规定的，依照《劳动合同法》有关规定执行。

随堂练习(15-1)

下列各项社会关系中，适用《劳动法》调整的是(　　)。
A. 某公司董事长与公司之间的聘用关系
B. 职业培训中劳动者与培训机构产生的关系
C. 用人单位与劳动行政管理机关在工伤认定方面发生的关系
D. 丙公司拖欠农民工工资被劳动仲裁机构传唤参加仲裁活动而形成的社会关系

(一) 劳动关系的主体

1. 劳动者

劳动者是具有劳动能力，以从事劳动获取合法劳动报酬的自然人。自然人要成为劳动者，须具有劳动权利能力和劳动行为能力。所谓劳动权利能力是指自然人能够依法享有劳动权利和承担劳动义务的资格或能力；所谓劳动行为能力是指自然人能够以自己的行为依法行使劳动权利和履行劳动义务的能力。依《劳动法》规定，禁止用人单位招用未满16周岁的未成年人。文艺、体育和特种工艺单位招用未满16周岁的未成年人，必须依照国家有关规定，履行审批手续，并保障其接受义务教育的权利。对有可能危害未成年人健康、安全或道德的职业或工作，最低就业年龄不应低于18周岁，用人单位不得招用已满16周岁未满18周岁的未成年人从事过重、有毒、有害的劳动或者危险作业。

知识拓展(15-3)

劳动者的权利

【例15-1】许肃初中未毕业辍学，虚岁16岁，其与一汽车修理厂签订了劳动合同。请问：该劳动合同是否存在违法之处？

【解析】许肃主体资格不符合法律规定，其未满16周岁，不能订立劳动合同(只有文艺、体育、特种工艺单位录用人员可以例外)。

东方公司新建的化工生产线在投入生产过程中，下列行为违反《劳动法》的规定的有（　　）。

A. 试运行开始前，未对生产线上的员工进行健康检查

B. 安排女技术员参加公司技术攻关小组并到位于地下的设备室进行检测

C. 在防止有毒气体泄漏的预警装置调试完成之前，开始生产线的试运行

D. 试运行期间，从事特种作业的操作员已经接受了专门培训，但未取得相应的资格证书

【例15-2】夏燕为某公司员工(每周工作5天，每天工作8小时)，日工资为150元。她在2024年10月的一个周六加班了1天(没有安排补休)，在"十一"国庆节法定假期加班了2天。请问：夏燕2024年10月份可以获得多少加班工资？如果公司不支付，夏燕可以获得什么补偿？

【解析】夏燕周六加班1天至少应获得2倍工资：150×2×1＝300(元)；法定假日加班至少应获得3倍工资：150×3×2＝900(元)；一共是300＋900＝1 200(元)。如果公司不同意支付，夏燕可向劳动行政部门反映，由劳动行政部门责令该公司限期支付；公司逾期仍不支付的，由劳动行政部门责令公司支付，并按应付金额即1 200元的50%以上100%以下的标准向夏燕加付赔偿金。

2. 用人单位

用人单位应具有用人权利能力和用人行为能力。用人权利能力是用人单位依法享有的用人权利和承担用人义务的资格或能力；用人行为能力是指用人单位能够以自己的行为依法行使用人权利和履行用人义务的能力；用人单位的用人权利能力和用人行为能力的范围取决于法律、法规的规定及用人单位的用人需求。

根据我国法律规定，用人单位可以是企业、事业单位、国家机关以及其他组织、个体工商户等，但个人不能作为用人单位。用人单位设立的分支机构，依法取得营业执照或者登记证书的，可以作为用人单位与劳动者订立劳动合同；未依法取得营业执照或者登记证书的，受用人单位委托可以与劳动者订立劳动合同。

知识拓展(15-4)

用人单位的义务和责任

用人单位招录劳动者的下列情形中，违反法律规定的有(　　)。

A. 甲超市和刚满14周岁的初中毕业生王乙签订劳动合同

B. 丁公司要求李丙提供1 000元保证金后才与其订立劳动合同

C. 乙公司以只招男性为由拒绝录用应聘者杨女士从事会计工作

D. 丙公司设立的分公司已经领取营业执照，该分公司与张庚订立劳动合同

(二) 劳动关系建立的时间

用人单位自用工之日起即与劳动者建立劳动关系。用人单位应当建立职工名册备查。建立劳动关系，应当订立书面劳动合同。已建立劳动关系，未同时订立书面劳动合同的，应当自用工之日起1个月内订立书面劳动合同。用人单位与劳动者在用工前订立劳动合同的，劳动关系自用工之日起建立。根据《劳动合同法》第7条、第10条第2款、第82条和《劳动合同法实施条例》

法条链接(15-1)

有关劳动关系建立的规定

第 5 条~第 7 条的规定，用人单位订立书面劳动合同的义务以及不履行此义务的法律后果，如表 15-1 所示。

表 15-1　用人单位订立书面劳动合同的义务以及不履行此义务的法律后果

义务起点	第1阶段：自用工之日起 1 个月内	第2阶段：自用工之日起超过 1 个月不满 1 年	第3阶段：自用工之日起满 1 年后
用人单位自用工之日起即与劳动者建立劳动关系	用人单位未与劳动者订立书面劳动合同		
	用人单位诚信协商的义务		用人单位诚信成立合同的义务
	(1) 用人单位应书面通知劳动者订立书面劳动合同 (2) 劳动者不与用人单位订立书面劳动合同的，用人单位应书面通知劳动者终止劳动关系，无须支付经济补偿 (3) 用人单位应依法向劳动者支付劳动报酬	(1) 用人单位应与劳动者补订书面劳动合同 (2) 劳动者不与用人单位订立书面劳动合同的，用人单位应书面通知劳动者终止劳动关系，并依法支付经济补偿 (3) 用人单位未履行此义务应依照《劳动合同法》第 82 条第 1 款的规定向劳动者每月支付 2 倍的工资	(1) 视为已与劳动者订立无固定期限劳动合同 (2) 用人单位应立即与劳动者补订书面无固定期限劳动合同 (3) 用人单位未履行此义务应依照《劳动合同法》第 82 条第 2 款的规定向劳动者每月支付 2 倍的工资

二、劳动合同的概念和种类

(一) 劳动合同的概念

劳动合同是劳动者与用人单位之间确立劳动关系，明确双方权利和义务的书面协议。劳动合同是确立劳动关系的法律形式，是用人单位与劳动者履行劳动权利义务的依据。

知识拓展(15-5)

劳动合同(参考范本)

(二) 劳动合同的种类

根据《劳动合同法》的规定，劳动合同的类型分为固定期限、无固定期限和以完成一定工作任务为期限三种。签订何种类型的劳动合同，用人单位与劳动者可以通过自由协商确定，但要遵守法律强制性规定。

1. 固定期限的劳动合同

固定期限(fixed term)的劳动合同是指用人单位与劳动者约定合同终止时间的劳动合同。用人单位与劳动者协商一致，可以订立固定期限劳动合同。双方约定的劳动合同期满，双方无续订劳动合同的意思表示，劳动合同即告终止。连续订立 2 次固定期限劳动合同后续订的，符合法定条件的劳动者提出签订无固定期限劳动合同要求的，用人单位应依法与其签订无固定期限的劳动合同。

2. 无固定期限的劳动合同

知识拓展(15-6)

无固定期限(no-fixed term)的劳动合同是指用人单位与劳动者约定无确定终止时间的劳动合同。即双方当事人在合同书上只约定合同生效的起始日期，没有确定合同的终止日期。在不出现法律、法规规定的或当事人约定的变更、解除劳动合同的条件或法定终止情形时，无固定期限劳动合同可持续至劳动者法定退休年龄为止。无固定期限劳动合同在符合法律、法规规定的或双方当事人约定的变更、解除的条件或法定终止情形时，可以依法解除、变更、终止。

用人单位应当与劳动者订立无固定期限劳动合同的情形

用人单位违反《劳动合同法》规定不与劳动者订立无固定期限劳动合同的，应当自订立无固定期限劳动合同之日起向劳动者每月支付2倍的工资。

3. 以完成一定工作任务为期限的劳动合同

以完成一定工作任务为期限的劳动合同是指用人单位与劳动者约定以某项工作任务的完成时间为合同期限的劳动合同。当该项工作完成后，劳动合同即告终止。这种劳动合同便于用人单位根据工作性质、工作任务完成的状况，灵活确定劳动合同开始和结束的时间，具有较大的灵活性。

第二节　劳动合同的订立

一、劳动合同订立的原则

根据《劳动合同法》的规定，订立和变更劳动合同必须遵循下列原则。

(1) 合法原则。即劳动合同必须依法订立，不得违反法律、行政法规的禁止性规定。依法订立的劳动合同具有法律效力，用人单位与劳动者应当履行劳动合同约定的义务。

知识拓展(15-7)

合法原则的具体要求

【例15-3】某化妆品公司招聘销售人员，在签订劳动合同时要求员工交300元制服押金，以便制作统一的工作服装，表示在员工与公司结束劳动关系并将制服完好返还公司后，公司将该押金全额返还给员工。部分员工认为公司收取押金违反了法律规定，遂向劳动行政部门投诉。请问：劳动行政部门是否可以就此事作出行政处理？

【解析】根据法律规定，用人单位不得以任何名义向劳动者收取财物，该公司以提供制服的名义收取押金的做法违反了法律规定，劳动行政部门可以责令该公司将该押金返还给员工，并对公司依法处以相应罚款。

【例15-4】王霏从2024年2月1日起为一家服装公司工作，每月工资6 000元，双方未订立书面劳动合同。其后王霏多次向公司提出订立书面合同的请求，公司却没有回应。2025年3月，公司突然通知王霏签订书面合同，薪水降为每月3 000元，王霏不同意签订该劳动合同。请问：该案件应如何解决？

【解析】从2024年2月至2025年3月，王霏在该单位工作已满1年，用人单位未与王霏签订书面劳动合同，那么视为用人单位与王霏签订了无固定期限劳动合同，王霏可请求与公司签订无固定期限劳动合同，同时王霏可获得从2024年3月起至2025年1月(自用工之日起满1个月的次日至满1年的前一日)共11个月的双倍工资补偿，即除了正常的工资外，王霏可再获得66 000(6 000×11)元。

(2) 公平原则。即在订立、履行、变更、解除或者终止劳动合同时，应公平合理，努力消除双方当事人事实上的不平等，以加强对劳动者权益的保护。

(3) 平等自愿、协商一致的原则。平等，是指在订立劳动合同过程中，双方当事人的法律地位平等，有双向选择权，不存在管理与服从的关系，任何一方不得凭借事实上的优势地位强迫对方接受不合理、不公平、不合法的条款；自愿，是指劳动合同的订立及其合同内容的达成，完全出于当事人自己的意志，是其真实意思的表示，任何一方不得将自己的意志强加于对方，也不允许第三者非法干预；协商一致，是指经过双方当事人充分协商，达成一致意见，签订劳动合同。

劳动者被迫签订的劳动合同或未经协商一致签订的劳动合同为无效劳动合同。

(4) 诚实信用原则。诚实信用原则是指劳动合同的双方当事人在订立、履行、变更、解除或者终止劳动合同的过程中，应当讲究信用，诚实不欺，在追求自身合法权益的同时，以善意的方式履行义务，尊重对方当事人的利益和他人利益，不得损人利己。诚信原则要求劳动关系的双方当事人互相尊重，用人单位尊重劳动者的人格，尊重劳动者的选择，平等待人；劳动者要自觉维护用人单位的形象和荣誉，双方真正建立一种平等、信任、和谐、互惠的关系，在用人单位内部形成公平、公开、公正、有序的劳动秩序。《劳动合同法》规定，订立劳动合同时劳动者享有知情权；用人单位有权利要求劳动者如实说明与劳动合同直接相关的基本情况；用人单位的劳动规章制度应公示或者告知劳动者等。

【例15-5】某公司一员工申请劳动仲裁，请求公司支付加班工资，理由是其周末也在公司加班。公司以规章制度规定，周末到公司加班者应在前台办理加班登记，而该员工未登记为理由表示抗辩。在仲裁过程中，公司出示了该规章制度。但该员工表示，公司在与其签订劳动合同时并未出示过该规章，在其后的劳动关系过程中也从未向其表明有该规章，该员工没有在该规章上签过字，不知道该规章的存在，更不知道周末加班应到前台办理登记的规定。请问：该员工的主张能否得到支持？

【解析】根据法律规定，公司没有证据证明该规章告知过该劳动者，因此该规章对劳动者没有法律约束力，员工的主张能得到仲裁庭支持。

二、劳动合同的形式

1. 书面形式

建立劳动关系，应当订立书面劳动合同。对于已建立劳动关系，未同时订立书面劳动合同的，应当自用工之日起1个月内订立书面劳动合同。

劳动合同的形式，是指劳动合同当事人确立、变更、终止劳动权利义务关系的表现方式。《劳动合同法》规定，建立劳动关系，应当订立书面劳动合同。同时要求劳动合同文本应当由用人单位和劳动者各执一份。

用人单位未在用工的同时订立书面劳动合同，与劳动者约定的劳动报酬不明确的，新招用的劳动者的劳动报酬应当按照企业的或者行业的集体合同规定的标准执行；没有集体合同的，用人单位应当对劳动者实行同工同酬。

劳动合同的书面形式除劳动合同书外，还包括专项劳动协议(指作为劳动合同书补充内容的书面文件，如岗位协议书、专项劳动协议)、用人单位依法制定的劳动规章制度等劳动合同书的附件。用人单位的劳动规章制度要依法制定，在制定、修改或者决定有关劳动报酬、工作时间、休息休假、劳动安全卫生、保险福利、职工培训、劳动纪律以及劳动定额管理等直接涉及劳动者切身利益的规章制度或者重大事项时，应当经职工代表大会或者全体职工讨论，提出方案和意见，与工会或者职工代表平等协商确定。在规章制度和重大事项决定实施过程中，工会或者职工认为不适当的，有权向用人单位提出，通过协商予以修改完善。用人单位应当将直接涉及劳动者切身利益的规章制度和重大事项决定公示，或者告知劳动者。用人单位制定的内部规章制度与集体合同或者劳动合同约定的内容不一致，劳动者请求优先适用合同约定的，人民法院应予支持。

2. 口头形式

非全日制用工双方当事人可以订立口头协议。

三、劳动合同的条款

劳动合同的条款，一般分为必备条款和任意条款。劳动合同的必备条款是法律规定劳动合同必须具备的条款，它是生效劳动合同所必须具备的条款。必备条款的不完善，会导致合同的不能成立。向劳动者提供载明法律规定的必备条款的劳动合同文本是用人单位的法定义务。不履行这一义务，用人单位将承担行政责任和赔偿责任，《劳动合同法》第81条规定，用人单位提供的劳动合同文本未载明本法规定的劳动合同必备条款或者用人单位未将劳动合同文本交付劳动者的，由劳动行政部门责令改正；对劳动者造成损害的，应当承担赔偿责任。

(一) 必备条款

必备条款一般包括：①用人单位的名称、住所和法定代表人或者主要负责人；②劳动者的姓名、住址和居民身份证或者其他有效身份证件号码；③劳动合同期限；④工作内容和工作地点；⑤工作时间和休息休假；⑥劳动报酬；⑦社会保险；⑧劳动保护、劳动条件和职业危害防护；⑨法律、法规规定应当纳入劳动合同的其他事项。

(二) 任意条款

任意条款是劳动合同的约定条款，是指除法定必备条款外劳动合同当事人可以协商约定、也可以不约定的条款。是否约定，由当事人确定。约定条款的缺少，并不影响劳动合同的成立。虽然约定哪些条款由双方当事人决定，但国家对约定条款的内容有强制性、禁止性规定的，仍应当遵守，约定条款不得违反法律、法规的规定。

劳动合同的约定条款一般包括：试用期条款、培训条款、保守商业秘密条款、补充保险和福利待遇等其他事项的条款。

1. 试用期(probation period)条款

劳动合同的试用期是劳动者和用人单位为相互了解、选择而约定的考察期。试用期满，被试用者即成为正式职工。为保障劳动者的合法权益，《劳动合同法》对试用期适用的情形、试用期的长短、试用期的约定次数、试用期内劳动者的劳动报酬及合法权益、试用期内用人单位的义务等作了相应的规定。

知识拓展(15-8)

《劳动合同法》
关于试用期的规范

【例 15-6】2025 年 3 月 15 日，甲与某公司签订了劳动合同，约定合同有效期 1 年，月工资 2 000 元，试用期 3 个月，试用期工资为 1 200 元。请问：该劳动合同是否有效？

【解析】该劳动合同中关于试用期与试用期工资的条款无效，根据《劳动合同法》规定，1 年期的劳动合同试用期不能超过 2 个月。劳动者在试用期的工资不得低于本单位相同岗位最低档工资或者劳动合同约定工资的 80%，并不得低于用人单位所在地的最低工资标准。

2. 保守商业秘密和与知识产权相关的保密事项条款

商业秘密是指不为公众所知悉，能为权利人带来经济利益，具有实用性并经权利人采取保密措施的技术信息和经营信息。用人单位与劳动者可以在劳动合同中约定保守用人单位的商业秘密和与知识产权相关的保密事项。约定保守商业秘密条款的目的在于保护用人单位的知识产权。双方当事人可以就商业秘密的范围、保密期限、保密措施、保密义务及违约责任和赔偿责任等进行约定。劳动者因违反约定保密事项给用人单位造成损失的，应承担赔偿责任。

3. 竞业限制(no-competition)条款

竞业限制是双方当事人在劳动合同中约定的劳动者在劳动关系存续期间或在解除、终止劳动关系后的一定期限内不得自营或者为他人经营与原用人单位有竞争关系的业务。约定竞业限制条款的目的主要在于防止不正当竞争。在劳动合同中，双方当事人可以约定劳动者承担竞业限制的义务、违约责任及赔偿责任。我国法律规定，竞业限制的期限最长不得超过 2 年，且在竞业限制期限内，用人单位应按月给予劳动者一定的经济补偿。劳动者违反竞业限制约定的，应当按照约定向用人单位支付违约金。法律规定，竞业限制的人员限于用人单位的高级管理人员、高级技术人员和其他负有保密义务的人员。竞业限制的范围、地域、期限由用人单位与劳动者约定，竞业限制的约定不得违反法律、法规的规定。

【例 15-7】闻章原是某公司的销售总监，公司与他签订了竞业限制协议，约定无论闻章因何离职，离职后 1 年内不得在本行业从事相关业务，公司在其离职、3 个月和半年时分三次支付总数为 6 万元的补偿金。在该公司工作 3 年后，闻章突然向公司辞职，但公司只给了他第一笔补偿金 2 万元，其余部分公司一直没有支付。闻章认为公司违约，竞业限制协议已自动失效，遂在离职 4 个月后到原公司的对手公司上班。请问：闻章的做法是否能得到法律支持？其对原公司是否应承担违约责任？

【解析】竞业限制合同是双务合同，离职员工承担保守原企业商业秘密、不与原企业竞争的义务，同时享有获取一定经济报酬的权利。因用人单位原因不按协议约定支付经济补偿金，经劳动者请求仍不支付的，劳动者可以解除竞业限制协议。因此，闻章应先向公司请求支付剩余的经济补偿，如果公司仍不履行合同义务，闻章可主张终止竞业限制协议，此时，闻章可以自由择业。而本案中，虽然闻章只拿到一笔经济补偿，但竞业限制协议并未自然失效，闻章仍然负有不与原企业竞争的义务。因此，闻章的做法不能得到法律支持，其对公司应承担违约责任。

4. 服务期条款

服务期是指法律规定的因用人单位为劳动者提供专业技术培训，双方约定的劳动者为用人单位必须服务的期间。劳动关系实践中，用人单位经常通过服务期限协议，进行人力资源的合理调配，法律规定用人单位为劳动者提供专项培训费用，对其进行专业技术培训的，可以与该劳动者订立协议约定服务期，并约定劳动者违反服务期约定的，应当按照约定向用人单位支付违约金。同时，要保障劳动者的劳动报酬权，用人单位与劳动者约定服务期的，不影响按照正常的工资调整机制提高劳动者在服务期期间的劳动报酬。

5. 违约金条款

违约金是用人单位与劳动者在劳动合同中约定的不履行或不完全履行劳动合同约定义务时，由违约方支付给对方的一定金额的货币。《劳动合同法》对违约金条款进行限制，规定只有在用人单位与劳动者约定服务期限、约定保守用人单位的商业秘密和与知识产权相关的保密事项、约定竞业限制条款时，才能与劳动者约定违约金，劳动者违反服务期限协议而支付的违约金的数额不得超过用人单位提供的培训费用，用人单位请求劳动者支付的违约金不得超过服务期尚未履行部分所应分摊的培训费用。

【例 15-8】某公司为员工齐宇支付培训费 10 000 元，约定服务期为 5 年。3 年后，齐宇以劳动合同期满为由，不肯再续签合同。公司请求其支付违约金。请问：齐宇是否应支付违约金？数额是多少？

【解析】齐宇违反服务期约定，应支付违约金。公司为其支付的培训费为 1 万元，约定的服务期为 5 年，每年扣减 2 000 元。因已履行劳动合同 3 年，齐宇应支付的违约金额为 4 000 元。

下列情形签订的劳动合同，无效的有(　　　)。
A. 甲公司与劳动者乙签订的劳动合同约定"工伤事故概不负责"
B. 用人单位丙与劳动者丁签订的劳动合同中缺少劳动保护条款
C. 戊公司与劳动者己约定，己的工作内容是在衣服中夹带黄金交于深圳的庚
D. 辛公司招聘启事中称，拟招聘文员2名。劳动者壬和癸在签订劳动合同后，发现他们的实际工作是筛选砂石

四、劳动合同的效力

劳动合同依法成立，即具有法律效力，对双方当事人都有约束力。双方必须履行劳动合同中规定的义务。一般情况下，劳动合同依法成立，劳动合同自签订之日起就产生法律效力；双方当事人约定必须鉴证或公证方可生效的劳动合同，其生效时间始于鉴证或公证之日。由于劳动合同的鉴证和公证采取自愿原则，所以鉴证和公证不是法律规定的劳动合同生效的必经程序。

劳动合同的无效是指当事人违反法律、法规，订立的不具有法律效力的劳动合同。劳动合同的无效有下列情形：①以欺诈、胁迫的手段或者乘人之危，使对方在违背真实意思的情况下订立或者变更劳动合同的；②用人单位免除自己的法定责任、排除劳动者权利的；③违反法律、行政法规强制性规定的。

对劳动合同的无效或者部分无效有争议的，由劳动争议仲裁委员会或者人民法院确认。劳动合同部分无效，不影响其他部分效力的，其他部分仍然有效。

一般认为，无效劳动合同的法律后果有：①撤销劳动合同，适用于被确认为全部无效的劳动合同。被确认为无效的劳动合同，尚未履行的不得履行，正在履行的停止履行。劳动合同被确认无效，劳动者已付出劳动的，用人单位应当向劳动者支付劳动报酬。劳动报酬的数额，参照本单位相同或者相近岗位劳动者的劳动报酬确定。②修正劳动合同，适用于被确认部分无效的劳动合同及程序不合法而无效的劳动合同。③赔偿损失。由于用人单位原因订立的无效劳动合同，对劳动者造成损害的，应承担赔偿责任。

知识拓展(15-9)

劳动合同签订过程
中的法律风险

第三节　劳动合同的履行

一、劳动合同的履行概述

劳动合同的履行是指劳动合同的双方当事人按照合同规定，履行各自应承担义务的行为。劳动合同依法订立即具有法律约束力，当事人必须履行合同规定的义务。履行劳动合同应保障劳动者劳动报酬权的实现，用人单位应当按照劳动合同约定和国家规定，向劳动者及时足额支付劳动报酬；用人单位拖欠或者未足额支付劳动报酬的，劳动者可以依法向当地人民法院申请支付令，人民法院应当依法发出支付令；用人单位安排加班的，应当按照国家有关规定向劳动者支付加班费。劳动合同应依法履行，用人单位应当严格执行劳动定额标准，不得强迫或者变相强迫劳动者加班；劳动者拒绝用人单位管理人员违章指挥、强令冒险作业的，不视为违反劳动合同。劳动者对危害生命安全和身体健康的劳动条件，有权对用人单位提出批评、检举和控告；用人单位变更

名称、法定代表人、主要负责人或者投资人等事项，不影响劳动合同的履行；用人单位发生合并或者分立等情况，原劳动合同继续有效，劳动合同由承继其权利和义务的用人单位继续履行。

二、劳动合同的变更

劳动合同的变更是指当事人双方对尚未履行或尚未完全履行的劳动合同，依照法律规定的条件和程序，对原劳动合同进行修改或增删的法律行为。劳动合同变更应遵守平等自愿、协商一致原则，不得违反法律、行政法规的规定。用人单位与劳动者协商一致，可以变更劳动合同约定的内容。变更劳动合同，应当采用书面形式。变更后的劳动合同文本由用人单位和劳动者各执一份。劳动合同变更的条件应为订立劳动合同的主客观情况发生变化；其变更程序应与订立劳动合同的程序相同，如原劳动合同经过公证、鉴证的，变更后的劳动合同也应当经过公证和鉴证，方为有效变更。

三、劳动合同的解除

劳动合同的解除是指劳动合同当事人在劳动合同期限届满之前依法提前终止劳动合同关系的法律行为。劳动合同的解除可分为协商解除、用人单位单方解除、劳动者单方解除等。

(一) 双方协商解除劳动合同

用人单位与劳动者协商一致，可以解除劳动合同。《劳动法》对双方协商解除劳动合同没有规定实体、程序上的限定条件，只要双方达成一致，内容、形式、程序没有违反法律禁止性、强制性规定，该解除行为有效。双方协商解除劳动合同的，用人单位应向劳动者支付解除劳动合同的经济补偿金。

(二) 用人单位单方解除劳动合同

劳动合同依法生效，在有效期内用人单位原则上无权单方解除合同，但在具备法律规定的条件时，用人单位享有单方解除权，无须双方协商达成一致意见。

用人单位单方解除劳动合同有三种情况。

(1) 预告解除。这种情况下，一般是非因劳动者本人过错，由于主客观原因致使劳动合同无法履行，用人单位在符合法律规定的情形、履行法律规定的程序后有权单方解除劳动合同。因为在这种情形下，用人单位要提前 30 日通知劳动者，因此称作预告解除。依据法律规定，适用预告解除的情形包括：①劳动者患病或者非因工负伤，医疗期满后，不能从事原工作也不能从事由用人单位另行安排的工作的。医疗期是指劳动者根据其工龄等条件，依法可以享受的停工医疗并发给病假工资的期间，也是禁止解除劳动合同的期间。实践中，医疗期根据劳动者工作年限的长短确定为 3～24 个月。②劳动者不能胜任工作，经过培训或者调整工作岗位，仍不能胜任工作的。③劳动合同订立时所依据的客观情况发生重大变化，致使劳动合同无法履行，经用人单位与劳动者协商，未能就变更劳动合同内容达成协议的。预告解除劳动合同，用人单位应履行提前 30 日以书面形式通知劳动者本人的义务或者以额外支付劳动者 1 个月工资代替提前通知义务后，可以解除劳动合同。用人单位还应承担支付经济补偿金的义务。

【例 15-9】2022 年 7 月 1 日，胡岚被某企业录用，双方签订为期 3 年的劳动合同。2025 年 3 月 18 日，胡岚患病住院。胡岚住院期间，用人单位停发胡岚全部工资，并以不能适应工作为由，解除了与胡岚的劳动合同。请问：该单位的做法是否合法？胡岚应享有的权益有哪些？

【解析】劳动者患病或者非因工负伤，在规定的医疗期内，劳动用人单位不得解除劳动合同，并且应给予医疗待遇。若医疗期内劳动合同期满，则劳动合同应延续至医疗期满。因此，用人单位在胡岚患病住院依规定应享有的医疗期内，解除与胡岚的劳动合同，不符合法律规定。胡岚可以请求该单位继续履行合同，补发其病假工资。

(2) 即时解除。与预告解除不同，在试用期内因劳动者不符合录用条件或者劳动者有严重违反规章制度、违法等有过错性情形时，用人单位有权单方即时解除劳动合同，而不必经过30日的预告期。依据法律规定，劳动者有下列情形之一的，用人单位可以即时解除劳动合同：在试用期间被证明不符合录用条件的；严重违反用人单位的规章制度的；严重失职，营私舞弊，给用人单位造成重大损害的；劳动者同时与其他用人单位建立劳动关系，对完成本单位的工作任务造成严重影响，或者经用人单位提出，拒不改正的；因劳动者以欺诈、胁迫的手段或者乘人之危，使对方在违背真实意思的情况下订立或者变更劳动合同的情形致使劳动合同无效的，被依法追究刑事责任的。劳动合同即时解除的，用人单位无须支付劳动者解除劳动合同的经济补偿金。至于劳动者的行为是否构成"严重"违反，或"严重"失职等，一般要依赖于规章制度来判断，双方对上述事项有争议的，均有权提出劳动争议，由劳动争议仲裁部门依法认定。

案例裁判

员工做变性手术被
公司按旷工解雇
被判违法

随堂练习(15-5)

根据《劳动合同法》的规定，用人单位可以解除合同的情形是(　　)。
A. 陈甲与所在单位的劳动合同期满
B. 张乙患职业病，但是未丧失劳动能力
C. 王丙休假期间外出游玩遭遇车祸，正在住院手术
D. 李丁在怀孕期间，严重违反劳动纪律给企业造成较大损失

【例15-10】甲所在公司人手一册《员工守则》规定，"上班时间不得利用办公电脑玩游戏；违者，第一次给予书面警告，第二次再犯，则给予立即解除劳动合同的处理"。甲在公司上班时间屡次用办公电脑玩游戏，公司经理口头予以过多次警告。后公司董事长撞见甲上班时间玩电脑游戏，令经理立即解聘甲。请问：公司可以立即解聘甲吗？

【解析】企业的规章制度是对法律法规和劳动合同的补充规定。劳动者与用人单位在履行劳动合同的过程中，双方要共同遵守企业内部的规章制度。劳动者严重违反劳动纪律或者用人单位规章制度的，用人单位可以随时解除劳动合同。但是，用人单位依据规章制度对违纪的劳动者作出处理决定，既要符合实体性的规定，又要符合程序性的规定。本案中，企业规章制度中规定，解除违纪员工的劳动合同，必须经过书面警告的程序。由于该企业对甲违纪行为未给予书面警告，那么甲利用办公电脑玩游戏的行为就不能直接产生解除劳动合同的法律后果，即该企业立即解除与甲的劳动合同这一处理决定的程序不合法。

(3) 经济性裁员，是指用人单位为降低劳动成本，改善经营管理，因经济或技术等原因一次裁减20人以上或者裁减不足20人但占企业职工总数10%以上的劳动者。

裁员的人数限定为：裁减人员20人以上或者裁减不足20人但占企业职工总数10%以上的。裁员的程序规定为：用人单位提前30日向工会或者全体职工说明情况，听取工会或者职工的意见后，裁减人员方案经向劳动行政部门报告，可以裁减人员。裁员的法定情形限定为：依照企业破

产法规定进行重整的；生产经营发生严重困难的；企业转产、重大技术革新或者经营方式调整，经变更劳动合同后，仍需裁减人员的；其他因劳动合同订立时所依据的客观经济情况发生重大变化，致使劳动合同无法履行的。为保护劳动者的利益，法律规定用人单位裁减人员时，应当优先留用下列人员：与本单位订立较长期限的固定期限劳动合同的；与本单位订立无固定期限劳动合同的；家庭无其他就业人员，有需要扶养的老人或者未成年人的。用人单位依法裁减人员，在 6 个月内重新招用人员的，应当通知被裁减的人员，并在同等条件下优先招用被裁减的人员，用人单位应当依法向被裁减人员支付经济补偿金。

为保护劳动者的合法权益，法律还规定了禁止用人单位解除劳动合同的情形。劳动者有下列情形之一的，用人单位不得依据《劳动合同法》解除劳动合同或裁员：从事接触职业病危害作业的劳动者未进行离岗前职业健康检查，或者疑似职业病病人在诊断或者医学观察期间的；在本单位患职业病或者因工负伤并被确认丧失或者部分丧失劳动能力的；患病或者非因工负伤，在规定的医疗期内的；女职工在孕期、产期、哺乳期的；在本单位连续工作满 15 年，且距法定退休年龄不足 5 年的；法律、行政法规规定的其他情形。但是劳动者有过错的情况下，用人单位仍可以行使单方即时解除权，且不必支付经济补偿金。

随堂练习(15-6)

某公司从事出口加工业务，有职工 500 人。因国际贸易环境发生重大变化，订单锐减致公司陷入经营困境，公司拟裁减职工 25 人。公司决定公布后，职工提出异议。下列哪些说法缺乏法律依据的是(　　)。

A. 职工乙：公司没有进入破产程序，不能裁减

B. 职工甲：公司裁减决定没有经过职工代表大会批准，无效

C. 职工丁：我在公司销售部门曾连续三年评为优秀，对公司贡献大，公司不能裁减我

D. 职工丙：我一家 4 口，有 70 岁患病母亲和 10 岁女儿，全家就我有工作，公司不能裁减我

【例 15-11】华裕与一公司签订劳动合同，合同期限自 2021 年 12 月 2 日至 2024 年 12 月 1 日止。合同期满后双方未续订，但公司继续安排华裕在原工作岗位上班，并向其支付相应的劳动报酬。2025 年 3 月 12 日上午，华裕在作业时不慎受伤，经当地劳动和社会保障局认定华裕为工伤，七级伤残。公司认为与华裕的劳动合同已期满终止，华裕则请求公司给予工伤待遇，并继续保持劳动关系。请问：该案应如何处理？

【解析】华裕与公司的劳动合同虽期满后未续订，但公司让华裕继续原来的工作，并向其支付相应劳动报酬，已构成事实上的劳动关系，同样受劳动法律保护。华裕在此期间发生工伤，根据相关法律规定，只有当劳动合同期满或华裕本人提出解除劳动合同时，双方劳动关系才可以解除或终止。在此期间，华裕享受工伤医疗待遇和伤残待遇。

用人单位单方解除劳动合同，应当事先将理由通知工会。用人单位违反法律、行政法规规定或者劳动合同约定的，工会有权要求用人单位纠正。用人单位应当研究工会的意见，并将处理结果书面通知工会。

用人单位应当在解除劳动合同的同时出具终止劳动合同的证明，并在 15 日内为劳动者办理档案和社会保险关系转移手续。劳动者应当按照双方约定，办理工作交接。用人单位在办结工作交接时向劳动者支付经济赔偿。用人单位对已经终止的劳动合同的文本，至少保存 2 年备查。

　　某公司欲解除与职工杨修之间的劳动合同，下列选项中有法律依据的解约理由或做法是（　　）。

　　A. 杨修经过培训仍不能胜任现工作

　　B. 杨修违反公司关于夫妻不得在同一部门任职的规定

　　C. 公司因严重亏损而决定裁员，依据法律程序解除与杨修的劳动合同

　　D. 杨修患病住院期间，公司给其送去三个月工资并通知其解除劳动合同

(三) 劳动者单方解除劳动合同

　　即具备法律规定的条件时，劳动者享有单方解除权，无须双方协商达成一致意见，也无须征得用人单位的同意。劳动者单方解除劳动合同有三种情况。

　　(1) 预告解除。即劳动者履行预告程序后单方解除劳动合同。预告解除的期限有两种：一般情况下，劳动者应提前30日以书面形式通知用人单位；在试用期内，劳动者提前3日通知用人单位。

　　(2) 即时解除。用人单位有违法、违约情形，劳动者有权单方解除劳动合同。用人单位有下列情形之一的，劳动者可以解除劳动合同：未按照劳动合同约定提供劳动保护或者劳动条件的；未及时足额支付劳动报酬的；未依法为劳动者缴纳社会保险费的；用人单位的规章制度违反法律、法规的规定，损害劳动者权益的；因用人单位以欺诈、胁迫的手段或者乘人之危，使劳动者在违背真实意思的情况下订立或者变更劳动合同而致使劳动合同无效的；法律、行政法规规定劳动者可以解除劳动合同的其他情形。

　　【例15-12】 甲2024年1月与乙公司签订了为期5年的劳动合同，试用期为3个月。2024年5月12日，甲在查询社保缴纳记录时，发现乙公司未为其缴纳试用期(2024年1—3月)的社保费。2024年5月15日，甲请求公司为其补缴社保费，公司以在试用期为由予以拒绝。甲遂提出解除劳动合同，并请求公司支付经济补偿及补缴社保费。请问：甲的请求能否得到法律支持？

　　【解析】 用人单位和劳动者参加社会保险是法定的义务。只要建立了劳动关系就应依法参加社会保险，缴纳社会保险费。试用期包括在劳动合同期限中，试用期同样属于劳动关系的存续期间，因此，用人单位也应为试用期内的员工缴纳社保费。该公司未依法为劳动者缴纳社会保险费，甲有权随时通知公司解除劳动合同，并请求公司予以经济补偿和补缴社保费。

　　(3) 立即解除劳动合同。在预告解除和即时解除的情况下，劳动者均须履行通知义务。但是在用人单位有危及劳动者人身自由和人身安全的情形时，劳动者有权立即解除劳动合同。用人单位以暴力、威胁或者非法限制人身自由的手段强迫劳动者劳动的，或者用人单位违章指挥、强令冒险作业危及劳动者人身安全的，劳动者可以立即解除劳动合同，不需事先告知用人单位。

四、劳动合同的终止

　　劳动合同的终止，是指劳动合同的法律效力自然消失或经判决、裁决而消失。劳动合同的终止必须符合法定的条件。

(一) 劳动合同终止的情形

　　除劳动合同期限届满终止外，下列情况劳动合同也应终止。

　　(1) 劳动合同双方当事人发生劳动争议，经劳动仲裁机关或人民法院判决终止其效力的劳动

合同应终止。

(2) 劳动者达到退休年龄、劳动者死亡或者人民法院宣告死亡或者宣告失踪的、劳动者完全丧失劳动能力。

(3) 用人单位被依法宣告破产的、被吊销营业执照、责令关闭、撤销或者用人单位提前解散，使得原劳动关系一方主体不复存在，劳动合同也应终止。

(4) 劳动合同履行中，由于自然因素或社会因素而发生了不可抗力的情况，如地震、水灾、火灾、战争等事由，在合同期限内不可能恢复，原合同无法继续履行或履行成为不必要，合同可以终止。

(5) 劳动合同经劳动仲裁机关或人民法院确认无效后，即行终止。

(6) 经双方当事人协商同意终止劳动合同，可以终止。

(二) 劳动合同延续的情形

劳动合同期满，劳动者有下列情形之一的，劳动合同延续，相应的情形消失时劳动合同终止。

(1) 从事接触职业病危害作业的劳动者未进行离岗前职业健康检查，或者疑似职业病人在诊所或者医学观察期间的。

(2) 在本单位患职业病或者因工负伤并被确认丧失或者部分丧失劳动能力的。

(3) 患者或者非因工负伤，在规定的医疗期内的。

(4) 女职工在孕期、产期、哺乳期的。

(5) 在本单位连续工作满15年，且距离法定退休年龄不足5年的。

(6) 法律、行政法规规定的其他情形。

丧失或者部分丧失劳动能力的劳动者的劳动合同的终止，按照国家有关工伤保险的规定执行。

(三) 劳动合同终止的经济补偿

根据《劳动合同法》的规定，劳动合同终止是因为劳动合同期满的，除用人单位维持或者提高劳动合同约定条件续订劳动合同，劳动者不同意续订的情形下，用人单位应向劳动者支付经济补偿；或者是因用人单位被依法宣告破产的、用人单位被吊销营业执照、责令关闭、撤销或者用人单位提前解散的，用人单位也应当向劳动者支付经济补偿。

用人单位违反法律规定终止劳动合同，劳动者请求继续履行劳动合同的，用人单位应当继续履行；劳动者不请求继续履行劳动合同或者劳动合同已经不能继续履行的，用人单位应当支付赔偿金。

用人单位应当在终止劳动合同的同时出具终止劳动合同的证明，并在15日内为劳动者办理档案和社会保险关系转移手续。劳动者应当按照双方约定，办理工作交接。用人单位在办结工作交接时向劳动者支付经济赔偿。用人单位对已经终止的劳动合同的文本，至少保存2年备查。

五、经济补偿金

经济补偿金是用人单位解除或终止劳动合同时，给予劳动者的一次性货币补偿。一般认为，经济补偿金兼具劳动贡献补偿和失业后生活补助的性质，从功能上讲，经济补偿金既可从经济方面制约用人单位的解雇行为，也可以对失去工作的劳动者给予经济上的补偿，解决劳动合同解除后一定期限内劳动者生活保障问题。

(一) 补偿标准

经济补偿按劳动者在本单位工作的年限，每满1年支付1个月工资的标准向劳动者支付。月工资是指劳动者在劳动合同解除或者终止前12个月的平均工资，6个月以上不满1年的，按1年计算；不满6个月的，向劳动者支付半个月工资的经济补偿。实践中，如果劳动者月工资高于用人单位所在直辖市、设区的市级人民政府公布的本地区上年度职工月平均工资3倍的，向其支付经济补偿的标准按职工月平均工资3倍的数额支付，向其支付经济补偿的年限最高不超过12年。

(二) 用人单位应当支付经济补偿金的法定情形

根据《劳动合同法》第46条的规定，用人单位应当在下列情形向劳动者支付经济补偿金。

(1) 因用人单位违法、违约迫使劳动者依照《劳动合同法》第38条解除劳动合同的。

(2) 用人单位依照《劳动合同法》第36条规定向劳动者提出解除劳动合同并与劳动者协商一致解除劳动合同的。

(3) 用人单位依照《劳动合同法》第40条规定解除劳动合同的。

(4) 用人单位依照《劳动合同法》第41条第1款规定解除劳动合同的。即以裁员的方式解除与劳动者的劳动合同的，用人单位应向劳动者支付经济补偿金。

(5) 除用人单位维持或者提高劳动合同约定条件续订劳动合同，劳动者不同意续订的情形外，依照《劳动合同法》第44条第1项规定终止固定期限劳动合同的。即在劳动合同期满时，用人单位以低于原劳动合同约定的条件要求与劳动者续订劳动合同，而劳动者不同意续订的，用人单位须向劳动者支付经济补偿金。反之，用人单位则不必向劳动者支付经济补偿金。

(6) 依照《劳动合同法》第44条第4项、第5项规定终止劳动合同的。即在用人单位因被依法宣告破产、被吊销营业执照、责令关闭、撤销或者用人单位决定提前解散的而终止劳动合同的，用人单位应向劳动者支付经济补偿金。

(7) 法律、行政法规规定的其他情形。经济补偿金应在劳动者离职办理工作交接时支付给劳动者。为解决法律衔接问题，《劳动合同法》规定，施行之日存续的劳动合同在《劳动合同法》施行后解除或者终止，依法应当支付经济补偿的，经济补偿年限自《劳动合同法》施行之日起计算；《劳动合同法》施行前按照当时有关规定，用人单位应当向劳动者支付经济补偿的，按照当时有关规定执行。

法条链接(15-2)

《劳动合同法》的相关规定

第四节　劳动合同中的特殊问题

一、集体合同

(一) 集体合同的概念

集体合同(collective contract)又称团体协议、集体协议或联合工作合同，是指工会或劳动者代表与用人单位或者组织之间就劳动者的劳动报酬、工作时间、休息休假、劳动安全卫生、职业培训、保险福利等事项在平等协商的基础上达成的书面协议。签订集体合同的直接目的并非在于确立劳动关系，明确用人单位与劳动者的权利、义务，而在于平衡劳动者与用人单位的力量，保护劳动者的合法权益。因而集体合同是协调劳动关系、保护劳动者权益、建立现代企业管理制度的重要手段。

（二）集体合同的特征

(1) 集体合同的主体具有特定性。集体合同的一方是用人单位或其团体，另一方是工会或劳动者代表。

(2) 集体合同的内容侧重维护劳动者权益的规定。集体合同是以劳动者劳动条件、生活条件为主要内容的协议。集体合同以集体劳动关系中全体劳动者的共同权利和义务为内容，可能涉及劳动关系的各个方面，也可能只涉及劳动关系的某个方面(如工资集体合同等)。

(3) 集体合同具有较强的法定性。缔结集体合同，确定劳动权利义务时，要求当事人不得违背国家意志，在国家法律、法规许可的范围内确定具体的劳动权利和义务，以形成集体劳动关系。集体合同的订立要受国家法律、法规的约束，当事人不能自由决定是否订立集体合同，并且集体合同的劳动条件要高于劳动基准。同时，按照我国有关法律法规规定，集体合同的订立有严格的程序和形式要求。签订集体合同的程序依次为：确定协商代表；集体协商，制订草案；职工讨论，通过草案；签字上报，审查备案；即行生效，公布履行。至于劳动合同的形式，我国要求集体合同必须采用书面形式。

(4) 集体合同具有劳动基准法的效能。集体合同对签订合同的单个用人单位或用人单位团体所代表的全体用人单位，以及工会所代表的全体劳动者都有法律效力。根据《劳动法》的规定，依法订立的集体合同对企业和企业全体劳动者具有法律约束力。

很明显，相对于劳动合同而言，集体合同在目的、主体、内容、形式、适用范围、效力层次等方面均有不同。

（三）劳动合同与集体合同的关系

实践中，在处理劳动合同与集体合同的关系时应注意以下几点。

(1) 劳动合同规定的劳动者的个人劳动条件和劳动标准不得低于集体合同的规定，否则无效。《劳动合同法》第55条规定，集体合同中劳动报酬和劳动条件等标准不得低于当地人民政府规定的最低标准；用人单位与劳动者订立的劳动合同中劳动报酬和劳动条件等标准不得低于集体合同规定的标准。

(2) 劳动合同约定不明时，适用集体合同的规定。《劳动合同法》第18条规定，劳动合同对劳动报酬和劳动条件等标准约定不明确，引发争议的，用人单位与劳动者可以重新协商；协商不成的，适用集体合同规定；没有集体合同或者集体合同未规定劳动报酬的，实行同工同酬；没有集体合同或者集体合同未规定劳动条件等标准的，适用国家有关规定。

(3) 未订立书面劳动合同的，有集体合同适用集体合同的规定。《劳动合同法》第11条规定，用人单位未在用工的同时订立书面劳动合同，与劳动者约定的劳动报酬不明确的，新招用的劳动者的劳动报酬按照集体合同规定的标准执行；没有集体合同或者集体合同未规定的，实行同工同酬。

（四）集体合同的订立

集体合同的订立，是指工会或职工代表与企业单位之间，为规定用人单位和全体职工的权利义务而依法就集体合同条款经过协商一致，确立集体合同关系的法律行为。在我国，集体合同主要是由代表劳动者的工会或职工代表与企业签订。尚未建立工会的用人单位，由上级工会指导劳动者推举的代表与用人单位订立。在县级以下区域内，建筑业、采矿业、餐饮服务业等行业可以由工会与企业方面代表订立行业性集体合同，或者订立区域性集体合同。企业职工一方与用人单位可以订立劳动安全卫生、女职工权益保护、工资调整机制等专项集体合同。

集体合同按如下程序订立：①讨论集体合同草案或专项集体合同草案。经双方代表协商一致的集体合同草案或专项集体合同草案应提交职工代表大会或者全体职工讨论。②通过草案。全体职工代表半数以上或者全体职工半数以上同意，集体合同草案或专项集体合同草案方获通过。③集体协商双方首席代表签字。

集体合同的生效与劳动合同的生效不同，法律对集体合同的生效规定了特殊程序：集体合同订立后，应当报送劳动行政部门；劳动行政部门自收到集体合同文本之日起15日内未提出异议的，集体合同即行生效。依法订立的集体合同对用人单位和劳动者具有约束力。行业性、区域性集体合同对当地本行业、本区域的用人单位和劳动者具有约束力。

(五) 集体合同争议

集体合同争议包括因签订发生的争议(集体协商争议)和因履行而发生的争议两种。对因签订集体合同发生争议，当事人不能协商解决的，当事人一方或双方可以书面向劳动保障行政部门提出协调处理申请；未提出申请的，劳动行政部门认为必要时可以进行协调处理。因履行集体合同所确定的权利义务，当事人发生争议的，先由当事人协商解决；协商解决不成的，可以向劳动争议仲裁委员会申请仲裁；对仲裁裁决不服的，可以自收到仲裁裁决书之日起15日内向人民法院提起诉讼。

实践中，用人单位违反集体合同，侵犯职工劳动权益的，工会可以依法要求用人单位承担责任；因履行集体合同发生争议，经协商解决不成的，工会可以依法申请仲裁、提起诉讼。

二、劳务派遣

(一) 概述

劳务派遣(service dispatching)又称劳动派遣、劳动租赁(labor leasing)、员工租赁(staff leasing)等，是指作为用人单位的劳务派遣单位(dispatched work agency)与被派遣劳动者(dispatched worker)订立劳务派遣协议，将被派遣劳动者派遣至实际用工单位(user enterprise)，从而形成的一种用工形式。在这一用工形式中，"雇佣"与"使用"实现了分立，即劳动合同关系存在于劳务派遣单位与被派遣劳动者之间，但劳动力给付的事实则发生于被派遣劳动者与实际用工单位之间。劳务派遣的法律关系主体涉及被派遣劳动者、用人单位、实际用工单位三方，其关系被形象地称为"三角雇佣关系"，如图15-1所示。

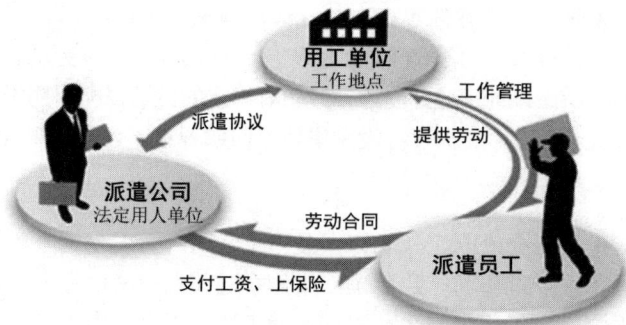

图15-1 劳务派遣中三方主体间的关系

如图15-1所示，劳务派遣是用人单位为向第三人给付劳动而雇用受派遣劳动者，它是典型的"有关系无劳动，有劳动无关系"，即劳务派遣单位与被派遣劳动者建立劳动关系，但劳动者却不为劳务派遣单位提供劳动，劳动者为用工单位提供劳动，但却没有劳动关系，造成了劳动力的雇用和劳动力的使用分离。

(二) 劳务派遣的特殊规定

实践中，企业依法适用劳务派遣这种用工形式，可以简化管理程序、降低成本费用。为了使劳务派遣能够得到健康发展，同时防止用工单位规避劳动法规，维护被派遣劳动者合法权益，《劳动合同法》对劳务派遣作出了一些特别规定。

1. 劳务派遣用工的适用范围

劳动合同用工是我国企业的基本用工形式。劳务派遣用工是补充形式，只能在临时性、辅助性或者替代性的工作岗位上实施。临时性工作岗位是指存续时间不超过 6 个月的岗位；辅助性工作岗位是指为主营业务岗位提供服务的非主营业务岗位；替代性工作岗位是指用工单位的劳动者因脱产学习、休假等原因无法工作的一定期间内，可以由其他劳动者替代工作的岗位。

用工单位应当严格控制劳务派遣用工数量，不得超过其用工总量的一定比例。

2. 劳务派遣单位

劳务派遣单位是将劳动者派遣到实际用工单位的企业法人。只有依法设立的能够独立承担民事法律责任，且具备一定经济实力以承担被派遣劳动者义务的公司法人才能专门从事劳务派遣经营。《劳动合同法》规定，经营劳务派遣业务，应当向劳动行政部门依法申请行政许可。经许可的，依法办理相应的公司登记；未经许可的，任何单位和个人不得经营劳务派遣业务。

同时，经营劳务派遣业务的劳务派遣单位应当具备以下条件：①注册资本不得少于人民币 200 万元；②有与开展业务相适应的固定的经营场所和设施；③有符合法律、行政法规规定的劳务派遣管理制度；④法律、行政法规规定的其他条件。

用人单位不得设立劳务派遣单位向本单位或者所属单位派遣劳动者。实践中，用人单位或者其所属单位出资或者合伙设立的劳务派遣单位，向本单位或者所属单位派遣劳动者的，应予禁止。

作为用人单位，劳务派遣单位应当履行用人单位对劳动者的义务，遵守《劳动法》的相关规定，与被派遣的劳动者订立书面劳动合同。其劳动合同应符合如下要求：①在劳动合同中除应当载明劳动合同的必备条款外，还应当载明被派遣劳动者的用工单位以及派遣期限、工作岗位等情况；②劳务派遣单位应当与被派遣劳动者订立 2 年以上的固定期限劳动合同(不得以非全日制用工形式招用被派遣劳动者)，按月支付劳动报酬；被派遣劳动者在无工作期间，劳务派遣单位应当按照所在地人民政府规定的最低工资标准，向其按月支付报酬。③劳务派遣单位与被派遣劳动者订立的劳动合同和与用工单位订立的劳务派遣协议，载明或者约定的向被派遣劳动者支付的劳动报酬应符合《劳动合同法》中关于同工同酬的规定。

实践中，劳务派遣单位不得克扣用工单位按照劳务派遣协议支付给被派遣劳动者的劳动报酬；劳务派遣单位跨地区派遣劳动者的，被派遣劳动者享有的劳动报酬和劳动条件，按照用工单位所在地的标准执行。劳务派遣单位和用工单位不得向被派遣劳动者收取费用。劳务派遣单位解除与劳动者的劳动合同，应遵守《劳动合同法》有关规定。

3. 用工单位

实践中，用工单位只需与劳务派遣机构签订一份劳务派遣协议，然后由劳务派遣单位把合适人员派到用工单位工作。用工单位只负责对工人的使用，不与工人本人发生任何隶属关系。显然，以"不求所有、但求所用"，"你用人、我管人"为特征的劳务派遣用工形式有利于降低实际用工单位的经营和管理成本。

为了防止用工单位规避劳动法律法规，维护被派遣劳动者的合法权益，《劳动合同法》从以下几个方面强化劳务派遣中实际用工单位的义务：执行国家劳动标准，提供相应的劳动条件和劳动保护，告知被派遣劳动者的工作要求和劳动报酬；支付加班费、绩效奖金，提供与工作岗位相关的福利待遇；对在岗被派遣劳动者进行工作岗位所必需的培训；连续用工的，实行正常的工资调整机制；不得将被派遣劳动者再派遣到其他用人单位；不得设立劳务派遣单位向本单位或者所属单位派遣劳动者。

《民法典》规定，劳务派遣期间，被派遣的工作人员因执行工作任务造成他人损害的，由接受劳务派遣的用工单位承担侵权责任；劳务派遣单位有过错的，承担相应的责任。

【例 15-13】 2025 年 3 月 18 日，丙公司保安胡亮在工作期间与来访客人张煜发生口角，后将张煜打伤，引起纠纷。经查，胡亮为乙保安公司派遣到丙公司工作的人员。请问：张煜该如何维权？

【解析】 根据我国相关法律规定，张煜有权请求丙公司赔偿损害，乙保安公司承担过错责任。

4. 被派遣劳动者

《劳动合同法》赋予被派遣劳动者如下权利。

(1) 同工同酬的权利。享有与用工单位的劳动者同工同酬的权利，用工单位应当按照同工同酬原则，对被派遣劳动者与本单位同类岗位的劳动者实行相同的劳动报酬分配办法。用工单位无同类岗位劳动者的，参照用工单位所在地相同或者相近岗位劳动者的劳动报酬确定。

(2) 参加和组织工会的权利。被派遣劳动者有权在劳务派遣单位或者用工单位依法参加或者组织工会，维护自身的合法权益。

(3) 解除劳动合同的权利，被派遣劳动者可以依照《劳动合同法》与用人单位协商一致解除劳动合同，在用人单位有违法、违约情形时，被派遣劳动者有权与劳务派遣单位单方解除劳动合同。

5. 劳务派遣协议

劳务派遣协议是劳务派遣单位与实际用工单位就劳务派遣事项签订的书面协议。《劳动合同法》规定：劳务派遣单位派遣劳动者应当与接受以劳务派遣形式用工的单位订立劳务派遣协议。劳务派遣协议应当约定派遣岗位和人员数目、派遣期限、劳动报酬和社会保险费的数额与支付方式以及违反协议的责任；劳务派遣一般在临时性、辅助性或者替代性的工作岗位上实施；用工单位应当根据工作岗位的实际需要与劳务派遣单位确定派遣期限，不得将连续用工期限分割订立数个短期劳务派遣协议。劳务派遣单位应当将劳务派遣协议的内容告知被派遣劳动者；被派遣劳动者有知情权。

6. 用工单位与劳务派遣单位承担连带责任

为了促进劳务派遣的健康发展，促使实际用工单位与规范的劳务派遣单位合作，督促劳务派遣单位依法履行义务，《劳动合同法》规定，在被派遣劳动者合法权益受到侵害时，用工单位与劳务派遣单位承担连带赔偿责任。

【例 15-14】 2025 年 2 月，黄晓飞大学毕业后与甲劳务派遣公司签订劳动合同，被派遣至乙物流公司从事物流服务工作。2025 年 3 月 18 日，黄晓飞在乙物流公司仓库按正常方式清查货物时，仓库的货架突然断裂，倒塌的货物将黄晓飞砸伤，造成残疾。经查，该仓库的货架长期疏于维护且乙物流公司未向黄晓飞告知这一事实，事发时仓库货物堆放混乱。请问：黄晓飞该如何维护自己的合法权益？

【解析】 根据我国相关法律规定，黄晓飞有权请求甲劳务派遣公司与乙物流公司承担连带赔偿责任。

三、非全日制用工

(一) 非全日制用工的概念和特征

1. 非全日制用工的概念

非全日制用工(part-time work)，是相对于全日制工作(full-time work)的用工形式。根据《劳动合同法》的规定，非全日制用工，是指以小时计酬为主，劳动者在同一用人单位一般平均每日工作时间不超过 4 小时，每周工作时间累计不超过 24 小时的用工形式。

2. 非全日制用工的特征

作为灵活用工的一种重要形式，非全日制用工具有以下特征：①非全日制用工的工作时间少于全日制用工；②非全日制劳动者可以和一个以上的雇主建立劳动关系；③非全日制就业可以满足用人单位用工灵活性的需求，并降低用人单位的劳动成本。

(二) 非全日制劳动合同的签订、解除和终止

1. 非全日制劳动合同的签订

《劳动合同法》规定，非全日制用工双方当事人可以订立口头协议，但劳动者提出订立书面劳动合同的，应当以书面形式订立。

非全日制劳动合同的内容应当包括工作时间和期限、工作内容、劳动报酬、劳动保护和劳动条件 5 项必备条款，同时也可以约定保密条款，但不得约定试用期。实践中，需要注意以下几点：

(1) 用人单位支付非全日制劳动者的小时工资不得低于当地政府颁布的小时最低工资标准。非全日制用工劳动报酬结算支付周期最长不得超过 15 日。

(2) 用人单位应按照国家有关规定为建立劳动关系的非全日制劳动者缴纳工伤保险费。从事非全日制工作的劳动者发生工伤的，依法享受工伤保险待遇。

(3) 劳动争议的处理方式应按照国家劳动争议处理的相关规定执行。即劳动争议发生后 60 日内双方均可以向劳动争议仲裁委员会提起仲裁，对仲裁裁决不服的一方可以向人民法院提起诉讼。

从事非全日制用工的劳动者可以与一个或者一个以上用人单位订立劳动合同；但是，后订立的劳动合同不得影响先订立的劳动合同的履行。

2. 非全日制劳动合同的解除和终止

在非全日制劳动合同中，《劳动合同法》对用人单位和非全日制劳动者均赋予较大的劳动合同解除权，规定非全日制用工双方当事人任何一方都可以随时通知对方终止用工。终止用工，用人单位不向劳动者支付经济补偿。

第五节　劳动争议处理法律制度

劳动争议(labor dispute)又称劳动纠纷，是指劳动关系双方当事人因执行劳动法律、法规或履行劳动合同、集体合同发生的纠纷。《劳动争议调解仲裁法》和《民事诉讼法》是我国处理劳动争议的主要法律依据。实践中，人力资源和社会保障部颁布的《劳动人事争议仲裁办案规则》在处理劳动争议时具有参考作用。根据前述相关法律规范，我国劳动争议处理法律制度的主要内容如下。

知识拓展(15-10)

有关劳动纠纷的
典型案例

一、劳动争议的处理机构

(一) 劳动争议调解机构

劳动争议调解委员会(以下简称调解委员会)是依法成立的调解本单位发生的劳动争议的群众性组织。我国的劳动争议调解委员会主要有:企业劳动争议调解委员会;依法设立的基层人民调解组织;在乡镇、街道设立的具有劳动争议调解职能的组织。企业劳动争议调解委员会由职工代表和企业代表组成。职工代表由工会成员担任或者由全体职工推举产生,企业代表由企业负责人指定。企业劳动争议调解委员会主任由工会成员或者双方推举的人员担任。

(二) 劳动争议仲裁机构

劳动争议仲裁委员会(arbitration committee)是依法独立地对劳动争议案件进行仲裁的专门机构。劳动争议仲裁委员会按照统筹规划、合理布局和适应实际需要的原则设立。省、自治区人民政府可以决定在市、县设立;直辖市人民政府可以决定在区、县设立。直辖市、设区的市也可以设立一个或者若干个劳动争议仲裁委员会。劳动争议仲裁委员会不按行政区划层层设立。

劳动争议仲裁委员会由劳动行政部门代表、工会代表和企业方面代表组成。劳动争议仲裁委员会组成人员应当是单数。

劳动争议仲裁委员会负责管辖本区域内发生的劳动争议。仲裁委员会受理本行政区域内的下列劳动争议案件:因确认劳动关系发生的争议;因订立、履行、变更、解除和终止劳动合同发生的争议;因除名、辞退和辞职、离职发生的争议;因工作时间、休息休假、社会保险、福利、培训以及劳动保护发生的争议;因劳动报酬、工伤医疗费、经济补偿或者赔偿金等发生的争议。法律、法规规定的其他劳动争议。

劳动争议由劳动合同履行地或者用人单位所在地的劳动争议仲裁委员会管辖。双方当事人分别向劳动合同履行地和用人单位所在地的劳动争议仲裁委员会申请仲裁的,由劳动合同履行地的劳动争议仲裁委员会管辖。

劳动争议仲裁委员会仲裁劳动争议,实行仲裁庭仲裁制度。仲裁庭仲裁实行少数服从多数的原则。劳动争议仲裁不收费。劳动争议仲裁委员会的经费由财政予以保障。

劳动争议仲裁委员会依法进行仲裁,依法决定劳动争议案件的受理、仲裁庭的组成、仲裁员的回避;依法对案件进行调查研究、进行调解和作出裁决。

(三) 人民法院

人民法院是审理劳动争议案件的司法机构。我国尚未设立劳动法院或劳动法庭,由各级人民法院的民事审判庭审理劳动争议案件。根据《最高人民法院关于审理劳动争议案件适用法律问题的解释(一)》的规定,劳动者与用人单位之间发生的下列纠纷,属于劳动争议,当事人不服劳动争议仲裁机构作出的裁决,依法提起诉讼的,人民法院应予受理:

(1) 劳动者与用人单位在履行劳动合同过程中发生的纠纷;

(2) 劳动者与用人单位之间没有订立书面劳动合同,但已形成劳动关系后发生的纠纷;

(3) 劳动者与用人单位因劳动关系是否已经解除或者终止,以及应否支付解除或者终止劳动关系经济补偿金发生的纠纷;

(4) 劳动者与用人单位解除或者终止劳动关系后,请求用人单位返还其收取的劳动合同定金、保证金、抵押金、抵押物发生的纠纷,或者办理劳动者的人事档案、社会保险关系等移转手续发生的纠纷;

(5) 劳动者以用人单位未为其办理社会保险手续，且社会保险经办机构不能补办导致其无法享受社会保险待遇为由，要求用人单位赔偿损失发生的纠纷；

(6) 劳动者退休后，与尚未参加社会保险统筹的原用人单位因追索养老金、医疗费、工伤保险待遇和其他社会保险待遇而发生的纠纷；

(7) 劳动者因为工伤、职业病，请求用人单位依法给予工伤保险待遇发生的纠纷；

(8) 劳动者依据《劳动合同法》第 85 条①规定，要求用人单位支付加付赔偿金发生的纠纷；

(9) 因企业自主进行改制发生的纠纷。

随堂练习(15-8)

下列争议适用《劳动争议调解仲裁法》的是(　　)。

A. 某企业工会主席与该企业就年休假问题发生争议

B. 某有限责任公司股东与该公司就分红问题发生争议

C. 在校生陈甲假期到某公司勤工俭学，陈甲与该公司就加班工资发生争议

D. 王乙雇下岗职工李丙照顾自己患病的母亲，李丙与王乙就报酬发生争议

二、劳动争议的解决方式及处理程序

《劳动法》第 77 条规定，用人单位与劳动者发生劳动争议，当事人可以依法申请调解、仲裁、提起诉讼，也可以协商解决。根据这一规定，我国劳动争议的解决方式主要有协商、调解、仲裁和诉讼。发生劳动争议，当事人不愿协商、协商不成或者达成和解协议后不履行的，可以向调解组织申请调解；不愿调解、调解不成或者达成调解协议后不履行的，可以向劳动争议仲裁委员会申请仲裁；对仲裁裁决不服的，除法律另有规定的以外，可以向人民法院提起诉讼。

法条链接(15-3)

《劳动争议调解仲裁法》关于劳动争议的规定

(一) 协商

发生劳动争议，劳动者可以与用人单位协商，也可以请工会或者第三方共同与用人单位协商，达成和解协议。

劳动争议发生后，当事人应当协商解决，协商一致后，双方可达成和解协议，但和解协议无必须履行的法律效力，而是由双方当事人自觉履行。协商不是处理劳动争议的必经程序，当事人不愿协商或协商不成，可以向本单位劳动争议调解委员会申请调解或向劳动争议仲裁委员会申请仲裁。

(二) 调解

发生劳动争议，当事人不愿协商、协商不成或者达成和解协议后不履行的，可以向调解组织申请调解。当事人双方愿意调解的，可以书面或口头形式向调解委员会申请调解。调解委员会接到调解申请后，可依据合法、公正、及时、着重调解原则进行调解。调解委员会调解劳动争议，应当自当事人申请调解之日起 15 日内结束；到期未结束的，视为调解不成，当事人可以向当地劳动争议仲裁委员会申请仲裁。经调解达成协议的，制作调解协议书。调解协议书由双方当事人签

---

① 用人单位有下列情形之一的，由劳动行政部门责令限期支付劳动报酬、加班费或者经济补偿；劳动报酬低于当地最低工资标准的，应当支付其差额部分；逾期不支付的，责令用人单位按应付金额50%以上100%以下的标准向劳动者加付赔偿金：未按照劳动合同的约定或者国家规定及时足额支付劳动者劳动报酬的；低于当地最低工资标准支付劳动者工资的；安排加班不支付加班费的；解除或者终止劳动合同，未依照本法规定向劳动者支付经济补偿的。

名或者盖章，经调解员签名并加盖调解组织印章后生效，对双方当事人具有约束力，当事人自觉履行。达成调解协议后，一方当事人在协议约定期限内不履行调解协议的，另一方当事人可以依法申请仲裁。

劳动者可以申请支付令(payment order)：因支付拖欠劳动报酬、工伤医疗费、经济补偿或者赔偿金事项达成调解协议，用人单位在协议约定期限内不履行的，劳动者可以持调解协议书依法向人民法院申请支付令。人民法院应当依法发出支付令。

调解不是劳动争议解决的必经程序，不愿调解、调解不成或者达成调解协议后不履行的，可以向劳动争议仲裁委员会申请仲裁。

(三) 仲裁

仲裁是劳动争议案件处理必经的法律程序：发生劳动争议，当事人不愿调解、调解不成或者达成调解协议后不履行的，可以向劳动争议仲裁委员会申请仲裁。劳动争议发生后，当事人任何一方都可直接向劳动争议仲裁委员会申请仲裁。

仲裁时效的有关规定：劳动争议申请仲裁的时效期间为1年。仲裁时效期间从当事人知道或者应当知道其权利被侵害之日起计算。仲裁时效的中断，因当事人一方向对方当事人主张权利，或者向有关部门请求权利救济，或者对方当事人同意履行义务而中断。从中断时起，仲裁时效期间重新计算。仲裁时效的中止，因不可抗力或者有其他正当理由，当事人不能在法律规定的仲裁时效期间申请仲裁的，仲裁时效中止。从中止时效的原因消除之日起，仲裁时效期间继续计算。劳动关系存续期间因拖欠劳动报酬发生争议的，劳动者申请仲裁不受1年仲裁时效期间的限制；但是，劳动关系终止的，应当自劳动关系终止之日起1年内提出。

提出仲裁要求的一方应当自劳动争议发生之日起1年内向劳动争议仲裁委员会提出书面申请。劳动争议仲裁委员会接到仲裁申请后，应当在5日内作出是否受理的决定。受理后，应当在收到仲裁申请的45日内作出仲裁裁决。案情复杂需要延期的，经劳动争议仲裁委员会主任批准，可以延期并书面通知当事人，但是延长期限不得超过15日。逾期未作出仲裁裁决的，当事人可以就该劳动争议事项向人民法院提起诉讼。

仲裁委员会主持调解的效力：仲裁委员会可依法进行调解，经调解达成协议的，制作仲裁调解书。仲裁调解书具有法律效力，自送达之日起具有法律约束力，当事人须自觉履行，一方当事人不履行的，另一方当事人可向人民法院申请强制执行。

劳动争议案件仲裁的举证责任的规定：发生劳动争议，当事人对自己提出的主张，有责任提供证据。在劳动争议案件中，用人单位的举证责任重大，与争议事项有关的证据属于用人单位掌握管理的，用人单位应当提供；用人单位不提供的，应当承担不利后果。

仲裁委员会对部分案件有先予执行的裁决权：仲裁庭对追索劳动报酬、工伤医疗费、经济补偿或者赔偿金的案件，根据当事人的申请，可以裁决先予执行(advance execution)，移送人民法院执行。

为使劳动者的权益得到快捷的保护，加快劳动争议案件的处理时间，劳动争议仲裁委员会对下列案件实行一裁终局：追索劳动报酬、工伤医疗费、经济补偿或者赔偿金，不超过当地月最低工资标准12个月金额的争议；因执行国家的劳动标准在工作时间、休息休假、社会保险等方面发生的争议。上述案件的仲裁裁决为终局裁决，裁决书自作出之日起发生法律效力。劳动者对一裁终局的仲裁裁决不服的，可以自收到仲裁裁决书之日起15日向人民法院起诉。而用人单位对一裁终局的仲裁裁决，不能再向法院起诉，也不能申请再次仲裁，但在具备法定情形时，用人单位可以向人民法院申请撤销。

除一裁终局的仲裁裁决(arbitrament)以外的其他劳动争议案件的仲裁裁决，当事人不服的，可以自收到仲裁裁决书之日起 15 日内向人民法院提起诉讼；期满不起诉的，裁决书发生法律效力。一方当事人逾期不履行，另一方当事人可以向人民法院申请强制执行。

（四）诉讼

当事人对仲裁裁决不服的，可自收到仲裁裁决书之日起 15 日内向人民法院提起诉讼。对经过仲裁裁决，当事人向法院起诉的劳动争议案件，人民法院应当受理。

（1）人民法院对当事人因劳动争议仲裁委员会不予受理而起诉到法院的案件的处理。劳动争议仲裁委员会以当事人申请仲裁的事项不属于劳动争议为由，作出不予受理的书面裁决、决定或者通知，当事人不服，依法向人民法院起诉的，人民法院应当分别情况予以处理：属于劳动争议案件的，应当受理；虽不属于劳动争议案件，但属于人民法院主管的其他案件，应当依法受理。

劳动争议仲裁委员会以当事人的仲裁申请超过期限为由，作出不予受理的书面裁决、决定或者通知，当事人不服，依法向人民法院起诉的，人民法院应当受理；对确已超过仲裁申请期限，又无不可抗力或者其他正当理由的，依法驳回其诉讼请求。

劳动争议仲裁委员会以申请仲裁的主体不适格为由，作出不予受理的书面裁决、决定或者通知，当事人不服，依法向人民法院起诉的，经审查，确属主体不适格的，裁定不予受理或者驳回起诉。

（2）对重新作出仲裁裁决的处理。劳动争议仲裁委员会为纠正原仲裁裁决错误重新作出裁决，当事人不服，依法向人民法院起诉的，人民法院应当受理。

（3）仲裁事项不属于法院受案范围的处理。劳动争议仲裁委员会仲裁的事项不属于人民法院受理的案件范围，当事人不服，依法向人民法院起诉的，裁定不予受理或者驳回起诉。

（4）劳动争议案件的管辖。劳动争议案件由用人单位所在地或者劳动合同履行地的基层人民法院管辖。劳动合同履行地不明确的，由用人单位所在地的基层人民法院管辖。

（5）劳动争议案件中的证明责任。部分劳动争议案件的举证责任由法律明确规定。因用人单位作出的开除、除名、辞退、解除劳动合同、减少劳动报酬、计算劳动者工作年限等决定而发生的劳动争议，用人单位负举证责任。

（6）人民法院对一裁终局的部分劳动争议仲裁裁决有撤销权：用人单位对一裁终局的仲裁裁决书自收到之日起 30 日内可以向劳动争议仲裁委员会所在地的中级人民法院申请撤销该裁决，但须有证据证明该仲裁裁决适用法律、法规确有错误的，劳动争议仲裁委员会无管辖权的，违反法定程序的，裁决所根据的证据是伪造的；对方当事人隐瞒了足以影响公正裁决的证据的，仲裁员在仲裁该案时有索贿受贿、徇私舞弊、枉法裁决行为的。人民法院经组成合议庭审查核实裁决有上述情形之一的，应当裁定撤销。仲裁裁决被人民法院裁定撤销的，当事人可以自收到裁定书之日起 15 日内就该劳动争议事项向人民法院提起诉讼。

（7）人民法院审理劳动争议案件实行两审终审制。人民法院一审审理终结后，对一审判决不服的，当事人可在 15 日内向上一级人民法院提起上诉；对一审裁定不服的，当事人可在 10 日内向上一级人民法院提起上诉。经二审审理所作出的裁决是终审裁决，自送达之日起发生法律效力，当事人必须履行。

典型
例题解析

即测
即评

思考与探索

1. 在订立劳动合同过程中，应注意哪些问题？
2. 试述劳动合同解除法律制度的主要内容。
3. 试述劳动合同终止法律制度的主要内容。
4. 试述《劳动合同法》关于劳务派遣的相关规定。
5. 试述我国现行劳动争议处理法律制度的主要内容。

法务研议

　　24岁的毕畅(国内某名牌大学硕士毕业、具有CPA资格证书)、毕露(国内某专科学校毕业)为同卵双胞胎，两人的长相很难区分。2024年4月，毕露去杭州市一家大型物流公司应聘，声称自己是某名牌大学会计专业硕士毕业，并取得了CPA资格证书和法律职业资格证书，并将自己的证书复印件交给了招聘人员。该公司急需毕露这样既懂会计又懂法律的财务人员，于是以高薪聘请毕露，请其担任业务主管，双方签订了劳动合同，合同期限为3年，试用期为6个月。毕露自2024年4月开始工作后，在试用期内经常发生错误，特别是在一项合同审查中，没有对该合同的重大纰漏提出意见，导致公司遭受重大损失。2024年9月，毕露怀孕。2024年11月11日早晨7点35分，毕露在去公司上班的路上，被该公司的一辆从事物流运输的卡车撞倒致骨折、流产。经查，肇事司机贾宇是杭州市华丰劳务派遣公司的员工，被派遣至该物流公司工作。物流公司于2024年12月18日了解到，毕露应聘时所提供的材料均系伪造，于是立即主张解除与毕露的劳动合同。

　　问题：

1. 假如你是律师，本案应如何处理？
2. 为了降低风险，经营者在人力资源管理的过程中应注意哪些问题？

参考文献

[1] 周旺生. 法理学[M]. 北京：北京大学出版社，2024.

[2] 杨紫烜. 经济法[M]. 5版. 北京：北京大学出版社，2014.

[3] 李昌麒. 经济法学[M]. 3版. 北京：法律出版社，2016.

[4] 漆多俊. 经济法学[M]. 5版. 北京：高等教育出版社，2023.

[5] 张守文. 经济法学[M]. 8版. 北京：北京大学出版社，2024.

[6] 刘文华，史际春，徐孟洲. 经济法[M]. 7版. 北京：中国人民大学出版社，2024.

[7] 杨立新. 债法[M]. 3版. 北京：中国人民大学出版社，2022.

[8] 王利明. 民法[M]. 10版. 北京：中国人民大学出版社，2023.

[9] 姚新华. 民法总论[M]. 2版. 北京：中国政法大学出版社，2024.

[10] 郭明瑞，房绍坤. 民法学[M]. 北京：北京大学出版社，2024.

[11] 张卫平. 民事诉讼法[M]. 6版. 北京：法律出版社，2023.

[12] 赵万一. 商法[M]. 7版. 北京：中国人民大学出版社，2024.

[13] 甘培忠. 企业和公司法学[M]. 10版. 北京：北京大学出版社，2020.

[14] 周友苏. 中国公司法论[M]. 北京：法律出版社，2024.

[15] 范健. 公司法[M]. 6版. 北京：法律出版社，2024.

[16] 李建伟. 公司法学[M]. 6版. 北京：中国人民大学出版社，2024.

[17] 李东方. 公司法学[M]. 3版. 北京：中国政法大学出版社，2024.

[18] 赵旭东. 公司法学[M]. 5版. 北京：高等教育出版社，2025.

[19] 施天涛. 公司法论[M]. 5版. 北京：法律出版社，2025.

[20] 王欣新. 破产法[M]. 4版. 北京：中国人民大学出版社，2019.

[21] 李永军. 合同法[M]. 7版. 北京：中国人民大学出版社，2024.

[22] 崔建远. 合同法 [M]. 5版. 北京：北京大学出版社，2024.

[23] 王利明. 合同法通则[M]. 2版. 北京：北京大学出版社，2025.

[24] 岳彩申，盛学军. 金融法[M]. 4版. 北京：中国人民大学出版社，2024.

[25] 范健. 证券法[M]. 3版. 北京：法律出版社，2020.

[26] 郑云瑞. 保险法论[M]. 2版. 北京：北京大学出版社，2024.

[27] 刘心稳，张静，刘征峰. 票据法[M]. 5版. 北京：中国政法大学出版社，2023.

[28] 王迁. 知识产权法教程[M]. 8版. 北京：中国人民大学出版社，2024.

[29] 郭宗杰. 竞争法通论[M]. 北京：高等教育出版社，2025.

[30] 刘燕. 会计法[M]. 2版. 北京：北京大学出版社，2014.

[31] 刘剑文. 财税法——原理、案例与材料[M]. 5版. 北京：北京大学出版社，2022.

[32] 曹明德. 环境与资源保护法[M]. 5版. 北京：中国人民大学出版社，2023.

[33] 林嘉. 劳动法和社会保障法[M]. 4版. 北京：中国人民大学出版社，2023.

[34] 王全兴. 劳动法[M]. 4版. 北京：法律出版社，2017.

[35] 《劳动与社会保障法学》编写组. 劳动与社会保障法学[M]. 2版. 北京：高等教育出版社，2018.

教学资源获取方式及说明

1.教学资源获取方式

本书教学资源分等级提供。

(1) 将本书用作教材的教师可以免费获取本书全部教学资源的使用权限，免费使用全部教学资源。

(2) 将本书作为教学参考的读者，可免费使用扩展资源（包括典型例题解析、在线测试、知识拓展、法条链接、案例裁判等），以及部分免密教学资源。

2.教学资源获取途径

▶ 用书教师请参考下图获取专属的全部教学资源

(1) 教学资源包括(但不限于)与教学相关的PPT、同步练习题参考答案、法律法规查询系统等，同时提供了作者的联系方式，用书教师可发送邮件给作者，留言获取教学资源，与作者交流。

(2) 申请表模板见下图。

用书教师教学资源申请表(模板)

书名(必填)	
用书教师姓名(必填)	
联系方式(必填)	
用书学校(必填)	
订单信息(必填)	
其他说明(必填)	

扫描下方二维码，
获取综合模拟测试题

▶ 读者可参考以下方式使用扩展资源

(1) 刮开封底刮刮卡，会出现一个mini版的二维码。通过手机微信扫描这个mini版的二维码，即可成功获取读取权限。

(注：该防盗码仅能与一个微信号绑定，一旦绑定成功，其他微信将无法再次绑定。)

(2) 获取权限后，即可通过扫描前言二维码，使用书中的典型例题解析、在线测试、知识拓展、法条链接、案例裁判等扩展资源，以及部分教学PPT和习题答案。

致学习者：

　　为了完善知识结构、提升法治思维素养、增强法律风险管控能力，使自己成为懂法律的管理者，以有效参与现代营商实践，我们应该学好经济法这门课程。

　　在较短的学时内，要掌握好经济法课程所涉及的重要法律制度，学习者应高度重视同步练习题的作用。本同步练习题紧密围绕《新编经济法教程(第6版)》中所涉及的重要法律制度，以法律制度的应用为中心，旨在提升学习者综合运用法律思维分析和解决实际问题的能力。

　　建议学习者在做同步练习题的过程中，审慎思考，广泛查阅相关资料，仔细梳理题目中所涉及的具体法律制度；真诚地希望你们认真做好每道题目，并能举一反三、触类旁通，使自己学有所获。

　　祝你们学习愉快！

编　者

2025 年 8 月 4 日

第一章 经济法导论

一、名词解释题

法律关系 法人 民事法律行为 无权代理 无权处分 表见代理 善意取得 用益物权 担保物权 居住权 诉讼时效 除斥期间 仲裁协议

二、判断题

1. 为了推动殡葬改革，某县政府通过抖音发布《致全县居民的一封信》，要求在限定日前完成对棺木的收缴，并禁止居民存放、制造、销售棺木，违者严惩。该县政府的做法是合法的。 （ ）

2. 某大学规定，禁止大学生在校期间恋爱结婚，违者将被开除。该大学的这一规定是合法的。 （ ）

3. 一名 11 岁的小学生全彤(精神健康、智力正常)，拿着自己的 9999 元压岁钱到商场买了一个价值 68 元的书包，看到商场家电柜台的笔记本电脑(标价 8968 元)不错，就买了一台。因全彤为未成年人，故他的前述行为都是无效的。 （ ）

4. 家住菁华苑小区 C 栋 36 楼(顶楼)的业主宋疆没有经小区其他业主和物业公司的同意，私自在楼顶上建了一个空中菜园，种了很多时令果蔬，年收入达 2 万余元。宋疆的这种做法是合法的。 （ ）

5. 甲违反《稀土管理条例》的规定，向美国某企业出口非法冶炼分离的稀土产品。甲的行为应予禁止。 （ ）

6. A 公司未授予尤彧代理权。某日，尤彧以 A 公司的名义与 B 公司签订了购买 150 台电视机的买卖合同，A 公司得知后对尤彧无权代理的行为未作否认表示，该买卖合同应由 A 公司履行。 （ ）

7. 甲对乙享有一货款债权，但诉讼时效已届满。乙向甲支付了货款，其后以不知诉讼时效届满为由请求甲返还。法律应支持乙的请求。 （ ）

8. 甲公司与乙公司解除合同关系，但合同中的仲裁条款仍然有效。 （ ）

三、不定项选择题

1. 根据我国相关法律规定，下列哪种情形不能形成法律关系？（ ）
   A. 姬辉购买了甲公司生产的"红太阳"牌暖手宝，在正常使用过程中因暖手宝爆炸致残
   B. 许蕾欲在某银行自动取款机上取款 800 元，正常操作后，ATM 机"吐"出钱款 3500 元
   C. 李琳泰在北京大学人民医院进行脑外科手术
   D. 孔煊因购买毒品欠葛丽鑫 3 万元

2. 马莉和路遥均为 2009 年 5 月 1 日出生。由于家境优越，2025 年马莉仍在父母的资助下读高中，无任何收入；而家境贫寒的路遥却中途辍学在火锅店打工，靠自己的收入养活自己。关于二人实施的下列行为中，有效的是？（ ）
   A. 马莉免除路遥对自己的 2 万元债务
   B. 马莉以自己的压岁钱 1.98 万元购买了 1 台水果牌电脑
   C. 路遥与余果签订了一份房屋买卖合同
   D. 路遥将自己的 1.25 万元积蓄捐给了希望工程
   E. 路遥利用空闲时间做天天快递公司的派件员，并按件计酬

3. 甲建筑安装公司从乙家电设备制造厂购进了 1000 只电源开关，价值 1 万元，但回来经检测发现其中 300 只电源开关的质量不合格。经双方协商，乙工厂同意全部退货。但甲公司退货后几经催讨都未取得退货款。后来乙工厂被丙电力设备公司兼并，成为其分公司。对于这 1 万元债务，应由谁来承担？（ ）
   A. 乙承担 B. 丙承担 C. 乙与丙共同承担 D. 乙与丙分担

4. 下列行为中，属于民事法律行为的是？（ ）
   A. 甲殴打乙致伤的行为
   B. 甲赠与乙 2 万元的行为
   C. 甲为一香客，甲赴寺庙进香的行为
   D. 甲有朋自远方来，甲不在，乙代为招待的行为
   E. 李昊在果园种植果树时拾得一个钱包
   F. 王劲行车至盘山公路，遇泥石流致车毁人伤

5. 刘涵承包西瓜园，收获季节突然病故。好友刁瑜因联系不上刘涵家人，便主动为刘涵办理后事和照看西瓜园，并将西瓜卖出，获利 5 万元。其中，办理后事花费 1 万元，摘卖西瓜雇工费及其他必要费用共 5000 元。刁瑜认为自己应得劳务费 5000 元。关于刁瑜的行为，下列哪一说法是正确的？（ ）

A. 5 万元属于不当得利   B. 应向刘涵家人给付 3 万元

C. 应向刘涵家人给付 4 万元   D. 应向刘涵家人给付 3.5 万元

6. 下列哪一情形会引起无因管理之债？（   ）

A. 甲向乙借款，丙在明知诉讼时效已过后擅自代甲向乙还本付息

B. 甲在自家门口扫雪，顺便将邻居乙的小轿车上的积雪清扫干净

C. 甲与乙结婚后，乙生育一子丙，甲抚养丙 5 年后才得知丙是乙和丁所生

D. 甲拾得乙遗失的牛，寻找失主未果后牵回暂养。因地震致屋塌牛死，甲出卖牛皮、牛肉获价款若干

7. 下列情形中，属于有效民事法律行为的是？（   ）

A. 限制行为能力人甲临终立下遗嘱："我死后，我的全部财产归大姐。"

B. 甲、乙双方约定，若乙将与甲有宿怨的丙殴伤，甲愿付乙酬金 5000 元

C. 甲因妻子病重，急需医药费，遂向乙筹款。乙提出，可按市场价买下甲的祖传清代青花瓷瓶，甲应允

D. 甲请求乙为其债务提供担保，乙拒绝。甲向乙出示了自己掌握的乙虚开增值税发票的证据，并以检举相要挟。乙被迫为甲出具了担保函

8. 下列哪一情形构成重大误解，属于可撤销的民事法律行为？（   ）

A. 甲立下遗嘱，误将乙的字画分配给继承人

B. 甲装修房屋，误以为乙的地砖为自家所有，并予以使用

C. 甲入住乙宾馆，误以为乙宾馆提供的茶叶是无偿的，并予以使用

D. 甲要购买电动车，误以为精神病人乙是完全民事行为能力人，并与之签订买卖合同

9. 张彤开一家小商店，某日张彤因急事需要离开，遂叫来店看望自己的好友王宾代为看店。恰好赵皋到商店购物，王宾将店里挂着的一套西服以市价卖给了赵皋。不料，该西服是张彤的弟弟准备结婚用的，张彤赶紧找到赵皋，请求退衣还款，赵皋不同意，为此引发纠纷。下列说法正确的是？（   ）

A. 王宾的行为是无权代理，买卖行为无效   B. 王宾的行为是表见代理，买卖行为有效

C. 西服买卖显失公平，赵皋应该退衣还款   D. 西服买卖乘人之危，赵皋应该退衣还款

10. 甲公司委托业务员乙到某地采购电视机，乙到该地发现丙公司的 DVD 机畅销，就用盖有甲公司公章的空白介绍信和空白合同与丙公司签订了购买 500 台 DVD 机的合同。双方约定货到付款。货到后，甲公司拒绝付款，下列表述正确的是？（   ）

A. 甲公司有权拒付货款   B. 乙购买 DVD 机的行为没有代理权

C. 甲公司应接受货物并向丙公司付款   D. 若甲公司受到损失，有权向乙追偿

E. 乙购买 DVD 机的行为构成表见代理，产生有权代理的法律后果

11. 甲为乙公司业务员，负责某小区的订奶业务多年，每月月底在小区摆摊，更新订奶户并收取下月订奶款。2025 年 5 月 29 日，甲从乙公司辞职。5 月 30 日，甲仍照常前往小区摆摊收取订奶款，订奶户不知内情，照例交款，甲亦如常开出盖有乙公司公章的订奶款收据，之后甲下落不明。根据民事法律制度的规定，下列表述中正确的是？（   ）

A. 甲的行为构成无权处分，应由乙公司向订奶户承担损害赔偿责任后，再向甲追偿

B. 甲的行为构成狭义无权代理，应由甲向订奶户承担损害赔偿责任

C. 甲的行为与乙公司无关，应由甲向订奶户承担合同履行义务

D. 甲的行为构成表见代理，应由乙公司向订奶户承担合同履行义务

12. 下列各项属于附条件民事法律行为的是？（   ）

A. 甲对乙说："你 18 岁时，送你一辆汽车作为礼物。"

B. 甲对乙说："太阳如果从西边升起，我就请你吃 1 年的饭。"

C. 甲对乙说："你如果在 4 年内同时通过国家法律资格考试和注册会计师考试，我就送你 1 台笔记本电脑。"

D. 甲对乙说："等你毕业的时候，我就嫁给你。"

13. 村民甲因外出打工，将自己的一头水牛委托乙照料。乙因儿子结婚急需用钱，遂将该水牛以自己的名义按市价卖给陌生人丙。甲得知后，请求丙返还水牛。对此，下列判断正确的是？（   ）

A. 甲有权请求丙返还水牛并承担侵权责任   B. 乙丙所订合同为无效合同

C. 乙卖牛的行为属于无权代理行为   D. 乙卖牛的行为属于无权处分行为

E. 丙已经取得水牛的所有权，理由是善意取得

14. 甲发现去年丢失的电动自行车被路人乙推行，便上前询问，乙称从朋友丙处购买，并出示了丙出具的付

款收条。如甲想追回该自行车，可以提出下列哪些理由支持请求？（　　）

      A. 甲丢失的该自行车被丙拾得　　　　　　B. 丙从甲处偷了该自行车

      C. 乙明知道该自行车是丙从甲处偷来的仍然购买　　D. 乙向丙支付的价格远远低于市场价

      E. 在购买自行车时，丙明确向乙表示，该自行车系家庭自用，因家庭变故、急需用钱，才迫不得已出卖该自行车，乙(一贯乐善好施)见状，以高于市场价 25% 的价格向丙支付了价款

15. 甲向乙借款 1 万元，借款到期后甲分文未还。在诉讼时效期间内发生的下列情形中，不能产生诉讼时效中断效果的是？（　　）

      A. 乙在大街上碰到甲，甲主动向乙表示将在 3 日内先支付约定的利息

      B. 乙以特快专递发送催款函件给甲，甲签收后未拆封

      C. 甲遇到车祸，变成了植物人，且没有法定代理人

      D. 乙向仲裁委员会申请仲裁

16. 甲、乙签订的买卖合同中订有有效的仲裁条款，后因合同履行发生纠纷，乙未声明有仲裁条款而向法院起诉，法院受理了该案。首次开庭后，甲提出应依合同中的仲裁条款解决纠纷、法院对该案没有管辖权，下列对该案的处理方式中正确的是？（　　）

      A. 法院与仲裁机构协商解决该案管辖权事宜

      B. 法院继续审理该案

      C. 法院中止审理，待确定仲裁条款效力后再决定是否继续审理

      D. 法院终止审理，由仲裁机构审理该案

四、案例分析题

案例一：李勐和王姗是邻居，李勐要去边疆地区支教 1 年，临行前将自己的电脑委托王姗保管。1 个月后，李勐电告王姗说自己新买了 1 台电脑，委托其保管的电脑可以以适当的价格出售，但是显示器不要卖。张全知道此事后，对王姗说自己想买，但希望王姗对李勐说电脑有毛病，以便以低价购买。王姗按张全的意思告诉了李勐，李勐同意低价出售。于是，张全以较低的价格购买了该电脑。过了一段时间王姗嫌显示器碍事，便以李勐的名义以合理价格卖给了赵旸，赵旸已经付钱，但是王姗没有交货。李勐此时支教期满，回来后了解真实情况，产生了纠纷。

请问：

1. 李勐能否请求张全返还电脑？

2. 王姗向赵旸出售显示器的行为性质如何认定？

3. 若王姗以自己的名义将显示器卖给不知情的赵旸，但是没有交货，则此时王姗的行为性质如何认定？赵旸能否主张对显示器的所有权？

案例二：2022 年 1 月 5 日，张明欲出国学习，因办理出国手续一时钱不够用，遂向朋友胡颖借款 45 万元，并立字据约定张明在出国前将钱还清。但张明直到 2022 年 7 月 7 日出国，都没有还钱。此间，胡颖虽然经常来看望张明，但也对钱的事只字未提。张明在国外两年与胡颖也有过联系，但都没有说钱的事。2025 年 3 月 15 日，张明回国。同年 4 月 1 日，胡颖因买房急需钱，找到张明，张明当即表示，全部钱款月底还清，朋友赖文在场见证。同年 6 月 8 日，当胡颖再次来找张明要钱时，张明却称，他的一个律师朋友说他们之间的债务已超过 3 年的诉讼时效，可以不用还了。胡颖气愤不已，第 2 天就向法院提起了诉讼，请求张明偿还 45 万元的本金和利息。

请问：

1. 胡颖追要 45 万元借款的诉讼时效是否已经届满？

2. 张明在 2025 年 4 月 1 日还款的承诺有何种效力？

3. 胡颖能否通过诉讼取回张明欠他的钱款？

案例三：甲市某五金塑料厂与乙市某开发公司于 2023 年 8 月在甲市签订了一份聚乙烯塑料拉丝的购销合同。合同规定：开发公司于 2023 年 11 月供应给塑料厂聚乙烯塑料拉丝 12 吨，每吨 4000 元。塑料厂预付款 30000 元，余款于收到货后付清。此外，合同还规定了质量、提货方式等条款。可塑料厂预付货款后，经多次催促，至 2024 年 4 月仍未见到货。经查该开发公司本身固定资金仅 8000 元，塑料厂于 2024 年 10 月向甲市某区人民法院起诉。

请问：

1. 五金塑料厂与某开发公司之间的合同纠纷有哪些解决方法？

2. 依据我国法律规定，五金塑料厂的合法权益该如何保护？

3. 法院可采取哪些措施保护五金塑料厂的合法权益？

第二章 企业法律制度

一、名词解释题

企业 个人独资企业 普通合伙 特殊的普通合伙 有限合伙 入伙 除名

二、判断题

1. 外国公司甲与中国公司乙共同投资设立外商投资企业丙，则丙只能基于《合伙企业法》的规定设立并构建相应的组织机构。 （ ）

2. 某个人独资企业投资人聘用甲管理企业事务，在个人独资企业经营中，甲有权决定将该企业的商标有偿转让给他人使用。 （ ）

3. 范荆于 2025 年 3 月 15 日投资设立个人独资企业，聘请李全负责企业的日常经营管理，委托书中约定：超过 5 万元的标的，须经范荆批准。同年 5 月，李全擅自与甲公司签订 15 万元的买卖合同。甲公司不知道范荆的授权限制，该企业一直未付款。2025 年 6 月 15 日该企业解散，甲公司起诉，请求范荆偿还 15 万元。甲的诉讼请求不能获得法院的支持。 （ ）

4. 个人独资企业解散后，其财产不足以清偿债务的，投资人应当以其个人的其他财产予以清偿，仍不足清偿的，投资人应当以其家庭共有财产予以清偿。 （ ）

5. 合伙人应对合伙企业的债务依法承担无限连带责任。 （ ）

6. 甲、乙、丙各出资 15 万元人民币设立一家有限合伙企业，其中丙为有限合伙人。2025 年 5 月丙决定退伙，当时该合伙企业欠丁货款 30 万元人民币尚未归还，经依法结算，丙应分担 10 万元人民币债务，于是该合伙企业退还丙 5 万元人民币。2025 年 6 月丁向法院起诉甲、乙、丙三人，请求支付货款 30 万元人民币。丙对该债务不承担任何清偿责任。 （ ）

7. 甲、乙、丙共同设立一普通合伙企业，经营过程中对外负债 50 万元；后丙退出合伙企业，丁加入合伙企业；那么丙和丁都不必对该 50 万元的债务承担无限连带责任。 （ ）

8. 甲、乙订立书面合伙协议约定：甲以 10 万元出资，乙以劳务出资；乙执行合伙企业事务；合伙企业利润由甲、乙分别按 80% 和 20% 的比例分配，亏损由甲、乙分别按 20% 和 80% 的比例分担。该合伙协议的约定符合《合伙企业法》的规定。 （ ）

9. 甲、乙订立书面合伙协议约定：甲以 10 万元出资，乙以劳务出资；乙执行合伙事务；合伙企业利润由甲、乙平均分配，亏损由乙承担。该合伙协议的约定符合《合伙企业法》的规定。 （ ）

10. 甲为乙普通合伙企业的合伙人。甲欠丙 20 万元，丙欠乙 30 万元。丙提出：将甲欠丙的 20 万元抵销丙欠乙的 20 万元，丙再偿还乙 10 万元。丙的主张符合《合伙企业法》的规定。 （ ）

11. 甲向乙借款 5 万元作为出资与其他 2 人共同设立了一合伙企业。合伙企业经营期间，乙欠合伙企业货款 5 万元，乙可以将其对甲的债权抵销对合伙企业的债务。 （ ）

12. 甲是某普通合伙企业的合伙人，该合伙企业需要购买一批生产用原材料，甲正好有同样一批原材料想要出售，甲在其他合伙人一致同意的情况下，可以进行该笔交易。 （ ）

13. 甲、乙等 6 人设立了一普通合伙企业，并委托甲和乙执行合伙企业事务，甲对乙执行的事务提出异议，其他合伙人对如何解决此问题也产生了争议，由于合伙协议未约定争议解决的表决办法，合伙人实行了一人一票的表决办法，后经全体合伙人过半数表决通过了同意甲意见的决定。上述解决争议的做法不符合法律规定。（ ）

14. 注册会计师甲、乙、丙共同出资设立一合伙制会计师事务所。甲、乙在某次审计业务中，因出具虚假审计报告造成会计师事务所债务 80 万元。对该笔债务，甲、乙应承担无限连带责任，丙应以其在会计师事务所中的财产份额为限承担责任。 （ ）

15. 有限合伙人转变为普通合伙人的，对其作为有限合伙人期间有限合伙企业发生的债务，以其认缴的出资额为限承担责任。 （ ）

16. 新入伙的有限合伙人对入伙前有限合伙企业的债务，以其实缴的出资额为限承担责任。 （ ）

17. 某普通合伙企业于 2022 年成立，张铭于 2024 年加入该合伙企业，且与原合伙人约定其对入伙前的合伙债务不承担责任。2025 年，该合伙企业的债权人李莉请求张铭偿还该合伙企业 2023 年所欠的货款，张铭应当偿还。 （ ）

18. 赵皋是丙有限合伙企业的有限合伙人，后因合伙企业经营不景气，赵皋提出退伙。赵皋退伙后对基于其退伙前的原因发生的企业债务，不再承担责任。 （　）

三、不定项选择题

1. "董老汉私房菜"是董甲投资开设的个人独资企业。关于该企业遇到的法律问题，下列表述不正确的是？（　　）
   A. 如董甲在申请企业设立登记时，明确表示以其家庭共有财产作为出资，则该企业是以家庭成员为全体合伙人的普通合伙企业
   B. 如董甲一直让其子李乙负责企业的事务管理，则应认定为以家庭共有财产作为企业的出资
   C. 如董甲决定解散企业，则在解散后5年内，董甲对企业存续期间的债务，仍应承担偿还责任
   D. 如董甲死后该企业由其子董乙与其女董丙共同继承，则该企业必须分立为两家个人独资企业

2. 张杉是某鲁菜馆的普通合伙人之一。因生意很兴隆，张杉便和妻子在附近又开了一家鲁菜馆，主要由其妻照管。张杉经常将客人介绍到自家开的鲁菜馆去，并欺骗客人说两家是连锁店。依《合伙企业法》有关规定，张杉是否可以这样做？（　　）
   A. 可以这样做
   B. 不可以这样做
   C. 经多数合伙人同意可以这样做
   D. 经全体合伙人同意可以这样做

3. 甲、乙、丙各出资5万元合伙开办一家餐馆，经营期间，丙提出退伙，甲、乙同意，三方约定丙放弃一切合伙权利，也不承担合伙债务。下列选项哪一个是正确的？（　　）
   A. 丙退伙后对原合伙的债务不承担责任
   B. 丙退伙后对原合伙的债务仍应承担连带清偿责任
   C. 丙退伙后对原合伙的债务承担补充责任
   D. 丙退伙后仍应以其出资额为限对原合伙债务承担清偿责任

4. 2024年1月，甲、乙、丙设立一普通合伙企业。2025年2月，甲与戊结婚。2025年5月，甲因车祸去世。甲除戊外没有其他亲人，合伙协议对合伙人资格的取得或丧失未作约定。下列哪一选项是正确的？（　　）
   A. 戊依法自动取得合伙人地位
   B. 合伙企业中甲的财产份额属于夫妻共同财产
   C. 经乙、丙一致同意，戊取得合伙人资格
   D. 只能由合伙企业向戊退还甲在合伙企业中的财产份额

5. 某会计师事务所登记设立为特殊的普通合伙企业，其合伙人之一张宇在一次执业过程中因重大过失给客户造成损失，则下列说法中不正确的是？（　　）
   A. 该损失应由张宇一人独立承担
   B. 其他合伙人对该债务以其在合伙企业中的财产为限承担责任
   C. 对由此形成的会计师事务所的债务，由张宇对该债务承担无限责任
   D. 会计师事务所对该债务承担责任后，张宇应按照合伙协议的约定对给会计师事务所造成的损失承担赔偿责任

6. 甲是某有限合伙企业的有限合伙人，持有该企业15%的份额。在合伙协议无特别约定的情况下，甲在合伙期间未经其他合伙人同意实施了下列行为，其中哪一项违反了《合伙企业法》的规定？（　　）
   A. 将自购的机器设备出租给合伙企业使用
   B. 以合伙企业的名义购买汽车一辆归合伙企业使用
   C. 以自己在合伙企业中的财产份额向银行提供质押担保
   D. 提前1个月通知其他合伙人将其部分合伙份额转让给合伙人以外的人

7. 合伙人李甲在一普通合伙企业经营期间因交通事故而死亡，其子李乙尚未成年，则下列说法中不正确的是？（　　）
   A. 李乙因此成为该合伙企业的合伙人
   B. 全体合伙人未能一致同意将合伙企业转为有限合伙企业的，应当将李甲的财产份额退还给李乙
   C. 经全体合伙人一致同意，从继承开始之日起，李乙取得该合伙企业的合伙人资格，但只能作为有限合伙人
   D. 如果合伙协议约定所有的合伙人必须具有完全行为能力，则李乙不能取得合伙人资格，但可以请求企业退还李甲的财产份额

8. 仁和大酒店是由甲、乙、丙三人创办的合伙企业，分配比例为4:3:3。2025年4月3日，乙不幸遇车祸身亡。乙家中有妻子郭园和儿子花果(8周岁)。此时该酒店的净资产仍有近30万元，但甲、丙二人担心财产分割会影响该店的发展，遂主动与郭园商量，希望其能入伙。对此事的说法，正确的是？( )

    A. 如果郭园愿意入伙，则要对入伙以前酒店的债务负无限连带责任

    B. 如果郭园不愿意入伙，则可与花果共同继承属于乙的财产份额

    C. 郭园想让儿子花果一人代替丈夫成为酒店的合伙人，这种想法可以实现

    D. 如果郭园表示愿意入伙，则无须甲、丙的同意，当然地代替乙成为酒店的合伙人

    E. 如果郭园万念俱灰不愿意入伙，也不愿意其子花果子继父业，则甲和丙可将属于乙的合伙企业财产份额以现金的方式支付给郭园

四、案例分析题

案例一： 胡赟出资15万元成立一汽车配件经销店，企业性质为个人独资企业。1年后，胡赟委托妻弟花鑫管理该店，自己整日沉迷于上网。几个月后，债权人相继找上门来，请求胡赟归还欠债。由于胡赟管理不善，该经销店财产已所剩无几。胡赟宣称自己没有能力还债。债权人告上法庭，请求用胡赟和花鑫的家庭共有财产抵偿债款。经法院查明，胡赟在设立登记时并没有明确是以家庭共有财产出资。

请问：

1. 胡赟能否委托其妻弟花鑫经营管理其个人独资企业，为什么？

2. 对该企业所欠债款，法院应否支持债权人用胡赟和花鑫的家庭财产抵偿债款的请求？为什么？胡赟和花鑫各自应承担什么责任？

案例二： 甲、乙、丙、丁四人成立一普通合伙企业，甲被推举为合伙企业事务的执行人，乙、丙、丁授权甲对10万元以内的开支及50万元以内的业务可以自行决定，甲在任职期间自行决定一次支付广告费15万元，且未经乙丙丁同意，将自有房屋以1万元每月的价格租给合伙企业。过了2个月，乙的债权人张建，也是合伙企业的客户，向合伙企业主张：乙拖欠他15万元，至今不还，所以他欠合伙企业的14.5万元货款也不还了，相互抵销，5000元的差额也不要了。丙认为合伙企业已经没有什么前途，提出退伙，其他几个合伙人不同意。在一次会上，丙又提出转让其出资份额，将其出资份额转让给李昊，丁不同意。会后，丙单独与丁协商，将其出资份额转让给丁，丁同意了。事后乙知道了，坚决反对。

请问：

1. 甲支付广告费的行为效力如何？

2. 甲将自有房屋出租给合伙企业的行为效力如何？

3. 张建是否可以向合伙企业主张乙拖欠他15万元债款？

4. 丙是否可以将其份额转让给李昊？

5. 乙反对丙将其出资份额转让给丁，反对是否有效？

案例三： 2024年1月，甲、乙、丙共同设立一普通合伙企业。合伙协议约定：甲以现金5万元出资，乙以房屋作价8万元出资，丙以劳务作价4万元出资；各合伙人按相同比例分配利润、分担亏损。合伙企业成立后，为扩大经营，于2024年4月向银行贷款5万元，期限为1年。2024年8月，甲提出退伙，鉴于当时合伙企业盈利，乙、丙表示同意。同月，甲办理了退伙结算手续。2024年9月，丁入伙。丁入伙后，因经营环境变化，企业严重亏损。2025年3月，乙、丙、丁决定解散合伙企业，并将合伙企业现有财产价值3万元予以分配，但对未到期的银行贷款未予清偿。2025年4月，银行贷款到期后，银行找合伙企业清偿债务，发现该企业已经解散，遂向甲请求偿还全部贷款，甲称自己早已退伙，不负责清偿债务。银行向丁请求偿还全部贷款，丁称该笔贷款是在自己入伙前发生的，不负责清偿。

银行向乙请求偿还全部贷款，乙表示只按照合伙协议约定的比例清偿相应数额。银行向丙请求偿还全部贷款，丙则表示自己是以劳务出资的，不承担偿还贷款义务。

请问：

1. 甲、乙、丙、丁各自的主张能否成立？

2. 合伙企业所欠银行贷款应如何清偿？

3. 在银行贷款清偿后，甲、乙、丙、丁内部之间应如何分担清偿责任？

案例四： 甲、乙、丙、丁四位合伙人签订书面协议，共同出资设立某普通合伙企业，合伙协议未约定利润分配比例，共同推举甲为合伙企业的事务执行人，对外代表合伙企业，丁为合伙企业的会计。同时协议还规定，甲

代表合伙企业对外签订的合同总标的超过 100 万元的均先由全体合伙人一致同意方可实行。

企业经营一段时间后，丙将持有合伙企业财产份额的一部分转让给乙，并通知其他合伙人；将另一部分转让给 A，并经其他合伙人一致同意。

甲代表合伙企业与 B 公司签订一份价值为 200 万元的供货合同。由 B 公司预付 30 万元的定金，合伙企业收到定金后一个月内发出全部货物。实际合同履行时，B 公司按期支付 30 万元的定金，但合伙企业一直未能供货，合同手续齐全，过程合法。

B 公司经过了解，发现合伙企业会计记录掩盖了严重亏损、无力履行合同的事实，从而引起纠纷。并出现以下分歧性意见：①乙合伙人认为甲与 B 公司签订合同违反了合伙企业内部的规定，该合同无效，故合伙企业不承担违约责任。②甲合伙人认为本企业不具备独立法人资格，会计记录真实与否无关紧要。③A 认为该项合同是在自己入伙之前签订的，一切损失与自己无关。④丁认为丙在向乙转让合伙企业的财产份额时，未经其他合伙人同意，合伙企业的所有损失应由丙一人承担。⑤B 公司认为因为合伙企业违约给自己造成损失 45 万元，合伙企业除应向 B 公司双倍返还定金外，还应支付赔偿金 45 万元。

请问：根据上述事实，结合我国现行法律的相关规定，以上观点是否正确？并说明理由。

案例五： 甲公民、乙企业、丙公司、丁公民、戊公民 5 位合伙人共同出资成立有限合伙企业，签订合伙协议如下：①5 位合伙人中甲以货币出资 10 万元，乙以商标权出资 8 万元，丙以厂房使用权作价出资 6 万元，丁和戊为有限合伙人，丁以专利技术和劳务出资，作价 3 万元，戊以提供秘方配料作价 3 万元出资。②确定甲为合伙企业事务的执行人，并规定甲对外代表合伙企业签订合同时，凡是标的超过 4 万元的，均应经全体合伙人一致同意。③合伙企业名称为"珠峰户外用品销售公司"。在进行注册时，市场监督管理局指出协议有违法之处，经整改后，企业成立。该合伙企业成立经营一段时间后，乙提出将其持有合伙企业的全部财产份额转让给杨光，经全体合伙人同意，并在如实告知企业财务状况和经营情况的条件下杨光入伙。杨光入伙前该企业资产总额 10 万元，负债总额 5 万元。杨光入伙后，企业又经营了一年，亏损严重，决定清算。清算前企业总资产 12 万元，新发生的负债为 15 万元。总资产中含对刘祥的债权 2 万元。

在清算偿债过程中，出现以下争议：①甲认为自己欠刘祥 2 万元，刘祥欠合伙企业 2 万元，彼此可以相互抵销；②丙认为合伙企业全部负债中，欠宋江的 4 万元是因为甲违反合伙协议规定，私自签订合同标的为 60 万元的经济合同而形成的，虽然宋江不知道合伙企业的内部限制性规定，但甲的行为属于超越权限，该债务应由甲个人承担，与合伙企业无关；③乙认为自己已经退伙，不再承担任何责任和义务；④丁认为甲是合伙事务执行人，且出资额最大，合伙企业资产不足以偿还债务所形成的差额部分应由甲个人承担，与其他合伙人无关；⑤杨光认为自己入伙时与乙签有个人协议，自己只对入伙后的债务承担责任，对其入伙前合伙企业的债务不承担责任。

请问：

1. 合伙协议有哪些违法之处？

2. 合伙企业清算时，各位合伙人的观点是否正确，请根据所学知识分析说明。

3. 若甲个人偿还了合伙企业资产不足抵债的差额部分后，还能否向其他合伙人追索多偿还的部分？为什么？

第三章　公司法律制度

一、名词解释题

有限责任公司　一人有限责任公司　国有独资公司　股份有限公司　上市公司　外国公司　公司法人人格否认　发起设立　募集设立　董事会　独立董事　股东代表诉讼　公司债　公司债券　资本公积金

二、判断题

1. 甲持有某有限责任公司全部股东表决权的 9%，因公司管理人员拒绝向其提供公司账本，甲以其知情权受到损害为由，提起解散公司的诉讼。为此，人民法院不予受理。　　　　　　　　　　　　　　（　　）

2. 甲公司董事乙与丙公司签订保证合同时，乙擅自在合同上加盖甲公司公章和法定代表人丁的印章(此时，丙公司是善意的)，由此产生的民事责任与甲公司无关。　　　　　　　　　　　　　　　（　　）

3. 有限责任公司和股份有限公司的法定代表人均可以由公司的经理担任。　　　　　　　　　（　　）

4. 股份有限公司董事会会议违反法律、行政法规，致使公司遭受严重损失时，参与决议的董事对公司负赔偿责任，但经证明在表决时曾表示异议并记载于会议记录的，该董事可以免除责任。　　　　　　（　　）

5. 股份有限公司股东可以自由向股东以外的人转让股份，无须经股东大会审议通过；而有限责任公司股东向股东以外的人转让出资，须经股东会审议通过。　　　　　　　　　　　　　　　（　　）

6. 甲公司的董事为乙公司经营与甲公司同类的业务，不违反《公司法》的规定。　　　　　　（　　）

7. 甲公司主要经营医疗器械业务，该公司的董事兼总经理王莽在任职期间代理乙公司从国外进口一批医疗器械销售给丙公司，获利 10 万元。甲公司股东会得知上述情形后，除将王莽获得的 10 万元收归公司所有外，还撤销了王莽的职务。甲公司股东会的上述做法不符合《公司法》的有关规定。　　　　　　　　　　　（　　）

8. 甲股东持有某股份有限公司全部股东表决权的 15%。甲股东以该公司被吊销营业执照未进行清算为由，向人民法院提起解散公司的诉讼，人民法院应予受理。　　　　　　　　　　　　　（　　）

9. 公司债权人可以登记于公司登记机关的股东未履行出资义务为由，请求该股东对公司债务不能清偿的部分在未出资本息范围内承担连带赔偿责任。　　　　　　　　　　　　　　　　　　（　　）

10. 公司分立前的债务由分立后的公司承担连带责任，但公司在分立前与债权人就债务清偿达成的书面协议另有约定的除外。　　　　　　　　　　　　　　　　　　　　　　　　　　　　（　　）

三、不定项选择题

1. 甲公司出资 20 万元、乙公司出资 10 万元共同设立丙有限责任公司。丁公司系甲公司的子公司。在丙公司经营过程中，甲公司多次利用其股东地位通过公司决议让丙公司以高于市场同等水平的价格从丁公司进货，致使丙公司产品因成本过高而严重滞销，造成公司亏损。下列哪一选项是正确的？(　　)

  A. 丁公司应对丙公司承担赔偿责任　　　　　　　B. 甲公司应对乙公司承担赔偿责任

  C. 甲公司应对丙公司承担赔偿责任　　　　　　　D. 丁公司、甲公司共同对丙公司承担赔偿责任

2. 甲盗用乙的身份证，以乙的名义向丙公司出资。乙被记载于丙公司股东名册，并进行了市场主体登记，但直至出资期限届满仍未履行出资义务。根据公司法律制度的规定，下列关于出资责任承担的表述中正确的是？(　　)

  A. 乙承担出资责任　　　　　　　　　　　　　B. 甲承担出资责任

  C. 乙首先承担出资责任，不足部分再由甲补足　　D. 甲、乙对出资承担连带责任

3. 甲、乙双方订立协议，由甲作为名义股东，代为持有乙在丙有限责任公司的股权，但投资收益由实际投资人乙享有，协议并无其他违法情形。后甲未经乙同意，将其代持的部分股权，以合理价格转让给丙公司的股东丁。丁对甲只是名义股东的事实不知情。根据公司法律制度的规定，下列表述中正确的是？(　　)

  A. 甲、乙之间的股权代持协议无效

  B. 若乙反对甲、丁之间的股权转让，则丁不能取得甲所转让的股权

  C. 甲、乙之间的股权代持协议有效

  D. 即使乙反对甲、丁之间的股权转让，丁亦合法取得甲所转让的股权

4. 某有限责任公司关于股东资格解除与认定的下列做法中，符合公司法律制度规定的是？（　　）

    A. 股东乙病故后，其妻作为合法继承人请求继承股东资格，公司依章程中关于股东资格不得继承的规定予以拒绝

    B. 股东丙抽逃部分出资，股东会通过决议解除其股东资格

    C. 股东甲未依照章程规定缴纳出资，董事会通过决议解除其股东资格

    D. 实际出资人丁请求公司解除名义股东戊的股东资格，并将自己登记为股东，因未获公司其他股东半数以上同意，公司予以拒绝

5. 甲、乙、丙三人拟设立一有限责任公司。在公司设立过程中，甲在搬运为公司购买的办公家具时，不慎将丁撞伤。根据公司法律制度的规定，下列关于对丁的侵权责任承担的表述中正确的是？（　　）

    A. 若公司未成立，丁仅能请求甲承担该侵权责任

    B. 若公司成立，则由公司自动承受该侵权责任

    C. 若公司未成立，丁应先向甲请求赔偿，不足部分再由乙、丙承担

    D. 无论公司是否成立，该侵权责任应由甲、乙、丙共同承担

6. 甲股份公司成立后，董事会对公司设立期间发生的各种费用应如何承担产生分歧。下列哪些费用应当由发起人承担？（　　）

    A. 发起人蒋利因公司设立事务而发生的宴请费用

    B. 发起人李玥就自己出资部分所产生的验资费用

    C. 发起人钟奎为论证公司要开发的项目而产生的调研费用

    D. 发起人缪怡值班时乱扔烟头将公司筹备组租用的房屋烧毁，筹备组为此向房主支付的 5 万元赔偿金

7. 甲、乙、丙、丁拟设立一家主营贸易的有限责任公司(以下简称贸易公司)，委派丙负责租赁仓库供公司使用，因公司尚未成立，丙以自己的名义与戊签订仓库租赁合同。下列关于仓库租赁合同义务承担的表述中正确的是？（　　）

    A. 贸易公司一经成立，戊即可请求该公司承担合同义务

    B. 贸易公司成立后，对租赁合同明确表示承认的，戊可请求贸易公司承担合同义务

    C. 若贸易公司未能成立，戊可请求丙承担合同义务

    D. 贸易公司成立后，戊仍可请求丙承担合同义务

8. 张杉系一有限责任公司的小股东，由于对公司的经营状况不满，想通过查阅公司账簿去深入调查公司经营出现的问题。下列哪个选项是错误的？（　　）

    A. 张杉必须向公司提出书面申请

    B. 若张杉聘请专业机构人员帮助查阅账簿，公司不得拒绝

    C. 公司拒绝张杉查阅时，张杉只能请求法院要求公司提供查阅

    D. 公司有权以可能会泄露公司商业秘密为由拒绝张杉的查账申请

9. 甲、乙、丙三人共同出资 500 万元设立了一个有限责任公司，其中甲和乙各出资 40%，丙出资 20%。该公司章程的下列条款中，符合公司法律制度规定的是？（　　）

    A. 股东会表决时，甲、乙、丙按照出资比例行使表决权

    B. 股东会表决选举公司董事和总经理时，须经甲、乙、丙一致同意，决议方为通过

    C. 公司分配利润时，丙有优先分配权；公司当年利润不足 10 万元的，仅分配给丙，超过 10 万元的部分，甲、乙、丙按出资比例分配

    D. 公司解散清算后，如有剩余财产，甲、乙、丙按照出资比例分配

10. 某有限责任公司有甲、乙、丙三名股东。甲、乙各持 8%的股权，丙持 84%的股权。丙任执行董事，乙任监事。甲发现丙将公司资产以极低价格转让给其妻开办的公司，严重损害了本公司利益，遂书面请求乙对丙提起诉讼。乙碍于情面予以拒绝。根据公司法律制度的规定，下列表述中正确的是？（　　）

    A. 甲可以提议召开临时股东会，请求丙对相关事项作出说明

    B. 甲可以请求公司以合理价格收购其股权，从而退出公司

    C. 甲可以以公司内部监督机制失灵、公司和股东利益严重受损为由，请求人民法院判决解散公司

    D. 甲可以以自己的名义对丙提起诉讼，请求其赔偿公司损失

11. 甲、乙两公司与郑洲、张冲欲共同设立一有限公司，并在拟订公司章程时约定了各自的出资方式。下列

有关各股东的部分出资方式中，符合公司法律制度规定的是？（　　）

    A. 张冲以其设定了抵押权的某房产作价 50 万元出资

    B. 乙公司以其企业商誉评估作价 30 万元出资

    C. 郑洲以其享有的某项专利权评估作价 40 万元出资

    D. 甲公司以其获得的某知名品牌特许经营权评估作价 20 万元出资

12. 甲、乙两人拟共同设立一注册资本为人民币 100 万元的有限责任公司，下列几个有关出资方式的方案，正确的是？（　　）

    A. 人民币 20 万元，厂房折价 80 万元　　　　B. 人民币 30 万元，非专利技术 70 万元

    C. 人民币 60 万元，高新技术折价 40 万元　　D. 厂房折价 80 万元，商标权折价 20 万元

    E. 人民币 40 万元，专利权折价 30 万元，机器设备 30 万元

13. 甲、乙两公司与刘斐、谢宇欲共同设立一注册资本为 200 万元的有限责任公司，他们在拟定公司章程时约定各自以如下方式出资。下列哪些出资是不合法的？（　　）

    A. 甲公司以其企业商誉评估作价 80 万元出资

    B. 刘斐以保险金额为 20 万元的保险单出资

    C. 谢宇以其设定了抵押担保的房屋评估作价 40 万元出资

    D. 乙公司以其获得的某知名品牌特许经营权评估作价 60 万元出资

14. 甲向乙借用一台机床。借用期间，未经乙同意，甲以所有权人名义，以该机床作价出资，与他人共同设立有限责任公司丙。公司其他股东对甲并非机床所有人的事实并不知情。乙发现上述情况后，请求返还机床。根据公司法律制度和物权法律制度的规定，下列表述中正确的是？（　　）

    A. 甲出资无效，不能取得股东资格，乙有权请求返还机床

    B. 甲出资无效，应以其他方式补足出资，乙有权请求返还机床

    C. 甲出资有效，乙无权请求返还机床，但甲应向乙承担赔偿责任

    D. 甲出资有效，乙无权请求返还机床，但丙公司应向乙承担赔偿责任

15. 甲、乙出资设立注册资本为 400 万元的丙有限责任公司，章程规定：甲以现金出资 280 万元，乙以现金出资 40 万元，专利作价 40 万元，机器设备作为实物出资作价 40 万元。公司成立后，甲按期足额缴纳现金 280 万元，乙只缴纳了 20 万元现金，其专利的实际市场价额为 20 万元，机器设备虽然已实际移交给公司，但该设备属于丁所有，系丁委托乙保管。下列哪些选项是正确的？（　　）

    A. 丙公司应根据丁的请求向其返还机器设备

    B. 乙应当履行其余 20 万元现金出资的义务，并应当向甲承担违约责任

    C. 甲、乙达成协议，可以通过减少资本程序免除乙对差额部分的出资责任

    D. 乙应当补足其专利权出资的实际价额与作价金额之间的差额，甲对此承担连带责任

16. 下列选项中，股东可以自决议作出之日起 60 天内请求人民法院撤销的情形有？（　　）

    A. 股东会决议内容违反法律法规

    B. 股东会会议的决议内容违反公司章程

    C. 董事会决议内容违反法律、行政法规

    D. 股东大会的会议召集程序、表决方式违反公司章程

    E. 股东会会议的召集程序和表决方式违反法律或行政法规

17. 某有限责任公司监事会经股东举报，认为公司经营状况异常，并准备进行调查。对此，下列表述中正确的是？（　　）

    A. 监事会的决议应当经半数以上监事通过方可生效

    B. 监事会对公司经营状况的调查费用由公司负担

    C. 监事会在必要的时候可以聘请会计师协助调查

    D. 监事会有权提议召开临时股东会来处理调查结果

    E. 监事会有权撤销违法履行职务的董事的任职资格

18. 在某有限责任公司中，甲是执行董事，乙是总经理，丙是财务总监，丁是监事。下列行为中，符合《公司法》规定的是？（　　）

    A. 甲将公司的部分资金以个人名义开设了一个账户，以备公司不时之需

B. 乙挪用公司资金做慈善事业，后又归还

C. 丙擅自用公司资金为另一个公司提供担保

D. 丁提议召开临时股东会，讨论公司财务管理问题

19. 李山为甲股份有限公司的董事长。赵仕为乙股份有限公司的董事长。甲公司持有乙公司 60%的股份。甲、乙公司的下列行为中，《公司法》不予禁止的是？（　　）

A. 乙公司向李山提供 200 万元购房借款　　　　B. 甲公司向赵仕提供 200 万元购房借款

C. 甲公司向李山提供 200 万元购房借款　　　　D. 乙公司向赵仕提供 200 万元购房借款

20. 惠泽有限责任公司于 2024 年 12 月 15 日召开股东会，对董事、监事和高级管理人员的选任与解聘作出下列决定，符合法律规定的是？（　　）

A. 由于董事 A 意外死亡，因此决定由其继承人小明(9 岁)继承其董事一职

B. 黄坤在担任监事期间，由于贪污，被判处刑罚，决定解除其监事一职

C. 选任王穹担任经理，王穹曾担任某公司法定代表人，1 年前该公司因违法经营而被吊销营业执照

D. 选任某国家机关工作人员李焱为监事

21. 神华皮包制造股份有限公司的股东大会选举董事，下列候选人可能符合资格的是？（　　）

A. 王莽，17 周岁，少年神童，北大毕业生，大股东的儿子

B. 俞浩，70 周岁，精力充沛，退休干部，现为另一家公司的监事

C. 张冲，45 周岁，有钱任性，4 年前曾因犯强制猥亵妇女罪而被剥夺政治权利

D. 刘朗，35 周岁，年少创业，屡败屡战，债务缠身，因身负大额到期未清偿债务被人民法院列为失信被执行人

22. 某上市公司拟聘任独立董事一名，甲为该公司人力资源总监的大学同学，乙为该公司中持股 7%的某国有企业的负责人，丙曾任该公司财务部经理，半年前离职，丁为某大学法学院教授、兼职担任该公司子公司的法律顾问，根据公司法律制度的规定，可以担任该公司独立董事的是？（　　）

A. 甲　　　　　　　　B. 乙　　　　　　　　C. 丙　　　　　　　　D. 丁

23. 某公司注册资本为 500 万元，该公司年终召开董事会研究公司财务问题。在该董事会的决议内容中，下列哪一项是不合法的？（　　）

A. 公司合法转增部分的股本由各股东按原持股比例无偿取得

B. 为扩大生产，将该公司历年的法定公积金全部用于转增股本

C. 鉴于公司历年的法定公积金已达 300 万元，决定本年度不再提取法定公积金

D. 鉴于公司连年赢利，决定本年度税后利润依公司章程全部由股东按持股比例分配

24. 甲股份有限公司效益一直不错，为提升公司治理现代化，增强市场竞争力并顺利上市，公司决定重金聘请知名职业经理人王梭担任总经理。根据公司法律制度的规定，下列表述正确的是？（　　）

A. 对王梭的聘任及具体的薪酬，由甲公司董事会决定

B. 王梭受聘总经理后，就其职权范围内的事项，有权以甲公司名义对外签订合同

C. 王梭受聘总经理后，有权决定聘请其好友田苑担任甲公司的财务总监

D. 王梭受聘总经理后，甲公司发现其不称职，可以通过股东大会决议将其解聘

25. 某有限责任公司的董事李洪拟将其所有的一套商住两用房屋以略低于市场价格的条件卖给公司作为办公用房。关于该交易的下列表述中，正确的是？（　　）

A. 该交易在获得公司监事会批准后可以进行

B. 该交易在获得公司董事会批准后可以进行

C. 该交易在获得公司股东会批准后可以进行

D. 如果公司章程中规定允许此种交易，该交易可以进行

26. 新乐家具有限责任公司董事长张珂违反公司章程的规定，对外投资造成公司 500 万元的经济损失。公司股东李杉准备起诉张珂，请求张珂承担赔偿责任。下列条件中符合《公司法》有关股东代表诉讼规定的是？（　　）

A. 李杉持有甲公司股份的时间必须为 3 个月以上

B. 李杉单独或与其他股东合计持有甲公司股份数 10%以上

C. 李杉在向法院起诉之前必须书面请求甲公司监事会向法院起诉

D. 李杉在向法院起诉之前必须书面请求甲公司董事会向法院起诉

27. 甲公司、乙公司均为有限责任公司。甲公司经理张涌违反公司章程规定将公司业务发包给不知情的乙公司，致使甲公司遭受损失。李志是甲公司股东，甲公司设董事会和监事会。下列关于李志保护甲公司利益和股东整体利益的途径的表述中，符合《公司法》规定的是？（　　）

  A. 李志可以书面请求甲公司监事会起诉张涌 B. 李志可以书面请求甲公司董事会起诉张涌

  C. 李志可以书面请求甲公司监事会起诉乙公司 D. 李志可以书面请求甲公司董事会起诉乙公司

28. 某上市公司董事会秘书李全执行公司职务时，违反公司章程的规定，给公司造成了损失。王浩是该公司连续 1 年持有 10%股份的股东，欲起诉李全。王浩的正确做法是？（　　）

  A. 王浩直接以公司的名义起诉李全

  B. 若王浩请求公司董事会起诉李全的口头提议遭拒绝，可以自己的名义起诉李全

  C. 若王浩请求公司监事张伟起诉李全的书面提议遭拒绝，可以自己的名义起诉李全

  D. 如果情况紧急，不立即起诉，公司的损失将难以弥补，王浩可以自己的名义直接起诉李全

29. 刘沙是甲有限责任公司的董事长兼总经理。任职期间，刘沙多次利用职务之便，指示公司会计将资金借贷给一家主要由刘沙的儿子投资设立的乙公司。对此，持有公司股权 0.5%的股东王健认为甲公司应该起诉乙公司还款，但公司不可能起诉，王健便自行直接向法院对乙公司提起股东代表诉讼。下列哪些选项是正确的？（　　）

  A. 王健应以甲公司的名义起诉，但无须甲公司盖章或者刘沙签字

  B. 王健不能直接提起诉讼，必须先向监事会提出请求

  C. 王健持有公司股权不足 1%，不具有提起股东代表诉讼的资格

  D. 王健应以自己的名义起诉，但诉讼请求应是将借款返还给甲公司

30. 以下有关股东直接诉讼的表述中，正确的是？（　　）

  A. 控股股东不得成为股东直接诉讼的被告

  B. 持有一定数额股份的股东才能行使股东直接诉权

  C. 公司章程可以对股东直接诉权进行限制

  D. 股东直接诉讼的被告可以是公司的董事和高级管理人员

31. 下列关于有限责任公司股权继承的表述，正确的是？（　　）

  A. 自然人股东死亡后，其合法继承人当然不能继承股东资格

  B. 自然人股东死亡后，其合法继承人是否可继承股东资格，取决于公司董事会的决定

  C. 自然人股东死亡后，其合法继承人是否可继承股东资格，由继承人与公司其他股东协商决定

  D. 自然人股东死亡后，其合法继承人可继承股东资格，但公司章程另有规定的除外

32. 甲、乙、丙三人共同设立云台有限责任公司，出资比例分别为 70%、25%、5%。自 2023 年开始，公司的生产经营状况严重恶化，股东之间互不配合，不能作出任何有效决议，甲提议通过股权转让摆脱困境被其他股东拒绝。下列哪一选项是正确的？（　　）

  A. 只有甲、乙可以向法院请求解散公司

  B. 甲、乙、丙中任何一人都可向法院请求解散公司

  C. 只有控股股东甲可以向法院请求解散公司

  D. 不应解散公司，而应通过收购股权等方式解决问题

33. 赵安系甲有限责任公司的小股东，该公司连续 5 年盈利，但由于受到大股东的控制，一直没有向股东分配利润。本次股东会依旧决定不分配利润，赵安虽投了反对票，但无奈人微言轻，无力改变股东会决定。下列做法中不符合《公司法》规定的是？（　　）

  A. 赵安可以请求公司收购其股权，退出公司

  B. 赵安可以直接向法院提起解散公司的诉讼

  C. 若甲公司与赵安未达成股权收购协议，自股东会会议决议通过之日起 90 日内，赵安可向法院提起解散公司的诉讼

  D. 若甲公司为股份有限公司，则赵安可以请求公司收购其股权，退出公司

34. 疏运有限公司是一家拥有 10 辆货车的运输企业，甲是该公司股东。一日，该公司股东会决议将汽车全部卖掉转而从事广告制作，甲认为广告制作业没有前途而坚决反对，但因甲只有 10%的股权，该决议仍得以通过。甲可以通过下列哪些方法来维护自己的权益？（　　）

  A. 将股权转让给他人，退出公司 B. 向法院起诉请求解散公司，并分配剩余财产

  C. 向法院起诉请求撤销该股东会决议 D. 请求公司以合理价格收购其持有的股权

35. 张垚为某有限责任公司股东，其对公司的出资为 10 万元人民币，现张垚因急需用钱，拟将股权转换为资金。其所采取的下列措施中，符合我国法律规定的是？（　　　）

    A. 抽回出资

    B. 将股权转让给其他股东

    C. 请求公司按照红利分配方案分配红利

    D. 向王鹏借款，并由王鹏代行其在公司中的所有股东权利

    E. 未经通知其他股东，将股份质押给第三人，以取得借款

36. 根据《公司法》规定，公司可购回本公司股份的情形包括？（　　　）

    A. 正常投资行为　　　　　　　　　　B. 减少公司资本而注销股份

    C. 本公司的股票是抵押权标的　　　　D. 与持有本公司股票的其他公司合并

37. 公司不得收购本公司股份，但有下列情形的除外？（　　　）

    A. 减少公司注册资本

    B. 将股份奖励给本公司职工

    C. 与持有本公司股份的其他公司合并

    D. 股东因对股东大会作出的公司合并、分立决议持异议而请求公司收购其股份的

    E. 公司连续 5 年不向股东分配利润，而公司该 5 年连续盈利并符合法定的分配利润条件的

38. 《公司法》对股份有限公司股东转让股份的限制有？（　　　）

    A. 未上市的股票未经股东大会的同意不得转让

    B. 发起人持有的本公司股份，自公司成立之日起 1 年内不得转让

    C. 公司董事在离职后半年内不得转让其所持有的本公司股份

    D. 公司董事在任职期间每年转让的股份不得超过其所持有本公司股份总数的 25%

    E. 公司公开发行股份前已发行的股份，自公司股票在证券交易所上市交易之日起 1 年内不得转让

39. 甲为某有限公司股东，持有该公司 15% 的表决权股。甲与公司的另外两个股东长期意见不合，已两年未开公司股东会，公司经营管理出现困难，甲与其他股东多次协商未果。在此情况下，甲可以采取下列哪些措施解决问题？（　　　）

    A. 请求法院解散公司　　　　　　　　B. 请求公司以合理的价格收购其股权

    C. 将股权转让给另外两个股东退出公司　D. 经另外两个股东同意撤回出资以退出公司

40. 甲为持有某有限责任公司全部股东表决权 10% 以上的股东。根据公司法律制度的规定，在某些事由下，若公司继续存续，会使股东利益受到重大损失，且通过其他途径又不能解决的，甲提起解散公司诉讼时，人民法院应予受理。下列选项中，属于上述"某些事由"的是？（　　　）

    A. 公司亏损、财产不足以偿还全部债务的

    B. 公司被吊销营业执照未进行清算的

    C. 公司持续 2 年以上无法召开股东会，且经营管理发生严重困难的

    D. 公司董事长期存在冲突，且无法通过股东会解决，致使公司经营管理发生严重困难的

41. 甲公司分立为乙、丙两公司，约定由乙公司承担甲公司全部债务的清偿责任，丙公司继受甲公司全部债权。关于该协议的效力，下列哪一选项是正确的？（　　　）

    A. 该协议仅对乙、丙两公司具有约束力，对甲公司的债权人并非当然有效

    B. 该协议无效，应当由乙、丙两公司对甲公司的债务承担连带清偿责任

    C. 该协议有效，甲公司的债权人只能请求乙公司对甲公司的债务承担清偿责任

    D. 该协议效力待定，应当由甲公司的债权人选择分立后的公司清偿债务

四、案例分析题

    案例一： 以下是一食品有限责任公司的设立方案：股东为 15 个自然人；其中 12 人以现金入股 31 万元人民币，2 名高级技师王淼、张岫以自己拥有的特殊劳动技能入股、折合为 6 万元人民币，赵合用自己的一项受专利法保护的专利技术入股、折合为 11 万元人民币。新公司不设监事。新公司以食品生产为主营业务。

    该有限责任公司成立后。发现赵合的专利技术仅值 5 万元人民币。

    请问：

    1. 该食品有限责任公司的设立方案是否完全符合《公司法》的规定？

2. 专利技术入股应办理哪些手续？

3. 赵合名义上11万元人民币的出资，实际上只值5万元人民币，应如何处理？

案例二：甲、乙、丙三个公司和自然人丁共同投资设立了黑水房地产有限公司。经过4个股东协商并决定，公司机构由下列人员组成：甲公司委派李明担任公司的董事长，乙公司委派周宇担任公司副董事长兼公司法定代表人，丙公司委派洪亮担任公司董事兼任公司监事。公司经过招聘，聘任吴宇担任公司董事并经股东会表决通过，聘任徐洲担任公司总经理。丁不在公司机构中担任任何职务。

黑水房地产公司在经营中发生下列情形：①丁与戊合资设立了白水房地产有限公司，丁担任该公司的总经理；②未经公司同意，吴宇按照市场价格向公司购买了一套商品房用于自住；③未经公司同意，周宇代表公司与长河水泥厂签订了借款合同，出借人民币300万元给水泥厂；④黑水公司与其他公司共同投资设立了黄海房地产有限公司，公司股东会表决同意委派李明担任黄海房地产公司的董事长；⑤由于工作需要，公司委派洪亮到南方城市推销商品房，为了经营方便，公司将20万元的经营费用存入洪亮开立的账户上。

请问：

1. 黑水房地产有限公司机构人员组成中哪些决定是符合《公司法》规定的？哪些是不合法的？如果是不合法的，请说明理由。

2. 黑水房地产有限公司在经营中，哪些情形是符合《公司法》有关规定的？哪些是不合法的？并请说明理由。

案例三：2024年10月，扬子药品开发有限责任公司(以下简称扬子公司)与其他5家国内企业共同筹建鼎立中药股份有限公司(以下简称鼎立公司)，资本总额确定为1200万元；6家发起企业认购其中一部分，其余部分向社会公开募集。在发起过程中，由于扬子公司作为出资的厂房需要装修，发起人共同协商成立鼎立公司筹建处，并以筹建处的名义向中源装潢公司购买一批装饰材料。货款总价79万元。买卖双方约定，鼎立公司一经成立即向中源装潢公司付清全部货款。一周后，中源装潢公司按约定将货物运至筹建处指定的仓库。后经证监会批准，扬子公司等6家发起企业发布招股说明书进行公开募股，但募股期届满未募集到足够资金，公司无法成立。

请问：

1. 中源装潢公司的装饰材料货款应由谁承担？

2. 6家发起企业应当承担哪些责任？

案例四：甲、乙在2024年8月1日设立A有限责任公司。2024年9月18日，甲、乙与丙、丁达成股权转让协议。该协议主要内容为：①丙、丁以80万元人民币收购甲、乙持有A公司的全部股份；②股权转让手续由丙、丁办理，甲、乙予以协助；③A有限责任公司在2024年9月18日之前对外所负债务由甲、乙承担。

请问：

1. 甲、乙与丙、丁签订的股权转让协议中有关A公司债务的约定是否有效？

2. 甲、乙与丙、丁签订的股权转让协议，在工商登记之前是否已经生效？

3. 如果丙、丁受让甲、乙股权之后，发现A有限责任公司实际资产仅为50万元人民币，而对外债务为70万元人民币，丙、丁是否要承担差额部分的债务？(不考虑甲、乙与丙、丁有关债务偿还条款)

4. A有限责任公司的对外70万元人民币债务该如何解决？

案例五：2024年8月8日，甲、乙、丙、丁共同出资设立了一家有限责任公司(下称公司)。公司未设董事会，仅设丙为执行董事。2025年6月8日，甲与戊订立合同，约定将其所持有的全部股权以20万元的价格转让给戊。甲于同日分别向乙、丙、丁发出拟转让股权给戊的通知书。乙、丙分别于同年6月20日和24日回复，均请求在同等条件下优先购买甲所持公司全部股权。丁于同年6月9日收到甲的通知后，至7月15日未就此项股权转让事项作出任何答复。戊在对公司进行调查的过程中发现乙在公司设立时以机器设备折合30万元用于出资，而该机器设备当时的实际价值仅为10万元。公司股东会于2025年2月就2024年度利润分配作出决议，决定将公司在该年度获得的可分配利润68万元全部用于分红，并在2025年4月底之前实施完毕。至7月底丁尚未收到上述分红利润，在没有告知公司任何机构和人员的情况下，丁直接向人民法院提起诉讼，请求实施分红决议。

请问：

1. 丁未作答复将产生何种法律后果？请说明理由。

2. 乙、丙均请求在同等条件下优先受让甲所持公司全部股权，应当如何处理？

3. 如果乙出资不实的行为属实，应当如何处理？

4. 丁直接向人民法院提起诉讼的行为是否符合法律程序？并说明理由。

案例六：甲、乙两公司拟投资组建某酒店。乙公司请求引进丙公司参与该投资项目，但甲公司坚持只能与其中一家企业合作。于是，乙、丙两公司决定以乙的名义投资，但双方另外签订了一份协议，约定：酒店项目中属于乙公司享有的权利和承担的义务，由乙公司和丙公司共同享有和承担；在乙公司应向酒店投入的 2000 万元出资中，1000 万元的贷款由双方共同偿还并支付利息，各承担 50%；其余 1000 万元由乙公司与丙公司按 40% 和 60% 的比例分担。利润和亏损都由乙公司和丙公司各得一半。协议签订后，丙公司将 600 万元的资金交付乙方，作为对酒店的投资；而出资证明书、股东名册、市场主体登记均以乙公司的名义进行。随后，双方也按协议共享了对酒店的股权收益。

2022 年起，酒店以设备陈旧需要改造为由连续 3 年不分配利润。于是，丙公司向法院提起诉讼，请求确认其在酒店中的股权。

请问：

1. 该隐名投资合同是否具有法律效力？

2. 该合同能对公司与其他股东产生效力吗？

3. 该合同能对公司、股东以外第三人产生效力吗？

案例七：2024 年 7 月 2 日，蔡某、吴某、钱某和其他 10 人共同出资设立甲有限责任公司(下称"甲公司")。根据公司章程的记载，蔡某为第一大股东，出资 550 万元，占注册资本的 55%，股东认缴的出资应在公司成立后的 6 个月内缴足。公司章程对股权转让和议事规则未作特别规定。

2025 年 3 月 15 日，蔡某认缴的出资仍未足额缴纳。

2025 年 4 月 1 日，吴某拟将其持有的甲公司股权转让给股东以外的人李某，并将股权转让的数量、价格、支付方式和期限等事项书面通知其他股东，其他股东收到通知后 30 日内未作任何答复。吴某认为其他股东放弃了优先购买权，所以自己可以将股权转让给李某。吴某遂与李某签订股权转让合同。

2025 年 5 月 20 日，为提高市场竞争力，甲公司拟与乙公司合并，并召开股东会会议进行表决，股东钱某投了反对票，其他人赞成，决议通过。钱某提出退出甲公司，要求甲公司以合理价格收购其持有的本公司股权，遭到拒绝。

请问：

1. 蔡某未按期足额缴纳公司章程规定的，其所认缴的出资额是否符合法律规定？应承担何种法律责任？简要说明理由。

2. 吴某认为可以将股权转让给李某的理由是否符合法律规定？简要说明理由。

3. 甲公司是否有权拒绝收购钱某股权？简要说明理由。

案例八：2023 年 7 月 3 日，甲有限责任公司(下称"甲公司")设立。张某以货币认缴出资 100 万元，王某以房产认缴出资 100 万元。双方出资期限均至 2025 年 8 月 31 日。公司经营期限为 20 年。公司章程对股东出资未作其他约定。

2023 年 7 月 10 日，王某将其经过评估机构评估、价值 100 万元的房产交付给甲公司使用并办理产权变更手续。

2024 年 8 月 9 日，甲公司以因市场变化导致房屋贬值为由，要求重新对房产进行评估。资产评估机构评估房产价值 85 万元，甲公司要求王某补足差额 15 万元。

2024 年 8 月 23 日，甲公司因经营不善，无法偿还债权人乙公司到期债务，乙公司要求张某提前缴纳出资，张某以出资期限尚未届至为由拒绝。

2024 年 8 月 30 日，甲公司召开股东会，王某以甲公司亏损，不能偿还全部债务为由要求解散公司，甲公司股东会决议未通过，王某遂向法院提起解散公司的诉讼。

请问：

1. 甲公司要求王某补足 15 万元是否符合法律规定？并说明理由。

2. 乙公司要求张某提前缴纳出资是否符合法律规定？并说明理由。

3. 王某提起解散公司诉讼，法院是否支持？并说明理由。

第四章　企业破产法律制度

一、名词解释题

破产界限　管理人　债权人会议　撤销权　破产费用　共益债务

二、判断题

1. 在法院受理破产案件并通知债权人和发布公告后，债权人应当在收到通知后的 1 个月内向法院申报债权，逾期未申报的，可以延长 3 个月，到期后仍未申报的，视为自动放弃债权，在破产程序中不再予以清偿。（　　）

2. 在破产程序中，债权人会议主席由人民法院指定产生，而不是由债权人会议选举产生。（　　）

3. 甲公司的债务人乙在甲公司的破产案件被人民法院受理后，取得他人对甲公司的债权。乙可以用该债权与其欠甲公司的债务进行抵销。（　　）

4. 甲委托乙企业保管某件珍贵的书画。在乙企业向人民法院申请破产并被受理后，甲欲取回其书画时才发现，该书画已被乙企业以 100 万元卖出。甲可行使取回权，直接从乙的破产财产中取走 100 万元。（　　）

5. 债务人甲企业在执行和解协议期间，财务状况继续恶化，致使和解协议无法执行，人民法院经甲企业和解债权人请求，裁定终止和解协议的执行。为此，甲企业认为和解债权人因执行和解协议所受的清偿无效，应予以退还作为破产财产。甲企业的观点是正确的。（　　）

6. 破产费用和共益债务由债务人财产随时清偿，债务人财产不足以清偿所有破产费用和共益债务的，应先行清偿破产费用。（　　）

7. 破产程序终结后，且未另外发现破产财产的，债权人通过破产分配未能得到清偿的债权不再予以清偿，破产企业未偿清余债的责任依法免除。（　　）

三、不定项选择题

1. 公司被其债权人申请破产，人民法院受理该破产案件后发生的下列行为中，不符合法律规定的是？（　　）
    A. 甲公司的法定代表人张泉到乙企业担任董事
    B. 管理人对破产申请受理前成立而甲公司和对方当事人均未履行完毕的合同，决定继续履行
    C. 人民法院中止了破产申请受理前有关甲公司一宗民事诉讼案件的审理
    D. 银行解除了破产申请受理前甲公司被冻结的账户

2. 2024 年 11 月 3 日，人民法院受理了甲公司的破产申请。根据企业破产法律制度的规定，下列已经开始、尚未终结的与甲公司有关的民事诉讼中，应当中止，且不因管理人能够代表债务人参加诉讼而继续进行的是？（　　）
    A. 股东乙以甲公司董事长决策失误导致公司损失为由，对其提起的诉讼
    B. 甲公司以拖欠货款为由，对丙公司提起的诉讼
    C. 债权人丁公司以甲公司股东戊与甲公司法人人格严重混同为由，主张戊直接承担责任的诉讼
    D. 甲公司以总经理庚违反竞业禁止为由，主张其返还不当利益的诉讼

3. 下列人员可以担任清算组管理人的是？（　　）
    A. 因故意犯罪受过刑事处罚，刑期服满已逾 5 年
    B. 3 年前被吊销执照后来又恢复执照的注册会计师
    C. 3 年前曾经担任过该公司的财务顾问的会计师事务所
    D. 持有破产企业 60%股份的股东

4. 根据企业破产法律制度的规定，下列各项中属于债权人会议职权的是？（　　）
    A. 更换管理人
    B. 选任和更换债权人委员会成员
    C. 决定继续或者停止债务人的营业
    D. 对破产申请受理前成立而债务人和对方当事人均未履行完毕的合同有权决定解除或者继续履行

5. 某公司因不能清偿到期债务申请破产，属于该公司破产债权的是？（　　）
   A. 拖欠的税款 5 万元
   B. 甲公司请求收回租赁给该破产公司的一套设备
   C. 丁银行行使抵押权后仍有 20 万元债权未受清偿
   D. 乙银行因派员参加破产程序花去的差旅费 3 万元
   E. 丙银行给该破产公司的 40 万元贷款，但尚未到还款期

6. 某破产案件中，债权人向法院提出更换管理人的申请。申请书中指出了如下事实，其中哪些属于主张更换管理人的正当事由？（　　）
   A. 管理人列席债权人会议时，未如实报告债务人财产接管情况，并拒绝回答部分债权人询问
   B. 管理人将债务人的一处房产转让给第三人，未报告债权人委员会
   C. 债权人对债务人在破产申请前曾以还债为名向关联企业划转大笔资金的情况多次请求调查，但管理人一再拖延
   D. 管理人将对外追收债款的诉讼业务交给其所在律师事务所办理，并单独计收代理费

7. 人民法院于 2024 年 9 月 10 日受理债务人甲企业的破产申请，甲企业的下列行为中，管理人有权请求人民法院予以撤销的是？（　　）
   A. 甲企业于 2024 年 3 月 1 日对应于 2024 年 10 月 1 日到期的债务提前予以清偿
   B. 甲企业于 2024 年 2 月 1 日向乙企业无偿转让价值 10 万元的机器设备
   C. 甲企业于 2024 年 9 月 1 日与其债务人丙企业签订协议，放弃其 15 万元债权
   D. 甲企业于 2024 年 2 月 10 日将价值 25 万元的车辆作价 8 万元转给丁企业

四、案例分析题

案例一： 现有某大型公司 A，拥有总资产 2.54 亿元，负债 1.89 亿元，资产负债率约为 74%。该公司三年内在银行的信用状况良好，无拖欠贷款或利息的行为。但欠其绝对控股的大股东 B 的 1000 万元借款已经到期。此时，该公司尚有 3500 万流动资金和价值 1.2 亿元的存货，该产品市场前景看好。

此时，B 开始研究 A 的破产重组问题，并且成立了破产清算小组。A 公司于 2024 年 4 月 25 日偿还了此前积欠的对 B 的债务，总计 3400 万元。2024 年 5 月 25 日，B 向法院申请对 A 实行破产清算，理由是 A 不能偿还欠 B 公司 1000 万元的到期债务。

请问：该案中存在哪些不合法行为，并说明理由。

案例二： 某国有企业被人民法院宣告破产，有关清算情况如下：企业资产总额 500 万元，其中，已作为债务担保的厂房可变现价值 80 万元，该厂房所担保的债务金额 50 万元。企业负债总额 700 万元，其中，应交税金 15 万元，应付职工工资 15 万元、社会保险费 5 万元，应缴市场监督管理机关罚款 5 万元。破产费用共计 20 万元。

请问：

1. 该企业的破产财产是多少？
2. 破产债权是多少？
3. 应如何对破产财产进行分配？

第五章　合同法律制度

一、名词解释题

合同的相对性　要约邀请　无权处分　不安抗辩权　预期违约　根本违约　债务承担　先诉抗辩权　抵押　质押　留置

二、判断题

1. 2025 年 3 月 15 日，杨过以网购形式从黄靖开办的电子经营部购买价值 15 123 元的电脑一台，下单后货款及邮寄费 95 元均已向黄靖付清。同日，黄靖委托 A 市甲速递公司送货。该货物于同月 24 日到达交货地后被他人冒领。为此，杨过多次请求黄靖交货未果，遂诉至 A 市人民法院，请求判令甲公司和黄靖赔偿其电脑价款 15 123 元和邮寄费 95 元。杨过的诉讼请求应得到法院的支持。　　　　　　　　　　　　　　　　　　（　　）

2. 甲从国外带回一架照相机。好友乙看望甲时，见到该照相机爱不释手，便向甲提出："给我吧。"甲说："先拿去用吧。"乙走时将照相机带走。后因乙急需用钱，以 2000 元将照相机卖给丙（丙不知情）。3 个月后，甲问乙："你何时将照相机还我？"乙说："你不是送给我了？"双方为此发生纠纷，诉至法院。本案中，乙属于无权处分行为，但是丙根据善意取得制度可以取得照相机的所有权。甲不能向丙主张返还照相机，只能向乙主张不当得利返还请求权或者侵权损害赔偿请求权。　　　　　　　　　　　　　　　　　　　　　　　　（　　）

3. 赵彪与钱卫共同出资设立了甲公司。公司成立后，经法定代表人赵彪授权业务员花生与乙钢铁厂签订了一份购买钢材的合同。乙钢铁厂交付钢材后未收到货款，诉至人民法院请求花生向其承担违约责任。　　（　　）

4. 甲知道乙准备将自己经营的餐馆转让给丙，并不想购买该餐馆，但为了阻止乙将餐馆卖给竞争对手丙，却假意出高价与乙进行了长时间的谈判。当丙买了另一家餐馆后，甲中断了与乙的谈判。如果乙因此受到损失，甲应当承担赔偿责任。　　　　　　　　　　　　　　　　　　　　　　　　　　　　　　　　　（　　）

5. 黄浒于 2025 年 5 月 18 日以传真方式向王熳请求购买 A4 复印纸 1000 包，请求"立刻回复"。王熳当日回复"收到传真"。2025 年 5 月 20 日，黄浒电话催问，王熳表示同意按黄浒的报价出售，并请求黄浒于 2025 年 5 月 28 日来人签订合同。2025 年 5 月 28 日，黄浒如期前往王熳处签约，王熳请求加价，黄浒不同意，王熳拒绝签约。王熳不应对自己的行为向黄浒承担任何法律责任。　　　　　　　　　　　　　　　　　　　　　　（　　）

6. 花千古是某蔬菜经销公司的业务员，在出差途中，遇到某化工厂业务员李雪莲，从李雪莲口中得知化工厂有一批聚乙烯急于出售，价格远低于市场价格。花千古随即使用公司的空白合同书同化工厂签订了购买 58 吨聚乙烯的合同，花千古回公司将此事报告公司董事长孟杉都，孟杉都让花千古立即取消该合同，但花千古没有办理解约手续，不久花千古辞职。后化工厂请求蔬菜经销公司履约，蔬菜经销公司拒绝。蔬菜经销公司的做法是合法的。　　　　　　　　　　　　　　　　　　　　　　　　　　　　　　　　　（　　）

7. 2025 年 3 月 8 日，甲、乙双方在广州市越秀区签订了一份合同，约定甲向乙购买水泥 10 吨。乙按约定日期向甲交货，但甲因躲避他人债务不知去向。乙无奈将水泥提存。提存当晚，突降特大暴雨，库房坍塌，水泥被水浸泡，全部毁损。2025 年 6 月 11 日，甲躲债归来，请求乙交付水泥。乙拒绝支付，并请求甲支付水泥价款和提存费用。为此，双方发生纠纷并诉至广州市越秀区人民法院。根据我国法律的规定，越秀区人民法院应当支持甲的诉讼请求，判决乙交付水泥。　　　　　　　　　　　　　　　　　　　　　　　　　　　　（　　）

8. 甲厂和乙厂之间签订了一份合同，甲是供货方，双方约定乙在合同签订后 1 个月内先预付 1000 万元，在合同签订 20 日后，乙基于确切证据得知甲厂失火并在短期内无法恢复供货能力，请求中止履行合同并请求甲厂提供适当担保，甲厂拒绝并要求乙厂承担违约责任。甲厂的做法是合法的。　　　　　　　　　　（　　）

9. 甲和乙签订了一份买卖合同，甲作为供货方请丙为保证人，并签订了一般保证的担保合同。当甲不能按期交货时，乙可以直接请求丙承担担保责任。　　　　　　　　　　　　　　　　　　　　　　　（　　）

10. 同一债权既有保证又有物的担保，债务人不履行到期债务的，如果保证责任约定不明确，债权人可以向任一担保人追偿。　　　　　　　　　　　　　　　　　　　　　　　　　　　　　　　　　（　　）

11. 2023 年 6 月 15 日，唐金锁向李婉华借款 4 万元。借据记载：保证在 2025 年 4 月 15 日前还款。2025 年 4 月 13 日，李婉华向唐金锁催讨借款，唐金锁不仅拒绝还款，还辱骂李婉华。李婉华很无奈，遂向某有管辖权的人民法院起诉，请求唐金锁偿还借款并向自己赔礼道歉、赔偿精神损失。对于李婉华的诉讼请求，人民法院应予

支持。 ( )

12. 2025 年 2 月 1 日，王烨在甲商场花费 1680 元购买了乙公司生产的某品牌智能手机。2025 年 6 月 11 日，王烨在正常通话时，手机突然爆炸，导致右耳失聪。根据我国法律规定，王烨只能追究甲商场的违约责任。( )

13. 2025 年 6 月 1 日，甲工厂向乙公司购买一批水果，双方签订了买卖合同，约定同年 6 月 10 日在乙公司的货场验货付款。甲工厂没有按约定的日期来提货。同年 6 月 12 日，天降大雨，乙公司没有对露天放置的水果采取任何遮盖措施。同年 6 月 15 日甲工厂派人来提货时，水果已经大批腐烂。如果双方解除买卖合同，乙公司不得就该批水果腐烂的损失请求赔偿。 ( )

14. 2025 年 2 月 1 日，甲、乙双方签订了一份购销合同。合同约定甲方在同年 6 月底前将货物运至乙方，乙方于接到货物后 15 天内将货款付给甲方。甲方按期将货物通过火车发运给乙方，但迟至同年 9 月底仍未收到乙方的货款，后诉至法院。乙方在法庭上辩称，由于同年 8 月本地发洪水，致使自己无法履行合同义务，请求免除违约责任。乙方的理由可以成立，法院应予支持。 ( )

15. 荣耀公司受荣盛公司委托加工一批服装，双方约定荣盛公司提供面料并支付加工费。荣盛公司超过领取期 3 个月不来取货也不支付加工费，荣耀公司经催交无效便将其做好的服装予以拍卖，所得价款用于抵补加工费、保管费之后，将剩余款项全部退给了荣盛公司。荣耀公司的行为不合法。 ( )

16. 2025 年 3 月 8 日甲作为出租人与乙订立租赁合同，约定将丙的房屋于同年 5 月 1 日租赁给乙作为办事处。同年 4 月 10 日，甲向丙购买该出租房屋，并办理了产权转让手续。甲与乙于 2025 年 3 月 8 日所签租赁合同因甲对该房屋尚无处分权而无效。 ( )

17. 甲、乙签订一买卖合同。合同约定：甲将 100 吨大米卖给乙，合同签订后 3 天内交货，交货后 10 天内付货款；合同签订后乙应向甲交付 5 万元定金，合同在交付定金时生效。合同订立后，乙未交付定金，甲按期向乙交付了货物，乙收货后无异议。付款期限届满后，乙以定金未交付致合同不生效为由拒绝付款。乙不付款的理由成立。 ( )

18. 张姚向杨阳借款 3 万元到期未还，双方因债务清偿问题发生纠纷，张姚被杨阳打伤。住院治疗共支出医疗费 4.5 万元，杨阳有权主张在 3 万元内抵销，只向张姚支付 1.5 万元医疗费。 ( )

19. 甲公司与乙公司签订一买卖合同。合同约定：若发生合同纠纷，须提交 A 市仲裁委会员仲裁。后因乙公司违约，甲公司依法解除合同，并请求乙公司赔偿损失。双方对赔偿额发生争议，甲公司就该争议向 A 公司仲裁委员会申请仲裁。乙公司认为，因合同被解除，合同中的仲裁条款已失效，故甲公司不能向 A 市仲裁委员会申请仲裁。乙公司的观点是正确的。 ( )

三、不定项选择题

1. 根据《民法典》的规定，下列情形属于合同相对性原则的例外的是？( )
   A. 甲行使代位权，对次债务人丙提起诉讼
   B. 甲、乙签订买卖合同，甲只能请求乙按照合同约定交付货物
   C. 甲向乙运输公司申请从海南到哈尔滨托运私家车一辆，双方签订单式联运合同，从海南到北京的承运人丙与总承运人乙公司共同对甲承担连带责任
   D. 甲、乙签订房屋租赁合同，租赁期内丙将房屋出售给丙，乙可以对抗丙

2. 甲公司与乙公司签订电脑买卖合同，合同约定由丙公司代替甲公司向乙公司支付电脑价款，但丙公司在该合同履行期限内未向乙公司支付电脑价款。对此，下列叙述正确的是？( )
   A. 丙公司应向乙公司承担违约责任　　　　B. 甲公司应向乙公司承担违约责任
   C. 甲公司与乙公司签订的电脑买卖合同无效　　D. 乙公司可选择甲公司或丙公司承担违约责任

3. 下列行为属于要约的是？( )
   A. 甲 5 岁的儿子未经甲的提议向乙声称有一台等离子彩电愿以 100 元的价格出售
   B. 甲对乙说："我准备卖掉家中祖传的一套家具。"
   C. 甲公司在某媒体上发布招股说明书
   D. 甲在媒体上做广告，出售一台二手电脑，广告中注明："本广告所载商品售与最先支付现金的人。"

4. 下列要约属于可撤销要约的是？( )
   A. "钢材，单价 600 元，于 15 日前回复有效。"
   B. "彩电，单价 1000 元，不可撤销。"
   C. "服装，单价 100 元。"

D. "小麦 100 吨，单价 100 元，请安排车辆运输"，受要约人已经按要求准备好了运输工具和储存场所

5. 下列属于承诺的是？（　　）

    A. 甲给乙发信件称："我有一批钢材出售，每吨 200 元，3 个月内回复有效。"在 3 个月内，丙给甲回电表示接受报价

    B. 如 A 项，乙于第 4 个月作出回复，表示愿意购买

    C. 如 A 项，乙在 3 个月内回复表示愿意购买，但每吨最高出价 150 元

    D. 如 A 项，乙在 3 个月内将款项汇给甲，并通知甲自己已做好收货准备

6. 2025 年 3 月 11 日，甲公司以信件方式向乙公司发出出售 100 吨大米的要约，请求乙公司在收信后 10 日内予以答复。同年 3 月 18 日信件寄至乙公司。乙公司于同年 3 月 25 日寄出承诺信件，表示接受甲公司在信件中的要约内容，但务必请附上植物检疫证书。同年 3 月 30 日信件寄至甲公司。同年 4 月 1 日，甲公司打电话回复乙公司，同意乙公司附上植物检疫证书的请求。该承诺何时生效？（　　）

    A. 3 月 18 日   B. 3 月 25 日   C. 3 月 30 日   D. 4 月 1 日

7. 甲公司与乙公司签订一份电视购销合同，双方在合同中约定，由乙公司卖给甲公司电视机 30 台，货款总额 15 万元。2025 年 3 月 30 日前货款两清，本合同经公证后生效。后来双方并未对此合同进行公证。到同年 4 月 30 日，乙公司尚未交货，甲公司诉至人民法院。下列关于本案的处理意见正确的是？（　　）

    A. 乙公司违反了合同的约定，应负赔偿责任   B. 因未公证，该合同并未生效

    C. 本案中双方当事人都无须承担民事责任   D. 乙公司应承担缔约过失责任

8. 甲公司委托业务员张弘到某地采购一批等离子电视机，张弘到该地后意外发现当地乙公司的液晶电视机很畅销，就用盖有甲公司公章的空白介绍信和空白合同书与乙公司签订了购买 200 台液晶电视机的合同，并约定货到付款。货到后，甲公司拒绝付款。下列表述中不正确的是？（　　）

    A. 甲公司应接受货物并向乙公司付款

    B. 张弘无权代理签订购买液晶电视机的合同

    C. 若甲公司因该液晶电视机买卖合同受到损失，有权向张弘追偿

    D. 甲公司有权拒绝付款

9. 李咏系丙有限责任公司的经理，该公司主要经营空调销售业务。在任职期间，李咏代理丁公司从国外进口一批空调并将其销售给丙公司，丙公司得知后提出异议。本案应如何处理？（　　）

    A. 李咏的行为与丙公司无关，丙公司无权提出异议

    B. 李咏违反竞业禁止义务，但这并不影响销售合同的效力，由这笔买卖所得的收益应归丙公司所有

    C. 李咏违反竞业禁止义务，其代理丁公司与丙公司签订的销售合同无效，所进口的空调应由丙公司优先购买

    D. 李咏违反竞业禁止义务，但这并不影响销售合同的效力，也不影响他由这一买卖所得的收益，仅存在被罢免的可能性

10. 甲将自己的一台笔记本电脑放在乙家寄存，乙因急用将该电脑卖给了丙。下列说法正确的是？（　　）

    A. 乙的行为是无权处分行为   B. 乙的行为是无权代理行为

    C. 乙和丙签订的合同是无效合同   D. 乙与丙签订的合同是有效合同

11. 下列情形中属于效力待定合同的是？（　　）

    A. 5 周岁的儿童因发明创造而接受奖金

    B. 出租车司机借抢救重伤员急需出租车之机将车价提高 5 倍

    C. 12 周岁的少年出售劳力士金表给 40 岁的刘汉

    D. 成年人甲误将本为复制品的油画当成真品购买

12. 甲将其电脑借给乙使用，乙却将该电脑卖给丙。依据《民法典》的规定，下列关于乙、丙之间买卖电脑的合同效力的表述哪一项是正确的？（　　）

    A. 无效   B. 有效   C. 效力待定   D. 可撤销

13. 甲公司与乙村订立一茶叶购销合同，约定乙村于 2025 年 4 月 18 日交货，甲公司于同年 4 月 28 日付款。在同年 3 月底，乙村发现甲公司经营状况严重恶化，有无力支付货款的可能，并有确切证据，遂向甲公司提出中止合同，但甲公司未允。基于以上原因，乙村在同年 4 月 18 日未按期交货，有关该案正确的表述是哪一项？（　　）

    A. 乙村无权不按期交货，但可仅先交部分货物

B. 乙村有权不按期交货，除非甲公司提供了相应的担保

C. 乙村有权不按期交货，即使甲公司提供了相应的担保

D. 乙村无权不按期交货，但甲公司不付货款可追究其违约责任

14. 某公司为纪念 2025 年某项体育比赛，特生产纪念手机 2025 部，每部售价 2.025 万元。其广告宣称，限量发行，纪念手机上镶有进口天然钻石。后经查实，钻石为人造钻石，每粒售价仅为 100 元，手机成本约 2025 元。购买者因此有权主张？（　　）

    A. 该合同无效　　　　　　　　　　B. 解除该合同

    C. 该公司承担违约责任　　　　　　D. 赔偿损失

15. 甲公司与乙印刷厂签订了一份加工印制贺年卡的合同，合同约定贺年卡上印制各种鼠形图案，以示该年为农历鼠年。合同履行期为该年 12 月 18 日，如违约应支付违约金。但至第二年 1 月底，乙印刷厂仅交付了贺年卡总数的 20%，其余部分一直未交。甲公司遂向乙印刷厂书面通知解除合同，乙印刷厂不同意，甲公司便诉至法院。对本案的处理，下列哪项表述是正确的？（　　）

    A. 乙印刷厂应当继续履行合同

    B. 甲公司有权解除合同，但无权请求乙印刷厂支付违约金

    C. 甲公司有权解除合同，并请求乙印刷厂支付违约金

    D. 乙印刷厂应当支付违约金并应继续履行合同

16. 贾宇于 2025 年 1 月 20 日在某百货公司购买了一台某厂家生产的煤气炉。同年 5 月 2 日，贾宇在招待朋友时使用该煤气炉，使用过程中煤气炉突然爆炸，造成了贾宇和其朋友的轻度受伤，共花去医疗费 3000 余元。经鉴定，该煤气炉质量不合格。下列说法正确的是？（　　）

    A. 贾宇和其朋友可以向百货公司求偿

    B. 贾宇和其朋友只能先向百货公司求偿，然后由百货公司向生产厂家追偿

    C. 本案提起民事赔偿请求的时效是 1 年

    D. 贾宇和其朋友可以向生产厂家求偿

17. 关于合同解除，下列表述正确的是？（　　）

    A. 甲雇请乙开车，同时约定，若甲日后自己拿到驾驶执照，则甲有权解聘乙。此即约定解除权

    B. 某学校为欢庆六一儿童节，向某公司定制一批玩具，约定于 5 月 20 日交货。届履行期限，公司致函学校，明确告知其无法按时履行，请求迟延履行，学校以合同目的无法实现为由请求解除合同，并赔偿损失

    C. 某市百货商场与某市服装厂签订一份服装供应合同，约定于 8 月 15 日前交货。但到了 8 月 15 日，服装厂没有按约交货，于是百货商场于 8 月 16 日提出解除合同，并认为其解除合同有法律依据

    D. A 公司为履行与 B 公司签订的锅炉买卖合同，委托运输公司送货上门，但途中遇交通事故，导致锅炉毁损，A 公司以事故不是其造成的为由提出解除合同，免除自己的责任

    E. 甲公司明确向乙公司表示其将不按约定履行合同义务，此时，乙公司可以不经催告，径直解除合同

四、案例分析题

案例一： 2025 年 3 月 8 日甲公司给乙公司发电子邮件称："本公司有一批特定货物欲出售，每吨价格为 2000 元，如同意购买，请速与本公司联系，以便进一步协商。"乙公司接信后回复："愿意购买 100 吨，总价 200 000 元，请在 2025 年 3 月 30 日前回电。"但甲公司到了 2025 年 4 月 10 日才回复称："由于该货物发生市场价格上涨的不可抗力，不能以原价卖出，本公司在 2025 年 3 月 28 日已以高于原价的价格将货物卖给了他人。"乙公司认为甲公司违反了合同的约定，应当承担违约责任及赔偿为筹集货款而支付的 10 000 元费用损失。

请问：

1. 甲公司给乙公司第一次所发的电子邮件属于什么行为，为什么？

2. 乙公司给甲公司的回复属于什么行为，为什么？

3. 甲公司第二次给乙公司回复所称的不可抗力是否成立，为什么？

4. 甲公司是否承担违约责任，为什么？

5. 甲公司是否承担其他责任？若承担，应承担哪方面的责任？

案例二： 甲公司于 2025 年 6 月 1 日给乙公司发电子邮件，称本公司有一批电子元件欲出售，单价 1000 元，5 日内保证有货，款到后立即发货。乙公司收到邮件后，立即于当日给甲公司回复邮件，表示愿意购买，并表明

货物必须于 2025 年 6 月 11 日之前送到,对于货款只同意单价 700 元,而且已经通过银行汇给了甲公司。甲公司当日收到电子邮件,同年 6 月 2 日收到银行汇款。收到汇款后,甲公司立即通知乙公司,货物只能按照单价 1000 元出售,请及时补齐货款,货款到位后发货。乙公司收到甲公司的通知后于同年 6 月 3 日回电子邮件表示:单价 700 元是自己的最高报价。乙公司的通知到达甲公司后,由于秘书的疏忽,甲公司董事长没有及时看到乙公司的回复,直到同年 6 月 5 日才看到。甲公司董事长表示接受乙公司的报价,但提出要签订正式的合同书。于是甲公司遂以双方电子邮件的内容为基础草拟了合同书。同年 6 月 6 日,甲公司董事长在位于 A 地的营业所内签字,并将合同书寄给了乙公司,同时将原件交丙运输公司交给乙公司。因为此时乙公司董事长在 C 地出差,乙公司遂派人将合同书送往 C 地。乙公司董事长于同年 6 月 9 日在合同书上签字,并于同年 6 月 8 日收到该批货物。

请问:

1. 甲公司 2025 年 6 月 1 日给乙公司发的邮件,以及乙公司的回复分别属于什么性质?

2. 甲、乙两公司之间是否存在合同关系?如果有,合同关系于何时成立?

3. 若甲、乙两公司未对交付货物地点作约定,如何处理?

4. 如果甲公司于 2025 年 6 月 10 日将电子元件送到乙公司处,那么合同于何时成立,合同于何地成立?

5. 如若丙运输公司在运输过程中,因遭遇洪水致货物全部毁损,那么货物的损失由谁承担?

案例三: 甲公司向乙宾馆发出一封邮件称:"现有一批电器,其中电视机 80 台,每台售价 3400 元;电冰箱 100 台,每台售价 2800 元,总销售优惠价 52 万元。如有意购买,请告知。"

乙宾馆接到该邮件后,遂向甲公司回复称:"只欲购买甲公司 50 台电视机,每台电视机付款 3200 元;60 台电冰箱,每台电冰箱付款 2500 元,共计支付总货款 31 万元,货到付款。"甲公司接到乙宾馆的邮件后,决定接受乙宾馆的请求。甲公司、乙宾馆签订了买卖合同,约定交货地点为乙宾馆,如双方发生纠纷,选择 A 仲裁机构仲裁解决。甲公司同时与丙运输公司签订了合同,约定由丙公司将货物运至乙宾馆。丙公司在运输货物途中遭遇洪水,致使部分货物毁损。丙公司将剩余的未遭损失的货物运至乙宾馆,乙宾馆请求甲公司将货物补齐后一并付款。

甲公司迅速补齐了货物,但乙宾馆以资金周转困难为由,表示不能立即支付货款,甲公司同意乙宾馆推迟 1 个月付款。1 个月后经甲公司催告,乙宾馆仍未付款。于是,甲公司通知乙宾馆解除合同,乙宾馆不同意解除合同。甲公司拟向法院起诉,请求解除合同,并请求乙宾馆赔偿损失。

请问:

1. 甲公司向乙宾馆发出的邮件是要约还是要约邀请?

2. 乙宾馆的回复是承诺还是新的要约?为什么?

3. 丙公司是否应对运货途中的货物毁损承担损害赔偿责任?为什么?

4. 甲公司能否解除与乙宾馆的买卖合同?为什么?

5. 甲公司能否向法院起诉?为什么?

案例四: 为了减少交易风险,请审查下列合同并提出修改意见。

A 市红桃 K 服装厂与 C 市佳缘服务有限公司签订了一份服装合同,其文本如下:

供货合同

卖方:A 市红桃 K 服装厂

买方:C 市佳缘服务有限公司

1. 卖方为买方生产 200 件工作服,买方向卖方提供所需布料 400 米。

2. 卖方于 2025 年 5 月自备车辆将成品送到买方,双方在到达地验收,运费由买方负担。

3. 买方向卖方支付货款 6000 元,货到后经检验合格付款。

4. 如因本合同发生争议,提交 A 市仲裁委员会仲裁,或者向 C 市人民法院提起诉讼。

5. 本合同自双方签字盖章之日起生效。一式两份,双方各持一份。

卖方:A 市红桃 K 服装厂(章)　　　　买方:C 市佳缘服务有限公司生产部(章)

案例五: 2024 年 6 月,甲公司将一台价值 900 万元的机床委托乙仓库保管,双方签订的保管合同约定:保管期限从 2024 年 6 月 21 日至 10 月 20 日,保管费用 2 万元,由甲公司在保管到期提取机床时一次付清。同年 8 月,甲公司急需向丙公司购进一批原材料,但因资金紧张,暂时无法付款。经丙公司同意,甲公司以机床作抵押,购入丙公司原材料。双方约定:至 2024 年 12 月 8 日,如甲公司不能偿付全部原材料款,丙公司有权将机床变卖,以其价款抵偿原材料款。2024 年 10 月 10 日，甲公司与丁公司签订了转让机床合同(甲公司已通知丙公司转让机床的情况，同时也已向丁公司说明该机床已抵押的事实)，双方约定：甲公司将该机床作价 860 万元卖给丁公司，甲公司于 2024 年 10 月 31 日前交货，丁公司在收货后 10 日内付清货款。2024 年 10 月下旬，甲公司发现丁公司经营状况恶化(有证据证明)，于是通知丁公司中止交货并请求丁公司提供担保，丁公司没有给予任何答复。2024 年 11 月上旬，甲公司发现丁公司经营状况进一步恶化，于是向丁公司提出解除合同。丁公司遂向法院提起诉讼，请求甲公司履行合同并赔偿损失。

请问：

1. 如果甲公司到期不支付机床保管费，乙仓库可以行使什么权利？

2. 甲公司向丁公司转让已抵押的机床，甲、丁公司订立的转让合同是否有效？为什么？

3. 甲公司能否中止履行与丁公司订立的转让机床合同？为什么？

4. 甲公司能否解除与丁公司订立的转让机床合同？为什么？

案例六：甲公司向乙公司购买价值 50 万元的彩电。合同约定，甲公司先预付 20 万元货款，其余 30 万元货款在提货后 3 个月内付清，并由丙公司提供连带责任保证担保，但未约定保证范围。提货 1 个月后，甲公司在征得乙公司同意后，将 30 万元债务转移给欠其 30 万元货款的丁公司。对此，丙公司完全不知情。至债务清偿期届满时，乙公司请求丁公司偿还 30 万元货款及利息，而丁公司因违法经营被依法查处，法定代表人不知去向，公司的账户被冻结。于是，乙公司找到丙公司，请求其对全部债务承担责任。丙公司至此才知道甲公司已将其债务转让给丁公司，遂以此为由拒绝承担责任。双方为此发生争议，乙公司诉至法院。

请问：

1. 甲公司转让债务前，乙公司是否可以请求丙公司对全部债务承担责任？并说明理由。

2. 甲公司转让债务的行为是否有效？并说明理由。

3. 甲公司转让债务后，丙公司是否应继续承担保证责任？并说明理由。

案例七：甲公司因转产致使一台价值 1000 万元的精密机床闲置。该公司董事长王乔与乙公司签订了一份机床转让合同。合同规定，精密机床作价 950 万元，甲公司于 2024 年 10 月 31 日前交货，乙公司在收货后 10 天内付清款项。在交货日前，甲公司发现乙公司经营状况恶化，通知乙公司中止交货并请求乙公司提供担保，乙公司予以拒绝。又过了 1 个月，甲公司发现乙公司的经营状况进一步恶化，于是提出解除合同。乙公司遂向法院起诉。法院查明：①甲公司股东会决议规定，对精密机床等重要资产的处置应经股东会特别决议；②甲公司的机床原由丙公司保管，保管期限至 2024 年 10 月 3 日，保管费 50 万元。2024 年 11 月 5 日，甲公司将机床提走，并约定 10 天内付保管费，如果 10 天内不付保管费，丙公司可对该机床行使留置权。现丙公司请求对该机床行使留置权。

请问：

1. 甲公司与乙公司之间转让机床的合同是否有效？为什么？

2. 甲公司中止履行的理由能否成立？为什么？

3. 甲公司能否解除合同？为什么？

4. 若甲公司请求乙公司提供担保时，乙公司提供了相应的担保，甲公司应负什么义务？

5. 假设法院查明，乙公司实际上并不存在经营状况恶化的情形，则甲公司应负什么责任？

6. 丙公司能否行使留置权？为什么？

案例八：甲、乙签订了一份买卖合同，合同约定：甲将一批木板卖给乙，乙于收到货物后一定期限内付款。为了保证合同履行，经乙与甲、丙协商同意，甲又与丙签订了一份质押担保合同。质押合同约定，丙以其可转让商标专用权出质(已向有关部门办理了出质登记)，当乙不能履行合同义务时，由丙承担质押担保责任。

合同生效后，甲依约将木板运送至乙所在地，乙认为木板质量不符合标准，请求退货。由于甲、乙签订的买卖合同中没有明确规定标的物的质量要求，于是甲与乙协商，建议乙改变该批木板的用途，同时向乙承诺适当降低木板的售价。乙同意甲的建议，但请求再延期 1 个月付款，甲同意了乙的请求。

在此期间，甲因资金周转困难，遂请求丙履行担保责任，丙以乙的付款期限未到期为由拒绝履行。于是甲将合同权利转让给丁，同时通知了乙、丙。

乙、丁经协商达成协议，乙给丁开出并承兑了一张商业承兑汇票。汇票到期后，丁持该汇票向银行请求付款，因乙在该银行账户上的资金不足银行不予支付。

请问：

1. 甲、乙签订的买卖合同中对标的物的质量要求没有约定的情况下，应如何确定标的物质量的履行规则？

2. 甲、丁之间的合同权利转让行为是否符合法律规定？并说明理由。

3. 甲将合同权利转让给丁后，丙对甲承担的质押担保责任是否对丁有效？并说明理由。

4. 乙不能按期向丁支付货款，丁可以采取什么方式主张其债权？

案例九：甲曾任乙装修公司经理，2025 年 1 月 18 日辞职。2025 年 3 月 8 日，为获得更多折扣，甲使用其留有的盖有乙公司公章的空白合同书，以乙公司名义与丙公司订立合同，购买总价 15 万元的地板。合同约定，2025 年 4 月 7 日丙公司将地板送至指定地点，乙公司于收到地板后 3 日内验货，地板经验收合格后，乙公司一次性付清全部价款，对于甲离职一事，丙公司并不知情。

丙公司于约定日期将地板送至指定地点，并请求乙公司付款，乙公司同意付款，并同意将地板以相同价格转卖给甲，但请求甲为该笔货款的支付提供担保。2025 年 4 月 8 日，丁以其所有的一辆小汽车为甲提供抵押担保，但未办理抵押登记；戊也为甲提供了付款保证，但未约定是连带责任保证还是一般保证，当事人亦未约定丁和戊分别为甲提供担保的实现顺序。

乙公司在未检验地板的情况下，即于 2025 年 4 月 10 日向丙公司付清了货款，但甲未向乙公司付款，乙公司请求戊承担保证责任，戊拒绝，理由有二：第一，乙公司必须先向丁实现抵押权；第二，戊承担一般保证责任，享有先诉抗辩权。

乙公司多次催告，甲仍不付款，2025 年 6 月 25 日，乙公司宣布解除与甲的地板转卖合同，将地板从甲处取回。次日，乙公司发现丙公司交付的地板约有 1/3 质量不符合合同约定，遂向丙公司请求退货。

请问：

1. 甲以乙公司名义与丙公司签订的地板买卖合同是否有效？并说明理由。

2. 乙公司是否取得了对小汽车的抵押权？并说明理由。

3. 戊关于乙公司必须先向丁实现抵押权的主张是否成立？并说明理由。

4. 戊关于其承担的是一般保证责任，享有先诉抗辩权的说法是否成立？并说明理由。

5. 乙公司是否有权解除其与甲的地板转卖合同？并说明理由。

6. 乙公司发现地板质量不合格后，是否有权向丙公司请求退货？并说明理由。

案例十：甲公司拟购买一台大型生产设备，于 2025 年 3 月 1 日与乙公司签订一价值为 80 万元的生产设备买卖合同。合同约定：①设备直接由乙公司的特约生产服务商——丙机械厂于 2025 年 6 月 1 日交付给甲公司；②甲公司于 2025 年 3 月 10 日向乙公司交付定金 16 万元；③甲公司于设备交付之日起 10 日内付清货款；④合同履行过程中，如发生合同纠纷，向某市仲裁委员会申请仲裁。

合同签订后，丙机械厂同意履行该合同为其约定的交货义务。

2025 年 3 月 10 日，甲公司向乙公司交付定金 16 万元。2025 年 6 月 1 日，丙机械厂未向甲公司交付设备。甲公司催告丙机械厂，限其在 2025 年 6 月 20 日之前交付设备，并将违约情况告知乙公司。至 2025 年 6 月 20 日，丙机械厂仍未能交付设备。因生产任务紧急，甲公司于 2025 年 6 月 30 日另行购买了功能相同的替代设备，并于当天通知乙公司解除合同，请求乙公司双倍返还定金 32 万元，同时赔偿其他损失。乙公司以丙机械厂未能按期交付设备，致使合同不能履行，应由丙机械厂承担违约责任为由，拒绝了甲公司的请求。2025 年 7 月 10 日，甲公司就此纠纷向法院提起诉讼。法院受理后，乙公司提交了答辩状并参加了开庭审理。

请问：

1. 甲公司是否有权解除合同？说明理由。

2. 乙公司主张违约责任应由丙机械厂承担是否符合法律规定？说明理由。

3. 甲公司与乙公司之间的买卖合同解除后，合同中的仲裁协议是否仍然有效？说明理由。

4. 甲公司与乙公司约定的定金条款是否符合法律规定？说明理由。

5. 法院是否有权审理该合同纠纷？说明理由。

案例十一：2025 年 5 月 1 日，A、B 两公司签订了一份价值 100 万元的货物买卖合同。合同约定：A 公司于 2025 年 5 月 15 日向 B 公司交付全部货物，交付地点为 B 公司仓库；B 公司在验货合格后 10 日内一次性支付全部货款；任何一方如违约，应向守约方支付违约金 10 万元。合同订立后，A 公司未按时交付货物。B 公司遂起诉至法院，请求 A 公司继续履行合同，支付 10 万元违约金，并赔偿经济损失。A 公司辩称：没有按时交货是因为当地 2025 年 5 月 10 日发生严重泥石流灾害，道路被中断，货物无法及时运送；而且，约定的违约金过分高于造成的损失。

请问：

1. A 公司未按时交付货物，B 公司可否行使不安抗辩权？简要说明理由。

2. 如何认定题目中所说的违约金过分高于造成的损失？

3. 泥石流灾害发生后，A 公司若想免除其违约责任，应采取哪些措施？

4. 如果在 2025 年 5 月 12 日 A 公司将货物交付运输公司，在运输途中发生泥石流导致货物毁损，则损失由谁承担？此时运输公司是否可以请求 A 公司支付运费？简要说明理由。

5. 如果合同当事人没有约定履行地点，该货物需要运输，A 公司于 2025 年 5 月 12 日将货物交付运输公司，在运输途中发生泥石流导致货物毁损，则损失由谁承担？简要说明理由。

案例十二： 2024 年 1 月 1 日，甲与乙口头约定，甲承租乙的一套别墅，租期为五年，租金一次付清，交付租金后即可入住。洽谈时，乙告诉甲屋顶有漏水现象，甲对此未置可否，并于当日付清租金后入住。2024 年 2 月 14 日，甲与女友丙办理了结婚登记。

入住后不久别墅屋顶果然漏水，甲请求乙进行维修，乙认为在订立合同时已对漏水问题提前作了告知，甲当时并无异议，仍同意承租，故现在乙不应承担维修义务。于是，甲自购了一批瓦片，找到朋友开的丁装修公司免费维修。丁公司派工人更换了漏水的旧瓦片，同时按照甲的意思对别墅进行了较大装修。更换瓦片大约花了 10 天时间，装修则用了一个月，乙不知情。更换瓦片时，一名工人不慎摔伤，花去医药费数千元。

2024 年 6 月，由于新换瓦片质量问题，别墅屋顶出现大面积漏水，造成甲 1 万余元财产损失。

2025 年 4 月，甲遇车祸去世，丙回娘家居住。半年后丙返回别墅，发现戊已占用别墅。原来，2024 年 1 月 8 日甲曾向戊借款 10 万元，并亲笔写了借条，借条中承诺在不能还款时该别墅由戊使用。在戊向乙出示了甲的亲笔承诺后，乙同意戊使用该别墅，将房屋的备用钥匙交付于戊。

请问：

1. 甲、乙之间租赁合同的期限如何确定？理由是什么？如乙欲解除与甲的租赁合同，应如何行使权利？

2. 别墅维修及费用负担问题应如何处理？理由是什么？

3. 甲、丁之间存在什么法律关系？其内容和适用规则如何？摔伤工人的医药费、损失应如何处理？理由是什么？

4. 别墅装修问题应如何处理？理由是什么？

5. 甲是否有权请求乙赔偿因 2024 年 6 月屋顶漏水所受损失？理由是什么？

6. 丙可否行使对别墅的承租使用权？理由是什么？

7. 丙应如何向戊主张自己的权利？理由是什么？

第六章　银行法律制度

一、名词解释题

中央银行　中国人民银行　政策性银行　商业银行　外资银行　同业拆借

二、判断题

1. 在我国境内，单位和个人可以基于偏好选择是否拒收人民币。　　　　　　　　　　　　( )

2. 在我国宏观调控目标实现的过程中，政策性银行发挥着重要的作用。　　　　　　　　　( )

3. 商业银行可以向符合发放信用贷款条件的关系人发放信用贷款,但发放信用贷款的条件不得优于其他借款人同类贷款的条件。　　　　　　　　　　　　　　　　　　　　　　　　　　( )

三、不定项选择题

1. 中国人民银行不得从事下列哪些业务？( )

A. 商业银行资金短缺时，对其给予透支

B. 地方政府资金短缺时，对其进行贷款

C. 国家财政预算资金不足时，对其给予透支

D. 国家重要机关需要贷款时，对其给予担保

E. 商业银行资金短缺时，对其进行票据再贴现

2. 下列行为不违反人民币管理规定的是？( )

A. 王浩在一次买卖中因疏忽收到了一张面值 50 元的假币

B. 李雷用几十张面值一角的人民币制作成一条工艺帆船

C. 郑舟在挂历上印制面值 100 元的人民币图案并予以销售

D. 张帅在清明节时，为纪念过世的亲人在亲人墓前焚烧了一捆面值 10 元的人民币

3. 根据《商业银行法》规定，不得担任商业银行的董事和高级管理人员的情形是？( )

A. 张昊因犯有交通肇事罪被判处刑罚

B. 赵常个人所负数额较大的债务到期未清偿

C. 王虎曾担任因经营不善而破产清算的公司的经理

D. 李勐曾担任因违法被吊销营业执照的公司的法定代表人

4. 下列有关商业银行接管的表述，符合《商业银行法》规定的是？( )

A. 接管的期限最长不超过 2 年

B. 非经接管程序，商业银行不得解散或破产

C. 商业银行的接管组织为国务院银行业监督管理机构

D. 实行接管后，商业银行的债权债务由接管组织概括承受

E. 自接管之日起，由接管组织行使商业银行的经营管理权力

5. 商业银行破产清算时，在支付清算费用、所欠职工工资和劳动保险费用后，应当优先支付的是？( )

A. 税款

B. 个人储蓄存款的本息

C. 国家机关的存款

D. 享有优先权的债权人的债务

四、案例分析题

案例一： 甲市某机械生产企业在一周内分三次从同一商业银行设在该市的三家支行各获得 200 万元、300 万元、400 万元的贷款，并从该银行设在该市的分行获得 100 万元贷款。这些贷款到期后经商业银行多次催还，均无着落，该商业银行诉至法院。经查，这些贷款中的一半已被该企业投资于房地产，另一半则转贷给房地产公司，以牟取高额利息，现因房地产不景气，资金无法收回。商业银行在发放贷款时，并未请求该企业提供任何担保，贷款手续亦由各分、支行长一手办理，也未按照规定向有关机构报备贷款情况。

请问：

1. 该借款企业存在哪些违法行为？

2. 商业银行在发放贷款时存在哪些违法行为？

案例二：李大伟是 M 城市商业银行的董事，其妻张霞为 S 公司的总经理，其子李小武为 L 公司的董事长。2024 年 9 月，L 公司向 M 银行的下属分行申请贷款 1000 万元。其间，李大伟对分行负责人谢二宝施加压力，令其按低于同类贷款的优惠利息发放此笔贷款。L 公司提供了由保证人陈富提供的一张面额为 2000 万元的个人储蓄存单作为贷款质押。贷款到期后，L 公司无力偿还，双方发生纠纷。请根据《商业银行法》的规定，回答下列问题。

1. 关于 M 银行向 L 公司发放贷款的行为，下列判断正确的是？（　　）
   A. L 公司为 M 银行的关系人，依照法律规定，M 银行不得向 L 公司发放任何贷款
   B. L 公司为 M 银行的关系人，依照法律规定，M 银行可以向 L 公司发放担保贷款，但不得提供优于其他借款人同类贷款的条件
   C. 该贷款合同无效
   D. 该贷款合同有效

2. 关于李大伟在此项贷款交易中的行为，下列判断正确的是？（　　）
   A. 李大伟强令下属机构发放贷款，是《商业银行法》禁止的行为
   B. 该贷款合同无效，李大伟应当承担由合同无效引起的一切损失
   C. 该贷款合同有效，李大伟应当承担因不正当优惠条件给银行造成的包括利息差额在内的损失
   D. 分行负责人谢二宝也应当承担相应的赔偿责任

3. 现已查明，保证人陈富为 S 公司财务总监，其用于质押的存单是以 S 公司的资金办理的。并查明，L 公司取得贷款后，曾向 S 公司管理层支付 50 万元报酬。对此，下列判断正确的是？（　　）
   A. S 公司公款私存，是《商业银行法》禁止的行为
   B. S 公司公款私存，只是一般的财务违纪行为
   C. S 公司管理层获取的 50 万元报酬应当由银监会予以收缴
   D. S 公司管理层获取的 50 万元报酬应当归 S 公司所有

案例三：某城市商业银行在合并多家城市信用社的基础上设立，其资产质量差，经营队伍弱，长期以来资本充足率、资产流动性、存贷款比例等指标均不能达到监管标准。请根据有关法律规定，回答下列问题。

1. 某日，该银行行长卷款潜逃。事发后，大量存款户和票据持有人前来提款。该银行现有资金既不能应付这些提款请求，又不能由同行获得拆借资金。根据相关法律，下列判断正确的是？（　　）
   A. 该银行即将发生信用危机
   B. 该银行可以由中国银监会实行接管
   C. 该银行可以由中国人民银行实施托管
   D. 该银行可以由当地人民政府实施机构重组

2. 在作出对该银行的行政处置决定后，负责处置的机构对该银行的人员采取了以下措施，其中符合法律规定的是？（　　）
   A. 对该行全体人员发出通知，要求各自坚守岗位，认真履行职责
   B. 该行副行长邱波、薛仁持有出境旅行证件却拒不交出。对此，通知出境管理机关阻止其出境
   C. 该行董事范全欲抛售其持有的一批股票。对此，申请司法机关禁止其转让股票
   D. 该行会计师佘洋欲将自己的一处房屋转让给他人。对此，通知房产管理部门停止办理该房屋的过户登记

3. 经采取处置措施，该银行仍不能在规定期限内恢复正常经营能力，且资产状况进一步恶化，各方人士均认为可适用破产程序。如该银行申请破产，应当遵守的规定是？（　　）
   A. 该银行应当证明自己已经不能支付到期债务，且资产不足以清偿全部债务
   B. 该银行在提出破产申请前应当成立清算组
   C. 该银行在向法院提交破产申请前应当得到中国银监会的同意
   D. 该银行在向法院提交破产申请时应当提交债务清偿方案和职工安置方案

第七章　证券法律制度

一、名词解释题

信息披露　内幕交易　操纵市场　短线交易　证券公司　证券交易所　要约收购　协议收购

二、判断题

1. 证券交易所是以营利为目的，供证券集中交易的场所。（　　）

2. 上市公司的信息披露资料有虚假记载，致使投资者在证券交易中遭受损失的，上市公司的全体董事、监事、高级管理人员应当承担连带赔偿责任。（　　）

3. 为股票发行出具审计报告、资产评估报告或者法律意见书等文件的证券服务机构人员，在该股票承销期内和期满后 6 个月内，不得买卖该种股票。此说法符合法律规定。（　　）

4. 内幕信息知情人员自己未买卖证券，也未建议他人买卖证券，但将内幕信息泄露给他人，他人依此买卖证券的，也属内幕交易行为。（　　）

5. 某上市公司董事会秘书甲将公司收购计划告知同学乙，乙据此买卖该公司股票并获利 5 万元。该行为属于内幕交易行为。（　　）

6. 甲、乙、丙、丁合谋，集中资金优势、持股优势联合买卖或者连续买卖证券，影响证券交易价格，从中牟取利益的行为是损害客户利益的行为。（　　）

三、不定项选择题

1. 下列表述正确的是？（　　）
   A. 国家机关工作人员可以在证券公司中兼任职务
   B. 证券公司从事证券融资融券业务可以向客户出借资金或者证券
   C. 上市交易的证券，有证券交易所规定的终止上市情形的，由证券交易所按照业务规则终止其上市交易
   D. 公司不按照规定公开其财务状况，或者对财务会计报告作虚假记载，可能误导投资者的，由中国证监会决定暂停其股票上市

2. 根据《证券法》的有关规定，某证券公司的下列行为中，符合规定的是？（　　）
   A. 接受客户全权委托，代为决定客户账户的证券买卖
   B. 为吸引客户，承诺在新客户开户 6 个月内赔偿客户证券买卖的所有损失
   C. 将自营业务账户借给客户使用
   D. 请求客户将交易资金存入指定商业银行，并以每个客户的名义单独立户管理

3. 飞天证券公司及其工作人员的下列行为中，违反《证券法》的是？（　　）
   A. 公司将其自营账户暂时借给他人使用
   B. 公司与某客户签订协议，对证券买卖的收益率作出承诺
   C. 公司将证券经纪业务与自营业务混合操作
   D. 公司为某客户买卖证券提供融资融券服务
   E. 业务员张颖在办理经纪业务过程中接受某客户的全权委托而决定证券买卖

4. 下列人员中，不属于证券交易内幕信息知情人员的是？（　　）
   A. 持有公司 3% 以上股份的股东
   B. 发行股票公司的控股公司的高级管理人员
   C. 发行人及其董事、监事、经理及有关高级管理人员
   D. 证券监管机构工作人员及由于法定的职责对证券交易进行管理的其他人员

5. 甲公司是一家上市公司。下列股票交易行为中，为证券法律制度所禁止的是？（　　）
   A. 持有甲公司 3% 股权的股东李晟已将其所持全部股权转让给他人，甲公司董事张舒在获悉该消息后，告知其朋友王坤，王坤在该消息为公众所知悉前将其持有的甲公司股票全部卖出
   B. 乙公司经研究认为甲公司去年盈利状况超出市场预期，在甲公司公布年报前购入甲公司 4% 的股权

C. 甲公司董事张亮在董事会审议年度报告时，知悉了甲公司去年盈利超出市场预期的消息，在年报公布前买入了甲公司股票 10 万股

D. 甲公司的收发室工作人员刘斐看到了中国证监会寄来的公司因涉嫌证券交易违规被立案调查的通知，在该消息公告前卖出了其持有的本公司股票

6. 汪旸为某知名证券投资咨询公司负责人，该公司经常在重要媒体和互联网平台免费公开发布咨询报告，并向公众推荐股票，汪旸多次将其本人已经买入的股票在公司咨询报告中予以推荐，并于咨询报告发布后将股票卖出，根据证券法律制度的规定，汪旸的行为涉嫌？( )

  A. 虚假陈述   B. 内幕交易   C. 操纵市场   D. 损害客户利益

四、案例分析题

案例一：甲股份有限公司(以下简称甲)公开发行股票 6000 万股，每股面值 1 元。2025 年 5 月 10 日，甲与乙证券公司(以下简称乙)订立了新股发行承销协议。协议约定，乙作为主承销商与丙证券公司(以下简称丙)组成承销团包销。后乙与丙签订了分销协议，约定各自销售的比例为 70%、30%。承销过程中丙为了顺利完成销售任务，对认股人作出了招股说明书内容以外的承诺。后来乙发现甲招股说明书及其有关宣传资料中有重大遗漏，乙发现上述情况后，立即通知甲与丙，乙、丙停止了销售活动，同时和甲协商重新制作招股说明书及宣传资料并发出要约。由此给乙、丙分别造成 8 万元、4 万元的损失。

请问：

1. 本案中乙作为主承销商有哪些义务？

2. 什么是承销协议？本案中丙就其承诺应承担怎样的法律后果？

3. 本案中乙、丙的损失由谁承担责任？

案例二：2025 年 5 月 20 日，甲公司总裁 A 先生打电话给公司董事 B 先生，通知他两天之内将召开一次特别董事会。在交谈中 B 先生获悉了有关公司合并的消息，于是他给父亲 C 先生、儿子 D 先生和他的秘书 E 小姐打了电话，建议他们指示各自的经纪人关注甲公司的股票，并暗示他们应该买进该公司的股票。除 C 先生外，D、E 都在 2025 年 5 月 21 至 22 日，大量买进甲公司的股票。2025 年 5 月 29 日，甲公司向证券市场公布了其与太平洋公司合并的消息。

请问：

1. B 先生是不是证券交易内幕信息的知情人员，为什么？

2. B 先生的行为是否构成内幕交易，为什么？

案例三：刘瀚为甲公司的董事。甲公司与乙公司签订一购销合同，甲公司在预先支付了数额巨大的货款后得知，乙公司已经严重亏损，资不抵债，没有任何履约能力，且甲公司的预付款已被当地银行划走抵充银行欠款。刘瀚得知这一消息，认为此次公司损失巨大，必定会影响本公司股票价格。他首先将自己手中的本公司股票抛售，还建议好友王莹等人也抛出该股票。半月后，甲乙公司购销合同事宜通过媒体向社会公布，消息一出，甲公司股价跌落 50%。

请问：

1. 刘瀚的行为是什么违法行为？

2. 我国法律规定的该违法行为的主体包括哪些人？

3. 依据《证券法》，应对刘瀚如何处理？

案例四：朱彤等四人采取向亲戚朋友借用居民身份证等方法，申请开立了近 300 张股票交易卡，分别在数家证券公司开设交易账户，炒作深圳证券交易所上市的某公司股票(以下称 J 股票)。2025 年 4 月至 5 月间，朱彤在低位大量买进 J 股票，其中 4 月初建仓买进 500 万股，4 月底加仓买进 350 万股，至 5 月再次加仓 500 多万股，使其掌控的各账户 J 股票持仓量占 J 股票流通总股本的 35%。同年 6 月 3 日起，朱彤指挥操盘手，利用对敲的交易手法，即使用不同的账户对股票作价格数量相近、方向相反的交易，拉高股票价格，在不到两个月内使该股票价格由每股 14 元附近升至 100 多元。尔后，朱彤大量抛售 J 股票，获利近 1 亿元，整个炒作运用资金共 9 亿多元。此后，J 股票价格先是由于朱彤的强大抛售而触发连连暴跌，后又由于证券监管部门对某公司立案调查的消息公布而触发连续多个跌停板，从 100 多元最低跌至 8 元，前期跟风买进的投资者遭受重大损失。

请问：

1. 朱彤的行为构成《证券法》禁止的哪一种行为，为什么？

2. 朱彤应承担什么法律责任？

第八章　保险法律制度

一、名词解释题

保险利益　暂保单　重复保险　再保险　责任保险　保险代位权

二、判断题

1. 在一份保险合同履行过程中，当事人对合同所规定的"意外伤害"条款的含义产生了不同理解，投保人认为其所受伤害应属于赔付范围，保险公司则认为不属于赔付范围，双方争执不下，诉至法院。法院认为当事人的观点都有合理性，但还是采用了对投保人有利的解释。法院的做法是正确的。　　　　　　　　（　　）

2. 在人身保险合同以及财产保险合同中，要求投保人在签订保险合同时必须对保险标的具有保险利益，否则，合同无效。　　　　　　　　　　　　　　　　　　　　　　　　　　　　　　　　　（　　）

3. 某保险公司的代理人周锋向刘郎推介一款保险产品，刘郎认为不错，于是双方约定了签订合同的时间。订立保险合同时，刘郎无法亲自到场签字，就由周锋代为签字。后刘郎缴纳了保险费。此时，应视为刘郎对周锋代签字行为的追认。　　　　　　　　　　　　　　　　　　　　　　　　　　　　　　　　　（　　）

4. 投保人变更受益人未通知保险人，保险人主张变更对其不发生效力的，人民法院应予支持。　（　　）

5. 以被保险人死亡为给付保险金条件的合同，自合同成立或者合同效力恢复之日起 2 年内，被保险人自杀的，保险人均不承担给付保险金的责任。　　　　　　　　　　　　　　　　　　　（　　）

6. 被保险人的家庭成员故意对保险标的造成损害而致保险事故的，保险人可以对被保险人的家庭成员行使代位请求赔偿的权利。　　　　　　　　　　　　　　　　　　　　　　　　　　　　　（　　）

7. 某企业将一套价值为人民币 500 万元的机器设备，以人民币 750 万元的价值进行保险，此做法只要经过保险公司的同意，即为合法有效。　　　　　　　　　　　　　　　　　　　　　　　　（　　）

8. 因第三者对保险标的的损害而造成的保险事故发生后，保险人未赔偿保险金之前，对被保险人放弃对第三者请求赔偿的权利，保险人仍应承担赔偿保险金责任。　　　　　　　　　　　　　　（　　）

三、不定项选择题

1. 周宇于 2025 年 5 月 10 日与某保险公司订立了人寿保险合同，并于当天缴纳了全部保险费，次日向保险公司索要保单未果。5 月 11 日周宇在游泳时溺水身亡。该合同将产生的法律后果是？（　　）

    A. 因保险人未签发保险单而无效

    B. 因保险人未签发保险单而解除

    C. 因保险人未签发保险单而撤销

    D. 虽然保险人未签发保险单，但该合同仍有效，保险公司应承担给付责任

2. 按照保险利益原则，下列哪一当事人的投保行为是有效的？（　　）

    A. 甲为自己购买的一注彩票投保　　　　　　　B. 乙为自己即将出生的女儿购买人寿险

    C. 丙为屋前的一棵国家一级保护树木投保　　　D. 丁为自己与女友的恋爱关系投保

3. 2022 年 1 月 18 日刘浪投保人寿保险，并指定其妻宋雯为受益人。2025 年 1 月 6 日刘浪被他人捅死。事后，宋雯请求保险公司支付保险金遭到拒绝。经查，刘浪已缴纳 3 年保险费。下列关于保险公司是否承担支付保险金责任的表述中，符合保险法律制度规定的是？（　　）

    A. 保险公司应承担支付保险金的责任

    B. 保险公司不承担支付保险金的责任，也不退还保险单的现金价值

    C. 保险公司不承担支付保险金的责任，但应退还保险单的现金价值

    D. 保险公司不承担支付保险金的责任，但应退还保险费

4. 公民(李香山)通过保险代理人乙为其 5 岁的儿子(李大国)投保一份"幼儿平安成长险"，保险公司为丙。下列表述正确的是？（　　）

    A. 乙既可以是机构，也可以是个人

    B. 当保险事故发生时，乙与丙对给付保险金承担连带责任

C. 该保险合同中不得含有以甲的儿子死亡为给付保险金条件的条款

D. 受益人请求给付保险金的权利自其知道保险事故发生之日起 3 年内不行使而消灭

5. 吕明在 2023 年 12 月 14 日为其购买的 7 座轿车注册时用途一栏写明为"自用"，同时向保险公司购买了机动车全险。但自 2024 年 5 月开始，吕明开始将该轿车交于租赁公司对外出租，并未通知保险公司，结果在 2024 年 11 月 3 日该车在被租赁期间发生了严重的交通事故。保险公司的正确做法是？(   )

A. 保险公司可以增加保险费，但对保险事故应负保险给付义务

B. 保险公司可以增加保险费，且对保险事故不负保险给付义务

C. 保险公司不能解除保险合同，且对保险事故应负保险给付义务

D. 保险公司不能解除保险合同，但对保险事故不负保险给付义务

6. 吴亮为其家庭财产投保了火灾险，但未投保盗窃险。某日吴亮家失火，部分财产被抢救出来，露天堆放。因忙于救火无人看管，又有部分财产被盗。吴亮向保险公司索赔。下列处理方法中哪一种是正确的？(   )

A. 近因无法确定，无法估算理赔额

B. 盗窃是近因，保险公司不应赔偿吴亮的损失

C. 火灾是近因，保险公司应赔偿因火灾和被盗引起的全部保险财产的损失

D. 因火灾引起的损失，保险公司应予赔偿；因盗窃引起的损失，保险公司不应赔偿

7. 张琼就其价值 20 万元的汽车投保，约定保险金为 20 万元，保险期限为 1 年。3 个月后，张琼在驾驶中与酒后驾车的李明相撞，事后鉴定李明负有全责。李明当场赔付 5000 元，张琼修车花费 2 万元。对此，下列判断正确的是？(   )

A. 保险公司应赔付 2 万元保险金

B. 保险金赔付后，张琼免除李明债务的行为无效

C. 保险公司应赔付 15 000 元保险金

D. 即使张琼放弃向李明追偿，保险公司仍应赔付保险金

E. 保险公司自事故发生之日起，取得对李明的代位求偿权

四、案例分析题

案例一： 某厂于 2025 年 5 月 9 日向保险公司投保，5 月 11 日上午双方达成一致，保险公司签发了保险单，保险单记载的保险期限为 2025 年 5 月 12 日 0 时至 2026 年 5 月 11 日 24 时。当日下午，由于电路起火，该厂部分厂房被烧毁。经查，火灾发生的原因属于保险人承保的危险范围。

请问：

1. 保险合同何时生效？为什么？

2. 保险公司是否承担赔偿责任？为什么？

案例二： 某厂女工王兰于 2022 年 6 月 22 日为贺花投保(贺花与王兰为婆媳关系)。经贺花同意后购买 10 年期简易人身保险 15 份，指定受益人为贺花之孙、王兰之子 A，时年 2 岁。保险费按月从王兰的工资中扣缴。缴费一年零八个月后，王兰与被保险人之子 B 离婚，法院判决 A 随 B 共同生活。离婚后王兰仍自愿按月从自己工资中扣缴这笔保险费，从未间断。2025 年 2 月 20 日被保险人贺花病故，4 月王兰向保险公司申请给付保险金。与此同时，B 提出被保险人是其母亲，指定受益人 A 又随自己共同生活，应由他作为监护人领取这笔保险金。

王兰则认为投保人是她，缴费人也是她，而且她是受益人 A 的母亲，也是 A 合法的监护人，这笔保险金由她领取。保险公司则以王兰因离婚而对贺花无保险利益为由拒绝给付保险金。

请问：

1. 王兰的给付保险金的请求是否合理？为什么？

2. B 请求给付保险金是否合理？为什么？

3. 保险公司拒付理由是否成立？为什么？

4. 本案应当如何处理？为什么？

第九章　票据法律制度

一、名词解释题

票据　票据行为　背书　保证　票据权利　票据抗辩　追索权　汇票　本票　支票

二、判断题

1. 票据金额的中文大写记载与数码记载有差异时，以中文大写记载的金额为准。　　　　（　　）
2. 汇票的出票人在签发票据时，与付款人之间没有真实的委托付款关系的，出票行为无效。　　（　　）
3. 甲并未取得乙的票据代理授权，却以代理人的名义在票据上签章的，应当由甲承担票据责任。　（　　）
4. 甲以背书方式将票据赠与乙，乙可以取得优于甲的票据权利。　　　　　　　　　　（　　）
5. 背书人甲将一张汇票分别背书转让给乙和丙，乙和丙各得汇票金额的一半。该背书无效。　（　　）
6. 甲公司向乙公司开具了一张金额为 20 万元的商业承兑汇票，乙公司将此汇票背书转让给丙，丙又将汇票背书转让给甲。甲在汇票得不到付款时，可以向丙行使票据追索权。　　　　　　　　　（　　）
7. 甲签发一张金额为 5 万元的本票交收款人乙，乙背书转让给丙，丙将本票金额改为 8 万元后转让给丁，丁又背书转让给戊。如果戊向甲请求付款，甲只应支付 5 万元，戊所受损失 3 万元应向丁和丙请求赔偿。　（　　）
8. 如果出票人在汇票上记载"不得转让"等字样，持票人就不能转让该汇票。否则该转让只具有普通债权让与的效力，不发生《票据法》的效力。　　　　　　　　　　　　　　　　　　（　　）

三、不定项选择题

1. 可以取得票据权利的是？（　　）
   A. 票据有承兑人签章，但无出票人签章
   B. 取得金额未填写的空白支票，持票人将金额填写完整
   C. 明知票据系偷盗而来，仍从盗窃人手中以低价取得票据
   D. 明知甲、乙间合同已经解除，乙应当返还票据，仍然从乙处受让票据

2. 对票据代理关系认定正确的是？（　　）
   A. 甲向其开户银行乙作委托收款背书，甲、乙之间构成票据代理关系
   B. 丙应甲的请求，以丙的名义签发金额为 2 万元的汇票一份给乙，丙的行为构成票据代理
   C. 甲将自己的印鉴交给乙，让乙代自己签发一份支票。乙用甲的印鉴签发了支票。乙的行为构成票据代理
   D. 甲一时无法找到自己的印鉴，便委托丙代作承兑。丙在汇票上记载："承兑人：甲，代理人：丙。"并加盖了丙的印章和有关人员的私章。甲、丙之间构成票据代理关系

3. 甲公司与乙公司签订买卖合同后，为了支付价款，甲公司签发了一张以乙公司为收款人的银行承兑汇票，公司财务经理签字，并加盖了公司的合同专用章。承兑人丙银行的代理人签字并加盖了银行的汇票专用章。乙公司背书转让给丁公司后，丁公司在票据到期时向丙银行请求付款。根据票据法律制度的规定，下列表述中错误的是？（　　）
   A. 丙银行可以拒绝付款
   B. 如果丙银行拒绝付款，丁公司可以向甲公司行使追索权
   C. 丙银行无权拒绝付款
   D. 如果丙银行拒绝付款，丁公司可以向乙公司行使追索权

4. A 公司与 B 公司订立合同，从 B 公司获得汇票一张，A 公司将此汇票背书给税务局缴纳税款。后 A、B 公司之间合同因故被撤销，税务局向 B 公司提示付款被拒绝。对此说法正确的是？（　　）
   A. B 公司不能拒付，因为税务局是善意持票人
   B. B 公司不能拒付，因为合同被撤销不影响票据的效力
   C. B 公司有权拒付，因为税务局无偿取得票据，票据权利不优于前手
   D. B 公司有权拒付，因为 A、B 公司之间合同被撤销，该汇票也就失效

5. 甲从乙处购买钢材，为支付货款，甲将其从丙处受让的汇票一张背书转让给乙，该背书记载："货物验收后，同意付款。"根据《票据法》的规定，下列说法正确的是？(   )

    A. 该背书不具有《票据法》上的效力

    B. 如货物经检验合格，该记载产生《票据法》上的效力

    C. 该记载不具有《票据法》上的效力

    D. 该记载在承兑前有法律效力，在承兑后无法律效力

6. 2025年4月27日甲签发支票向乙支付货款，但甲填写的出票日期为2025年5月8日。由于货物数量未最终核定，支票金额未填写。乙将支票背书给丙，嘱咐丙补填金额不可超过12万元。丙将金额记载为25万元，后背书转让给丁。丁向银行提示付款。银行以甲的账户余额不足支付为由退票。丁以甲、乙、丙为被告向法院起诉，请求他们连带承担票据责任。根据《票据法》的规定，下列说法中正确的是？(   )

    A. 丙无权将金额填写为25万元

    B. 虽然甲签发出票日期与实际不符，但该支票有效

    C. 乙将金额空白支票背书转让给丙，该转让行为有效

    D. 虽然甲交付给乙金额空白的支票，但该出票行为有效

四、案例分析题

案例一：2025年1月15日，红花公司和月华公司签订买卖合同，合同约定：红花公司向月华公司开出30万元的银行承兑汇票作为预付款，其余货款待货物交付验收后结算；票据不得转让；承兑银行为A银行，到期日为2025年4月1日。2025年1月20日，红花公司开出汇票，A银行作了承兑。同年2月1日蓝天公司向月华公司催要欠款，月华公司将该汇票背书转让给蓝天公司，蓝天公司随后将该汇票向B银行贴现。后红花公司发现月华公司产品存在质量问题而拒绝提货，至2025年3月29日双方协商未果，红花公司行使单方解除权解除合同，并通知A银行不得支付该汇票金额。2025年4月1日汇票到期，B银行向A银行提示付款，A银行以红花公司通知银行止付为由拒绝支付。

请问：

1. 月华公司背书转让汇票给蓝天公司的行为是否有效？为什么？

2. A银行的拒付理由是否成立？A银行是否存在抗辩事由？

3. 在A银行拒付的情况下，B银行怎样利用《票据法》上的制度维护自己的利益？

案例二：A公司为支付货款，于2025年3月1日向B公司签发一张金额为50万元、见票后1个月付款的银行承兑汇票。B公司取得汇票后，将汇票背书转让给C公司。C公司在该汇票的背面记载"不得转让"字样后，将汇票背书转让给D公司。其中，D公司将汇票背书转让给E公司，但D公司在汇票粘单上记载"只有E公司交货后，该汇票才发生背书转让效力"。后E公司又将汇票背书转让给F公司。2025年3月25日，F公司持汇票向承兑人甲银行提示承兑，甲银行以A公司未足额交存票款为由拒绝承兑，且于当日签发拒绝证明。

2025年3月27日，F公司向A、B、C、D、E公司同时发出追索通知。B公司以F公司应先向C、D、E公司追索为由拒绝承担担保责任；C公司以自己在背书时记载"不得转让"字样为由拒绝承担担保责任。

请问：

1. D公司背书所附条件是否具有票据上的效力？简要说明理由。

2. B公司拒绝承担担保责任的主张是否符合法律规定？简要说明理由。

3. C公司拒绝承担担保责任的主张是否符合法律规定？简要说明理由。

案例三：李四与王五签订了一份货物买卖合同，李四从王五处购买价值10万元的货物，为支付货款，李四开具了一张票面金额为10万元的汇票交付王五。汇票承兑后，王五将汇票背书转让给赵六，在赵六将汇票背书转让给孙三时，孙三请求赵六提供保证，赵六请王五(前背书人)在票据上保证后，孙三将汇票背书转让给黄二。黄二请求付款人付款时，发现付款人逃匿。

请问：

1. 该汇票上的保证是否有效？为什么？

2. 黄二可向哪些人行使什么权利？

3. 若李四与王五签订的合同被认定为无效，李四是否可以以此作为对抗其他人(除王五外)的抗辩事由？为什么？

第十章　知识产权法律制度

一、名词解释题

知识产权　职务作品　委托作品　发表权　信息网络传播权　邻接权　著作权的合理使用　职务发明　实用新型　集体商标　证明商标　驰名商标

二、判断题

1. 知识产权具有地域性和时间性。　　　　　　　　　　　　　　　　　　　　　　　（　　）

2. 在我国，著作权因作品的创作完成而自动产生。　　　　　　　　　　　　　　　　（　　）

3. 广播电台、电视台可以不经著作权人同意无偿播放著作权人已发表的作品。　　　　（　　）

4. 就不相类似商品申请注册的商标是摹仿他人在中国注册的驰名商标，误导公众，致使该驰名商标注册人的利益可能受到损害的，商标主管部门应当不予注册并禁止使用。　　　　　　　　　　　　　　　　　　　　　　　　　　　　　　　（　　）

5. 甲、乙合作开发完成了一项技术成果。若甲希望申请专利，而乙不同意，则甲有权单独申请，但将来实施该专利获得的收益应当在甲、乙之间合理分配。　　　　　　　　　　　　　　　　　（　　）

三、不定项选择题

1. 盛典公司是一家主营会展的企业，该公司经营 10 年来积累了各种资源，其中属于版权保护对象的是？（　　）

  A. 客户名单　　　　　　　　B. 产品报价单　　　　　　　　C. 固定资产

  D. 员工上岗手册　　　　　　E. 公司业务指南

2. 作家甲创作了一首新歌，歌手乙进行了演唱，唱片公司丙录制成 CD 唱片，网站丁未经甲乙丙许可将该 CD 盘全部歌曲上传至网络，下列表述正确的是？（　　）

  A. 丁侵犯了甲乙丙的信息网络传播权　　　　B. 丁侵犯了甲乙丙的表演权

  C. 丁侵犯了乙丙的播放权　　　　　　　　　D. 丁侵犯了甲乙的发表权

3. 下列各项中，依法可以申请方法专利的是？（　　）

  A. 食品真空保鲜的方法　　　B. 一种菜肴的烹饪方法　　　C. 高血压针灸疗法

  D. 西红柿新品种的培育方法　E. 变魔术的方法

4. 医药公司甲发明了一种治疗流行感冒的新药并已被授予发明专利权，制药厂乙未经授权制造了该新药，药店丙销售乙制造的新药，研究所丁为检验药品疗效自行少量生产该新药，患者戊购买该药品自用，以下说法正确的是？（　　）

  A. 丁的行为构成侵权　　　　　　　　　　　B. 戊的行为构成侵权

  C. 乙丙的行为侵犯了甲专利权　　　　　　　D. 乙的行为侵犯了甲的专利权，丙不构成侵权

5. 根据专利法律制度的规定，未经专利权人许可的下列行为中，不构成侵犯专利权的有？（　　）

  A. 王阳将购买的专利产品出售给李瑜

  B. 丙科研院为科学研究使用赵瀚的专利技术

  C. 丁公司在专利许可协议期满后，在专利有效期内继续生产该专利产品

  D. 乙公司在甲公司申请专利之前已经制造某产品，在甲公司就相同产品获得专利权后，乙公司在原有范围内继续生产该产品

6. 甲公司 2024 年取得一项产品发明专利，乙、丙、丁、戊四家公司未经甲公司许可实施其专利。根据专利法律制度的规定，下列实施行为属于侵犯甲公司专利权的是？（　　）

  A. 乙公司购买了该专利产品，经研究产品的原理后批量仿造该产品并进行销售

  B. 丙公司在甲公司申请专利前已经制造相同产品，并且仅在原有范围内继续制造

  C. 丁公司为科学实验而使用该专利产品

  D. 戊公司取得强制许可后制造该专利产品

7. 依《商标法》规定，下列哪项不可以作为商标提出注册申请？（　　）
   A. 海浪的声音
   B. 玫瑰花的气味
   C. 鸟鸣的声音
   D. 风景图片

8. 花果山市出产的鸭梨营养丰富，口感独特，远近闻名。当地有关单位拟对其采取的保护措施中，不合法的是？（　　）
   A. 将"花果山"申请注册为集体商标，使用于鸭梨上
   B. 将"花果山"申请注册为证明商标，使用于鸭梨上
   C. 将鸭梨的形状申请注册为立体商标，使用于鸭梨上
   D. 将鸭梨的形状申请注册为立体商标，使用于雪花梨上
   E. 对猴山市某厂在其生产的水果罐头上已经善意注册并长期使用的"花果山"商标禁止其继续使用

9. 根据商标法律制度的规定，下列情形中，构成侵犯注册商标专用权的是？（　　）
   A. 甲复制乙注册的驰名商标，在不相同商品上作为商标使用，误导公众，致使乙的利益受到损害
   B. 丙销售不知道是侵犯乙的注册商标权的商品，且丙证明了该商品是自己合法取得的并说明了商品的提供者
   C. 未经商标注册人乙同意，丁更换了乙商品上的注册商标并将该更换商标的商品用于个人消费
   D. 戊擅自制造乙的注册商标标识，并将其卖给第三人庚

四、案例分析题

甲公司为国内一家生产数控机床的公司，拥有与数控机床有关的多项发明专利技术。2024 年 3 月，甲公司与外国乙公司分别签订了商标使用许可合同和著作权使用许可合同。根据商标使用许可合同，甲公司获得了乙公司的 A 注册商标的独占使用权，核准使用的商品为数控机床。根据著作权许可使用合同，甲公司获得乙公司的 B 软件在中国内地地区的专有使用权，但合同没有约定甲公司是否可以许可第三人使用该软件。

2024 年 6 月，甲公司与丙公司签订代销合同，约定丙公司以自己的名义试销贴有 A 注册商标的数控机床 10 台，销售价格为每台 15 万元，每销售一台收取代销费 2 万元。

2025 年 1 月，丙公司以每台 15 万元的价格向丁公司销售了 3 台数控机床。丁公司收到 3 台数控机床后，自己使用一台，将其余两台出租给其他公司。

2025 年 5 月，丙公司未经甲公司同意，将其余 7 台数控机床的 A 注册商标清除，更换为自己的 C 注册商标，并以每台 15 万元的价格卖出了 5 台。

请问：

1. 丁公司出租数控机床的行为是否侵犯甲公司的专利权？并说明理由。
2. 丁公司出租数控机床的行为是否侵犯乙公司的著作权？并说明理由。
3. 根据甲、乙之间的著作权使用许可合同，乙公司是否可以在中国使用 B 软件？并说明理由。
4. 甲公司是否可以许可第三人在中国使用 B 软件？并说明理由。
5. 丙公司更换 A 注册商标的行为是否侵犯乙公司的商标权？并说明理由。

第十一章　市场规制法律制度

一、名词解释题

垄断协议　经营者集中　相关市场　行业协会　商业秘密　倾销　补贴　产品缺陷　知悉真情权　自主选择权　消费者协会

二、判断题

1. 甲公司最新研制的自动煮蛋器已经上市，该公司对相关技术资料采取了严格的保密措施。乙公司从市场购得一台甲公司生产的自动煮蛋器，通过拆解掌握了该产品的技术原理，并组织生产相同的产品。乙公司的行为侵犯了甲公司的商业秘密。　　　　　　　　　　　　　　　　　　　　　　　　　　　　　　（　　）

2. A 公司为了宣传其新开发的产品，虚构了新产品的功效。同时为了提高自己的产品优势地位，编造并发放了使用 B 公司同类产品给消费者造成损害的宣传资料。C 公司采购员甲在采购 A 公司的新产品时，A 公司向该采购员给付了 1%的回扣，采购员甲将回扣据为己有。根据我国相关法律规定，A 公司和采购员甲的行为都是合法的。　　　　　　　　　　　　　　　　　　　　　　　　　　　　　　　　　　　　（　　）

3. 某蛋糕店开业之初，为扩大影响，增加销售，出钱雇人排队抢购。不久，该店门口便时常排起长队，销售盛况的照片频频出现于网络等媒体，附近同类店家生意也随之清淡。对此行为构成虚假宣传行为，应依法规制。　　　　　　　　　　　　　　　　　　　　　　　　　　　　　　　　　　（　　）

4. 甲通过互联网散布竞争对手乙的产品中掺杂有害物质的虚假信息，致使乙的商品信誉在消费者心中降低，给乙造成巨大损失。甲的行为构成诋毁商誉，依法应予规制。　　　　　　　　　　（　　）

5. 甲公司为宣传开发的游戏，在某游戏平台网站传播虚假信息，称乙公司的同类游戏速度非常慢，遭到玩家抵制，即将下线。甲公司的行为符合反不正当竞争法律制度的规定。　　　　　　　（　　）

6. 欣欣美容医院在为青年女演员欢欢实施隆鼻手术过程中，因未严格消毒导致欢欢面部感染，经治愈后面部仍留下较大疤痕。欢欢因此诉诸法院，请求欣欣医院赔偿医疗费并主张精神损害赔偿。欢欢的诉讼请求于法有据，法院应予支持。　　　　　　　　　　　　　　　　　　　　　　　　　　　　　　　　　　　（　　）

三、不定项选择题

1. 下列行为中应受到反垄断法律制度规制的是？（　　　）

   A. 甲市政府发文要求本市各单位以政府采购方式购买小轿车时，必须购买本市某汽车制造商生产的小轿车，否则不予安排财政资金

   B. 乙市市场监督管理局对外地某商品进入本市专门设置了检验标准，未达到标准不允许在本市经销

   C. 丙市的某轴承生产企业与其所有经销商签订合同，限定经销商对外销售轴承的最低价格

   D. 丁市某行业协会组织会员统一进口原材料的价格，以避免恶性竞争

2. 甲市市政府办公厅下发红头文件，要求本市各级政府机构在公务接待中必须使用本市乙酒厂生产的"醉八仙"系列白酒，并根据有关政府机构的公务接待预算分别下达了一定数量的用酒任务。根据反垄断法律制度的规定，下列表述中正确的是？（　　　）

   A. 甲市市政府的行为不违法，乙酒厂实施了滥用行政权力排除、限制竞争行为

   B. 甲市市政府的行为不违法，乙酒厂实施了滥用市场支配地位行为

   C. 甲市市政府实施了滥用行政权力排除、限制竞争行为，乙酒厂不违法

   D. 甲市市政府实施了滥用行政权力排除、限制竞争行为，乙酒厂实施了滥用市场支配地位行为

3. 下列行为中，属于《反垄断法》所禁止的垄断行为的是？（　　　）

   A. 某药品生产企业因拥有一项治疗心血管疾病的药品专利，占据了相关市场 95%的份额

   B. 年销售额在 1 亿元以上的药品零售企业之间达成联盟协议，共同请求药品生产企业按统一的优惠价格向联盟内的企业供应药品，联盟内的企业按统一的零售价向消费者销售药品

   C. 某市政府在与某国有医药企业签订的战略合作协议中承诺，该国有医药企业在本市医疗机构药品招标中享有优先中标机会

   D. 某省政府招标办公室发布文件称：凡不在本省纳税的企业，一律不得参与本省的招投标活动

4. 下列哪些选项属于不正当竞争行为？（　　）

    A. 甲灯具厂捏造乙灯具厂偷工减料的事实，私下告诉乙灯具厂的几位重要客户

    B. 甲公司发布高薪招聘广告，乙公司数名高管集体辞职前往应聘，甲公司予以聘用

    C. 甲电器厂产品具有严重瑕疵，媒体误报道为乙电器厂产品，甲厂未主动澄清

    D. 甲厂使用与乙厂知名商品近似的名称、包装和装潢，消费者经仔细辨别方可区别二者的差异

5. 根据反不正当竞争法律制度的规定，下列行为中，属于不正当竞争行为的是？（　　）

    A. 甲因其所居住小区内的超市过于吵闹，影响其休息，遂捏造该超市出售伪劣商品的事实并进行散布，导致该超市营业额严重下降

    B. 乙家具制造企业将产自中国的家具产品的原产地标注为意大利

    C. 丙歌厅见与其相邻的另外一家歌厅价格低、服务好、客源多，遂雇用打手上门滋事，进行威胁

    D. 入夏前，丁商场为了筹集资金购进夏装，以低于进货价的价格甩卖了一批库存的羽绒服

6. 某县"大队长酒楼"自创品牌后声名渐隆，妇孺皆知。同县的"牛记酒楼"经暗访发现，"大队长酒楼"的经营特色是其服务员统一着 20 世纪 60 年代服装，播放该年代歌曲，店堂装修、菜名等也具有时代印记。"牛记酒楼"遂改名为"老社长酒楼"，服装、歌曲、装修、菜名等一应照搬。根据《反不正当竞争法》的规定，"牛记酒楼"的行为属于下列哪一种行为？（　　）

    A. 正当的竞争行为   B. 侵犯商业秘密行为   C. 混淆行为   D. 虚假宣传行为

7. 甲公司在国内率先研发出 Y 型电源保护器，由于技术先进，市场销售情况良好。甲公司未就该产品申请专利，但对相关技术资料和工艺流程采取了保密措施。根据反不正当竞争法律制度的规定，下列行为中，侵犯了甲公司商业秘密的是？（　　）

    A. 乙公司从市场购得 Y 型电源保护器一台，通过拆解、研究，掌握了该产品的技术原理，便自行生产 Y 型电源保护器

    B. 丙公司私下高薪聘请甲公司总工程师朱赛为兼职技术顾问，在其指导下成功投产 Y 型电源保护器

    C. 丁公司自行开发研制成功 Y 型电源保护器，并向专利行政部门提出专利申请

    D. 戊商场同时销售甲、乙、丙、丁四家企业生产的 Y 型电源保护器

8. 工程师甲根据其单位指派开发出某种碳酸饮料配方后，单位对该配方采取了全面的保密措施。乙公司利用高薪聘请甲到本公司工作，甲便携带该碳酸饮料配方到乙公司受聘。根据《反不正当竞争法》的有关规定，以下说法正确的是？（　　）

    A. 甲应承担侵权责任，乙不承担侵权责任   B. 甲、乙都应承担侵权责任

    C. 乙应承担侵权责任，甲不承担侵权责任   D. 甲、乙都不承担侵权责任

9. 甲公司为了增加职工福利，从乙商场购买了一批丙公司加工生产的"红心咸鸭蛋"。甲公司的职工及家属食用后，几十人出现了胃痛、呕吐等症状。经检验查明，该批"红心咸鸭蛋"系在鸭子饲养时使用了工业用苏丹红 4 号原料，含有毒有害成分。关于甲公司索赔，下列哪一选项是错误的？（　　）

    A. 甲公司可以向乙商场索赔

    B. 甲公司职工可以向乙商场和丙公司索赔

    C. 乙商场在进货时尽到了检查验收义务，可以免除赔偿责任

    D. 对丙公司应按无过错责任原则确定其应当承担的赔偿责任

10. 2025 年 4 月 26 日，十分饥饿的金华(22 岁)在南京市惠嘉超市花费 2.5 元购买了由影视明星 K 代言的某品牌桶装方便面。回家后，金华用开水冲泡并迅速吃完该方便面。吃完后，金华才发现该方便面桶上印刷的保质日期到期日为 2024 年 11 月 28 日。金华遂与惠嘉超市交涉请求赔偿，未果。2025 年 5 月 12 日，金华向有管辖权的人民法院提起诉讼。下列哪些表述是正确的？（　　）

    A. 金华可请求明星 K 承担法律责任

    B. 金华可请求惠嘉超市退还 2.5 元，并增加赔偿金 500 元

    C. 金华可请求惠嘉超市承担法律责任

    D. 市场监督管理部门应对惠嘉超市实施相应的行政处罚

11. F 公司是一家专营进口高档家具的企业。媒体曝光该公司有部分家具是在国内生产后，以"先出口，再进口"的方式取得进口报关凭证，在销售时标注为外国原产，以高于出厂价数倍的价格销售。此时，已经在 F 公司购买家具的顾客，可以行使下列哪些权利？（　　）

A. 顾客有权请求 F 公司提供所售商品的产地、制造商、采购价格、材料等真实信息并提供充分证明

B. 如 F 公司不能提供所售商品的真实信息和充分证明，顾客有权请求退货

C. 如能够确认 F 公司对所售商品的产地、材质等有虚假陈述，顾客有权请求双倍返还价款

D. 即使 F 公司提供了所售商品的真实信息和充分证明，顾客仍有权以"对公司失去信任"为由请求退货

12. 张钰乘坐公共汽车，钱包被盗，造成巨额财产损失，他找到公交公司请求赔偿他的损失。公交公司称其在汽车上已张贴"警惕小偷，财物被盗，后果自负"的警示标语，拒绝赔偿，公交公司的行为违反了经营者的什么义务？（ ）

    A. 不作虚假宣传的义务　　　　　　　　　B. 保障人身和财产安全的义务

    C. 听取意见和接受监督的义务　　　　　　D. 出具相应的凭证和单据的义务

13. 下列选项中，经营者未违反《消费者权益保护法》规定义务的是？（ ）

A. 出售蛋类食品的价格经常变化

B. 经营者以"小额商品，不开发票"为由，拒绝给顾客开发票

C. 店堂告示"商品一旦售出概不退换"

D. 店堂告示"未成年人须由成人陪伴方可入内"

14. 下列哪些产品的包装不符合《产品质量法》的要求？（ ）

A. 丙厂生产的火腿肠标识上没有标明厂址

B. 乙厂生产的瓶装葡萄酒标识上没有标明酒精度

C. 丁食品厂生产的面包包装上没有标明生产日期

D. 某商场销售的"三星"彩电包装箱上没有中文字样

E. 甲厂生产的香烟包装上没有标明"吸烟有害身体健康"

15. 在《广告法》中，下列说法正确的是？（ ）

A. 精神药品不得做广告

B. 药品广告可以说明治愈率和有效率

C. 烟草广告必须标明"吸烟有害健康"

D. 大众传播媒介可以以新闻报道的形式发布广告

E. 广告主或广告经营者在广告中使用他人名义、形象的，应事先取得他人的书面同意

四、案例分析题

案例一：某地区的 A 企业生产的"飞亚"牌啤酒十分畅销。但另一地区生产同类产品的小企业 B 则销路不佳。于是，B 企业决定采取以下措施：①将本企业产品的包装改为与 A 企业产品近似的包装；②散发小册子，宣传自己的产品，在宣传中加上自己产品本没有的多种疗效功能；③以获得 A 企业的营销策略和客户为目的，买通或高薪聘请 A 企业的销售人员。

同时，B 企业还请求政府给予保护性支持。政府为了支持本地区企业的发展，决定制定一个啤酒质量标准，限制 A 企业的产品进入本地。以上措施实施后，A 企业的产品滞销，企业效益直线下滑。

请问：

1. B 企业采取的措施是否合法，属于什么性质的行为？

2. 政府对 B 企业的支持性做法是否合法？属于什么性质的行为？

3. 若 B 企业的做法不合法，应承担什么法律责任？

案例二：甲公司以生产电热水瓶为其主导产品，多年来投放资金、人力和物力，在全国建立了一个较大规模的销售网络并对经营信息采取了相应的保密措施。张诚于 2020 年任甲公司的销售员，后任销售部经理，2024 年离开甲公司。张诚辞职前已申请注册乙公司。2024 年 8 月，乙公司开始生产电热水瓶并投放市场。乙公司根据张诚在甲公司工作时掌握的信息，于 2024 年 10 月开始向甲公司的销售网络中销售自己的产品，其中部分单位为甲公司至今尚未公之于众的秘密客户。同时为了争夺客户，乙公司按销售金额的 2%作为客户采购人员的回扣，并四处散布甲公司的产品有缺陷，长期使用会有害身体健康，而乙公司的产品是在甲公司产品基础上的升级换代产品，使用更安全可靠等。

请问：乙公司的哪些行为是违法的？

案例三：2025 年 5 月 31 日，孙梓从一商场购得某品牌果汁饮料一瓶，没有一次喝完。同年 6 月 1 日中午，她拧开瓶盖准备再喝时，饮料瓶突然爆炸，瓶盖冲击到右眼，鉴定为轻微伤，孙梓共花去医药费 1500 余元并为

此休病假 1 周。事后，孙梓向某市市场监管局投诉。该监管局经调查查明：①爆炸原因鉴定：果汁饮料开启后，有细菌侵入，在高温天气下发酵产生大量气体，所以发生爆炸。②该饮料瓶身标签最下端标有一行小字"开启后请尽快饮用"(注：标签上最小号字体)。市场上气体同类饮料标签均以饮用须知或注意事项的方式明确说明"开启后请低温保存并于 24 小时内饮用完毕""开启后请于 5℃以下冷藏并于 48 小时内饮用完毕"。

请问：孙梓可请求某商场对自己的哪些损失予以赔偿？

案例四：2024 年 12 月初，张山从某商厦购买了一条甲厂生产的电热毯，回家后按说明书的要求使用。使用中电热毯发生漏电，导致房间着火，烧毁价值 8000 元的财产，张山本人也被烧伤致残。事后，张山与商厦协商赔偿未果，遂起诉到法院。

请问：

1. 张山最迟应该在什么时间提起诉讼？为什么？

2. 张山可请求谁来承担赔偿责任？为什么？

3. 张山可能获得哪些赔偿？

第十二章　会计法律制度

一、名词解释题

会计核算　会计监督　总会计师　注册会计师

二、判断题

1. 会计账簿登记必须以经过审核的会计凭证为依据并符合相关法律、法规的规定。　　　（　　）
2. 会计记录的文字应当使用中文。　　　（　　）
3. 单位负责人对本单位会计工作和会计资料的真实性、完整性负责。　　　（　　）
4. 国有企业必须设置总会计师。　　　（　　）
5. 会计人员对篡改财务会计报告的行为应当制止和纠正。制止和纠正无效的，应当向上级主管单位报告，请求处理。　　　（　　）
6. 会计人员在记录会计账簿时发生错误，遂按照国家统一的会计制度规定的方法进行了更正并在更正处加盖了自己的印章。该会计账簿记录合法有效。　　　（　　）

三、不定项选择题

1. 某单位会计甲在审查业务员乙交来的一张购买原材料的发票时，发现该发票在产品及规格等栏目中所填内容与实际采购情况有较大差异。甲乙二人到仓库进行核对后，由乙在发票上进行更正并写了书面说明，甲将这张发票和乙的书面说明一起作为原始凭证入账。下列关于此事的说法哪一个是错误的？（　　）
   - A. 乙无权对原始凭证记载的内容加以更正
   - B. 乙应将这张发票拿回出票单位请求重开或更正
   - C. 甲有权拒绝接受这张发票，并向单位负责人报告
   - D. 甲应将发票连同乙的书面说明交单位负责人审查签字后才能入账
2. 下列行为中，不符合会计法律制度规定的是？（　　）
   - A. 某镇财政所对一名会计人员作出禁止从事会计工作的行政处罚
   - B. 某大型国有企业同时设置了总会计师和分管会计工作的副总经理
   - C. 某医院在行政办公室设置了会计人员并指定符合条件的会计主管人员
   - D. 某市财政局对本行政区域内的单位执行国家统一的会计制度情况进行检查
3. 根据《会计法》的规定，某公司的下列人员中，应当对本公司会计工作和会计资料的真实性、完整性负责的单位负责人是？（　　）
   - A. 董事长张山　　　　　B. 总经理王五　　　　　C. 总会计师李四　　　　　D. 财务部经理赵乾

四、案例分析题

太合公司是一家大型国有控股企业，该公司发生以下情况：

1. 2025 年 3 月，公司董事长胡格主持召开董事会会议，研究进一步加强会计工作问题。根据公司经理的提名，会议决定增设 1 名副经理主管财会工作，现任总会计师配合其工作。

2. 2025 年 5 月，公司会计科负责收入、费用账目登记工作的会计张珊提出休产假。因会计科长出差在外，主管财会工作的副经理指定出纳员兼管张珊的工作，并让出纳员与张珊自行办理会计工作交接手续。

3. 2025 年 6 月，公司财务会计报告经主管财会工作的副经理、总会计师、会计科长签名并盖章后报出，公司董事长胡格未在财务会计报告上签章。

请问：

(1) 该公司增设主管财会工作的副经理的做法是否符合法律规定？简要说明理由。

(2) 该公司指定出纳员兼管会计张珊的工作并让出纳员与张珊自行办理会计工作交接是否符合法律规定？分别简要说明理由。

(3) 该公司是否还存在其他会计违法行为？

第十三章 税收法律制度

一、名词解释题

税收 纳税主体 增值税 消费税 税收保全

二、判断题

1. 居民纳税义务人应就来源于中国境内和境外的全部所得征税，非居民纳税人则只就来源于中国境内所得部分征税，境外所得不属于我国征税范围。 （ ）

2. 某演员取得一次性的演出收入 2.2 万元，对此应实行加成征收办法计算个人所得税。 （ ）

3. 个人从境外取得所得的，应该向其境内户籍所在地或经营居住地税务机关申报纳税。 （ ）

4. 张教授从出版社取得稿酬收入，按照工资薪金所得征收个人所得税。 （ ）

三、不定项选择题

1. 下列各项业务中，属于增值税征收范围的是？（ ）
   A. 将委托加工的货物分配给股东
   B. 增值税纳税人收取会员费收入
   C. 转让企业全部产权涉及的应税货物的转让
   D. 融资性售后回租业务中承租方出售资产的行为

2. 根据消费税法律制度规定，我国现行免征消费税的消费品是？（ ）
   A. 生产应税消费品
   B. 委托加工应税消费品
   C. 自产自用应税消费品
   D. 出口应税消费品

3. 张旸为南方某大学著名学者，其取得的下列收入应当缴纳个人所得税的是？（ ）
   A. 撰写科普读物获得的稿酬
   B. 国务院规定的政府特殊津贴
   C. 所在学校发放的特殊岗位津贴
   D. 所在学校科技公司的红利收入
   E. 为科协培训班授课获得的讲课费

4. 根据税收征收管理法律制度的规定，经县以上税务局(分局)局长批准，税务机关可以依法对纳税人采取税收保全措施。下列各项中，不属于税收保全措施的是？（ ）
   A. 责令纳税人暂时停业，直至缴足税款
   B. 扣押纳税人的价值相当于应纳税款的商品
   C. 查封纳税人的价值相当于应纳税款的货物
   D. 书面通知纳税人开户银行冻结纳税人的金额相当于应纳税款的存款

四、案例分析题

案例一：某服装公司为增值税一般纳税人，销售商品适用 13% 的税率，2025 年 6 月发生以下业务：

(1) 购进原材料，取得的增值税专用发票上注明的价款为 40 万元，税额为 6.8 万元；取得运费专用发票上注明的运费金额为 1 万元，税额为 0.11 万元，款项通过银行支付；

(2) 本月向大兴市场销售服装开具增值税专用发票，发票上注明的不含税价款为 400 万元，向个体经营者销售服装开具普通发票，发票上注明的价款为 117 万元；

(3) 购进一项专利权，取得专用发票上注明的价款为 50 万元，税额为 3 万元；

(4) 购进一栋办公楼，取得专用发票上注明的价款为 1000 万元，税额为 110 万元；

(5) 出租设备，租金收入开出增值税专用发票，金额为 50 万元，税额为 8.5 万元。其他相关资料：本月取得的相关票据符合税法规定，并在当月通过认证和抵扣。

请问：该服装公司 2025 年 6 月应缴纳的增值税是多少？

案例二：甲货物运输企业为增值税一般纳税人，2025 年 6 月发生如下业务：

(1) 取得货运收入，并且开具了增值税专用发票，价税合计 200 万元；收取价外收入 4 万元，开具增值税普通发票。

(2) 与乙货运企业共同承接一项联运业务，收取全程不含税货运收入 75 万元，并全额开具了增值税专用发票，同时支付给乙货运企业(一般纳税人)联运运费，并取得乙货运企业开具的增值税专用发票，发票注明的价款为 30 万元。

(3) 当月购进 5 辆运输用的卡车，取得的增值税专用发票上注明的不含税金额为 55 万元；购进一辆办公自用的小轿车，取得机动车统一销售发票上注明的价税合计金额为 23.4 万元。

(4) 将部分自有车辆对外出租取得租金，开具增值税专用发票注明不含税租金 6 万元。

(5) 当月一辆运营货车需要修理，取得汽车修理厂开的增值税专用发票上注明的维修费为 1.8 万元。

(6) 因保管不善，上月从一般纳税人企业购进的一批零部件丢失。该批零部件账面成本为 2 万元，其中运费成本为 0.3 万元(当地一般纳税人运输企业提供运输服务)，进项税额均已于上月抵扣。

请问：

1. 该企业本月销项税额是多少？

2. 该企业本月应转出的进项税额是多少？

3. 该企业准予抵扣的进项税额是多少？

4. 该企业本月应纳增值税是多少？

案例三：位于某市区的化妆品生产企业属于增值税一般纳税人。2025 年 6 月发生下列经济业务：①购入原材料取得增值税专用发票上注明的价款为 500 万元；②购入电力 28 万元并取得专用发票，其中 6 万元用于集体福利方面，其余均用于生产应税产品；③销售化妆品实现不含增值税的销售收入为 1000 万元，销售时用自己的车队负责运输，向购买方收取运费 25.74 万元；④提供非应税消费品的加工业务，共开具普通发票 56 张，金额合计为 35.1 万元；⑤销售成本共计 400 万元，税金及附加为 385 万元，销售费用为 15 万元，管理费用为 10 万元，财务费用中的利息支出为 8 万元；⑥支付滞纳金和行政性罚款共计 5 万元，支付购货合同违约金 3 万元。取得的增值税专用发票已通过认证，化妆品的消费税税率为 15%。

请问：

1. 本企业当月应缴纳的增值税是多少？

2. 本企业当月应缴纳的消费税是多少？

3. 本企业当月应缴纳的企业所得税是多少？

案例四：Z 省 H 市某大学教授胡汉阳(居民纳税人)2025 年 1 月的收入情况如下：①月工资收入为 6500 元；②在某出版社出版专著一部，一次性获得稿酬为 21 000 元；③向某公司转让专有技术一项，获得特殊权使用费 6000 元；④为某企业进行产品设计，取得报酬 30 000 元；⑤在某学校举办讲座，一次性取得收入 2000 元；⑥为某杂志社审校翻译的资料，一次性获得劳务报酬 3500 元；⑦购买的某期国债到期，利息收入为 1860 元；⑧因汽车失窃，获得保险公司赔偿 80 000 元；⑨因勇斗歹徒获得 Z 省人民政府颁发的见义勇为奖金 2000 元。

请问：胡汉阳教授 2025 年 1 月应纳的个人所得税额是多少(假设扣除 2000 元"三险一金"专项扣除和法律规定的其他扣除费用，不考虑专项附加扣除)？

案例五：某市甲公司于 2024 年 3 月 1 日丢失一本普通发票。该公司于同年 3 月 10 日到主管税务机关递交了发票遗失书面报告，并在该市报纸上公开声明作废。同年 4 月 5 日，市税务机关在对甲公司进行检查时，发现该公司存在如下问题：①未按规定建立发票保管制度；②将 2023 年度开具的发票存根联销毁；③有两张已作账务处理的发票票物不符。税务机关在对相关发票进行拍照和复印时，该公司以商业机密为由拒绝。经税务机关核实，甲公司通过销毁发票存根联、开具票物不符发票等手段，共计少缴税款 30 万元(占应纳税额的 20%)。

根据以上情况，市税务机关除责令其限期补缴少缴的税款 30 万元外，还依法对其进行了相应的处罚。

甲公司一直拖延缴纳税款，市税务机关在多次催缴无效的情况下，经局长批准于 6 月 18 日查封了甲公司的一处房产，准备以拍卖所得抵缴税款。

甲公司认为该房产已于 2024 年 4 月 22 日抵押给乙公司作为合同担保，并依法办理了抵押物登记，税务机关无权查封该房产。据此，甲公司向上级税务机关提出行政复议。

请问：

1. 甲公司丢失发票的补救措施是否有不符合法律规定之处？说明理由。

2. 甲公司拒绝税务机关对相关发票进行拍照和复印是否符合法律规定？说明理由。

3. 甲公司少缴税款 30 万元属于何种行为？是否构成犯罪？

4. 税务机关在甲公司拖延缴纳税款，经多次催缴无效的情况下，是否可以查封其财产，以拍卖所得抵缴税款？说明理由。

5. 甲公司认为其房产已抵押，税务机关无权查封其房产的观点是否符合法律规定？说明理由。

第十四章　环境与资源保护法律制度

一、名词解释题

环境标准　环境规划　突发环境事件　环境标志　排污权交易　环境公益诉讼

二、判断题

1. 处于环境敏感区域的自然资源开发利用应依法予以禁限。　　　　　　　　　　　（　　）

2. 自然资源补救制度有利于保障自然资源的再生能力。　　　　　　　　　　　　（　　）

3. 编制有关开发利用规划，建设对环境有影响的项目，应当依法进行环境影响评价。未依法进行环境影响评价的开发利用规划，不得组织实施；未依法进行环境影响评价的建设项目，不得开工建设。　　　　　　　　　　　　　　　　　　　　　　　　　　　　　　　　　（　　）

4. 建设项目中防治污染的设施，应当与主体工程同时设计、同时施工、同时投产使用。防治污染的设施应当符合经批准的环境影响评价文件的要求，不得擅自拆除或者闲置。　　　　　（　　）

5. 对污染环境、破坏生态，损害社会公共利益的行为，符合法定条件的社会组织可以向人民法院提起诉讼。　　　　　　　　　　　　　　　　　　　　　　　　　　　　　　　　　　　（　　）

三、不定项选择题

1. 某甲企业因排放污水致使农户乙的农作物遭受损失，下列表述中哪个是正确的？（　　）

   A. 若甲企业能证明其污水排放标准是符合有关排污标准规定的，则不承担民事责任

   B. 若甲企业能证明主观上确无任何过失，则不承担民事责任

   C. 若甲造成乙财产重大损失，可对甲的直接责任人员追究刑事责任

   D. 受害农户乙提起损害赔偿的诉讼时效期间为 2 年，自其知道受到污染损害时起计算

2. 甲公司在兴办一铝业公司时，为使其尽快投产，在防治污染设施未建成的情况下即投入生产主体工程建设，给河流、空气造成了极大的污染，当地居民身体健康也受到相应损害，下列叙述正确的有哪些？（　　）

   A. 甲公司的行为违背了"三同时"制度

   B. 当地居民可以向法院起诉甲，请求获得相应的损害赔偿

   C. 当地居民必须通过行政调解的方式才能和甲解决相应的纠纷

   D. 当地居民在诉讼时无须承担任何的举证责任

3. 甲化工厂和乙造纸厂排放污水，造成某村农作物减产。当地环境主管部门检测认定，甲排污中的有机物超标 3 倍，是农作物减产的原因，乙排污未超标，但其中的悬浮物仍对农作物减产有一定影响。关于甲、乙厂应承担的法律责任，下列哪些选项是正确的？（　　）

   A. 甲厂应对该村损失承担赔偿责任　　　　　　　B. 乙厂应对该村损失承担赔偿责任

   C. 环境主管部门有权追究甲厂的行政责任　　　　D. 环境主管部门有权追究乙厂的行政责任

4. 某造纸厂已取得排污许可证，并缴纳了环境保护税。但生态环境局检测发现，造纸厂所排污水中多项污染物指标超出了省级水污染物排放标准。根据《环境保护法》的规定，下列哪些选项是正确的？（　　）

   A. 该厂拥有排污许可证并缴纳了环境保护税，所排污水虽然超出了省级水污染物排放标准，但未超过国家标准，故不违法

   B. 该厂应缴纳环境保护税，并治理污染

   C. 生态环境局有权对该厂进行罚款

   D. 生态环境局有权责令该厂采取限制生产、停产整治等措施；情节严重的，报经有批准权的人民政府批准，责令该厂停业、关闭

四、案例分析题

案例一： A 和 B 分别经营的鱼塘相邻，有堤岸相隔。A 经营的鱼塘因其不善于管理，鱼儿成长缓慢，眼看就要亏本，A 就想方设法寻思如何挽回损失。正巧在附近有一家工厂 C，其排污渠道与 A 的鱼塘排水口有一个汇合处，为了防止污染，平时这个接口是封闭的。某夜，趁着天降大雨，A 偷偷将接口处挖开，污水进入鱼塘，导致鱼苗大部分死亡。同时，由于雨势较大，污水漫入了邻近 B 的鱼塘，造成 B 经营的鱼塘中鱼苗大部分死亡。

请问：

1. 本案中，A 的损害应当由谁承担赔偿责任？为什么？

2. 本案中，B 的损害应当由谁承担赔偿责任？为什么？

案例二： 甲住二楼，楼下为一餐厅。该餐厅每天排放大量的油烟致使甲长期无法开窗户通风，甲装在二楼外墙的空调散热器由于长期被油烟熏，已经无法正常使用，于是向生态环境部门投诉，请求予以处理。经生态环境部门检测，该餐厅油烟排放没有超过排放标准。经甲请求，生态环境部门对此纠纷进行调解，但是因餐厅坚持认为自己排放未超过标准不应赔偿而未果。后生态环境部门作出决定，请求餐厅赔偿甲 3000 元经济损失，餐厅不服，以生态环境局为被告向法院提起行政诉讼，请求撤销生态环境局的处理决定。

请问：

1. 餐厅不予赔偿的理由是否正确？为什么？

2. 法院是否受理此案？为什么？

第十五章　劳动合同法律制度

一、名词解释题

劳动合同　固定期限劳动合同　无固定期限劳动合同　平等就业权　试用期　工资　经济补偿金　劳务派遣　非全日制用工　劳动争议　劳动争议仲裁委员会

二、判断题

1. 某企业中央空调坏了，请了厂外两位修理工来修理，并支付了劳动报酬，这两位修理工与企业已形成事实上的劳动关系。　　　　　　　　　　　　　　　　　　　　　　　　　　　　　　　　（　　）

2. 某超市招聘营业员，双方不得订立以完成一定工作任务为期限的劳动合同。　　　　　　（　　）

3. 某机械工业公司在与小程签订劳动合同时，要求小程介绍其外语程度、学习经历和工作经历，对此小程有义务如实告知。　　　　　　　　　　　　　　　　　　　　　　　　　　　　　　（　　）

4. 用人单位与劳动者签订竞业限制条款，可以约定不给予劳动者经济补偿。　　　　　　（　　）

5. 用人单位与劳动者订立劳动合同时可以收取一定的抵押金。　　　　　　　　　　　　（　　）

6. 李山与某公司签订为期2个月的劳动合同，该公司提出因工作时间短，试用期也可以相应短些，前2周为试用期，该公司的做法符合法律规定。　　　　　　　　　　　　　　　　　　　　（　　）

7. 用工单位在劳务派遣协议期限内，可以将被派遣劳动者再派遣到其他用人单位。　　　（　　）

8. 无固定期限的劳动合同不能解除。　　　　　　　　　　　　　　　　　　　　　　　（　　）

9. 劳动合同解除、终止后，劳动者再无为单位保守商业秘密的义务。　　　　　　　　　（　　）

10. 劳动合同争议的处理可以采取劳动争议当事人之间自行协商的办法解决。　　　　　（　　）

三、不定项选择题

1. 2024年3月10日，张恒到一家水泥厂工作，双方未订立书面劳动合同。9个月后，张恒的下列请求符合法律规定的是？（　　）
　　A. 双方应签订无固定期限劳动合同　　　　　B. 用人单位支付1个月工资的赔偿金
　　C. 用人单位支付过去8个月每月2倍的工资　　D. 用人单位支付过去9个月每月2倍的工资

2. 王明与甲公司签订的劳动合同有效期到2025年5月31日。乙公司因业务需要急招人员，在2025年3月1日与王明签订了劳动合同，王明在未与甲公司解除劳动合同的情况下于3月15日到乙公司上班，由此给甲公司造成了经济损失。王明应当承担的责任是？（　　）
　　A. 赔偿责任　　　　　　　　　　　　　　　B. 行政责任
　　C. 解除与乙公司的合同　　　　　　　　　　D. 继续履行与甲公司的合同

3. 李骅（17岁）是甲公司招用的职工，双方订立了书面劳动合同。在试用期内，李骅为发泄对公司的不满，在公司生产的饮料中放入污物。请判断下列哪项表述是正确的？（　　）
　　A. 甲公司可以解除与李骅的劳动合同　　　　B. 在试用期内，公司不能解除与李骅的劳动合同
　　C. 李骅与公司之间成立的劳动合同无效　　　D. 李骅与甲公司之间成立的劳动合同是可撤销的合同

4. 根据《劳动合同法》下列关于试用期的说法正确的是？（　　）
　　A. 试用期的约定不超过1年
　　B. 同一用人单位和同一劳动者能多次约定试用期
　　C. 试用期内，劳动者提前3日通知用人单位可解除劳动合同
　　D. 劳动者在试用期的工资不得低于本单位相同岗位最低档工资或者劳动合同约定工资的80%

5. 2025年2月20日，甲公司向社会公开招聘人员。在甲公司与被录用人员吴冬订立的劳动合同中，下列情形不符合劳动法律规定的是？（　　）
　　A. 约定劳动合同期限为3年，其中试用期为1年
　　B. 吴冬如被依法追究刑事责任，甲公司可以解除劳动合同
　　C. 为防止吴冬中途离职，合同期内吴冬的大学毕业证书由甲公司保管
　　D. 在试用期间，如吴冬被证明不符合录用条件，甲公司可以解除劳动合同

6. 下列情况下签订的劳动合同属于无效或部分无效的是？（　　）
   A. 某公司与员工李兰签订的劳动合同没有约定试用期
   B. 某石材厂与员工签订的合同中约定了"死伤自负"条款
   C. 车间主任与乙签订为期1年从事生产香烟工作的劳动合同
   D. 某公司招聘启事称招聘3名文秘人员，劳动者签订合同后实际从事推销员工作
7. 根据法律规定，下列纠纷属于劳动争议的是？（　　）
   A. 因企业开除、除名职工而发生的争议
   B. 职工李闯因单位未准其探亲假而与单位发生的纠纷
   C. 退休职工郑莉与原单位因退休费用的发放而发生的争议
   D. 职工王闯与工伤认定机关因工伤认定结论而发生的争议
8. 下列选项中可适用劳动仲裁的争议是？（　　）
   A. 徐明因其所在公司的工资执行标准而与公司发生的争议
   B. 王丽因其不服所在公司的人事任免事项而与公司发生的争议
   C. 盛利因其所在公司取消其原有的劳保津贴而与公司发生的争议
   D. 罗菲因其所在公司对其作出留用察看的处分不服而与公司发生的争议

四、案例分析题

案例一： 2025年3月，施林与甲公司订立经营用房装修协议，约定由施林负责组织人员施工，装修费用50万元。装修过程中除装修材料外的所有费用一律由施林自付，施工过程中出现任何安全问题，均由施林自行承担，甲公司不承担任何责任。订立协议后，施林即组织人员施工。

2025年4月1日，陈冲在接受施林指派从事高处作业时摔伤，造成8级伤残，发生各项损失65 000元。陈冲欲维护自己的权益，咨询相关律师。

请问：

1. 陈冲与甲公司之间是否存在劳动关系，为什么？
2. 陈冲索赔应以谁为被告，为什么？
3. 施林与甲公司之间是否存在劳动关系，为什么？
4. 陈冲为维护自己的合法权益，是否需申请劳动仲裁？为什么？
5. 本案中，甲公司是否需要承担法律责任？如果承担责任，承担何种责任？
6. 设若陈冲属于某劳务派遣公司劳动者，接受劳务派遣公司指派为甲公司从事装修工作，是否可以申请劳动仲裁？为什么？

案例二： 2024年1月，刘昱经某宾馆考核，招收为服务员，在该宾馆餐厅工作，并与宾馆签了为期5年的劳动合同。该合同约定："（一）经协商一致，刘昱向宾馆承诺无需缴纳社会保险费；（二）鉴于宾馆服务行业的特殊要求，凡在本宾馆工作的女性服务员在合同期内不得怀孕。否则，宾馆有权解除劳动合同。"当时，刘昱对这一条款没太注意，就在合同上签了字。2024年10月，因刘昱男友工作单位正在筹建家属楼。为了能分得住房，刘昱与男友结了婚，不久怀了孕。该宾馆得知后，以刘昱违反劳动合同为由，于2025年4月15日作出了解除与刘昱所订劳动合同的决定，并没收了刘昱签订劳动合同时缴纳的抵押金2000元。

刘昱不服，欲向当地劳动争议仲裁委员会申请仲裁。

请问：

1. 该宾馆的做法，有哪些违反了《劳动合同法》的规定？
2. 本案中，刘昱申请仲裁的时效期间为多长时间？应如何计算？
3. 本案中，刘昱可以提出的仲裁请求有哪些？